~~Praxis~~ $8.00 — Reece

Rainer Balloff

Kinder vor dem Familiengericht

Praxishandbuch zum Schutz des Kindeswohls unter rechtlichen, psychologischen und pädagogischen Aspekten

2. Auflage

Nomos

Die Deutsche Nationalbibliothek verzeichnet diese Publikation in
der Deutschen Nationalbibliografie; detaillierte bibliografische
Daten sind im Internet über http://dnb.d-nb.de abrufbar.

ISBN 978-3-8487-1376-9 (Print)
ISBN 978-3-8452-5398-5 (ePDF)

2. Auflage 2014
© Nomos Verlagsgesellschaft, Baden-Baden 2014. Printed in Germany. Alle Rechte, auch
die des Nachdrucks von Auszügen, der fotomechanischen Wiedergabe und der Übersetzung, vorbehalten. Gedruckt auf alterungsbeständigem Papier.

Vorwort

Was ist nach wie vor das Besondere an der Thematik „Kinder vor dem Familiengericht"? Warum sollten sich neben Fachleuten auch Eltern und andere Betreuungspersonen von Kindern und Jugendlichen, die nicht Professionelle sind, für diese schwierige Materie interessieren?

Jedes Jahr stehen in der Bundesrepublik vermutlich weitaus mehr als 200.000 Kinder vor dem Familiengericht, weil sich die Eltern getrennt haben oder scheiden lassen oder weil ihnen vorgeworfen wird, in der Kindererziehung versagt zu haben (2012 waren z.B. 143 022 Kinder allein von der Scheidung ihrer Eltern betroffen).

Hinzu kommen beispielsweise Trennungskinder aus nichtehelicher Lebensgemeinschaft; Kinder, deren Wohlergehen gefährdet ist und Kinder, deren Eltern um den Umgang streiten; Kinder, die in Pflegefamilien oder Kinderheimen leben und gegebenenfalls in das Elternhaus zurückkehren sollen, aber auch Kinder, die adoptiert werden, und Kinder, die Opfer von Misshandlungen, Vernachlässigungen oder sexuellem Missbrauch geworden sind.

Den Familiengerichten wird normalerweise eine hohe gesellschaftliche Autorität beigemessen. Das Gericht, die Richterin, der Richter, der Gerichtssaal und die damit in Verbindung stehende Staatsgewalt gebieten Respekt. Ein Gerichtsverfahren ist auch für Erwachsene furchteinflößend. Dort geht es um Schaden und Wiedergutmachung, um Streit und Strafe, um Täter und Opfer, um Antragsteller und Antragsgegner, um Beschuldigte und Angeklagte. Auch Erwachsene verbinden damit ungewohnte und beklemmende Situationen, die sie oft nicht mehr kontrollieren können.

Selbst wenn Kinder die Bedeutung und Tragweite einer Gerichtsverhandlung angesichts ihres Alters oder Entwicklungsstandes noch nicht erfassen können, wird ihnen meist über das tatsächliche Geschehen und das besondere Verhalten, über die Stimmungen und Gefühle der Eltern und der anderen Erwachsenen eine bedrohliche und ängstigende Sachlage vermittelt.

Wie muss es dann Kindern ergehen, wenn ihre Eltern vor Gericht unerbittlich um das Sorgerecht oder das Umgangsrecht streiten? Wenn der Staat, vertreten durch die Richterin oder den Richter, meint, das Kind müsse aus der Familie entfernt und in einer Pflegefamilie, Wohngruppe, Erziehungsgruppe oder in einem Kinderheim untergebracht werden?

Vorwort

Weitaus mehr als Erwachsene, die sich beispielsweise zu ihrem Schutz einen Rechtsanwalt nehmen können und die auch sonst im Vergleich zu Kindern den besseren Überblick und die größere Sicherheit haben, laufen Kinder im Rechtsstreit der Erwachsenen und vor Gericht im Kampf um Recht und Gerechtigkeit Gefahr, zu Instrumenten und Objekten fremder Interessen zu werden. Dies, obwohl in der Familiengerichtsbarkeit seit der Kindschaftsrechtsreform vom 1. Juli 1998 und der Neufassung des Familienverfahrensrecht (FamFG) am 1. September 2009 nunmehr das Rechtsinstitut der Verfahrensbeistandschaft, also der Interessenvertretung des Kindes durch den Verfahrensbeistand (bis zum 1. September Verfahrenspfleger) als „Anwalt des Kindes", gesetzlich geregelt worden ist.

Gleichwohl ist das Kind gerade in diesen Situationen auf das Verständnis, die Hilfe und Einfühlung der Erwachsenen angewiesen.

Vor allem an diese Erwachsenen, die Eltern sind und/oder die beruflich als Erzieher, Lehrer, Pädagoge, Sozialarbeiter, Psychologe, Rechtsanwalt oder Richter mit Kindern in der besonderen Situation vor Gericht zu tun haben, wendet sich das gründlich überarbeitete, ergänzte und auf den neuesten Stand gebrachte Buch auch in seiner 2. Auflage, wobei nach wie vor sparsam die Anführung und Wiedergabe der Rechtsprechung gehandhabt wird, um auch einem Laien oder „Semiprofessionellen" (z.B. Kinderärzte, Erzieher, Lehrer) in familienrechtlichen und familienrechtspsychologischen Fragen einen leichteren Zugang zum Inhalt zu ermöglichen. Im Übrigen gibt es mittlerweile eine Vielzahl von hervorragenden juristischen Kommentaren, Monografien, Lehrbüchern und Zeitschriften, in denen umfassend die aktuelle Rechtsprechung angegeben und diskutiert wird.

Ich werde in diesem Buch nicht von einer (sprachlich diskriminierenden) Kindesmutter, schlimmer noch von einer KM, einem nicht weniger diskriminierenden Kindesvater, KV (wann ist eine Kindesmutter oder Kindesvater nicht die Mutter oder der Vater des Kindes?), und nur dann von Elternteilen sprechen, wenn es unumgänglich ist: Mütter sind Mütter, Väter sind Väter und Elternteil wird nur erwähnt, wenn es sich um *einen* Elternteil handelt, sonst sind es selbstverständlich die Eltern. Aber auch die Großmutter mütterlicherseits oder der Großvater väterlicherseits wird in der vorliegenden Abhandlung nicht zur GMm oder zum GVv.

Während des Schreibens dieses Buches habe ich das weltweite Kinderelend nicht vergessen: Ich weiß, dass ich alles in allem aus einer Oase berichte, in der durchaus Missstände auftreten, oft aber auch aufgedeckt werden. Kinderrechte werden seit Jahrzehnten diskutiert und auch umgesetzt, wobei die Kinderrechtebewegung in Deutschland einen besonders hohen Stellenwert hat.

Ich danke meiner Lebensgefährtin, meinen Freunden und Arbeitskollegen, die mich bei dieser Arbeit unterstützt haben, insbesondere Cornelia Hildebrandt, Herrn Dr. jur. Harald Vogel und Frau Dipl.-Psych. Lea Arnold.

Berlin, den 15. September 2014 *Rainer Balloff*

Inhaltsverzeichnis

Tabellenverzeichnis	13
Abkürzungen	15
I Das Kind vor dem Familiengericht bei Trennung und Scheidung	18
Einleitung	18
1 Trennung und Scheidung	22
1.1 Statistische Daten	22
1.2 Das Familiensystem nach Trennung oder Scheidung	24
1.3 Trennung aus nichtehelicher Lebensgemeinschaft und Ehe	40
1.3.1 Nichteheliche Lebensgemeinschaft	40
1.3.2 Eingetragene Lebenspartnerschaften	43
1.3.3 Trennung und Scheidung aus Ehe	47
2 Vermittlung bei Trennung und Scheidung	52
2.1 Vermittlung im familiengerichtlichen Verfahren	52
2.2 Einvernehmenorientiertes Vorgehen	54
3 Das Trennungs- und Scheidungskind	65
4 Die Regelung der elterlichen Sorge und das Wechselmodell	81
4.1 Der Kindeswohlbegriff	89
4.2 Familie und Scheidung	98
4.3 Kind und eingetragene Lebenspartnerschaft	105
4.4 Kind und nichteheliche Gemeinschaft	115
4.5 Kind und Stieffamilie	122
4.6 Alleinerziehende mit und ohne Migrationshintergrund	136
4.7 Wechselmodell	140
4.8 Kind in hoch konflikthaften Elternkonstellationen	146
4.9 Das Kind im Rechtsstreit der Erwachsenen	151
4.10 Internationale Abkommen	152
4.10.1 Vermisste Kinder	153
4.10.2 Entführte Kinder	155
4.10.3 Psychologische Problematik und ihre Beurteilung	159
4.10.4 Zusammenfassung	161

> 4.10.5 Adoptionen — 162
5 Kind und Institutionen — 166
> 5.1 Verfahrensbeistand (Anwalt des Kindes) — 166
>> 5.1.1 Einführung — 166
>> 5.1.2 Bestellpraxis — 169
>> 5.1.3 Qualifikation des Verfahrensbeistands — 169
>> 5.1.4 Bestellung eines Verfahrensbeistands — 170
>> 5.1.5 Aufgaben des Verfahrensbeistands — 172
>> 5.1.6 Vergütung — 176
>> 5.1.7 Ausblick — 177
> 5.2 Kind im Jugendamt — 178
>> 5.2.1 Grundlagen der Arbeit im Jugendamt — 185
>> 5.2.2 Das Jugendamt und die Arbeit mit dem Kind — 188
> 5.3 Kind und Sachverständigengutachten — 190
>> 5.3.1 Begutachtung im Familiengerichtsverfahren — 190
>> 5.3.2 Die Beauftragungspraxis — 195
>> 5.3.3 Rolle und Funktion des Sachverständigen — 196
>> 5.3.4 Ausblick und Perspektiven — 208
>> 5.3.5 Parteigutachten — 209
>> 5.3.6 Verfahrensbeistand und Sachverständiger — 212
>> 5.3.7 Der Sachverständige und die Arbeit mit dem Kind — 215

6 Umgangsrecht — 219
> 6.1 Der Umgang des Kindes mit den Eltern — 225
> 6.2 Der begleitete Umgang und die Umgangspflegschaft — 233
> 6.3 Umgang des Kindes mit weiteren Personen — 234
> 6.4 Schlussfolgerungen bei Umgangsfragen — 236

7 Sorge- und Umgangsrecht – Zusammenfassung — 242
8 Der Wille des Kindes — 247
9 Beschneidung des männlichen Kindes — 259
10 Die Bindung des Kindes — 263
> 10.1 Hochunsichere Bindung und Bindungsstörung — 273
> 10.2 Kritik an der Bindungstheorie — 276

11 Geschwister — 278
12 Die Rechtsanwälte als Parteianwälte — 281
13 Das Kind im Familiengericht — 283

13.1	Die Anhörung des Kindes	283
	13.1.1 Theoretische Grundlagen der Anhörung	284
	13.1.2 Fallbeispiel	289
13.2	Grundlagen der Kommunikation mit dem Kind	291
13.3	Das Kind in Kooperation mit dem Familienrichter	301

II	Fremdplatzierung	307
14	Unzureichende Versorgung des Kindes	307
14.1	Einleitung und Fallbeispiel	307
14.2	Eltern oder Paare, die gewalttätig sind	317
14.3	Auswirkungen von Partnerschaftsgewalt auf das Kind	320
14.4	Fremdplatzierung eines Kindes oder Jugendlichen	322
	14.4.1 Garantenstellung	332
	14.4.2 Psychische Erkrankung der Eltern	334
	14.4.3 Suchterkrankung der Eltern	339
	14.4.4 Kindesmisshandlung und Vernachlässigung	346
	14.4.5 Sexueller Missbrauch	363
14.5	Unterbringung in einer Pflegefamilie	383
	14.5.1 Dauerpflege in Ersatz- oder Ergänzungsfamilie?	390
	14.5.2 Rückführung des Kindes aus der Pflegefamilie	395
14.6	Unterbringung in einem Kinderheim	401
	14.6.1 Kind, Elternhaus, Familie	412
	14.6.2 Kind, Jugendamt und Familiengericht	415
	14.6.3 Maßnahmen der Reintegration	418
15	Die Annahme als Kind (Adoption)	421
15.1	Grundlagen der Vermittlung	431
15.2	Familiäre und psychosoziale Hintergründe	434
	15.2.1 Die Annehmenden	434
	15.2.2 Die Abgebenden	436
	15.2.3 Das Kind	440
15.3	Jugendamt und Adoptionsvermittlungsstellen	446
15.4	Familiengericht und Adoption	450
16	Die Rechtsstellung des Kindes – Zusammenfassung	455

Literatur	461
Sachregister	493

Tabellenverzeichnis

Tabelle 1:	Eheschließungen, Ehescheidungen und betroffene Kinder unter 18 Jahren	23
Tabelle 2:	Stressoren und Ressourcen im Verlauf des Familienzyklus (Schneewind 1991, 273)	26
Tabelle 3:	Familienentwicklungsübergänge (nach Carter/Mc Goldrick 1989)	29
Tabelle 4:	Regelungen nach § 1687 BGB	35
Tabelle 5:	Phasen der Trennung und Scheidung der Eltern und Auswirkungen auf die Kinder und Erwachsenen	69
Tabelle 6:	Anzahl der abgeschlossenen Familiengerichtsverfahren mit Verfahrensbeistand	169
Tabelle 7:	Anzahl der Adoptionen der Jahre 1993 bis 2012	421

Abkürzungen

ABR	Aufenthaltsbestimmungsrecht
AdVermiG	Adoptionsvermittlungsgesetz
AdWirkG	Adoptionswirkungsgesetz
ASD	Amt für sozialpädagogische Dienste
BAFM	Bundesarbeitsgemeinschaft für Familien-Mediation e.V.
BeckRS	Beck-Rechtsprechung
BGB	Bürgerliches Gesetzbuch
BGH	Bundesgerichtshof
BLNVerf	Verfassung von Berlin
BVerfGE	Entscheidungssammlung des Bundesverfassungsgerichts (BVerfG)
eLP	eingetragene Lebenspartnerschaft
ESÜ	Europäisches Übereinkommen über die Anerkennung und Vollstreckung von Entscheidungen über das Sorgerecht für Kinder und die Wiederherstellung des Sorgerechtsverhältnisses vom 25. Mai 1980
ESI	Erziehungsstilinventar
FamFG	Gesetz über das Verfahren in Familiensachen und in den Angelegenheiten der freiwilligen Gerichtsbarkeit (FamFG)
FF	Forum Familienrecht
FGG	Gesetz über die Angelegenheiten der freiwilligen Gerichtsbarkeit
FamRZ	Zeitschrift für das gesamte Familienrecht
FPR	Familie, Partnerschaft, Recht
FIT	Familien-Identifikations-Test
FIT-KIT	Familien- und Kindergarten-Interaktions-Test
FRT	Family Relations Test
FuR	Familie und Recht
GewSchG	Gewaltschutzgesetz
GG	Grundgesetz
GVG	Gerichtsverfassungsgesetz

Abkürzungen

HKÜ	Haager Übereinkommen über die zivilrechtlichen Aspekte internationaler Kindesentführungen
IntFamRVG	Gesetz zur Aus- und Durchführung bestimmter Rechtsinstrumente auf dem Gebiet des internationalen Familienrechts
JAmt	Das Jugendamt – Zeitschrift für Jugendhilfe und Familienrecht
JGG	Jugendgerichtsgesetz
JVEG	Justizvergütungs- und Entschädigungsgesetz
KG	Kammergericht
KKG	Gesetz zur Kooperation und Information im Kinderschutz
KindRG	Gesetz zur Reform des Kindschaftsrechts (Kindschaftsrechtsreformgesetz)
KJHG	Kinder- und Jugendhilfegesetz
LPartG	Gesetz zur Beendigung der Diskriminierung gleichgeschlechtlicher Gemeinschaften: Lebenspartnerschaften (Lebenspartnerschaftsgesetz)
MSBP	Münchhausen-by-proxy-Syndrom
NJW	Neue Juristische Wochenschrift
NVwZ	Neue Zeitschrift für Verwaltungsrecht
NZFam	Neue Zeitschrift für Familienrecht
OLG	Oberlandesgericht
PAS	Parental-Alienation-Syndrome
PdR	Praxis der Rechtspsychologie
PEST	Projektiver Familienszenen-Test
PStG	Personenstandsgesetz
PTB	Posttraumatische Belastungsstörung
RKEG	Gesetz über die religiöse Kindererziehung
SGB	Sozialgesetzbuch
SGB VIII	Sozialgesetzbuch VIII (Kinder- und Jugendhilfegesetz)
SOEP	Sozioökonomischer Panel
SorgeRG	Gesetz zur Neuregelung des Rechts der elterlichen Sorge
StAG	Staatsangehörigkeitsgesetz (STAG)
StGB	Strafgesetzbuch
UhVorschG	Unterhaltsvorschussgesetz
UNKRK	UN-Kinderrechtskonvention Verordnung (EG) Verordnung (VO) der Europäischen Gemeinschaft

Abkürzungen

ZKJ Zeitschrift für Kindschaftsrecht und Jugendhilfe
ZPO Zivilprozessordnung

I Das Kind vor dem Familiengericht bei Trennung und Scheidung

Einleitung

Die gesellschaftlichen Entwicklungen und Wandlungsprozesse – vor allem in den Industriestaaten der letzten 30 bis 40 Jahre – haben zu einer allerorten leicht erkennbaren sozialen Ausdifferenzierung von Lebensverhältnissen und Lebensentwürfen geführt. Diese haben nicht nur Einfluss auf Erziehungsziele und Erziehungsbedingungen sowie den „Umgang" mit Kindern und Jugendlichen, sondern auch auf das gesellschaftliche und familiale Bild vom jungen Menschen als Persönlichkeit mit eigenen Rechten.

Diese den gesellschaftlichen Überbau, also auch Rechtsnormen erfassenden Wandlungsprozesse haben nicht zu einem neuen, stabilen Kenntnisstand in den unterschiedlichsten Wissenschaftsbereichen, Rechtsprechung oder Gesetzen geführt. Vielmehr ist ein fortlaufender Anpassungs- und Änderungsprozess erkennbar, der in der praxisorientierten Wissenschaft nach wie vor eher pragmatische und weniger theoriegeleitete Ausrichtungen hat – und vieles wissen wir nicht.

In Bezug auf Kinder und Jugendliche, die etwa durch familiale Konflikte belastet und gegebenenfalls sogar gefährdet werden, gilt, dass trotz vielfältiger neuer Erfahrungen, Erkenntnisse, empirischer Befunde und Ergänzungen in der Entwicklungspsychologie, Familienpsychologie, Familienrechtspsychologie, Rechtspsychologie, Sozialpsychologie und Diagnostik sowie in der Jugendhilfe und Familiengerichtsbarkeit soziale Institutionen nach wie vor zu gewissen Reaktionsmustern neigen, die insbesondere Kinder zu Objekten fremder Interessenlagen machen, zumal Kinderrechte nach wie vor nicht in der Verfassung der Bundesrepublik verankert sind[1]. In diesen Mus-

---

1 Beispielsweise sind Kinderrechte in der Berliner Verfassung bereits eingefügt worden und seit 20.2.2014 in Kraft:
Artikel 13 **[Gleichstellung nichtehelicher Kinder] Verfassung von Berlin (BLN-Verf)**
(1) [1]Jedes Kind hat ein Recht auf Entwicklung und Entfaltung seiner Persönlichkeit, auf gewaltfreie Erziehung und auf den besonderen Schutz der Gemeinschaft vor Gewalt, Vernachlässigung und Ausbeutung. [2]Die staatliche Gemeinschaft achtet, schützt

tern dominiert beispielsweise auch die Ermittlung gegenüber der dialogischen Erörterung, das Handeln gegenüber dem Verstehen, die Polarisierung gegenüber der Balancierung, die Devianz- und Konfliktorientierung gegenüber der Ressourcenorientierung, die Kontrolle gegenüber dem Vertrauen und die Separierung gegenüber dem intersubjektiven Knüpfen, Möglichmachen und Konstituieren neuer Zusammenhänge.

Das tiefer gehende Verständnis beispielsweise von psychologischer intersubjektiver Diagnostik und Intervention sowie von kind- und kindeswohlorientierter Arbeit in der Jugendhilfe und in der familiengerichtlichen Tätigkeit sollte demgegenüber zur Schaffung und Beachtung eigener Rechte für Kinder und Jugendliche führen. Das Gesetz zur Reform des Kindschaftsrechts (Kindschaftsrechtsreformgesetz – KindRG), das am 1.7.1998 in Kraft getreten ist, hatte sich u.a. folgende Ziele gesetzt:

1. Die Rechte der Kinder sollen verbessert und das Kindeswohl auf bestmögliche Art und Weise gefördert werden.
2. Ebenso sind die rechtlichen Unterschiede zwischen ehelichen und nichtehelichen Kindern abzubauen.
3. Darüber hinaus sollen auch die Rechtspositionen der Eltern – soweit dies mit dem Kindeswohl vereinbar ist – gestärkt und vor unnötigen staatlichen Eingriffen geschützt werden.

Zu bedenken ist somit nicht nur aus juristischer, sondern ebenso aus rechtspsychologischer und familienpsychologischer Sicht, ob die Rechte und die Beteiligungs- und Mitwirkungsmöglichkeiten der Kinder und Jugendlichen im Rahmen der erfolgten Reformen und Gesetzesänderungen (z.B. durch das Inkrafttreten des FamFG am 1. September 2009) und deren Beteiligtsein im jugendbehördlichen Verfahren und in der Familiengerichtsbarkeit verbessert worden sind.

Wenn junge Menschen über 14 Jahren vor Gericht stehen, wird vermutlich zunächst eher an diejenigen Kinder gedacht, die als Opfer oder möglicherweise auch als Täter strafbarer Handlungen in die Ermittlungen der Strafjustiz geraten sind. Kinder werden jedoch nicht nur in ihren jeweiligen „Rollen" als Täter oder Opfer von Straftaten als Zeugen vernommen. Viel-

---

und fördert die Rechte des Kindes als eigenständiger Persönlichkeit und trägt Sorge für kindgerechte Lebensbedingungen.
(2) Den nichtehelichen Kindern sind durch die Gesetzgebung die gleichen Bedingungen für ihre leibliche und seelische Entwicklung und ihre Stellung in der Gesellschaft zu schaffen wie den ehelichen Kindern.

mehr waren 2012 143.022 Kinder (Statistisches Bundesamt Wiesbaden 2013, Fachserie 10 Reihe 2.2) in ein familiengerichtliches Verfahren involviert, indem sie von der Trennung und Scheidung ihrer Eltern betroffen waren, eine Zahl, die seit 1985 (148.424) mit einigen Schwankungen nach oben und unten relativ stabil geblieben ist.

Diese Kinder werden bei Streit und anhaltenden Unvereinbarkeiten der Eltern häufig im Rahmen einer gerichtlichen Regelung der elterlichen Sorge oder des persönlichen Umgangs im Familiengericht angehört. Für das Jahr 2012 meldet das Statistische Bundesamt (Statistisches Bundesamt 2012, Fachserie 10 Reihe 2.2) neben diesen Zahlen von Scheidung betroffener Kinder auch 43.352 Umgangsregelungen bei den Familiengerichten 1. Instanz und bei den Oberlandesgerichten 2.012 – Gerichtsverfahren, in denen ein Kind so gut wie immer vor dem Familiengericht angehört wird (vgl. § 159 FamFG).

Hinzu kommen – statistisch bisher nicht präzise erfasst – vermutlich jährlich zehntausende Kinder,

- deren Eltern verheiratet sind, sich zwar trennen, aber nicht scheiden lassen,
- deren Eltern bzw. deren Elternteil und Stiefelternteil sich aus nichtehelicher (heterosexueller) Lebensgemeinschaft trennen,
- Kinder, die in Pflegefamilien oder Kinderheimen nach einem Sorgerechtsentzug untergebracht worden sind,
- Kinder, die in die Herkunftsfamilie zurückgeführt werden und
- Kinder, deren „Eltern" (leiblicher Elternteil und gleichgeschlechtlicher Stiefelternteil) nach dem Gesetz über die eingetragene Lebenspartnerschaft (Lebenspartnerschaftsgesetz – LPartG) vom 16.2.2001 eine (homosexuelle) Gemeinschaft bildeten, die nun zerbrochen ist.

Exkurs: Kinder in eingetragener Lebenspartnerschaft

Nach Eggen (2003, 33) hatten sich in den ersten zwölf Monaten nach Inkrafttreten des LPartG (16.2.2001 bis 16.2.2002) 6.400 gleichgeschlechtliche Partnerschaften registrieren lassen bei im gleichen Zeitraum 395.853 geschlossenen Ehen. Damals waren 1,6% der formal geschlossenen Partnerschaften gleichgeschlechtliche Lebensgemeinschaften, während über die Anzahl der Kinder in diesen Lebensgemeinschaften in Deutschland bisher noch nichts Verlässliches bekannt war (Eggen 2003, 36).

Einleitung

Der Mikrozensus erfasste erstmalig im Jahr 2006 die eingetragene Lebenspartnerschaft (Rupp 2009, 281f.). Für das Jahr 2006 weist der Mikrozensus rund 62.300 gleichgeschlechtliche Paare in Deutschland aus. Darunter befanden sich Schätzungen zufolge mindestens 5.000 Familien mit wenigstens 6.600 Kindern und ca. 13.000 Frauen- und Männerpaargemeinschaften, die in einer Eingetragenen Lebenspartnerschaft leben (Rupp, 2009, 282).

Das Statistische Bundesamt (Statistisches Bundesamt, Statistisches Jahrbuch, 2 Bevölkerung, Familien, Lebensformen, 2013, 56) in Deutschland geht für das Jahr 2007 von rund 68.000 gleichgeschlechtlichen Lebensgemeinschaften und ca. 15.000 eingetragene Lebenspartnerschaften aus.

Der Zensus von 2011 zum Thema Bevölkerung zeigt auf (Statistisches Bundesamt, Statistisches Jahrbuch 2013, 2 Bevölkerung, Familien, Lebensformen, 2013, 56), dass 2012 bereits 73.000 gleichgeschlechtliche Lebensgemeinschaften existierten, von denen 32.000 eingetragen waren, ohne dass die Anzahl der in diesen Lebensgemeinschaften lebenden Kinder genannt wird.

Es kann nach den vorliegenden Schätzzahlen vermutlich davon ausgegangen werden, dass 2014 ca. 7.000 bis 10.000 Kinder und Jugendliche in eingetragenen Lebenspartnerschaften aufwachsen.

Neue gesetzliche Regelungen finden sich bei der sog. sukzessiven Adoption, die zum Inhalt haben, dass nach einer Adoption eines eingetragenen Lebenspartners nun auch der andere eingetragene Lebenspartner das betreffende Kind adoptieren kann (sukzessiv) (BGBL. I 2014, 786).

Die Gesetzesänderung ist am 27.6.2014 in Kraft getreten. Nun kann der andere Partner ein Kind adoptieren, wenn es zuvor vom jeweiligen Partner bereits adoptiert worden ist. Ein gemeinsames Adoptionsrecht für Lebenspartnerschaften – wie es für Ehepaare gilt – ist jedoch nach wie vor noch nicht möglich.

Warum bisher keine gemeinschaftliche Adoption beider Partner zur gleichen Zeit möglich ist, lässt sich rational nicht begründen (BVerfG, Urteil vom 19. 2. 2013 – 1 BvL 1/11, 1 BvR 3247/09 = FPR 2013, 278-286; NJW 2013, 847).

Eines der Leitsätze des Bundesverfassungsgerichts in seiner richtungweisenden Entscheidung, die nun eine sukzessive Adoption erlaubt, lautet: „Indem § 9 VII LPartG die Möglichkeit der Annahme eines adoptierten Kindes des eingetragenen Lebenspartners durch den anderen Lebenspartner (Sukzessivadoption) verwehrt, wohingegen die Möglichkeit der Annahme eines adoptierten Kindes des Ehepartners und die Möglichkeit der Annahme

I Das Kind vor dem Familiengericht bei Trennung und Scheidung

eines leiblichen Kindes des eingetragenen Lebenspartners (Stiefkindadoption) eröffnet sind, werden sowohl die betroffenen Kinder als auch die betroffenen Lebenspartner in ihrem Recht auf Gleichbehandlung verletzt (Art. 3 I GG)". Damit ist das Verbot der Sukzessivadoption seit dem 19.2.2013 verfassungswidrig.

1 Trennung und Scheidung

1.1 Statistische Daten

Im Jahr 2011 haben 53% aller Familien ein Kind, in ca. 33% leben zwei Kinder, in 8,5% drei Kinder und in 2% der Familien leben vier und mehr Kinder. Verheiratete Paare mit gemeinsamen Kindern sind nach wie vor in Deutschland die häufigste Familienform. Stief- oder Patchworkfamilien und nichteheliche Lebensgemeinschaften stellen Familienformen dar, in denen unterschiedliche biologische und soziale Elternschaftsformen existieren (Bundesministerium für Familie, Senioren, Frauen und Jugend 2012, 19).

Stief- und Patchworkfamilien (statistische Erhebungen im Statistischen Bundesamt Wiesbaden liegen nicht vor), die 10 bis 14% aller Familien ausmachen sollen, und in denen ca. 10,9% der Kinder unter 18 Jahren leben, werden bisher in der amtlichen Statistik nur lückenhaft angeführt.

Insgesamt existierten 2010 2,648 Millionen nichteheliche Lebensgemeinschaften zwischen Mann und Frau. Seit 1996 ist die Anzahl von 1,8 Millionen um 34% gestiegen (Münder 2013b, 632f.). In 804.000 dieser Gemeinschaften (30%) wohnen und leben Kinder.

Schätzzahlen aus 2013 gehen von 7.000 bis 10.000 Kinder und Jugendlichen in eingetragenen Lebenspartnerschaften aus. Im Jahr 2012 soll es bereits 73.000 gleichgeschlechtliche Lebensgemeinschaften gegeben haben, von denen 32.000 eingetragen waren und in denen 7.000 bis 13.000 Kinder und Jugendliche lebten (Coenen/Kannegießer 2013, S. 416).

Abgesehen von diesen statistischen Ergebnissen kommt der Ehe und der Familie in der Gesamtbevölkerung im Vergleich zu anderen Zusammenlebensformen eine hohe positive subjektive Bewertung zu. Die „Normalfamilie" (Verheiratete mit Kind) stellt auch im Jahr 2012 die nach wie vor dominierende Familienform dar. So lebten im Jahr 2012 noch 70,7% aller Kinder in verheirateten Familien (5,699 Millionen), 5% in Lebensgemeinschaften (755.000) und 19% bei Alleinerziehenden (1,607 Millionen) (Statistisches Bundesamt, Wiesbaden 2013, Destatis, 1).

Laut Mikrozensus (Statistisches Bundesamt, Wiesbaden 2013, Familie, Lebensformen und Kinder, 43-45) lebten in Deutschland 2011 18,0 Millionen Ehepaare (1,4 Millionen weniger als 2001) und 2,8 Millionen Paare in gemischt- oder gleichgeschlechtlichen Lebenspartnerschaften. 17,6 Millionen Menschen sind alleinstehend und ca. 2,7 Millionen Personen waren als Mütter oder Väter alleinerziehend. Die Anzahl der Ehepaare mit Kindern und Jugendlichen unter 18 Jahren sank von 2001 mit 7,1 Millionen Ehepaaren auf 5,8 Millionen (− 19%). Die Anzahl der Alleinerziehenden erhöhte sich von 1,5 Millionen im Jahr 2001 auf 1,6 Millionen in 2011, während die Zahl der Lebensgemeinschaften mit Kindern und Jugendlichen unter 18 Jahren von 586.000 auf 743.000 (+ 37%) stieg.

In 42% der 8,1 Millionen Familien wurde 2012 ein Kind oder Jugendlicher unter 18 Jahren versorgt, während zwei Kinder oder Jugendliche unter 18 Jahren in 43% der Familien aufwuchsen (drei Kinder wuchsen in 12% der Familien auf, vier Kinder in 3% und fünf oder mehr Kinder in 1%). Statistisch gesehen wuchsen 2011 1,60 Kinder pro Familie auf (Statistisches Bundesamt, Wiesbaden 2013, Destatis, Scheidungen, 2).

In diesen Familien lebten insgesamt 14,4 Millionen junge Menschen, darunter 12,9 Millionen Kinder unter 18 Jahren.

Die Zahl der jährlichen Ehescheidungen in der Bundesrepublik Deutschland ist im Jahr 2012 mit 179.147 Ehescheidungen im Vergleich zu 2001 mit 197.498 gesunken. Die höchste Anzahl von Scheidungen erfolgte im Jahr 2003 mit 213.975. Das heißt, dass mit 179.147 Ehescheidungen nach wie vor fast jede zweite Ehe geschieden wird (Eheschließungen 2012: 387.423).

Von der Ehescheidung waren 2012 143.022 Kinder und Jugendliche unter 18 Jahren betroffen (zum Vergleich: 2001 153.517 Kinder; 2003 wurde die höchste Anzahl betroffener Kinder mit 170.256 ausgewiesen).

Tabelle 1: Eheschließungen, Ehescheidungen und betroffene Kinder unter 18 Jahren

	1995	2000	2005	2012
Eheschließungen	431.000	418.550	388.451	387.423
Ehescheidungen	169.000	194.408	201.693	179.147
Betroffene Kinder	142.292	148.192	156.389	143.022
Lebendgeborene	765.221	766.999	685.795	673.544

I Das Kind vor dem Familiengericht bei Trennung und Scheidung

1.2 Das Familiensystem nach Trennung oder Scheidung

Eine Familie ist durch die Generationsdifferenzierung gekennzeichnet, in der wenigstens eine wesentlich ältere Person ein Kind betreut und versorgt.

Für Kinder, die nach einer Trennung oder Ehescheidung der Eltern den Kontakt zu einem Elternteil verloren, wurde in den 1970er-Jahren der Begriff „Scheidungswaisen" geprägt, der allerdings mit der Annahme einer Abtrennung oder „Wegscheidung" eines Elternteils vom Kind nur die scheidungsbedingte defizitäre Seite betonte, nicht aber Möglichkeiten, nach denen beide Eltern dem Kind präsent blieben, und Entwicklungsverläufe von Kindern, denen es in der überwiegenden Mehrzahl gelingt, die Trennung und Scheidung ihrer Eltern ohne anhaltende Beeinträchtigungen zu bewältigen (Fegert 1999; Hetherington/Kelly 2003; Proksch 2002; Wallerstein/ Lewis/Blakeslee 2002; Figdor 2012, 59ff.; Sünderhauf 2013, 217).

Im Übrigen ist dem jahrzehntelangen Trend bis weit in die achtziger Jahre des 20. Jahrhunderts, nach einer Scheidung nur einem Elternteil die elterliche Sorge zuzusprechen, durch die erst 16 Jahre alte gesetzliche Regelung im Rahmen der Kindschaftsrechtsreform (1.7.1998) mit der zentralen Scheidungsvorschrift des § 1671 BGB Einhalt geboten worden. Seitdem ist einem Antrag[2], ausschließlich einem Elternteil die elterliche Sorge zuzusprechen, nur dann stattzugeben, wenn der andere Elternteil zustimmt. Es sei denn, das mindestens 14 Jahre alte Kind widerspricht der Übertragung, oder zu erwarten ist, dass die Aufhebung der gemeinsamen Sorge und die Übertragung auf einen Elternteil dem Wohl des Kindes am besten entspricht (§ 1671 Abs. 1 Nr. 1 und 2 BGB)[3]. Unabhängig von einer Sorgerechtsregelung steht

---

2 Ohne Antrag der Eltern besteht auch im Trennungs- und Scheidungsfall die gemeinsame elterliche Sorge fort.
3 § 1671 BGB Übertragung der Alleinsorge bei Getrenntleben der Eltern
(1) Leben Eltern nicht nur vorübergehend getrennt und steht ihnen die elterliche Sorge gemeinsam zu, so kann jeder Elternteil beantragen, dass ihm das Familiengericht die elterliche Sorge oder einen Teil der elterlichen Sorge allein überträgt. Dem Antrag ist stattzugeben, soweit
1. der andere Elternteil zustimmt, es sei denn, das Kind hat das 14. Lebensjahr vollendet und widerspricht der Übertragung, oder
2. zu erwarten ist, dass die Aufhebung der gemeinsamen Sorge und die Übertragung auf den Antragsteller dem Wohl des Kindes am besten entspricht.
(2) Leben Eltern nicht nur vorübergehend getrennt und steht die elterliche Sorge nach § 1626a Absatz 3 der Mutter zu, so kann der Vater beantragen, dass ihm das Fami-

dem Kind und den ehelichen wie auch nichtehelichen Eltern von Gesetzes wegen ein Umgang zu (§ 1684 BGB).

Im Rahmen der wissenschaftlichen Diskussion ist längst eine Abkehr von der Überzeugung erkennbar, dass mit der Trennung und Scheidung die Beziehungen zwischen Eltern und Kind beendet sind (so schon Amato/Keith 1991; Fthenakis/Niesel/Kunze 1982; Balloff 2013; Figdor 2007, 113ff.; 2012, 66; Prenzlow 2013, Rdnr. 267ff.).

Heute ist nicht nur unter dem Eindruck der Familiensystemtheorie evident, dass der Abbruch der Kontakte des Kindes mit den ehemals in einer Familie zusammenlebenden Personen in der Regel eher ein erhebliches Entwicklungsrisiko des Kindes beinhaltet, sodass aus familientherapeutischer und familienpsychologischer Sicht von der Zielvorstellung des weiteren Zusammenhalts der Eltern in Kooperation miteinander und in gemeinsamer Elternverantwortung mit dem Kind ausgegangen wird (Doherty/McDaniel 2012, 97; Jungbauer 2009, 117ff.).

Nach einer Trennung und/oder Scheidung der Eltern bleibt so gut wie immer zwischen allen Familienangehörigen des oft mehrere Generationen umfassenden Familiensystems ein psychosozial-familiärer Verband mit vielfältigen Beziehungen bestehen.

Diese Vorstellung führte zu der mittlerweile nahezu unbestrittenen Annahme, dass sich mit der Trennung und Scheidung der Eltern die Familie zwar verändert, nicht aber auflöst.

Fthenakis (1995a; 2002, 223) betonte beispielsweise schon vor annähernd 20 Jahren, dass sich die Familie im Rahmen eines meist lang anhaltenden Trennungsprozesses reorganisiert. Im Übrigen befinde sich die Familie von der Familiengründung an, über die erste Schwangerschaft und Geburt des

---

liengericht die elterliche Sorge oder einen Teil der elterlichen Sorge allein überträgt. Dem Antrag ist stattzugeben, soweit
1. die Mutter zustimmt, es sei denn, die Übertragung widerspricht dem Wohl des Kindes oder das Kind hat das 14. Lebensjahr vollendet und widerspricht der Übertragung, oder
2. eine gemeinsame Sorge nicht in Betracht kommt und zu erwarten ist, dass die Übertragung auf den Vater dem Wohl des Kindes am besten entspricht.
(3) Ruht die elterliche Sorge der Mutter nach § 1751 Absatz 1 Satz 1, so gilt der Antrag des Vaters auf Übertragung der gemeinsamen elterlichen Sorge nach § 1626a Absatz 2 als Antrag nach Absatz 2. Dem Antrag ist stattzugeben, soweit die Übertragung der elterlichen Sorge auf den Vater dem Wohl des Kindes nicht widerspricht.
(4) Den Anträgen nach den Absätzen 1 und 2 ist nicht stattzugeben, soweit die elterliche Sorge auf Grund anderer Vorschriften abweichend geregelt werden muss.

I Das Kind vor dem Familiengericht bei Trennung und Scheidung

Kindes, ständig in familialen Übergängen (Transitionen), wozu auch Tod, Trennung oder Scheidung gehöre (vgl. auch Jungbauer 2009, 113ff.).

Tabelle 2: Stressoren und Ressourcen im Verlauf des Familienzyklus (Schneewind 1991, 273)

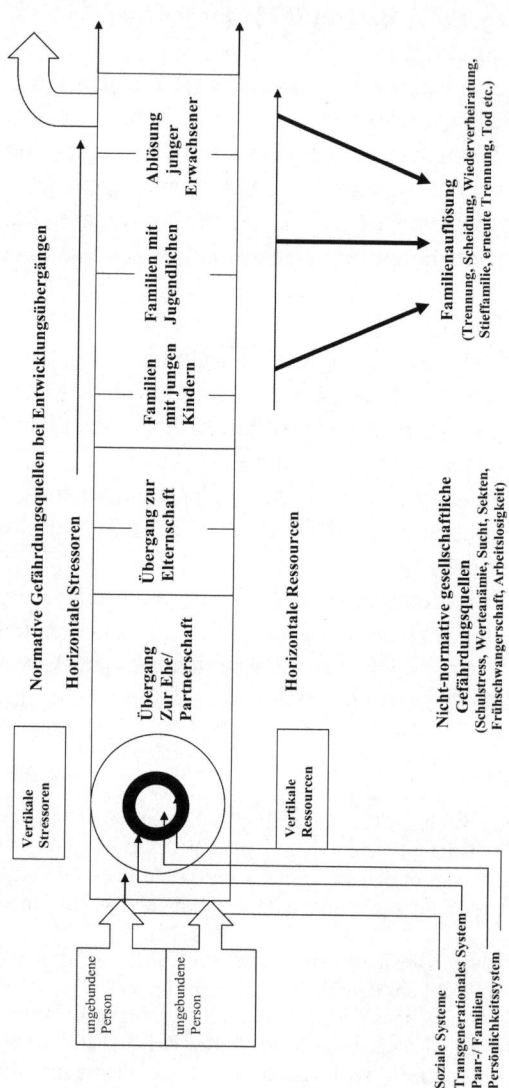

Walper/Gerhard (2003, 93) betonen, dass das Familienleben durch eine Trennung oder Scheidung nicht grundsätzlich beendet, sondern lediglich umstrukturiert wird, indem auf der individuellen, familialen und kontextuellen Ebene im Rahmen des prozesshaften Verlaufs einer Trennung und Scheidung Rollen neu definiert und Beziehungen neu ausgehandelt werden.
Zusammenfassend lässt sich festhalten, dass

1. Eltern auch nach einer Trennung und Scheidung für das betreffende Kind bedeutende elterliche Bezugspersonen bleiben,
2. das Familiensystem nach einer Trennung und Scheidung auf wechselseitigen und rückbezüglichen Interaktionen und Kommunikationen beruht, in dem jedes Mitglied dieses Systems neue Aufgaben und Rollen einzunehmen hat, nicht auflöst, während
3. die konkrete Familie, also eine durch die Generationsdifferenzierung gekennzeichnete Lebenseinheit, die Varianten intimer Beziehungssysteme sind und die vor der Trennung der Eltern eine familienspezifische Dauerhaftigkeit, Nähe und Intimität, Privatheit und Abgrenzung aufwies (Schneewind 2010), nunmehr nach einer Trennung des Elternpaares in dieser ursprünglich „verabredeten", also vertraglich festgelegten Form nicht mehr besteht,
4. das Aufheben bzw. Aufgeben der ursprünglichen Familieneinheit (Vater, Mutter, Kind) nach einer Elterntrennung neue Festlegungen von Verbindlichkeiten und Verantwortung dem jeweils anderem Elternteil und dem Kind gegenüber auferlegt.

Von den Eltern, Mitarbeitern im Jugendamt, Mediatoren, Scheidungsberatern, Sachverständigen, Verfahrensbeiständen und dem Familiengericht ist somit in Bezug auf die Neuorientierung des Familiensystems zu erwarten, die Erwachsenen (meist die Eltern) und vor allem die Kinder darin zu unterstützen, ihre Beziehungen untereinander neu zu ordnen und zu gestalten, um dem Kind die bisher gelebten Beziehungen und Bindungen zu beiden Eltern zu erhalten.

Ferner sollte die elterliche Verantwortung insbesondere nach einer Trennung oder Scheidung zum Wohle des Kindes schnell wieder hergestellt und gestärkt werden, damit beide Eltern das Kind weiterhin betreuen, versorgen und begleiten können (vgl. auch die Hinweise im Familienrecht, die hier als pädagogische Gestaltungsaufträge besonders herausgestellt werden sollen: §§ 1626, 1627, 1631 BGB).

Basierend auf diesen Grundannahmen wurde in den 1970iger Jahren das so genannte Reorganisationsmodell in Abgrenzung zu dem damals schon überholten Desorganisationsmodell entwickelt.

Das defizitorientierte Desorganisationsmodell betonte eine trennungs- und scheidungsbedingte Familienauflösung und ausschließlich die negativen Folgen einer Trennung und Scheidung (vgl. die damalige Broken-Home-Debatte).

Das Reorganisationsmodell geht dagegen zu Recht davon aus, dass nach einer Trennung oder Scheidung das Familiensystem weiter existiert. Dessen Mitglieder sind wie vor der Trennung oder Scheidung auch weiterhin durch Interaktionen, Kommunikation, Kontakte, Aufgaben aller Art, Rollen, Beziehungen und Bindungen miteinander vereinigt. Bedeutsam ist, dass sich diese Kontakte und Beziehungen durch trennungs- und/oder scheidungsimmanente Veränderungen zwar grundlegend wandeln, aber so gut wie immer bestehen bleiben, selbst wenn lange Zeit nur über die Rechtsanwälte und das Familiengericht miteinander kommuniziert wird.

Deshalb wird nach heutiger Auffassung eine Trennung und Scheidung im Kontext von Familienentwicklungsprozessen als einer von vielen denkbaren familialen Übergängen (Transitionen) angesehen (so schon Fthenakis 2002, 228; Cierpka 1996, 209ff.; 2009).

Tabelle 3: *Familienentwicklungsübergänge (nach Carter/Mc Goldrick 1989)*

Auf die Familie einwirkende Anforderungsbereiche (Carter, B. & McGoldrick, M. (1989).
Ressourcen, vertikale und horizontale Stressoren in Familienentwicklungsübergängen (Transitionen).

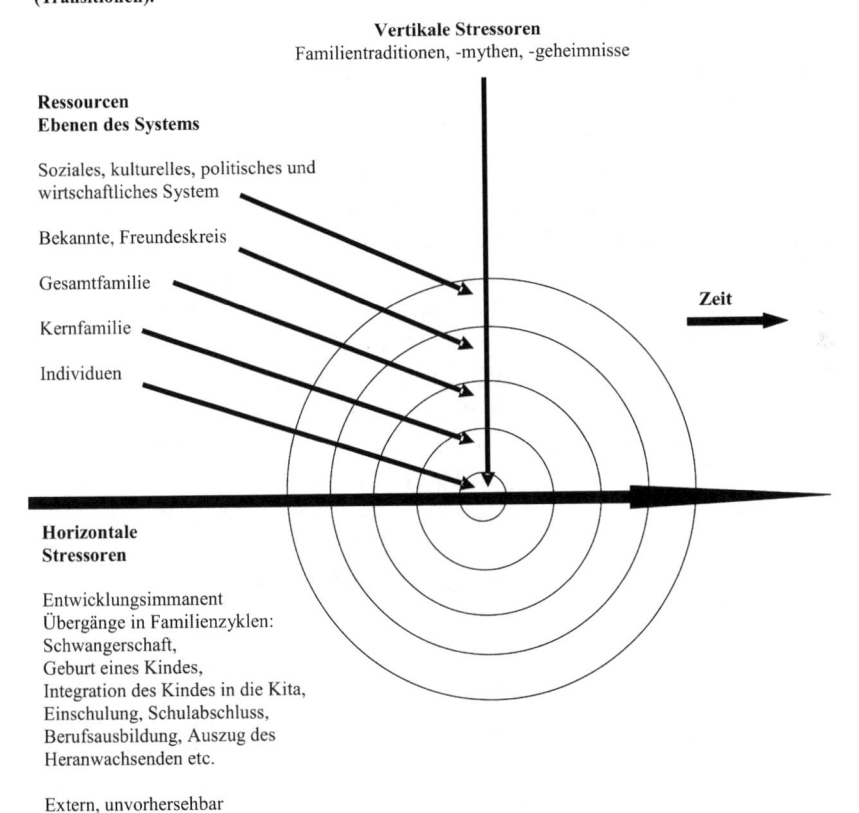

Vertikale Stressoren
Familientraditionen, -mythen, -geheimnisse

Ressourcen
Ebenen des Systems

Soziales, kulturelles, politisches und wirtschaftliches System

Bekannte, Freundeskreis

Gesamtfamilie

Kernfamilie

Individuen

Zeit

Horizontale Stressoren

Entwicklungsimmanent
Übergänge in Familienzyklen:
Schwangerschaft,
Geburt eines Kindes,
Integration des Kindes in die Kita,
Einschulung, Schulabschluss,
Berufsausbildung, Auszug des
Heranwachsenden etc.

Extern, unvorhersehbar
Tod, schwere Krankheit,
Unfall, Arbeitslosigkeit,
Verlust der Wohnung,
Trennung, Scheidung etc.

Als Weiterentwicklung des Transitionsmodells ist das Modell der „familialen Transition nach einer Trennung und Scheidung im Netzwerk" zu betonen. Die Erweiterung des Reorganisations- und Transitionsmodells um den Aspekt eines Netzwerkansatzes (Transitionsmodell im privaten und professionellen Netzwerk) hat den Vorteil, dass nunmehr alle bedeutsamen Personen für das Kind mit berücksichtigt werden, auch wenn diese nicht zur

Familie gehören, sondern beispielsweise zur Nachbarschaft oder zum Bekannten- sowie Freundeskreis. Mit dieser psychologischen Annahme stimmt auch die gesetzliche Regelung in § 1626 Abs. 3 BGB überein: „Zum Wohl des Kindes gehört in der Regel der Umgang mit beiden Elternteilen. Gleiches gilt für den Umgang mit anderen Personen, zu denen das Kind Bindungen besitzt, wenn ihre Aufrechterhaltung für seine Entwicklung förderlich ist."

Dieser Ansatz berücksichtigt darüber hinaus die für das Kind bedeutsamen Personen in der Schule, Kindertagesstätte, im Hort oder in Freizeiteinrichtungen oder auch die Tagesmutter, so, wie es die Rechtsprechung zur Frage der Kontinuität von Lebensbeziehungen des Kindes nach einer Trennung und Scheidung der Eltern in Bezug auf die sog. Umgebungskontinuität schon längst erkannt und thematisiert hat. Hat das Kind eine gleich starke Beziehung zu beiden Eltern und unterscheiden die Eltern sich nicht in ihrer Erziehungseignung, ist der Kontinuität der Umgebung, in der das Kind lebt, entscheidendes Gewicht beizumessen (OLG Hamm, Beschluss vom 3.2.2009 – 1 UF 206/08 = FamRZ 2009, 1757 u. BeckRS 2009, 27375).

Das Gesetz (§ 1626 Abs. 3 BGB) spricht allerdings nicht von Beziehungen, sondern von „Bindungen", obwohl nur Beziehungen gemeint sein können, da ein Kind aus bindungstheoretischer Sicht nur mit den Personen Bindungen haben kann, von denen es über einen langen Zeitraum, meist von Geburt an, im Alltag begleitet, betreut und versorgt wurde und das sind in aller Regel die Eltern, aber heutzutage fast nie mehr die Geschwister, Großeltern, Tante, Onkel oder Cousinen.

Kritisch anzumerken ist jedoch, dass das Reorganisationsmodell im Kern auch ein konservatives (bewahrendes) Element in sich birgt, wenn beispielsweise von der grundsätzlichen Unauflösbarkeit der Familie ausgegangen wird (Doherty/McDaniel 2012, 97; Jungbauer 2009, 119). Ebenso belegen Begriffe wie Trennungs-, Scheidungs- oder Nachscheidungsfamilie den Zustand fortbestehender Familienkonstellationen. Häufig berichten Eltern in diesem Zusammenhang (z.B. Jahre nach einer früheren Beratung, Mediation oder Begutachtung), dass, obwohl die rechtliche Trennung und Scheidung bereits vor Jahren erfolgte, eine tatsächliche Paar- und Elterntrennung erst mit dem Ausziehen des Kindes in eine eigene Wohnung eingetreten ist.

Möglicherweise trägt dieses Familienmodell auch nicht mehr den kulturellen und gesellschaftlichen Leitvorstellungen postmoderner Familien in hoch entwickelten Industrienationen nach rascher Verfügbarkeit, Flexibilität und Mobilität der Menschen Rechnung. Mit dieser Aussage wird nicht verkannt, dass die Bestimmung der Familie über ihre Funktionen (Reproduktion, Sozialisation, Produktion) durchaus die Gefahr in sich birgt, Familie von den gesellschaftlichen Anforderungen her zu begreifen und dementsprechend auch zu instrumentalisieren (Lüscher 2001, 19).

Da das ideologische Leitbild Reorganisation (auch Wiederherstellung oder Reinstitutionalisierung genannt) der Trennungs- und Scheidungsfamilie mit der Aufrechterhaltung von Generationenbeziehungen in Zusammenhang steht, ist ebenso eine eher traditionelle Orientierung an der Kleinfamilie erkennbar. Dennoch beinhaltet ein – gewollt oder ungewollt – theoretischer Schwerpunkt des Reorganisationsmodells auch die Bestandswahrung und Fortschreibung der Zwei-Generationen-Familie.

Mit Hilfe dieser vermutlich auch patriarchalisch gefärbten Ideologie wird dann unter einer Familie vordringlich das (biologische) Elternpaar mit gemeinsamen unselbständigen Kindern verstanden, auch wenn die Eltern nach einer Trennung oder Scheidung schon längst in zwei getrennten Haushalten leben und neue Partnerschaften geschlossen haben, in denen Kinder geboren sind.

Damit wird der sich in der gesamten mitteleuropäischen Kultur und auch in der bundesrepublikanischen Gesellschaft schon längst abzeichnenden Entwicklung alternativer und der Erstehe folgender familiärer Lebensformen zu wenig Rechnung getragen. Diese neuen „pluralen" Familienformen lassen sich seit einigen Jahrzehnten durch die Zunahme von so genannten Fortsetzungsfamilien dokumentieren (besser bekannt als „Stieffamilie"); Familien also, die durch Wiederverheiratungen oder Neugründungen nichtehelicher Lebensgemeinschaften mit einem leiblichen Elternteil entstehen.

Nichteheliche hetero- und homosexuelle Lebensgemeinschaften ohne Kinder und mit Kindern, allein erziehende Mütter und Väter, Stieffamilien, Pflege- und Adoptionsfamilien belegen die große Vielfalt familiärer Lebensformen der Postmoderne, auch wenn sie im Einzelfall durchaus eine statistische Minderheit und oft nur ein Durchgangsstadium darstellen.

Wird diese Vielfalt tatsächlicher Zusammenlebensformen berücksichtigt und soll „Familie" definiert werden, ist leicht feststellbar, dass sich eine eindeutige Begriffsklärung weder aus dem Alltagswissen noch aus der Wissenschaft ergibt.

Zunächst kann Familie als primäre Gruppe angesehen werden, die mehr Personen umfasst als die Ehegatten, die eingetragenen Lebenspartner oder die nicht verheirateten Lebenspartner. Die Institution der Familie umfasst also Personen, die Eltern sind bzw. Erziehungspersonen, die Elternaufgaben mit leiblichen und/oder nicht leiblichen Kindern wahrnehmen. Einfacher ausgedrückt: Bei einer privaten (in Abgrenzung zu professionellen Gruppierungen) und durch eine Generationendifferenzierung gekennzeichnete

I Das Kind vor dem Familiengericht bei Trennung und Scheidung

Gruppe von Menschen, bei denen berechtigterweise Kinder wohnen und leben, handelt es sich um eine Familie.

Immer mehr wird Familie nach dem Prinzip des gemeinschaftlichen Lebensvollzugs und der Generationsbeziehung definiert, wobei Elemente wie

- Abgrenzung,
- Privatheit,
- Nähe, Emotionalität, Intimität und
- Dauerhaftigkeit,

wichtige Merkmale dieser Gemeinschaftsform sind (so schon Schneewind 1991, 99f.; Lüscher 2001, 19).

Gleichgültig, ob man darüber hinaus Familie als eine auf Emotionalität und Intimität spezialisierte Lebensgemeinschaft ansieht oder als gesellschaftliche Institution, die grundlegende Bedürfnisse befriedigt, das Zusammenleben regelt und soziale Identität verleiht, ist die Familie für jedes Mitglied eine fundamentale Erfahrung.

Aufgrund ihrer bio-psycho-sozialen Dreifachnatur und der nach wie vor vorherrschenden weiblichen und männlichen Rollenmuster werden normalerweise in der Familie – kulturell durchaus veränderbar – unterschiedliche Aufgaben von Frauen und Männern wahrgenommen (beispielsweise in Bezug auf Beruf, Haushalt, Kindererziehung). Dabei besteht zwischen den Mitgliedern üblicherweise ein spezielles Kooperationsabkommen und eine Solidaritätsbeziehung, die auch durch die Differenzierung der Generationen (Großeltern, Eltern, Kinder) und Geschlechter gekennzeichnet ist.

Die ehelich und nichtehelich verbundene Familie wird im mitteleuropäischen Kulturkreis auch als Zwei-Generationen-, Kern- oder Kleinfamilie definiert.

Die erwachsenen Personen leben normalerweise in einer Einheit gewollter, „vertraglich" ausgemachter und bei Ehen oder eingetragenen Lebenspartnerschaften auch staatlich und möglicherweise ebenso kirchlich festgelegter Beziehungen miteinander. Der gesamte Verband ist in aller Regel in einer Lebens- und Hausgemeinschaft zusammengeschlossen. Dabei tragen insbesondere die biologischen oder faktischen Eltern, die mindestens ein Kind betreuen und versorgen, für ihr Leben und das Leben der anderen Mitglieder gemeinsam die Verantwortung.

Nach dieser Definition löst sich die Familie im Sinne dyadischer und triadischer Beziehungen einer zunächst gesetzlich oder „vertraglich" gesicherten interpersonalen Personengebundenheit nach der Trennung oder Scheidung auf, wenn beispielsweise

- die gemeinsame Lebens- und Wohnform,
- die im Haushalt übliche gemeinsame Kindererziehung,
- die von den Eltern miteinander gemeinsam erlebte Sexualität,
- die aufeinander bezogenen Beziehungen und
- gemeinsame (elterliche) Verantwortung sowie
- die gefühlsmäßigen Verbindungen

von den Erwachsenen aufgekündigt werden.

Selbst wenn alle ehemaligen Mitglieder der früheren Familie weiterhin miteinander in Kontakt stehen und somit auch untereinander interagieren, kommunizieren und weiterhin Funktionen sowie Rollen wahrzunehmen haben, unterliegen andere oben schon erwähnte Gemeinsamkeiten und die Bewältigung alltäglicher gemeinsamer kooperativer Erziehungs-, Betreuungs- und Versorgungsaufgaben erheblichen Veränderungen. Aber auch durch Betreuungs- und Versorgungsaufgaben der Kinder, „Geldverpflichtungen", meist Unterhaltszahlungen, bleiben ökonomische Verbindungen bestehen und in veränderter Form auch die emotionalen und psychosozialen Beziehungen und Bindungen der Erwachsenen und Kinder untereinander (Balloff 1998).

Gelingen positive und qualitativ neue Formen des Miteinanders, wird nach der Trennung oder Scheidung durchaus ein stabiler „reorganisierter" psychosozialer Familien-Verband entstehen, in dem jedes Mitglied der ehemaligen Familie in diesem Familiensystem einen bedeutsamen Stellenwert einnehmen wird. In diesem Fall werden sich auch für die Kinder neue familiäre Lebensformen beim Vater und bei der Mutter entwickeln, die keineswegs defizitär sein müssen, sondern meist sogar neue positive Entwicklungen ermöglichen.

Grundsätzlich erbrachte die neuere Scheidungsforschung, dass sich generelle Nachteile der Kinder nach einer Elterntrennung im Vergleich zu Kernfamilien nicht ausmachen lassen. Vielmehr stellt vor allem ein konfliktbelastetes Milieu (z.B. Unvereinbarkeiten und Gewalt) in Kernfamilien einen ungünstigen Entwicklungskontext dar, der durch das Aufwachsen in einer Trennungsfamilie gemildert werden kann, wenn die alten Partnerschaftskonflikte nach einer Trennung nicht in eine hochkonflikthafte Konstellationen einmünden (Walper/Gerhard 2003, 107; Hetherington/Kelly 2003; Proksch 2002; Wallerstein/Lewis/Blakeslee 2002; Walper/Fichtner/Normann 2011; Fichtner 2013, 46; Spindler 2012, 426f.).

Wichtiger als die eher theoretische Frage des Weiterbestehens oder die Auflösung der Familie nach Trennung und Scheidung der Eltern ist jedoch, dass die Erhaltung einer positiven Kind-Eltern-Beziehung des Kindes mit beiden Eltern in aller Regel dem Wohlergehen des Kindes dient. Das setzt voraus, dass die Eltern in der Lage sind, ihre nachpartnerschaftlichen Konflikte zu zähmen, miteinander respektvoll zu kooperieren und gemeinsam getragene Lösungen mit dem und für das Kind zu vereinbaren.

Hat das Kind zu beiden Eltern regelmäßige und vielfältige Kontakte, bewegt es sich in einem neuartigen psychosozialen Verband, der zwei neue „Kernfamilien" umfasst, die „Vaterfamilie" und die „Mutterfamilie", gleichgültig, ob das Kind eine Umgangsregelung in Anspruch nimmt oder von einem Elternteil zu anderen wechselt, also so oder so, zwei Zuhause hat.

Für das Kind und auch für die Eltern bilden sich nach der Trennung oder Scheidung meist zwei Familienkerne innerhalb des nach wie vor bestehenden Mehrgenerationenverbandes – die Vater– und Mutterfamilie –, die sich je nach Lebensplanung der Eltern auch zur Stieffamilie in einer nichtehelichen Lebensgemeinschaft oder durch Wiederverheiratung zu einer neuen ehelichen Lebensgemeinschaft mit einem Stiefelternteil fortsetzen können.

Diese Fortsetzungsfamilien können aus dem leiblichen Elternteil mit Kind(ern), neuem Partner, neuer Partnerin und möglicherweise deren Kind(ern) zusammengesetzt sein, wobei durchaus auch weitere, gemeinsame Kinder hinzukommen können.

Die seit dem 3.11.1982 vom Bundesverfassungsgericht zugelassenen Möglichkeit, die gemeinsame elterliche Sorge auch weiterhin nach Trennung und Scheidung auszuüben, hat sich zu einem faktischen Regelfall entwickelt (Schwarz 2011, 111), auch wenn die Juristen früher gern betonten, dass § 1671 BGB keinen Regelfall vorsieht (Völker/Clausius 2014, § 1 Rdnr. 191, mit ausführlichen Hinweisen auf die höchstrichterliche Rechtsprechung).

Heute kann festgehalten werden, dass die Beibehaltung der gemeinsamen elterlichen Sorge mit ca. 90% das bei Scheidung übliche Modell geworden ist (Schwarz 2011, 111; 2012 erfolgten insgesamt 88.863 Scheidungen mit 143.022 betroffen Kindern; 70.962 Eltern wurde die gemeinsame elterliche Sorge mangels eines Antrags belassen oder durch das Familiengericht übertragen; Proksch 2002, 404, nannte bereits für das Jahr 2002 die Anzahl von ca. 75%.).

Damit ist die gemeinsame elterliche Sorge nach Trennung und Scheidung kein Sonderphänomen spezieller, besonders kooperationsgeneigter Eltern, sondern ein Modell mit grundsätzlicher Akzeptanz in weiten Bevölkerungsteilen.

Dabei ist das Rechtsinstitut der gemeinsamen elterlichen Sorge – ähnlich wie ein hälftiges Wechselmodell – für sich genommen weder eine gute noch eine schlechte Lösung, sondern ein faktisches und meist ein juristisches Arrangement, das gut oder auch schlecht funktionieren kann, wie zu Zeiten des Zusammenlebens auch. Allerdings wird in der Literatur bisher kaum beachtet, dass die gemeinsame elterliche Sorge nach der Kindschaftsrechtsreform vom 1.7.1998 ein im Vergleich zu den Zeiten davor von 1982 bis 1998 eher abgespecktes Modell gemeinsamer rechtlich abgesicherter elterlicher Verantwortung und Entscheidungskompetenz beinhaltet.

Denn nun ist in § 1687 BGB u.a. geregelt, dass nur noch bei Entscheidungen in Angelegenheiten, deren Regelung für das Kind von *erheblicher Bedeutung* ist, gegenseitiges Einvernehmen vorliegen muss. Über *Angelegenheiten des täglichen Lebens*, die häufig vorkommen und keine schwer abzuändernden Auswirkungen auf die Entwicklung des Kindes haben, entscheidet der Elternteil, bei dem sich das Kind mit Einwilligung des anderen Elternteils oder aufgrund einer gerichtlichen Entscheidung gewöhnlich aufhält. In diesem Zusammenhang ist auch die alleinige Entscheidungsbefugnis desjenigen Elternteils zu nennen, bei dem sich das Kind aufhält und die die Entscheidungen in *Angelegenheiten der tatsächlichen Betreuung* betreffen.

Zudem hat derjenige Elternteil, bei dem sich das Kind aufhält ein *Notvertretungsrecht* (auch Notentscheidungskompetenz genannt) inne (§ 1687 Abs. 1 S. 5 BGB).

Tabelle 4: Regelungen nach § 1687 BGB

Im Einzelnen handelt es sich gemäß § 1687 BGB um folgende Anwendungsbereiche (Hoffmann 2013, § 1, Rdnr. 33-46; Völker/Clausius 2011, § 1 Rdnr. 247-254):

I. Regelungsbereich (1687 Abs. S. 1 BGB) – Angelegenheiten von erheblicher Bedeutung

Angelegenheiten von erheblicher Bedeutung können grds. nur im Einvernehmen beider sorgeberechtigten Eltern vorgenommen werden (vgl. auch § 1628 BGB, in dem gerichtliche Entscheidungen bei Meinungsverschiedenheiten der Eltern geregelt sind, „die für das Kind von erheblicher Bedeutung" sind).

I Das Kind vor dem Familiengericht bei Trennung und Scheidung

Vordringliche Regelungsinhalte:

Aufenthalt	Grundsatzfragen des Aufenthaltes, Wohnortwechsel, Auswanderung, Ferienaufenthalt im Ausland, langfristiger Schüleraustausch
Betreuung	Grundsatzfragen der tatsächlichen Betreuung (z. B. Wahl des Residenz-, Wechsel- oder Nestmodells); Wahl der Erziehungsgrundsätze
Schule	Zeitpunkt der Einschulung, Wahl der Schule, Schulart, Fächerkombinationen, Wiederholung der Schulklasse; ob, wann und gegebenenfalls welche weiterbildende Schule besucht werden soll, Umschulung, Schulwechsel; Besuch eines Internats
Kindertagesstätte	Besuch der Kita, Wahl der Kita, Art der Kita, Wechsel.
Ausbildung	Wahl der Lehre, Lehrstätte.
Gesundheit	Medizinische Eingriff, grds. Impfungen, Operationen, Beschneidung nach § 1631d BGB; Psychiatrische Behandlungen und andere medizinische Behandlungen(bei Eilfällen aber §§ 1687 Abs. 1 S. 5, 1629 Abs. S. 4 BGB beachten, Überweisungen in eine Kinder- und Jugendpsychiatrische Einrichtung oder in ein Sanatorium.
Umgang	Umgang mit dem anderen Elternteil, Ort und Dimensionen des Umgangs, Entscheidungen, die darüber getroffen werden müssen, ob das Kind generell Umgang mit den in §§ 1685, 1626 Abs. 3 S. 2 BGB angeführten Personen haben soll.
Verträge mit Casting-Agenturen	z. B. Verwertungsrechte an Foto- und Filmaufnahmen des Kindes
Reisen	Gesundheitsgefahren, mit denen bestimmte Auslandsreisen typischerweise verbunden sind, z.B. Fernreisen (umstritten).
Status- und Namensfragen	Familien- und Vornamensgebung
Fragen der Religion	Teilnahme am Religionsunterricht und Schulgottesdienst; Austritt aus der katholischen Kirche; christliche Taufe; Grundentscheidung der Bekenntniswahl, begrenzt durch Religionsmündigkeit des Kindes mit 14 Jahren (Gesetz über die religiöse Kindererziehung (§ 5 RKEG).
Geltendmachung von Unterhalt	ist stets von erheblicher Bedeutung
Vermögenssorge	Anlage und Verwendung von Kindesvermögen; alle genehmigungspflichtigen Rechtsgeschäfte nach § 1643 BGB (z. B. Ausschlagung einer Erbschaft).
Geld	z. B. Geldendmachung von Unterhalt

II. Regelungsbereich (1687 Abs. 1 S. 2 BGB) – Angelegenheiten des täglichen Lebens

Vorausgesetzt ist, dass das Kind bei dem betreffenden Elternteil, der die Alleinentscheidungsbefugnis in Angelegenheiten des täglichen Lebens innehat, dort also seinen Daseinsmittelpunkt hat. Angelegenheiten des täglichen Lebens (§ 1687 Abs. 1 S. 2 BGB): Routineerlaubnisse (Besuche bei Freunden, Entschuldigung im Krankheitsfall, Klassenfahrten, Tagesausflüge, Vereinsmitgliedschaften, Routinebesuche beim Arzt, Vorsorgeuntersuchungen).

Diese Befugnis wird demjenigen Elternteil zugebilligt, bei dem sich das Kind, beispielsweise im Rahmen des Residenz- oder Wechselmodells regelmäßig aufhält. Der „gewöhnliche Aufenthalt" entspricht dem der „Obhut" in § 1629 Abs. 2 S. 2 BGB. Es handelt sich hierbei um Angelegenheiten, die häufig vorkommen und die keine nur schwer abzuändernden Auswirkungen auf die Entwicklung des Kindes haben. Typischer Streitfall: Mit dem Kind zum Friseur gehen und die Haare schneiden lassen. Umstritten bei der Wechselregelung: Völker/Clausius 2011, schlagen eine analoge Anwendung des § 1687 Abs. 1 S. 2 BGB vor.

Die Pflicht zum sogenannten Wohlverhalten, die in § 1684 Abs. 2 S. 1 BGB geregelt ist, gilt entsprechend auch für den Anwendungsbereich des § 1687 BGB und erlangt gerade bei der Ausübung des Alleinentscheidungsrechts in Angelegenheiten des täglichen Lebens oder der täglichen Betreuung Bedeutung.

Das Gericht kann nach § 1687 Abs. 2 BGB die Alleinentscheidungsbefugnis in Angelegenheiten des täglichen Lebens und der täglichen Betreuung einschränken, ohne das die Eingriffschwelle einer Kindeswohlgefährdung nach § 1666 BGB erreicht sein muss.

Vordringliche Regelungsinhalte:

Betreuung	Betreuung im Alltag
Typische Alltagsangelegenheiten	Ernährung, Hygiene, wie z.B. Zähneputzen und waschen, Kleidung, Bettruhe, Fernsehzeiten, ungefährliche Freizeitgestaltung
Schule	Nachhilfeunterricht für das Kind in Anspruch nehmen, Entschuldigungen im Krankheitsfall, Besuch von Elternabenden, Teilnahme des Kindes an Sonderveranstaltungen (Tagesausflügen)
Gesundheit	Behandlung leichter Erkrankungen, Entscheidungen im Rahmen der gewöhnlichen medizinischen Versorgung des Kindes (s. auch § 1687 Abs. 1 S2 oder S. 4 § 1687 BGB)
Religion	Teilnahme an Gottesdiensten, Einhaltung von institutionell vorgegebenen religiösen Geboten
Reisen	Urlaub eines Elternteils mit Kind (ins ferne Ausland umstritten)
Aufenthalt	Aufenthalt während des Umgangs
Umgang	Kontakte des Kindes zu Nachbarn, Fernhalten eines unerwünschten Freundes
Vermögenssorge	Aufbewahrung von Geldgeschenken, Taschengeldfragen

I Das Kind vor dem Familiengericht bei Trennung und Scheidung

III. Regelungsbereich (§§ 1687 Abs. 4, 1687a BGB

Angelegenheiten der tatsächlichen Betreuung (1687 Abs. 4, 1687a BGB) beinhalten im Wesentlichen ebenso die Berechtigung Angelegenheiten des täglichen Lebens wahrzunehmen. Jedoch fehlt ohne Vollmacht des anderen Elternteils das Vertretungsrecht des Kindes in diesen Bereichen.

Vordringliche Regelungsinhalte:

Gesundheit	Z.B. notwendige ärztliche Behandlung bei plötzlich auftretenden Infektionen, ohne das Lebensgefahr besteht (ansonsten Inanspruchnahme des Notvertretungsrechtes)
Umgang	Ausgestaltung des Umgangs; z.B. Insbettgeh- und Schlafenszeiten.
Zeitdimension	Bei längeren rechtmäßigen Aufenthalten des Kindes beim nicht den Lebensmittelpunkt anbietenden Elternteils erweitern sich die Zuständigkeiten dieses Elternteils entsprechend den Erfordernissen der Aufenthaltsdauer.

IV. Regelungsbereich

Notvertretungsrecht und Alleinvertretungsrecht nach §§ 1687 Abs. 1 S. 5 i.V. mit 1629 Abs. 1 S. 4 BGB

Die aus §§ 1687 Abs. 1, 1629 Abs. 1 S. 4 BGB folgende Alleinentscheidungsbefugnis eines jeden Elternteils beinhaltet, dass bei Gefahr in Verzug jeder Elternteil berechtigt ist, alle erforderlichen Rechtshandlungen vorzunehmen, die zum Wohl und Schutz des Kindes notwendig sind. Dieses Recht steht jedem Elternteil in allen in §§ 1687 Abs. 1, 1687a BGB erwähnten Bereichen zu, wenn der andere Elternteil mit zumutbaren Bemühungen nicht zu erreichen ist.

Vordringliche Regelungsinhalte:

Gesundheit	Um eine zu befürchtende Gefährdung der Gesundheit abwenden
Vermögen	Um eine zu befürchtende Gefährdung des Vermögens abwenden

Entscheidend für ein am Wohl des Kindes ausgerichtetes Elternverhalten ist, dass grundsätzlich

– keine elterlichen Unvereinbarkeiten auftreten,
– die betreffenden Eltern auch über Krisen hinweg (unabhängig vom Sorgerechtsstatus) an der gemeinsamen elterlichen Verantwortung festhalten und vor allem in erzieherischen Angelegenheiten miteinander kooperieren (s. § 1687 Abs. 1 S. 1 BGB),

- eine Unterstützung des jeweils anderen Elternteils in seiner Beziehung zum Kind erfolgt und somit die Kontakte des Kindes mit beiden Eltern aktiv gefördert werden (beispielsweise kann auch der Umgangsberechtigte die Beziehung zum anderen Elternteil erheblich negativ berühren),
- eine flexible Teilung der elterlichen Verantwortung erfolgt und eine Übereinstimmung bei typischen und ausgehandelten sowie festgelegten Regeln erfolgt.

Es sind auch Konstellationen denkbar, in denen der Umgang des Kindes mit den Eltern bzw. einem Elternteil wegen Kindeswohlgefährdungsmöglichkeiten nach §§ 1666, 1666a BGB eingeschränkt oder ausgeschlossen werden muss, wie beispielsweise beim Vorliegen einer seelischen oder körperlichen Kindesmisshandlung, eines sexuellen Kindesmissbrauchs, bei einer Alkoholabhängigkeit der Eltern, bei schwerer seelischer Erkrankung oder Gewalttätigkeit etc.

Mit diesen mittlerweile von der Scheidungsforschung seit Jahren bestätigten Annahmen (Hetherington/Kelly 2003; Wallerstein/Lewis/Blakeslee 2002) hat sich am 3.11.1982 das Bundesverfassungsgericht (BVerfG, Urteil vom 3.11.1982 – 1 BvL 25/80, 1 BvL 38/80, 1 BvL 40/80, 1 BvL 12/81 = NJW 1983, 101-103) mit der richtungsweisenden Entscheidung zur Frage der Beibehaltung der gemeinsamen elterlichen Sorge nach Trennung und Scheidung befasst, wonach Eltern bei der Zusprechung der gemeinsamen elterlichen Sorge nach damaliger Auffassung

- erziehungsfähig sein mussten,
- gewillt und in der Lage sein mussten, gemeinsame elterliche Verantwortung zu tragen,
- und keine Gründe vorliegen durften, die im Interesse des Kindeswohls die Übertragung des Sorgerechts auf einen Elternteil angezeigt erscheinen lassen.

Durch die Neufassung des § 1671 BGB gehören allerdings diese mehr als 30 Jahre alten Vorgaben – ohne Antrag eines Elternteils oder beider Eltern oder ohne Kindeswohlgefährdung nach § 1666 BGB – nicht mehr zum Prüfkatalog jugendamtlichen, verfahrensbeiständigen, gutachtlichen und familienrichterlichen Handelns.

Einschränkend muss allerdings festgehalten werden, dass nach den Ergebnissen der Scheidungsforschung die Ausübung der gemeinsamen elterlichen Sorge bei nur geringem Konfliktpotential der Eltern Kummer und Belastungen der Kinder nicht in jedem Fall verhindern kann (so Wallerstein/

Blakeslee 1989; Furstenberg/Cherlin 1993; Fthenakis 1996; Wallerstein/ Lewis/Blakeslee 2002; Hetherington/Kelly 2003).

Fthenakis (1996, 57) berichtet beispielsweise, dass etwa ein Drittel der Kinder mittel- und langfristig eine Beeinträchtigung ihrer Entwicklung erfahren. Die langfristigen Folgen zeigen sich in einem erhöhten Risiko für psychische Erkrankungen, Problemen bei der Gestaltung von eigener Partnerschaft und Ehe, in delinquenten Verhaltensweisen und in einem erhöhten Selbstmordrisiko. Möglicherweise stehen die damaligen Ergebnisse auch mit einem Trennungsverlust aus Bindung und der damals noch weit verbreiteten Vaterabwesenheit nach einer Trennung und Scheidung der Eltern im Zusammenhang.

Proksch (2002,402) führte bereits 2002 in seinem Resümee der bisher umfassendsten rechtstatsächlichen Untersuchung zur Kindschaftsrechtsreform vom 1.7.1998 an, dass vor allem diejenigen Kinder psychosozial auffällig werden bzw. bleiben, deren Eltern Kontakte zueinander ablehnen bzw. feindselig gestalten.

Darüber hinaus ist schon lange als Ergebnis der gesamten nationalen und internationalen Scheidungsforschung bekannt, dass anhaltende Konflikte und Unvereinbarkeiten der Eltern vor, während und nach der Trennung und Scheidung, die ihnen keine gemeinsam getragenen Kompromisse oder Lösungen mehr ermöglichen, die Kinder äußerst beunruhigen und verunsichern und deren Entwicklung insbesondere im Leistungs- und Gefühlsbereich negativ beeinflussen (Staub/Felder 2004; Castellanos/Hertkorn 2014, Rdnr. 263ff.). Die Folgen können sich in Konzentrationsstörungen und Leistungsverweigerungen, insbesondere bei älteren Kindern durch Schulversagen, in psychosomatischen Störungen, in aggressiven und aufsässigen Verhaltensweisen und Trauer-, Schuld- und Angstgefühlen zeigen. Ebenso wird das Urvertrauen der Kinder und ihre Bindungs- und Beziehungsfähigkeit gestört (Figdor 1991, 1997, 70ff., 2012, 45ff.).

1.3 Trennung aus nichtehelicher Lebensgemeinschaft und Ehe

1.3.1 Nichteheliche Lebensgemeinschaft

Insgesamt bestehen, wie bereits oben erwähnt, im Jahr 2010 ca. 2,65 Millionen nichteheliche Lebensgemeinschaften zwischen Mann und Frau. Seit 1996 ist die Anzahl von 1,8 Millionen um 34% gestiegen (Münder 2013b, 632f.). In 804.000 Gemeinschaften (30%) wohnen und leben Kinder.

Im Statistisches Jahrbuch 2013 (Statistisches Jahrbuch 2013, 2 Bevölkerung, Familien, Lebensformen, 57) werden für das Jahr 2012 861.000 nichteheliche Lebensgemeinschaften mit 1.058.000 Kindern (je Familie 1,40 Kinder) angeführt (8.058.000 Ehepaare mit 9.607.000 Kindern – je Familie 1,69 Kinder; Alleinerziehende 2.698.000 Personen mit 2.231.000 Kindern – je Familie 1,39 Kinder).

Nach einer Definition des Bundesverfassungsgerichts (BVerfGE 1992, 87, 234f.; BVerfG 2.9.2004 – 1 BvR 1962/04, NVwZ 2005, 1178) beinhaltet eine nichteheliche oder eheähnliche Lebensgemeinschaft eine Gemeinschaft zwischen Mann und Frau, die auf Dauer angelegt ist und sich durch eine innere Verbundenheit auszeichnet, die ein gegenseitiges Einstehen der Partner zum Inhalt hat und somit über eine Beziehung in einer Haushalts- und Wirtschaftsgemeinschaft hinausgeht. Neben dieser Lebensgemeinschaft bestehen keine weiteren Lebensgemeinschaften.

Homosexuelle Paare als eingetragene bzw. auch nicht eingetragene Lebensgemeinschaft werden somit hierunter nicht subsumiert, so als ob es diese Gemeinschaften als nichteheliche Lebensgemeinschaften nicht gebe (Münder 2013b, 632). Für nichteheliche Lebensgemeinschaften bestehen grundsätzlich keine bzw. nur wenige gesetzliche Regelungen (vgl. hierzu Wabnitz 2012, 164: Zeugnisverweigerungsrechte und Angehörigenstatus nach Verlobung; Bedarfsgemeinschaftsregelungen; sozialhilferechtliche Regelungen).

Schriftliche Absprachen, Festlegungen oder formalisierte Regelungen in Schriftform oder notarieller Beglaubigung sind jedoch möglich und in den meisten Fällen auch sinnvoll. Bereits mehrfach wurde angeregt und diskutiert, anknüpfend an europäische Vorbilder, eine gesetzliche Regelung für nichteheliche Lebensgemeinschaften zu finden.

Im Gegensatz zur Ehe oder eingetragenen Lebenspartnerschaft erfolgt nach einer Trennung aus nichtehelicher Lebensgemeinschaft (heterosexuellen bzw. homosexuellen, aber nicht eingetragenen Gemeinschaft) kein Getrenntleben. Vielmehr ist mit der Trennung die nichteheliche Gemeinschaft beendet. Es besteht keine Verpflichtung, zur Aufrechterhaltung der Verbindung bestimmte Fristen einzuhalten.

Die in einer eheähnlichen Gemeinschaft geborenen gemeinsamen Kinder sind Kinder nicht miteinander verheirateter Eltern. Nach Artikel § Abs. 6 GG sind für die nichtehelichen Kinder durch die Gesetzgebung die gleichen Bedingungen für ihre leibliche und seelische Entwicklung und Stellung in der Gesellschaft zu schaffen wie für die ehelichen Kindern.

I Das Kind vor dem Familiengericht bei Trennung und Scheidung

Kinder in nichtehelichen Gemeinschaften sind gemeinschaftliche Kinder oder Kinder aus vorangegangenen Partnerschaften. Bei gemeinschaftlichen Kindern ist zunächst die Vaterschaft zu klären (vgl. §§ 1594ff. BGB durch den Vater oder im Rahmen einer gerichtlichen Feststellung nach § 1600d BGB). Danach kann nun nach neuester Rechtsentwicklung der Vater nach einer Vaterschaftsanerkennung eine Sorgeerklärung auch gegen den erklärten Willen der Mutter abgeben (§§ 1626a ff. BGB i.V. mit § 155a FamFG: Inkraftgetreten in neuer Fassung am 19.5.2013).

Es folgt nur eine negative Kindeswohlprüfung (darf dem Kindeswohl nicht widersprechen: § 1626a Abs. 2 S 2 BGB) im so genannten beschleunigten Verfahren (§ 155 FamFG). Die Sorgerechtsübertragung auf den Vater darf mithin nicht dem Kindeswohl widersprechen. Eine Kindeswohldienlichkeit ist somit nicht gefordert. Die Mutter hat unmittelbar nach der Geburt des Kindes eine Widerspruchsfrist von sechs Wochen (§ 155a Abs. 2 FamFG).

Äußerst problematisch gestaltete sich in der Vergangenheit der Umgang des nichtehelichen Vaters mit seinem Kind. Dadurch, dass bisher der Vater des nichtehelichen Kindes an der elterlichen Sorge nicht beteiligt war, hatte er auch grundsätzlich kein Recht auf einen persönlichen Umgang. Zwar hatten die Vormundschaftsgerichte damit begonnen, zum Wohle des Kindes § 1711 Abs. 2 BGB a.F. entsprechend anzuwenden und dem Vater einen Umgang mit dem Kind zuzubilligen. So konnte der Vater mit einer positiven Entscheidung dann rechnen, wenn nach langjährigem Zusammenleben in einer Familie ohne Ehe sich eine Vater-Kind-Beziehung herausgebildet hatte. Die Chancen des Vaters sanken trotz jahrelang gelebter Beziehung, wenn Spannungen zwischen den Eltern auftraten oder die Mutter einen anderen Mann geheiratet hat und eine Integration des Kindes in die neue Familie stattfinden sollte.

Das Umgangsrecht des Kindes mit den Eltern und nahen Bezugspersonen entspricht nach geltendem Kindschaftsrecht dem Kindeswohl (§ 1684 BGB) bzw. hat dem Kindeswohl zu dienen (§ 1685 BGB).

Nach § 1684 BGB hat das Kind ein Recht auf Umgang mit seinen Eltern. Jeder Elternteil ist zum Umgang mit dem Kind verpflichtet und berechtigt. Eine Einschränkung erfolgt nach § 1684 BGB nur bei einer Gefährdung des Kindeswohls.

Bezugspersonen, denen außer den Eltern das Umgangsrecht zustehen kann, sind nach § 1685 BGB die Großeltern und Geschwister, aber auch die Ehegatten oder früheren Ehegatten des Elternteils, sobald diese mit dem Kind längere Zeit in häuslicher Gemeinschaft gelebt haben.

Die Neufassung der Vorschrift vom 1. September 2009 hat das Umgangsrecht auf alle Bezugspersonen des Kindes erweitert, mit denen eine sozial-familiäre Beziehung besteht, insbesondere dann, wenn die betreffende Person mit dem Kind längere Zeit in einer häuslichen Gemeinschaft zusammengelebt hat.

1.3.2 Eingetragene Lebenspartnerschaften

Am 16. Februar 2001 ist das Lebenspartnerschaftsgesetz in Kraft getreten. Im Jahr 2011 lebten, wie oben bereits angeführt, nach den Erhebungen des Statistischen Bundesamtes (Statistisches Bundesamt, Wiesbaden 2013, Destatis vom 20.2.2013, Eingetragene Lebenspartnerschaften) in Deutschland rund 67.000 gleichgeschlechtliche Paare in einem Haushalt zusammen. Ungefähr 23.000 dieser Paare (etwa 37%) waren eine Eingetragene Lebenspartnerschaft. Im Jahr 2012 waren es bereits 73.000 gleichgeschlechtliche Lebensgemeinschaften, von denen 32.000 eingetragen waren und in denen 7.000 bis 13.000 Kinder und Jugendliche lebten (Coenen/Kannegießer 2013, S. 416).

Nach Hochrechnungen aus dem Mikrozensus des Jahres 2012 lebten nur in ca. 9% aller Lebenspartnerschaften (hier angenommene 73.000 gleichgeschlechtliche Lebensgemeinschaften) Kinder (Irle 2014, 23f.).

Neue und weitere Schätzungen des Statistischen Bundesamtes aus 2013, bestätigt durch Mikrozensuserhebungen, zeigen auf, dass ca. 7.200 Mädchen und Jungen in rund 5.000 Lebenspartnerschaften aufwachsen, während Dunkelfeldannahmen von ca. 18.000 Kindern ausgehen (Statistisches Jahrbuch 2013, 56; Statistisches Bundesamt 2013, Familie, Lebensformen und Kinder, 46).

Neuere und validere Daten werden sich voraussichtlich erst ab dem Jahr 2014/2015, einige Zeit nach Inkrafttreten des geplanten Gesetzes über die Statistik der Bevölkerungsbewegung und die Fortschreibung des Bevölkerungsstandes (Bevölkerungsstatistikgesetz – BevStatG) ergeben.

In Bezug auf Kinder in der eingetragenen Lebensgemeinschaft gibt es z. B. (noch) keine gemeinsame Sorge der Lebenspartner, sondern nur das so genannte kleine Sorgerecht nach § 9 Abs. 1 LPartG. Diese Bestimmungen zum Sorgerecht hatte das BVerfG in seiner Entscheidung vom 17. 7. 2002 verfassungsrechtlich gebilligt (abgedruckt in: NJW 2002, 2543; FamRZ 2002, 1169).

I Das Kind vor dem Familiengericht bei Trennung und Scheidung

Somit ist davon auszugehen, dass

- in Angelegenheiten von erheblicher Bedeutung der sorgeberechtigte Elternteil allein entscheidet,
- in Angelegenheiten des täglichen Lebens in Anlehnung an §§ 1626 ff. BGB zu verfahren ist.
- In Bezug auf diese Angelegenheiten steht dem Lebenspartner ein Vertretungsrecht für das Kind zu, § 1629 Abs. 1 BGB.
- Entscheidungen sollten jedoch wie bei Eheleuten im gegenseitigen Einvernehmen zum Wohle des Kindes getroffen werden.
- Bei Meinungsverschiedenheiten müssen die Partner versuchen sich zu einigen oder im Fall einer Nichteinigung das Familiengericht gemäß § 9 Abs. 3 LPartG anrufen, das die Befugnisse beschränken oder ausschließen kann.
- Bei akuter Gefahr für das Kind ist der Lebenspartner berechtigt, ohne Absprache mit dem sorgeberechtigten Elternteil nach § 9 Abs. 2 LPartG Entscheidungen zum Wohle des Kindes zu treffen. In Frage kommt beispielsweise die Vertretung des Kindes für eine medizinische Heilbehandlung nach einem Unglücksfall. Der sorgeberechtigte Elternteil ist dann unverzüglich von dieser Maßnahme in Kenntnis zu setzen.

Wie bereits mehrfach betont, ist eine gemeinsame Adoption von fremden Kindern durch die Lebenspartner bisher noch nicht möglich.

Aus der Rechtsprechung des BVerfG folgt seit längerem, dass nicht nur in einer Ehe eine Familie gegründet werden kann, sondern auch gleichgeschlechtliche Paare mit Kindern als Familie zu betrachten sind.

Die Partner einer eingetragenen Lebensgemeinschaft nach § 9 Abs. 6 LPartG i. V. mit § 1741 Abs. 2 BGB haben nach geltendem Recht die Möglichkeit, nur allein ein fremdes Kind anzunehmen, das auch das Kind des Lebenspartner sein kann. Allerdings ist anerkannt, dass das Kindeswohl einer Adoption eines fremden Kindes nicht entgegensteht. Somit kann aus Kindeswohlgründen der Familienplanung von Eheleuten, die ein fremdes Kind gemeinsam adoptieren möchten, kein verfassungsrechtlicher Vorrang aus dem Gesichtspunkt des Eheschutzes zukommen.

Es ist demnach zu erwarten, dass letztlich § 9 Abs. 7 LPartG dahingehend geändert wird, dass eine gemeinsame Annahme eines Kindes durch Lebenspartner die Bestimmungen des BGB über die Annahme eines Kindes durch Ehegatten sowie Art. 22 EGBGB Anwendung finden.

Nimmt ein Ehegatte das Kind des anderen an (Stiefelternadoption), so erlangt das Kind nach § 1754 Abs. 1 BGB die rechtliche Stellung eines gemeinschaftlichen Kindes der Ehegatten. Diese Handhabe besteht nach § 9 Abs. 7 LPartG mit Verweis auf § 1754 BGB auch für die Lebenspartnerschaft.

Umgangsrecht: Durch die Erweiterung des § 1685 Abs. 2 BGB[4] auf die Personen, mit denen das Kind eine sozial-familiäre Beziehung hatte (Bezugspersonen, die mit dem Kind längere Zeit in häuslicher Gemeinschaft

---

4 **§ 1685 BGB Umgang des Kindes mit anderen Bezugspersonen**
(1) Großeltern und Geschwister haben ein Recht auf Umgang mit dem Kind, wenn dieser dem Wohl des Kindes dient.
(2) Gleiches gilt für enge Bezugspersonen des Kindes, wenn diese für das Kind tatsächliche Verantwortung tragen oder getragen haben (sozial-familiäre Beziehung). Eine Übernahme tatsächlicher Verantwortung ist in der Regel anzunehmen, wenn die Person mit dem Kind längere Zeit in häuslicher Gemeinschaft zusammengelebt hat.
(3) § 1684 Abs. 2 bis 4 gilt entsprechend. Eine Umgangspflegschaft nach § 1684 Abs. 3 S. 3 bis 5 kann das Familiengericht nur anordnen, wenn die Voraussetzungen des § 1666 Abs. 1 erfüllt sind.
Fassung aufgrund des Gesetzes zur Reform des Verfahrens in Familiensachen und in den Angelegenheiten der freiwilligen Gerichtsbarkeit (FGG-Reformgesetz – FGG-RG) vom 17.12.2008, Inkraftgetreten am 1.9.2009.
§ 1684 Umgang des Kindes mit den Eltern
(1) Das Kind hat das Recht auf Umgang mit jedem Elternteil; jeder Elternteil ist zum Umgang mit dem Kind verpflichtet und berechtigt.
(2) Die Eltern haben alles zu unterlassen, was das Verhältnis des Kindes zum jeweils anderen Elternteil beeinträchtigt oder die Erziehung erschwert. Entsprechendes gilt, wenn sich das Kind in der Obhut einer anderen Person befindet.
(3) Das Familiengericht kann über den Umfang des Umgangsrechts entscheiden und seine Ausübung, auch gegenüber Dritten, näher regeln. Es kann die Beteiligten durch Anordnungen zur Erfüllung der in Absatz 2 geregelten Pflicht anhalten. Wird die Pflicht nach Absatz 2 dauerhaft oder wiederholt erheblich verletzt, kann das Familiengericht auch eine Pflegschaft für die Durchführung des Umgangs anordnen (Umgangspflegschaft). Die Umgangspflegschaft umfasst das Recht, die Herausgabe des Kindes zur Durchführung des Umgangs zu verlangen und für die Dauer des Umgangs dessen Aufenthalt zu bestimmen. Die Anordnung ist zu befristen. Für den Ersatz von Aufwendungen und die Vergütung des Umgangspflegers gilt § 277 des Gesetzes über das Verfahren in Familiensachen und in den Angelegenheiten der freiwilligen Gerichtsbarkeit entsprechend.

gelebt oder sonst tatsächliche Verantwortung getragen haben) hat der Lebenspartner bei Vorliegen der Kindeswohldienlichkeit ein Umgangsrecht. Ausschlaggebend ist somit nicht der Sorgerechtsstatus, sondern die den Umgang begehrende Person, wenn eine enge tragfähige Beziehung zwischen dem Kind und dem Partner besteht, der nicht der Elternteil ist.

Ebenso ist § 1682 BGB (Verbleibensanordnung zugunsten von Bezugspersonen) auf jenen Lebenspartner ausgedehnt worden, der mit dem Kind eines Elternteils längere Zeit in einem Haushalt zusammen gelebt hat. Dieser Stiefelternteil kann die Herausgabe an den anderen Elternteil verweigern, wenn es mit dem Kindeswohl entspricht.

§ 269 Abs. 1 Nr. 3. u. 8. FamFG erfasst die Lebenspartnerschaftssachen, die die elterliche Sorge für ein gemeinschaftliches Kind, das Umgangsrecht, die Herausgabe eines gemeinschaftlichen Kindes oder den Unterhaltsanspruch des Kindes betreffen.

Das Lebenspartnergesetz (LPartG) sieht ein förmliches Getrenntleben vor. In § 15 Abs. 5 LPartG ist der Begriff des Getrenntlebens festgelegt, gleichzeitig wird auf die anwendbare Vorschrift im Bürgerlichen Gesetzbuch gemäß § 1567 BGB verwiesen.

Nach dieser Vorschrift ist die willentliche und zielgerichtete Aufhebung der häuslichen bzw. der ehelichen Lebensgemeinschaft ausschlaggebend. Es muss demnach eine entsprechende und übereinstimmende Trennungserklärung wie bei Ehepartner abgegeben werden, die eine willentlich dauerhafte Trennung beinhaltet.

Die eingetragene Lebenspartnerschaft endet durch eine familiengerichtlichlich (§ 661 ZPO) ausgesprochene Aufhebung nach § 15 Abs. 1 LPartG.

Die Voraussetzungen für eine Aufhebung einer Lebenspartnerschaft entsprechen weitgehend denen der Ehescheidung (§ 15 Abs. 2 LPartG). Es besteht wie bei der Ehescheidung Anwaltszwang.

Folgen der Aufhebung können sich beispielsweise im nachpartnerschaftlichen Unterhalt zeigen (§ 12 LPartG i.V. mit §§ 1631 u. 1609 BGB u. § 16

---

(4) Das Familiengericht kann das Umgangsrecht oder den Vollzug früherer Entscheidungen über das Umgangsrecht einschränken oder ausschließen, soweit dies zum Wohl des Kindes erforderlich ist. Eine Entscheidung, die das Umgangsrecht oder seinen Vollzug für längere Zeit oder auf Dauer einschränkt oder ausschließt, kann nur ergehen, wenn andernfalls das Wohl des Kindes gefährdet wäre. Das Familiengericht kann insbesondere anordnen, dass der Umgang nur stattfinden darf, wenn ein mitwirkungsbereiter Dritter anwesend ist. Dritter kann auch ein Träger der Jugendhilfe oder ein Verein sein; dieser bestimmt dann jeweils, welche Einzelperson die Aufgabe wahrnimmt.

LPartG i.V. mit §§ 1570 bis 1586b BGB), in Fragen über die Nutzung der gemeinsamen Wohnung (§ 14 LPartG) oder in Fragen der Nutzung der Haushaltsgegenstände (§ 13 LPartG) etc.

1.3.3 Trennung und Scheidung aus Ehe

Die nur im Rahmen einer anwaltlichen Vertretung (Anwaltszwang) mögliche Ehescheidung (Scheidungssachen: §§ 1564 bis 1568 BGB) bedeutet die Auflösung der Ehe nach Antrag eines oder beider Ehegatten durch gerichtliche Entscheidung (§ 1564 S. 1 BGB, § 121 Nr. 1 FamFG) des Familiengerichts mit Wirkungen für die Zukunft angesichts bestimmter Scheidungsgründe.

Die Scheidung beruht anders als die Eheaufhebung nicht auf Mängeln bei der Eheschließung, sondern die Scheidungsgründe beziehen sich auf Umstände, die erst nach der Eheschließung eingetreten sind (der Gesetzgeber spricht vom Scheitern der Ehe: § 1565 Abs. 1 BGB) und die Ehe „zerrüttet" haben (sog. Zerrüttungsscheidung seit 1976 statt Verschuldungsscheidung).

Eine besondere Spezialität des deutschen Scheidungsverfahrens ist der Verbund von Scheidungs- und Folgesachen, der es dem Familiengericht grundsätzlich möglich macht, aber nicht in allen Fällen zwingend auferlegt, über die Scheidung der Ehe und die wichtigsten Scheidungsfolgen in ein und demselben Verfahren zu entscheiden (sog. Verbund nach § 137 FamFG: Ausnahme z.B. Kindschaftssachen als Folgesache, wenn das Familiengericht die Einbeziehung aus Kindeswohlgründen nicht für sachgerecht hält – § 137 Abs. 3 FamFG).

Bis auf den Versorgungsausgleich, der im Zwangsverbund von Amts wegen erfolgt, hängt der sonstige Eintritt des Verbundes vom verfahrensrechtlichen Verhalten der Beteiligten (früher Parteien) ab, da es einen Zwangsverbund nicht mehr gibt: Klagt beispielsweise einer der Beteiligten (Beteiligte sind die Ehegatten; bei bigamischer Ehe auch der frühere Ehegatte) rechtzeitig auf Unterhalt oder wird eine Regelung der elterlichen Sorge oder des Umgangs angeregt, so werden Scheidungs-, Unterhalts-, Sorgerechts- und Umgangsverfahren miteinander verbunden, soweit Entscheidungen für den Fall der Scheidung zu treffen sind.

Wenn also ein Elternteil vor Schluss der mündlichen Verhandlung im Scheidungsverfahren ein Sorgerechts- oder Umgangsverfahren mit dem Ziel anhängig macht, ihm beispielsweise das Sorgerecht allein zu übertragen, kann hieraus ein Sorgerechtsverfahren, verbunden mit dem Scheidungsver-

I Das Kind vor dem Familiengericht bei Trennung und Scheidung

fahren erwachsen (§ 137 Abs. 3 FamFG), solange das Gericht die Einbeziehung aus Gründen des Kindeswohls für sachgerecht hält.

Die Ehe ist gescheitert (§ 1565 Abs. 1 S. 1 BGB), wenn die Lebensgemeinschaft der Ehegatten nicht mehr besteht und nicht erwartet werden kann, dass sie die Ehegatten wiederherstellen (Zerrüttungsprinzip). Unwiderlegbar ist die Ehe gescheitert, wenn die Ehegatten seit einem Jahr getrennt leben und beide die Scheidung beantragen oder der Antragsgegner der Scheidung zustimmt oder wenn die Ehegatten bereits seit drei Jahren getrennt leben (§ 1566 BGB).

Eine der vielfältigen Rechtswirkungen getrennt lebender oder geschiedener Ehegatten erfasst die elterliche Sorge. Ohne Antrag der Eltern besteht normalerweise der Zustand der gemeinsamen elterlichen Sorge nach einer Elterntrennung oder Scheidung weiter. Dennoch kann ein Elternteil oder beide Eltern einen Antrag auf Regelung der elterlichen Sorge stellen und anregen, dass auch das Umgangsrecht geregelt wird.

Da es sich bei dem elterlichen Sorgerecht nach einer Trennung oder Scheidung weiterhin um ein gemeinsames pflichtgebundenes Recht der Eltern zum Schutze und im Interesse des Kindes handelt, ist faktisch nicht sichergestellt, dass die Pflichtbindung des Elternrechts immer – erst Recht nicht nach einer Trennung der Eltern – eine hinreichende Gewähr für eine Harmonisierung von Elterninteressen und Kinderbedürfnissen bietet, z.B.:

1. zu Fragen des Aufenthaltes des Kindes – § 1628 BGB
2. in Erziehungsfragen – § 1628 BGB
3. zu Fragen des Umfangs der Befugnis zur alleinigen Entscheidung – § 1687 Abs. 2 BGB
4. zu Fragen des Umgangs des Kindes mit den Eltern – § 1684 Abs. 3 u. 4 BGB
5. zu Fragen der Auskunft über die persönlichen Verhältnisse des Kindes – § 1686 S. 2 BGB
6. zu Fragen der Vertretung des Kindes – § 1629 Abs. 2 u. 3 BGB
7. bei Änderungen des Sorgerechts – § 1696 BGB.

In Artikel 18 Abs. 1 der Konvention über die Rechte der Kinder (UN-Übereinkommen über die Rechte der Kinder vom 20.11.1989 – UN-Kinderrechtskonvention) ist u.a. festgelegt, dass sich die Vertragsstaaten nach besten Kräften zu bemühen haben, die Anerkennung des Grundsatzes sicherzustellen, dass beide Eltern gemeinsam für die Erziehung und Entwicklung des Kindes verantwortlich sind.

Dabei richtet sich die UN-Kinderrechtskonvention unter Betonung der gemeinsamen Verantwortung beider Eltern z.B. gegen traditionelle, weltweit noch vorhandene patriarchalische Rechtsordnungen, nach denen das Personensorgerecht ganz oder überwiegend dem Vater vorbehalten ist.

Die Vorbehaltserklärung hat die deutsche Bundesregierung am 15.7.2010 zurückgenommen, sodass nun die Diskriminierung von Flüchtlingskindern eingedämmt werden kann und das Kindeswohl in Bezug auf alle Kinder und Jugendliche Vorrang hat (Trenczek/Tammen/Behlert 2011, S. 66)[5].

In Deutschland wurde schon lange vor den letzten Familien-, Kindschaftsrechts- und Familienverfahrensrechtsreformen aus Art. 18 Abs. 1 S. 1 der Kinderrechtskonvention der Schluss gezogen, künftig werde die elterliche Sorge auch bei geschiedenen Ehen, bei dauernd getrennt lebenden Eheleuten und bei nichtehelichen Kindern grundsätzlich stets beiden Eltern zustehen.

Ob der Automatismus der Beibehaltung der gemeinsamen elterlichen Sorge ohne Antragstellung der Eltern nach § 1671 BGB, mit der Folge, dass das Kind im Jugendamt und Familiengericht kein Gehör mehr findet gegen Art. 9 Abs. 2 und Art. 12 Abs. 2 der UN-Kinderrechtskonvention verstößt, ist rechtlich noch nicht geklärt (Johannsen/Henrich/Jaeger 2010, Familienrecht, § 1671 BGB, Rdnr. 7). Allerdings wird seit Jahren gefordert, dass eine Umsetzung jeder einzelne Vorschrift der UN-Kinderrechtskonvention die Aufnahme des Kindeswohlvorrangs in das Grundgesetz verlangt (vgl. hierzu beispielhaft Lütkes/Sedlmayr 2012, 187). Mit dieser Auffassung wird deutlich, dass ebenso Kinderrechte (Peschel-Gutzeit 2008, 472f.; Hohmann-Dennhardt 2012, 185; Lütkes/Sedlmayr 2012, 187; a.A. Luthe 2014, 94) in das Grundgesetz gehören.

---

5 Artikel 18 [UN-Konvention über die Rechte der Kinder]
   (1) Die Vertragsstaaten bemühen sich nach besten Kräften, die Anerkennung des Grundsatzes sicherzustellen, dass beide Elternteile gemeinsam für die Erziehung und Entwicklung des Kindes verantwortlich sind. Für die Erziehung und Entwicklung des Kindes sind in erster Linie die Eltern oder gegebenenfalls der Vormund verantwortlich. Dabei ist das Wohl des Kindes ihr Grundanliegen.
   (2) Zur Gewährleistung und Förderung der in diesem Übereinkommen festgelegten Rechte unterstützen die Vertragsstaaten die Eltern und den Vormund in angemessener Weise bei der Erfüllung ihrer Aufgabe, das Kind zu erziehen, und sorgen für den Ausbau von Institutionen, Einrichtungen und Diensten für die Betreuung von Kindern.
   (3) Die Vertragsstaaten treffen alle geeigneten Maßnahmen, um sicherzustellen, dass Kinder berufstätiger Eltern das Recht haben, die für sie in Betracht kommenden Kinderbetreuungsdienste und -einrichtungen zu nutzen..

I Das Kind vor dem Familiengericht bei Trennung und Scheidung

Mit der Aufnahme von eigenständigen Kinderrechten in das Grundgesetz (z.B. in Art. 6 GG) würde ein Perspektivwechsel in Richtung mehr eigenständige Rechte für das Kind eingeleitet werden.

Die grundlegenden nationalen und internationalen Veränderungen der rechtlichen Rahmenbedingungen und der familiären pluralen Lebenssituationen der Familien haben neue Aufgaben und Herausforderungen an das staatliche Gemeinwesen mit sich gebracht.

Ein Ziel künftiger realitätsgerechter Grundgesetzänderung wäre die Klarstellung, dass Kinder heute die Förderung nicht nur ihrer Eltern, sondern auch die des Staates benötigen (z.B. Kindertagesstätten, Schulen). Kinder müssen deshalb auch gestärkt werden, was die Wahrnehmung ihrer eigenen Rechte angeht (Künast 2008, 478; Peschel-Gutzeit 2008, 472f.).

Auch im materiellen Familienrecht und Familiengerichtsverfahren sind trotz etlicher Verbesserungen (z.B. Beteiligtenstellung des Kindes; Bestellung eines Verfahrensbeistands für das Kind) Kinderrechte nach wie vor unterrepräsentiert: Im Familienrecht, Familienverfahrensrecht, Familiengerichtsverfahren, Kinder- und Jugendhilferecht und im neuen Bundeskinderschutzgesetz[6] dominiert der fürsorgerische, helfende, unterstützende Aspekt. Eigene Rechte und Ansprüche des Kindes (z.B. Gestaltungs-, Mitsprache-, und Antragsrechte – Balloff 2012, 216) zur Bewältigung der kon-

---

6 Am 1. Januar 2012 ist das neue Bundeskinderschutzgesetz in Kraft getreten. Das Gesetz steht für Verbesserungen im Kinderschutz in Deutschland. Zentrale Grundlagen sind:
  – leicht zugängliche Hilfeangebote für Familien vor und nach der Geburt und in den ersten Lebensjahren des Kindes. Alle wichtigen Akteure im Kinderschutz – wie Jugendämter, Schulen, Gesundheitsämter, Krankenhäuser, Ärztinnen und Ärzte, Schwangerschaftsberatungsstellen und Polizei – werden in einem Kooperationsnetzwerk zusammengeführt.
  – Nachhaltige Stärkung des Einsatzes von Familienhebammen und der Netzwerke "Frühe Hilfen".
  – Ausschluss einschlägig Vorbestrafter in der Zusammenarbeit mit Kindern in der Kinder- und Jugendhilfe

kreten Lebenssituation und schwieriger Lebensbedingungen stellen auch außerhalb des Gerichtsverfahrens die Ausnahme dar (vgl. aber die Neufassung des § 8 Abs. 3 SGB VIII) die dem Kind jetzt eine altersunabhängige Handlungsfähigkeit und einen Leistungsanspruch auf Beratung zubilligt, der über den materiell-rechtlichen Charakter hinaus auch verfassungsrechtliche Bedeutung hat (Kunkel/Kepert 2014, § 8 SGB VIII, Rdnr. 23).

Bei unüberwindbaren Interessengegensätzen zwischen Eltern und Kind sollte das Jugendamt oder ein Verfahrensbeistand im Falle einer Trennung und/oder Scheidung der Eltern die Interessen des Kindes wahrnehmen, um beispielsweise sicherzustellen, dass im Fall einer (Pseudo)Einigung der (z.B. bei einer alkohol- und Drogenabhängigkeit der Eltern) Eltern oder trotz anhaltender Konflikte mit dem Kind, das Kind angehört wird (Anhörung im Jugendamt oder Familiengericht). Hier haben Kindertagesstätten und Schulen in schweren Konfliktfällen der Eltern untereinander oder mit dem Kind eine besondere Verantwortung wahrzunehmen und gegebenenfalls bei einer Kindeswohlgefährdung im Namen des Kindes Mitteilungen an das Jugendamt oder Familiengericht zu machen.

Da das Kind in seinen Rechten und seiner Subjektstellung immer von einer Trennung und/ oder Scheidung der Eltern oder der Eltern/ Stiefeltern betroffen ist, muss von einer Verfahrenspflicht des Familiengerichts zur Kindesanhörung auch bei Einvernehmen der Eltern ausgegangen werden, zumindest, wenn das Kind nach Alter und Entwicklungsstand in der Lage ist, sich eine eigene Meinung zu bilden.

Reformen, die Regelungen der gemeinsamen elterlichen Sorge nach § 1671 BGB zum Inhalt hatten, betonten vor Einführung der gemeinsamen elterlichen Sorge nach Trennung und Scheidung in den achtziger Jahren des

---

- Verhinderung des "Jugendamts-Hopping": Das Gesetz will sicherstellen, dass bei Umzug der Familie das neu zuständige Jugendamt die notwendigen Informationen vom bisher zuständigen Jugendamt bekommt, die es braucht, um das Kind wirksam zu schützen.
- Befugnisnorm für Berufsgeheimnisträger zur Informationsweitergabe an das Jugendamt: Häufig ist eine Kindesgefährdung für Ärzte oder andere so genannten Berufsgeheimnisträgern als erste erkennbar. Das Gesetz bietet erstmals eine klare Regelung, die einerseits die Vertrauensbeziehung zwischen Arzt und Patient schützt, andererseits aber auch die Weitergabe wichtiger Informationen an das Jugendamt ermöglicht.
- Regelung zum Hausbesuch: Der Hausbesuch wird zur Pflicht – allerdings nur dann, wenn dadurch der wirksame Schutz des Kindes nicht in Frage gestellt ist und seine Durchführung nach fachlicher Einschätzung erforderlich ist.

20. Jahrhunderts die Wächterfunktion des Staates im Falle einer Trennung, Scheidung und Sorgerechtsregelung. Damals wurde diese durch Elterntrennung verursachte Wächterfunktion nicht nur als staatliche Minimalkontrolle angesehen, sondern als spezifisch ausgestalteter, situationsbedingter Kinderschutz im Sinne einer formal definierten Ordnungsfunktion. Hierbei war das Kindeswohl die Legitimationsgrundlage der staatlichen Intervention. Damit eröffnete das Wohl des Kindes dem Staat nicht nur die Möglichkeit, in die Autonomie der Familie und der Elternrechte einzugreifen; vielmehr wurde nach dem Kindeswohl auch der Grad der Intensität einer Einmischung vorgegeben. So musste das Elternpaar eine obligatorische richterliche Überprüfung seiner Möglichkeiten und Kompetenzen als Konsequenz des Auseinandergehens hinnehmen, um der damals üblichen kindeswohlorientierten Einzelfallgerechtigkeit Genüge zu tun.

Diese Auffassung hat nach der Neufassung des § 1671 BGB nur noch im Fall einer Antragstellung eines Elternteils oder beider Eltern oder im Fall einer Kindeswohlgefährdung nach § 1666 BGB Bestand.

Um im Fall einer Antragstellung der Eltern eine kindeswohlgerechte Entscheidung treffen zu können, ist das Familiengericht nach wie vor an die dem Kindeswohl zugeordneten Sorgerechtskriterien gebunden, die von Wissenschaft und Rechtsprechung entwickelt worden sind.

Entscheidend sind dabei allein die Belange und die Qualität der Beziehungen und Bindungen des Kindes, nicht etwa moralische Anrechte eines Elternteils auf das Kind. Alter und Geschlecht des Kindes begründen kein Vorrecht des einen oder anderen Elternteils, wie auch bei der Sorgerechtsverteilung Väter und Mütter gleiche Rechte haben. Einen Mutter- oder Vatervorrang gibt es grundsätzlich aus psychologischer Sicht nicht. Die Bedeutung des Vaters für eine gesunde Entwicklung des Kindes scheint mittlerweile in Deutschland unter wissenschaftlichen Aspekten nicht mehr umstritten zu sein (Balloff 2011, 349).

2 Vermittlung bei Trennung und Scheidung

2.1 Vermittlung im familiengerichtlichen Verfahren

Die Rechte des Kindes zu stärken ist am besten erreichbar, wenn sich die Erwachsenen – Eltern und die anderen am Scheidungsverfahren Beteiligten – verantwortungs- und respektvoll sowie einfühlsam und feinfühlig der Bedürfnisse, Wünsche und Vorstellungen der Kinder annehmen, deren Wünsche und Willen zur Kenntnis nehmen und *für* sie und *mit* ihnen eine am Wohlergehen der Kinder orientierte Lösung anstreben (Balloff 2013, 307).

Dieses Konzept der „Intersubjektivität" entspricht heute mehr denn je einem psychologischen Grundverständnis im professionellen Umgang mit Menschen, *über* diese nach Möglichkeit nicht zu befinden, sondern *mit* ihnen Einvernehmen herzustellen (siehe auch §§ 156, 158, 163 Abs. 2 FamFG), Lösungsmöglichkeiten anzusprechen, zu diskutieren und anzustreben (Balloff 2002; 2012; 2013a).

Diese Überzeugung, eher mit den Beteiligten ein Einvernehmen herzustellen und bestenfalls eine Lösung zu finden, als über diese eine Entscheidung zu treffen, und hierbei auch ein besonderes Augenmerk auf die Belange des Kindes zu richten, ist mittlerweile im Zuge der Kindschaftsrechtsreform vom 1.7.1998 eine fachliche Evidenz und beispielsweise in dem damals richtungweisenden § 52 FGG (ersetzt am 1. September 2009 durch § 156 FamFG) wiederzufinden, wenn bereits ausdrücklich in § 52 Abs. 1 S. 1 FGG a.F. festgelegt wurde, dass in einem die Person eines Kindes betreffenden Verfahren das Gericht so früh wie möglich und in jeder Lage des Verfahrens auf ein Einvernehmen der Beteiligten hinwirken soll.

Jetzt ist in § 156 Abs. 1 FamFG festgelegt, dass das Familiengericht in Kindschaftssachen, die

– die elterliche Sorge bei Trennung und Scheidung,
– den Aufenthalt des Kindes,
– das Umgangsrecht oder
– die Herausgabe des Kindes betreffen,

in jeder Lage des Verfahrens auf ein Einvernehmen der Beteiligten hinwirken soll, wenn dies dem Kindeswohl nicht widerspricht.

Das Familiengericht „weist auf die Möglichkeiten der Beratung durch Beratungsstellen und –dienste der Träger der Jugendhilfe insbesondere zur Entwicklung eines einvernehmlichen Konzepts für die Wahrnehmung der elterlichen Sorge und elterlichen Verantwortung hin" (§ 156 Abs. 1 S. 2 FamFG). Das Gericht kann auf eine Mediation und andere außergerichtliche Streitbelegungskonzepte hinweisen und sogar anordnen, dass die Eltern an einer Beratung nach Satz 2 teilnehmen (z.B. nach §§ 17, 18, 28 SGB VIII) (Meysen 2014, FamFG § 156, Rdnr. 4–17).

Diese schwierige Aufgabe einer Konfliktregulierung unter Beteiligung aller Familienangehörigen in der Trennungs- und Scheidungsfamilie wird nur gelingen, wenn sich Eltern, Rechtsanwälte, Verfahrensbeistand, Mitarbeiter im Jugendamt, gegebenenfalls auch der psychiatrische oder psychologische Sachverständige und die Familienrichter bemühen, auch mit dem Kind eine Klärung aller schwierigen Fragen herbeizuführen. So sollten sie beispielsweise den Aufenthalt und damit den Wohnsitz oder auch die beiden Wohnsitze des Kindes bestimmen oder die Kontakte zu dem Elternteil stabilisieren, bei dem sich das Kind bisher nicht überwiegend aufhält, und die Besuchskontakte (Umgang nach § 1684 BGB) zu diesem und zu allen anderen bedeutsamen Personen des Kindes festlegen (§ 1626 Abs. 3 BGB), die im § 1685 BGB angeführt sind (beispielsweise leibliche Großeltern mütterlicher- und väterlicherseits, Geschwister – § 1685 Abs. 1 S. 2 BGB).

Gleiches gilt auch für enge Bezugspersonen des Kindes, wenn diese für das Kind tatsächliche Verantwortung tragen oder getragen haben (sozialfamiliäre Beziehung), den Ehegatten oder früheren Ehegatten sowie den Lebenspartner oder früheren Lebenspartner eines Elternteils, der mit dem Kind längere Zeit in häuslicher Lebensgemeinschaft gelebt hat, und für Personen, bei denen das Kind längere Zeit in Familienpflege war – § 1685 Abs. 2 S. 1 BGB).

2.2 Einvernehmenorientiertes Vorgehen

Aus der Erkenntnis, dass ungelöste Trennungs-, Scheidungs-, Sorge- und Umgangsrechtskonflikte außerordentlich bedeutsame Risikofaktoren für Kinder und letztlich auch für die Eltern sind, wurden in den letzten Jahren spezielle auf die Hochkonflikt-, Problem-, Trennungs- und Scheidungsfamilie zugeschnittene Beratungs- und Interventionsmodelle entwickelt (Hötker-Ponath 2011, 136f.; Walper/Fichtner/Normann 2011).

Eine Mediation, Beratung, Familientherapie oder Psychotherapie mit dem Elternpaar (Bornstein/Bornstein 1993; Diez/Krabbe/Thomsen 2009; Doherty/McDaniel 2012; Moll-Vogel 2013;), der Familie, mit einzelnen Personengruppen, die Subsysteme der Familie darstellen, oder mit der gesamten Familie kommt häufig erst dann zustande, wenn dysfunktionale Abläufe in der Interaktion und Kommunikation ein weiteres sinngebendes Beieinanderbleiben und Zusammensein im Paar- oder Familienverband erschweren oder unmöglich machen.

Die psychologische oder sozialpädagogische Beratung umfasst in ihrer ursprünglichsten Form Informationen und Klärungshilfe (Sickendiek/Nestmann 2003, 155). Erziehungsberatung (Körner/Hörmann 2000), Familienberatung (Menne/Hundsalz 2000; Buchholz-Graf/Vergho 2000; Menne/Schilling/Weber 1993).

2 Vermittlung bei Trennung und Scheidung

Die meisten Theorien der Familientherapie (Schweitzer-Rothers 2000; Doherty/McDaniel 2012) im Sinne familienorientierter Interventionen beinhalten zunächst gleichermaßen die Erklärung und Behebung oder Reduzierung psychischer, psychosomatischer oder psychosozialer Symptome, Störungen oder Dysfunktionen aller Art durch Bereitstellung von Wissen und Erweiterung der Handlungskompetenzen mit dem Ziel, vorhandene Ressourcen und Entwicklungs- sowie Bewältigungspotentiale in unterschiedlichen Lebensbereichen und Lebensphasen nutzbar sowie neue Handlungsalternativen möglich zu machen. In der Familientherapie geht es also auch darum, zu erkennen, wie psychische Probleme und Beziehungsprobleme aus der Funktionsweise und der Dynamik der Familiensystheme heraus entstehen (Doherty/McDaniel 2012, 39).

Eine Differenzierung und Abgrenzung zwischen Familienberatung und Familientherapie ist durchaus möglich, indem der Beratungsbegriff zunächst in Bezug auf einer inhaltsbezogenen und einer personenbezogenen Beratung unterschieden wird, die sich in dem einen Fall schwerpunktmäßig auf die Sachebene bezieht und im anderen Fall auch die Gefühls- und Kränkungsebene mit erfasst. Eine zeitgemäße psychologische Beratung und Erziehungsberatung sollte immer auch ressourcenorientiert sein und somit als entwicklungsoptimierende und präventive Intervention angesehen werden.

Bezogen auf Ratsuchende bietet eine Erziehungsberatung somit Hilfe und Unterstützung in schwierigen Lebenssituationen an, begleitet Kinder bei ihren Entwicklungsschritten und unterstützt Familien in aktuellen Krisen.

Dagegen kann eine Psychotherapie unter Einschluss auch der Familientherapie als diejenige Interventionsmaßnahme angesehen werden, die auf der Grundlage einer Diagnose eine akute Symptombehandlung und Symptomreduzierung beinhaltet, gleichgültig ob man von einer Patientin, einem Patienten, einer Indexpatientin, einem Indexpatienten oder dem „Patient Familie" redet, unter Beachtung eines remedialen (wörtlich: zurück zur Mitte hin) und ebenfalls präventiven Ansatzes. Eine Familientherapie umfasst beispielsweise beim Vorliegen einer Schizophrenie oder Borderline-Störung auch die Behandlung dieser Störung mit Krankheitswert.

Mediation ist dagegen eine Methode, die Konflikte durch Verhandeln (Vermitteln), nicht aber durch Behandeln löst. Dabei unterscheidet sich die Mediation von allen anderen beratenden und therapeutischen Interventionen durch einen spezifischen Umgang mit den Ratsuchenden, der trotz Aufklärung und Wissensvermittlung nicht Beratung, das Erteilen von Ratschlägen oder Therapie beinhaltet, sondern lediglich eine Vermittlung zwischen den Ratsuchenden anstrebt (vgl. etwa Balloff 1995; Balloff/Walter 1993; Hay-

nes/Bastine/Link/Mecke 1993; Bundeskonferenz für Erziehungsberatung 1995; Diez/Krabbe/Thomsen 2009; Paul/Zurmühl 2008).
Vermittlung in diesem Sinne umfasst somit zunächst

1. Sammlung von Informationen
2. Sortieren und Ordnen dieser Informationen
3. Definition der Problemfelder
4. Erarbeiten sowie Ausprobieren von Alternativen.

Mediation beruht, vergleichbar dem Vorgehen in der Beratung und Therapie grundsätzlich auf (Altmann/Müller 2003, 141):

- Freiwilligkeit,
- Selbstbestimmung,
- Fairness,
- Flexibilität,
- Chancengleichheit,
- Zukunftsorientierung,
- Einvernehmlichkeit,
- Achtung unterschiedlicher Interessen und Verantwortlichkeiten.

Das Prinzip der Freiwilligkeit stellt zwar bei allen auf Einvernehmen ausgerichteten Interventionen einen wichtigen Grundsatz dar. Dennoch haben Interventionen wie Beratung oder die Teilnahme an einer Informationsveranstaltung an einer Mediation, die vom Gericht angeordnet werden können, insbesondere bei wenig beratungsgeneigten und hochstrittigen Eltern mehr Erfolg.

Der Gesetzgeber hat sich allerdings darauf beschränkt, den Eltern letztlich nur die Erziehungsberatung auferlegen zu können (§ 156 Abs. 1 S. 4 FamFG), nicht aber die Teilnahme an einer Mediation, was aus psychologischer Sicht nicht zu erklären ist. Die Beratung ist allerdings nicht zwangsweise durchsetzbar, eine unentschuldigte Verweigerung oder Verzögerung kann jedoch Kostenfolgen für die Beteiligten auslösen (§ 81 Abs. 2 Nr. 5 FamFG) (Meysen 2014, FamFG § 156, Rdnr. 14).

Die Mediation umfasst gleichermaßen eine zielorientierte und zeitlich begrenzte Intervention von wenigen Stunden innerhalb eines überschaubaren Zeitraumes von meist wenigen Wochen oder Monaten bei Konflikten und Krisen aller Art, geht also über den Bereich der Familienmediation weit hinaus (zu denken ist beispielsweise auch an eine Durchführung der Mediation in der Kindertagesstätte, der Schule, bei Mietstreitigkeiten, in der Wirtschaft, der Arbeitswelt, der Politik usw.).

Die Mediation bezieht nach Möglichkeit jeden vom Konflikt Betroffenen mit ein und umfasst sinnvollerweise ferner eine durch den Mediationsprozess begleitete Probephase. So gesehen ähnelt die Mediation am ehesten einer streng fokussierten Beratung.

Die Mediation hat nicht den Anspruch, andere sinnvolle Beratungs-, Therapie- und Unterstützungsangebote zu ersetzen, zumal auch die Mediation als spezielle Methode nicht für alle Ratsuchenden geeignet ist.

Die Familienmediation fand in Deutschland schnelle Verbreitung. Bereits 1992 wurde die Bundesarbeitsgemeinschaft für Familienmediation (BAFM) gegründet, die auch Ausbildungsrichtlinien und eine Ausbildungsordnung festlegte. Bekannt wurde die Familienmediation bereits 1989 durch einen ihrer Begründer in Deutschland, Roland Proksch. Auf der Ebene der Europäischen Union trat bereits 2008 für die Mediation in Zivil- und Handelssachen eine Richtlinie in Kraft. Diese Richtlinie umschreibt den Begriff der rechtlichen Mediation sowie die Rolle des Mediators.

In Deutschland ist die Mediation in der Berufsordnung für Rechtsanwälte und im Rechtsdienstleistungsgesetz (RDG) geregelt. In der Umsetzung der Richtlinie 2008/52/EG des Europäischen Parlaments und Rates vom 21. Mai 2008 über bestimmte Aspekte der Mediation in Zivil- und Handelssachen und zur Förderung der Mediation in Deutschland trat am 26. Juli 2012 das Gesetz zur Förderung der Mediation (Mediationsgesetz) in Kraft. Das hatte zur Folge, dass einige Vorschriften im Familienverfahrensrecht (FamFG) geändert wurden: Z.B. Vorschlagsrecht des Familiengerichts, eine Mediation in Anspruch zu nehmen (§ 36a FamFG); verfahrenseinleitender Antrag nach § 23 Abs. 1 S. 2 FamFG; Vergleich § 36 Abs. 5 FamFG; Kostenpflicht nach § 81 Abs. 2 Nr. 5 FamFG; Vorrang und Beschleunigungsgebot nach § 155 Abs. 4 FamFG; Hinwirken auf Einvernehmen nach § 156 Abs. 1 S. 3 FamFG – Paul/Pape 2012, 464ff.).

Nach § 1 Mediationsgesetz beinhaltet die Mediation ein vertrauliches und strukturiertes Verfahren, bei dem Parteien mithilfe eines oder mehrerer Mediatoren freiwillig und eigenverantwortlich eine einvernehmliche Beilegung ihres Konflikts anstreben. Bedauerlicherweise ist eine Mediationskostenhilfe ähnlich wie die Verfahrenskostenhilfe bisher im Mediationsgesetz nicht vorgesehen, obwohl evident ist, dass eine erfolgreiche Mediation erhebliche Verfahrenskosten einsparen hilft. Einige Gerichte sehen jedoch das Mediationsverfahren als einen Bestandteil des familiengerichtlichen Verfahrens an, sodass die Kosten der Mediation als Bestandteil der Verfahrenskosten angesehen werden (Paul/Pape 2013, 470, mit weiteren Nachweisen auf die Rechtsprechung des Kammergerichts NJW 2009, 2754; OLG Celle NJW 2009, 1219).

Familienmediation oder Vermittlung bedeutet ihrem ursprünglichen konzeptionellen Grundsatz nach nichts anderes als die Vermittlung durch einen Dritten in einer Auseinandersetzung (Altmann/Müller 2003, 136). Im Rahmen der Familienmediation bedeute dies, Eltern in einem interdisziplinär zusammengesetzten Team (zum Beispiel Rechtsanwalt, Familientherapeut und Sozialarbeiter) Hilfe und fachliche Begleitung anzubieten.

Gerichtsnahe Familienmediation in diesem Sinn ist somit ein konkret auf Kindschaftssachen (§ 151 FamFG), so auch auf Trennung, Scheidung, Trennungs- und Scheidungsfolgen und Kindeswohlgefährdungen bezogener strukturierter und zielorientierter Interventionsprozess, der zur einvernehmlichen und eigenverantwortlichen Konfliktminderung, zur Konfliktregelung beziehungsweise Konfliktlösung zwischen den Beteiligten (im Sinne der §§ 156, 158 Abs. 3 S. 2, 163 Abs. 2 FamFG) führt.

Mediation ist mit dem Schiedsgerichtsverfahren nicht vergleichbar, wenngleich Mediation einen bedeutsamen Ansatz zur Streitbehandlung beinhaltet (Breidenbach 1995). Im Mediationsprozess sind vielmehr die Personen, die die Mediation durchführen, von den betreffenden Personen nicht autorisiert, Entscheidungen für oder gegen sie zu treffen.

Mediation ist auch keine Behandlung im psychologisch-therapeutischen Sinne. Vor und während des Mediationsprozesses werden zum Beispiel trotz der Überprüfung der Indikation keine Diagnosen gestellt. Den Eltern wird auch nicht aufgegeben, ihr zurückliegendes Verhalten zu analysieren. Ziel der Mediation ist es, durch umfassende Informationen und verbindliche Absprachen der Eltern gegenwartsbezogene und in die Zukunft reichende Vereinbarungen zu treffen. Das setzt eine zukunftsbezogene Herstellung oder Wiederherstellung der durch den Streit unterbrochenen Kooperation und Kommunikation im gemeinsamen Interesse der Eltern und Kinder voraus.

Ausgangspunkt einer Familienmediation im oben genannten Sinne ist die umfassende Information der betreffenden Personen (Eltern, Pflegeeltern z.B.) über die Auswirkungen von andauerndem Streit und anhaltenden Unvereinbarkeiten auf die Erwachsenen und Kinder. Hierzu gehört auch, z.B. den Eltern aufzuzeigen, welche negativen Folgen anhaltende Unvereinbarkeiten auf der Paarebene in Hinblick auf die Elternebene und damit das Wohlergehen der Kinder haben können.

Der Vermittler tritt im Rahmen einer Mediation auch nicht als Schlichter, psychologischer Berater oder Therapeut auf. Er versucht nicht, seine Vorstellungen durchzusetzen oder den Beteiligten aufzuzwingen. Vermittler in diesem Sinne können auch das Jugendamt oder der Verfahrensbeistand sein.

Eine Trennungspaartherapie, Familientherapie, psychologische Beratung oder Mediation in Anspruch nehmen zu müssen – ist bedauerlicherweise die Gesetzgebung (§ 156 FamFG) und vor und mit dem Inkrafttreten des FamFG die obergerichtliche Rechtsprechung nicht gefolgt. Beispielsweise hat schon lange zuvor das Oberlandesgericht Karlsruhe – zwar nur in einem Umgangsrechtsfall, aber unter Berufung auf die Rechtsprechung des Bundesgerichtshofes (BGH, NJW 1994, 312) – im Jahr 2003 beschlossen, dass die Familiengerichte nicht befugt sind, die Eltern zu verpflichten, sich einer fachkundigen psychologisch-pädagogischen Beratung zu unterziehen, da diese Verpflichtung in schwerwiegender Weise ihr Persönlichkeitsrecht tangiere (OLG Karlsruhe, Beschluss vom 17.2.2003 – 20 WF 152/02 = FPR 2003, 9, 570–571).

Weshalb eine Mediation oder psychologische Beratung mehr in die Persönlichkeitsrechte eingreifen soll als eine Erziehungsberatung beruht auf einer Verkennung der Methodik einer Mediation oder psychologischen Beratung. Auch die Erziehungsberatung kann beispielsweise genauso die Persönlichkeit des Ratsuchenden erfassen wie eine psychologische Beratung oder Mediation. In allen Fällen können jedoch die Ratsuchenden jederzeit derartige Interventionen abbrechen.

Eine Familienmediation erfasst alle Streitthemen der betreffenden Personen und könnte somit beispielsweise Kindeswohlgefährdungen, Unterbringung und Rückführung des Kindes, Unterhaltsfragen, Fragen des Versorgungsausgleichs, der Hausratsaufteilung, des Sorgerechts und des Umgangsrechts berühren. Bei ausdrücklich juristischen Fragen sollte die Teilnahme, mindestens aber die Konsultation eines Rechtsanwaltes für jeden Beteiligten obligatorisch sein.

Besonders geeignet ist die Meditation nach Altmann/Müller (2003, 139), wenn

- die Kommunikation zwischen den Beteiligten durch Emotionen belastet ist,
- der Konflikt so vielschichtig ist, dass er von den Beteiligten nicht mehr selbst analysiert und bearbeitet werden kann,
- die Beteiligten keine gemeinsame Form oder Sprache finden, wie sie miteinander verhandeln könnten,
- Stereotypen und Fehlinterpretationen den Umgang miteinander bestimmen,

I Das Kind vor dem Familiengericht bei Trennung und Scheidung

– Verhandlungen stocken und zu keinem für beide Seiten akzeptablen Ergebnis führen.

Die methodischen Grundlagen der Mediation finden sich in unterschiedlichen psychologischen Schulen (zum Beispiel Kommunikationstheorie, Lerntheorie, Entwicklungspsychologie, Familienpsychologie, Systemtheorie, Psychoanalyse, Gruppendynamik), wobei die Mediation selbst keine genuin psychologische, beratende oder therapeutische Methode ist, sondern ein Verfahren psychologischer Hilfe (Bastine 1995), bei dem der Mediator „geburtshelferisch bei dem Finden von einverständlichen Regeln tätig wird" (Paul/Zurmühl, 2008, 15).

Aus Gründen der Praktikabilität und der Interdisziplinarität kann die Mediation unter Einbeziehung verschiedener Berufsgruppen (Rechtsanwalt, Psychologe, Sozialarbeiter) durchgeführt werden (Bundeskonferenz für Erziehungsberatung 1995).

Nach einem derartigen interdisziplinären Modell wird zum Beispiel schon seit mehr als 20 Jahren in Berlin in der Trennungs- und Scheidungsberatungsstelle „Zusammenwirken im Familienkonflikt" und ebenso seit Jahrzehnten auch in einer Vielzahl von anderen Beratungsstellen, so auch gemäß §§ 17, 18, 27 SGB VIII in den Jugendämtern oder freien Trägern, bundesweit gearbeitet.

Die wichtigsten Grundsätze der Mediation sind nach den Vorgaben der Bundesarbeitsgemeinschaft für Familien-Mediation (1998) das Prinzip

– der Freiwilligkeit der Teilnahme,
– der Neutralität des Vermittlers,
– der Informiertheit der Ratsuchenden und
– der Vertraulichkeit.

Da eine psychologische Beratung oder eine Psychotherapie in erster Linie bei besonders konfliktträchtigen Elternkonstellationen angezeigt ist, sind die in den USA entwickelten und mittlerweile auch in Deutschland bekannten und weit verbreiteten Vermittlungs- oder Mediationskonzepte (Niesel 1991) grundsätzlich für alle von Trennung und Scheidung betroffenen Familien

gedacht. Heute kann man davon ausgehen, dass eine familiengerichtsbezogene Mediation nach § 151 FamFG[7] alle Kindschaftssachen zum Inhalt hat.
Inzwischen hat sich allerdings gezeigt, dass die grundsätzlich auf Freiwilligkeit beruhende Mediation offenbar nur bei weniger strittigen Familienkonstellationen ein durchgreifendes Einvernehmen möglich macht (was gegebenenfalls effektive Teillösungen nicht ausschließt).

Deshalb sprechen Diez/Krabbe/Thomsen (2009) von einer eingeschränkten Indikation, wenn

– noch keine Einigkeit darüber besteht, ob die Partner sich trennen wollen,
– ein Partner oder beide Zahlen und Fakten nicht offen legen,
– die Partner nicht miteinander reden können,
– Abbruch droht,
– das Konfliktpotential hoch ist und körperliche Attacken vorkommen.

Von einer Kontraindikation sprechen Diez/Krabbe/Thomson (2009) bei

– Sucht oder Abhängigkeit,
– anderen schweren psychischen Krankheiten, die die Selbstbehauptung beeinträchtigen, insbesondere Psychosen und schwere Depressionen,
– Gewalt in der Familie,
– Fällen von sexuellem Missbrauch in der Familie.

Bastine/Link/Lörch (1995, 199ff.) erwähnen zur Frage der Indikation zwei im Weiteren dann noch untergliederte Mindestvoraussetzungen:

1. die Bereitschaft der Klienten zur Verhandlung (die Bereitschaft zu gemeinsamen Treffen und das Interesse, sich konstruktiv auf den zielgerichteten Problemlösungsprozess einzulassen) und
2. die Verhandlungsfähigkeit (die Fähigkeit, sich „firm und fair" zu verhalten, also in der Lage zu sein, seine ureigenen Interessen wahrzuneh-

---

7 **§ 151 FamFG – Kindschaftssachen**
Kindschaftssachen sind die dem Familiengericht zugewiesenen Verfahren, die 1. die elterliche Sorge, 2. das Umgangsrecht und das Recht auf Auskunft über die persönlichen Verhältnisse des Kindes, 3.die Kindesherausgabe, 4. die Vormundschaft, 5.die Pflegschaft oder die gerichtliche Bestellung eines sonstigen Vertreters für einen Minderjährigen oder für eine Leibesfrucht, 6. die Genehmigung der freiheitsentziehenden Unterbringung eines Minderjährigen (§§ 1631b, 18000 und 1915 des Bürgerlichen Gesetzbuches), 7. die Anordnung der freiheitsentziehenden Unterbringung eines Minderjährigen nach den Landesgesetzen über die Unterbringung psychisch Kranker oder 8. die Aufgaben nach dem Jugendgerichtsgesetz betreffen..

men und zu vertreten und die Bereitschaft aufzubringen, einen gerechten Interessenausgleich zu entwickeln und vorzunehmen).

Folgende leicht modifizierte Stufen bzw. Phasen des Ablaufs einer außergerichtlichen Familienmediation haben sich, bei praktischen Erfahrungen mit Ratsuchenden, die im familiengerichtlichen Verfahren involviert sind, bewährt:

1. Einführung und Orientierung
2. Herausarbeiten der Fakten und der Streitfragen
3. Definition der Streitfragen
4. Herausarbeiten und Erarbeiten von Alternativen
5. Herstellen eines Kompromisses (im Sinne eines außergerichtlichen Vergleichs oder eines außergerichtlichen Übereinkommens)
6. Praktische Überprüfung der erreichten Ergebnisse und fortlaufende Vermittlung
7. Abschluss und Durchführen der Vereinbarung
8. Vorschlag der Ratsuchenden bzw. Mitteilen der Ergebnisse durch die Ratsuchenden selbst oder im Namen der Ratsuchenden durch den Verfahrensbeistand, das Jugendamt oder den psychologischen Sachverständigen an das Familiengericht.

Diez/Krabbe/Thomson (2009) schlagen einen schwerpunktmäßig etwas anders gelagerten Stufenplan vor, der in dem Beiblatt zu ihrem Buch ausführlich erläutert wird:

1. Erstgespräch und Kontakt
2. Themensammlung und Gewichtung
3. Eventuell Unterthemensammlung (Interessen, Bedürfnisse, tiefere Bedeutungen)
4. Konfliktbearbeitung unter Beachtung der Fairnesskriterien und der Rolle des Rechts
5. Verhandlungsmodelle und Verhandeln
6. Vereinbaren
7. Überprüfen und Inkrafttreten der Vereinbarung (eventuell Abänderung und neue Vereinbarung).

Montada/Kals (2001) unterteilen den Mediationsprozess in sechs Phasen mit insgesamt 21 Unterphasen:

I Vorbereitung
   1. Orientieren
   2. Parteien zusammenstellen
   3. Ziele klären
   4. Rechtsbelehrung
   5. Regeln festlegen
   6. Rahmenbedingungen klären
   7. Vertrag schließen.
II Probleme erfassen und analysieren
   1. Probleme artikulieren
   2. Probleme analysieren
   3. Erhoffte Konflikt-Gewinne klären.
III Konfliktanalyse
   1. Tiefenstrukturen aufdecken
   2. Bedingungen des Konflikts aufdecken.
IV Konflikte und Probleme bearbeiten
   1. Lösungsoptionen generieren
   2. Anliegen bewusst machen
   3. Anliegen Dritter reflektieren
   4. Optionen bewerten.
V Mediationsvereinbarung
   1. Lösung auswählen und umsetzen
   2. Kontrolle der Implementation festlegen
   3. Einigung vertraglich festlegen.
VI Evaluation und Follow-up
   1. Lösungsumsetzung kontrollieren
   2. Summative Evaluation vollziehen.

Eine in letzter Konsequenz dem Wohl des Kindes dienende Intervention, Beratung und Prävention, die immer auch Aspekte der Konfliktminderung und Konfliktvermeidung berücksichtigt, sollte allerdings nicht nur zum Zeitpunkt der Trennung oder Scheidung der Eltern ansetzen, sondern als Leistungsangebot – beispielsweise der Jugendhilfe nach §§ 16-18 und 27f. SGB VIII – alle Kindschaftssachen nach § 151 FamFG umfassen.

Dabei kann zwischen primärer, sekundärer und tertiärer Prävention unterschieden werden.

Primäre Prävention würde beispielsweise die Vermittlung interpersonaler Fertigkeiten und die Bewältigung potentiell krisenhafter Situationen umfassen. Eine sekundäre Prävention dient der Erörterung vorbeugender Maßnahmen für Familien, bei denen das Risiko des Auftretens konfliktträchtiger und somit dysfunktionaler Abläufe besonders groß ist. Eine tertiäre Prävention schließt die Rückfallprophylaxe ein, nachdem bereits durch anhaltende Unvereinbarkeiten, Hochkonflikthaftigkeit oder sonstige Gegebenheiten das Funktionsniveau der Familie beeinträchtigt war. Dabei soll mit dieser Präventionsart durch Stabilisierung der Familie ein Wiederaufleben des ursprünglichen Problemverhaltens verhindert werden (Schneewind 1991, 307f.).

Will man dem Anspruch primärer und sekundärer Prävention hinreichend gerecht werden, muss gleichzeitig das Angebot an fachlich fundierter Mediation, Familienberatung, Familientherapie und Einzelberatung in besonderen Problemlagen (z.B. vertrauliche Geburt) in quantitativer und qualitativer Hinsicht verbessert werden. Hier sind nach wie vor die Erziehungsberatungsstellen freier und öffentlicher Träger gefordert, ihren Beratungsverpflichtungen nachzukommen.

Nur so kann der justizielle Eingriff im Kontext mit §§ 156, 158 Abs. 4 S. 3, 163 Abs. 2 FamFG im Rahmen eines richterlichen Beschlusses durch den sozialrechtlichen und Hilfe leistenden Interventionsansatz verhindert werden, solange außergerichtliche Intervention nicht in Anspruch genommen wurden.

Im Rahmen einer derart präventiv angelegten Mediation, psychologischen Beratung oder Familientherapie geht es vor allem um das Einüben zwischenmenschlich akzeptabler und zufriedenstellender Kontakt-, Beziehungs- und Umgangsformen in Krisenzeiten vor, während und nach dem Entstehen einer sich zuspitzenden Problem- und Konfliktlage.

Im Übrigen könnte auch im Rahmen einer der Elterntrennung vorgeschalteten Intervention der oben genannten Art im Fall einer späteren Trennung oder Scheidung ein wichtiger präventiver Beitrag zur Minderung negativer Trennungs- und Scheidungsfolgen für Kinder und Erwachsene geleistet werden.

Eine erst zum oder nach dem Zeitpunkt der Trennung oder Scheidung ansetzende Intervention im Sinne einer Krisenintervention, so nützlich sie im Einzelfall sein mag, kann diese oben bereits herausgestellten primär und sekundär präventiven Aufgaben kaum erfüllen.

Dem Gedanken, eine Intervention im hier gemeinten Sinne bereits vor einer Trennung oder Scheidung durchzuführen oder eine derartige Intervention während der akuten Trennungskrise anzubieten, ist inzwischen schon längst das erwähnte Kinder- und Jugendhilfegesetz (SGB VIII) gefolgt.

Beispielsweise soll nach § 17 SGB VIII die „Beratung" (Beratung im SGB VIII meint alle Arten von außergerichtlichen Interventionen – Kunkel 2014, § 17 Rdnr. 6f., § 18 Rdnr. 4) helfen, ein partnerschaftliches Zusammenleben in der Familie aufzubauen, Konflikte und Krisen in der Familie zu bewältigen und im Fall der Trennung oder Scheidung die Bedingungen für eine dem Wohl des Kindes oder des Jugendlichen förderliche Wahrnehmung der Elternverantwortung zu schaffen. Im Falle der Trennung oder Scheidung sind Eltern unter angemessener Beteiligung des betroffenen Kindes oder Jugendlichen bei der Entwicklung eines einvernehmlichen Konzepts für die Wahrnehmung der elterlichen Sorge zu unterstützen, das als Grundlage für die richterliche Entscheidung über die elterliche Sorge nach der Trennung und Scheidung dienen kann (§ 17 Abs. 2 SGB VIII).

Darüber hinaus beinhaltet ebenso ein entscheidender Schwerpunkt der Kindschaftsrechtsreform vom 1.7.1998 die Förderung eigenständiger Konfliktlösung. Dieser Grundgedanke findet sich vor allem in § 156 FamFG (so schon in 52 FGG a.F.) wieder. Dessen Normzweck ist es, die einvernehmliche Konfliktlösung der Eltern unter Einbeziehung der bereits gegebenen §§ 17, 18 SGB VIII und den durch das Kindschaftsrechtsreformgesetz erweiterten § 18 Abs. 3 SGB VIII zu Fragen der Beratung und Unterstützung von Kindern, Jugendlichen, Eltern und anderen Umgangsberechtigten im Hinblick auf außergerichtliche Beratungsmöglichkeiten in Umgangsangelegenheiten auszuweiten (Johannsen/Henrich/Büte-Familienrecht 2010, § 156 Rdnr. 1), indem „die Eltern zu einer selbständigen Konfliktbewältigung und –lösung angeleitet werden sollen" (Borth/Grandel/Musielak, FamFG 2013, § 156 Rdn. 1).

Eine Aussetzung des Verfahrens ist nach § 156 FamFG, also in Kindschaftssachen nicht mehr vorgesehen, da die Verpflichtung zu einer Beratung nicht zu einer Verzögerung des Verfahrens führen darf (Johannsen/Henrich/Büte-Familienrecht 2010, § 156 Rdnr. 4; vgl. auch BT-Drucks. 16/6308, S. 237).

3 Das Trennungs- und Scheidungskind

Eine Trennung und Scheidung der Eltern, die für die Erwachsenen schwerwiegende, häufig krankmachende und zum Teil sogar lebensbedrohliche suizidale oder aggressive Konflikte bedeuten können (Petri 1992), sind für nahezu alle Kinder eine schmerzliche Erfahrung, die fast immer zu

- Trennungs- und Verlustängsten,
- Protest,
- Trennungsschmerz und Verzweiflung,
- Anklammern oder
- Gleichgültigkeit führen (Figdor 1991; 2012).

Erst nach Durchlaufen dieser gefühlsmäßig normalen Phasen der Beunruhigung kommt es bei wiedergewonnener Kooperationsbereitschaft und Kooperationsfähigkeit der Eltern und deren Einstellung auf die Trennungs- und Scheidungsrealität meist zu einer neuen Stabilität des Kindes selbst und zur stabilen Wiederannäherung der Kinder an beide Eltern und deren neuen Partner. Anhaltender Streit und vor allem anhaltende Unvereinbarkeiten (sog. Hochstrittigkeit/ Hochkonflikthaftigkeit) der Eltern vor, während und nach der Trennung verursachen meist vielfältige Beeinträchtigungen der Kinder im Leistungs- und Gefühlsbereich (Goldstein/Solnit 1989; Furstenberg/Cherlin 1993, 100ff.; Walper/Fichtner/Normann 2011), die sich dann zeigen können in

- Loyalitätskonflikten,
- Überfordertsein, wenn sich die Eltern an das Kind als Bündnis- und Gesprächspartner sowie Tröster klammern,
- Rettungsfantasien, die Beziehung der Eltern kitten zu müssen,
- Schuldgefühlen,
- Fantasien, von den Eltern nicht mehr geliebt zu werden,
- Sorgen und Ängste um die Zukunft (Krieger 1997, 18).

Die Hochstrittigkeit bei ca. 5 bis 10% aller Trennungen in Deutschland (Fuhrer 2007, 79, geht von 5 bis 10% aus, während Walper/Fichtner/Normann 2011, 21, nur 5% annehmen; in den USA sollen es 10 bis 15% sein: Furstenberg/Cherlin a.a.O.) zeigt sich in/im

- fortgesetzten juristischen Streitigkeiten und vielfachen Gerichtsverfahren
- Vordergrund stehenden emotionalen Themen
- Instrumentalisierungen des Kindes
- Fehlschlagen außergerichtlicher Einigungen.

Dabei ist das Trennungs- und Scheidungsgeschehen keinesfalls ein zeitlich klar eingrenzbares Ereignis, sondern oft ein für alle Beteiligten schmerzvolles Kontinuum, das nicht mit der Trennung, dem Scheidungsantrag oder der Scheidung der Eltern durch Richterspruch abgeschlossen ist. Die belastenden Lebensereignisse reichen oft Jahre zurück und wirken sich häufig lange Zeit nach der Trennung und Scheidung aus.

Auch die Eltern durchlaufen verschiedene Phasen des Trennungsgeschehens (Schmitz 2000, 22ff.), die im Rahmen eines üblichen prozesshaften Verlaufs bei einer Scheidung als

- Ambivalenzphase,
- Trennungsphase,
- Scheidungsphase,
- Nachscheidungsphase und
- Phase der Fähigkeit des Eingehens einer neuen Partnerschaft

unterschieden werden können.

Gerade die zuletzt genannte Phase, die in der einschlägigen Trennungs- und Scheidungsliteratur bisher nicht thematisiert wird, die Fähigkeit also, die wiedererlangte innere emotionale Freiheit, eine neue Beziehung einzugehen, kann ein besonders bedeutsamer Beleg für das Gelingen der emotionalen Trennung vom (alten) Partner sein.

Zu diesen Phasen können – ähnlich wie Kinder sie erleben – gefühlsmäßig bedeutsame „Beunruhigungsphasen", Irritationen, Wut und Ängste kommen, wie etwa die Trennungsangst, Wut und der Protest in der Ambivalenzphase. Auch in der Trennungsphase können Angst, Wut und Protest, aber auch Trennungsschmerz, Depression und Trauer auftreten. Diese Gefühle können in der nun folgenden Scheidungsphase zu bedeutsamen und belastenden gefühlsmäßigen Erlebnisreaktionen werden. Erst in der Nachscheidungsphase wird bei einem „normalen" Durchlaufen dieser Phasen die Trauer um den verlassenen oder verlorenen Partner durch eine Anpassung an die Realität des Alleinseins abgelöst. Dabei kann das Eingehen einer neuen Partnerschaft nach einer inneren Ablösung vom alten Partner diese Anpassungsleistung beschleunigen.

Wichtig ist, dass die Intensität der psychischen Erschütterungen der Eltern immer auch Auswirkungen auf die Befindlichkeit des Kindes hat. Ist ein Elternteil ängstlich, verzweifelt, depressiv, aggressiv oder voller Wut und Trauer, wird unter Umständen das Kind diesen oder auch den anderen Elternteil schützen wollen, indem es sich anklammert und so seine Loyalität und Verbundenheit dokumentiert oder sich von einem Elternteil oder beiden Eltern abgrenzt. Die Parteilichkeit des Kindes für einen Elternteil führt aber auch zu Schuldgefühlen gegenüber dem anderen Elternteil, die bis zu einem Kontaktabbruch des Kindes mit diesem Elternteil gehen können (Figdor 2004, 34f.)

Auch das Kind durchläuft im eigenen Erleben und nicht nur in einer Art Widerspiegelung elterlicher Phasendurchläufe und Befindlichkeiten die Trennung und Scheidung der Eltern in einer kindlichen Ambivalenzphase, Trennungsphase, Scheidungsphase, Nachscheidungsphase und in der Fähigkeit zu einer neuen Elternbeziehung zu den leiblichen Eltern und neuen Partnern der Eltern, die jetzt u.U. in die Rolle der Stiefeltern hineinwachsen.

Unterschiedlich zu den Erwachsenen durchlaufen die Kinder andere Gefühlsqualitäten, die sich je nach Alter in Trennungsangst, in Protest, Trennungsschmerz und Verzweiflung, Anklammern, aber auch Gleichgültigkeit, Wiederannäherung und wiedergewonnener Stabilität zeigen können. Zunächst deutet dieses Durchlaufen der Phasen und der dazugehörigen Gefühlsqualitäten auf eine normale und nicht per se schädigende Bewältigung der Trennungsfolgen hin.

3 Das Trennungs- und Scheidungskind

Tabelle 5: Phasen der Trennung und Scheidung der Eltern und Auswirkungen auf die Kinder und Erwachsenen

Phasen der Trennung und Scheidung der Eltern und Auswirkungen auf die Kinder

Ambivalenzphase   Trennungsphase   Scheidungsphase   Nachscheidungsphase   Fähigkeit zu neuer Elternbeziehung

Trennungsangst Protest Trennungsschmerz/Verzweiflung Anklammern/Gleichgültigkeit Wiederannäherung Stabilität

Phasen der Trennung und Scheidung der Eltern und Auswirkungen auf die Erwachsenen

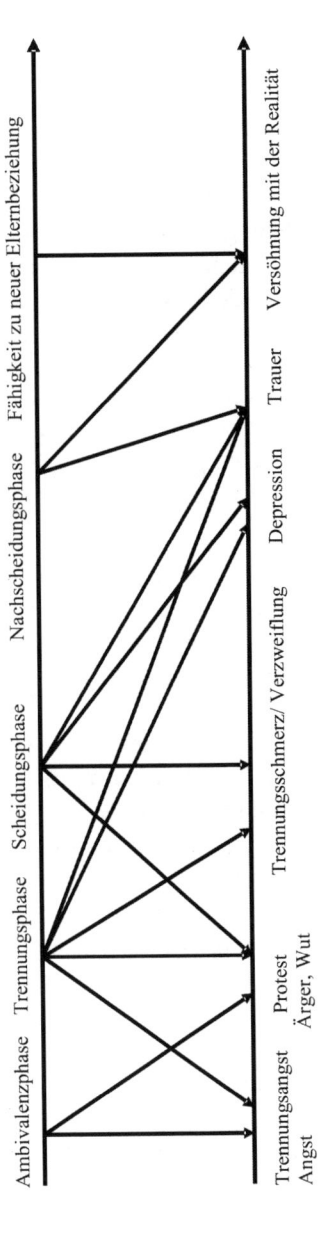

Ambivalenzphase   Trennungsphase   Scheidungsphase   Nachscheidungsphase   Fähigkeit zu neuer Elternbeziehung

Trennungsangst Protest Trennungsschmerz/Verzweiflung Depression Trauer Versöhnung mit der Realität
Angst Ärger, Wut

Obwohl selbst das sehr junge Kind schon lange, bevor sich die Eltern trennen, zumindest die Spannungen spürt, hat es sich doch an beide Eltern „gewöhnt" und Beziehungen sowie Bindungen aufgenommen. Es fühlt sich beiden verbunden, gleichgültig, ob es in einer harmonischen oder disharmonischen Familie lebt und aufwächst oder nette oder weniger nette Eltern hat. Was Kinder sich aber wünschen ist, dass die Eltern nicht so viel streiten und keine starken Affektausbrüche haben (Figdor 2012, 339).

Eine Trennung der Erwachsenen zieht immer auch eine dramatische Veränderung für das Kind und die Mobilisierung von Ängsten, selbst verlassen zu werden, nach sich, auch wenn es im schlimmsten Fall während des Zusammenlebens der Eltern vernachlässigt, geschlagen, misshandelt oder sexuell missbraucht worden sein sollte.

Je jünger ein Kind ist, desto hilfloser, verwirrter, beunruhigter und ängstlicher fühlt es sich (Goldstein/Solnit 1989, 28ff.; Fthenakis/Niesel/Kunze 1982, 143ff.; Figdor 1991; 2005; 2012).

Insbesondere bei Kindern im Alter bis zu drei Jahren, also bei Säuglingen und Kleinkindern, steigert sich die Angst nach einer Trennung der Eltern, die immer mit Verlustängsten einhergeht, oft ins Unermessliche. Ein Kind dieser Altersgruppe kann die Trennung seiner Eltern mit dem Verstand nicht erfassen und verarbeiten. Diese Kinder reagieren deshalb gefühlsmäßig besonders heftig und häufig mit Unruhezuständen, Rückzug, Konzentrationsstörungen, Anklammern, Weinerlichkeit und Ängsten. Sind sie älter als zwei Jahre, häufen sich Aggressionen und Trotzreaktionen.

Kinder im Alter von etwa drei Jahren bis zum Vorschulalter von fünf Jahren können zwar mit dem Verstand die „Welt" schon besser begreifen, dennoch signalisieren auch bei ihnen häufig Gefühle von Trauer, Schmerz und Wut, dass sie mit der Trennung der Eltern nicht einverstanden sind. Dabei sind auftretende psychosomatische Symptome wie Appetitlosigkeit, Bauchschmerzen, Kopfschmerzen, Einnässen, Einkoten typische körperliche Reaktionen auf einen psychischen Schmerz. Hinzu kommen in dieser Altersstufe Schuldgefühle, die zum Ausdruck bringen, dass sich das Kind schuldig oder zumindest mitschuldig an der Trennung der Eltern fühlt.

Die Selbstanklagen der Kinder und die Wut auf die Eltern stehen nach tiefenpsychologischer Sicht mit den aus ihrer egozentrischen Weltsicht entspringenden Schuldgefühlen im Zusammenhang: Gerade das jüngere Kind unter drei Jahren erlebt sich in seinem Denken und Fühlen als Mittelpunkt des Weltgeschehens und glaubt, dass es der wichtigste Liebespartner der Eltern ist. Sind Kinder dieser Vorstellung noch stark verhaftet, interpretieren sie die Trennung und Scheidung der Eltern als Scheitern ihrer Beziehung zum verlassenden Elternteil. Sie glauben, als Liebespartner versagt zu haben (Figdor 1991, 36).

Kinder dieser Altersgruppe, die einerseits ohne Eltern noch völlig hilflos sind, weil sie auf deren Pflege, Betreuung und Versorgung existentiell angewiesen sind, glauben aufgrund ihrer noch ausgeprägten und weitgehend ungebrochen intensiven Gefühle von Wut, andererseits allmächtig zu sein. Allmachtsgefühle bei Kindern dieser Altersgruppe sind entwicklungspsychologisch normal und bedeuten somit zunächst keine Störung des Kindes. Gemäß ihren altersbedingten allmächtigen Gefühlen, Fantasien und Vorstellungen glauben sie, Macht und Einfluss auf die Erwachsenen und somit auch auf die Eltern zu haben. Diese fantasierte grenzenlose Macht stellt für das Kind nicht nur einen Gewinn zur Stabilisierung des Selbstwertgefühls dar, sie bereitet ihm wegen der Unkontrollierbarkeit auch Angst und insbesondere im Fall einer Trennung der Eltern Schuldgefühle: Das Kind kann zum Beispiel die Trennung seiner Eltern auch mit seinem Ungehorsam in Verbindung bringen. Oder der kleine Junge/das kleine Mädchen verknüpft in seinen/ihren Vorstellungen den Auszug des Vaters/der Mutter mit seinen ursprünglichen Wünschen, die Mutter/den Vater nunmehr für sich allein zu haben.

Da das Kind noch nicht eindeutig zwischen Wunsch und tatsächlichem Geschehen (Fantasie und Realität) unterscheiden kann, fühlt es sich u.U. sogar als Verursacher des Trennungsgeschehens der Eltern und damit für das gesamte Ungemach verantwortlich und schuldig.

Kinder der Altersgruppe von fünf bis neun Jahren glauben meist nicht mehr, dass die Trennung der Eltern durch sie verursacht worden ist, obwohl auch bei ihnen Schuldgefühle durchaus eine Rolle spielen können. Treten bei Kindern dieser Altersgruppe noch Schuldgefühle auf, so können die Ursachen möglicherweise mit einem tief verwurzelten, trennungsbedingten Hass auf beide Eltern erklärt werden, denn diese selbst waren es, die die Kinder aufgrund ihrer destruktiven Gefühle und ihrer gefühlsmäßigen Entgleisungen aufs tiefste verunsichert haben. Obwohl die Eltern die Kinder durch Entfesselung eigener Gefühle ängstigen, verlangen sie von den Kindern Mitleid, Verständnis, Anteilnahme und Hilfsbereitschaft. Dieser Konflikt zwischen Hass und Mitleid begünstigt das Entstehen von Schuldgefühlen (Petri 1992, 83ff.).

Normalerweise entwickeln Kinder dieser Altersgruppe, obwohl sie die Trennung der Eltern besser verstehen als jüngere Kinder, häufig ausgeprägte ängstliche, traurige und zornige Gefühle und Gefühle von Hilflosigkeit. Einige schämen sich ihrer Eltern, wobei vor allem diese Schamgefühle vor

Lehrern, Klassenkameraden, Freunden und Nachbarn gezeigt werden. Des Weiteren kann es bei diesen Kindern insbesondere im Vorschul- und Schulbereich zu Konzentrationsstörungen und Leistungsabfall kommen.

Aus den oben bereits erwähnten doppelten Schuldgefühlen entwickeln sich häufig die viel beschriebenen schuldbeladenen Loyalitätskonflikte. Das Kind versucht, es beiden Eltern recht zu machen, und wünscht, um zu einer eigenen inneren Harmonie zurückzufinden, dass der abwesende Elternteil wieder zurückkehrt und sich mit dem anderen Elternteil versöhnt. Triebfeder dieser Wiederversöhnungs- und Wiedervereinigungswünsche ist somit nicht ein angeborener Familientrieb, sondern ein urwüchsiger Wunsch der Kinder nach Ausgleich und eigenem innerem Frieden. Die sich meist erweisende Unerfüllbarkeit dieser Wünsche kann bei ihnen zu innerem Rückzug, Gleichgültigkeit und Hoffnungslosigkeit führen (Balloff/Walter 1991a).

Wünsche nach Wiederversöhnung, oder präziser Wünsche nach Wiedervereinigung, der Eltern können allerdings auch bei liebevollen und den Kindern zugewandten Eltern entstehen, vor allem, wenn sie nach ihrer Trennung und Scheidung beide zusammen mit den Kindern etwas unternehmen und die Kinder zu beiden Eltern umfangreiche und intensive Kontakte haben (Balloff/Walter 1991a), gemeinsam das Weihnachtsfest, das Osterfest, die Geburtstage oder auch Familienfeiern ausrichten.

Kinder der Altersgruppe von zehn Jahren bis zu Beginn der Pubertät mit zwölf Jahren übernehmen oft bereitwillig Verantwortung für die Eltern, insbesondere für den aus ihrer Sicht hilflosen oder an der Trennung unschuldigen Elternteil. Sie kümmern sich oft in auffallend rührender Weise um das Wohlbefinden des Elternteils, bei dem sie geblieben sind, um den Haushalt oder die jüngeren Geschwister.

Die Loyalität und Solidarität als Ausdruck typischer Loyalitätskonflikte einem Elternteil gegenüber geht oft mit einer Ablehnung des anderen Elternteils einher: Der Elternteil, das Kind verlassen hat, wird mit Wut und Zurückweisung „bestraft". Diese Entwicklung kann wiederum beim Kind zu erneuten und psychodynamisch anders gelagerten Schuldgefühlen gegenüber dem abgelehnten Elternteil führen.

Aus psychoanalytischer Sicht seien in diesem Zusammenhang nochmals die durch das Trennungsdrama der Eltern inszenierten zerstörerischen Kräften erwähnt, die auch Kinder grundlegend verunsichern und aus dem Gleichgewicht bringen. Dabei steht die selbstbezichtigende Schuld der Kinder auch hier mit ihrem verdrängten Hass, der eigentlich gegen beide Eltern gerichtet sein müsste, in einem engen Zusammenhang (Petri 1991; 1992, 159).

3 Das Trennungs- und Scheidungskind

Kinder und Jugendliche im Alter von etwa 13 bis 18 Jahren reagieren auf die Trennung der Eltern oft mit widersprüchlichen Reaktionen, Botschaften und Handlungen. Obwohl gerade Jugendliche dieser Altersgruppe mit zunehmendem Alter recht gut in der Lage sind, die Probleme ihrer Eltern zu verstehen, nachzuvollziehen und sich in sie einzufühlen, reagieren sie aus Enttäuschung über den Zusammenbruch und die Auflösung der Familie oft mit überraschend heftigen Gefühlsausbrüchen.

Darüber hinaus zieht die Trennung der Eltern gelegentlich bei älteren Jugendlichen eine verfrühte Ablösung und Trennung vom Elternhaus nach sich.

Anderen Jugendlichen gelingt dagegen die entwicklungspsychologisch bedeutsame Ablösung vom Elternhaus nicht. Eine weitere Gruppe Jugendlicher droht angesichts der durch die Trennung und die durch Trennungsfolgen erlittenen Liebesverluste, insbesondere nach einer langen und konfliktreichen Beziehung der Eltern, oder aufgrund schwerwiegender Vernachlässigungen zu verwahrlosen, süchtig oder kriminell zu werden.

Geschlechtsspezifische Unterschiede bei Jungen und Mädchen zeigen sich darin, dass Jungen der Altersgruppen über drei Jahre aggressiver reagieren als Mädchen, wobei vor allem ältere Knaben die Ängste aggressiv ausagieren, während Mädchen sich eher zurückziehen oder sich übermäßig anpassen.

Die zum Teil erheblichen trennungsbedingten Belastungen der Kinder werfen wiederum für viele schuldbewusste Eltern die Frage auf, ob eine Trennung wegen der Kinder überhaupt zu verantworten sei, oder ob es nicht besser gewesen wäre, zugunsten der Kinder eine Trennung zu vermeiden.

Bei ca. einem Drittel der Trennungs- und Scheidungskinder zeigen kurz- und langfristige Beeinträchtigungen der Entwicklung schlechtere schulische Leistungen (Staub/Felder 2003, 47).

Der Forschungsstand lässt sich nach Fthenakis (1995b; vgl. auch spätere Forschungsarbeiten von Hetherington/Kelly 2003; Wallerstein/Lewis/Blakeslee 2002; siehe auch die umfangsreiche und umfassende Zusammenstellung neuerer Erkenntnisse: Sünderhauf 2013, 211-259) folgendermaßen zusammenfassen:

– Im unmittelbaren Erleben des Kindes sind Trennungen und das daraus resultierende Verlusterleben von entscheidender Bedeutung, nicht aber in erster Linie der Akt bzw. der Zeitpunkt der Scheidung im Gericht.

I Das Kind vor dem Familiengericht bei Trennung und Scheidung

- Die Trennung der Eltern umfasst meist einen längeren Zeitraum; deswegen spricht man in der Familiensystemtheorie nicht von einem Trennungszeitpunkt, sondern von einem Trennungsprozess.

Nach Altersstufen unterteilt zeigen sich die Reaktionen der Kinder wie folgt:

1. Auswirkungen auf das Kind im Alterszeitraum von der Geburt bis zur Vollendung des zweiten Lebensjahres:
   - Nachtangst, Einschlafschwierigkeiten, Aufwachen in der Nacht mit Erschrecken, Hilferufen und Desorientierung
   - gegebenenfalls vorübergehende Retardierung, insbesondere im sprachlichen Bereich
   - u.U. vorübergehend vermindertes Interesse am Spielzeug, an sozialen Kontakten und der Umgebung.
2. Auswirkungen auf das Kind im Alterszeitraum vom zweiten bis zur Vollendung des dritten Lebensjahres:
   - Regression (z.B. Trennungsängste, erneutes Einnässen, Gebrauch von Ersatzobjekten)
   - Irritierbarkeit, Furchtsamkeit, Weinen
   - allgemeine Angstzustände
   - Aggressivität und Trotz
   - Schlafstörungen
   - vermehrtes Verlangen nach Körperkontakt in Verbindung mit schneller Hinwendung zu Fremden.
3. Auswirkungen auf das Kind im Alterszeitraum vom dritten bis zur Vollendung des fünften Lebensjahres:
   - Angst vor Aggressionen
   - aggressives Verhalten
   - Irritierbarkeit
   - weinerliches Verhalten und Traurigkeit
   - vermindertes Selbstwertgefühl
   - Gehemmtheit in Spiel, Fantasie und Verhalten
   - Hilfsbedürftigkeit
   - gestörtes Vertrauen in die Zuverlässigkeit menschlicher Beziehungen, Misstrauen
   - Einsamkeit
   - Trauer
   - Selbstbeschuldigungen wegen Zerbrechens der Familie
   - bei Jungen eher ausagierendes, aggressives Verhalten, bei Mädchen dagegen eher Angst- und Rückzugsverhalten.

4. Auswirkungen auf das Kind im Alterszeitraum vom fünften bis zur Vollendung des sechsten Lebensjahres:
   - aggressives Verhalten
   - Ängstlichkeit
   - Ruhelosigkeit
   - Irritierbarkeit und Weinen
   - Trennungsprobleme und Trennungsängste
   - Wutanfälle
   - Kindheitsdepressionen, Verweigerungsverhalten, Gefühl des Zurückgewiesenseins
   - Schlafstörungen
   - Phobien
   - zwanghaftes Essen
   - abhängiges Verhalten
   - Schuldgefühle wegen der Elterntrennung.
5. Auswirkungen auf das Kind im Alterszeitraum vom siebten bis zur Vollendung des achten Lebensjahres:
   - anhaltende Traurigkeit als erste Reaktion auf die Elterntrennung
   - esignation
   - Gefühl der Bedrohung der eigenen Existenz
   - Zurücktreten von Schuldgefühlen
   - Beeinträchtigung der schulischen Leistungen
   - Verhaltensänderungen im schulischen Kontext
   - Rückzugsverhalten
   - Wunsch nach Wiedervereinigung der Familie
   - Loyalitätskonflikte
   - bei Jungen vordringlich Ausdruck von Ärger und Beschuldigungen gegenüber dem Elternteil, der in ihrem Erleben die Trennung eingeleitet hat.
6. Auswirkungen auf das Kind im Alterszeitraum vom neunten bis zur Vollendung des 13. Lebensjahres:
   - psychosomatische Reaktionen
   - depressive Verstimmungen
   - Übernahme von Verantwortung für elterliche Probleme und Organisation des Haushaltes
   - psychische Akzeleration, einhergehend mit Pseudoreife
   - intensiver Zorn auf den Elternteil, der als Initiator für die Trennung angesehen wird
   - Angst, verlassen zu werden

- Einsamkeitsgefühle
- Ohnmachtsgefühle
- soziale Scham
- Identitätsprobleme
- Selbstwertprobleme, Identitätskrisen
- Schulschwierigkeiten
- Angst vor einer ungewissen Zukunft.
7. Auswirkungen auf den Jugendlichen im Alterszeitraum vom 14. bis zur Vollendung des 19. Lebensjahres:
- Zorn
- Trauer, Schmerz
- Gefühl, verlassen und betrogen worden zu sein
- konstruktive Beiträge zur Situationsbewältigung
- Fähigkeit zur realistischen Einschätzung der Trennungsursachen.
- Aber auch:
- häufiges Auftreten von Zweifeln an den eigenen Fähigkeiten, jemals eine eigene positive Partnerschaftsbeziehung zu haben
- abrupte und destruktive Ablösung vom Elternhaus
- Vermeidung von Kontakten mit den Eltern
- Meiden von Auseinandersetzungen mit den Problemen der Gegenwart.

Einschränkend bleibt festzuhalten, dass eine derartige Trennungs- und Scheidungsforschung

- überwiegend defizitorientiert angelegt war (Walper/Fichtner/Normann 2011; Walper/Gerhard 2003),
- Krisenmodelle favorisierte,
- sich an der „Normalfamilie" orientierte und
- ein „broken home" per se als entwicklungshemmend ansah (Sünderhauf 2013, 2012ff.),

obwohl seit längerem bekannt ist, dass Kinder bei Alleinerziehenden nicht auffälliger sind als bei mehreren Erziehenden (Schwarz/Noack 2002, 332), erst Recht, wenn man diesem Modell die familiensystemische Perspektive zugrunde legt, nach der sich das Kernfamiliensystem durch Trennung und Scheidung des Elternpaares nicht auflöst, sondern in ein binukleares (zwei Kerne) Familiensystem auffächert und erweitert. Zudem bleibt die meist über mehrere Generationen existierende (Groß)Familie weiterhin bestehen (Fuhrer 2007, 46).

Was sich über die Diskussion der Folgen von Trennung und Scheidung für die Kinder festhalten lässt, ist, dass es kein spezielles Syndrom für Trennungs- und Scheidungskinder gibt (Schwarz/Noack 2002, 325). Selbst die z.T. sehr polemische Diskussion um das Parental Alienation Syndrome (PAS) erbrachte keine endgültigen Hinweise, die beispielsweise in ein internationales Klassifikationssystem passen würden (Fegert 2013). So lehnte die amerikanische Gesellschaft für Psychiatrie es ab, die Parental Alienation Disorder als psychiatrische Diagnosekategorie im Klassifikationssystem des DSM-5 (Diagnostisches und Statistisches Manual Psychischer Störungen DSM-5) aufzunehmen (Fegert 2013, 150f.).

Insgesamt scheinen die Unterschiede der Trennungs- und Scheidungskinder im Vergleich zu Kindern aus Kernfamilien entgegen den überlieferten Vorstellungen eher moderat zu sein (Schwarz/Noack 2002, 332; Fuhrer 2007, 73; siehe hierzu auch die aktuelle und umfassende Darstellung der Trennungs- und Scheidungsfolgen für Kinder: Sünderhauf 2013, 211-259.).

Ressourcen und Entwicklungspotentiale, die durch eine Trennung und Scheidung auch dem Kind eröffnet werden (z.B. größere Selbständigkeit, mehr Bereitschaft zur Verantwortungsübernahme), werden von der traditionellen, meist defizitorientierten Trennungs- und Scheidungsforschung nicht berücksichtigt. Hinzu kommt, dass pauschale, verallgemeinernde Äußerungen über die Folgen bei Trennungs- und Scheidungskindern im Vergleich zu Kindern aus nicht getrennten bzw. nicht geschiedenen Familien u.U. nicht wirklich angemessen sind, da die Reaktionen der Kinder sehr unterschiedlich sein können.

Staub/Felder (2003, 40) erwähnen beispielsweise, dass bei Trennungs- und Scheidungskindern eine erhöhte Empathiefähigkeit und eine geringere Geschlechtsrollenfixierung beobachtet wurde.

Schmidt-Denter (2000; Schmidt-Denter/Beelmann 1997) fand beispielsweise in der sechs Jahre durchgeführten Kölner Scheidungsstudie mit Kindern im Alter von vier bis zehn Jahren, die die Veränderung der familiären Beziehungen nach einer Trennung und Scheidung zum Inhalt hatte, heraus, dass die kindliche Symptombelastung bei einer überwiegenden Anzahl der untersuchten Kinder kurz nach der Trennung (es wurden zunächst 60 Kinder 9,9 Monate nach der Trennung der Eltern untersucht) anfangs sehr deutlich über den Werten der Vergleichsgruppe aus sog. intakten Familien lag, dann aber im zeitlichen Verlauf (15 Monate später mit 53 Kindern der gleichen Untersuchungsgruppe und noch einmal 15 Monate später mit nun 50 Kindern) kontinuierlich abnahm. Es blieb aber dabei, dass 48% der untersuchten Kinder in der Stichprobe (N = 24) vergleichsweise starke Verhaltensauffälligkeiten aufwiesen („Hochbelastete"), 34% der Kinder (N = 17) bewältigten ganz offenbar die Trennungsbelastungen im Laufe der Zeit („Belastungsbewältiger"), während die übrigen 18% der Kinder nur ein geringes Maß an symptomatischen Verhaltensweisen zeigten („Geringbelastete"). Knapp sechs Jahre nach dem Trennungszeitpunkt der Eltern (68;8 Monate) wurde eine vierte Erhebung mit nunmehr 46 Kindern gemacht. Es nahmen 46 Mütter und 37 Väter teil. Hier wurden noch N = 9 Kinder als problembelastet diagnostiziert. Mittlerweile waren die neuerlich untersuchten Kinder acht bis 15 Jahre alt.

Als Risikofaktoren für die Kinder wurden herausgefunden:

- die von Fall zu Fall nach der Trennung auftretende Komplexität familiärer Strukturen,
- eine belastete Expartnerbeziehung und
- ein geringes Alter der Kinder zum Trennungszeitpunkt der Eltern.

Wallerstein/Blakeslee (1989) fanden in ihrer berühmten Scheidungsstudie in den USA bereits in den achtziger Jahren heraus, dass rund ein Drittel aller Kinder erfolgreiche Bewältiger der Trennung ihrer Eltern sind, ein positives Selbstwertgefühl entwickelt haben, gute Schulleistungen zeigen, über ein kompetentes Sozialverhalten verfügen und fähig sind, emphatische Beziehungen einzugehen. Ein weiteres Drittel weist starke emotionale Probleme auf, und das letzte Drittel der Kinder ist als unglücklich und unzufrieden einzuschätzen.

Napp-Peters (1988; 1995) fand viereinhalb Jahre nach der Scheidung bei einem Drittel der Kinder langfristige Verhaltensauffälligkeiten, die sich vor allem in aggressiven und depressiven Verhaltensmustern zeigten (vgl. auch die neuere US-amerikanische Scheidungsforschung: Hetherington/Kelly 2003; Wallerstein/Lewis/ Blakeslee 2002).

Die Untersuchung von Walper/Gerhard (2003) mit insgesamt 743 Kindern im Alter von zehn bis 19 Jahren, die 1996 als Vergleich in Bezug auf die neuen und die alten Bundesländer in jeweils fünf großen west- und ostdeutschen Städten angelegt war, erbrachte u.a. keine nennenswerten Unterschiede zwischen Kindern aus Kernfamilien und Gleichaltrigen aus Trennungsfamilien. Es wurden sogar leichte Vorteile von Stiefkindern hinsichtlich ihrer körperlichen Gesundheit und ihrer Integration in die Gruppe der Gleichaltrigen herausgefunden.

Andauernde Konflikte, Krisen und Belastungen der elterlichen Beziehung schlagen sich jedoch nachteilig in der Eltern-Kind-Beziehung nieder.

Brisant sind die Untersuchungsergebnisse bei Walper/Gerhard (2003, 105) deshalb auch in Bezug auf den Verlust der Kontakte der Kinder mit ihrem Vater: Es wurden beispielsweise keine Nachteile in der von den Kindern und Jugendlichen selbst berichteten Befindlichkeit und der Sozialentwicklung festgestellt. Dies steht insofern in krassem Gegensatz zu den Forderungen der Väter in Vätergruppen nach kontinuierlichen, reichhaltigen und zum Teil sogar „hälftigen" Kontakten. Das gilt insbesondere für hochkonflikthafte Familienkonstellationen, wenn Konflikte zwischen den Eltern den positiven Effekt häufiger Kontakte zum getrennt lebenden Elternteil unterminieren (so schon seit Jahren die Diskussion in der US-amerikanischen Scheidungsforschung: siehe hierzu schon Amato/Rezac 1994).

Daraus folgern Walper/Gerhard (2003, 107), dass „ein verminderter Kontakt gerade in jenen Familien als hilfreicher Ausweg dienen mag, in denen die Eltern ihre Feindseligkeiten noch nicht überwunden haben und die Kinder dabei instrumentalisieren, in dem sie in eine Allianz gegen den anderen einbinden wollen".

Dennoch ist mittlerweile im Rahmen der Vaterforschung weitgehend unbestritten, dass die Entwicklung einer sozialen Identität beim Kind sich auf das Vorbild der Erwachsenen gründet, und hierzu gehört auch der Vater (Zulehner/Volz 1999; Kindler 2002; Steinhardt/Datler/Gstach 2002; Balloff 2011).

Die Auswirkungen der Vaterabwesenheit zeigen sich beispielsweise bei Jungen und Mädchen in einer unsichereren Geschlechtsrollenidentifikation, in negativen Auswirkungen auf das kindliche Selbstwertgefühl und das emotionale Wohlergehen. Darüber hinaus präsentieren Kinder auch in der Schule und zu Hause wegen des fehlenden männlichen Rollenmodells häufiger ausagierendes Verhalten (LBS-Initiative Junge Familie 1996, 175ff.; Balloff 2005, 212; 2011, 351f.).

In der LBS-Studie (LBS-Initiative Junge Familie 1996, 261), die maßgeblich von dem international bekannten Väterforscher W.E. Fthenakis zusammengestellt und verfasst wurde, wird auch betont, dass ein hohes Konfliktniveau der Eltern die positiven Auswirkungen des väterlichen Engagements auf das kindliche Wohlergehen beeinträchtigt.

Zu berücksichtigen ist somit nach dem Vorliegen der mittlerweile recht vielfältigen und umfangreichen Trennungs- und Scheidungsstudien, dass ein Kind, dessen Eltern anhaltend miteinander streiten und dessen gesamtes Zuhause von diesen anhaltenden Unvereinbarkeiten geprägt ist, kein sicheres Vertrauen zu den erwachsenen Bezugspersonen und zu sich selbst aufbauen kann. Es kann auch nicht lernen, wie Menschen im Rahmen einer längerfristigen Partnerschaft, Lebensgemeinschaft und Lebensperspektive miteinander auskommen, füreinander Verantwortung tragen, sich achten, respektvoll miteinander umgehen, sich lieben und trotz gelegentlichen Streits Kompromisse und Lösungen finden.

Aber selbst bei erheblichen Unvereinbarkeiten und häufigem Streit der Eltern sollte bedacht werden, dass Kinder das Zerbrechen der Familie – zumindest vorübergehend – als existentielle Bedrohung erleben.

Durch eine Trennung der Eltern werden darüber hinaus das Selbstwertgefühl des Kindes, die Identitätsentwicklung und der Wunsch nach Sicherheit und Geborgenheit beeinträchtigt.

Dennoch sollten diese eher negativen Feststellungen nicht dazu führen, Trennungen und Scheidungen zu verdammen oder zu erschweren (Willi 1991, 144; Walper/Gerhardt 2003, 107).

Fast alle inzwischen vorliegenden Ergebnisse der Scheidungsforschung deuten darauf hin, dass Kinder, deren Eltern zusammen bleiben, einander terrorisieren oder sogar gewalttätig gegeneinander sind, weitaus schwerere Schäden davontragen als Kinder nach einer Trennung oder Scheidung dieser Eltern (so schon Wallerstein/Blakeslee 1989, 355; Furstenberg/Cherlin 1993), zumal häusliche Gewalt nicht regelmäßig mit der Trennung der Partner endet (Kindler 2005, 19, mit weiteren Nachweisen der internationalen Forschung; Sünderhauf 2013, 245f.).

Zu erwarten und zu fordern ist allerdings nach dem derzeitigen Stand der Trennungs- und Scheidungsforschung, dass auch bei anhaltenden Konflikten und Unvereinbarkeiten

- die Interessen des Kindes beachtet werden
- von den Eltern die Trennung als Elternpaar rücksichtsvoll durchgeführt wird,
- die Elternebene respektiert wird und, falls das nicht sogleich möglich ist,
- eine Erziehungsberatung, Psychologische Beratung, Mediation, Paartherapie, Familientherapie oder Psychotherapie in Anspruch genommen wird.

Erforderlich ist angesichts nach wie vor hoher Zahlen von Trennungen und Scheidungen und davon betroffenen Kindern die Etablierung einer Trennungsstreitkultur und Umorientierung in derartigen Fragen. Beispielsweise sollten Kinder und Eltern, die pädagogische Hilfen in der Kindertagesstätte, im Hort und in der Schule erfahren, auch bei Trennungskonflikten dort unterstützt werden, da Kindererziehung schon lange nicht mehr alleinige Aufgabe der Eltern ist, zumal nach wie vor der Staat als Wächter über die Familiengemeinschaft nach Art. 6 GG, der sich nach einem Antrag eines Antragsberechtigten bei verheirateten Eltern und nun auch bei eingetragenen Lebenspartnern im Trennungsfall aktiver als bei der nichtehelichen Lebensgemeinschaft einmischt. Darüber hinaus haben Jugendamt, Schulen, Kindertagesstätten sowie andere Betreuungs- und Bildungseinrichtungen für Kinder, Freie Träger, die Kirche, Wohlfahrtsverbände schon längst durch ihre institutionellen Angebote wichtige und wesentliche Sozialisationsaufgaben für Kinder und die Zusammenarbeit mit den Eltern übernommen.

4 Die Regelung der elterlichen Sorge und das Wechselmodell

Pflege und Erziehung von Kindern sind nach Art. 6 Abs. 2 S. 1 GG das natürliche Recht der Eltern und die zuvörderst ihnen obliegende Pflicht. Damit ist klargestellt, dass primär Eltern Inhaber der Befugnis zur Ausübung der Personensorge sind. Einfachgesetzliche Regelungen können die Pflichten und Rechte der Eltern grundsätzlich nur gestalten. Neben den Eltern können auch andere Personen zur Pflege und Erziehung des Kindes verpflichtet sein. Über diese Verpflichtung zur Pflege und Erziehung des Kindes (primär durch Eltern) wacht die staatliche Gemeinschaft im Rahmen einer Garantenstellung (Hoffman 2013, 25).

Das Sorgerecht wird vom Gesetzgeber nunmehr nach einer grundlegenden Stärkung des mit der Mutter nicht verheirateten Vaters wie folgt geregelt:

1. Verheiratete Eltern mit einem gemeinsamen Kind werden mit der Geburt des Kindes durch Gesetz Sorgerechtsinhaber (§ 1626 Abs. 1 Nr. 1 BGB).
2. Sind die Eltern nicht miteinander verheiratet, steht zunächst der volljährigen Mutter ohne Sorgeerklärung nach wie vor die Alleinsorge zu (§ 1626a Abs. 3 BGB). Mutter eines Kindes ist kraft Gesetzes die Frau, die das Kind geboren hat (§ 1591 BGB). Die volljährige Mutter benötigt zum Nachweis ihrer alleinigen Vertretungsmacht eine Bescheinigung des Jugendamtes darüber, dass keine Sorgeerklärung für das gemeinsame Kind abgegeben wurde (§ 58a SGB VIII). Kraft Gesetzes ist der Vater nur dann der Vater des Kindes, wenn er die Vaterschaft wirksam anerkannt hat, die Vaterschaft gerichtlich festgestellt wurde oder er mit der Mutter verheiratet ist (§ 1592 BGB). Will der Vater seine Vaterschaft durch Anerkenntnis erreichen, muss er eine öffentlich beurkun-

dete Erklärung über die Vaterschaftsanerkennung abgeben (§ 1597 Abs. 1 BGB, § 59 Abs. 1 S. 1 Nr. 1 SGB VIII) und die Zustimmung der Schwangeren oder der Mutter bekommen (§§ 1692 Nr. 2, 1594 BGB). Eine schwebend unwirksame vorgeburtliche Sorgeerklärung kann mit Eintritt der Schwangerschaft von der Mutter mit dem Vater des Kindes abgegeben werden. Sie wird mit der Geburt des Kindes wirksam. Die Vaterschaftsfeststellung der volljährigen Mutter kann bei einer Weigerung des Vaters durch sie selbst beim Familiengericht beantragt werden (§ 1600d BGB, § 171 FamFG).

Nach der Neuregelung des § 1626a BGB[8] durch die Reform der elterlichen Sorge nicht miteinander verheirateter Eltern vom 16.4.2013 (BGBl I, 795; in Kraft seit dem 19.5.2013) ist auch ohne die Zustimmung der Mutter die Begründung der gemeinsamen elterlichen Sorge durch das Familiengericht möglich, wenn eine derartige Regelung dem Kindeswohl nicht widerspricht (sog. negative Kindeswohlprüfung).

Das neue Sorgerecht geht zusammen mit der Rechtsprechung des Bundesverfassungsgerichts davon aus, dass die gemeinsame elterliche Sorge prinzipiell den Bedürfnissen des Kindes nach Beziehungen zu beiden Eltern am besten entspricht (BVerfGE 107, 150, 155).

Damit findet sich das neue Leitbild bei der elterlichen Sorge, die gemeinsame elterliche Sorge (auch im nichtehelichen Recht), ebenso im Gesetz wieder.

Bei der Prüfung, ob die Zubilligung der gemeinsamen elterlichen Sorge dem Kindeswohl nicht widerspricht, kann auf die Rechtsprechung zu § 1671 BGB zurückgegriffen werden. Nach § 1671 BGB ist die elter-

---

[8] § 1626a BGB Elterliche Sorge nicht miteinander verheirateter Eltern; Sorgeerklärungen
(1) Sind die Eltern bei der Geburt des Kindes nicht miteinander verheiratet, so steht ihnen die elterliche Sorge gemeinsam zu,
1. wenn sie erklären, dass sie die Sorge gemeinsam übernehmen wollen (Sorgeerklärungen,
2. wenn sie einander heiraten oder
3. soweit das Familiengericht die elterliche Sorge gemeinsam überträgt.
(2) Das Familiengericht überträgt gemäß Abs. 1 Nr. 3 auf Antrag eines Elternteils die elterliche Sorge oder einen Teil der elterlichen Sorge beiden Eltern gemeinsam, wenn die Übertragung dem Kindeswohl nicht widerspricht. Trägt der andere Elternteil keine Gründe vor, die der Übertragung der gemeinsamen elterlichen Sorge entgegenstehen können, und sind solche Gründe auch sonst nicht ersichtlich, wird vermutet, dass die gemeinsame elterliche Sorge dem Kindeswohl nicht widerspricht.
(3) Im Übrigen hat die Mutter die elterliche Sorge.

liche Sorge einem Elternteil allein zu übertragen, wenn diese Regelung dem Kindeswohl am besten dient (positive Kindeswohlprüfung). In beiden Fallkonstellationen – negative Kindeswohlprüfung hier und positive Kindeswohlprüfung dort – tritt somit ein Widerspruch auf. Ausschlaggebend und den Widerspruch auflösend soll jedoch sein, welche Auswirkung die Entscheidung auf das betroffene Kind hat.

3. Das Verfahren zu Fragen der elterlichen Sorge nicht miteinander verheirateter Eltern ist in § 1626a BGB i.V. mit § 155a FamFG geregelt. Dort ist u.a. festgelegt, dass die Entscheidung beschleunigt ergehen soll. § 155a Abs. 3 FamFG sieht deshalb grundsätzlich ein schriftliches Familiengerichtsverfahren vor. Stellt der Vater einen Antrag, die gemeinsame elterliche Sorge zugebilligt zu bekommen, übersendet das Familiengericht den Antrag der Mutter zur Stellungnahme. Die Frist zur Stellungnahme endet gem. § 155a Abs. 2 Satz 2 FamFG frühestens sechs Wochen nach der Geburt des Kindes. Auch sonst gilt die Sechswochenfrist. Reagiert die Mutter nicht, wird dem Vater die elterliche Sorge mit übertragen, wenn diese Regelung dem Kindeswohl nicht widerspricht.

Problematisch und vor allem aus der Perspektive des Kindes als Rechtssubjekt ist bei dieser neuen Regelung nicht hinnehmbar, dass abweichend von dem sonstigen Verfahren in Kindschaftssachen grundsätzlich eine gerichtliche Entscheidung ohne Kindeswohlprüfung und persönliche Anhörung des Kindes, der Eltern und des Jugendamtes vorgesehen ist (Fahl 2014, mit Verweis auf Art. 3 Abs. 1 der UN-Kinderrechtskonvention).

Nur wenn dem Gericht durch den Vortrag des Vaters, die schriftliche Stellungnahme der Mutter oder auf sonstige Weise Gründe bekannt werden, die dem Kindeswohl entgegenstehen, setzt das Gericht binnen eines Monats einen Erörterungstermin an. Es handelt sich allerdings um eine Soll-Regelung, die einen Ermessensspielraum beinhaltet, sodass hier mit großer Sicherheit Klärungen von der Rechtsprechung erfolgen werden. Die Rechtsprechung des OLG Frankfurt am Main zeigt hier einen Weg auf, eine Entscheidung zum gemeinsamen Sorgerecht im vereinfachten Verfahren nach § 1626a BGB, § 155a FamFG „behutsam anzuwenden und eine hierauf beruhende Entscheidung im Rahmen des vereinfachten Verfahrens auch aus verfassungsrechtlichen Erwägungen mit Bedacht zu erlassen" (OLG Frankfurt a.M. NJW 2014, 2049 u. FamRZ 2014, 852). Denn nach der Rechtsprechung des Bundesverfassungsgerichts (BVerfG, FamRZ 2009, 399, 400) bedarf es für jede sorgerechtliche Entscheidung des Familiengerichts einer hinreichenden Grundlage für eine am Kindeswohl orientierte Entscheidung. Werden Aspekte sichtbar, die für eine Kindeswohlprüfung von Relevanz sind, sind diese im Rahmen des regulären Sorgerechtsverfahrens bzw. der hier anzuwendenden Verfahrensschritte der gebotenen Überprüfung durch das Familiengericht zugänglich zu machen" (OLG Frankfurt a.M. a.a.O.).

Ein Verfahrensbeistand wird nicht bestellt, sodass nicht nur das uninformierte Kind, zum Objekt des Verfahrens wird und wieder einmal den Status als Rechtssubjekt einbüßt, was nochmals nicht nur für eine Änderung des § 155a FamFG spricht, sondern ebenso für eine Verankerung der Rechte des Kindes im Grundgesetz.

Sobald angesichts eines Widerspruchs der Mutter das Gericht einen Erörterungstermin ansetzt, wird außer den Eltern auch das Jugendamt angehört. Jetzt sollte das Jugendamt die Pflicht haben, nach § 8 SGB VIII das Kind zu informieren.

Es gilt gem. § 155 FamFG dann der Beschleunigungsgrundsatz; eine Terminsverlegung ist auf den Antrag eines Beteiligten oder seines Bevollmächtigten nur aus zwingenden Gründen zulässig, die glaubhaft zu machen sind.

Der bisher nicht sorgeberechtigte Vater, hat allerdings auch die Möglichkeit die elterliche Sorge allein zu bekommen, wenn die Eltern nicht nur vorübergehend getrennt leben und die Übertragung auf dem Vater dem Wohl des Kindes am besten entspricht (siehe die Neufassung des § 1671 Abs. 2 Nr. 2, Abs. 4 BGB).

4. Nach wie vor kann die mit dem Vater nicht verheiratete Mutter durch Eheschließung und im Falle der Nichtverheiratung durch eine gemeinsame (unwiderrufliche) Sorgeerklärung (§ 1626a Abs. 1 BGB) die gemeinsame Sorge für das gemeinsame Kind begründen.

5. Ist die Mutter noch nicht volljährig, ruht zunächst die elterliche Sorge. Ihr steht allerdings die Personensorge ohne Vertretungsmacht und eine beschränkte Mitentscheidungsbefugnis gegenüber dem gesetzlichen Vormund für ihr Kind zu (§ 1673 Abs. 2 BGB).

Ist die Elterntrennung erfolgt und sind die Scheidung (§§ 1556 bis 1568 BGB) und die Sorgerechts- oder Umgangsregelung beim Familiengericht durch Antrag und Anregung in die Wege geleitet, bleibt die gemeinsame elterliche Sorge zunächst für beide Eltern bestehen. Soll hierzu eine Änderung erfolgen, müssen beide Eltern oder ein Elternteil beim Familiengericht

4 Die Regelung der elterlichen Sorge und das Wechselmodell

den entsprechenden Antrag nach § 1671 BGB stellen, es sei denn, dem Familiengericht wird eine Kindeswohlgefährdung nach §§ 1666, 1666a BGB bekannt. Dann wird von Amtswegen die elterliche Sorge geregelt.

Sind gemeinschaftliche Kinder vorhanden, hat das Familiengericht das Elternpaar (die Eheleute) auch zur elterlichen Sorge und des Umgangsrechts anzuhören und auf bestehende Möglichkeiten der Beratung hinzuweisen (§ 128 Abs. 2 FamFG) sowie das Jugendamt nach § 17 Abs. 3 SGB VIII zu benachrichtigen. Vom Jugendamt sind die Eltern über das Leistungsangebot der Jugendhilfe zu unterrichten (§ 17 Abs. 3 SGB VIII).

Die schnelle persönliche Anhörung der Eltern nach §§ 128, 155 FamFG auch zu Fragen der elterlichen Sorge und des Umgangsrechts, ist seit dem Gesetz zur Erleichterung familiengerichtlicher Maßnahmen bei Gefährdung des Kindeswohls vom 4. Juli 2008 vorgesehen und nach dem Inkrafttreten des FamFG am 1. September 2009 beibehalten worden,

Dieses Vorgehen soll weiterhin einen gewissen Ausgleich dafür schaffen, dass das Familiengericht nach der Neufassung des § 1671 BGB (was bereits nach der Kindschaftsrechtsreform im Jahr 1998 geschehen ist) grundsätzlich nicht mehr von Amts wegen über die Regelung der elterlichen Sorge entscheidet.

Hierzu gehört folgender Ablauf:

1. Rasche Anhörung der Eltern
   Die rasche Anhörung der Eltern soll ihnen frühzeitig die Gestaltungsmöglichkeiten der Regelung der elterlichen Sorge und des Umgangsrechts bewusst machen.
2. Hinweis auf Beratungsmöglichkeiten
   Darüber hinaus soll das Gericht auf Beratungsmöglichkeiten hinweisen (§ 128 FamFG), am besten mit Hilfe einer eigens vom Gericht angelegten aktuellen Liste geeigneter Beratungsstellen. Die Eltern und die betroffenen Kinder und Jugendlichen haben ein Recht auf Trennungs- und Scheidungsberatung, die eine Unterstützung bei der Entwicklung eines einvernehmlichen Konzepts für die Wahrnehmung der elterlichen Sorge zum Inhalt hat (§ 17 Abs. 2 SGB VIII).
3. Information des Jugendamtes durch das Familiengericht
   Die Familiengerichte sind mit Einleitung eines Scheidungsverfahrens der Eltern verpflichtet, das Jugendamt dementsprechend zu informieren (§ 17 Abs. 3 SGB VIII).
4. Frühe Anhörung der Eltern (siehe § 155 FamFG – Vorrang- und Beschleunigungsgebot) wegen möglicher Schutzbedürftigkeit des Kindes

I Das Kind vor dem Familiengericht bei Trennung und Scheidung

Die Anhörung kann u.U. Hinweise geben, ob von Amts wegen Maßnahmen zum Schutz des Kindes nach §§ 1666, 1666a BGB einzuleiten sind (Johannsen/Henrich/Markwardt 2010, FamFG § 128, Rdnr. 8).

Selbst bei Vorliegen von Gefährdungen des Kindes nach § 1666 BGB werden neben den gesetzlichen Vorgaben, nach denen zum Beispiel eine Trennung des Kindes von den Eltern nur möglich ist, wenn der Gefahr nicht auf andere Weise begegnet werden kann, zunehmend mehr beratende und außergerichtliche Interventionen favorisiert (vgl. etwa § 1666a BGB), bevor eine gerichtliche Entscheidung im Rahmen der Ausübung des staatlichen Wächteramtes mit Entzug von Teilen oder der gesamten Personensorge getroffen wird.

Auf diese Weise soll eine dem Wohl des Kindes dienende Neuordnung der Kind-Eltern-Beziehungen in die Wege geleitet werden. Mit anderen Worten: Spätestens mit den neuesten Reformen der letzten Jahre hat sich der sozialrechtliche, hilfeleistende Interventionsansatz nach dem SGB VIII mehr denn je und nachhaltiger vor dem tradierten bürgerlich-rechtlichen Interventionsansatz einer Sorgerechtsentscheidung etabliert. Erst wenn die nach dem SGB VIII vorgesehenen Beratungs- und Unterstützungsmaßnahmen, die eine dem Wohl des Kindes förderliche Wahrnehmung der Elternverantwortung zum Ziel haben, angeboten, versucht oder abgeschlossen worden sind, darf nach Antragstellung mindestens eines Elternteils (mit Ausnahme einer nicht einzudämmenden Kindeswohlgefährdung nach § 1666 BGB) über eine Regelung der elterlichen Sorge oder nach einer Anregung[9] eines Elternteils über die Regelung des Umgangsrechts entschieden werden.

Machen die Eltern allerdings von dem Beratungsangebot der Jugendämter oder freien Träger keinen Gebrauch und liegt keine Kindeswohlgefährdung

---

9 Anregung oder Antrag bei der Regelung des Umgangsrechts nach § 1684 BGB? Bedarf es einer gerichtlichen Regelung des Umgangsrechts, hat das Gericht im Rahmen der Amtsermittlung (§ 26 FamFG) die beiderseitigen Grundrechtspositionen der Eltern, das Kindeswohl und die Persönlichkeit des Kindes als Grundrechtsträger mit in die *Entscheidung von Amts wegen einzubeziehen*. Anträge der Eltern sind somit für das Familiengericht nicht bindend, sondern bloße Anregungen (Völker/Clausius 2014, § 2 Rdnr. 45f.). A.A. offenbar Münder/Ernst/Behlert (2013c, § 14 Rdnr. 4), die neben der amtswegigen Tätigkeit des Familiengerichts auch von einem Antrag der Eltern sprechen; so auch NomosKommentar 2014- BGB/Peschel-Gutzeit, § 1684 Rdnr. 59 u. Palandt/Bearbeiter: Diederichsen 2014, § 1684 Rdnr. 14, wo von einem Antrag der Eltern ausgegangen wird).

vor, hat das Jugendamt mit der Gesetzesreform des Kindschaftsrechts ab 1. Juli 1998 keine Möglichkeit mehr, an die Eltern oder das Kind heranzutreten oder eine Entscheidung für das Familiengericht im Rahmen einer gutachtlichen Stellungnahme vorzubereiten.

Diese konsequente Lösung mit Aufhebung des Zwangsentscheidungsverbundes bei gleichzeitiger Einführung des Antragsprinzips für die Übertragung der alleinigen elterlichen Sorge und der elterlichen Entscheidungsbefugnisse nach §§ 1687, 1687a BGB, kann zu Kindeswohlgefährdungen führen, wenn beispielsweise zwei alkohol- oder drogenabhängige Eltern ihren Konsum vertuschen und keine Anträge beim Familiengericht stellen, sodass beiden nach Trennung und Scheidung trotz nahe liegender, aber unentdeckter suchtbedingter Gefährdungen, die den Tatbestand nach § 1666 BGB erfüllen, die elterliche Sorge belassen bleibt.

Jedenfalls soll nach der Beratungsvorschrift des § 17 Abs. 2 SGB VIII mit der gewählten Formulierung „bei der Entwicklung eines einvernehmlichen Konzepts für die Wahrnehmung der elterlichen Sorge und der elterlichen Verantwortung zu unterstützen", sichergestellt werden, dass ein Höchstmaß an Kooperationsbereitschaft und Kooperationsfähigkeit in der Trennungs- und Scheidungsfamilie, also auch unter Beteiligung des Kindes oder Jugendlichen, hergestellt wird. Mit dieser Formulierung und nach dem Sinngehalt des § 1671 BGB sind alle Sorgerechtsformen gemeint, obwohl die gemeinsame elterliche Sorge faktisch den Regelfall darstellt.

Schon die Proksch-Studie (Proksch 2002) spricht für eine Überlegenheit der gemeinsamen elterlichen Sorge, während in der US-amerikanischen Literatur offenbar mehr auf den Einzelfall abgestellt wird.

Wallerstein/Lewis/Blakeslee (2002, 229f.) meinten damals, dass es nicht die rechtliche Form der elterlichen Sorge ist, die für das Wohlergehen des Kindes entscheidend ist, sondern

- die psychische Gesundheit der Eltern,
- die Qualität der Eltern-Kind-Beziehungen,
- weitgehende Übereinstimmung in Erziehungsfragen, insbesondere in Routineangelegenheiten,
- das Verhältnis von offenem Ärger und Kooperation zwischen den Eltern und
- Alter, Temperament und Flexibilität des Kindes.

Resümierend stellen die Autorinnen fest, dass die gemeinsame elterliche Sorge sich für das Kind als sehr gute, aber auch als eine sehr ungünstige

Lösung erweisen kann (vgl. auch Kelly 2003; Johnston 2003). Allerdings wird auch auf die Gefahr hingewiesen, wenn beispielsweise

- Kinder in die Streitigkeiten der Eltern mit einbezogen werden,
- Kinder zu generationsübergreifenden Koalitionen gedrängt werden,
- eine fehlende Kommunikation der Eltern insbesondere in divergierenden Erziehungsfragen vorliegt (Walper/Gerhard 2003, 99f.).

Das Bundesverfassungsgericht geht davon aus, dass die gemeinsame elterliche Sorge grundsätzlich den Bedürfnissen des Kindes nach Beziehung des Kindes zu beiden Eltern am besten entspricht (BVerfG, FamRZ 2003, 285; Heiß/Castellanos 2013, 29).

Angesichts anhaltender Konflikte der Eltern, die bei allen Sorgerechtsmodellen vorkommen können, wird z.B. in den USA die in Deutschland nach wie vor weitgehend unbekannte Variante „Parallele Elternschaft" (Furstenberg/Cherlin 1993) vorgeschlagen, weil sich herausstellte, dass selbst die Fortführung der gemeinsamen elterlichen Sorge nach Trennung und Scheidung Unvereinbarkeiten der Eltern nicht in jedem Fall verhindert.

Dieses Modell der „Parallelen Elternschaft" beinhaltet, dass Eltern, die in anhaltende und dann meist auch beratungsresistente Unvereinbarkeiten und Hochkonflikthaftigkeit verstrickt sind, ohne dass einem Elternteil die elterliche Sorge entzogen würde, in klarer und eindeutiger Abgrenzung voneinander und in eigener Verantwortung Zugang zu den Kindern haben, ohne jedoch in allen aktuellen Fragen der Erziehung und Betreuung der Kinder Absprachen, Kompromisse oder gemeinschaftlich getragene Vereinbarungen zu verlangen bzw. zu erwarten. Beide Eltern sind somit erziehungskompetent, können aber zurzeit nicht miteinander kooperieren, sodass allenfalls E-Mail-Nachrichten oder sonstiger Schriftverkehr möglich sind.

Nach dieser Auffassung würde auch ein Wechselmodell bei anhaltenden Unvereinbarkeiten und Hochkonflikhaftigkeit in den Elternbeziehungen nicht mehr ausgeschlossen sein, wie es Sünderhauf (2013, 119-125) vorschlägt.

Kommt es nach den beratenden Interventionen im Jugendamt nach §§ 17, 18 SGB VIII oder durch die Mitwirkung des Jugendamtes nach § 50 Abs. 1 und 2 SGB VIII zu einer familiengerichtlichen Entscheidung über eine Belassung der elterlichen Sorge bei beiden Eltern oder eine Übertragung der elterlichen Sorge auf einen Elternteil, ist der im Gesetz (§ 1671 BGB) verankerte Kindeswohlbegriff für das Familiengericht die herausragende Handlungsmaxime.

4.1 Der Kindeswohlbegriff

Das Kindeswohl gilt für das Bundesverfassungsgericht als die oberste Richtschnur der elterlichen Pflege und Erziehung (BVerfGE 59, 360, 376; 60, 79, 88).

Dennoch legitimiert der Kindeswohlbegriff den Staat und seine Organe im Rahmen des staatlichen „Wächteramtes" sogar in die von Trennung und Scheidung betroffene Familie bei Antragstellung eines Elternteils oder beider Eltern (§ 1671 Abs. 2 BGB) und bei einer Kindeswohlgefährdung (§§ 1666, 1666a BGB) einzugreifen, die Autonomie der Familie einzuschränken, Teile der elterlichen Sorge oder die gesamte elterliche Sorge, notfalls unter Sorgerechtsausschluss eines Elternteils oder auch beider Eltern, zu regeln.

Der Kindeswohlbegriff fungiert darüber hinaus im Rahmen der künftig zu treffenden gerichtlichen Maßnahmen (so schon Coester 1986; Salzgeber 2011, Rdnr. 11-17.) als

- Verfassungsprinzip (a.A. Luthe 2014, 95, der eigenständigen Kindergrundrechten in der Verfassung kritisch bis ablehnend gegenübersteht)
- Entscheidungsmaßstab,
- Verfahrensrichtlinie,
- rechtspolitischer Gestaltungsauftrag,
- Herstellungsauftrag (das Kindeswohl herauszufinden und sicherzustellen).

Der Kindeswohlbegriff als herausragende familienrechtliche Verfahrensleitlinie (ähnlich bedeutsam wie im Strafverfahren der Verfahrensgrundsatz „im Zweifel für den Angeklagten") determiniert damit ebenso den Ablauf und die Prozedur des Familiengerichtsverfahrens.

Beim Kindeswohlbegriff, der teils als Generalklausel, teils als unbestimmter und wertausfüllungsbedürftiger Rechtsbegriff bezeichnet wird, handelt es sich um einen Zentralbegriff (Hinz 1984; Dettenborn/Walter 2002, 59ff.), der somit für das Familiengericht der leitende Maßstab auch im Sorgerechtsverfahren nach einer Trennung und Scheidung der Eltern ist. Dabei dürfen die dem Kindeswohlbegriff zugrunde liegenden Anforderungen nicht generell-abstrakt auf eine handliche Formel gebracht werden, vielmehr müssen sie für jeden Einzelfall konkret-individuell erarbeitet werden (Westhoff/Terlinden-Arzt/Klüber 2000, 8). Deshalb sind auch die in der Rechtsprechung und psychologischen Wissenschaft entwickelten Kriterien, wie beispielsweise die Erziehungseignung der Eltern, deren Förderkompetenz, Bindungstoleranz oder die Beziehungen und Bindungen sowie der Wille des Kindes, wesentliche Faktoren bei der Konkretisierung des Kindeswohls (so auch Westhoff/Kluck 2014, 162ff.).

Die gesetzliche Grundlage mit einer Legaldefinition findet sich in § 1697a BGB Kindeswohlprinzip: „Soweit nichts anderes bestimmt ist, trifft das Gericht in Verfahren über die in diesem Titel geregelten Angelegenheiten diejenige Entscheidung, die unter Berücksichtigung der tatsächlichen Gegebenheiten und Möglichkeiten sowie der berechtigten Interessen der Beteiligten dem Wohl des Kindes am besten entspricht."

Daraus ergibt sich:

1. Das Kindeswohlprinzip hat Maßstab und Richtschnur der jugendamtlichen, verfahrensbeiständischen, gutachtlichen und richterlichen Vorgehensweise im familiengerichtlichen Verfahren zu sein.
2. Darüber hinaus stellt es die einzige Eingriffslegitimation durch den Staat in die Familie nach Art. 6 GG dar.
3. Als unbestimmter Rechtsbegriff muss der Kindeswohlbegriff mit psychologischen und juristischen Inhalten gefüllt werden.
4. Nach heute vorherrschender Auffassung ist der Kindeswohlbegriff vor allem im strittigen Sorgerechtsverfahren nach § 1671 als „Herstellungsprinzip" (Herstellen effektiver Elternschaft für das Kind) zu verstehen und weniger als Suchanweisung (Selektionsprinzip) nach einem besseren oder geeigneteren Elternteil. Aber auch im Rahmen der Überprüfung einer denkbaren Kindeswohlgefährdung, z.B. nach §§ 1632 Abs. 4, 1666, 1666a BGB, zwingt das Kindeswohlprinzip dazu, auch hier das Kindeswohl durch Vermeidung einer falsch positiven oder falsch negativen Feststellung sicherzustellen.

Die Sorgerechts- bzw. Kindeswohlkriterien im Einzelnen:

I. Elternzentrierte Kriterien
   1. Erziehungsfähigkeit der Eltern
   2. Das Förderprinzip (Wer von beiden Eltern kann das Kind in seinen seelischen, körperlichen und gefühlsmäßigen Belangen am besten unterstützen?)
   3. Das Prinzip der Kontinuität und Stabilität von Lebensbeziehungen (Welcher Elternteil kann dem Kind in Bezug auf seine eigene Person und alle anderen für das Kind bedeutsamen Personen ein Höchstmaß an Kontinuität und Stabilität in der Betreuung und in Bezug auf die Umgebung sicherstellen?)

4. Das Prinzip der Bindungstoleranz
   5. Das Prinzip der Kooperationsbereitschaft und Kooperationsfähigkeit in Erziehungsfragen sowie des aktiven Förderns von Beziehungen und Bindungen des Kindes mit dem anderen Elternteil. Dieses Prinzip wird erst seit einigen Jahren von der Rechtsprechung, nun im Rahmen des Bindungstoleranzkriteriums, thematisiert. (Welcher Elternteil bietet die beste Gewähr, dass dem Kind der andere Elternteil und alle anderen bedeutsamen Personen als Bezugspersonen erhalten bleiben? Ist dieser Elternteil darüber hinaus willens, diese Kontakte nicht nur zu akzeptieren oder zu billigen, sondern ebenso aktiv zu unterstützen?)
   6. Die Fähigkeit der Eltern, zwischen Paar- und Elternebene zu differenzieren
   7. Das Prinzip des uneingeschränkten Willkommenseins (von Ernst Ell geprägt)
II. Kindzentrierte Kriterien
   1. Wunsch und Wille des Kindes, aber auch Haltungen, Einstellungen, Meinungen, Favorisierungen; bei Säuglingen und sehr jungen Kindern, die noch nicht sprechen können, auch Mimik und Gestik
   2. Bindungen des Kindes an die Eltern (gemeint sind hier bindungstheoretische Implikationen nach John Bowlby, wobei zu beachten ist, dass der im Gesetz (§ 1626 Abs. 3 S. 2 BGB) benutzte Bindungsbegriff ein erweiterter Beziehungsbegriff ist und mit dem psychologischen Bindungsbegriff nicht identisch ist)
   3. Beziehungen des Kindes zu den Eltern, Geschwistern und allen anderen für das Kind bedeutsamen Personen
   4. Kontinuität und Stabilität der Lebensverhältnisse des Kindes

Westhoff/Kluck (2014, 24ff.) thematisieren für die Beurteilung der Frage, unter welchen der zukünftigen Lebensbedingungen die Kriterien des angestrebten Zieles „Kindeswohl" am ehesten zu realisieren sein werden, sechs zu beachtende Merkmale, die sie als Verhaltensgleichung vorstellen: $V = f1 (U, O, K, E, M, S)$:

1. U = Umgebungs-Variablen (z.B. Wohnsituation, finanzielle Verhältnisse, Verkehrsbedingungen, zur Verfügung stehende Zeit)
2. O = Organismus-Variablen (z.B. allgemeine körperliche Belastbarkeit; Ernährungsweise; Alter; Krankheiten, erhebliche gesundheitliche Beeinträchtigungen der Beteiligten oder Behinderungen, die eine besondere Betreuung erfordern)

I Das Kind vor dem Familiengericht bei Trennung und Scheidung

3. K = Kognitive Variablen (z.B. allgemeine Intelligenz, Konzentration, Gedächtnis, Arbeitsstil, Gewissenhaftigkeit, Beherrschung von Kulturtechniken – Lesen, Schreiben, Grundrechenarten, spezielle Fachkenntnisse, Problemlösefähigkeit der Eltern, soziale Kompetenz)
4. E = Emotionale Variablen (z.B. emotionale Belastbarkeit; Umgang mit emotionalen Belastungen; Verhalten bei Frustrationen; Umgang mit Gefühlen)
5. M = Motivationale Variablen (z.B. Motive, wie Leistungsmotiv, Machtmotiv; Interessen, Werte und Wertvorstellungen; Ziele; Überzeugungen; Erwartungen; Entscheidungsverhalten; Aktivität; Extraversion)
6. S = Soziale Variablen (z.B. soziale Intelligenz bzw. Kompetenzen; Einstellungen, Erwartungen, Vorurteile, Stereotype; Normen; Pflichten, Verpflichtungen; Einflüsse von „bedeutsamen Anderen")
7. und deren Wechselwirkungen.

Dettenborn (2014, 47ff.) unterteilt den Kindeswohlbegriff in folgende Aspekte:

– juristischer Aspekt: Kindeswohl als unbestimmter Rechtsbegriff
– kognitionspsychologischer Aspekt: Kindeswohl als typischer Fall einer Invariantenbildung, nachdem in einem schwer überschaubaren Feld wechselwirkender Einzelfaktoren die Komplexität durch die Orientierung auf nur einen Bezugspunkt reduziert worden ist. „Die Qualität des Entscheidens hängt davon ab, ob die gewählte Invariante tatsächlich die optimal sachadäquate Verdichtung auf die zu Grunde liegende Größe hin ist und Erklärungswert hat" (Dettenborn 2014, 47f.).
– moralpsychologischer Aspekt: Kindeswohl als Instrument zur Rechtfertigung von Gesetzgebungsvorhaben und Rechtsanwendungspraktiken
– wissenschaftstheoretischer Aspekt: Kindeswohlbegriff als definitorische Katastrophe.

Zur Frage einer Definition des Kindeswohlbegriffs schlägt Dettenborn (2014, 48) vor, obwohl er nach wie vor den Begriff selbst – unter wissenschaftstheoretischen Gesichtspunkten – als definitorische Katastrohe ansieht (Dettenborn a.a.O), „unter familienrechtspsychologischem Aspekt als Kindeswohl die für die Persönlichkeitsentwicklung eines Kindes oder Jugendlichen günstige Relation zwischen seiner Bedürfnislage und seinen Lebensbedingungen zu verstehen (a.a.0., 51). Allerdings berücksichtigt diese durchaus eingängige Definition den Aspekt: Kind als Träger von verfassungsrechtlich geschützten Grundrechten noch zu wenig.

Das Kind hat als Träger von Grundrechten (Art. 1 Abs. 1, Art. 2, Art. 6 Abs. 2 GG), selbst wenn eigenständige Rechte des Kindes noch immer nicht in die Verfassung aufgenommen wurden, Anspruch auf den Schutz des Staates (Schone/Hensen 2011, 14–18), während der Staat zum Schutze des Kindes verpflichtet ist (BVerfGE 24, 119, 135).

Maywald (2009, 18) favorisiert dementsprechend – aus einer prozessverstehenden und bedürfnisorientierten Sichtweise – ein Handeln, das am Wohl des Kindes ausgerichtet ist und sich an den Grundrechten und Grundbedürfnissen von Kindern orientiert, um für das Kind die jeweils günstigste Handlungsalternative zu ermöglichen.

Einen anderen Zugang zum Thema „Kindeswohl" würde beispielsweise der Versuch beinhalten, sich über die Feststellung des Kindes als Grundrechtsträger einem Bedürfniskonzept so zu nähern, wie es beispielsweise von Brazelton/Greenspan (2002) mit Blick auf psychosoziale Grundbedürfnisse vorgeschlagen wird. Danach dienen diese Grundbedürfnisse des Kindes dem Aufbau seiner Persönlichkeit, der Identität und des Selbstwertkonzepts.

Diese beinhalten nach Brazelton/Greenspan (2002):

1. Bedürfnis nach beständigen liebevollen Beziehungen
2. Bedürfnis nach körperlicher Unversehrtheit, Sicherheit und Regulation
3. Bedürfnis nach Erfahrungen, die auf individuelle Unterschiede zugeschnitten sind
4. Bedürfnis nach entwicklungsgerechten Erfahrungen
5. Bedürfnis nach Grenzen und Strukturen.
6. Bedürfnis nach stabilen, unterstützenden Gemeinschaften und nach kultureller Kontinuität
7. Bedürfnis nach einer sicheren Zukunft – die Zukunft sichern.

Die Verwirklichung des Wohlergehens des Kindes – auch in einem umfassenderen Sinn als nur im Familiengerichtsverfahren – wird allerdings nur dann gelingen, wenn diejenigen politischen, kulturellen, gesellschaftlichen, rechtlichen und unterstützenden Rahmenbedingungen geschaffen werden, die es den Eltern – zumindest aber einem Elternteil – ermöglichen, den Bedürfnissen und Interessen der Kinder bei der Bewältigung alltäglicher Lebensaufgaben gerecht zu werden. Mit dieser Aussage soll verdeutlicht werden, dass die rechtlichen Vorgaben allein den Bereich dessen, was „Kindeswohl" ausmacht, nicht hinreichend abdecken können. „Kindeswohl" erstreckt sich nach wie vor auf gesellschaftliche Grundwerte, die auf konsensfähigen, geübten und mehrheitsfähigen Überzeugungen beruhen (so schon Coester 1991b).

Hier war beispielsweise auch die Änderung des § 1631 Abs. 2 BGB ein richtungweisender Schritt: „Kinder haben ein Recht auf gewaltfreie Erziehung. Körperliche Bestrafungen, psychische Verletzungen und andere entwürdigende Maßnahmen sind unzulässig."

Wenngleich diese Vorschrift zunächst „nur" ein nicht sanktionsbeschwerter „pädagogischer Gestaltungsauftrag" des Staates an die Eltern ist, kann dessen Langzeitwirkung in Richtung Gewaltfreiheit in der Kindererziehung nicht hoch genug eingeschätzt werden.

Möglicherweise ändert sich auch die Vorstellung Professioneller, was eine Kindeswohlgefährdung nach § 1666 BGB beinhaltet und welcher Elternteil im Konfliktfall eher das Kind nach einer Trennung in seiner Obhut haben sollte. Dennoch bleibt festzuhalten, dass sich der Kindeswohlbegriff dem Gesetz nach nicht zweifelsfrei definieren lässt. Dies, obwohl im Gesetz zur Frage des elterlichen Sorgerechts, das eng, ja nahezu untrennbar, mit dem Kindeswohlbegriff verknüpft ist, z.B. Erziehungsziele und Erziehungspraktiken (vgl. z.B. §§ 1626, 1627, 1628, 1631 BGB) durchaus geregelt sind und auch von der Rechtsprechung seit langem, über die oben erwähnten Essentials hinausgehend, in Einzelfragen spezielle Kriterien diskutiert werden (z.B. BVerfG, Beschluss vom 31. 3. 2010 – 1 BvR 2910/09 = NJW 2010, 2336; BVerfG, Beschluss vom 14.7.2010 – 1 BvR 3189/09 = FamRZ 2010, 1622).

Dabei umfasst die elterliche Sorge (ein Sammelbegriff der wichtigsten privatrechtlichen Beziehungen zwischen Eltern und Kind, z.B. Personen und Vermögenssorge – §§ 1626 bis 1698b BGB) als Pflichten gebundenes Elternrecht die Pflicht und das Recht (Art. 6 Abs. 1 S. 1 GG), für das Kind zu sorgen. Durch die Wahl dieser Reihenfolge – „Pflicht und Recht" – wird die besonders herausragende, primäre Verantwortung der Eltern betont. Die elterliche Sorge als wichtigster Bestandteil des Elternrechts beinhaltet somit die verfassungsrechtliche Sicherstellung einer in der Eltern-Kind-Beziehung „angelegten, pflichtbestimmten Rechtsstellung herrschaftlich-treuhänderischen Art, die eine mit der Kindheitsentwicklung allmählich schwindende Pflege- und Erziehungsbefugnis sowie ein Abwehrrecht gegen Übergriffe des Staates in diese Befugnis zum Gegenstand hat" (Wiesner 2013, 236).

Die elterliche Sorge ist ferner ein absolutes Recht im Sinne des § 823 Abs. 1 BGB (§ 823 Abs. 1 BGB: Wer vorsätzlich oder fahrlässig das Leben, den Körper, die Gesundheit, die Freiheit, das Eigentum oder ein sonstiges

4 Die Regelung der elterlichen Sorge und das Wechselmodell

Recht eines anderen widerrechtlich verletzt, ist dem anderen zum Ersatz des daraus entstehenden Schadens verpflichtet.). Seine Verletzung etwa durch Kindesentziehung verpflichtet zum Ersatz aller dadurch verursachten Aufwendungen (z.B. Aufwendungen für Reisekosten, Inanspruchnahme einer Begleitperson, Einschalten eines Privatdetektivs etc.) (Schnitzler/Knittel 2010, § 14 Elterliche Sorge, Rdnr. 1ff.).

Träger der elterlichen Sorge sind die Eltern im Sinne des Abstammungsrechts nach §§ 1591ff., 1626a BGB, kraft Gesetzes (§ 1626a Abs. 1 Nr. 2 BGB), Zuordnung kraft Erklärung (Sorgeerklärung) oder durch Gerichtsentscheidung (§§ 1671, 1674, 1677, 1680 BGB; auch Adoptiveltern nach §§ 1741ff., 1754 BGB). Nur noch bei fehlender Antragstellung des nichtehelichen Vaters ist die Mutter Inhaberin der alleinigen elterlichen Sorge (§ 1626a Abs. 3 BGB).

Die Eltern berücksichtigen nach § 1626 Abs. 2 BGB bei der Pflege und Erziehung des Kindes die wachsende Fähigkeit und das wachsende Bedürfnis zu selbständigem, verantwortungsbewusstem Handeln. Sie besprechen mit dem Kind, soweit es nach dessen Entwicklungsstand angezeigt ist, Fragen der elterlichen Sorge und streben Einvernehmen an.

Die Personensorge umfasst insbesondere die Pflicht und das Recht, das Kind zu pflegen, zu erziehen, zu beaufsichtigen und seinen Aufenthalt zu bestimmen. Kinder wiederum haben das Recht auf gewaltfreie Erziehung. Körperliche Bestrafungen, psychische Verletzungen und andere entwürdigende Maßnahmen sind unzulässig (§ 1631 Abs. 1, 2 BGB).

Diese Pflichten und Rechte haben ihre Grundlage in Art 6 Abs. 2 S. 1 GG und stellen somit eine „natürliche" Pflicht und ein „natürliches" Recht der Eltern dar. Dieses „Elterngrundrecht", das jedem Elternteil einzeln zusteht, garantiert den Vorrang der Eltern, ihre Eigenständigkeit und Selbstverantwortlichkeit bei der Pflege, Erziehung und Begleitung der Kinder gegenüber staatlichen Eingriffen und die Pflicht zur Pflege und Erziehung im Sinne der Wahrnehmung der Elternverantwortung (Palandt/Bearbeiter: Diederichsen 2014, § 1626 Rdnr. 1.)

Diesem Elternrecht steht das „staatliche Wächteramt" gegenüber, das ebenfalls in Art. 6 GG seinen Ausdruck gefunden hat.

Von der Rechtsprechung und Wissenschaft werden als Sorgerechts- bzw. Kindeswohlkriterien, wie oben schon dargestellt, z.B. die Erziehungsfähigkeit der Eltern, die elterliche Eignung, der Fördergrundsatz, das Kontinuitäts- und Stabilitätsprinzip und die Bindungstoleranz der Eltern, der Wille des Kindes und die Beziehungen und Bindungen des Kindes an die Eltern sowie Geschwister betont.

Jopt (1987, 876) beschreibt das Kindeswohl aus systemischer Sicht „als ein Kontinuum ..., das sich auf der Basis gemeinsamer Elternschaft in Abhängigkeit von den Fähigkeiten der Eltern zu einer umfassenden Bedürfnisbefriedigung des Kindes in unterschiedliche Niveaus (oder Verwirklichkeitsgrade) aufteilen läßt" (Jopt 1987, 876).

Die Formulierung der „am wenigsten schädlichen Alternative", die Anfang der siebziger Jahre aus den USA übernommen und auch in Deutschland in die Trennungs- und Scheidungsdiskussion eingeführt wurde, löste den Kindeswohlbegriff nicht ab, impliziert aber nicht zu Unrecht, dass eine Elterntrennung und die Trennungs- und/oder Scheidungsfolgen in der Regel nicht dem Wohl des Kindes dienen. Ebenso wenig dient eine Trennung elternähnlicher Bezugspersonen des Kindes, Pflege-, Adoptiveltern, Lebenspartner oder Eltern aus nichtehelicher Lebensgemeinschaft dem Wohl des Kindes.

Unabhängig von unterschiedlichen Auffassungen über den Kindeswohlbegriff ist das Thematisieren und Festlegen von Modellen, die sich dem Wohlergehen der Kinder annähern, vermutlich wichtiger.

Nach wie vor sind auch nach der Kindschaftsrechtsreform und dem Inkrafttreten des Familienverfahrensrechts drei psychologische Konzepte zur Frage der Ausgestaltung der elterlichen Sorge nach Trennung und Scheidung gegeben.

1. Das Konzept der Beibehaltung der gemeinsamen elterlichen Sorge und Verantwortung nach Trennung und Scheidung

    1.1 Psychologisch zu fordern ist hierfür
    - Einvernehmen, Kooperationsbereitschaft und Kooperationsfähigkeit der Eltern
    - bei zunächst fehlendem Einvernehmen der Eltern und bei vorhandener Beratungswilligkeit Stärkung beziehungsweise Wiederherstellung der elterlichen Verantwortungsgemeinschaft mit Hilfe der Erziehungsberatung, Mediation, psychologischen Beratung, Familientherapie oder Elternpaartherapie
    - Wiedererlangung der Kooperationsbereitschaft und Kooperationsfähigkeit der Eltern
    - Fähigkeit der Eltern, die Bedürfnisse und Belastungsfähigkeit des Kindes bezüglich künftiger Kontakte zu beiden nun getrennt lebenden Eltern zu erkennen.

    1.2 Denkbare Rechtsformen

- gemeinsame elterliche Sorge als faktischer Regelfall (§ 1671 BGB)
- alleinige elterliche Sorge gemäß § 1671 Abs. 2 BGB.

2. Konzept der Beibehaltung gemeinsamer elterlicher Verantwortung nach Trennung und Scheidung ohne oder mit gemeinsame(r) elterliche Sorge(r) im Rahmen Paralleler Elternschaft)

   2.1 Psychologische Voraussetzungen
   - anhaltender Streit bis zu anhaltende Unvereinbarkeiten der Eltern trotz angebotener beziehungsweise erfolgter außergerichtlicher Interventionen
   - Fähigkeit der Eltern zur Abgrenzung voneinander trotz der derzeit nicht behebbaren Unvereinbarkeiten
   - Bereitschaft und Fähigkeit jedes Elternteils, im Rahmen der Kontakte mit dem Kind die erzieherische Verantwortung in der Rolle des Vaters bzw. der Mutter zu tragen.

   2.2 Denkbare Rechtsformen
   - gemeinsame oder alleinige elterliche Sorge
   - Regelung des Umgangsrechts.

3. Konzept zur Regelung der elterlichen Sorge bei anhaltenden Unvereinbarkeiten der Eltern und mangelnder Abgrenzung voneinander und daraus resultierenden Gefährdungen des Kindes durch massive Loyalitätskonflikte und/ oder Eltern-Entfremdungssymptomatiken

   3.1 Psychologische Voraussetzungen
   - anhaltende Unvereinbarkeiten der Eltern und fehlende Abgrenzung trotz angebotener beziehungsweise erfolgter Mediation, Beratung, Familientherapie oder Psychotherapie
   - anhaltende Gefährdungen des Kindes gemäß § 1666 BGB trotz angebotener bzw. erfolgter außergerichtlicher Intervention.

   3.2 Denkbare Rechtsformen
   - alleinige elterliche Sorge
   - Entzug des Aufenthaltsbestimmungsrechts (ABR), Sorgerechtsentzug, ABR-Pflegschaft oder Vormundschaft
   - Herausnahme des Kindes nach §§ 1666, 1666a BGB und Fremdunterbringung
   - Regelung des Umgangs.

4.2 Familie und Scheidung

Der Kampf um das Sorgerecht oder den Aufenthalt des Kindes und damit der Kampf um das Kind führt neben den bereits vorhandenen Trennungskrisen bei allen Beteiligten oft zu weiteren Belastungen, Kränkungen, seelischen Verletzungen, ökonomischen Krisen und Zuspitzungen, die bei Erwachsenen und vor allem bei Kindern häufig ein vertretbares Maß an seelischen und körperlichen Belastungen überschreiten (Stichworte: Wechselseitige Psychiatrisierung und Kriminalisierung des Elternpaars).

Trotzdem nimmt eine erhebliche Anzahl von Kindern offenbar auch unter schwierigen, streit- und hasserfüllten sowie langwierigen Trennungsprozessen ihrer Eltern keinen erkennbaren bzw. dauerhaften seelischen Schaden. Angesprochen ist hier die Resilienz des Kindes.

Resilienz beschreibt ein Muster positiver Anpassung trotz bedeutsamer Risiken. Bei Kindern selbst kommen schützende, protektive Faktoren, wie Temperamentsmerkmale, Intelligenz oder eine positive Einschätzung der eigenen Fähigkeiten zum Tragen (Lösel/Bender 1996; Fröhlich-Gildhoff/ Rönnau-Böse 2014). Das Gegenstück ist die Vulnerabilität im Sinne hoher Verletzlichkeit durch Risikofaktoren.

Resiliente Kinder haben demnach die Fähigkeit, selbst bei hohen Risikobedingungen und Belastungen durch Stressoren erfolgreich, sozial akzeptabel Widerstand zu leisten und Stresssymptome schneller wieder abzubauen (Dettenborn/Walter 2002, 53).

Ein trennungs- und scheidungsresilientes Kind ist somit trotz herausfordernder, bedrohender und belastender Umstände zu einer erfolgreichen Adaption inneren Wohlbefindens und zum Fortführen einer effektiven Austauschbeziehung mit der Umwelt in der Lage (Opp/Fingerle/Freytag 1999, 37-58; Opp/Fingerle 2008).

Darüber hinaus können Nachbarn, Bekannte, Freunde, Verwandte der Familie und des Kindes, Lehrer, Schüler, Erzieherinnen in der Kindertagesstätte etc. einen wichtigen Beitrag zur Stabilisierung des Kindes trotz elterlicher Unvereinbarkeiten leisten.

Nach Lösel/Bender (1999, 37) beinhalten spezifische positive Faktoren eine Schutzfunktion gegen verschiedene Störungen:

1. eine stabile emotionale Beziehung zu mindestens einem Elternteil oder einer anderen wichtigen Bezugsperson des Kindes
2. ein emotional positives, unterstützendes und strukturgebendes Erziehungsklima

3. Rollenvorbilder für ein konstruktives Bewältigungsverhalten bei Belastungen
4. soziale Unterstützung durch Personen außerhalb der Familie
5. dosierte soziale Verantwortlichkeiten
6. Temperamentsmerkmale wie Flexibilität, Annäherungstendenz, Soziabilität
7. kognitive Kompetenzen wie z.B. eine zumindest durchschnittliche Intelligenz
8. Erfahrungen der Selbstwirksamkeit und ein positives Selbstkonzept
9. ein aktives und nicht nur reaktives oder vermeidendes Bewältigungsverhalten bei Belastungen
10. Erfahrungen der Sinnhaftigkeit und Struktur in der eigenen Entwicklung.

Hantel-Quitmann (2013, 80ff.) betont als eine der zentralen Aufgaben der Eltern, sich einfühlsam in das Kind hineinzuversetzen, um so ein reflexives Empathievermögen für das Kind zu entwickeln. Eine Fähigkeit der Eltern, die besonders häufig – zumindest vorübergehend – bei konfliktreichen Elterntrennungen und Scheidungen verloren geht.

Zimmermann/Suess/Scheuerer-Englisch/Grossmann (2000, 307) greifen wie Hantel-Quitmann (2013, 82) zu Recht ebenso auf bindungstheoretische Modelle zurück und betonen, dass eine erfolgreiche Lösung einer spezifischen Entwicklungsthematik die erfolgreiche Lösung der nächsten beeinflusst und somit in einem wechselseitigen, interaktiven Prozess auch Einfluss auf die Kontinuität von Anpassung oder Fehlanpassung im Entwicklungsprozess hat. Lindenberger (2002, 389) nimmt an, dass alle neuen Entwicklungsaufgaben Herausforderungen (Stressoren) darstellen, die Personen auf unterschiedliche Weise bewältigen können.

Ein großes Repertoire an Selbstdefinitionen (beispielsweise durch Kontakte, Beziehungen, Bindungen mit wichtigen Bezugspersonen erworben) und Bewältigungsformen (z.B. miterlebte „gelungene" Trennungen und Scheidungen von Eltern anderer Kinder in der Kita oder im Klassenverband) erhöht somit die Wahrscheinlichkeit, den Anforderungen einer bestimmten Herausforderung – hier beispielsweise Trennung und Scheidung der Eltern – angemessen durch ein spezifisches Bewältigungsverhalten (Coping) begegnen zu können.

Wenn nach Schätzungen der Familienrichterschaft nur 10% bis 20% aller Familiensachen bis zur richterlichen Entscheidung hochstrittig verlaufen, kann davon ausgegangen werden, dass auch bei den übrigen 80% bis 90%

aller Trennungs- und Scheidungsfamilien zumindest passager Streit vorkommt. Für sich genommen sind Streit, Auseinandersetzung und Konflikte jedoch nicht schädlich. Vielmehr stellen sie bei einer einvernehmenorientierten Grundhaltung der Eltern normalerweise eine bedeutsame positive Ressource in der Paargemeinschaft und im Familienleben dar, Änderungen und Neuorientierungen in Angriff zu nehmen.

Nicht auszuschließen ist jedoch, selbst wenn der Streit geschlichtet erscheint oder in ein Pseudoeinvernehmen der Eltern einmündet und bei Gericht kein Antrag auf Regelung der elterlichen Sorge gestellt wird, dass diese Entwicklung ohne Tätigwerden und Beteiligung des Jugendamtes, wie es nach der Kindschaftsrechtsreform vom 1.7.1998 vorgesehen ist, einen nicht am Wohlergehen des Kindes ausgerichteten Kompromiss darstellt: Möglich sind zum Beispiel „Tauschgeschäfte" zwischen den Eltern, nach denen die Beibehaltung der gemeinsamen elterlichen Sorge oder das Nichtwahrnehmen von Umgangskontakten beispielsweise unter Verzicht auf Unterhaltszahlungen ausgehandelt wird.

Welche unterschwelligen Konflikte auf der Beziehungsebene in juristisch unstrittigen Fällen weiter anhalten, weiß trotz der sich in der letzten Zeit auch in Deutschland quantitativ ausweitenden Scheidungsforschung bis heute noch niemand genau. Auch eine der ersten Studien von Proksch (2002) konnte mangels Befragung der Eltern und Kinder keine verlässlichen Aussagen darüber erbringen, ob sich beispielsweise offene oder unterschwellige, das Wohlergehen des Kindes negativ berührende Konflikte der Eltern gelegt haben.

Für die Annahme nicht nur unbedeutender anhaltender Konflikte im Paar- und Familiensystem spricht, dass nach einer rechtskräftigen Scheidung beispielsweise in den alten Bundesländern der Bundesrepublik Deutschland mehr als 40% aller Väter den Kontakt zum Kind abbrechen (Napp-Peters 1995; Balloff/Walter 1990; 1991a) und mittlerweile pro Jahr fast 60.000 Umgangsrechtsfälle beim Familiengericht anhängig sind (Statistisches Bundesamt 2014, 18, 60: Z.B. waren 2012 54.874 Umgangsrechtsfälle bei den Familiengerichten in 1. Instanz anhängig und 2.021 Fälle vor den Familiensenaten in 2. Instanz), während aus den USA Kontaktabbrüche in der Größenordnung von sogar 50% genannt werden (Furstenberg 1988; Furstenberg/Cherlin 1993, 182).

Auch in den neueren US-amerikanischen und deutschen Studien wird ein recht pessimistisches Bild in Bezug auf anhaltende und zuverlässige Kind-Vater-Kontakte nach einer Trennung und Scheidung gezeichnet (Balloff 2011a, 349ff. zur Frage der Bedeutung des Vaters für die Entwicklung des

4 Die Regelung der elterlichen Sorge und das Wechselmodell

Kindes; Wallerstein/Lewis/Blakeslee 2002, 195ff., 260ff., 316f; Watzlawik/ Ständer/Mühlhausen 2007, 16;). Die zuletzt genannten Autoren und Autorinnen konstatieren, dass nach einer Elterntrennung 15% Kontaktabbrüche zwischen Vater und Kind erfolgen und 30% der Väter ihre Kinder nur selten oder nie sehen.

Nach wie vor werden z.b. im mitteleuropäischen Kulturkreis Liebesbeziehungen in Partnerschaften, Ehe und Familie weniger vom Verstand, im Sinne eines differenzierten, kalkulierten und vorausschauenden Abwägens der Vor- und Nachteile (z.b. durch Ehevertrag) oder einer Planung auf ökonomischer Grundlage bestimmt, als von Gefühlen und Affekten, mit der Folge, dass Trennungen und Scheidungen in der Regel als ungewöhnlich schmerzhaft, kränkend und verletzend erlebt werden.

Bekanntermaßen leben Kinder im mitteleuropäischen Kulturkreis meistens in der so genannten Zwei-Generationen-Familie, die sich in den letzten Jahrzehnten immer mehr zu einer Kernfamilie mit einem Kind oder zwei Kindern zentriert hat. Betrachtet man die Kinderzahl pro Familie, zeigt sich hier ein „gegenläufiger Trend im Hinblick auf die Pluralisierungsthese" (Nave-Herz 2000, 29). Vielmehr nimmt in Bezug auf die Kinderzahl die Vielfalt ab, da die Mehrzahl der Kinder mit 75% derzeit in Ein-oder Zwei-Kinderfamilien aufwächst. Trotzdem nahm durch die Fortschritte und Ergebnisse der medizinischen Forschung, durch höheres Lebensalter, besseren ökonomischen Lebensstandard der Anteil der Drei-Generationen-Familie seit dem Industriezeitalter stetig zu, in der, wenn auch nicht zusammenwohnend, regelmäßige Kontakte und Transferleistungen zwischen den Generationen bestehen (Nave-Herz 2000, 28; 2012).

Selbst wenn man seit einigen Jahrzehnten feststellen kann, dass die durch Ehe verbundene Kernfamilie keinesfalls mehr die allein vorherrschende Familienform ist (zu denken ist z.B. an das rasante Anwachsen der nichtehelichen Lebensgemeinschaften, Fortsetzungsfamilien meist als Stieffamilien, an die Alleinerziehenden ohne neuen Partner mit Kind, an die Lebenspartnerschaften nach dem Gesetz über die eingetragene Lebenspartnerschaft), bestehen die augenfälligsten Gemeinsamkeiten in guten Zeiten in Gefühlen von Nähe, Privatheit, Intimität und Abgrenzung.

Diese exklusive gefühlsmäßige Nähe zueinander von nur zwei oder wenigen Personen mehr, die Abhängigkeit des Paares voneinander und die daraus resultierende Isoliertheit in allen modernen Industriestaaten hat es in der Menschheitsgeschichte vermutlich zuvor noch nie gegeben. Die Folge dieser emotionalen Nähe sind extrem enge Beziehungen und Abhängigkeiten sowie gefühlsmäßige Verstrickungen. „Die Suche nach dem richtigen

Partner hat letztlich nur ein Ziel: die große, wahre und einzige Liebe des Lebens zu finden" (Hantel-Quitmann 2013, 25).

Im psychoanalytischen Sprachgebrauch spricht man von symbioseähnlichen Partnerschafts- und Eltern-Kind-Beziehungen.

Die inzwischen im mitteleuropäischen Kulturkreis sich mehr und mehr herausbildende zwei- bis vierköpfige Zwei- bis Drei-Generationen-Familie, die auch nach einer Elterntrennung als Fortsetzungsfamilie weitgehend in dieser Gestalt wieder erscheint, ist das Ergebnis der Modernisierung, der Industrialisierung und der Entwicklung sog. postmoderner Familien.

In deren Verlauf wurden die tradierten bäuerlichen und handwerklichen großfamilialen Strukturen bis auf wenige ländlichen Gebiete weitgehend zerstört, obwohl die Pluralitätshypothese familialer Lebensformen, bis auf die eingetragene Lebenspartnerschaft homosexueller Menschen und inseminierter Kinder, keine neuartigen Erscheinungen sind.

Diese Lebensformen waren einerseits in andere Lebensbedingungen eingebunden, andererseits waren ganz offensichtlich ihre Gründungsanlässe andere als heute: z.B. früher Verwitwung statt wie heutzutage überwiegend Trennung und Scheidung (Nave-Herz 2000, 24).

Die mit der Industrialisierung einhergehende Verdinglichung zwischenmenschlicher Beziehungen (der Mensch wird zunehmend zum Tauschobjekt mit Sachwertcharakter), mit der Folge der Intimisierung und Emotionalisierung der Zweierbeziehung und Familie mit dem Sinnbild der „romantischen Liebe" beinhaltete schließlich den nahezu einzigen legitimen und akzeptierten Heiratsgrund, nicht aber Verstand, Ehevertrag, Geld, Vermögen, Arbeitskraft etc. Wie einfach wäre es doch, wenn eine Liebesbeziehung darauf begründet wäre, die Interaktion zwischen beiden zu pflegen und zu unterhalten bei gleichzeitiger Bewahrung der eigenen Integrität und Verantwortung für sich und den anderen.

Dieser Funktionswandel – nicht Funktionsverlust – der Familie mobilisierte und förderte offenbar bei vielen Menschen über Generationen hinweg Ängste und Nähebedürfnisse. Denn die bis dahin vorgegebene Familienstruktur als Einheit des Erwerbs-, Wohn- und intimen Elternpaarbereichs und die Spezialisierung aller Familienmitglieder, insbesondere der Frau und Mutter, auf emotionale Bedürfnislagen zerbrach immer schneller, ohne dass sogleich ein neues kulturelles, religiöses und gesellschaftliches Wertekonzept und damit ein Familienkonzept in Sicht war, das genügend Orientierung, Sicherheit und Geborgenheit geben konnte.

Verlustängste, Angst vor dem Neuen und mangelnde emotionale Entlastung in der durch Privatheit und Abgrenzung gekennzeichneten „bürgerlichen Kleinfamilie" führten offenbar im Laufe der Jahrzehnte zu einem starken Anklammerungsbedürfnis der Partner, der Kinder an die Eltern und der Eltern an die Kinder. Diesem Anklammerungsbedürfnis förderlich sind die sich erst seit wenigen Jahrzehnten für Kinder offenbar häufenden kumulativen Trennungserfahrungen bereits vom Säuglingsalter an, wenn einerseits seitens der Erwachsenen angesichts ihrer eigenen narzisstischen Bedürfnisse den Kindern gegenüber eine tiefe Ambivalenz zwischen überbehütender Nähe und kritischer Distanz besteht (Petri 1989, 73) und andererseits viele Kinder bereits von Geburt an von wechselnden professionellen Erziehungspersonen bei der Tagesmutter oder in der Kinderkrippe, Kindertagesstätte und Hort betreut werden.

Zugleich wird die tradierte Paarbeziehung mit klaren weiblichen und männlichen sowie mütterlichen und väterlichen Rollen bei weiterer Angleichung dieser geschlechtsspezifischen Rollen mehr und mehr in Frage gestellt (Bopp 1984; Fuhrer 2007, 92f.; Hantel-Quitmann 2013, 77f.) und durch die gleichzeitigen Ansprüche, einerseits exklusiv aufeinander bezogene Liebesbeziehung zu sein und andererseits individuelle Freiheiten möglichst wenig zu begrenzen, strukturell krisenanfälliger (Duss-von Werdt 1984; Jungbauer 2009, 70).

Ob hierin auf längere Sicht und in letzter Konsequenz ein sukzessiver Wandel zu emotional weniger einengenden und überfrachteten Partnerschaftsbeziehungen gesehen werden kann, kann derzeit noch nicht beantwortet werden. Für eine Tendenz in diese Richtung spricht zum Beispiel das derzeitige Streben vieler Menschen, trotz enger Beziehungen in der Partnerschaft Individualität und Autonomie zu bewahren. Dabei fördert möglicherweise mangels hinreichender sinnstiftender und partnerschaftsstabilisierender gemeinsamer Interessenlagen (z.B. gemeinsame Vorlieben in Bezug auf Familie, Beruf und Freizeit, Hobbys, Freundschaften, Bekanntschaften) das Kind oder zumindest der Kinderwunsch trotz sinkender Geburtenziffern in diesen Paarkonstellationen die weiter anhaltenden, auf Exklusivität, enger Nähe und Ausschließlichkeit beruhenden Beziehungswünsche der Erwachsenen.

Soziologische Forschungen in Deutschland zeigen immer noch, dass vordringlich bei berufstätigen Paaren (sog. Doppelkarrierenpaaren) keine anhaltende Änderung im Rollenverhalten und der Geschlechterdifferenz eingetreten ist. Wenn Kinder in die Paargemeinschaft hineingeboren werden, scheinen sich alte Geschlechterrollenklischees immer noch zu aktivieren und zu verfestigen – vom „neuen Vater", „neuer Väterlichkeit" oder gar einem androgynen „Mappi", der den Haushalt managt und die Kinder versorgt, kann somit keine Rede sein (Behnke/Meuser 2003, 301ff.). Hinzu kommen keine hinreichend elterngerechte Arbeitsverhältnisse im Rahmen der Berufsausübung (Fuhrer 2007, 92-95).

Dennoch kann aus familienpsychologischer Sicht davon ausgegangen werden, dass sich in den durch Nähe, Abgrenzung, Privatheit und Intimität sowie Dauerhaftigkeit gekennzeichneten intimen Familiensystemen (Schneewind 1987, 81) die erwachsenen Familienmitglieder in einer Liebesbeziehung tendenziell wechselseitig mit ihren Ansprüchen überfordern. Dies wiederum erhöht die Enttäuschungsanfälligkeit und begünstigt damit ebenso partnerschaftliche und familiale Konflikte (Kardas/Langenmayr 1996, 30; siehe auch Precht 2009).

Derzeit und wahrscheinlich noch auf längere Sicht muss vermutlich davon ausgegangen werden, dass es angesichts der durch die Trennung erlebten seelischen Kränkungen und Verletzungen bei einer Vielzahl von Elternpaaren nach einer Trennung zunächst an einer nachpartnerschaftlichen, auf Gemeinsamkeiten beruhenden Kooperationsbereitschaft, Kooperationsfähigkeit und gemeinsam getragenen elterlichen Verantwortung zum Wohle der Kinder mangeln wird. Wenn dann keine unterstützende, klärende und „heilende" Intervention, wie die Mediation, Erziehungsberatung, eine psychologische Beratung, Nachtrennungs-Paartherapie, Psychotherapie oder Familientherapie in Anspruch genommen wird, droht in diesen 10 bis 20% der Familien eine Manifestierung und Chronifizierung kindeswohlschädlicher Konstellationen.

Obwohl das juristische Streit- und Sorgerechtsverfahren durch das Antragsverfahren entschärft, der Scheidungsverbund aufgehoben und die gemeinsame elterliche Sorge zum faktischen Regelfall wurde, ist weiterhin damit zu rechnen, dass ein nicht geringer Teil der Eltern eine Trennung und Scheidung als ökonomische und psychische Katastrophe erleben wird.

Zu denken ist zum Beispiel an die bekannten und z.T. dramatischen ökonomischen Einschränkungen allein erziehender Eltern, insbesondere der Frauen, an Isolation, Vereinsamung und Überforderung.

Weiterhin bleibt festzuhalten, dass offenbar die meisten getrennt lebenden und geschiedenen Personen so wenig wie möglich Kontakt mit dem früheren Partner haben. Deshalb ist auch das Bestreben, eine funktionierende Verantwortungsgemeinschaft der Eltern nach Trennung und Scheidung zu erreichen, oft nicht einlösbar bzw. nur mit großen Anstrengungen der Beteiligten und professionellen Helfer, erst Recht, wenn Eltern bereits während des Zusammenlebens Mühe hatten, bei der Erziehung ihrer Kinder mitein-

4 Die Regelung der elterlichen Sorge und das Wechselmodell

ander zu kooperieren (Willi 1991, 134; Fuhrer 2007, 81ff.; Hantel-Quitmann 2013, 188ff.).

Wallerstein/Lewis/Blakeslee (2002, 305) merken in diesem Zusammenhang zu den Befindlichkeiten erwachsener „Scheidungskinder" an: „In den Fällen, in denen beide Eltern sich nach der Scheidung noch einmal ein glückliches Leben aufgebaut und ihre Kinder in ihren neuen Lebenskreis einbezogen hatten, taten sich die Kinder als Erwachsene sehr viel leichter. Und auch dort, wo nur einer der Eltern an den Kindern interessiert war, profitierten die Kinder von dieser Aufmerksamkeit und Aufgeschlossenheit. Häufiger trafen wir bei erwachsenen Scheidungsopfern allerdings anhaltenden Ärger auf die Eltern und zumal auf die Väter, die nach Ansicht der Kinder egoistisch und treulos gewesen waren."

Ein kindgerechtes Einvernehmen der Eltern darf sich somit nicht nur auf äußere Abläufe (z.B. Ausgestaltung des Umgangs) und Regelungen (z.B. Festlegung des Aufenthaltsbestimmungsrechts) beziehen, sondern hat auch die psychischen Krisen und Konflikte des Paares und der Kinder zu berücksichtigen.

4.3 Kind und eingetragene Lebenspartnerschaft

Das Bundesverfassungsgericht (BVerfGE 87, 234, 264) und das Bundesverwaltungsgericht (BVerwGE 70, 278, 280f.; BVerwGE 98, 195, 197f.) definieren seit Jahren die nichteheliche Lebensgemeinschaft als eine auf Dauer angelegte Gemeinschaft, die als „Familie" angesehen wird, wenn eine aus Eltern und Kindern zusammengesetzte Hausgemeinschaft besteht. Ebenso wird schon längst eine Lebenseinheit von Mutter mit nichtehelichem Kind beziehungsweise Vater und nichtehelichem Kind als Familie im Sinne des Grundgesetzes angesehen wird (so schon Fleisch 1988, 20, mit Hinweisen auf die damalige Rechtsprechung des Bundesverfassungsgerichts).

Die Feststellung des Vorliegens einer eheähnlichen Gemeinschaft als Familie beinhaltet somit die lange Dauer des Zusammenlebens, die Versorgung von Kindern und Angehörigen im gemeinsamen Haushalt und die Befugnis, über Einkommen und Vermögensgegenstände des anderen Partners zu verfügen.

Im Übrigen gibt es aus sozialpsychologischer und soziologischer Sicht zumeist keinen genauen Zeitpunkt, ob eine Nichteheliche Partnergemeinschaft gegeben ist oder nicht, die oft nur einen zögerlichen bzw. sukzessiven

Beginn zum Inhalt hat (Nave-Herz 2001, 5), während die Eheschließung mit einem „Ja" vor dem Standesamt augenblicklich besiegelt wird.

„So werden z.B. zunächst ein paar persönliche Gegenstände in der Wohnung des Partners deponiert, man hält sich dann vornehmlich nur noch in einer Wohnung auf, bis man sich schließlich fragt, warum man zweimal Miete zahlt. Schließlich gibt man eine Wohnung auf. Einen markierten Anfangszeitpunkt gibt es jedoch überwiegend nicht ... Die Gründung einer nichtehelichen Lebensgemeinschaft ist also an der Gegenwart orientiert, die Eheschließung dagegen auf Zukunft; analog der Differenz der beiden vorgelagerten rituellen Handlungen, der Liebeserklärung, die auf das `Hier´ und `Jetzt´ verweist, und dem Heiratsantrag, der das `Morgen´ thematisiert" (Nave-Herz 2001, 5f.).

Nur selten gibt es ohne Kinderwunsch Anlässe, über eine künftige Eheschließung zu sprechen. Meist erst der Wunsch nach einem Kind oder eine eingetretene Schwangerschaft löst eine Diskussion über eine mögliche Eheschließung aus (Nave-Herz 2001, 6).

Die bewusst gewählte Lebensform der nichtehelichen Lebensgemeinschaft, die allerdings durchaus für viele Paare nur ein Durchlaufstadium zur Eheschließung ist, wird im Vergleich zur Ehe in der Regel um der größeren Selbstentfaltungsmöglichkeit, Unabhängigkeit und Partnerschaftlichkeit willen gewählt. Vor allem sollen tradierte Rollen und Rollenerwartungen bei Mann und Frau abgebaut werden.

Insbesondere die in nichtehelichen Gemeinschaften lebenden Mütter legen auf Gleichberechtigung zwischen Mann und Frau und partnerschaftliches Verhalten großen Wert. Dabei bilden gerade eine Anzahl Frauen den harten „ehefeindlichen" Kern, um einerseits eine eigene berufliche Identität sicherzustellen und andererseits ein partnerschaftliches Verhalten des Mannes zu erreichen.

Wenn Kinder mit in die Gemeinschaft gebracht werden, erfüllt sich die Forderung der Frauen nach Bewahrung und Entwicklung von Individualität in der nichtehelichen Lebensgemeinschaft nur schwer, wenn bei dieser Konstellation nach wie vor eher traditionelle Rollen der Frauen und Männer eingenommen werden (Stich 1988, 160).

Wird die Zahl der nichtehelichen Lebensgemeinschaften in gleichgeschlechtlichen Partnern in Deutschland mit etwa 60.000 bis 75.000 Paaren angenommen (Eggen 2010; Irle 2014; Rupp 2009), so beläuft sich die Mikrozensus-Erhebung aus dem Jahr 2011 in Bezug auf die nichtehelichen Lebensgemeinschaften unterschiedlichen Geschlechts auf eine Größenordnung von 2,7 Mio. Paaren (bei ca. 18 Mio. Ehepaaren; 2,7 Mio. alleinerziehende Personen und 17,6 Mio. alleinstehende Personen) (Statistisches Bundesamt 2013, 2 Familien, Lebensformen und Kinder. Auszug aus dem Datenreport 2013, 44).

In einer Gesellschaft, in der inzwischen jede dritte Ehe, in den Städten sogar fast jede zweite Ehe, durch Scheidung endet und in der Millionen von Paaren zusammenleben und gemeinsame Kinder haben, ohne sogleich bei der Geburt eines gemeinsamen Kindes zu heiraten, ist eine gesetzgeberische Tätigkeit zur Sicherstellung der rechtlichen Gegebenheiten für das Kind und das Paar geboten.

Kinder stehen häufig in unterschiedlichen familienrechtlichen Beziehungen zu Erwachsenen:

1. Kinder können in einer Ehe geboren werden und mit beiden Eltern zusammenleben.
2. Sie können außerhalb einer Ehe geboren sein, aber dennoch mit beiden Eltern zusammenleben.
3. Sie können zwar in einer Ehe geboren sein, aber dann nur mit einem Elternteil und einer neu hinzukommenden erwachsenen Person zusammenleben. Ist diese ein neuer Ehepartner, dann ist das Kind Stiefkind, auch wenn das BGB den neuen Erwachsenen nicht Stiefelternteil, sondern „Ehegatten des Elternteils" nennt.
4. Ist der neue Erwachsene kein Ehegatte, sondern ein nichtehelicher Lebenspartner, dann fehlt uns schon die Sprache, um dem Kind einen entsprechenden Namen zu geben.
5. Gleiches gilt, wenn das Kind außerhalb der Ehe geboren ist und jetzt nicht mit beiden leiblichen Eltern, sondern nur mit einem und einem weiteren Erwachsenen anderen Geschlechts zusammenlebt. Heiratet dieser den leiblichen Elternteil, so handelt es sich wieder um ein Stiefkind.
6. Heiratet er den Elternteil nicht, so ist das Kind kein Stiefkind.
7. Lebt der neue Erwachsene desselben Geschlechts wie der leibliche Elternteil mit diesem in einer eingetragenen Lebenspartnerschaft (eLP) zusammen, dann ist das Kind ein Quasistiefkind.
8. Lebt der Elternteil mit dem Partner zusammen, ohne eingetragen zu sein, liegt eine Art nichtehelicher Lebensgemeinschaft vor.
9. Ferner können Kinder von einem Ehepaar adoptiert worden sein. Dann sind sie Adoptivkinder mit einer Stellung wie Kinder unter Nr. 1.

10. Kinder können auch von nur einer Person adoptiert werden. Wenn diese Person dann eine neue Partnerschaft eingeht, handelt es sich Konstellationen wie unter Nr. 3 bis 8.
11. Schließlich können Kinder Pflegekinder eines Ehepaars oder eingetragener Lebenspartner, gegengeschlechtlicher oder gleichgeschlechtlicher nichtehelicher Lebenspartner sein.
12. Kinder können auch Pflegekinder einer Einzelperson sein, die nach Pflegschaftsaufnahme eine neue Partnerschaft eingeht, sodass wiederum die Konstellationen nach Nr. 3 bis 8 gelten.

Für Kinder kommt der Status der (ehelichen oder nichtehelichen) Verwandtschaft (§ 1589 BGB) oder der der Schwägerschaft (§ 1590 BGB) in Betracht. Lebt ein Kind in einer gleichgeschlechtlichen Partnerschaft von Erwachsenen, so ist es nur mit den leiblichen Eltern in gerader Linie (§ 1589 S. 1 BGB) verwandt.

Die Aufnahme eines Kindes als Pflegekind begründet keine familienrechtliche Rechtsbeziehung zwischen Pflegekind und Pflegeperson. Für das Kind und auch das Pflegekind besteht in Bezug auf den nicht leiblichen Stiefelternteil in einer gleichgeschlechtlichen Erwachsenenbeziehung kein familienrechtlicher Status.

Lebt ein Kind mit einem leiblichen oder einem Adoptivelternteil zusammen und geht dieser Elternteil eine Eingetragene Lebenspartnerschaft ein, regelt § 9 LPartG die Beziehung des Kindes zu dem neuen gleichgeschlechtlichen Partner. Die Regelungswirkung des § 9 LPartG tritt allerdings nur dann ein, wenn der leibliche Elternteil alleiniger Sorgerechtsinhaber ist (§§ 1626a Abs. 2, 1671, 1680 Abs. 1 und Abs. 3 BGB). Teilt er sich das Sorgerecht mit dem anderen leiblichen (§ 1626a Abs. 1 BGB) oder Adoptivelternteil (§ 1754 Abs. 1, 3 BGB), so erhält dieser Partner keine familienrechtlichen Befugnisse. In Betracht kommen aber allgemein rechtsgeschäftliche Vollmachten oder Gestattungen.

Ist der leibliche Elternteil Inhaber der Alleinsorge, findet § 9 LPartG Anwendung. Dieser bestimmt, dass der Lebenspartner „im Einvernehmen mit dem sorgeberechtigten Elternteil die Befugnis zur Mitentscheidung in Angelegenheiten des täglichen Lebens des Kindes hat".

Ist der Erwachsene, mit dem das Kind zusammenlebt, „Pflegeperson" (Vollzeitpflege nach § 33 SGB VIII), so ergibt sich seine eigene Berechtigung, für das Kind zu handeln aus der Alleinentscheidungsbefugnis in Alltagsangelegenheiten (§ 1688 BGB – Angelegenheiten des täglichen Lebens). Ob ein gleichgeschlechtlicher Partner daran teilhat, ist fraglich.

4 Die Regelung der elterlichen Sorge und das Wechselmodell

Ein eingetragener Lebenspartner kann eine Verbleibensanordnung für ein Kind erwirken, wenn dieses längere Zeit mit ihm und einem leiblichen Elternteil zusammengelebt hat, der bisher obhutsberechtigte Elternteil ausgefallen ist (§§ 1678, 1680, 1681 BGB) und der mitsorgeberechtigte Elternteil nunmehr das Kind heraus verlangt (§ 1682 S. 2 BGB).

Hier gelten ähnliche Voraussetzungen wie bei Pflegekindern (§ 1632 Abs. 4 BGB) und Stiefkindern (§ 1682 S. 1 BGB). Im Rahmen eines derartigen familiengerichtlichen Verfahrens ist das Jugendamt nach § 162 FamFG zu hören.

Handelt es sich nicht um einen leiblichen Elternteil, bei dem das Kind lebt, sondern um eine Pflegeperson mit gleichgeschlechtlichem Partner, so besteht bei Wegfall der Pflegeperson (z.B. durch Tod) für den gleichgeschlechtlichen Partner kein Recht mehr, das Kind zu behalten. Der leibliche Elternteil könnte beispielsweise das Kind nach § 1632 Abs. 1 BGB heraus verlangen.

Da aber allein das Kindeswohl von Bedeutung ist, könnte u.U. das Jugendamt dem Partner auf dessen Antrag eine Pflegeerlaubnis erteilen (Umkehrschluss aus § 44 Abs. 2 SGB VIII).

Für einen gleichgeschlechtlichen Partner ist ein Umgangsrecht ebenso wie für einen getrennt lebenden oder ehemaligen Ehepartner möglich (§ 1685 BGB).

Danach steht nunmehr auch dem eingetragenen Lebenspartner nach einer Trennung (§ 15 Abs. 2 LPartG) ein Umgangsrecht mit dem Kind des Partners zu, wenn er mit dem Kind längere Zeit in häuslicher Gemeinschaft gelebt hat und der Umgang dem Kindeswohl dient. Das gilt auch für den Lebenspartner, dessen Partnerschaft gerichtlich aufgelöst worden ist (§ 1685 Abs. 2 i.V. mit Abs. 1 BGB).

Eingetragene gleichgeschlechtliche Partner können einen Lebenspartnerschaftsnamen (§ 3 LPartG) führen. Handelt es sich um eine Ehe, so gibt es beispielsweise das Rechtsinstitut der Einbenennung (§ 1618 BGB). Danach können der allein- oder mitsorgeberechtigte Elternteil und sein Ehegatte dem Kind ihren Ehenamen erteilen. Eine derartige Regelung für eingetragene Lebenspartner sieht das Gesetz nicht vor. In Frage kommt nur das Namensänderungsgesetz, nach dem aber die Erteilung des Namens zum Wohl des Kindes erforderlich sein muss (§ 3 Namensänderungsgesetz).

Unterhalt kann das Kind, das in einer gleichgeschlechtlichen Partnerschaft lebt, normalerweise nur von seinen leiblichen Eltern und deren Verwandten verlangen (§§ 1601ff. BGB). Ein Erbrecht steht diesem Kind in

Bezug auf den gleichgeschlechtlichen Partner des leiblichen Elternteils nicht zu.

Politisch hat vermutlich keine andere private Lebensform solche heftigen Emotionen und ideologisch begründeten Diskussionen ausgelöst wie gleichgeschlechtliche Lebensgemeinschaften mit Kindern.

Ähnlich wie Rupp (2009) neun bzw. sechs Jahre später im Rahmen ihrer repräsentativen Untersuchung kommen schon Fthenakis (2000) und Berger/ Reisbeck/ Schwer (2000) in Bezug auf die Entwicklung und Sozialisation von Kindern in homosexuellen Lebensgemeinschaften zu folgenden Ergebnissen (Eggen 2003, 32):

1. Hinsichtlich möglicher Verhaltens- und Entwicklungsstörungen aufgrund der sexuellen Orientierung der Eltern gibt es keine Unterschiede zwischen Kindern in gleichgeschlechtlichen und verschiedengeschlechtlichen Lebensgemeinschaften. Beispielsweise sind Kinder und Jugendliche homosexueller Eltern genauso oft heterosexuell orientiert wie Kinder heterosexueller Eltern. Homosexuelle Eltern zeigen in keiner Weise häufiger Verhaltensstörungen als heterosexuelle Eltern.
2. Nicht die sexuelle Orientierung, sondern das Geschlecht homosexueller Eltern scheint auf Einstellungen und Verhalten von Kindern zu wirken. So weisen wohl vor allem Kinder, die in gleichgeschlechtlichen Lebensgemeinschaften von zwei Frauen heranwachsen, seltener ein geschlechtstypisches Rollenverhalten auf als Kinder heterosexueller Eltern.
3. Kinder homosexueller Mütter und Väter unterliegen Diskriminierungen und Stigmatisierungen durch ihre soziale Umwelt, die Einstellungen und Verhalten der Kinder beeinflussen können. Hierzu gehören die familienrechtlichen und politisch-rhetorischen Diskriminierungen ebenso wie die Stigmatisierungen etwa durch Peergroups. Um nicht selbst als homosexuell zu gelten, scheinen besonders Kinder in der Pubertät die Homosexualität ihrer Eltern gegenüber Gleichaltrigen zu verbergen oder es zu missbilligen, wenn die Eltern ihre sexuelle Orientierung in der Öffentlichkeit zeigen.
4. Trotzdem sind Kinder, die von gleichgeschlechtlich orientierten Eltern erzogen werden, offener gegenüber Homosexualität und möglichen eigenen homosexuellen Erfahrungen als andere Kinder, ohne deshalb selbst homosexuell zu sein.

Kinder, die in gleichgeschlechtlichen Lebensgemeinschaften heranwachsen, können sich demnach etwas anders entwickeln und anders verhalten als

4 Die Regelung der elterlichen Sorge und das Wechselmodell

Kinder heterosexuell orientierter Eltern. Diese möglichen Unterschiede in der Entwicklung und im Verhalten sind jedoch nur Unterschiede und *keine* Defizite.

Nach Eggen (2003, 33) leben in jeder sechsten homosexuellen Lebensgemeinschaft Kinder, in jeder zehnten Kinder unter 18 Jahren. Bei heterosexuellen Paaren hat jedes vierte nichteheliche und jedes dritte eheliche Paar Kinder unter 18 Jahren.

Lebensgemeinschaften mit zwei Frauen und Kindern sind wahrscheinlicher als Lebensgemeinschaften mit zwei Männern und Kindern (Eggen 2003, 33). Drei von vier Kindern in gleichgeschlechtlichen Lebensgemeinschaften sind unter 18 Jahren, zwei von drei sind 14 Jahre und jünger. Damit ähnelt die Altersstruktur der Kinder der von Kindern aus heterosexuellen nichtehelichen Lebensgemeinschaften. Dagegen sind Kinder mit ehelich zusammenlebenden Eltern im Schnitt älter und häufiger bereits volljährig (Eggen 2003, 34).

Mehr als die Hälfte der Kinder homosexueller Paare hat ein Geschwisterkind oder mehr Geschwister, die auch in der Lebensgemeinschaft leben. Sie haben ähnlich häufig Geschwister wie Kinder heterosexueller nichtehelicher Paare und deutlich seltener als Kinder heterosexueller ehelicher Paare (Eggen 2003, 34).

Die von Rupp (2009) vorgelegte Studie analysiert gleichgeschlechtliche Lebensgemeinschaften mit und ohne Kinder und stellt deren Lebens- und Familienform dar, die bislang für die meisten in der Gesellschaft unsichtbar waren und erst im neuen Jahrtausend 2000 eine stärkere öffentliche Anerkennung als Lebensgemeinschaft und Familie erfahren haben.

Obwohl seit 1. August 2001 in Deutschland das eigenständige familienrechtliche Institut der Lebenspartnerschaft nach dem Lebenspartnerschaftsgesetz besteht, erbrachte die empirische Wissenschaft vergleichsweise wenig über gleichgeschlechtliche Lebensgemeinschaften und vor allem über Kinder und Elternschaft im Zusammenhang mit dieser Lebensweise.

Homosexuelle Paare ohne und mit Kindern haben zwar oft die gleichen Probleme zu bewältigen wie heterosexuelle Paare, besonders wenn sie einen gemeinsamen Haushalt führen, Beruf und Haushalt organisieren oder ihre Kinder gemeinsam erziehen und betreuen. Sie können sich dabei aber nicht auf überlieferte Rollenkonzepte, wie etwa die traditionellen Geschlechterrollen, stützen. Außerdem erfahren sie weiterhin Vorurteile und rechtliche Ungleichbehandlungen oder stehen vor kulturellen Schranken beispielsweise beim elterlichen Sorgerecht (z.B. kein „volles" elterliches Sorgerecht;

I Das Kind vor dem Familiengericht bei Trennung und Scheidung

keine gemeinsame Adoption; Umgangsrecht nur nach den Vorrausetzungen des § 1685 BGB im Fall einer Trennung).

Wegen der kleinen Fallzahlen in den bisher bekannten Stichproben gleichgeschlechtlicher Lebensgemeinschaften sind Angaben über sie mit einer wesentlich höheren Fehlerquote behaftet als bei den anderen Paargemeinschaften.

Auch die Frage des prozentuellen Anteils von Lesben und Schwulen an der Bevölkerung ist ungeklärt. Wahrscheinlich sind zwischen 2,7 und 1,1% der Männer und 1,3 und 0,4% der Frauen ausschließlich homosexuell.

Im Zentrum des Forschungsvorhabens von Rupp (2009) stand das Interesse die Lebenssituation der Kinder zu erfassen, die in gleichgeschlechtlichen Lebensgemeinschaften aufwachsen, darunter die Fragestellung, wie sich die Ausgestaltung der rechtlichen Rahmenbedingungen auf die Eltern-Kind-Beziehungen und die Unterstützung der Kinder auswirkt.

In dieser für Deutschland repräsentative Studie wurden 1.059 Personen befragt, die mit ihrem/ ihrer gleichgeschlechtlichen Partner(in) und mindestens einem Kind in einem gemeinsamen Haushalt leben und ist darüber hinaus für Regenbogenfamilien, die eine Eingetragene Lebenspartnerschaft begründet haben (625 Paare, 866 befragte Elternteile und 97 befragte Kinder) repräsentativ.

Als Ergebnis dieser richtungweisenden Studie kann festgehalten werden, dass sich das Erziehungsverhalten gleichgeschlechtlicher Partner und Partnerinnen durch Fürsorglichkeit und Zugewandtheit auszeichnet und vergleichbar ist mit der Beziehungsqualität in anderen Familienformen.

Selbst die Beziehung des Kindes zum außerhalb der Lebenspartnerschaft lebenden Elternteil ist in den überwiegenden Fällen positiv ausgestaltet, und zwar mit einem höheren Anteil als in anderen Trennungsfamilien.

Die Mehrheit der Kinder in homosexuellen Lebensgemeinschaften haben bislang keine sozialen Diskriminierungen erlebt, die jedoch vorkommen und sich dann in Hänseleien, Beschimpfungen, aber nur selten in Gewalt zeigen. Letztere stellen ein Entwicklungsrisiko für Kinder dar, wenn keine stabile Eltern-Kind-Beziehung diese Entwicklung kompensieren kann, was mehrheitlich aber der Fall ist.

Die Persönlichkeitsentwicklung, die schulische und berufliche Entwicklung unterscheidet sich – zumindest in der Selbstbeurteilung der Kinder und Jugendlichen – kaum von Kindern und Jugendlichen aus Kern-, Stiefvater- und Mutterfamilien.

Die Einschätzung der geltenden Rechtslage führte zu dem Ergebnis, dass die Regelungen nach § 9 Abs. 1 bis 5 LPartG sich bewährt haben. Die Lebenspartner, die nicht Eltern sind, übernehmen volle Verantwortung für das Kind. Die Nutzung des kleinen Sorgerechts wurde als überwiegend unproblematisch angesehen.

Wie viele Stiefkindadoptionen bisher durch Lebenspartner(innen) nach Schaffung der Möglichkeiten durch das Gesetz zur Überarbeitung des Lebenspartnerschaftsrechts vom 1.1.2005 sind, ist nicht bekannt, ebenso wenig die Fallzahl der Kinder, die im Rahmen der Verbleibungsanordnung beim Lebenspartner (§ 1682 S. 2 BGB) geblieben sind. Ebenso wenig sind statistische Zahlen bei der Regelung des Umgangs des Lebenspartners bzw. des früheren Lebenspartners mit dem Kind (§ 1685 Abs. 2 BGB) bekannt.

Das Rechtsinstitut der eingetragenen Lebenspartnerschaft ist nur für zwei Personen gleichen Geschlechts vorgesehen (§ 1 Abs. 1 LPartG), die nicht verheiratet, nicht minderjährig oder mit dem Partner in gerader Linie verwandt sind.

Die Verfassungsmäßigkeit des Lebenspartnerschaftsgesetzes vom 1. August 2001 ist durch Urteile des Bundesverfassungsgerichts (BVerfG, NJW 2001, 2457ff.; BVerfG NJW 2002, 2543ff.) nicht mehr in Frage gestellt worden (Kemper 2003).

In Bezug auf Kinder ist dem Lebenspartner eines alleinsorgeberechtigten Elternteils mit dessen Zustimmung eine Mitentscheidungsbefugnis in Angelegenheiten des täglichen Lebens des Kindes (§ 1687 BGB) eingeräumt, das als „kleines Sorgerecht" bezeichnet wird (§ 9 LPartG). Der nicht sorgeberechtigte Lebenspartner bekommt auch ein Recht auf Umgang (§ 1685 Abs. 2 BGB) zugebilligt, wenn er mit dem Kind in häuslicher Lebensgemeinschaft zusammengelebt hat und der Umgang dem Kindeswohl dient.

In 19 Paragraphen ist geregelt:

- die Begründung des LPartG (Abschnitt 1: § 1),
- die Wirkungen des LPartG (Abschnitt 2: §§ 2 bis 10) und die sonstigen verwandtschaftlichen Wirkungen des LPartG (§ 11),
- die Rechte der Partner bei Getrenntleben (Abschnitt 3: §§ 12 bis 14 LPartG) und
- die Aufhebung der Partnerschaft (Abschnitt 4: §§ 15 bis 19 LPartG).

§ 1 LPartG räumt zwei Personen gleichen Geschlechts das Recht ein, eine Lebenspartnerschaft zu begründen und dies „vor der zuständigen Behörde" (in der Regel nach Landesrecht das Standesamt) zu erklären und die Partnerschaft dort eintragen zu lassen. Sodann sind die Partner zur gemeinsamen Lebensgestaltung verpflichtet: Sie schulden einander Fürsorge und Unterstützung und tragen füreinander Verantwortung (§ 2 LPartG). Sie können einen gemeinsamen Partnerschaftsnamen bestimmen, (§ 3 LPartG) und sind einander zum angemessenen Unterhalt verpflichtet (§ 5 LPartG).

§ 10 LPartG gibt dem überlebenden Lebenspartner ein gesetzliches Erbrecht, nach § 11 LPartG gilt der Partner als Familienangehöriger des anderen Partners. Trennen sich die Partner, besteht Unterhaltspflicht (§ 12 LPartG), die Partner können eine Verteilung der Haushaltsgegenstände und ebenso eine Wohnungszuweisung (§§ 13, 14 LPartG) verlangen. Die Lebenspartnerschaft kann nur durch eine gerichtliche Entscheidung aufgehoben werden (§ 15 LPartG).

§ 16 LPartG regelt den Anspruch auf nachpartnerschaftlichen Unterhalt. Über eine gemeinsame Wohnung und entsprechenden Verteilung der Haushaltsgegenstände entscheidet das Familiengericht auf Antrag (§§ 17 bis 19 LPartG).

Durch Art. 11 des Gesetzes zur Verbesserung des zivilrechtlichen Schutzes bei Gewalttaten und Nachstellungen sowie zur Erleichterung der Überlassung der Ehewohnung bei Trennung vom 11.12.2001 ist § 14 LPartG (Wohnungszuweisung bei Getrenntleben) neu gefasst worden.

Das Gesetz zur weiteren Verbesserung von Kinderrechten (Kinderrechteverbesserungsgesetz – KindRVerbG) erstreckt mit Inkrafttreten am 12.4.2002 den Schutz von Kindern vor häuslicher Gewalt auch auf Lebenspartner. Nach der Neufassung des § 1666a BGB kann einem Elternteil oder einem Dritten die Nutzung der vom Kind bewohnten Wohnung oder einer anderen Wohnung untersagt werden, wenn von diesem Dritten Gefahr für das Kind ausgeht.

Nach §§ 23a, b Gerichtsverfassungsgesetz (GVG) sind die Familiengerichte für die Lebenspartnerschaftssachen zuständig. Lebenspartnerschaftssachen sind nach § 269 FamFG Verfahren, die sich nach den Regeln des Familienverfahrensrechts richten (vor dem 1. September 2009 galt § 661 ZPO – Peschel-Gutzeit 2003, 12).

Sie haben u.a. zum Gegenstand:

- die Aufhebung der Lebenspartnerschaft aufgrund des Lebenspartnerschaftsgesetzes
- die Feststellung des Bestehens oder Nichtbestehens einer Lebenspartnerschaft
- die elterliche Sorge, das Umgangsrecht oder die Herausgabe in Bezug auf ein gemeinschaftliches Kind
- die Annahme als Kind und die Ersetzung der Einwilligung zur Annahme als Kind

4 Die Regelung der elterlichen Sorge und das Wechselmodell

- Wohnungszuweisungssachen nach § 14 oder 17 des Lebenspartnerschaftsgesetzes
- die durch die Lebenspartnerschaft begründete gesetzliche Unterhaltspflicht und den Versorgungsausgleich der Lebenspartner
- die Regulierung der Rechtsverhältnisse an der gemeinsamen Wohnung und an den Haushaltsgegenständen der Lebenspartner (im Mietrecht ist z.B. der Lebenspartner nicht Dritter; er kann demnach in die Mietwohnung aufgenommen werden und beim Tod des einen Lebenspartners, der Mieter der Wohnung ist, kann der der überlebende Lebenspartner die Mietsache übernehmen)
- Ansprüche aus dem lebenspartnerschaftlichen Güterrecht
- Gleichstellung von Ehe und Lebenspartnerschaft im öffentlichen Dienstrecht des Bundes (BGBL. I, 2219).

Dem Kindeswohl würde es jedoch entsprechen, wenn eine gesetzliche Regelung gefunden werden würde, die eine gemeinsame Adoption wie für Eheleute auch für gleichgeschlechtliche eingetragene Lebenspartner zulässt. Die rechtliche Zuordnung des Kindes zu beiden Partnern würde seinen Schutz und seine Geborgenheit deutlich erhöhen.

4.4 Kind und nichteheliche Gemeinschaft

Eine erhebliche Zunahme nicht verheirateter Lebensgemeinschaften ist seit Ende des Zweiten Weltkrieges und vor allem mit Beginn der siebziger Jahre in fast allen Industriestaaten zu beobachten. Die Zunahme nichtehelicher Lebensgemeinschaften steht mit ökonomischen und moralischen Umwälzungen in Zusammenhang, die die Struktur und Wertmaßstäbe von Ehe und Familie grundlegend verändert haben (Schwenzer 1987; Münder/Ernst/Behlert 2013c, § 5 Rdnr. 5-9).

Zudem verhinderte noch lange Zeit nach der industriellen Revolution die ökonomische Abhängigkeit der Frauen von den Männern eine im gesamtgesellschaftlichen Ausmaß relevante Entwicklung und Etablierung der rechtlich und finanziell unsichereren Lebensform Nichtverheirateter.

Inzwischen hat sich die nichteheliche Lebensgemeinschaft als allgemein zur Kenntnis genommene und von weiten Teilen der Bevölkerung akzeptierte Lebensform etabliert. So nahmen bereits 1981 sieben von zehn Bundesbürgern keinen Anstoß an unverheiratetem Zusammenleben. Der Grad der Akzeptanz und Befürwortung war in der Altersgruppe der Befragten unter 30 Jahren mit neun von zehn besonders hoch (Stich 1988, 160). Alles in allem hat die Ehe als normatives Lebensmodell erheblich an Bedeutung verloren. Allerdings lehnen auch junge Menschen, die in einer nichtehelichen Lebensgemeinschaft zusammen wohnen und leben, nicht grundsätzlich die Ehe ab. Vielmehr heiraten die Partner mit der Geburt des Kindes sehr häufig (Jungbauer 2009, 70).

Eine eindeutige soziale Schichtung lässt sich nicht erkennen. Obwohl von einem höheren Bildungsstand als in der Vergleichsgruppe der befragten Ehepaare berichtet wird, ist die „Ehe ohne Trauschein" keineswegs eine bevorzugte Lebensform von Abiturienten oder Akademikern (Stich 1988, 158).

Für viele Paare ist offensichtlich der Status des Ohne-Heirat-Zusammenlebens eine Durchgangsform und vor allem bei jüngeren Paaren eine Art Vorstufe zur Ehe, während es sich bei den über Dreißigjährigen eher um eine Alternative zur herkömmlichen Ehe handelt: Geheiratet wird ohne Kind kaum noch nach den ersten drei Jahren des Zusammenlebens. Das Wertkonzept in Bezug auf Treue, Verantwortlichkeiten oder in Bezug auf Festlegung der Rollen ähnelt dem der Ehe (Limbach 1988, 33).

So steht mittlerweile außer Frage, dass es sich bei zusammenlebenden Personen in nichtehelichen Lebensgemeinschaften mit Kindern um eine Familie handelt, gleichgültig ob beide Eltern leibliche Eltern sind oder nicht (vgl. auch BVerfGE 87, 234, 264; BVerwGE 70, 278, 280f.; 98, 195, 197f.)

Das Zusammenleben von Mann und Frau ohne staatlichen oder kirchlichen Segen, also ohne Eheschließung, existiert so lange, wie es die Ehe gibt. Schwenzer (1987, 155), Münder/Ernst/Behlert (2013c, § 5 Rdnr. 1, 2) nennen diese Art der nichtehelichen Lebensgemeinschaft oder eheähnlichen Gemeinschaft „nichtformale Lebensgemeinschaften". Definitorisch handelt es sich immer dann um eine derartige Lebensform, wenn zwei nicht miteinander verheiratete Personen verschiedenen Geschlechts – auf Dauer angelegt – zusammenleben.

Eine nichtformale Lebensgemeinschaft besteht bei verfassungskonformer Auslegung entsprechender Vorschriften (hier das Ausbildungsförderungsgesetz) nur dann, wenn zwischen den Partnern so enge Beziehungen bestehen, dass von ihnen ein gegenseitiges Einstehen in den Not- und Wechselfällen des Lebens erwartet werden kann (Verantwortungs- und Einstehungsgemeinschaft).

Leben zwei Personen nur zusammen, ohne miteinander verheiratet zu sein, so wird diese Verbindung nicht nur als „nichteheliche Lebensgemeinschaft", sondern ebenso als „eheähnliche Lebensgemeinschaft" oder auch (sehr veraltet) als „Wilde Ehe" bezeichnet.

Die nichtformale Lebensgemeinschaft ist gesetzlich nicht geregelt und wird rechtlich nicht der Ehe gleichgesetzt; vor dem Gesetz werden diese Partner wie Fremde behandelt. Auch die Vorschriften des Eherechts finden somit grundsätzlich keine Anwendung. Regelungen, die die betreffenden Paare untereinander treffen möchten, können aber vertraglich festgehalten werden.

Haben die Partner einer nichtehelichen Lebensgemeinschaft ein gemeinsames Kind, so wird dieses im Falle einer Trennung häufig zum Streitpunkt bezüglich des Sorgerechts.

Grundsätzlich steht dieses bei nichtverheirateten Eltern mit der Geburt des Kindes zunächst der Mutter allein zu (solange der Vater die Vaterschaft nicht anerkannt hat, keine Sorgeerklärung abgegeben wurde oder der Vater keinen Antrag gestellt hat, auch ihm gemeinsam mit der Mutter die elterliche Sorge zu übertragen).

Auch ohne Sorgerecht hat der Vater des Kindes nach einer Trennung aus nichtehelicher Lebensgemeinschaften ein Umgangsrecht (§ 1684 BGB), welches identisch mit jenem ist, welches Väter von ehelich geborenen Kindern haben.

Leben in der nichtehelichen Lebensgemeinschaft Kinder aus früheren Beziehungen der jeweiligen Partner, erwächst im Laufe der Zeit (mit Entstehen einer sozial-familiären Beziehung) nach § 1685 BGB ein Umgangsrecht des nichtsorgeberechtigten Partners in seiner Rolle als Stiefelternteil.

Das Sorgerecht für die Kinder, die von einem der beiden Partner oder von beiden Partnern in die nichteheliche Lebensgemeinschaft mitgebracht worden sind, obliegt also immer nur dem Elternteil, der bereits das Sorgerecht innehatte – außer bei einer Adoption durch den Partner.

Geben die Partner einer nichtehelichen Lebensgemeinschaft z.B. beim Jugendamt eine Sorgeerklärung für ihr gemeinsames Kind ab oder stellt der nichtehelichen Vater einen entsprechenden Antrag (der darf dem Kindeswohl allerdings nicht widersprechen), so stehen ihnen grundsätzlich wie bei verheirateten Eltern beispielsweise das Sorgerecht nach § 1626a Abs. 1 Nr. 1, 3, Abs. 2 BGB und im Fall der Trennung das Umgangsrecht nach § 1684 BGB zu.

Für die Übertragung durch das Familiengericht sieht die neue Vorschrift des § 155a FamFG ein beschleunigtes Verfahren vor. Ferner wurde § 1671 BGB zur Frage der Zuweisung der elterlichen Sorge bei Getrenntleben der nicht miteinander verheirateten Eltern entsprechend geändert.

Der Zeitpunkt der Abgabe der Erklärung kann bereits vor Geburt des Kindes erfolgen. Ein gemeinsames Sorgerecht bedeutet, dass beide Eltern das Sorgerecht für ihr Kind gemeinsam ausführen. In diesen Fällen wird nicht überprüft, ob dieses gemeinsame Sorgerecht dem Wohl des Kindes dient oder nicht.

Es findet seit Inkrafttreten des Gesetzes zur Reform der elterlichen Sorge nicht miteinander verheirateter Eltern (BGBL I S. 795) am 19.5.2013 keine Kindeswohlprüfung statt. Es stellt sich, wie schon erwähnt, für das Gericht nur die Frage, ob die Zuweisung der elterlichen Sorge auf den Vater – u.U. gegen den erklärten Willen der Mutter – dem Kindeswohl nicht widerspricht (negative Kindeswohlprüfung).

Huber/Antomo (2013, 670) schlagen zu Recht vor, die negative Kindeswohlprüfung derart auszulegen, „ob tatsächlich keine Gründe ʻersichtlichʻ sind, aus denen die gemeinsame Sorge dem Kindeswohl widersprechen könnte" (ebenso kritisch Salgo 2012, 409f.)

Coester (2013, 46f.) fragt zu Recht, wie es verfassungsrechtlich zu vertreten sei, dass es dem nichtehelichen Vater durch Antragstellung oder Nichtantragstellung allein überlassen bleibt, einer verfassungsrechtlich gebotenen Pflicht und Verantwortung nachzukommen oder nicht.

Die Erklärung zu einem gemeinsamen Sorgerecht kann nicht wiederrufen werden. Ausnahmen bestehen lediglich in jenen Fällen, in denen das körperliche, psychische oder geistige Wohl des Kindes gefährdet ist. Dies kann zu der Konsequenz führen, dass dann von Amts wegen entschieden wird, dass die Mutter nicht geeignet ist, das Kind kindgerecht zu betreuen und zu versorgen.

Das Kindschaftsrecht war lange zweigeteilt: Jahrzehntelang regelte das Recht des ehelichen Kindes den Zustand der Ehelichkeit als vorausgesetzte Normalität, erst später wurden dann die Rechte des nichtehelichen Kindes als Besonderheit angeführt, bis durch die Kindschaftsrechtsreform am 1.7.1998 ein einheitliches Kindschaftsrecht in Kraft getreten ist.

Mutter ist die Frau, die das Kind geboren hat (§ 1591 BGB). Diese Definition wurde angesichts der Möglichkeiten der Fortpflanzungsmedizin nötig (Beispiel: Fremdinsemination eines genetisch nicht von der Mutter abstammenden Kindes). Die rechtliche Aussage zur Mutterschaft gilt auch für in Babyklappen abgelegte Kinder, für die anonyme Geburt, für die anonyme Übergabe des Kindes an eine Fachperson oder neuerdings auch für die sog. vertrauliche Geburt.

Am 1. Mai 2014 ist das "Gesetz zum Ausbau der Hilfen für Schwangere und zur Regelung der vertraulichen Geburt" in Kraft getreten. Damit erhalten

Schwangere die Möglichkeit, ihr Kind auf Wunsch vertraulich und sicher in einer Klinik oder bei einer Hebamme auf die Welt zu bringen. Während der Schwangerschaft und danach werden sie von Schwangerschaftsberatungsstellen auf Wunsch anonym beraten, betreut und begleitet. Damit soll verhindert werden, dass Schwangere, die sich in einer verzweifelten Lage sehen, ihr Kind heimlich gebären oder möglicherweise sogar aussetzen oder töten (vgl. hierzu Berliner Zeitung 2014, Vertrauliche Geburt, 2. Mai 2014, Nr. 101, 2).

Die Gebärende ist im Rechtssinne die Mutter auch dieses Kindes (Münder/Ernst/Behlert 2013c, § 6 Rdnr. 9). Weiterer Kernpunkt des Gesetzes ist, das ungeborene Kind und die Mütter zu schützen, die ihre Schwangerschaft verdrängen oder verheimlichen und vom regulären Hilfesystem derzeit nicht erreicht werden.

Schwangere in Not können ihr Kind auf Wunsch zunächst vertraulich, also unter Pseudonym, in einer Klinik oder bei einer Hebamme zur Welt zu bringen. Die Daten der Mutter werden von einer Beratungsstelle festgehalten und versiegelt und im Bundesamt für Familie und zivilgesellschaftliche Aufgaben hinterlegt. Wenn das Kind 16 Jahre alt ist, hat es die Möglichkeit, die Identität seiner Mutter zu erfragen. Falls die Mutter sich nicht zu erkennen gibt, entscheidet das Familiengericht, ob der Wunsch der Mutter nach Anonymität oder das Interesse des Kindes höher zu bewerten ist.

Zudem wird das Beratungsangebot nach dem Schwangerschaftskonfliktgesetz (SchKG) ausgeweitet. Vor allem soll über den Anspruch auf unbedingte anonyme Beratung nach § 2 Abs. 1 SchKG informiert werden. Dadurch wird der Zugang zu einer Beratungsstelle gerade für Frauen, die ihre Schwangerschaft verheimlichen, vereinfacht. Darüber hinaus wird ein Notruf für Schwangere in psychosozialen Konfliktlagen eingerichtet, um sicherzustellen, dass für Schwangere ein zusätzlicher niederschwelliger Zugang zum Beratungssystem ermöglicht wird. Alle Schwangerschaftsberatungsstellen bieten Schwangeren mit dem Wunsch nach Anonymität umfassende Hilfen und Beratung an, um die Konflikte, die das Bedürfnis nach Anonymität hervorrufen, zu lösen. Erst wenn keine Lösung gefunden werden kann, kommt es zur vertraulichen Geburt. Das Gesamtvorhaben wird binnen drei Jahren evaluiert. Fraglich ist, ob die Stärkung des Rechtes auf Kenntnis der eigenen Abstammung durch die speziellen Gegebenheiten der vertraulichen Geburt tatsächlich dem Kindeswohl dient, da die Rechte des Kindes bei einer sich verweigernden Mutter vermutlich nicht gegen die Verweigerung der Mutter geschützt werden können, ihren Namen preis zu geben (Schwedler 2014, 193, 195).

Kritisch zu betrachten ist, dass die Abgabe in Babyklappen, die weiterhin mögliche anonyme Geburt und die anonyme Übergabe des Kindes an eine Fachkraft weiterhin nicht gesetzlich geregelt worden sind. Babyklappen und die (vollständig) anonyme Geburt wurden somit durch das Gesetz zur vertraulichen Geburt nicht angetastet.

Vater zu sein ist rechtlich komplizierter. Das Gesetz regelt Vaterschaftszurechnungen. Sind beispielsweise die Eltern miteinander verheiratet, wird das Kind dem Ehemann zugerechnet, während beim nichtehelichen Kind Besonderheiten der Zurechnung zu beachten sind, die sich gegenseitig ausschließen (§ 1592 BGB):

Vater eines Kindes ist,

- wer zum Zeitpunkt der Geburt des Kindes mit der Mutter verheiratet ist (§ 1592 Nr. 1 BGB),
- wer die Vaterschaft anerkannt hat (§ 1592 Nr. 2 BGB),
- dessen Vaterschaft gerichtlich festgestellt wurde (§ 1592 Nr. 3 BGB).

Besteht keine Vaterschaft kraft Ehe oder Anerkennung, ist die Vaterschaft auf Antrag durch gerichtliche Entscheidung festzustellen (§ 1600d Abs. 1 BGB). Die einseitige, öffentlich beurkundete oder durch Niederschrift im Gericht abgegebene Erklärung der Vaterschaftsanerkennung im Kindschaftsverfahren (§ 113 FamFG), die seitens der Mutter zustimmungsbedürftig ist, führt zur Zurechnung der Vaterschaft, es sei denn, es besteht eine Vaterschaft eines anderen Mannes kraft Ehe oder seinerseits durch Anerkennung (§ 1594 Abs. 2 BGB).

Anfechtungsberechtigt sind nach § 1600 BGB, beispielsweise der Mann, dessen Vaterschaft durch Verheiratung oder Anerkennung erfolgt ist (§§ 1592 Nr. 1 u. 2, 1593 BGB), der Mann, der an Eides statt versichert, der Mutter des Kindes während der Empfängniszeit beigewohnt zu haben, die Mutter und das Kind.

Die zuständige (anfechtungsberechtigte) Behörde, die auch die Vaterschaft anfechten konnte (§ 1600 Abs. 1 Nr. 5. BGB), indem verhindert werden sollte, einem ausländischen Mann durch Heirat mit der Mutter des Kindes die Anerkennung als Vater und das Aufenthaltsbestimmungsrecht zu bekommen, ist vom Bundesverfassungsgericht am 17.12.2013 für verfassungswidrig erklärt worden (BVerfG vom 17.12.2013 – 1 BvL 6/10 = ZKJ 2014, 151-160; Grün 2014, ZKJ 195-197). Hierzu führt das Gericht u.a. aus, dass die Regelung der behördlichen Vaterschaftsanfechtung (§ 1600 Abs. 1 Nr. 5 BGB) als verbotene Entziehung der Staatsangehörigkeit anzusehen (Art. 16 Abs. 1 Satz 1 GG) ist, weil der mit der Behördenanfechtung verbundene Wegfall der Staatsangehörigkeit durch die Betroffenen teils gar nicht oder in nicht zumutbarer Weise beeinflussbar ist. Die Regelung genügt nicht den verfassungsrechtlichen Anforderungen an einen sonstigen Verlust der Staatsangehörigkeit (Art. 16 Abs. 1 Satz 2 GG), weil sie keine Möglichkeit bietet, zu berücksichtigen, ob das Kind staatenlos wird, und weil es an einer dem Grundsatz des Gesetzesvorbehalts genügenden Regelung des Staatsangehörigkeitsverlusts sowie an einer angemessenen Fristen- und Altersregelung fehlt.

Verfassungsrechtliche Elternschaft (Art. 6 Abs. 2 Satz 1 GG) besteht bei einer durch Anerkennung begründeten rechtlichen Vaterschaft auch dann, wenn der Anerkennende weder der biologische Vater des Kindes ist noch eine sozial-familiäre Beziehung zum Kind begründet hat. Allerdings hängt die Intensität des verfassungsrechtlichen Schutzes davon ab, ob die rechtliche Vaterschaft auch sozial gelebt wird (Beck-Rechtsprechung – BeckRS 2014, 46474). Resümierend fasst Grün (ZKJ 2014, 197) zusammen, dass ein „Verfahren, das gegen den übereinstimmenden Willen des Kindes, der Mutter und des rechtlichen Vaters zur Vaterlosigkeit des Kindes führt, ... insbesondere dann Unbehagen (bereitet), wenn Kindeswohlgesichtspunkte völlig ausgeblendet sind."

Abstammung, elterliche Sorge, Umgang und Unterhalt sind mittlerweile für alle Kinder gleichermaßen geregelt, gleichgültig welchen geburtsrechtlichen Status ein Kind hat. Nun heißt das Kind auch nicht mehr im Amtsdeutsch „nichteheliches Kind", sondern „Kind, dessen Eltern bei der Geburt des Kindes nicht miteinander verheiratet sind" (§ 1626a Abs. 1 BGB).

Rechtlicher Kernbereich des Eltern-Kind-Verhältnisses ist die elterliche Sorge (§§ 1626 bis 1698 BGB). In diesem Verhältnis werden die Rechtsbeziehungen zwischen Eltern und Kindern geregelt. Beispielsweise bestimmen die Eltern bei gemeinsamer Sorge, welchen Elternnamen das Kind als Geburtsnamen erhält. Bei alleiniger Sorge erhält das Kind normalerweise den Namen, den der Alleinsorgeberechtigte zum Zeitpunkt der Geburt des Kindes führt (§ 1617a BGB).

Nach wie vor bekommt zunächst die mit dem Vater nicht verheiratete Mutter mit der Geburt des Kindes allein die elterliche Sorge (siehe hierzu die Ausführungen zur Sorgeerklärung nach neuem Recht).

I Das Kind vor dem Familiengericht bei Trennung und Scheidung

Ausblick

Als gesichert kann heute gelten, dass Kinder im Zusammenleben und im Fall einer Trennung ihrer nicht miteinander verheiraten Eltern die gleichen Sozialisationschancen, -abläufe und Trennungserfahrungen machen wie eheliche Kinder; diese Erfahrungen bringen in beiden Familienkonstellationen Vor- und Nachteile oder können im Fall einer krisenhaft zugespitzten Partnerschaft und vor allem im Fall einer hoch eskalierenden Trennung sogar traumatisch sein; denn im Zusammenleben und Trennungserleben des Kindes macht es keinen Unterschied, ob die Eltern verheiratet waren oder nicht, in einer „Normalfamilie" oder in einer anderen Familienform lebten, entscheidend ist die Qualität der Beziehungen und Bindungen in der jeweils gelebten Familienform und der Umgang mit Konflikten und Krisen.

4.5 Kind und Stieffamilie

§ 1687b BGB, § 9 LPartG räumen Dritten, die mit einem allein sorgeberechtigten Elternteil verheiratet oder verpartnert sind, also Stiefeltern im Einvernehmen mit dem sorgeberechtigten Elternteil ein so genanntes „Kleines Sorgerecht" ein.

Tatsächlich handelt es sich nur um ein Recht auf Mitentscheidung für Angelegenheiten des täglichen Lebens. Der Stiefelternteil erhält also lediglich ein von der Alleinsorge seines Ehegatten/Lebenspartners abgeleitetes, zu ihr akzessorisches Ausübungsrecht. Darunter sind Angelegenheiten zu verstehen, die häufig vorkommen und die keine schwer abzuändernde Auswirkungen auf die Entwicklung des Kindes haben (§ 1687 Abs. 1 S. 3 BGB). Der Stiefelternteil entscheidet somit einvernehmlich bei der Ausübung der Sorge mit, wobei die Auffassung des Sorgerechtsinhabers im Konfliktfall vorrangig ist. Dann entscheidet der Sorgerechtsinhaber allein.

Hinzu kommt das Notvertretungsrecht (Notsorgerecht bei Gefahr in Verzuge) des Stiefelternteils (§ 1687b Abs. 2 BGB, § 9 Abs. 2 LPartG), das in seinem Ausmaß mit dem Notvertretungsrecht eines Elternteils aus § 1629 Abs. 1 S. 4 BGB vergleichbar ist (Löhnig 2008, 157).

Im Fall des Todes eines sorgeberechtigten Elternteils innerhalb einer Stieffamilienkonstellation kann der Stiefelternteil – z.B. im Fall einer Kindeswohlgefährdung durch die Wegnahme – eine gerichtlich angeordnete Verbleibensanordnung erwirken, wenn der andere Elternteil das Kind aus der Stieffamilie vom Stiefelternteil zu sich nehmen möchte. Hier müsste die

Beziehungsqualität des Kindes zum anderen leiblichen Elternteil und zum Stiefelternteil herausgearbeitet werden, die Kontakte zum leiblichen Elternteil in der Vergangenheit, die Kooperationsbereitschaft, der Wille des Kindes und die gesamte Eingebundenheit des Stiefkindes in der Stieffamilie, die Geschwisterbeziehungen und die Beziehungen in der Umgebung (Kita, Hort, Schule) (Balloff 2004; Salzgeber 2011, Rdnr. 1183 bis 1194).

Stiefeltern haben in den Rollen als Ehegatte/Lebenspartner eines nicht allein sorgeberechtigten Elternteils kraft Gesetzes keine Rechte, die über das in § 1685 Abs. 2 BGB, § 9 LPartG geregelte Umgangsrecht im Trennungsfall hinausgehen. Gleiches gilt für faktische Partner. Der Elternteil kann jedoch den Stiefelternteil (Ehegatte/Lebenspartner/faktischer Partner) vertraglich, aber widerrufliche und im Trennungsfall erlöschende Rechte zubilligen, die denjenigen in § 1687b BGB, § 9 LPartG ähneln (Löhnig 2008, 159). Ansonsten setzen sorgerechtliche Befugnisse voraus, dass eine Ehe mit einem Elternteil besteht, dass ein Elternteil die alleinige Sorge für das Kind hat, Einvernehmen zur Ausübung des „kleines Sorgerechts" und kein dauerhaftes Getrenntleben von diesem Elternteil besteht (Hoffmann 2013, § 1 Rdnr. 78)

Die unverheiratete nichteheliche Stieffamilie, in der das Kind mit seinem Elternteil und dessen Partner wohnt und lebt, begründet für den Stiefelternteil keine weitergehenden Rechte, mit Ausnahme des Umgangsrechts im Fall einer Trennung bei Vorliegen einer sozial-familiären Beziehung nach § 1685 BGB.

Wissenschaftlich fundierte Befunde, die sich mit den Besonderheiten von Stieffamilien im Vergleich zur Ursprungsfamilie beschäftigen, liegen erst seit den achtziger Jahren vor. Während die ersten Untersuchungsreihen vordringlich krisen- und defizitorientierte Modelle betonten, angelehnt an die damals noch weitverbreitete Broken-Home-Hypothese, berücksichtigen neuere Forschungsansätze ebenso die Ressourcen, Möglichkeiten und Perspektiven von Stieffamilien unter Zugrundelegung einer sog. systemisch-, entwicklungs- und prozessorientierten Sicht. Dennoch werden die Beziehungen innerhalb einer Stieffamilie in Bezug auf die Subsysteme als störanfällig angesehen (Jungbauer 2009, 120). Einen Kardinalfehler stellt beispielsweise das Bestreben des Stiefvaters oder der Stiefmutter dar, den außerhalb dieser Lebensgemeinschaft lebenden leiblichen Elternteil vor den Kindern schlecht zu machen und zu verdrängen.

Die neueren Forschungsansätze richten ihren Schwerpunkt auf Unterschiede innerhalb verschiedener Stieffamilientypen und heben die Reorganisation familialer Rollen und Grenzen innerhalb der neuen Familie hervor (Bliersbach 2007).

Stieffamilien werden als Familien definiert, die durch erneute Heirat oder durch Zusammenleben ohne Trauschein zweier Partner entstehen, wobei ein Partner oder beide schon einmal verheiratet war(en), geschieden oder verwitwet ist/sind, oder einfacher: Stieffamilie ist jene Familie, in der mindestens ein Erwachsener ein Stiefelternteil eines noch nicht volljährigen Kindes ist. Mittlerweile hat sich neben der Stieffamilie ebenso der Begriff Fortsetzungsfamilie oder Folgefamilie etabliert (Staub/Felder 2003, 165ff.).

Ein Stiefkind ist somit ein junger Mensch, der nicht mit seinen „... leiblichen Eltern oder allein mit einem Elternteil lebt, sondern mit einem leiblichen Elternteil und einem weiteren Erwachsenen, der mit dem leiblichen Elternteil durch Ehe oder Partnerschaft verbunden ist" (Peschel-Gutzeit 2004, 47).

Dabei umfasst die Stiefeltern-Fortsetzungsfamilie eheliche und nichteheliche Gemeinschaften mit Kindern. Unklar ist bei dieser Terminologie jedoch, wenn beispielsweise eine Frau sich noch während der Schwangerschaft vom (Partner) Erzeuger trennt, nie mit dem Vater als Erzeuger eine Beziehung eingehen wollte und nach der Geburt des Kindes mit einem neuen Partner zusammenkommt, der dann der Stiefelternteil des betreffenden Kindes ist. Hier handelt es sich naturgemäß nicht um eine Fortsetzungsfamilie, sondern um eine nach der Geburt des Kindes entstandene neue (Herkunfts-)Familie mit einem Stiefvater oder im Fall einer Lebenspartnerschaft der Mutter nach dem Lebenspartnerschaftsgesetz (LPartG) um eine homosexuelle Stiefelterngemeinschaft.

Wiederverheiratung nach Verwitwung hat angesichts der Verbesserung der Lebens- und Arbeitsbedingungen an Bedeutung verloren, während die Verbreitung der Stieffamilien, die nach einer Trennung und Scheidung entstehen, erheblich zugenommen hat. Stieffamilien entstehen somit meist durch Wiederverheiratung oder Zusammenschluss ohne Eheschließung, nachdem eine frühere Familienform durch Tod, Scheidung oder Aufgabe des Status der Alleinerziehung mit einem nichtehelichen Kind eine neue Konstellation gefunden hat. Jede zweite Stieffamilie ist eine „komplexe Stieffamilie", die dann als Patchwork-Familie bezeichnet wird, wenn es sich um ein Zusammenleben aus unterschiedlichen Ursprungsfamilien handelt. In dieser Patchworkfamilie leben meist gemeinsame leibliche Kinder und Kinder aus vorausgegangen Beziehungen der Patchworkeltern (Fuhrer 2007, 87).

Münder/Ernst/Behlert (2013c, § 15 Rdnr. 5) stellen fest, dass seit 1999 keine Angaben des Statistischen Bundesamtes zur Anzahl der Stieffamilien und deren Kinder mehr vorhanden sind. Deshalb muss weiterhin auf älteres Zahlenmaterial zurückgegriffen werden.

Nach Walper/Wild (2002, 336f.) lebten Mitte der neunziger Jahre 13% aller Kinder in Westdeutschland und 18% der Kinder in Ostdeutschland bis zur Volljährigkeit in einer Stieffamilie. Von 15,3 Millionen Kindern unter 18 Jahren, die 1999 in Paarfamilien oder bei allein erziehenden Eltern lebten, sind ca. 850.000 Stiefkinder.

Auch Bien/Hartl/Teubner (2002, 12) erwähnen für 1999 in Deutschland 850.000 Stiefkinder, von denen 60% bei verheirateten Eltern aufwachsen, während bei 40% der Kinder der leibliche Elternteil und der Stiefelternteil unverheiratet zusammenleben. Oder anders ausgedrückt: Unter den rund 9,5 Millionen Familien (Ehen, nichteheliche Lebensgemeinschaften, Alleinerziehende) mit Kindern unter 18 Jahren sind 658.000 Stieffamilien im engeren Sinn, also 7% aller Familien.

Andere Prozentzahlen nennt Dethloff (2009, 143): Danach leben nur 6% aller Kinder bis zu ihrer Volljährigkeit in einer Stieffamilie (in den neuen Bundesländern 10%). Ein Drittel der Stieffamilien sind weder durch Ehe noch durch eine Lebenspartnerschaft miteinander verbunden. Im deutschen Recht partizipiert der Stiefelternteil nicht am elterlichen Sorgerecht. Nach isländischem Recht ist es heterosexuellen Lebensgemeinschaften möglich, sich in einem „Volksregister" registrieren zu lassen. Nach einem Jahr ist es dann dem Stiefelternteil möglich, mit dem allein sorgeberechtigten Elternteil zusammen die gemeinsame elterliche Sorge zu begründen (Dethloff a.a.O.). „Wenn in der sozialen Realität multiple Elternschaften bestehen, muss das Recht dies anerkennen. Dies bedeutet, dass die elterliche Sorge, auch drei Personen zustehen kann, so wie dies in den meisten Ländern der Fall ist, die einen Sorgerechtserwerb Dritter zulassen" (Dethloff a.a.O., 144).

Zu fragen ist bei diesem Sorgerechtsmodell, was nach einer Trennung der nichtehelich miteinander verbundenen Sorgerechtsinhaber mit dem Sorgerecht werden soll? Was soll geschehen, wenn die leibliche Mutter oder der leibliche Vater erneute nichteheliche Partnerschaften eingeht. Oder: Wie viele Sorgerechtsinhaber kann ein Kind verkraften?

Fast übereinstimmend wird schon in der älteren Literatur ein grundlegend unterschiedlicher Stellenwert der Stieffamilie im Vergleich zur „Normalfamilie" oder „Kernfamilie" hervorgehoben (Walper/Gerhard, 1999, 145; Schattner/Schumann, 1988, 81). Oft geben sich Stieffamilien nicht als Stieffamilien zu erkennen und versuchen, nach den Vorstellungen der Normal-

I Das Kind vor dem Familiengericht bei Trennung und Scheidung

familie zu leben, zumal in einem wechselseitigen Interaktionsvorgang nach außen hin die Stieffamilie wie eine natürliche gewachsene Normalfamilie erscheint und dementsprechend auch von der Umwelt als „Normalfamilie" behandelt wird.

Folgende fünf Hauptgruppierungen von Stieffamilienkonstellationen lassen sich kennzeichnen:

1. Außerhalb lebender Elternteil
   Ein leiblicher Elternteil lebt außerhalb der Familie. Die bis zur Trennung und Scheidung diesem Elternteil verbundenen und zugehörigen Kinder haben somit eine wichtige Beziehung zu einer Person, die zumindest nicht mehr unmittelbar dem neuen Familienverband angehört.
2. Verlusterleben
   Meist haben einige Mitglieder der Stieffamilie nach Scheitern einer Lebensgemeinschaft oder dem Tod eines Mitglieds der Kernfamilie einen schweren Verlust erlitten. Diese Verlusterlebnisse, aber auch die Hoffnungen, Erwartungen und Befürchtungen prägen die neue Lebensgemeinschaft der Stieffamilie.
3. Vorrang bestehender Beziehungen
   Wenn in einer Konstellation bereits eine Beziehung zwischen einem Erwachsenen und mindestens einem Kind vor der neuen Partnerschaft der Erwachsenen bestand, trifft der Stiefelternteil auf eine Gruppe von Personen mit eingespielten Regeln und Verhaltensweisen. Der Stiefelternteil muss somit seine Rolle und Funktion in der Gruppe finden. Sollten sich zwei „Teilfamilien" in einer neuen Familie zusammentun und organisieren, müssen die jeweiligen Mitglieder dieser beiden Teilfamilien ihre unterschiedlichen Muster, Regeln und Wertvorstellungen einander angleichen.
4. Mehrfachzugehörigkeit von Kindern in unterschiedlichen Familienkonstellationen
   In der betreffenden Stieffamilie ist mindestens ein Kind Mitglied von mehr als einer Familiengemeinschaft. Es gehört zur Stieffamilie und zum außerhalb der Stieffamilie lebenden leiblichen Elternteil, der möglicherweise auch in einer neuen Familie/Stieffamilie lebt. Damit sind durch das Kind die üblichen und traditionellen Familiengrenzen nicht mehr klar und eindeutig, was zu Unsicherheiten in der Selbstdefinition und der Identität der Stieffamilie führen kann.
5. Rechtliche Machtlosigkeit des Stiefelternteils

Der Stiefelternteil, der mit dem Kind zusammenlebt, verfügt über keine bedeutsamen elterlichen Rechte, sodass das Selbstverständnis des Stiefelternteils, seine Funktion im System und Rolle unklar bleiben.

Nimmt man das Kriterium der Wiederverheiratung oder Verwitwung als Bestimmungsmerkmale der Stieffamilie, zeigen sich folgende Konstellationen von Stieffamilien:

- geschiedener Mann – geschiedene Frau
- geschiedener Mann – ledige Frau
- lediger Mann – geschiedene Frau
- lediger Mann – verwitwete Frau
- verwitweter Mann – verwitwete Frau
- geschiedener Mann – verwitwete Frau
- verwitweter Mann – ledige Frau
- verwitweter Mann – geschiedene Frau.

In Bezug auf Kinder ergeben sich folgende Konstellationen:

- Stieffamilien ohne gemeinsames Kind
- Stiefmutterfamilie mit gemeinsamem Kind
- Stiefvaterfamilie mit gemeinsamem Kind
- zusammengesetzte Stieffamilie mit gemeinsamem Kind.

In der „Einfach-Stieffamilie" (Single-Stepparent-Family) mit leiblichem Kind und leiblichem Elternteil und Stiefelternteil wird der Stiefelternteil häufig in eine Außenseiterrolle gedrängt, während in der „Kombinierten Familie" (Combination-Family), die aus zwei Elternteil-Kind-Systemen besteht, insbesondere durch jeweils starre Familiensubsystemgrenzen und durch verschiedene Subsysteme und Dyaden das Zusammenleben gefährdet sein kann.

Indem die Mutter eines nichtehelichen Kindes einen anderen Mann als den Vater heiratet (Legitimating-Step-Families), entsteht eine Stieffamilie, die insbesondere dann gut gelingen kann, wenn der Stiefelternteil von Geburt des Kindes an dabei ist, während die Stieffamilie nach dem Tod des (Ehe-)Partners (Revitalized-Step-Families), sobald der Überlebende erneut eine Partnerschaft eingeht, mit den Mythen, aber auch mit realen Erlebnissen des Verstorbenen klarkommen muss.

Bei der wiederversammelten Stieffamilie (Reassembled-Step-Families) – der leibliche Elternteil heiratet nach seiner Scheidung einen Partner, der selbst keine Kinder hat – besteht die Gefahr, dass der im Umgang mit Kindern u.U. unerfahrene Stiefelternteil an seinen Aufgaben scheitert, da er nicht von Geburt des Kindes an „Elternschaft" lernen und erfahren konnte.

Obwohl bei den zusammengesetzten Stieffamilien beide Eltern bereits die Elternrolle kennen und beide nur die neue Rolle des Stiefelternteils lernen müssen, können jedoch die Vorerfahrungen in der Herkunftsfamilie und der früheren Ehe oder Partnerschaft die Gefühle und Verhaltensweisen in der Stieffamilie erheblich beeinflussen und belasten.

Wenngleich Stiefväter in der Stiefvaterfamilie mit keinen so schwerwiegenden Vorurteilen zu kämpfen haben wie die Stiefmütter (was wohl auch dazu führt, dass Stiefväter von Stiefkindern eher akzeptiert werden als Stiefmütter), besteht bei diesem Typus die Gefahr, dass diese Stiefväter als „Retter und Erlöser idealisiert" werden, was zu Überforderungen mit daraus resultierenden Abwertungen führen kann, erst recht, wenn sich der leibliche Vater von dem Kind zurückgezogen hat und keine Elternrolle mehr einnimmt.

Sobald aber die Beziehung zwischen Mutter und Kind sehr eng ist, schafft es der Stiefvater häufig nicht, in dieser Beziehungsdyade seinen Platz zu finden. Hat der Stiefvater selbst Kinder, die möglicherweise bei seiner von ihm getrennt lebenden oder geschiedenen Frau leben, gerät er darüber hinaus besonders häufig in Loyalitätskonflikte zwischen der alten und der neuen Familie.

Der Vorteil einer zusammengesetzten Stieffamilie besteht darin, dass beide Erwachsene über Erfahrungen im elterlichen Umgang mit Kindern verfügen und beide unmittelbare Kenntnisse von der Erziehungspraxis haben. Konfliktkonstellationen stellen die beiden ursprünglichen Teilsysteme insofern dar, als bisher nach eigenen festen Mustern, Regeln, Normen und Lebensstilen zusammengelebt wurde und nunmehr vom Zeitpunkt des Zusammenlebens an ein neues Familiensystem entstehen soll. Zudem ist u.U. auch die Paarebene gefährdet, da jeder Partner gleichzeitig auch Teil eines neuen Eltern-Kind-Subsystems ist und in Konfliktsituationen Loyalitätskonflikte fast unausweichlich sind.

In den zusammengesetzten Stieffamilien mit gemeinsamem Kind existiert dagegen eine Art Kernfamilie innerhalb des Stieffamiliensystems, wobei das gemeinsame Kind die Funktion erhalten kann, als Bindeglied zwischen den Teilsystemen zu fungieren. Das gemeinsame Kind droht somit funktionalisiert und zum Objekt elterlicher Interessenlagen zu werden, während sich die Stiefkinder der neuen Kernfamilie gegenüber ausgeschlossen erleben.

Die Gründung, das Entstehen und Wachsen einer Stieffamilie ist ein sich über mehrere Jahre erstreckender Prozess, der u.U. bereits mit der Trennung oder Scheidung beginnt und mit der Neugründung einer Stieffamilie seinen vorläufigen Abschluss findet. Staub/Felder (2003, 171) nennen einen Zeitraum von fünf Jahren, bis eine Konsolidierung der Stieffamilie stattgefunden hat.

Entscheidend für das Gelingen einer Stieffamilie ist die stabile (harmonische) Qualität der Beziehungen in den Stieffamilien. Der Stiefelternteil ist dabei nicht Ersatz des abwesenden Elternteils, sondern ein zusätzlicher und weiterer Elternteil, der mit seiner Person und seinen Möglichkeiten die bereits vorhandenen Ressourcen der Familie, in die er sich hineinbegibt, um ein weiteres Familienmodell erweitert.

Als einer der gravierendsten Fehler des (neuen) Stiefelternteils gilt nach wie vor, sich den Kindern gegenüber als besserer Elternteil zu präsentieren, mit dem Ziel, den leiblichen Elternteil zu desavouieren, schlecht zu machen und zu verdrängen.

Letztlich verläuft aber die Entwicklung der Kinder in Stieffamilien fast so wie bei Kindern aus Kernfamilien und meist besser als für Kinder mit einem allein erziehenden Elternteil (Schleiffer, 1988).

Fasst man denkbare Probleme, aber auch neue Perspektiven bei der Entwicklung der Stieffamilie zusammen, ergibt sich folgendes Bild:

- Anspruch der Stieffamilie, sofort eine Kernfamilie zu sein
- unklare Grenzziehung der Stieffamilie nach außen
- Qualität der Beziehung zum außerhalb lebenden leiblichen Elternteil
- ungelöste oder ungeklärte Beziehungen zwischen den getrennten Eltern
- Loyalitätskonflikte der Kinder bzw. der Stiefkinder
- undeutliche Grenzen innerhalb der Stieffamilie
- ungeklärte Rollen, Positionen, Aufgaben in der Stieffamilie
- ungeklärte Unterschiede zwischen Normal- und Stieffamilie
- neue Paarkonstellation und Subsysteme in der Stieffamilie
- unklare Rollen der Kinder und Stiefkinder untereinander und mit den Eltern
- unklare Erziehungsstile
- Beziehungen des Kindes zum abwesenden leiblichen Elternteil
- Beziehungen der ehemaligen Ehepartner untereinander
- Beziehungen zur erweiterten Familie
- Beziehungen zwischen dem außerhalb der Stieffamilie lebenden leiblichen Elternteil und dem Stiefelternteil
- neue Erfahrungen im neuen Familiensystem

I Das Kind vor dem Familiengericht bei Trennung und Scheidung

- Vorliegen eines erweiterten Beziehungsspektrums im Gesamtsystem und in Subsystemen
- Stiefelternschaft und Recht.

Die jeweilige Ausgestaltung innerhalb der neuen Familiensysteme und individuelle sowie soziale Ressourcen bestimmen ganz entscheidend, ob aus den Erfahrungen eines Elternteilverlustes Entwicklungsprobleme erwachsen oder ob Kinder aus der Bewältigung der veränderten Situation und dem Möglichmachen neuer Erfahrungen sogar für ihre Entwicklung profitieren können (Walper 2002). Obwohl sich mit Walper (2002) festhalten lässt, dass der Verlust eines Elternteils durch Elterntrennung oder Tod ein einschneidendes Ereignis im Leben von Kindern darstellt, stellen diese meist nichtnormativen Familienveränderungen typische Entwicklungen dar, die auch neue Impulse und Entwicklungen beinhalten, sodass ältere klinisch-psychiatrische Denkmodelle und Untersuchungen von der sog. Broken-Home-Familie, in denen durchweg diese Familienform als defizitär gilt, als überholt anzusehen sind.

Negativ mit dem Erfolg der zweiten Partnerschaftsbeziehung (oft auch Zweitehe) korrelieren Feindseligkeiten gegenüber dem eigenen früheren Partner oder dem des jetzigen Partners. Als positive Faktoren gelten das höhere Alter, eine höhere Bildung, Bewältigung der aus der früheren Ehe stammenden Konflikte, soziale Akzeptanz des Wiedereingehens einer neuer Partnerschaft oder der Wiederheirat. Dabei betrachten vor allem Frauen in Deutschland ihre Partnerbeziehung kritischer als Männer und Frauen denken z.B. öfter über eine Trennung nach.

Insgesamt zeigten sich jedoch in der Partnerschaftszufriedenheit im Vergleich zwischen Kernfamilie und Stieffamilie kaum Unterschiede. Das Stieffamilienpaar bewertet seine Beziehung zueinander jedoch positiver als Frauen und Männer in nichtehelichen Lebensgemeinschaften (Bien/Hartl/Teubner 2002).

Neben den bereits in früheren Kernfamilien praktizierten unterschiedlichen Lebensstilen können auch frühere Beziehungen und Bindungen zwischen Elternteil und Kindern, die älter sind als die Beziehungen zwischen den neuen Partnern, zu Spannungen und Belastungen des neuen Paares führen. Dies gilt auch für andauernde Kontakte und Beziehungen, vor allem aber anhaltende Konflikte zwischen dem getrennt lebenden Elternpaar oder den geschiedenen Eheleuten.

Ebenso können finanzielle Schwierigkeiten und Erziehungsprobleme die Paarebene erheblich stören. Vor allem die Erziehung der Kinder in Stieffamilien erweist sich nach den bereits vorliegenden empirischen Untersuchungen als wichtigstes Problemfeld (Visher/Visher 1987, 133ff.). Ist die Paarbeziehung jedoch stabil und widersteht sie den Versuchen der Kinder, dieses Paarbündnis zu schwächen, wird die Stieffamilie zunächst vermehrt auftretende Schwierigkeiten erfolgreich überwinden.

Nach wie vor existiert – möglicherweise mangels kultureller Vorgaben – trotz weitgehender Abnahme gesellschaftlicher Vorurteile kein Orientierung gebendes Leitbild für ein angemessenes Rollenverhalten für den Stiefelternteil im Umgang mit den Kindern.

Die Stiefelternrolle ist einerseits schwach artikuliert und impliziert andererseits widersprüchliche Funktionen wie „Elternteil", „Stiefelternteil" oder auch „Nichtelternteil". Rollen- und Identitätsprobleme gehören somit nicht unerwartet zu weiteren Problembereichen der Stieffamilie, zumal durch eine denkbare Rollenkonfusion der Erwachsenen die Anpassungsfähigkeit der Kinder an die reorganisierte Familie erschwert wird (Was darf ich? – Was darf ich nicht? – Was wird von mir erwartet?).

Trotz Veränderungen der Elternrollen in Kernfamilien, die zurzeit von Gleichberechtigung, mehr Kindorientiertheit, Geschlechterrollenanpassung, „neuen Väter-Leitbildern" gekennzeichnet sind, sind für Kinder mittlerweile die Elternrollenbilder und Verhaltensmuster innerhalb der Stieffamilien durch eine stärkere Kindorientiertheit klarer geworden.

Stiefmütter sind „Wochenendmütter", also Stiefmütter, die im Rahmen einer umgangsrechtlichen Vereinbarung der leiblichen Eltern von deren Kindern mit besucht werden, während „Alltagsmütter" tagtäglich als Stiefmütter die Kinder versorgen und betreuen, nachdem der leibliche Vater Sorgerechtsinhaber wurde. Als Frau soll die Stiefmutter ein „mütterliches Herz" zeigen, obwohl sie den Platz der leiblichen Mutter nicht einnehmen kann. Die daraus für die Frau resultierende Rollen- und Identitätskrise wird mangels geklärtem sozialem und familiärem Status forciert.

Wallerstein/Blakeslee (1989, 300f.) fanden heraus, dass die Stiefmütter, die an ihrer Studie mit 78 Kindern beteiligt waren, im Gefühlsleben der Kinder nur eine untergeordnete Rolle spielten. Wohl aus diesem Grunde auch sahen die Kinder in der Stiefmutter nicht etwa die böse Stiefmutter, wie sie in der Märchenwelt gezeichnet wird. Vielmehr wurde sie von den Stiefkindern deshalb geschätzt, weil sie zum Glück des Vaters beitrug. Demnach erwarten auch die Kinder, dass sich die Stiefmutter gegenüber dem Vater zugewandt verhält.

Als Rollen bieten sich der Stiefmutter drei Modelle an (Visher/Visher 1987, 58):

- die Rolle der „eigentlichen Mutter"
- die Rolle der „anderen Mutter"
- die Rolle der „Freundin".

Vor allem beim Tod der leiblichen Mutter ist es in erster Linie die Stiefmutter, die für das emotionale Klima und das psychische Wohlbefinden der Familie Verantwortung trägt. Sie sieht vor allem „die Wiedergutmachung am Kind als ihre Aufgabe" (Visher/Visher 1987, 65ff.).

Aus dieser Aufgabenstellung kann für die Stiefmutter ein schwieriger Konflikt und das größte Problem erwachsen: der Anspruch auf sofortige Liebe, der von den Kindern nicht erfüllt wird.

Auch für Stiefväter gibt es keine deutlichen Rollenvorgaben. Dem Stiefvater fehlt die persönliche familiäre Erfahrung mit der Familie der leiblichen Mutter. Er weiß nicht, ob er ein „Vater" des Kindes ist bzw. sein soll oder ein „Freund".

Stiefväter fühlen sich oft verpflichtet, ihren Stiefkindern Zuneigung, Wärme und Liebe entgegenzubringen und elterliche Verantwortung zu übernehmen. Besonders bei älteren Kindern und Jugendlichen ruft dies häufig eine ablehnende Haltung hervor (Ritzenfeld 1998, 46). Diese Unsicherheit mit den daraus resultierenden negativen Folgen auf der Beziehungsebene Stiefvater-Kind kann zusätzlich durch die Rivalität mit dem außerhalb lebenden leiblichen Elternteil verstärkt werden.

Grundsätzlich stehen die an die Stiefväter gestellten Erwartungen im Kontext traditioneller Ansichten geschlechtsrollenspezifischer Arbeitsteilung (wirtschaftliche Versorgung, Unterstützung der Mutter bei Kindererziehung und Führung des Haushalts) (Fthenakis 1988, 149).

Häufig steht ein negatives Selbstbild der Stiefväter mit ihrem Bestreben im Zusammenhang, sich mit dem „idealen" leiblichen Vater zu messen. Sie neigen dazu, sich im Vergleich zum leiblichen Vater schlechter zu bewerten, und meinen, ihren Aufgaben als Vater nur unzureichend nachzukommen, wobei sie die Stiefkinder als unglücklicher einschätzen, als diese es selbst tun. Insgesamt richten die Stiefväter Erwartungen an sich selbst, die im Kontext allgemein an Väter gerichteter Erwartungen zu sehen sind (Fthenakis 1988, 155). Auch Wallerstein/Blakeslee (1989, 296f.) halten die Rolle des Stiefvaters für sehr schwierig, insbesondere dann, wenn die Kinder weiterhin ihren biologischen Vater besuchen.

Schwierig – wie für Stiefmütter auch – ist, dass das plötzliche Elternteilsein keine Möglichkeit bietet, die Stiefelternrolle allmählich zu erlernen (Visher/Visher 1987, 61).

Ohne eigene Kinder hat es der Stiefvater im Umgang mit den Stiefkindern leichter. Er leidet wegen seiner früheren kinderlosen Beziehung weniger unter Schuldgefühlen, da er nicht in dem Bewusstsein leben muss, möglicherweise seine Familie und die Kinder verlassen zu haben (Visher/Visher 1987, 93).

Bohannan/Erickson (1986, 172) erwähnen vier Vater- bzw. Stiefvatertypen:

- Der „instrumentale" Vater sieht seine wichtigste Aufgabe darin, die Familie zu ernähren. Er verbringt wenig Zeit in und mit der Familie.
- Der „expressive" Vater ist der Überzeugung, viel Zeit mit der Familie und den Kindern verbringen zu müssen; er sorgt sich um das emotionale Klima.
- Der „autokratische" Vater achtet in erster Linie auf das Einhalten von Regeln.
- Dem „patriarchalischen" Vater kommt es darauf an, den Kindern einen hohen persönlichen Standard an Können und Selbstwertgefühl sichtbar zu machen und zu vermitteln.

Zwischen der Entwicklung der Kinder und der Art der Vater- und Stiefvatertypen stellen Bohannan/Erickson (1986, 172) eine hohe Korrelation fest, wobei die Kinder der „expressiven" Väter und Stiefväter die psychisch gesündesten waren. Kinder werden in ihre Familie hineingeboren und sind dementsprechend allen Veränderungen und Wandlungen ausgesetzt, die von den Eltern ausgehen. Ein wesentlicher Unterschied zur Kernfamilie besteht in Stieffamilien insofern, als nicht alle Familienmitglieder auf eine gemeinsame Familientradition und -geschichte zurückgreifen können (Walper/ Wild 2002, 345).

Nach wie vor gibt es kaum Langzeituntersuchungen, die Aussagen darüber zulassen, ob eine Integration der Kinder in die Stieffamilie gelungen oder misslungen ist. Ein Teil der von Ritzenfeldt (1998, 51) analysierten Untersuchungsergebnisse kommt zu negativen Aussagen, nach denen für Kinder in Stieffamilien die psychische Entwicklung und die psychischen Folgen ungünstiger sind. Andere Untersuchungen zeigen jedoch auch positiv, dass die Beziehungen in Stieffamilien in vielen Fällen für die Entwicklung der Kinder förderlich sind und diese Kinder sich beispielsweise hinsichtlich des Selbstwertgefühls oder Schulerfolgs nicht von Kindern in der Kernfamilie

I Das Kind vor dem Familiengericht bei Trennung und Scheidung

unterscheiden, wenn es die Stiefeltern vermeiden, zu früh in die Disziplinierung und Kontrolle der Kinder einzugreifen (Walper/Wild 2002, 347f.).

Auch Walper (2002) meint, dass der Verlust eines Elternteils durch Trennung oder Tod zwar ein einschneidendes Ereignis im Leben von Kindern ist, dennoch seien ältere klinisch-psychologische Untersuchungen, die durchweg den defizitären Charakter der unvollständigen Familie betonen, insofern nicht mehr aktuell, als Kinder sich in kognitiver und emotionaler Hinsicht durchaus kompetent in Stieffamilien entwickeln.

Über die Beziehungsqualitäten der Stiefgeschwister untereinander ist bisher nur wenig bekannt. Geschwister in Stieffamilien berichten jedoch, dass sie untereinander weniger positive Beziehungen und Unterstützung erfahren und einen höheren Grad an Rivalität und eine größere emotionale Distanz haben.

Einige ältere klinische Untersuchungen weisen darauf hin, dass beispielsweise eine sexuelle Anziehung pubertierender Stiefgeschwister bei verringertem Inzesttabu entstehen könne (Fthenakis 1988, 183).

Gaier (1987, 162) erwähnt, dass vor allem jüngere Kinder die Bereitschaft zeigen, die neue Familie anzunehmen, während ältere Kinder, die sich bereits in der Pubertät befinden, eher dazu neigen, die neue Elternverbindung zu sabotieren.

Walper/Gerhard (2001, 22) fanden in einer umfangreichen deutschen Studie heraus, dass keine grundlegenden Unterschiede bei Kindern und Jugendlichen in Kern- und Stieffamilie bestehen hinsichtlich:

- Selbstwertgefühl
- Aggressivität
- Peer-Integration
- Ablehnung durch Gleichaltrige.

Visher/Visher (1987, 57ff.) kommen in Bezug auf das Thema „Stiefkind, Stiefelternteil und abwesender Elternteil" auf bedeutsame Beziehungsaspekte vor allem zwischen Stiefkind und Stiefelternteil zu folgenden Schlussfolgerungen:

- Die Beziehungen in einer Stieffamilie können nicht das gleiche Muster haben wie die Beziehungen in einer traditionellen Kernfamilie.
- Der Stiefelternteil sollte nicht den Versuch unternehmen, den leiblichen Elternteil zu ersetzen.
- Das Erlernen der Stiefelternrolle verläuft nicht wie das Erlernen der Elternrolle.

4 Die Regelung der elterlichen Sorge und das Wechselmodell

- Die Unsicherheit über die eigene Rolle und über angemessenes Verhalten führt häufig zu Irritationen, die ihrerseits die ursprünglichen Probleme der Rollen- und Verhaltensunsicherheiten verstärken.
- Stiefeltern verfügen über keine psychosozialen Vorgaben und „Richtlinien".
- Stiefväter – gleich welchen Alters – haben bessere Beziehungen zu den Stiefkindern als Stiefmütter, und zwar unabhängig vom Alter und Geschlecht des Stiefkindes.
- Die Rolle der Stiefmütter mit den damit verbundenen Interaktionen ist in der Stieffamilie schwieriger als die des Stiefvaters.
- Stiefeltern neigen zu Schuldgefühlen, sofern sie keine positiven oder sogar eindeutig negative Gefühle gegenüber den Stiefkindern haben.
- Wird von den Kindern verlangt, den Stiefelternteil als „richtigen" (besseren) Elternteil anzusehen, reagieren sie mit Schuldgefühlen, Feindseligkeit, Widerspenstigkeit und Rückzug.
- Wenn der Stiefelternteil in die Wohnung der Kinder und des leiblichen Elternteils zieht, erlebt er sich als Eindringling, während sich die alten Bewohner verdrängt fühlen.
- Stiefmütter reagieren auf Stiefkinder eher eifersüchtig als Stiefväter.
- Stiefeltern, die gleich von Anfang an versuchen, die Stiefkinder zu erziehen und zu reglementieren, gelingt meist die Integration in die neue Familie nicht.

Der meist ohnehin durch eine Trennung und Scheidung verringerte Kontakt von Kindern und Jugendlichen mit dem außerhalb lebenden (externen) Elternteil nimmt weiter ab, wenn der entsprechende Elternteil einen neuen Partner hat bzw. heiratet. Die Kontakthäufigkeit gibt jedoch keine hinreichenden Hinweise in Bezug auf die Qualität, Enge, Intensität oder Tragfähigkeit der Beziehung des betreffenden Kindes zu dem leiblichen Elternteil.

Hier fehlt es nach wie vor noch an eindeutigen empirischen Untersuchungen (Walper/Wild 2002, 351).

Bekannt ist jedoch, dass der außerhalb der Stieffamilie lebende leibliche Elternteil nicht nur für den anderen leiblichen Elternteil gefühlsmäßig für lange Zeit von großer Bedeutung bleibt, sondern für alle Mitglieder der Stieffamilie.

Je besser jedoch die Ablösung zwischen den leiblichen Eltern gelungen ist, desto größer ist die Wahrscheinlichkeit einer positiven kooperativen Beziehung in der Stieffamilie miteinander, die auch positive Auswirkungen auf die Kontakte der Kinder hat. Je intensiver die Beziehungen zwischen dem

I Das Kind vor dem Familiengericht bei Trennung und Scheidung

außerhalb lebenden leiblichen Elternteil und den Kindern gestaltet werden, desto distanzierter verhält sich jedoch der Stiefelternteil. Andererseits sind die Belastungen und Loyalitätskonflikte der Kinder am größten, je schlechter die Ablösung der Eltern voneinander gelungen ist und je stärker deren Konflikte anhalten.

„Von zentraler Bedeutung ist somit, ob es der Stieffamilie gelingt, eine eigene Stieffamilienidentität in Abgrenzung zur Kernfamilie zu entwickeln" (Balloff 2004, 57).

Hierfür leistet offenbar die anhaltend hohe Zahl von Trennungen ohne Scheidung, aber auch die durchgeführten Scheidungen (z.B. im Jahr 2012 179.147 Scheidungen und 143.022 betroffene Kinder unter 18 Jahren) und der Anstieg der Stieffamilien sowie eine liberalere Auffassung von Trennung und Scheidung sowie ein erheblich erweitertes Beratungs- und Mediationsangebot nach §§ 17, 18, 28 SGB VIII und Elterngruppen- sowie Trennungskindergruppenangebote für die betreffenden Familien einen wichtigen Beitrag zur Stabilisierung und Konsolidierung.

> „Offenkundig besteht mittlerweile auch bundesweit eine geringere Bereitschaft zur Diskriminierung und Ausgrenzung von Stieffamilien. Da Stieffamilien fast immer Folge- bzw. Fortsetzungsfamilien sind, ist ein harmonischer Umgang der Mitglieder der Ursprungsfamilie vermutlich ein wichtiger protektiver Faktor, der auch die Beziehungen in der Stieffamilie festigt. Hierzu gehört ebenso ein fairer Trennungsablauf in der Ursprungsfamilie, der dann auch in den neuen Familienkonstellationen zu einem leichteren Austarieren der Bedürfnisse, Wünsche, Hoffnungen und Forderungen aller Beteiligten führt" (Balloff 2004, 57).

4.6 Alleinerziehende mit und ohne Migrationshintergrund

Im Jahr 2011 lebten nach den Angaben des Statistischen Bundesamtes (Statistisches Bundesamt, Wiesbaden, Mikrozensus 2012; die Bundeszentrale für politische Bildung 2012 nennt geringfügig andere Zahlen) insgesamt 2,7 Millionen Personen als alleinerziehende Mütter und Väter, von denen 1,6 Millionen (59%) Kinder und Jugendliche unter der Volljährigkeitsgrenze hatten. Gegenüber 2001 ist ihre Zahl um rund 8% gestiegen.

Insgesamt 22,9% aller Familienhaushalte in Deutschland waren Haushalte Alleinerziehender mit Kind(ern) (Heiß/Castellanos 2013, Rdnr. 592).

Zu den alleinerziehenden Eltern zählen im Mikrozensus alle Mütter und Väter, die ohne Ehe oder Lebenspartner/in mit ledigen Kindern im Haushalt zusammenleben. Hierzu rechnen bemerkenswerter Weise nicht die nichtehelichen (heterosexuellen) Lebensgemeinschaften, da faktisch kaum zu

4 Die Regelung der elterlichen Sorge und das Wechselmodell

überprüfen ist, ob die Mutter oder der Vater einen derartigen Partner bzw. Partnerin hat.

Unerheblich ist dabei, wer von den Eltern des Kindes im juristischen Sinn sorgeberechtigt ist. Im Vordergrund steht der aktuelle und alltägliche Lebens- und Haushaltszusammenhang.

Im Jahr 2011 gab es in Deutschland ca. 1,6 Millionen alleinerziehende Mütter und Väter. Mit 1,6 Millionen alleinerziehenden Familien ist fast jede fünfte Familie in Deutschland eine Einelternfamilie.

Zählt man die volljährigen Kinder noch dazu, gibt es über 2,7 Millionen Kinder in den Haushalten von Alleinerziehenden. Familie ist nicht statisch, derzeit werden etwa 300.000 Personen pro Jahr alleinerziehend.

In neun von zehn Fällen (90%) war der alleinerziehende Elternteil die Mutter. Bei 1,6 Millionen Alleinerziehenden lebte mindestens ein minderjähriges Kind im Haushalt. Der Anteil der Haushalte der Alleinerziehenden an allen Familienhaushalten (jeweils ohne Altersbegrenzung bei den Kindern) lag 2011 bei 22,9 Prozent (1996: 17,0 Prozent).

Der Anteil der Alleinerziehenden mit mindestens einem Kind unter 18 Jahren an allen Familienhaushalten lag im selben Jahr bei 13,6 Prozent (1996: 9,9 Prozent). Von den deutschlandweit 1,6 Millionen Alleinerziehenden (mit mindestens einem Kind unter 18 Jahren) waren im Jahr 2011 90,1 Prozent Mütter und 9,9 Prozent Väter (Bundeszentrale für politische Bildung vom 24.10.2012).

Seit 2001 ist der Anteil der alleinerziehenden Väter zudem leicht zurückgegangen, und zwar von 13% im Jahr 2001 auf 10% im Jahr 2011, was auch mit der insgesamt sinkenden Anzahl von Geburten zusammenhängen mag.

Am häufigsten werden Mütter und Väter mit Kindern und Jugendlichen unter 18 Jahren infolge einer Scheidung zu Alleinerziehenden. Im Jahr 2011 waren 56% dieser Frauen und 69% dieser Männer geschieden oder noch verheiratet, lebten aber bereits getrennt vom Ehepartner beziehungsweise der Ehepartnerin. Nicht verheiratet waren darüber hinaus 40% der alleinerziehenden Mütter, verwitwet 5%. Von den alleinerziehenden Vätern waren 18% ledig. Allerdings waren sie mit 12% mehr als doppelt so häufig bereits verwitwet im Vergleich zu den alleinerziehenden Müttern.

Rund ein Drittel (34%) der alleinerziehenden Väter betreuten Kinder im Alter von 15 bis 17 Jahren. Alleinerziehende Mütter versorgten häufiger jüngere Kinder. So lebten bei 31% der alleinerziehenden Mütter Kinder im Krippen oder Vorschulalter von unter sechs Jahren. Nur 12% der alleinerziehenden Väter betreuten Kinder dieser Altersgruppe.

I Das Kind vor dem Familiengericht bei Trennung und Scheidung

Hinter den insgesamt rückläufigen Familienzahlen stehen unterschiedliche Entwicklungen der einzelnen Familienformen. Während die Zahl traditioneller Familien (Ehepaare) kontinuierlich gesunken ist, stieg die Zahl alternativer Familienformen (Alleinerziehende und Lebensgemeinschaften) leicht an. Gab es 2001 noch 7,1 Millionen Ehepaare mit Kindern und Jugendlichen unter 18 Jahren, waren es zehn Jahre später nur noch 5,8 Millionen (– 19%).

Die wachsende Bedeutung alternativer Familienformen führte zu einer Verschiebung der Familienstrukturen, bei der allerdings nach wie vor die Ehepaare mit Kindern deutlich überwiegen.

Im Jahr 2011 waren gut sieben von zehn Familien (71%) Ehepaare (2001: 78%). Alleinerziehende Mütter und Väter machten knapp 23% aller Familien aus (2001: 16%). Weitere 9% aller Familien waren Lebensgemeinschaften mit Kindern (2001: 6%). 19,0 Millionen Kinder und Jugendliche unter 18 Jahren und volljährige Kinder lebten in den privaten Haushalten Deutschlands. Gut zwei Drittel (13,0 Millionen: 68%) davon waren unter 18 Jahre.

Eltern, die mit ihrem Kind allein zusammenleben, gelten als Alleinerziehende. Diesem Status liegen mehrere Möglichkeiten zugrunde:

– nicht verheiratete, ledige Mutter, die den Vater nicht näher kennt; die den Vater kennt, ihn aber nicht heiraten möchte; die sich vom Vater getrennt hat
– getrennt lebender Elternteil mit Kind (Vater oder Mutter, die ein Kind betreuen und versorgen)
– geschiedener Elternteil mit Kind
– verwitweter Elternteil mit Kind
– Kinder aus Lebenspartnerschaften, die sich getrennt haben.

Unter den Familien mit Migrationshintergrund war 2011 die eher traditionelle Familienform der Ehepaare mit Kindern mit 80% deutlich weiter verbreitet als unter den Familien ohne Migrationshintergrund (68%). Um eine Familie mit Migrationshintergrund handelt es sich normalerweise dann, wenn mindestens ein Familienmitglied außerhalb von Deutschland geboren ist und eine eigene Migrationserfahrung aufweist oder eine ausländische Staatsangehörigkeit hat (Bundesministerium für Familie, Senioren, Frauen und Jugend 2011, Familien mit Migrationshintergrund, 17).

Nur 15% der Familien mit Migrationshintergrund waren alleinerziehende Mütter und Väter (ohne Migrationshintergrund: 22%). Weitere 6% waren Lebensgemeinschaften mit Kindern und Jugendlichen unter 18 Jahren (ohne

Migrationshintergrund: 11%). Von den ca. 325.000 Alleinerziehenden mit Migrationshintergrund sind 9% Väter (28.000), ähnlich wie die alleinerziehenden Väter ohne Migrationshintergrund mit 10% (Bundesministerien für Familie, Senioren, Frauen und Jugend 2011, Familien mit Migrationshintergrund, 20).

Die Armutsgefährdungsquote lag bei den Alleinerziehenden-Haushalten mit einem Kind unter 18 Jahren (und ggf. weiteren Kindern im Alter von 18 Jahren und mehr) bei 24,3 Prozent. Bei denen mit zwei Kindern steigt das Armutsrisiko auf 26,5 Prozent. Am höchsten war mit 42,0 Prozent die Armutsgefährdung der Alleinerziehenden-Haushalte mit drei oder mehr Kindern unter 18 Jahren (Statistisches Bundesamt, Wiesbaden 2013. Mikrozensus, Familienland Deutschland).

Die Einkommenssituation vieler alleinerziehender Eltern und hier vor allem der Mütter ist prekär und angespannt. Vier von zehn Alleinerziehenden (42%) lebten von einem monatlichen Familiennettoeinkommen unter 1.300 Euro. Während nur 24% der allein erziehenden Väter mit Kindern unter 18 Jahren ein monatliches Familiennettoeinkommen von weniger als 1.300 Euro hatten, mussten 44% der alleinerziehenden Mütter mit einem Monatseinkommen in dieser Höhe auskommen (Statistisches Bundesamt, Wiesbaden 2013, Destatis, Datenreport 2013, 45ff.).

Deshalb haben Geringverdiener bzw. Alleinerziehende mit wenig Geld nach § 21 Abs. 3 SGB II im Rahmen der Zuwendungen gemäß Arbeitslosengeld II oder Sozialgeld einen Mehrbedarf, den sie geltend machen können, wenn sie mit einem Kind unter sieben Jahren oder mit mehr als einem Kind unter 16 Jahren zusammenleben und die alleinige Pflege und Betreuung der Kinder sicherstellen. Dritte Personen, dürfen sich dann nicht bzw. nur in einem geringen Umfang an der Pflege und Erziehung des Kindes beteiligen (Trenczek/Tammen/Behlert 2011, 459). Die Mehrbedarfstatbestände im Rahmen der Sozialhilfe nach SGB XII werden auch Alleinerziehenden nach § 30 Abs. 3 SGB XII zugebilligt.

Ebenso wie getrenntlebende Eheleute, Lebenspartner, nicht eheliche Lebensgemeinschaften haben auch Alleinerziehende und deren Kinder einen Anspruch auf Beratung und Unterstützung nach §§ 17, 18 SGB VIII in Sorgerechts-, Unterhalts- und Umgangsfragen.

Familienpsychologisch wurde in den letzten Jahren das sog. schnellere Aufwachsen (schnelleres Reifer werden) von Kindern bei alleinerziehenden Eltern – vor allem bei alleinerziehenden Müttern – diskutiert, das durch eine frühe Verantwortungsübernahme des Kindes erfolgt (Fuhrer 2007, 86). Dieses schnellere Aufwachsen kann zu einem frühzeitigen Kompetenzerwerb führen, aber auch zur Überforderung. Empirisch belegt ist, dass Kinder allein erziehender Mütter einen schnelleren und höheren Grad von Selbstständigkeit erreichen und deshalb auch schneller erwachsen werden (Papastefanou 2006).

Nach einer Untersuchung von Dornes (2012, 68ff.) sind 81% aller Jungen und 84% der Mädchen mit der Zuwendung durch ihre zusammenlebenden Eltern zufrieden, während Mädchen und Jungen, die mit alleinerziehenden Eltern aufwachsen, deutlich unzufriedener sind und hier wiederum in Haushalten mit alleinerziehenden Müttern (Hantel-Quitmann 2013, 99).

Nach wie vor gilt, dass offenbar unverheiratete junge Väter nur ein eingeschränktes Investment und Engagement gegenüber ihren nichtehelichen Kindern nach einer Trennung zeigen. Immerhin 30% der befragten Männer zeigten sich nach einer Trennung zufriedener und erleichtert, nach der Elterntrennung nicht mehr mit den Kindern zusammen zu sein (Amendt 2006). Dennoch bleibt festzuhalten, dass sich insgesamt die Vaterrolle in den westlichen Industrienationen vom Alleinernährer hin zum Betreuer und zur Bindungsperson des Kindes deutlich verändert hat (Balloff 2011a, 350).

Hantel-Quitmann (2013, 100) berichtet in Bezug auf Migrationsfamilien, dass diese sich tendenziell immer mehr den deutschen Familien angleichen, sodass sich mittlerweile auch der Anteil der Alleinerziehenden mit Migrationshintergrund den deutschen Familienformen angenähert haben, während die Muttersprache der Migrationseltern meist die vorrangige häusliche Umgangssprache bleibt. Dieser zuletzt genannte Sachverhalt ist u.a. aus psychologischer Sicht grundsätzlich zu begrüßen, da mehrsprachig aufgewachsene Kinder normalerweise bessere Ausbildungs- und Berufschancen haben.

4.7 Wechselmodell

Das Wechselmodell ist derzeit in der Diskussion wie vor einigen Jahren das Cochemer Modell oder das Parental-Alienation-Syndrome – also erneut viel alter Wein in neuen Schläuchen?

Das Wechselmodell wird tatsächlich bereits seit Jahren in Fällen umfangreicher Umgangskontakte des betreffenden Elternteils mit dem Kind praktiziert – offenbar aber nicht als Wechselmodell identifiziert – selbst wenn man der Vorgabe und Definition von Sünderhauf (2013) folgt und bereits dann von einem Wechselmodell spricht, wenn das Kind mindestens 30% der Zeit bei einem Elternteil verbringt:

4 Die Regelung der elterlichen Sorge und das Wechselmodell

„Das Wechselmodell ist eine Betreuungs- und Lebensform für Kinder getrennt lebender Eltern, in der

- Kinder abwechselnd jeweils einen substantiellen Anteil (d.h. mindestens 30%) bei jedem Elternteil leben
- in beiden Elternhäusern zuhause sind und
- sich Mutter und Vater die elterliche Verantwortung teilen" (Sünderhauf 2013, 61).

20% oder 25%, möglicherweise sogar 29,5% reichen nach Sünderhauf somit nicht mehr aus, um von einem Wechselmodell zu sprechen, wenn beispielsweise ein berufstätiger Elternteil alles in allem nicht mehr Zeit aufbringen kann (so auch der BGH, FamRZ 2006, 1015; Horndasch 2011, 594).

Ob ein umfangsreicheres Umgangsrecht als üblich, jetzt plötzlich definitorisch als Wechselmodell herausgestellt wird, wenn das Kind z.B. alle 14 Tage von Donnerstagnachmittag (nach Kita oder Schule z.B.) bis Montagfrüh, plus Ferien- und Feiertagsregelung die Zeit bei einem getrennt lebenden Elternteil verbringt, mit dem neuen Titel „Wechselmodell" versehen, mehr Sicherheit, Klarheit, mehr Fürsorge und Zuwendung dem Kind bringen wird, kann in Ruhe abgewartet werden.

Als Wechselmodell, Pendelmodell oder (Paritätisches) Doppelresidenzmodell werden üblicherweise Regelungen zur Betreuung gemeinsamer Kinder bezeichnet, wenn diese nach einer Trennung der Eltern in beiden Haushalten zeitlich annähernd gleichwertig betreut werden. Beide Eltern bieten dem Kind ein Zuhause, in dem es sich abwechselnd aufhält. Die Ständige Fachkonferenz 3 „Familienrecht und Beistandschaft, Amtsvormundschaft" des Deutschen Instituts für Jugendhilfe und Familienrecht e.V. (Deutsches Institut für Jugendhilfe und Familienrecht e.V. – DIJuF 2013, 347) möchte nur dann von einem Wechselmodell sprechen, wenn die Eltern sich über alles geeinigt haben, auch über die finanziellen Auswirkungen des Wechselmodells.

In einigen europäischen Ländern (z.B. Belgien, Niederlande und Frankreich, in denen auch das Wechselmodell gesetzlich geregelt ist) nennt man diese Art der Betreuung des Kindes durch seine Eltern auch Co-Elternschaft.

Die theoretische Begründung für das Praktizieren des Wechselmodells beinhaltet die Aussage, dass Kinder am besten nach der Trennung ihrer Eltern im Rahmen des Wechselmodells abwechselnd bei der Mutter und dem Vater wohnen und leben sollten, damit sie eine sichere Bindung und tragfähige Beziehung mit beiden Eltern behalten und in dem Bewusstsein aufwachsen, trotz der Elterntrennung weiterhin zwei Zuhause zu haben.

I Das Kind vor dem Familiengericht bei Trennung und Scheidung

Eine Woche bei der Mutter, die andere Woche beim Vater, so wird häufig das Wechselmodell missverstanden, so als wenn es nur eine „Fünfzig-zu-Fünfzig-Regelung" gebe.

Die juristischen Familienrechtsexperten sprechen allerdings am liebsten bei einer „hälftigen" Regelung von einer Wechselregelung. So kommt es beispielsweise gelegentlich zu gerichtlichen Beschlüssen im Trennungsfall der Eltern, nach denen das Kind von Woche zu Woche auf die Minute genau von einem Elternteil zum anderen wechselt, bis eine Endentscheidung getroffen wird.

Aus familienrechtspsychologischer Sicht handelt es sich bereits dann um ein Wechselmodell, wenn das Kind regelmäßig ein verlängertes Wochenende (alle 14 Tage z.B. Freitag bis Montag früh) und Ferien- sowie Feiertagszeiten bei einem umgangsberechtigten Elternteil verbringt, der selbstverständlich auch die Erziehung, Betreuung und Versorgung des Kindes sicherstellen muss, selbst wenn die Rechtsprechung zur Frage der Rechte und Pflichten des Umgangsberechtigten hoffnungslos antiquiert ist (z.B. sich ein Bild vom Kind machen, die verwandtschaftlichen Beziehungen aufrechterhalten, aber nicht erziehen, obwohl auch das Umgangsrecht schon längst von der Rechtsordnung als schützenswerter Bestandteil des Sorgerechts angesehen wird).

Weitgehend unbestritten ist mittlerweile, dass die gemeinsame Co-Elternschaft nach Trennung und Scheidung und die Betreuung und Versorgung des Kindes auch im Alltag mit dem Kindeswohl im Einklang steht.

Die Forschungsergebnisse zum Wechselmodell, die umfassend im Werk von Sünderhauf (2013) dargestellt sind, bringen erneut Bewegung und Erregung in die Diskussion, insbesondere bei Juristen, Psychologen, Sozialpädagogen und betroffenen Eltern, zu Fragen der Ausgestaltung der elterlichen Sorge, des Umgangsrechts, der elterlichen Verantwortung und das Recht des Kindes auf beide Eltern nach einer Elterntrennung (Früh-Neumann 2013, 214–219).

Das Wechselmodell ist allerdings nach wie vor nicht im deutschen Recht als Betreuungsmodell nach einer Trennung oder Scheidung der Eltern vorgesehen (Jokisch 2013, 679). Insofern hinkt es der europäischen Entwicklung hinterher. Die geringe Verbreitung des (echten) Wechselmodells in Deutschland mag u.a. auch daran liegen, dass das Familienrecht bisher keine Antwort gefunden hat, welchen rechtlichen Rahmen ein Wechselmodell haben sollte (im Übrigen fehlt es ebenso an eindeutigen Regelungen, die den Bar- und Betreuungsunterhalt, den Mehrbedarf, die erhöhten Wohnkosten oder die unterhalts-, kindergeld- und unterhaltsvorschussrechtlichen Fragen des Wechselmodells betreffen – Jokisch 2014, 25–31).

Im Familienrecht geht das Gesetz in § 1687 BGB im Rahmen der Betreuung eines Kindes nach einer Elterntrennung vom Residenzmodell aus (Bergmann 2013, 489). Das heißt mit anderen Worten, dass das geltende Familienrecht regelmäßig von einem Obhutsberechtigten ausgeht, der dem Kind den Lebensmittelpunkt anbietet, während der andere Elternteil nur ein Umgangsrecht hat. Das wiederum hat zur Folge, dass im Rahmen einer Wechselregelung dem aktuell betreuenden Elternteil nur ein Alleinentscheidungsrecht in Angelegenheiten der tatsächlichen Betreuung zusteht. Alle anderen Angelegenheiten (Angelegenheiten mit besonderer Bedeutung und Angelegenheiten des täglichen Lebens) müssen gemeinsam entschieden werden, was wenigstens ein gewisses Maß an Kooperationsbereitschaft und -fähigkeit voraussetzt.

Haben sich die sorgeberechtigten Eltern auf ein Wechselmodell geeinigt, sind sie dieser Regelung verpflichtet, bis eine anderweitige Regelung getroffen worden ist. Eine einseitige Aufkündigung ist nicht möglich.

Kommt eine einvernehmliche Änderung des Wechselmodells nicht zustande, ist auf Antrag eines Elternteils eine Regelung gemäß § 1671 Abs. 2 BGB zum Aufenthalt des Kindes zu treffen. Eine gerichtliche Anordnung des Wechselmodells ist nicht möglich (Coester 2010, 12; OLG Brandenburg, Forum Familienrecht 2012, 457, 458), obwohl von den Gerichten z.T. in diesen Fällen eine Umgangsanordnung nach § 1684 Abs. 3 BGB im Rahmen einer amtswegigen Regelung getroffen wird. In einem Antragsverfahren zur Regelung der elterlichen Sorge nach § 1671 BGB ist ein amtswegiges Verfahren nicht möglich.

Coester (2010, 12) legt überzeugend dar, dass auch eine Umgangsregelung, die eine Wechselregelung zum Inhalt hätte, nicht möglich ist, weil der Umgang nach § 1684 ebenso wie § 1687 BGB vom Konzept des Residenzmodells ausgeht und ein Wechselmodell eine Betreuungs- und Erziehungsbeteiligung beider Eltern beinhaltet, das über die rechtlichen Möglichkeiten eines Umgangsberechtigten weit hinausgeht.

Im Übrigen ist nicht klar, welche Befugnisse nun ein Elternteil im Rahmen einer Wechselregelung hat, bei dem sich das Kind aufhält: die Befugnis zur alleinigen Entscheidung in Angelegenheiten des täglichen Lebens – § 1687 Abs. 1 S. 2 BGB, hier entscheidet der Elternteil, bei dem sich das Kind gewöhnlich aufhält, in Angelegenheiten des täglichen Lebens allein – oder nur die Befugnis, Angelegenheiten der tatsächlichen Betreuung für das

Kind wahrzunehmen – § 1687 Abs. 1 S. 4 BGB (z.B. Auswahl der Nahrung, Zähneputzen, Waschen, Fernseh- oder Schlafenszeiten).

Alles in allem setzt § 1687 BGB die Betreuung des Kindes in Form des Residenzmodells voraus (Jokisch 2013, 680). Damit wird deutlich, dass im deutschen Recht das Modell der Wechselregelung bisher gesetzlich nicht vorgesehen ist (Coester 2010, 12).

Das Berliner Kammergericht (KG, FamRZ 2012, 886) hat mittlerweile entschieden, dass die Anordnung des Wechselmodells im Einzelfall entgegen dem Willen eines Elternteils möglich ist, wenn Gründe des Kindeswohls überwiegen, die sich beispielsweise in einem festen Willen eines achtjährigen Kindes zur Beibehaltung des Modells zeigen können. Dann hätte nur eine Regelung des Umgangs und keine Entscheidung zur elterlichen Sorge oder zum Aufenthaltsbestimmungsrecht zu ergehen.

Bei einem Streit um den Aufenthalt des Kindes ist dieser jedoch gemäß § 1671 Abs. 2 BGB gerichtlich zu regeln, damit entfällt aber die Anordnung eines Wechselmodells (OLG Brandenburg, Forum Familienrecht 2012, 457, 458; OLG Düsseldorf, ZKJ 2012, 256). Letztlich liegt somit die Ausgestaltung des Wechselmodells allein bei den Eltern.

Günstige Voraussetzungen für ein Wechselmodell (ähnlich wie ein umfangsreiches Umgangsmodell) stellen

- die räumliche Wohnnähe der Eltern zueinander dar,
- die zeitliche Verfügbarkeit der Eltern,
- die Akzeptanz des Kindes und
- das Vorliegen einer Elternvereinbarung.

So bleiben beide Eltern in der Verantwortung für ihr Kindes, die Beziehungen und Bindungen des Kindes zu beiden Eltern bleiben erhalten, und das Kind erlebt seine Eltern in ihren jeweiligen alltäglichen Bezügen.

Als ungünstige Voraussetzungen werden beispielsweise angesehen

- große räumliche Entfernungen zwischen den Eltern,
- ein anhaltend hohes Konfliktniveau der Eltern,
- Kinder, die bereits im Säuglingsalter wechseln (müssen).

Mit Früh-Nauman (2013, 216) ist anzunehmen, dass ein vom Gericht verordnetes Wechselmodell nicht zu einer Auflösung schwerer elterlicher Konflikte führen wird.

Ein wichtiger Streitpunkt zur Frage des Unterhalts verliert jedoch bei einer hälftigen Regelung an Bedeutung, da sich die Unterhaltsansprüche gegeneinander aufheben. Diese Aufhebung kann jedoch den einkommensschwächeren Elternteil benachteiligen, obwohl ein Sonderbedarf entsprechend der elterlichen Einkommenssituation anerkannt werden kann. Allerdings kann im Wechselmodell auch der Unterhaltsvorschuss eingestellt werden (§ 1 Abs. 1 Nr. 2 i.V. mit Abs. 3 Unterhaltsvorschussgesetz – UhVorschG).

Absprachen und eine gewisses Maß an effektiver und respektvoller Kommunikation und Kooperation zwischen den Eltern sollten selbstverständlich sein.

Wird ein Wechselmodell praktiziert und werden Auffälligkeiten des Kindes durch die Eltern bemerkt, die auch von Dritten (Kita, Schule, Jugendamt) thematisiert werden, dann sollte möglicherweise eine Regelung beispielsweise von bisher 50 : 50 reduziert werden, zumal Säuglinge und Kinder unter zwei Jahren möglicherweise eine längere Trennung von den Eltern (noch) nicht verkraften.

Zudem ist eine exakte 50 : 50-Regelung schwer einzuhalten, wenn beide Eltern voll berufstätig sind oder ein Elternteil im Schichtdienst arbeitet (z.B. Krankenschwester, Ärzte in Kliniken, Taxifahrer, Kellner etc.).

Nach geltender Rechtslage haben allerdings Eltern das Recht und die Möglichkeit, die Betreuungszeiten ihrer Kinder selbst zu bestimmen (ohne Antrag oder Kindeswohlgefährdung ergeht kein Gerichtsbeschluss zur Frage des Aufenthalts und der Kontakte des Kindes).

Das Jugendamt oder das Familiengericht müssen von den Eltern nicht kontaktiert bzw. in Anspruch genommen werden, wenn die Eltern die Betreuungszeiten 30 : 70 oder sogar „hälftig" (50 : 50) in eigener Regie oder mit Hilfe einer Beratung oder Mediation vertraglich vereinbaren, festlegen und die Betreuung und Versorgung des Kindes durch wechselseitige Vollmachten festlegen.

Zu einer Gesetzesänderung im Familienrecht, dass Sorgerecht und Umgangsrecht betreffend, sollte es u.U. nur dann kommen, wenn sich die Eltern mehrheitlich und in großer Zahl nicht auf ein derartiges Modell einigen können, obwohl es auch gewichtige Gründe gibt, einen grundlegenden Reformbedarf anzumelden (z.B. Sorgerechtsvereinbarungen der Eltern, Ausweitung des gerichtlich gebilligten Vergleichs mit Bezug zu Art. 6 Abs. 2 S. 2 GG – Kinderrechtekommission des Deutschen Familiengerichtstages e.V. 2014, 1166f.).

Eine rechtliche Ergänzung bzw. Änderung wird nicht nötig sein, wenn sich die Eltern streiten, Unvereinbarkeiten aufweisen und sich nicht einig über das Betreuungsmodell für das Kind werden können (Kinderrechtekommission des Deutschen Familiengerichtstages e.V. 2014, 1167), zumal gerade das eher ungünstige Voraussetzungen für ein in gemeinsamer elterlicher Verantwortung getragenes Betreuungsmodell sind (Wechselmodell) (a.A. Sünderhauf 2013, 457ff.).

Der Wille des Kindes wird bisher nur dann thematisiert, wenn das Kind in einer Wechselregelung leben will, nicht aber, wenn es gerade dieses Modell nicht will. So argumentiert auch Sünderhauf (2013, 445) bei der Frage des Willens des Kindes nur, als ob der Wille des Kindes nur darauf ausgerichtet sein könnte, im Rahmen eines Wechselmodells betreut zu werden. Die Kehrseite, dass ein Kind mit dieser Regelung nicht einverstanden ist und so auch nicht leben und wohnen will, weil die Wohnungen der Eltern zu weit entfernt liegen, weil die Eltern ständig streiten, weil beide Eltern den jeweils anderen Elternteil herabwürdigen und schlecht machen oder weil der jeweilige Freundeskreis des Kindes beim Vater oder bei der Mutter nicht regelmäßig kontaktiert werden kann, wird nicht thematisiert – und Säuglinge und sehr junge Kinder unter zwei Jahren können nicht befragt werden.

Viel zu kurz und bagatellisierend wird das Wechselmodell bei Sünderhauf (2013) diskutiert, wenn krasse Unvereinbarkeiten und Gewalt der Eltern untereinander und gegen das Kind oder sonstige Gefährdungen vorliegen, die möglicherweise sogar zur Trennung geführt haben, weiter anhalten und erhebliche bis extreme Belastungen und Ängste für einen der betreuenden Elternteile und das Kind beinhalten (Kostka 2014, 58ff.).

Das Kind als Beteiligter des Verfahrens (§§ 7, 8 FamFG) wird offenbar in seiner Stellung als Rechtssubjekt und dessen Subjekthaftigkeit wiederum abgewertet und demontiert, da bei der Etablierung und Ausgestaltung des Wechselmodells nicht ernsthaft der „wahre Wille", also der erlebnisgestützte Wille des Kindes erfragt und herausgearbeitet wird, ähnlich wie beim Cochemer Modell oder dem Parental-Alienation-Syndrome.

4.8 Kind in hoch konflikthaften Elternkonstellationen

Nach wie vor gibt es kein gesichertes Zahlenmaterial über die jährlich bekanntgewordenen Familien, die als hochkonflikthaft gelten. Jährlich sollen es ca. 10.000 Trennungs- und Scheidungsfamilie sein (Walper/Fichtner/Normann 2011, 7), sodass vermutlich 15.000 Kinder und Jugendliche jährlich neu von den (trennungsbedingten) Unvereinbarkeiten ihrer Eltern betroffen sind. Das wären ca. 5% aller jährlichen Trennungen und Scheidungen (Spindler 2012, 427).

4 Die Regelung der elterlichen Sorge und das Wechselmodell

Zur Frage einer definitorischen Eingrenzung der Hochkonflikthaftigkeit hat Dettenborn (2013, 232; 2013a) ein umfassendes Kategorialsystem mit Einzelkategorien vorgestellt. Hiernach thematisiert er zwei Vorstufen von Hochkonflikhaftigkeit und eine Stufe Hochkonflikthaftigkeit mit 18 feingegliederten Unterstufen.

Merkmale bei hocheskalierenden Familienkonflikten

1. Wortkonflikte
   - z.B. Meinungsverschiedenheiten
   - Feindselige Polemik
   - Drohungen
2. Konflikthandeln
   - z.B. Setzen von Einschränkungen,
   - Negativdarstellungen von Verhaltensweisen des Konfliktpartners bei Dritten
   - Herausverlagerung der Konflikte in Behörden, Einrichtungen und Institutionen (z.B. Beratungsstellen, Jugendamt, Familiengericht)
3. Hochkonflikthaftigkeit
   - z.B. Schikanehandeln
   - Gegenseitiges Drohverhalten mit Ultimaten (Eskalationsdialog)
   - Verharren im Vorwurfskreislauf
   - Allianzbildung
   - Behinderung der Kommunikation zwischen den Konfliktparteien
   - Überhöhte Kontrollansprüche in Bezug auf das Verhalten des Konfliktpartners
   - Kriminalisierung (sog. Badness-Modell) oder Psychiatrisierung des Konfliktpartners
   - Selbstschädigung
   - Häufige Anwaltswechsel
   - Ausgeprägte Gerichtshängigkeit (häufige Anträge und Beschwerden in der Familiengerichtsbarkeit, Strafanzeigen)
   - Nichteinhaltung von Absprachen und festgelegten Maßnahmen
   - Mangelnde Bereitschaft zur Nutzung professioneller Hilfe
   - Hohe Anzahl von Konfliktthemen
   - Drohverhalten gegenüber professionellen Dritten
   - Belastung des Kindes (in Abwesenheit des Konfliktpartners)
   - Belastung des Kindes (in Anwesenheit des Konfliktpartners).

Diagnostische und prognostische Schlussfolgerungen (z.B. zur Frage der Hochkonflikthaftigkeit bzw. Hochstrittigkeit der Eltern und Auswirkungen auf die Kinder sowie der Effizienz von außergerichtlichen sowie gerichtlichen Interventionen) werden aus der Gesamtheit aller Indikatoren gewonnen, die zunächst mit ja oder nein beantwortet werden. Sie unterliegen dem methodischen Prinzip der Aggregation (Zusammenstellung und Zusammenfügung der einzelnen Merkmale) und Auszählung, wobei für jedes zutreffende Merkmal ein Einzelpunkt vergeben wird.

Erst dann wird mit Hilfe der Gesamtsumme aller Punkte eine Prognose abgeben, ob beispielsweise die Eltern in Hochkonflikthaftigkeit verstrickt sind und nicht mehr in der Lage sind, Probleme zu lösen und den Blick wieder auf das Kind zu richten, das durch die Hochkonflikthaftigkeit ihrer Eltern meist überfordert und übermäßig belastet wird.

Fester Bestandteil ist in vielen Fällen bei Hochkonflikthaftigkeit des Elternstreits die Partnerschaftsgewalt (Goldbeck 2011, 131ff.) und das Nachstellen (§ 238 StGB Stalking: Balloff 2008, 190ff.), die häufig Kernmerkmale bzw. spezielle Ausdrucksformen von Hochkonflikthaftigkeit darstellen.

Die Folge der Hochkonflikthaftigkeit ist, dass mit großer Sicherheit der bereits bestehende Loyalitätskonflikt des Kindes bis über die Grenze der Kindeswohlgefährdung verschärft und intensiviert wird, Coping-Strategien vom Kind nicht mehr genutzt werden können und deren Resilienz (Fröhlich-Gildhoff/Rönnau-Böse 2014, 63ff.) zusammenbricht, sodass psychische, psychosomatische und Entwicklungsrückstände eintreten können, die weit über das übliche Belastungserleben von Trennungskindern hinausgehen (Walper/Fichtner 2011, 91ff.).

Insbesondere für hochkonflikthafte Eltern gilt, dass eine Beratung oder Mediation oft nicht greift. Je stärker jedoch dann der Druck durch Instanzen sozialer Kontrolle (z.B. Jugendamt, Sachverständiger, Verfahrensbeistand, Familiengericht) wird, desto wahrscheinlicher ist es, dass Vereinbarungen allenfalls mit Kurzzeiteffekten entstehen (Dettenborn 2103b, 274) oder diese Interventionen von vornherein scheitern, sodass dann die Elternkonflikte durch gegenseitige Schuldzuweisungen zur Frage des Abbruchs sogar weiter eskalieren.

Erschwerend kommt hinzu, dass bei hochkonflikthafter Elternschaft nur weniger als ein Drittel der befragten Eltern eine Beratung als hilfreich empfindet und jeder Zehnte sogar als konfliktfördernd (Fichtner 2012, 51, unter Berufung auf die DJI-Studie 2010).

Sobald gerichtliche Interventionen erfolgten, war das Ergebnis noch verheerender, nur ein Zehntel der Eltern mit hohem Konfliktniveau meinten, dass diese Entscheidungen konfliktreduzierend waren, während die Hälfte der Eltern diese sogar als konfliktverschärfend erlebten (Fichtner 2012, a.a.O.).

Bei hochkonflikthaften Eltern imponiert eine reduzierte Offenheit auf neue Erfahrungen, eine verringerte Verträglichkeit und eine gering erlebte Selbstwirksamkeit in der Elternbeziehung. Es zeigen sich darüber hinaus unflexible Denkstrukturen, Wahrnehmungsverzerrungen und eine eingeschränkte Emotionsregulation (Deutsches Jugendinstitut 2010, 13).

Die Auswirkungen auf die Kinder bei hochkonflikthaften Verläufen, aber auch in still ausgetragenen Dauerkonflikten offenbaren sich nach dem internationalen Forschungsstand (Walper/Fichtner 2011; Deutsches Jugendinstitut 2010, mit ausführlichen Hinweisen auf den internationalen Forschungsstand) je nach Alter (oft auch im späteren Lebenslauf des Kindes) in vielfältigen Auffälligkeiten, die die Lebensbewältigung der jungen Menschen, ein Leben in sozialer Verantwortung und ökonomischer Unabhängigkeit zu führen, erheblich einschränken.

Hochkonflikthafte Eltern und daraus resultierende Auffälligkeiten der Kinder zeigen sich in

– späterem schlechterem gesundheitsbezogenem Verhalten
– ungünstigerem Bewältigungsverhalten
– geringerem Selbstwertgefühl, einhergehend mit Schuldgefühlen
– Irritierbarkeit und Anhänglichkeit
– Loyalitätskonflikten
– Problemen der Moralentwicklung
– Ablehnung eines Elternteils
– depressiven Entwicklungen
– einer Verschlechterung der Elternbeziehung.

Entscheidend ist ebenso, inwieweit ein Kind in die Elternkonflikte mit einbezogen wird (Walper/Fichtner 2011, 96ff.), wie stark die Resilienz ausgeprägt ist und inwieweit das Kind seine Coping-Strategien trotz des Elternkonflikts – u.U. im Zusammenhang in einer stabilen Schutz und Trost gebenden Geschwisterkonstellation – noch nutzen kann.

Spindler (2012, 427) betont weniger Persönlichkeitsstörungen bzw. Persönlichkeitsauffälligkeiten der Eltern, die für die Hochkonflikthaftigkeit verantwortlich zu machen sind, als ein mangelnder und fehlender *Einigungswille* der Eltern. Hinzuzufügen ist, dass dieser fehlende Einigungswille auch schon zu Beginn der Beziehung existieren kann und während des Verlaufs der Beziehung und vor allem in der Trennungssituation eskaliert.

Die professionelle Zusammenarbeit mit hochkonflikthaften Eltern beinhaltet zunächst eine mit den Eltern anfangs getrennt durchgeführte Diagnostik des Konflikts, der in der beginnenden Einzelarbeit dann psychoedukative Elemente beinhalten sollte (z.B. die Auswirkungen von Trennung und Scheidung auf die Kinder; Belastungen der Kinder und Eltern etc.). Erst dann sollte der Versuch unternommen werden, mit beiden Eltern gemeinsam in den Beratungsprozess einzutreten, der keinesfalls sogleich Lösungen umfassen muss, sondern eher ein Einvernehmen, beispielsweise erst nach und nach bestimmte hierarchisierte Streitthemen zu behandeln, die erfolgversprechend sind, einvernehmliche Ergebnisse zu erzielen.

Sollten einvernehmliche Ergebnisse erreicht werden, sollten den Eltern zur Überprüfung und Stabilisierung weitere Beratungsgespräche angeboten werden, die auch erneute Einzelgespräche zum Inhalt haben können (vgl. auch Deutsches Jugendinstitut 2010, 42f.).

Beispiel: Diese Gespräche können auch durch einen vom Gericht bestellten Sachverständigen erfolgen, vorausgesetzt, er wurde laut Beweisbeschluss veranlasst, auch auf Einvernehmen mit den Beteiligten hinzuwirken (§ 163 Abs. 2 FamFG). Bereits vor Beginn derartiger einvernehmenorientierter Kontakte sollten Gesprächsregeln und Umgangsformen festgelegt werden (wie z.B. zuhören, ausreden lassen, keine Drohungen und Beleidigungen aussprechen), die einzuhalten sind.

Sobald gegen diese Grundregeln verstoßen wird, wird (tatsächlich) mit einer roten Kelle angezeigt, dass hier gegen eine vereinbarte und festgelegte Regel verstoßen wurde. Den Eltern wird vorab bekannt gegeben, dass nach drei Verstößen die Beratung abrupt an diesem Tag beendet wird. Gleichzeitig wird ein neuer Termin angeboten, der so gut wie immer auch wahrgenommen wird.

Bewährt hat sich vor der gerichtlichen Anhörung im Familiengericht die auf der Grundlage einer koordinierten Kommunikation erfolgende Zusammenarbeit zwischen Jugendamt (z.B. auch Familienhelfer, Umgangspfleger, Umgangsbegleiter), Verfahrensbeistand und Sachverständigen im Netzwerk, wobei in dieser Zusammenarbeit datenschutzrechtlichen Regelungen und Schweigepflicht (§ 203 StGB) zu beachten sind. Dazu reicht die schriftliche Einwilligung der Eltern, Kontakte dieser Art wahrnehmen zu können.

Kinder ab der Altersgruppe von acht bis zehn Jahren nehmen Einzelangebote im Rahmen von Beratungsgesprächen an, ohne zu sehr belastet zu sein. Hilfreich ist, dem Kind zu vermitteln, dass sich die beratende Person für die Interessen, Wünsche und Hoffnungen des Kindes einsetzen wird, ohne jedoch zu versprechen, dass Wunsch und Wille des Kindes sofort umgesetzt werden, da in einem professionellen Netzwerk unterschiedliche Meinungen auftreten können und letztlich das Familiengericht eine Entscheidung trifft.

Allerdings wollen in hochkonflikthaften Elternkonstellationen die meisten Kinder keine gemeinsamen Gespräche mit den Eltern führen (so auch Deutsches Jugendinstitut 2010, 26).

4.9 Das Kind im Rechtsstreit der Erwachsenen

Bei Trennungen der Eltern, die Bezugs- und Bindungspersonen des Kindes sind, gleichgültig in welcher geschlechtlichen Partnerschaftsform sie gelebt haben, zeigen sich normalerweise für das Kind neben den Verlustängsten und dem realen Verlusterleben vielfältige, meist aber nur vorübergehende, Belastungen und Gefahren. Dazu zählen beispielsweise Loyalitätskonflikte, vordringlich wenn die Eltern noch feindselig miteinander umgehen, erzieherische Unvereinbarkeiten aufweisen, ihre psychische Stabilität noch nicht wiedergewonnen haben und in anhaltende Streitereien verstrickt bleiben.

Häufig werden die Kinder in die Rolle eines Ersatzpartners ihrer Eltern gedrängt, was meist die üblicherweise bestehenden Loyalitätskonflikte der Kinder verstärkt. Wenn Kinder unmittelbar nach einer Trennung bei einem Elternteil ihren Lebensmittelpunkt haben, wie es trotz der gemeinsamen elterlichen Sorge als faktischer Regelfall nach wie vor fast durchweg üblich ist, besteht für diesen betreuenden Elternteil die große Versuchung, das Kind überaus stark an sich zu binden, um den eigenen Trennungsverlust und Trennungsschmerz zu kompensieren.

Reagiert der andere Elternteil, bei dem das Kinder nicht überwiegend wohnt und lebt, in ähnlicher Weise, werden die Kinder gefühlsmäßig hin- und hergerissen, ohne von sich aus in der Lage zu sein, diesen anklammernden Bestrebungen der Eltern entgegenzuwirken.

Werden Kinder im elterlichen Machtkampf um das Sorge- und Umgangsrecht, Unterhalt oder Wohnungssachen instrumentalisiert und somit zum Objekt sowie Faustpfand elterlicher Interessen über einen langen Zeitraum degradiert, werden selbst vitale, also resiliente Kinder (Lösel/Bender 1999), die normalerweise als besonders anpassungsfähig gelten, psychische Schäden davontragen. Diese zeigen sich nicht nur in vorübergehenden typischen oder kaum erkennbaren, oft im Hintergrund bleibenden (larvierten) Tren-

I Das Kind vor dem Familiengericht bei Trennung und Scheidung

nungs- und Scheidungsreaktionen (z.B. vorübergehende Traurigkeit, Einschlafschwierigkeiten, Appetitlosigkeit), sondern auch in manifesten Verhaltensänderungen (z.B. Aggressivität, Ungehorsam, Schuldistanz, Weglauftendenzen).

In diesen Fällen – ohne dass unbedingt eine Hochkonflikthaftigkeit der Eltern vorliegt – werden für diese Kinder aus Loyalitätskonflikten das Selbstwertgefühl schwer erschütternde Identitätskonflikte auftreten, die bei weiter anhaltendem Streit der Eltern später einmal sogar in dissoziale Verhaltensweisen, Kontaktarmut, Lern- und Leistungsstörungen und psychosomatische Symptome einmünden können (so schon Reich 1991; Bauers 1994; Figdor 1991; 1997; 2007; 2012; Huss/Lehmkuhl 1999; Amato/Booth 2000; Ziegenhain 2013, 93).

4.10 Internationale Abkommen

Wenn Kinder aus dem Ausland in die Bundesrepublik Deutschland oder von dort ins Ausland entführt werden, gelten in Deutschland internationale Übereinkommen, die den Rang von Bundesgesetzen haben:

1. das Haager Übereinkommen vom 25.10.1980 über die zivilrechtlichen Aspekte internationaler Kindesentführungen (KiEntfÜ = HKÜ).
2. das Haager Kinderschutzabkommen (KSÜ) vom 19.10.1996, das in Deutschland seit 1.1.2011 gültig ist, verpflichtet die Vertragsstaaten zum Schutz aller Personen unter 18 Jahren. Es regelt die Zuständigkeit, das anzuwendende Recht, die Anerkennung und Vollstreckung sowie die Zusammenarbeit auf dem Gebiet der elterlichen Sorge/Verantwortung zum Schutz von Kindern.
3. Hierzu gehören ebenso wichtige EU-Verordnungen, wie die Brüssel IIa-VO vom 27.11.2003 (in der u.a. Fragen der Zuständigkeit, Anerkennung und Vollstreckung familiengerichtlicher Entscheidungen geregelt sind, ebenso wie der gesamte Bereich der elterlichen Verantwortung nach in Art. 1 Abs. 2). Zu diesen wichtigen EU-Verordnungen gehört auch die Rom III-Verordnung vom 21.12.2010 in der das anzuwendende Recht angeführt wird, also das Internationale Privatrecht. Die in der Rom III-VO angeführten Kollisionsregeln für Ehescheidungen und Ehetrennungen gelten seit 21.6.2012 für alle 15 Teilnehmerstaaten.

4. Schutz von Kindern und die Zusammenarbeit auf dem Gebiet der internationalen Adoption (AsÜ) vom 29.5.1993. In diesem Gesetz wird die zwischenstattliche Zusammenarbeit bei internationalen Adoptionen geregelt.

4.10.1 Vermisste Kinder

Kinder unter 14 Jahren werden als vermisst angesehen, wenn sie ihren gewohnten Lebenskreis verlassen haben und ihr Aufenthalt unbekannt ist.

Solange die Ermittlungen nichts anderes ergeben, wird seitens der Kriminalpolizei von einer Gefahr für das Leben oder die körperlicher Unversehrtheit des Betroffenen ausgegangen.

Im Jahr 2010 galten in Deutschland insgesamt 5.733 Kinder (bis einschließlich 14 Jahre) als vermisst, davon wurden bis heute (10.4.2013) 5.676 Fälle aufgeklärt. Dies entspricht einer Aufklärungsquote von über 99%. Die 57 noch nicht geklärten Fälle betreffen nach Angaben der Kripo 31 Fälle von Kindesentziehung und 3 Fälle sogenannter unbegleiteter Flüchtlingskinder.

2011 wurden 6.387 Kinder (bis 14 Jahre) als vermisst registriert. Bis zum 10.4.2013 wurden 6.272 Fälle aufgeklärt.

2012 wurden 6.378 Kinder (bis 14 Jahre) als vermisst registriert. Bis zum 10.4.2013 wurden 6.254 Fälle aufgeklärt.

Am 10.4.2013 waren – gerechnet ab dem frühesten Vermisstendatum 3.3.1951 bis 10.4.2013 – insgesamt 872 vermisste Kinder (bis 14 Jahre) erfasst[10].

Ein Großteil dieser Kinder sind Flüchtlingskinder oder Kinder, die ihren Sorge- oder Umgangsberechtigten entzogen wurden.

Regelmäßig sind darüber hinaus auch Streitigkeiten der Eltern über die Ausübung des Sorgerechts charakteristische Fälle von Kindesentziehungen. Hierzu zählen auch die Fälle, in denen die Eltern aus unterschiedlichen Kulturkreisen stammen (Motzer/Kugler/Grabow 2012).

Die der Polizei angezeigten Fälle von Kindesentziehung werden als "Vermisstenfälle" erfasst, solange eine Gefahr für die Kinder nicht ausgeschlossen werden kann.

---

10 http://www.bka.de/nn_206014/DE/ThemenABisZ/Vermisstensachbearbeitung/vermisstensachbearbeitung node.html?nnn=true#doc227018bodyText4, abgerufen am 11.5.2014.

Bei dem verbleibenden Teil der vermissten Kinder ist zu befürchten, dass diese Opfer einer Straftat oder eines Unglücksfalls wurden, sich in einer Situation der Hilflosigkeit befinden oder nicht mehr am Leben sind. Hierzu zählen auch die Flüchtlingskinder, die vermutlich ertrunken sind, deren Leichen aber nie gefunden wurden.

Es bleibt festzuhalten, dass jeden Tag viele Kinder verschwinden, dass aber in den meisten Fällen die Kinder noch am gleichen Tag in das Elternhaus zurückkehren oder aufgefunden werden und dass nur wenige Fälle auch nach längerer Zeit nicht geklärt werden können[11].

Bis 2013 waren neben Deutschland weltweit 92 Staaten dem Haager Kindesentführungsübereinkommen (HKÜ) beigetreten (Übersicht unter www.hcch.net). Im Verhältnis zu denjenigen Nicht-EU-Staaten, die sowohl dem Europäischen Sorgerechtsübereinkommen (ESÜ) als auch dem Haager Kinderschutzabkommen (KSÜ) angehören, gelten beide Übereinkommen nebeneinander, während das Haager Minderjährigenschutzabkommen (MSA) nur noch im Verhältnis zur Türkei die internationale Zuständigkeit festlegt. Das MSA „betrifft Regelungen der elterlichen Sorge, des Umgangsrechts, Anordnungen zur Herausgabe des Kindes und Maßnahmen bei Gefährdung des Kindeswohls oder des Kindesvermögens" (Völker/Claudius 2014, § 11 Rdnr. 39). Im Fall einer Entführung des Kindes ins Ausland muss die Herausgabe des Kindes nach dem HKÜ durchgesetzt werden (Völker/Claudius 2014, § 11 Rdnr. 43).

Die Antragsteller haben in Bezug auf das ESÜ und KSÜ die Wahl, auf welches Übereinkommen sie sich berufen wollen.

Die Brüssel II a-Verordnung gilt unmittelbar in allen EU-Staaten mit Ausnahme Dänemarks, derzeit also in 27 Ländern.

Bei Kindesentführungen zwischen EU-Staaten ist das HKÜ für die Rückführung das entscheidende Gesetz; für seine Anwendung macht jedoch die Brüssel II a-Verordnung einige Vorgaben zum Verfahren.

Das ESÜ wird hinsichtlich der Anerkennung und/oder Vollstreckbarerklärung ausländischer Sorge- und Umgangsrechtsentscheidungen zwischen den EU-Staaten durch die Brüssel II a-Verordnung verdrängt und hat für Deutschland daher nur noch Bedeutung im Verhältnis zu Nicht-EU-Staaten (z.B. Island, Liechtenstein, Moldau, Montenegro, Norwegen, Serbien, Schweiz, Mazedonien).

---

11 http://www.bka.de/nn_206014/DE/ThemenABisZ/Vermisstensachbearbeitung/vermisstensachbearbeitung node.html?nnn=true#doc227018bodyText4, abgerufen am 11.5.2014.

4 Die Regelung der elterlichen Sorge und das Wechselmodell

Gemeinsames Ziel von HKÜ, ESÜ und KSÜ ist, ein schnellstmögliches Verfahren einzuleiten, um entführte Kinder zur Wiederherstellung bisheriger Obhutsverhältnisse beim Sorgerechtsinhaber, Mitsorgeinhaber oder beim Berechtigten des Aufenthaltbestimmungsrechts (nicht Vermögenssorge) rückzuführen. Des Weiteren sollen diese Obhutsverhältnisse beim umgangsberechtigten Elternteil (nicht z.B. Großeltern) im Herkunftsstaat für Kinder und Jugendliche, die das 16. Lebensjahr noch nicht vollendet haben (Vomberg/Nehls 2002, 3ff.; Finger 2012, 317) sichergestellt werden. Eine Rückführungsentscheidung beinhaltet keine Entscheidung über das Sorgerecht (Carl 2001, 211). Eine Rückführungsberechtigung hat die Person, die Sorgebefugnisse innehat, als kraft Gesetzes, gerichtlicher oder behördlicher Entscheidung (Art. 3 S. 2 HKÜ).

4.10.2 Entführte Kinder

Spezifische konfliktbeladene Trennungs- und Scheidungssituationen führen mitunter dazu, dass ein Elternteil beschließt, mit dem bzw. den gemeinsamen Kindern ohne Wissen oder gegen den Willen des anderen Elternteils oder des Kindes ins Ausland zu gehen. Die überwiegende Anzahl dieser Fälle tritt beim Scheitern gemischt-nationaler Beziehungen auf (Bach/Gildenast 1999, Rdnr. 1).

Finger (2012, 317) führt an, dass die Entführer mittlerweile „durchgängig die Mütter" sind.

Der Gesetzgeber und die internationalen Rechtsordnungen nehmen an, dass jedes widerrechtliche Verbringen oder Festhalten des Kindes, eine Kindeswohlgefährdung darstellt, und zwar unabhängig von einem denkbaren Fehlverhalten des anderen Elternteils.

Die Vertragsstaaten, die dem HKÜ beigetreten sind, verpflichten sich gemäß der Präambel des Haager Übereinkommens über die Aspekte internationaler Kindesentführung (HKÜ) das Kindeswohl zu achten, wobei das Kindeswohl im HKÜ-Verfahren einen anderen Stellenwert hat als im üblichen nationalen Familiengerichtsverfahren. Die Berücksichtigung des im Familienrecht ansonsten üblichen Kindeswohlbegriffs (Sorgerechts-, Umgangsrechts- oder im Sorgerechtsentziehungsverfahren) ist im HKÜ-Verfahren nur in Ausnahmefällen vorgesehen.

Das Verbringen eines Kindes gilt nach Art. 3 HKÜ allerdings nur dann als widerrechtlich, wenn dadurch das Sorgerecht des anderen Elternteils nach dem Recht des Staates verletzt wird, in dem das Kind zuletzt seinen

I Das Kind vor dem Familiengericht bei Trennung und Scheidung

gewöhnlichen Aufenthalt hatte, und dieses Recht zum Zeitpunkt des Verbringens oder Zurückhaltens allein oder gemeinsam tatsächlich ausgeübt wurde oder ausgeübt worden wäre, wenn die Entführung nicht stattgefunden hätte.

Grundsätzlich berechtigt das Innehaben der Personensorge und das Recht auf persönlichen Umgang im Fall einer Entführung Maßnahmen nach dem HKÜ in die Wege zu leiten (Art. 1 b, 5 a, 5 b HKÜ), es sei denn, dass der Inhaber der Personensorge nicht die elterliche Sorge ausgeübt oder der andere Elternteil eine auf Dauer abgestellte Zustimmung oder Genehmigung dem anderen Elternteil erteilt hat, das Kind ins Ausland bringen zu dürfen (Art. 13 HKÜ). Im Übrigen kann bei einem bereits geregelten oder im Fall einer erstmaligen Festsetzung des Umgangs nach der Verbringung des Kindes in das Ausland ein Antrag nach Art. 21 HKÜ an die Zentrale Behörde (in Deutschland das Bundesamt der Justiz in Bonn) gestellt werden, um sicherzustellen, dass der Umgang wirksam durchgeführt werden kann.

Der Antrag auf Rückkehr des widerrechtlich verbrachten Kindes muss innerhalb der Jahresfrist beim zuständigen Gericht gestellt werden (Völker/Claudius 2014, § 11 Rdnr. 106).

Zentraler Leitgedanke des HKÜ ist bei gemeinsamer Sorge der Eltern die sofortige Rückführung des Kindes an seinen bisherigen Aufenthaltsort (Nehls 2014, 62). Der Ort des gewöhnlichen Aufenthalts des Kindes, ist derjenige, in dem der Schwerpunkt der sozialen und familiären Bindungen des Kindes liegt (§ 8 a I Brüssel II a-VO, Art. 1 MSA; OLG Stuttgart, FamRZ 1997, 51, 52).

Im Rahmen einer hälftigen Wechselregelung gilt, das der Aufenthaltsort von Bedeutung ist, wo sich das Kind zu dem Zeitpunkt befand, als die Entführung (Ortswechsel) des Kindes begann (Vogel 2012, 404).

Durch den nur durch Antrag (Art. 12 HKÜ) begründeten Akt der Rückführung ist somit zunächst das Kindeswohl wiederhergestellt (Schweppe, 2001, S. 203). Weitere Entscheidungen, beispielsweise die Klärung der Frage, wo das Kind künftig besser aufgehoben ist, bleibt der Entscheidung durch die Gerichte des Herkunftslandes vorbehalten (OLG Hamm, FamRZ 2002, 44, 45).

Der in der Brüssel II-a Verordnung erweiterte Anwendungsbereich auf alle Kinder und die Entscheidungen über die elterliche Verantwortung ist unabhängig von einer Trennung oder Scheidung der Eltern. Vielmehr erstreckt sich der Anwendungsbereich auch auf verheiratete und sogar bis zum Entführungszeitpunkt noch zusammenlebende Eltern.

4 Die Regelung der elterlichen Sorge und das Wechselmodell

Darüber hinaus stellt die Brüssel II-a Verordnung sicher, dass das Kind in einem Rückführungsverfahren angehört wird, um seinen Willen und seine Wünsche zu erfassen und in das Verfahren einzubringen, sofern dies nicht angesichts seines Alters oder des Entwicklungsstandes unangebracht ist.

Ziel nach dem HKÜ ist die sofortige Rückgabe widerrechtlich in einen Vertragsstaat verbrachter oder dort zurückgehaltener Kinder, die noch nicht 16 Jahre alt sind (Art. 4 S. 2 HKÜ).

Mit anderen Worten: Einer durch die Verbringung in das Ausland oder nach Deutschland bzw. durch das Festhalten eines Kindes im Ausland oder in Deutschland eingetretenen (de lege lata zwangsläufigen) Kindeswohlgefährdung ist so schnell wie möglich im Rahmen einer Rückführung in das betreffende Land Einhalt zu gebieten.

Bei diesem Sachverhalt ist evident, dass der im HKÜ-Verfahren maßgebliche Kindeswohl- bzw. Kindeswohlgefährdungsbegriff nicht identisch ist mit den gleich lautenden Begriffen in der deutschen Familiengerichtsbarkeit bei Sorgerechts- und Umgangsstreitigkeiten.

Das HKÜ basiert auf der Prämisse, dass die sofortige Rückführung grundsätzlich im Interesse der Kinder ist, da sie das vor dem Verbringen bestehende Betreuungsverhältnis wiederherstellt und eine Entscheidung über das Sorgerecht im Herkunftsstaat, d. h. im bisherigen Aufenthaltsstaat des Kindes ermöglicht. Dem Rückführungsmechanismus liegt daher eine Generalisierung der Kindesinteressen zugrunde, sodass die Nicht-Rückführung eine eher seltene Ausnahme darstellt.

Im Zuge der Anhörung des Kindes wird geprüft, ob die Rückführung „mit der schwerwiegenden Gefahr eines körperlichen oder psychischen Schadens für das Kind verbunden" wäre (Art. 13 b) HKÜ) oder ob ein Kind sich der Rückführung widersetzt und „ein Alter und eine Reife erreicht hat, angesichts deren es angebracht erscheint, seine Meinung zu berücksichtigen" (Art. 13 b HKÜ)[12]. Das Kind muss triftige Gründe berichten, die aus freien Stücken und unbeeinflusst vom entführenden Elternteil eine Rückkehr in das Obhuts- bzw. Herkunftsland ablehnen (Vogel 2012, 406). Eine Rückführung

---

12 Artikel 13 HKÜ
   Ungeachtet des Artikels 12 ist das Gericht oder die Verwaltungsbehörde des ersuchten Staates nicht verpflichtet, die Rückgabe des Kindes anzuordnen, wenn die Person, Behörde oder sonstige Stelle, die sich der Rückgabe des Kindes widersetzt, nachweist,

I Das Kind vor dem Familiengericht bei Trennung und Scheidung

in das Herkunftsland kann auch dann verhindert werden, wenn ein Verstoß gegen die Menschenrechte und Grundfreiheiten nach Art. 20 HKÜ zu befürchten ist.

Das jeweilige Familiengericht, das für HKÜ-Verfahren zuständig ist, hat im Fall einer Kindesentführung nach dem Amtsermittlungsprinzip vorzugehen. Es hat die soziale Integration im Entführungsland, den Widerstand eines urteilsfähigen, verständigen und einsichtsfähigen Kindes und den Schutz der Menschenrechte von Amts wegen und die Versagungsgründe nach Art. 13 HKÜ, d. h. die Nichtausübung des Sorgerechts des Sorgerechtsinhabers im Herkunftsland, die Zustimmung oder Genehmigung zur Verbringung oder eine schwerwiegende Gefahr eines körperlichen oder psychischen Schadens für das Kind, zu beachten. Die Beteiligung der Kinder am Rückführungsverfahren entspricht dem Anspruch auf rechtliches Gehör gem. Art. 103 Abs. 1 GG i.V. mit Art. 6 Abs. 1 EMRK und Art. 12 Abs. 2 der UN-Kinderrechtskonvention. Nach der Brüssel II-a Verordnung ist die Anhörung des Kindes sichergestellt, da nun grundsätzlich eine Anhörung des Kindes im Rückführungsverfahren zu erfolgen hat.

Gegen im ersten Rechtszug ergangene Entscheidungen, die zur Rückgabe des Kindes verpflichten, kann vom

- Antragsgegner
- vom Kind ab 14 Jahren
- dem beteiligten Jugendamt und dem
- Verfahrensbeistand

---

a) dass die Person, Behörde oder sonstige Stelle, der die Sorge für die Person des Kindes zustand, das Sorgerecht zur Zeit des Verbringens oder Zurückhaltens tatsächlich nicht ausgeübt, dem Verbringen oder Zurückhalten zugestimmt oder dieses nachträglich genehmigt hat oder

b) dass die Rückgabe mit der schwerwiegenden Gefahr eines körperlichen oder seelischen Schadens für das Kind verbunden ist oder das Kind auf andere Weise in eine unzumutbare Lage bringt.

Das Gericht oder die Verwaltungsbehörde kann es ferner ablehnen, die Rückgabe des Kindes anzuordnen, wenn festgestellt wird, dass sich das Kind der Rückgabe widersetzt und dass es ein Alter und eine Reife erreicht hat, angesichts deren es angebracht erscheint, seine Meinung zu berücksichtigen. Bei Würdigung der in diesem Artikel genannten Umstände hat das Gericht oder die Verwaltungsbehörde die Auskünfte über die soziale Lage des Kindes zu berücksichtigen, die von der zentralen Behörde oder einer anderen zuständigen Behörde des Staates des gewöhnlichen Aufenthalts des Kindes erteilt worden sind.

sofortige und begründete Beschwerde binnen zwei Wochen nach §§ 58ff. FamFG beim Oberlandesgericht eingelegt werden (§ 40 Abs. 2 S. 1 u. § 40 Abs. 2 S. 3 Gesetz zur Aus- und Durchführung bestimmter Rechtsinstrumente auf dem Gebiet des internationalen Familienrechts – IntFamRVG).

Ein Verfahrensbeistand kann nicht nach § 158 FamFG eingesetzt werden. Das HKÜ selbst sieht auch keine Bestellung eines Verfahrensbeistands vor, sodass im deutschen Recht nur nach Art. 2 Abs. 1 und Art 6 Abs. 2 GG ein Verfahrensbeistand bestellt werden kann, um das Kindeswohl verfahrensrechtlich abzusichern (Vogel 2012, 407).

Die Entscheidung, die zur Rückgabe eines Kindes in einen anderen Vertragsstaat verpflichtet, wird erst mit Eintritt der Rechtskraft wirksam, das Gericht kann jedoch die sofortige Vollziehung anordnen.

Die Entwicklung des HKÜ ist durch bedeutsame Veränderungen der typischen Fallkonstellationen einer Kindesentführung gekennzeichnet: Als die Ausarbeitung des Übereinkommens vor mehr als 15 Jahren erfolgte, brachte in den meisten Fällen der Vater das Kind nach Ausübung des Umgangsrechts nicht zurück. Heute ist die Entführerin in der gegenwärtig typischen Fallkonstellation die das Sorgerecht ausübende Mutter, die mit den Kindern in ihren Heimatstaat zurückkehren will (nach den Feststellungen der Haager Konferenz für Internationales Privatrecht in etwa 70% der Fälle; Carl 2001, S. 211; so auch Finger 2012, 317).

4.10.3 Psychologische Problematik und ihre Beurteilung

Der in Deutschland in Jahrzehnten entwickelte Kindeswohlbegriff im üblichen Familiengerichtsverfahren legitimiert den Staat und seine Organe im Rahmen der Ausübung des nach dem Grundgesetz festgelegten staatlichen "Wächteramtes" (Art. 6 GG) beispielsweise in die von Trennung und Scheidung betroffene Familie bei Antragstellung eines oder beider Elternteile zur Regelung der elterlichen Sorge (§ 1671 Abs. 2 BGB), bei Anregung einer Umgangsregelung (§§ 1684, 1685 BGB) oder von Amts wegen bei einer Kindeswohlgefährdung (§ 1666, 1666a BGB) einzugreifen.

Zwei fundamental unterschiedliche Kindeswohlbegriffe bestimmen somit im üblichen familiengerichtlichen Verfahren einerseits und im HKÜ-Verfahren andererseits, im letzteren Fall neben dem Tatbestand der Entführung, auch den Ablauf des Gerichtsverfahrens.

Nach Art. 13 b HKÜ kann eine Rückgabe des Kindes nur dann abgelehnt werden, wenn sie mit einer schwerwiegenden Gefahr eines körperlichen oder psychischen Schadens für das Kind verbunden ist oder das Kind auf andere Weise durch die Rückführung in eine unzumutbare Lage gebracht werden würde. In seltenen Fällen wird ein Sachverständiger eingesetzt werden, vermutlich öfter ein Verfahrensbeistand, der der Frage nachzugehen hat, ob die vom entführenden Elternteil vorgetragenen Gefahren und Schädigungen des Kindes durch eine Rückführung (erneut) ausgelöst würden (Klosinski, 2001, S. 206 ff.).

Selbst die Trennung eines Kleinkindes vom entführenden Elternteil (z. B. die Mutter) im Rahmen einer Rückführung wird aus generalpräventiven Gesichtspunkten nach dem HKÜ als kleineres Übel angesehen als der Verbleib des Kindes bei diesem Elternteil. Dies ist unter beziehungs- und bindungstheoretischen Gesichtspunkten eine mit dem Wohlergehen des Kindes u. U. nicht im Einklang stehende Handhabung. Das HKÜ nimmt aber eine Zerstörung der Betreuungskontinuität auch bei Säuglingen und Kleinkindern in Kauf und verlangt insoweit ein Opfer vom Kleinstkind (Vomberg/ Nehls, 2002, S. 69).

Nach Art. 13 Abs. 2 HKÜ kann von einer Rückgabeanordnung abgesehen werden, wenn

– sich das ältere Kind widersetzt
– das Kind ein Alter sowie eine Reife (z.B. Urteilsfähigkeit) erreicht hat, die es zu beachten gilt
– sich das erkennbar nicht maßgeblich beeinflusste Kind aus freien Stücken mit Nachdruck gegen die Rückkehr in den Staat des gewöhnlichen Aufenthaltes sträubt (Vomberg/Nehls, 2002, S. 61).

Da das HKÜ davon ausgeht, dass die Rückgabe des Kindes einen das Kindeswohl gefährdenden Zustand am ehesten abstellt, wird eine restriktive und enge Auslegung des Ausnahmetatbestandes des Art. 13 HKÜ praktiziert (Vomberg/Nehls, 2002, S. 40). Ansonsten würde auch Art. 13 HKÜ als Ausnahmevorschrift der Zielsetzung des HKÜ zuwiderlaufen, Eltern(teile) von einem widerrechtlichen Verbringen abzuhalten und die Realisierung des elterlichen Sorgerechts am früheren gewöhnlichen Aufenthaltsort des Kindes sicherzustellen (Vomberg/ Nehls, 2002, S. 40).

Mit dieser Handhabung ist klargestellt, dass ungewöhnlich schwerwiegende Kindeswohlgefährdungen im Rahmen einer anstehenden Rückführung festgestellt werden müssen, die einer Rückführung entgegenstehen und die nur dann zu einer Anwendung der Ausnahmevorschrift des Art. 13 HKÜ führen.

4 Die Regelung der elterlichen Sorge und das Wechselmodell

Eine derartige (neue) Kindeswohlgefährdung eines sehr jungen Kindes, beispielsweise eines entführten Säuglings oder Kleinkindes könnte durch die Rückführung erfolgende Trennung von der Mutter eintreten.

Unter einer Gefährdung des Kindeswohls im Sinne des HKÜ-Verfahrens ist von der begründeten Besorgnis auszugehen, dass bei einem Nichteingreifen des Gerichts das Wohlergehen des Kindes durch die Entführung oder das Festhalten beeinträchtigt wird. Damit ist nicht nur das Kindeswohl, sondern ebenso die Kindeswohlgefährdung Orientierungs- und Entscheidungsmaßstab nationalen und internationalen familiengerichtlichen und kindschaftsrechtlichen Handelns. Zudem beinhaltet der Kindeswohlgefährdungsbegriff einen Schlüsselbegriff im Spannungsfeld von Elternrecht und staatlichem Wächteramt (Vomberg /Nehls, 2002).

4.10.4 Zusammenfassung

Beim HKÜ handelt es sich um ein Rückführungsgesetz entführter oder festgehaltener Kinder. Art. 13 HKÜ stellt eine Art Notbremse gegen eine Rückführung u.a. für diejenigen Kinder dar, deren Wohlergehen durch einen Elternteil am Ort ihres gewöhnlichen Aufenthaltes (Herkunftsland) gefährdet wurde (z. B. durch Morddrohungen). Nur in diesen Fällen, in denen eine schwerwiegende Gefahr und/oder unzumutbare Lage für das Kind durch die Rückführung entstehen könnten, ist nach Art. 13 b HKÜ das Gericht des Zufluchtorts (Entführungsort) nicht verpflichtet, die Rückgabe des Kindes anzuordnen.

Das HKÜ beinhaltet demnach keine gesetzliche Regelung, um kindeswohldienliche Sorgerechtsentscheidungen zu treffen. Vielmehr ist die schnelle Rückkehr (prompt return) des Kindes an den Ort seines gewohnten Lebens ausschlaggebend, um eine durch die Entführung bereits eingetretene *primäre* Kindeswohlgefährdung abzustellen.

Eine weitere denkbare Kindeswohlgefährdung entsteht u.U. im Gerichtsverfahren vor Ort, wenn Gerichts- und Vollstreckungsmaßnahmen in dem Land erfolgen, in das das Kind entführt bzw. in dem es zurückbehalten wurde, und zwar durch Eltern oder Personen sowie Institutionen, die am familiengerichtlichen Verfahren beteiligt sind und Rechte sowie den Subjektstatus des Kindes missachten.

Aus familien- und kindschaftsrechtspsychologischer Sicht bleibt festzuhalten, dass unter Beachtung der Umstände des Einzelfalles es dem entführenden Elternteil zuzumuten ist, mit dem Kind in den Herkunftsstaat zurückzukehren. Im Übrigen wird im Fall einer Rückführung nur verlangt, dass selbst die den Säugling stillende Mutter mit dem Kind in das Herkunftsland zurückkommt (z. B. nach Deutschland) und nicht etwa in das Bundesland, die Stadt oder die Wohnung des anderen Elternteils.

Eine Ausnahme kann nur dann gelten, wenn hierdurch neue schwerwiegende Gefahren für das Kind eintreten.

4.10.5 Adoptionen

Insgesamt ist die Zahl der Adoptionen in Deutschland im Jahr 2012 auf 3.886 Adoptionen zurückgegangen – nach leichten Zuwächsen in den Jahren 2011 und 2010.

Nach den Angaben des Statistischen Bundesamtes des Jahres 2014 (Statistischen Bundesamtes, Wiesbaden, Destatis 2014, Kinder und Jugendhilfe in Deutschland, Adoptionen. Zeitreihe) waren das im Jahr 2012 somit 4,3% weniger als im Vorjahr. Für eine Adoption vorgemerkt waren am Jahresende 2012 insgesamt 959 Kinder und Jugendliche. Das waren knapp 12% mehr als ein Jahr zuvor. Die Zahl der Adoptionsbewerbungen hat sich gegenüber 2011 erneut vermindert. In den Adoptionsvermittlungsstellen lagen 5 671 Adoptionsbewerbungen (– 5%) vor. Rechnerisch standen damit einem zur Adoption vorgemerkten Kind oder Jugendlichen sechs mögliche Adoptiveltern gegenüber.

Die Zahl der adoptierten ausländischen Kinder oder Jugendlichen (bis unter 18 Jahre alt) sank in 2012 erneut auf jetzt insgesamt 801.

Eine "Adoption mit Auslandsberührung" liegt vor, wenn entweder die Annehmenden oder das Kind eine ausländische Staatsangehörigkeit haben:

- Entweder lebt das Kind noch im Ausland und wird im Hinblick auf oder nach einer erfolgten Adoption im Ausland nach Deutschland gebracht ("internationale Adoption"). Hier ist immer ein zwischenstaatliches Vermittlungsverfahren erforderlich, bevor die Adoption durchgeführt werden kann.
- Es kann sich ebenso um eine Inlandsadoption handeln, die deshalb eine Auslandsberührung hat, weil entweder das Kind oder die Annehmenden eine ausländische Staatsangehörigkeit innehaben. Wenn das Kind schon länger als zwei Jahre in Deutschland lebt, wird im Regelfall die gerichtliche Adoption bei dem zuständigen deutschen Familiengericht beantragt.

Für beide Fallgruppen gilt, dass neben den Vorschriften des deutschen Rechts regelmäßig auch die Bestimmungen anderer Staaten sowie die internationalen Vorgaben beachtet werden müssen. Das ausländische Adoptionsrecht weicht hinsichtlich der Voraussetzungen und Wirkungen häufig vom deutschen Recht ab.

Hier gilt das internationale Übereinkommen zur Regelung von internationalen Adoptionen, das "Haager Übereinkommen über den Schutz von Kindern und die Zusammenarbeit auf dem Gebiet der internationalen Adoption" vom 29.5.1993. Die Bundesrepublik Deutschland ist seit 1.3.2002 dem Übereinkommen beigetreten und somit Vertragsstaat. Ziele des Haager Adoptionsübereinkommens sind:

— Sicherstellung des Kindeswohls und die Wahrung der Grundrechte bei internationalen Adoptionen
— Verhinderung von Kinderhandel
— Beachtung fachlicher Standards bei internationalen Adoptionen
— Zusammenarbeit der Vertragsstaaten ausschließlich über zentrale Behörden
— Sicherung der gegenseitigen Anerkennung von Adoptionsentscheidungen in allen Vertragsstaaten.
— Jeder Vertragsstaat ist gehalten, darauf hinzuwirken, dass ein Kind in seiner Herkunftsfamilie bleiben kann. Erst dann kommt die internationale Adoption in Betracht.

Adoptionen aus anderen Vertragsstaaten werden gemäß dem Übereinkommen nach einem standardisierten Verfahren unter Beteiligung zentraler Behörden in Deutschland und im Herkunftsland des Kindes durchgeführt.

Das zwischenstaatliche Adoptionsvermittlungsverfahren ist immer dann erforderlich, wenn ein Kind mit gewöhnlichem Aufenthalt im Ausland nach der Adoption in Deutschland leben soll. Dabei ist die Staatsangehörigkeit der Beteiligten ebenso unerheblich wie die Tatsache, dass es sich etwa um eine Stiefeltern- oder Verwandtenadoption handelt. Entscheidend ist einzig der Aufenthaltswechsel des Kindes. Das internationale Adoptionsvermittlungsverfahren hat sich nach den Vorschriften des Adoptionsvermittlungsgesetzes (AdVermiG) zu richten. Für Adoptionen aus Vertragsstaaten des Haager Adoptionsübereinkommens finden zusätzlich die Bestimmungen des Haager Adoptionsübereinkommens und des deutschen Adoptionsübereinkommens-Ausführungsgesetzes (AdÜbAG) Anwendung.

Zusammengefasst unterteilt sich das Verfahren in folgende Schritte
- Bewerbung
- Eignungsfeststellung
- Kindervorschlag
- Gerichtliches Adoptionsverfahren.

Die Bewerbung für die Vermittlung eines Kindes aus einem bestimmten Land ist lediglich bei einer zur internationalen Adoptionsvermittlung befugten Stelle in Deutschland möglich. Bundesweit wurde deshalb eine Anzahl von Auslandsvermittlungsstellen in freier, gemeinnütziger Trägerschaft eingerichtet, die sich jeweils auf bestimmte Länder spezialisiert haben.

Internationale Adoptionsvermittlungsstellen sind nach § 2a AdVermiG auch:

- die zentralen Adoptionsstellen der Landesjugendämter
- die Adoptionsvermittlungsstellen der Jugendämter, sofern dies die zentrale Adoptionsstelle generell oder im Einzelfall gestattet hat
- ausländische Organisationen, soweit ihnen die Tätigkeit durch die Bundeszentralstelle für Auslandsadoption gestattet ist.

Seit 19.5.2005 ist die internationale Vermittlung durch das Landesjugendamt gebührenpflichtig.

Zusätzlich sind Auslagen für die Beschaffung von Urkunden, Übersetzungen oder die Vergütung von Sachverständigen (z. B. Einholung eines psychologischen Gutachtens) von den Bewerbern zu erstatten (§§ 5, 6 Verordnung über die Anerkennung von Adoptionsvermittlungsstellen in freier Trägerschaft sowie die im Adoptionsvermittlungsverfahren zu erstattenden Kosten – AdVermiStAnKoV).

Die Adoptionsvermittlungsstelle im örtlichen Jugendamt stellt die primäre Anlaufstelle für Adoptionsbewerber dar. Sie berät und informiert die Adoptionsbewerber über alle Fragen der Adoption. Die örtliche Adoptionsvermittlungsstelle des Jugendamts prüft ebenso die allgemeine Adoptionseignung der Bewerber. Hierauf haben die Adoptionsbewerber einen Rechtsanspruch (§ 7 Abs. 3 AdVermiG). Die Bewerber sind über das Ergebnis der Prüfung zu unterrichten.

Sobald sich die örtliche Adoptionsvermittlungsstelle von der Eignung der Bewerber ein Bild gemacht hat, erstellt sie einen Sozialbericht über die Adoptionseignung ("home-study"). Dieser Bericht wird den Adoptionsbewerbern nicht zur Kenntnis überlassen, sondern nur an die zuständige Stelle im

Inland oder an die zuständige Fachdienststelle im Heimatstaat des Kindes weitergeleitet werden (§ 7 Abs. 3 S. 6 AdVermiG).

Nach Übersendung der Bewerbung ins Ausland muss vom Heimatstaat ein Bericht über ein für die Adoption in Betracht kommendes Kind abgewartet werden.

Die Auslandsvermittlungsstelle prüft den Kindervorschlag mit dem Jugendamt. Sie legt ihn auch der zentralen Adoptionsstelle zur Prüfung vor (§ 11 Abs. 2 S. 2 AdVermiG). Wenn die Auslandsvermittlungsstelle und das örtliche Jugendamt dem Kindervorschlag zustimmen, unterrichtet die Auslandsvermittlungsstelle die Bewerber darüber. Die Bewerber entscheiden jetzt, ob sie den Kindervorschlag annehmen oder nicht.

Nach der Annahme des Kindervorschlags wird das gerichtliche Adoptionsverfahren durchgeführt. Dies geschieht so gut wie immer im Herkunftsland des Kindes.

Wird die Adoption nicht im Heimatstaat durchgeführt, sondern im Land der Bewerber, sind die Adoptionsbewerber verpflichtet, für die Dauer von bis zu sechs Jahren für den Lebensunterhalt des Kindes aufzukommen, solange dieses noch nicht adoptiert wurde.

Die Adoptionsvermittlungsakten sind 60 Jahre ab dem Geburtsdatum des Kindes aufzubewahren (§ 9b Abs. 1 AdVermiG). Nach § 9b Abs. 2 AdVermiG ist dem gesetzlichen Vertreter von Adoptierten bzw. diesen selbst ab Vollendung des 16. Lebensjahrs Akteneinsicht unter Begleitung einer Fachkraft zu gewähren, soweit nicht überwiegende Belange eines Betroffenen entgegenstehen.

Wurde eine Adoption in einem Vertragsstaat des Haager Adoptionsübereinkommens ausgesprochen, wird diese in allen anderen Vertragsstaaten kraft Gesetzes anerkannt, wenn die zuständige Behörde des Staates, in dem sie durchgeführt worden ist, bescheinigt, dass sie gemäß dem Übereinkommen zustande gekommen ist. Beantragt werden kann nach dem Adoptionswirkungsgesetz (§§ 2 Abs. 1, 3 Abs. 1 AdWirkG) die Anerkennung einer ausländischen Adoption. Die Anträge nach dem AdWirkG können gestellt werden, wenn das Kind oder der Jugendliche in einem Vertragsstaat oder einem Nichtvertragsstaat adoptiert wurde, gleichgültig wann die Adoption erfolgt ist.

I Das Kind vor dem Familiengericht bei Trennung und Scheidung

5 Kind und Institutionen

Im Laufe des Familiengerichtsverfahrens kommt das Kind normalerweise mit mehreren Sachbearbeitern in unterschiedlichen Institutionen oder Einzelpersonen in persönlichen Kontakt. Hierbei handelt es sich in erster Linie um Mitarbeiter der Jugendämter, den Familienrichter, gegebenenfalls den Sachverständigen, Verfahrensbeistand, Umgangspfleger, Umgangsbegleiter, Berater, Mediator, Psychotherapeut, Arzt und auch die Rechtsanwälte im Verfahren.

In hochstrittigen Familienangelegenheiten, die sich oft über viele Jahre hinziehen, kann die Helferanzahl im Laufe der Jahre leicht auf mehr als einhundert Personen ansteigen, sodass durchaus die Frage gestellt werden muss, wie viele Helfer zerstrittene Familien haben sollten.

5.1 Verfahrensbeistand (Anwalt des Kindes)

5.1.1 Einführung

Am 1.7.1998 ist das Kindschaftsrechtsreformgesetz in Kraft getreten, u.a. mit dem Ziel, die Rechte der Kinder (z.B. Recht auf Anhörung bereits im alten § 50 FGG; Widerspruchsrecht bei Festlegung des Aufenthaltsortes für das Kind durch die Eltern im Trennungs- und Scheidungsfall nach § 1671 Abs. 2 Nr. 1 BGB) in Gerichtsverfahren vor dem Familiengericht zu stärken und das Kindeswohl auf optimale Art und Weise zu fördern. Hierzu gehörte seit dieser Zeit auch die Bestellung eines Verfahrenspflegers (nach altem Recht in § 50 FGG) in besonders konfliktträchtigen und das Wohlergehen des Kindes gefährdenden Familienkonstellationen (Balloff 2013c, 982).

Das Rechtsinstitut der Verfahrenspflegschaft ist mit Inkrafttreten des FamFG am 1. September 2009 umbenannt worden und heißt seitdem Verfahrensbeistand (§ 158 FamFG). Gleichzeitig hat die Verfahrensbeistandschaft durch die Neufassung des § 158 FamFG wichtige Ergänzungen und Fundierungen erfahren, aber auch erhebliche Einschränkungen, beispielsweise durch die Festlegung, die Honorierung des berufsmäßigen Verfahrensbeistandes nur noch nach Pauschalsätzen abzugelten.

Auch im § 50 FGG a.F. gab es unterschiedliche Aufgabenschwerpunkte, die der Verfahrensbeistand wahrzunehmen hatte. Im neuen § 158 FamFG sind die Aufgaben ausdifferenziert und erweitert worden:

In § 158 FamFG sind

- die Voraussetzungen der Bestellung eines Verfahrensbeistandes (Abs. 1, 2),
- der Zeitpunkt der Bestellung (Abs. 3),
- das Absehen von der Bestellung sowie deren Aufhebung (Abs. 3),
- die Tätigkeiten des Verfahrensbeistandes (Abs. 4) sowie die
- Vergütung (Abs. 7) geregelt worden.

In der UN-Kinderrechtskonvention (UNKRK) von 1989 ist beispielsweise schon vor 25 Jahren in Art. 12 geregelt, dass die Vertragsstaaten jedem Kind, das fähig ist, sich eine eigene Meinung zu bilden, das Recht zubilligen, diese Meinung in allen das Kind berührenden Angelegenheiten frei zu äußern und zu berücksichtigen.

Kindesanhörung und Interessenvertretung des Kindes durch einen Verfahrensbeistand sind nach Auffassung des UN-Ausschusses für die Rechte des Kindes (§ 43 UNKRK) sinnvolle und geeignete Instrumente der Vertragsstaaten, um die in Art. 12 UNKRK gesetzlich geregelten Vorgaben zu erfüllen.

Dem Kind einen Interessenvertreter als Verfahrensbeistand, auch „Anwalt des Kindes" genannt, zu bestellen, ist nunmehr in

- § 158 Abs. 1, 2 FamFG (Verfahrensbeistand grundsätzlich bei allen strittigen Sorgerechts- und Umgangsregelungen);
- § 174 S. 1 FamFG (Abstammungssachen);
- § 191 S. 1 FamFG (Adoptionssachen) und in
- §§ 151 Nr. 6, 167 Abs. 1 S. 2, 317 Abs. 1 S. 1 FamFG (Unterbringungssachen) geregelt.

Nach § 158 Abs. 2 FamFG ist dem Kind oder Jugendlichen ein Verfahrensbeistand vom Familiengericht zu bestellen, wenn

- das Interesse des Kindes zu dem seiner gesetzlichen Vertreter in erheblichem Gegensatz steht
- wenn das Wohl des Kindes gefährdet ist und eine Entziehung der Personensorge in Frage kommt
- wenn das Kind von einer Person getrennt wird (werden soll), in deren Obhut es lebt
- wenn es um Ausschluss oder Beschränkung des Umgangsrechts geht.

Die Bestellung eines Verfahrensbeistands für das Kind nach § 158 FamFG beinhaltet alle Verfahren, die sich auf die Lebensführung und Lebensstellung des Kindes oder Jugendlichen beziehen, soweit sie nicht nur das Vermögen betreffen (Vogel 2010, 44).

Voraussetzung für die Bestellung eines Verfahrensbeistandes ist ein anhängiges gerichtliches Verfahren, sodass nach wie vor kein Interessenvertreter des Kindes vor einem Gerichtsverfahren (z.B. im Jugendamt) oder nach Rechtskraft des Verfahrens zur Verfügung steht.

In § 158 Abs. 2 FamFG werden nicht abschließend alle Fallkonstellationen angeführt, da im Gesetzestext nur „in der Regel" angesprochen wird, sodass beispielsweise ein Verfahrensbeistand auch in Fällen häuslicher Gewalt, der Aufhebung der elterlichen Sorge nach § 1696 Abs. 1 BGB, in Fällen der Anordnung eines Umgangs gegen den Willen und Widerstand des Kindes oder Jugendlichen (Vogel 2010, 44) oder im Entführungsfall bestellt werden muss.

Der Verfahrensbeistand ist nach § 158 Abs. 3 S. 2 FamFG antrags- und beschwerdeberechtigter Beteiligter des Gerichtsverfahrens und hat damit volles Akteneinsichtsrecht. Zudem sind dem Verfahrensbeistand alle bei Gericht eingehenden Schriftsätze zuzustellen. Er hat an allen Gerichtshandlungen (Anhörungen, Beweisaufnahme) teilzunehmen. Da der Verfahrensbeistand eine eigene verfahrensrechtliche Stellung als Beteiligter innehat (§ 158 Abs. 3 Satz 2 FamFG), kann er nicht (anders als z.B. die Richterin oder der Sachverständige) wegen Besorgnis der Befangenheit abgelehnt werden.

Festgelegt hat der Gesetzgeber ferner, dass der Verfahrensbeistand die subjektiven und objektiven Interessen des Kindes oder Jugendlichen in das Verfahren einzubringen (§ 158 Abs. 4 S. 1 FamFG), also den Kindeswillen unter dem Gesichtspunkt des Kindeswohls zu beachten hat. Der Verfahrensbeistand hat somit den Willen des Kindes herauszuarbeiten und dem FamG mitzuteilen, zudem kann er mit Blick auf den Willen des Kindes auch Kindeswohlgesichtspunkte erörtern. Hierbei handelt es sich um eine besonders schwierige Aufgabe, da diese „doppelte" Interessenwahrnehmung des Kindes die Gefahr eines „Parteiverrats" beinhalten kann. Der Verfahrensbeistand wird somit mit dem älteren und verständigen Kind sein Vorgehen besprechen, vordringlich in Kinderschutzverfahren.

Die Bestellung des Verfahrensbeistand endet mit der Rechtskraft der das Verfahren abschließenden Entscheidung oder mit einem sonstigen Abschluss des Verfahrens (z.B. Tod des Antragstellers, Einigung der Beteiligten, Rücknahme des Antrages nach § 158 Abs. 6 Nr. 1 u. Nr. 2 FamFG). Formal bleibt der Verfahrensbeistand auch für das Rechtsmittelverfahren zuständig.

5.1.2 Bestellpraxis

Daten zur Bestellung eines Verfahrensbeistand nach § 158 FamFG veröffentlicht das Statistische Bundesamt jährlich (zuletzt: Statistisches Bundesamt, Wiesbaden 2013, Rechtspflege, Familiengerichte, Fachserie 10 Reihe 2.2). Diese Daten zeigen auf, in wie vielen der jeweils in einem Jahr abgeschlossenen familiengerichtlichen Verfahren ein Verfahrensbeistand eingesetzt wurde.

Tabelle 6: Anzahl der abgeschlossenen Familiengerichtsverfahren mit Verfahrensbeistand

	Deutschland	Früheres Bundesgebiet	Neue Länder
1999	2.544	1.977	567
2009	14.409	11.575	2.834
2011	59.179	48.633	10.329
2012*	66.314		

Umgerechnet aus Prozentangaben in absolute Zahlen: In Deutschland wurden 2012 in 232.681 Verfahren in Kindschafts-, Abstammungs- oder Adoptionssachen ca. 66.314 Verfahrensbeistände in Ost und West bestellt = 28,5% (66.314 Verfahren), aber in 71,5% aller Fälle wurde kein Verfahrensbeistand bestellt (166.366 Verfahren). (Statistisches Bundesamt, Wiesbaden 2013, Fachserie 10, Reihe 2.2, S. 34. Quelle: Statistisches Bundesamt 2000; 2010; 2012; 2013 Fachserie 10 Reihe 2.2).

5.1.3 Qualifikation des Verfahrensbeistands

Im Wortlaut des § 158 Abs. 1 FamFG wird nun erstmalig die Geeignetheit des Verfahrensbeistand angeführt. Damit wird verdeutlicht, dass die Interessenvertretung eines Kindes oder Jugendlichen hohe Anforderungen an die fachliche und persönliche Befähigung des Verfahrensbeistands stellt.

Der Beruf des Juristen, des Psychologen oder Sozialpädagogen beinhaltet jedoch noch keine hinreichende Qualifikation. Deshalb fordert die Bundesarbeitsgemeinschaft Verfahrensbeistandschaft/Interessenvertretung für Kinder und Jugendliche e. V. seit Jahren nicht nur eine abgeschlossene juristische, pädagogische oder psychosoziale Ausbildung, sondern ebenso eine umfassende Zusatzqualifikation sowie die persönliche Eignung für die

I Das Kind vor dem Familiengericht bei Trennung und Scheidung

Arbeit mit Kindern (vgl. hierzu Balloff/Koritz 2006, 16f.; Bode 2008; Salgo/Zenz/Fegert et al., 2014, Rdnr. 34ff.).

Vom Verfahrensbeistand sind somit

- eine einschlägige abgeschlossene Berufsausbildung (Jurist, Sozialpädagoge, Psychologe, Erzieher, Lehrer),
- grundlegende Rechtskenntnisse auf den Gebieten des Familien-, Kindschafts- und Jugendrechts und Strafrechts,
- Grundkenntnisse in der Entwicklungs-, Familienpsychologie, Familienrechts- und Kindschaftsrechtspsychologie,
- Kenntnisse der psychosozialen Lebenssituation von Kindern und Jugendlichen,
- Kenntnisse über die professionelle Kommunikation mit Kindern und
- Kenntnisse der Angebote öffentlicher und freier Träger der Kinder- und Jugendhilfe vor Ort

zu verlangen.

§ 158 Abs. 3 S. 1 FamFG legt eindeutig fest, dass der Verfahrensbeistand so früh wie möglich zu bestellen ist (Menne 2009, 69).

§ 158 Abs. 3 S. 3 FamFG sieht vor, dass (erst) in der Endentscheidung begründet werden muss, warum eine Bestellung nach diesen in Abs. 2 genannten Voraussetzungen unterblieb.

5.1.4 Bestellung eines Verfahrensbeistands

Ein Verfahrensbeistand ist in Kindschafts– (§ 151 FamFG), in Unterbringungs–, Abstammungs– und Adoptionssachen (§§ 174, 191 FamFG) zu bestellen.

In Kindschaftssachen erfolgte die Bestellung:

- wenn ein erheblicher Interessengegensatz zwischen dem Kind/Jugendlichen und dem/den gesetzlichem Vertreter(n) besteht. Ein Interessengegensatz liegt immer dann vor, wenn beispielsweise das Familiengericht den gemeinsam sorgeberechtigten Eltern nach § 1629 Abs. 2 Satz 3 BGB i.V. mit § 1796 BGB die Vertretungsmacht entziehen würde (Balloff/Koritz 2006, 14). Das gilt auch bei erheblichen Umgangsstreitigkeiten der Eltern. Hierunter würden heftig streitende und Unvereinbarkeiten aufweisende hochkonflikthafte Eltern fallen, die z.B. zu Fragen der Festlegung des Aufenthalts, der Wahrnehmung der Gesundheitsfür-

sorge, also für Teilbereiche oder auch für das gesamte Sorge- und Umgangsrecht keine Einigung finden;
- bei teilweiser oder vollständiger Entziehung der Personensorge nach §§ 1666, 1666a BGB. Diese Verfahren beinhalten regelmäßig ein erhebliches Konfliktpotenzial, die für das Kind eine Vertretung durch eine unabhängige Person erforderlich machen. Das gilt für alle Fälle von denkbaren Kindeswohlgefährdungen wie Vernachlässigung, psychische und körperliche Misshandlung, sexueller Missbrauch, Suchtabhängigkeit der Eltern, schwere psychische Erkrankung der Eltern, delinquente Kinder (zur Kinderdelinquenz siehe Schwind 2013, § 3 Rdnr. 2-18);
- bei möglichen Trennungen von (elterlichen) Bezugspersonen des Kindes, wenn das Kind nach einer Elterntrennung bei dem nicht sorgeberechtigten ehemaligen Ehemann der Mutter wohnt und nun die Mutter das Kind als allein Sorgeberechtigte zu sich nehmen will (§ 1632 S. 1 BGB).
- wenn sich zwei Frauen bzw. zwei Männer aus eingetragener Lebenspartnerschaft trennen und das Kind bei der Stiefmutter, der ehemaligen Lebenspartnerin der Mutter bzw. beim Stiefvater des ehemaligen Lebenspartners des Vaters bleibt. Will die leibliche Mutter bzw. der leibliche Vater das widerstrebende Kind zu sich nehmen, kann es auch hier zu einer Verbleibensanordnung kommen (§ 1682 S. 2 BGB);
- bei Fragen zum Aufenthalt des Kindes und der Wegnahme des Kindes aus der Pflegefamilie mit dem Ziel der Rückkehr in die Herkunftsfamilie (Verbleibensanordnung nach § 1632 Abs. 4 BGB);
- beim Ausschluss oder bei einer wesentlichen Einschränkung des Umgangsrechts (§ 1684 Abs. 4 BGB).

Nicht notwendig ist weiterhin die Bestellung eines Verfahrensbeistands, wenn die Interessen des Kindes durch einen anderen geeigneten Verfahrensbevollmächtigten angemessen vertreten werden (§ 158 Abs. 5 FamFG – z.B. die Bestellung eines Rechtsanwaltes für das Kind durch einen Elternteil).

Problematisch ist nach wie vor, dass mit der Beauftragung eines Rechtsanwalts durch die gesetzlichen Vertreter des Kindes stets die Gefahr einer Instrumentalisierung der Tätigkeit dieses Interessenvertreters des Kindes durch die Personensorgeberechtigten mit einhergeht.

Die ausdrücklich angeführte Angemessenheit der Vertretung ist somit sorgfältig zu prüfen.

I Das Kind vor dem Familiengericht bei Trennung und Scheidung

§ 158 Abs. 3 S. 4 FamFG sieht die Möglichkeit der Aufhebung des Einsatzes des Verfahrensbeistands während des laufenden Gerichtsverfahrens vor (Meysen 2014, FamFG , § 158 Rdnr. 16; a.A. Holzer/Bearbeiter: Menne 2011, FamFG, § 158 Rdnr. 122).

Diese Änderung ist zwar zur Frage der hier dargestellten Aufhebungsgründe umstritten, aber alles in allem zu begrüßen, da eine Entbindung immer dann möglich sein sollte, wenn der Verfahrensbeistand

- untätig bleibt,
- fachlich inkompetent ist (wenn er z.B. keine Kenntnisse über die Rechte des Kindes im Familiengerichtsverfahren hat)
- ihm auch Grundannahmen der Psychologie, wie Konzepte zu Fragen der Beziehungen, Bindungen oder des Willens des Kindes nicht bekannt sind
- unzureichend, also nicht kindgerecht vorgeht (z.B. es bei einer Aktenanalyse belässt, ohne mit dem Kind in Kontakt zu treten) oder
- es zwischen Verfahrensbeistand und Kind zu Unvereinbarkeiten kommt, die eine weitere Vertretung für das Kind unzumutbar machen.

Der Verfahrensbeistand ist neben dem Familiengericht und dem Jugendamt „Hüter des Kindeswohls" (vgl. § 1697a BGB), der die Interessen des Kindes im Gerichtsverfahren vertritt. Er kann allerdings nicht für und gegen das Kind rechtliche Willenserklärungen abgeben oder entgegennehmen. Er ist somit nicht rechtlicher Vertreter des Kindes, § 158 Abs. 4 S. 6 FamFG (Borth/Grandel/Musielak, FamFG 2013, § 158, Rdnr. 12f.).

5.1.5 Aufgaben des Verfahrensbeistands

Die konkrete Aufgabenbeschreibung des Verfahrensbeistand nach § 158 Abs. 4 FamFG beinhaltet die Ermittlung der Interessen des Kindes und vordringlich die Herausarbeitung des Willens des Kindes. Somit ist der Verfahrensbeistand dem Interesse des Kindes auch unter dem Gesichtspunkt des Kindeswohls verpflichtet und nicht allein dem von diesem geäußerten Willen (Meysen 2014, FamFG § 158, Rdnr. 17; Salgo/Zenz/Fegert et al. 2014, Rdnr. 195f.).

Aus juristischer, kindschaftsrechtlicher und entwicklungspsychologischer Sicht ist abzuwägen, ab wann ein Kind im Kontext elterlicher Fürsorge oder anderer betreuender Erwachsener verantwortungsvoll mit Hilfe eines Dritten – hier einem Verfahrensbeistand – seine Interessen, also seinen

Wunsch und Willen formulieren kann, beispielsweise welches Ziel erreicht werden soll.

Zum verbalisierten Willen des Kindes gehört immer ein kognitiv und emotional voran geschalteter Erkenntnis- und Willensbildungsprozess des Kindes selbst. Erst dieser macht es dem Kind möglich, mit Hilfe der Erwachsenen einen Willen zu formulieren und dann mit deren Unterstützung umzusetzen. Dabei spielen das Alter und der Entwicklungsstand des Kindes eine bedeutsame Rolle.

Bei der Klärung, ab wann von einer subjektiven, autonomen Entscheidungskompetenz des Kindes ausgegangen werden kann, spielt die Analyse und Beachtung kindlicher Willensbildungsprozesse und die daraus erwachsende Wunsch- und Willenshaltung des Kindes eine herausragende Rolle.

Der Wille des Kindes kann mit Dettenborn (2014, 65) als die altersgemäß stabile und autonome Ausrichtung des Kindes auf erstrebte, persönlich bedeutsame Zielzustände verstanden werden.

Aus entwicklungspsychologischer Sicht handelt es sich erst dann um einen erlebnisgestützten (in diesem Sinne auch freiwilligen) Willen des Kindes, wenn er durch Gründe „gebunden" ist. Unfreiwillig, z.B. durch äußeren Zwang entstanden, ist der Wille immer dann, wenn ein Kind oder Jugendlicher nicht anders hätte handeln können, obwohl es/er nach eigener Einsicht (Erfahrung) normalerweise anders gehandelt hätte (z.B. beim Vater wohnen zu wollen, dieses aber angesichts des entgegenstehenden Votums der Mutter nicht zu dürfen).

Zwar hat der Verfahrensbeistand den Kindeswillen in jedem Fall deutlich zu machen und in das Verfahren einzubringen, es steht ihm jedoch frei, darüber hinaus weitere Gesichtspunkte und auch etwaige Bedenken vorzutragen. Damit ist klargestellt, dass der Verfahrensbeistand Kindeswille und Kindeswohl zu beachten hat, indem er in einem umfassenden Sinne im wohlverstandenen Interesse des Kindes tätig wird (Salgo/Zenz/Fegert et al. 2014, Rdnr. 231ff.).

Hier können bei älteren Kindern Konflikte auftreten, wenn also Kinder im Fall einer das Wohl des Kindes gefährdenden Willensäußerung ein bestimmtes Ziel erreichen und den Verfahrensbeistand veranlassen wollen, z.B. die Rückkehr in das nach wie vor gefährdende Elternhaus durchzusetzen.

Als Beteiligter (§ 158 Abs. 3 S. 2 FamFG) hat der Verfahrensbeistand das Recht, Rechtsmittel im Interesse des Kindes einzulegen (§ 158 Abs. 4 S. 5 FamFG), um mit der Beschwerde gegen die erstinstanzliche Entscheidung in die nächste Instanz zu gehen (im Familiengerichtsverfahren ist die 2. Instanz das OLG). Ebenso beinhaltet die Beteiligteneigenschaft das Akteneinsichtsrecht und ein Antragsrecht (ausführlich hierzu Röchling 2009; Salgo/Zenz/Fegert et al. 2014, Rdnr. 188ff.).

Nach wie vor entscheidet der Verfahrensbeistand, ob er seine Stellungnahme schriftlich zu den Akten gibt oder mündlich im Anhörungstermin vorträgt.

Da der Verfahrensbeistand die Interessen des Kindes festzustellen (§ 158 Abs. 4 S. 1 FamFG) hat, besteht für ihn die konkrete Aufgabe nach § 158 Abs. 4 S. 2, 3 FamFG darin, folgende Aspekte zu beachten:

- Information des Kindes:
Nach Satz 2 ist das Kind in geeigneter Weise über das Verfahren zu informieren. Diese Unterstützung benötigt das Kind für die „Wahrnehmung der eigenen Position", sodass ihm der Verfahrensbeistand die Grundlage für die Artikulation seiner Interessen zu geben hat (Prenzlow 2011, 128ff.).
- Gespräche mit den Eltern und Dritten:
Nach Satz 3 sind Gespräche mit den Eltern und sonstigen Bezugspersonen des Kindes zu führen sowie das Mitwirken am Zustandekommen einer einvernehmlichen Regelung über den Verfahrensgegenstand, deren Notwendigkeit das Gericht begründen muss.
Diese Anmutung widerspricht dem Grundsatz einer unabhängigen Interessenvertretung. Darüber hinaus verkennt der Gesetzgeber, dass die Vertretung kindlicher Interessen nicht von einem umfassenden Verständnis seines Lebensumfeldes zu trennen ist (Hannemann/Stötzel 2009, 58). Dafür sind auch Gespräche mit den Eltern und weiteren Bezugspersonen unverzichtbar, vor allem wenn sich ein Kind z.B. wegen seines Alters noch nicht artikulieren kann. Diese Notwendigkeit wird von den Familiengerichten mittlerweile meist anerkannt:
- Mitwirkung beim Herstellen von Einvernehmen:
Die Mitwirkung des Verfahrensbeistands beim Herstellen von Einvernehmen zwischen allen Beteiligten (z.B. Eltern untereinander und mit dem Kind) beinhaltet beispielsweise eine frühzeitige Teilnahme an den Gerichtsverfahren nach §§ 156, 157 FamFG, die u.a. im ersten Fall auf Mitwirken auf ein Einvernehmen oder im zweiten Fall auf die Abwendung einer Gefährdung konzentriert sind. Darüber hinaus hat der Verfahrensbeistand nur im Interesse des Kindes dem Einvernehmen der Eltern zuzustimmen. Stimmt der Verfahrensbeistand dem Einvernehmen der Eltern im Interesse des Kindes nicht zu, muss das Familiengericht im

Wege der Amtsermittlungspflicht sich mit dessen Bedenken und Einwänden auseinandersetzen. Das Mitwirken am Zustandekommen einer einvernehmlichen Regelung berührt einen wesentlichen Grundsatz des Familiengerichts, Konflikte beizulegen und gemeinsam getragene Lösungen zu finden. An diesen Grundsatz hat sich auch der Verfahrensbeistand zu halten, wenn er die Interessen des Kindes wahrzunehmen hat. Eine regelmäßige Beauftragung mit diesem erweiterten Aufgaben- und Wirkungskreis ist daher nachdrücklich zu fordern (Menne 2009, 68; Salgo/Zenz/Fegert et al. 2014, Rdnr. 171: 2012 erfolgten mit 66.314 Bestellungen 56% mit erweitertem Aufgabenkreis).

An einer einvernehmlichen Regelung über den Verfahrensgegenstand *mitzuwirken* (Meysen 2014, FamFG § 158, Rdnr. 21f.), unterscheidet sich von der Aufgabe des Gerichts oder Sachverständigen auf Einvernehmen *hinzuwirken* (§ 163 Abs. 2 FamFG – z.B. durch einvernehmenorientierte Gespräche mit den Eltern, die dem Verfahrensbeistand vermutlich nicht im Rahmen des Mitwirkens erlaubt sind). Ungeklärt ist, ob der Verfahrensbeistand an einvernehmenorientierten Gesprächen des Sachverständigen mit den Eltern vom Sachverständigen als Unterstützung dazu gebeten werden kann.

Das Mitwirken an einer einvernehmlichen Regelung über den Verfahrensgegenstand (§ 158 Abs. 4 S. 3 FamFG) beinhaltet keine Psychotherapie, psychologische Beratung, Paar- oder Familientherapie oder Mediation mit den Eltern, dem Kind oder anderen engen Bezugspersonen des Kindes, sondern lediglich ein *Mitwirken* im Kontext aller gerichtlichen und außergerichtlichen Maßnahmen zur Konfliktbeilegung.

Die zahlreichen auf ein elterliches Einvernehmen zielenden und auszulegenden Vorschriften des neuen Familienverfahrensrechts (z.B. §§ 36 Abs. 1, 93 Abs. 1 Nr. 5, 156, 157 Abs. 1, 163 Abs. 2, 165 FamFG) müssen die Beteiligung von Kindern berücksichtigen, „denn niemanden trifft das Ergebnis elterlicher Übereinkunft so grundlegend wie sie" (Salgo 2010, 456) – wenn z.B. das Kind mit 14 Jahren zum Personenkreis der „Verfahrensfähigen" gehört.

Verfahrensfähige Kinder ab 14 Jahren (§ 9 Abs. 1 Nr. 3 FamFG) können selbst Erklärungen im Familiengerichtsverfahren abgeben, soweit sie ein eigenes Recht geltend machen. In Frage kommen beispielsweise das Recht des Kindes auf Umgang mit jedem Elternteil (§ 1684 Abs. 1 S. 1 BGB) oder das Widerspruchsrecht des Kindes gegen die Übertragung der elterlichen Sorge auf einen Elternteil in einem Trennungs- oder Scheidungsfall (§ 1671 Abs. 2 Nr. 1 BGB).

I Das Kind vor dem Familiengericht bei Trennung und Scheidung

Die Rechtsprechung schränkt gelegentlich das Aufgabengebiet des Verfahrensbeistandes in speziellen Fällen ein. So legte z.B. das OLG Saarbrücken 2011 (ZKJ 2011, 185) fest, dass es nicht zu den Aufgaben des Verfahrensbeistands gehört, den Willen der Eltern zu ermitteln. Hierfür bedürfe es insbesondere dann keiner Unterredung mit der Mutter, wenn der Wille des Kindes deutlich zum Ausdruck bringt, die Mutter zu favorisieren.

5.1.6 Vergütung

Dem Verfahrensbeistand steht mit seiner Bestellung und seinem Tätigwerden eine einmalige Fallpauschale (§ 158 Abs. 7 S. 2 FamFG) in Höhe von 350 Euro zu. Hierbei handelt es sich um eine Art Grundlohn, der auch alle Auslagen, Aufwendungen (z.B. Porto, Fahrtkosten, Telefonate) und die Umsatzsteuer umfasst. Billigt das Familiengericht dem Verfahrensbeistand allerdings den erweiterten Aufgabenkreis nach § 158 Abs. 4 S. 3 FamFG zu, erhöht sich die Fallpauschale auf 550 Euro. Hierzu gehören z.B. Gespräche mit den Eltern und weiteren Bezugspersonen und/oder das Mitwirken am Zustandekommen einer einvernehmlichen Regelung über den Verfahrensgegenstand.

Im Fall der Weiterführung des Verfahrens vor den Rechtsmittelgerichten (z.B. OLG, BGH) entsteht ein neuer Vergütungsanspruch. Der Anspruch wird allerdings nicht bereits durch die Einlegung eines Rechtsmittels (Beschwerde) ausgelöst, sondern hängt von der jeweiligen Wahrnehmung der Aufgabe nach § 158 Abs. 4 FamFG ab (Borth/Grandel/Musielak, FamFG 2013, § 158 Rdnr. 17). Der Verfahrensbeistand muss somit tatsächlich erneut tätig geworden sein.

Mittlerweile hat auch der BGH in mehreren Beschlüssen (z.B. Beschluss vom 15.9.2010, ZKJ 2011, 33) festgelegt, dass der berufsmäßige Verfahrensbeistand für die Wahrnehmung seiner Aufgaben bei Geschwistern in einer Familie für jedes Kind die Fallpauschale nach § 158 Abs. 7 S. 2, 3 FamFG geltend machen kann, sofern er für mehrere Kinder bestellt und „in irgendeiner Weise im Kindesinteresse tätig geworden ist". Schon der Wortlaut, Sinn und Zweck des § 158 Abs. 1 FamFG zeige auf, dass für jedes Geschwisterkind eine Fallpauschale geltend gemacht werden kann (so auch Salgo/Zenz/Fegert et al. 2014, Rdnr. 1916).

Das Gericht hat in jedem Einzelfall prüfen, ob die Bestellung eines Verfahrensbeistands für jedes Kind erforderlich ist, beispielsweise zur Wahrnehmung unterschiedlicher Interessenlagen von Geschwisterkindern und verschiedener Lebenszusammenhänge (z.B. unterschiedliche Lebensorte, Altersunterschiede, Entwicklungsphasen) auch einer eigenständigen Vertretung, die jeweils nach Abs. 7 einzeln zu vergüten ist (Willutzki 2009, 228).

5.1.7 Ausblick

Grundsätzlich ist für das Kind ein Verfahrensbeistand für jedes familiengerichtliche Verfahren zu bestellen, wenn Interessengegensätze des Kindes mit den erwachsenen Bezugspersonen erkennbar werden.

Nach § 158 Abs. 4 S. 5 FamFG wird der Verfahrensbeistand ausdrücklich zur Vertretung im Rechtsmittelverfahren ermächtigt. Da sich die Wahrnehmung der kindlichen Interessen in der zweiten Instanz stets an der aktuellen Lebenssituation des Kindes zu orientieren hat, wird eine erneute Vergütungspauschale ausgelöst.

Klärungsbedarf besteht ferner zur Frage, wann dem Kind bei erheblichen Interessengegensätzen mit den Personensorgeberechtigten ein Ergänzungspfleger nach § 1909 BGB oder nur ein Verfahrensbeistand nach § 158 FamFG zu bestellen ist. Liegt beispielsweise ein erheblicher Interessengegensatz zwischen Kind und Personensorgeberechtigten oder eine Kindeswohlgefährdung vor, kommt eine Entziehung der Vertretungsmacht nach §§ 1629 BGB Abs. 2 S. 3, 1796 BGB durchaus in Betracht. Der Verfahrensbeistand kann in diesem Fall bei Gericht auch eine Ergänzungspflegschaft anregen, so dass in einem gesonderten Verfahren die Verfahrensbeistandschaft in eine Ergänzungspflegschaft mit dem Wirkungskreis einer Vertretung des Kindes im familiengerichtlichen Verfahren nach § 1909 BGB überführt wird (Salgo/Zenz/Fegert et al. 2014, Rdnr. 284). Dann sollte auch der Wirkungskreis des Ergänzungspflegers die Zustimmung des Kindes an der Teilnahme einer gerichtlich angeordneten Begutachtung mit umfassen (OLG Karlsruhe, FamRZ 1993, 1479).

Da die Beteiligungs- und Verfahrensfähigkeit beschränkt geschäftsfähiger Kinder und Jugendlicher nach §§ 7 Abs. 2 Nr. 1, 9 FamFG erheblich gestärkt worden ist, reicht meist die Bestellung eines Verfahrensbeistands aus. Das Kind kann jedoch nicht zur Zusammenarbeit mit dem Verfahrensbeistand gezwungen bzw. verpflichtet werden. Besteht eine nicht behebbare Ablehnung des Verfahrensbeistands durch das Kind, kommt ein Wechsel in der Person des Verfahrensbeistands in Frage (Salgo/Zenz/Fegert et al. 2014, Rdnr. 299).

I Das Kind vor dem Familiengericht bei Trennung und Scheidung

Im Übrigen kann der Verfahrensbeistand nicht den Zugang zu dem von ihm vertretenen Kind gegen den Willen des gesetzlichen Vertreters durchsetzen (Salgo/Zenz/Fegert et al. 2014, Rdnr. 291, 287). Liegen die Voraussetzungen des § 8a SGB VIII vor, kann er das Jugendamt zur Wahrnehmung des Schutzauftrages bei einer Kindeswohlgefährdung einschalten.

Nach dem Grundsatz der Verhältnismäßigkeit beinhaltet die Bestellung eines Verfahrensbeistand das mildere (Eingriffs-)Mittel, da nicht in das elterliche Sorgerecht eingegriffen wird und er lediglich Interessenvertreter nicht aber gesetzlicher Vertreter des Kindes oder Jugendlichen (§ 158 Abs. 4 S. 6 FamFG) ist.

Dagegen ist die Bestellung eines Ergänzungspflegers immer mit einem Eingriff in das elterliche Sorgerecht verbunden. Mithin sollte die Bestellung eines Verfahrensbeistand im kindschaftsrechtlichen Verfahren regelmäßig Vorrang vor der Anordnung einer Ergänzungspflegschaft haben (OLG Stuttgart, Beschluss vom 26.10.2009 – 18 WF 229/09 = ZKJ 2010, 36-37; Menne, ZKJ 2010, 37).

5.2 Kind im Jugendamt

Nach dem Kinder- und Jugendhilfegesetz (SGB VIII) ist das Jugendamt im Rahmen der Mitwirkung im Familiengerichtsverfahren (§ 50 SGB VIII) und das Familiengericht nach dem FamFG gehalten, in denen ein Sorgerechts- oder Umgangsrechtsregelungsbedarf nach einer Elterntrennung oder im Rahmen des Scheidungsverfahrens entstanden ist, mit dem Kind in Kontakt zu treten und das Kind (§ 159 FamFG) anzuhören.

Darüber hinaus hat das Familiengericht auch die Pflicht, das im Rahmen der Mitwirkung zuständige Jugendamt anzuhören (§ 162 FamFG), bevor es eine Entscheidung trifft. Mit dieser Verpflichtung des Familiengerichts korrespondiert die Pflicht des Jugendamtes, an dem Familiengerichtsverfahren aktiv mitzuwirken (§ 50 SGB VIII).

Hier handelt es sich um ein ansonsten nur sehr selten gesetzlich geregeltes professionelles Netzwerk im Kindschafts- und Familienrecht, das zu einer koordinierten Kooperation das Familiengericht und das Jugendamt verpflichtet. Beide Institutionen sind im Rahmen der gesetzlich vorgeschriebenen koordinierten Kooperation zur Zusammenarbeit verpflichtet, ohne dass sogleich datenschutzrechtliche Regelungen dies von vornherein verhindern.

Seit Inkrafttreten des Kinder- und Jugendhilfegesetzes (SGB VIII) am 3.10.1990 in den neuen und am 1.1.1991 in den alten Bundesländern haben sich vordringlich in Bezug auf die Aufgabenstellung des Jugendamtes nach §§ 17, 18 und § 50 SGB VIII bei der Regelung der elterlichen Sorge und des Umgangs (§§ 1671, 1884, 1685 BGB) nicht nur anlässlich einer Elterntrennung und Elternscheidung zum Thema des Erbringens von „Leistungen" und „Anderen Aufgaben" (z.B. Mitwirkung in Verfahren vor den Familiengerichten) unterschiedliche Auffassungen ergeben, da im 3. Kapitel des Gesetzes in §§ 42 bis 60 SGB VIII noch ordnungsrechtliche Vorstellungen (Kontrolle, Eingriff) dominieren und weniger die sozialpädagogisch orientierte Ausrichtung.

Zu fragen ist beispielsweise, wieso sich der Staat mit der Familiengerichtsbarkeit bei Trennungen und Scheidungen von Eltern mit Kindern zur Frage der Regelung des Sorgerechts oder Umgangsrechts einmischt und nicht dem Jugendamt, Freien Trägern oder bei Einigkeit und Einvernehmen der Eltern auch das Standesamt im Rahmen eines Leistungsangebots an die Kinder und Eltern die Zusammenarbeit mit diesem Personenkreis bis zum Grenzbereich der Kindeswohlgefährdung überlässt.

Zu Fragen eines Sorgerechtseingriffs gemäß §§ 1666, 1666a BGB, der Herausgabe des Kindes aus der Pflegefamilie gemäß § 1632 Abs. 4 BGB oder in der Jugendgerichtshilfe werden unter Professionellen weniger unterschiedliche Auffassungen sichtbar, zumal das Jugendamt bereits in Kindschaftssachen, Abstammungssachen, Adoptionssachen, Ehewohnungssachen und Gewaltschutzsachen die zentrale Anlaufstelle ist (Wiesner 2011, § 50 Rdnr. 22).

Im Dritten Abschnitt des SGB VIII – Mitwirkung im gerichtlichen Verfahren – (§§ 50 bis 52 SGB VIII) werden die Aufgaben des Jugendamtes angeführt, die aus Anlass gerichtlicher Verfahren vor dem Familien- und Jugendgericht wahrzunehmen sind. Dabei dient die Mitwirkung im gerichtlichen Verfahren u.a. dazu, den jugendhilferechtlichen Auftrag des Jugendamtes, das Kindeswohl in den entsprechenden gerichtlichen Verfahren zur Geltung zu bringen und sicherzustellen. Das Jugendamt ist somit eine vom Gericht unabhängige sozialpädagogische Fachbehörde, die vor Rechtshängigkeit gemäß §§ 50 Abs. 3 oder 52 Abs. 2 SGB VIII autonome und vom Familiengericht unabhängig, Aufgaben zum Wohle des Kindes wahrzunehmen hat. Allerdings sind Entscheidungen über Eingriffe in das Sorge- und Umgangsrecht Aufgabe der Familiengerichte (Wiesner 2011, § 50 Rdnr. 39). Jugendamt oder Kinderheime können somit den Umgang des

Kindes mit den Eltern weder festlegen, noch einschränken oder ausschließen.

Das Zusammenwirken des Jugendamtes mit dem Familiengericht muss das Ziel verfolgen, ein Einvernehmen mit den Beteiligten (z.B. Eltern und Kinder) herbeizuführen.

Die Zielbestimmung und der Zweck der Jugendhilfe – Verwirklichung des Wohlergehens junger Menschen – werden nicht den z.T. nach wie vor anders gelagerten Aufgaben des Gerichts – Streitentscheidung oder Sanktionierung – untergeordnet.

Dazu gehört in einem kindschaftsrechtlichen Verfahren der frühe Termin (§ 155 FamFG), das gerichtliche Erörterungsgespräch bei Kindeswohlgefährdungen (§ 157 FamFG) und die Anregung weitere externe Beratungen in Anspruch zu nehmen sowie in jedem Stand des Verfahrens auf Einvernehmen hinzuwirken (§ 156 FamFG).

Somit handelt es sich bei der Jugendhilfe insgesamt um Hilfen für junge Menschen und ihre Familien durch Gewährung von Leistungen und die Erfüllung anderer Aufgaben in sozialanwaltlicher Funktion.

Das hat zur Folge, dass das Jugendamt weder Hilfsorgan des jeweiligen Gerichts ist noch dessen Erfüllungshilfe oder Ermittlungsbehörde. Dementsprechend unterliegt das Jugendamt auch keinen gerichtlichen Weisungen, Fristen, Ladungen oder Zwangsmitteln. Nach diesem Verständnis ist auch die Terminologie „Familiengerichtshilfe" oder „Jugendgerichtshilfe" gerade nach dem Inkrafttreten des SGB VIII immer wieder zu Recht kritisiert worden, da dieser Sprachgebrauch eine Unterordnung des Jugendamtes suggeriere und auf die allgemeine Gerichtshilfe nach §§ 160 Abs. 3, 463d StPO deute (Münder/Meysen/Trenczek 2013, Vor§ 50 Rdnr. 10).

Die Frage, ob die Mitwirkung im Gerichtsverfahren eine Art sachverständige Amtshilfe darstellt oder keine Amtshilfe ist, da das Jugendamt keine Aufgaben des Gerichts wahrnimmt (Münder/Meysen/Trenczek 2013, Vor§ 50 Rdnr. 11), ist nach wie vor terminologisch nicht ganz geklärt (Marx 2011, 89, spricht nach wie vor von Familiengerichtshilfe, nicht eindeutig Trenczek/Tammen/Behlert 2011, 428; eindeutig verneinend Schleicher 2010, 115).

Schlussfolgernd sprechen gegen die Amtshilfe folgende Argumente:

– Bei der Mitwirkung handelt es sich um eine originäre, nicht weisungsgebundene Aufgabe und Tätigkeit des Jugendamtes.
– Das Jugendamt nimmt keine Aufgaben des Gerichts wahr.

- Grundsätzlich besteht eine Amtshilfeverpflichtung nur zwischen Behörden mit vergleichbaren Befugnissen (vgl. Art. 35 GG).
- Die Gerichte haben durch ihre Entscheidungen vielfältige Eingriffsbefugnisse, während das Jugendamt bis auf das Recht des ersten Zugriffs nach §§ 8a, 42 SGB VIII keine derartigen Befugnisse hat.
- Das Jugendamt hat nach § 36a SGB VIII grundsätzlich die sog. Steuerungsverantwortung in Bezug auf die Leistungsangebote der Jugendhilfe.

Die in § 50 Abs. 1 und 2 SGB VIII verankerten Verpflichtungen des Jugendamtes, das Familiengericht zu unterstützen (§ 50 Abs. 1 S. 1 SGB VIII) und mitzuwirken (§ 50 Abs. 1 S. 2 SGB VIII), stellen somit eigenständige sozialpädagogische Aufgaben dar, die keine gerichtliche bzw. keine vom Gericht auferlegte Tätigkeit beinhalten.

Im Rahmen der Mitwirkung gemäß § 50 Abs. 1 S. 2 SGB VIII und der in §§ 151, 162 FamFG abschließend angeführten Kindschaftssachen sowie der Mitwirkung des Jugendamtes in Gerichtsverfahren vor dem Familiengericht hat das Jugendamt keine Entscheidungsbefugnis, ob es in diesen Verfahren mitwirkt. Allerdings bestimmt das Jugendamt und legt fest, wie es im Rahmen sozialpädagogisch ausgewiesener Fachlichkeit mitzuwirken gedenkt. Das schließt eine Wahlfreiheit des Jugendamtes ein, beispielsweise den Umfang der Mitwirkung zu bestimmen, die Schriftform zu wählen oder – am besten mit Einwilligung der Personensorgeberechtigten – den mündlichen Vortrag, eine gutachtlich wertende Äußerung bzw. einen Entscheidungsvorschlag abzugeben oder auch nicht, wobei die persönliche Anwesenheit der Mitarbeiter des Jugendamtes im Gerichtsverfahren in deren pflichtgemäßem Ermessen steht (siehe zur „Berichtspflicht" des Jugendamtes sehr kritisch Schleicher 2010, 116, 117ff).

Seidenstücker/Borg-Laufs (2013, 366) gehen von einer Verpflichtung des Jugendamtes aus, sich im Familiengerichtsverfahren zu äußern. Diese Äußerungen würden dann in sozialpädagogische Stellungnahmen vorgetragen oder vorgelegt.

Entscheidend bei einzelnen Handlungsschritten des Jugendamtes ist immer die Analyse und Berücksichtigung des Einzelfalls im Kontext der handlungs- und verfahrensleitenden Kindeswohlprämisse, wobei im Übrigen eine entsprechende Datensammlung nur insoweit möglich ist, als dies zur Wahrnehmung sachgerechter Aufgaben des Jugendamtes erforderlich ist (§ 62 Abs. 1 SGB VIII). Die Mitwirkung des Jugendamtes umfasst ferner nach § 50 Abs. 2 SGB VIII die Unterrichtung des Gerichts.

Hierbei hat das Jugendamt

- insbesondere über die angebotenen und bereits erbrachten Leistungen zu unterrichten,
- die Entwicklungsperspektiven des Kindes oder Jugendlichen einzubringen und
- auf weitere Hilfsmöglichkeiten hinzuweisen.

Um diesem gesetzlichen Auftrag fachlich angemessen nach Kindeswohlgesichtspunkten nachzukommen, sollten regelmäßig Gespräche mit den Eltern und dem Kind geführt und, wenn nötig, auch Interaktionsbeobachtungen durchgeführt sowie die Meinung, Einstellung, die Wünsche und Vorstellungen sowie der Wille des Kindes in Erfahrung gebracht werden. Das Jugendamt kann sich z.B. bei Trennungen und Scheidungen im Rahmen der Mitwirkung nach § 50 SGB VIII nicht nur auf eine sozialpädagogische Beratung oder Mediation gemäß § 17 SGB VIII der Eltern beschränken.

Bedeutsam ist ferner, dass die inhaltliche Mitwirkung des Jugendamtes (andere) Leistungen der Jugendhilfe nicht gefährden darf. Dieses Argument spricht u.U. im konkreten Einzelfall gegen eine bewertende Stellungnahme und einen Entscheidungsvorschlag.

Sollte aber eine schriftliche Stellungnahme auf Wunsch der Eltern mit einer Bewertung des Gesamtsachverhalts abgegeben werden, sind aus fachlich-methodischer Sicht folgende vier Hauptgliederungsgesichtspunkte zu berücksichtigen:

- Datenerhebung bzw. Datensammlung, auch als Tatsachenerhebung bezeichnet (strikt ohne Bewertung)
- Zusammenstellung der erhobenen Daten (Befund) (ohne Bewertung)
- gegebenenfalls bewertende Stellungnahme
- gegebenenfalls Entscheidungsvorschlag (hierzu besteht aber für das Jugendamt keine Verpflichtung).

Nach wie vor favorisiert der Autor dieser Schrift, trotz wiederholter Kritik an dieser Position, eine personelle Trennung bei der Erbringung von Leistungen (z.B. Beratung und Unterstützung nach §§ 17, 18 SGB VIII) und der Mitwirkung im Gerichtsverfahren (§ 50 SGB VIII). So könnte die „Schwellenangst" der Ratsuchenden herabgesetzt und das Vertrauen in die Arbeit des Jugendamtes gestärkt werden, indem das Beratungsgeheimnis einen besonders sicheren Stellenwert der Verschwiegenheit bekommt (§ 203 StGB und Schutz von Sozialdaten nach §§ 61ff. SGB VIII).

Erst wenn eine Beratung abgebrochen wird oder sonst erfolglos geblieben ist, sollte die übliche Mitwirkung im Gerichtsverfahren nach § 50 Abs. 2 SGB VIII die Folge sein, wobei den Ratsuchenden von vornherein beide Möglichkeiten der Zusammenarbeit – Beratung und/oder sozialpädagogische Mitwirkung im Gerichtsverfahren – offen gelegt und verdeutlicht werden sollten.

Ist beispielsweise die Beratung erfolgreich und die Eltern finden eine kindeswohlverträgliche Lösung, kann diese Lösung vom „Berater" im Einvernehmen mit den Eltern und dem Kind ohne weiteres dem Gericht mitgeteilt werden. In diesem Fall wäre in letzter Konsequenz die Beratung gleichzeitig auch die Mitwirkung im Gerichtsverfahren.

In den anderen Fällen einer „erfolglosen" Beratung würde nunmehr eine weitere sozialpädagogische Fachkraft die diagnostische und insofern auch die im Gerichtsverfahren mitwirkende Arbeit mit den Eltern und dem Kind gemäß § 50 Abs. 2 SGB VIII aufnehmen.

Eine weitere Form der Mitwirkung gemäß § 8a Abs. 2 SGB VIII beinhaltet die Anrufung des Gerichts im Gefährdungsfall, wobei bei dieser Konstellation der Schutz von Kindern und Jugendlichen Vorrang vor allen anderen leistungsrechtlichen Maßnahmen des Jugendamtes hat. Wenn es um die Abwendung einer Kindeswohlgefährdung geht, ist seitens des Jugendamtes das Gericht einzuschalten. Insofern steht dem Jugendamt auch kein Ermessensspielraum zur Verfügung, sondern lediglich ein fachlich ausgewiesener Beurteilungsspielraum.

Vor der Anrufung des Gerichts hat das Jugendamt in eigener Fachkompetenz zu prüfen, ob

– eine Gefährdungslage nach § 1666 BGB vorliegt;
– die Eltern nicht gewillt oder in der Lage sind, bei der Abschätzung des Gefährdungsrisikos mitzuwirken;
– die Gefahr nicht auf andere Weise abgewandt werden kann, wie z.B. durch Leistungen und Angebote der Jugendhilfe.

Die Pflicht zur Anrufung des Gerichts nach § 50 Abs. 3 SGB VIII gilt nur gegenüber dem Familiengericht. Die Benachrichtigung der Polizei, Staatsanwaltschaft oder des Strafgerichts ist auch angesichts einer bereits erfolgten Kindesmisshandlung oder eines sexuellen Missbrauchs grundsätzlich nicht verpflichtend, es sei denn, dass noch andere im Katalog des § 138 StGB (Nichtanzeige geplanter Straftaten) angeführte Straftaten vorliegen (wie z.B. Straftaten gegen die persönliche Freiheit, Raub, räuberische Erpressung etc.).

Auch im Rahmen der Mitwirkung im Gerichtsverfahren sind die benötigten Daten grundsätzlich bei den Betroffenen selbst zu erheben (§ 62 Abs. 2 S. 1 SGB VIII). Die Weitergabe dieser Daten bedarf regelmäßig der ausdrücklichen Zustimmung der Betroffenen. Allerdings ist die Anrufung des Gerichts auch dann zulässig, wenn die Weitergabe der Daten zur Erfüllung der Aufgaben des Jugendamtes erforderlich ist und ohne die Mitteilung eine für die Gewährung von Leistungen notwendige gerichtliche Entscheidung nicht möglich wäre (Zulässigkeitsvorbehalt) (§§ 61ff., 64 Abs. 1 u. 2 SGB VIII).

Darüber hinaus darf die Weitergabe der Daten nicht den Erfolg einer zu gewährenden Leistung in Frage stellen (§ 64 Abs. 2 SGB VIII), es sei denn, es liegt eine Kindeswohlgefährdung vor. Wird die Zustimmung zur Weitergabe der Daten verweigert, ist das Jugendamt berechtigt, zur Abwendung der Gefahr die Daten an das Gericht zu übermitteln, soweit ohne diese Mitteilung eine für die Gewährung von weiteren Leistungen notwendige gerichtliche Entscheidung nicht ermöglicht werden könnte (§ 65 Abs. 1 Nr. 2 SGB VIII).

Das Jugendamt hat darüber hinaus – im Gegensatz zum Sachverständigen, der nach den Regeln der Zivilprozessordnung (§ 404a ZPO) dem Familiengericht gegenüber weisungsgebunden ist – ein eigenständiges Beschwerderecht. Das heißt, das Jugendamt kann Entscheidungen der Familiengerichte mit der Beschwerde bzw. mit der sofortigen Beschwerde anfechten, und zwar unabhängig vom Status als Beteiligter oder Nichtbeteiligter des Verfahrens (§ 162 Abs. 2 S. 2 FamFG). Dies betont nochmals die Eigenständigkeit des Jugendamtes als dem Familiengericht gegenüber nicht weisungsgebundene Fachbehörde (Beispiele für eine Beschwerde: wenn eine gerichtliche Entscheidung ohne die Anhörung des Jugendamtes ergangen ist oder nach Auffassung des Jugendamtes die Interessen des Kindes oder Jugendlichen nicht hinreichend berücksichtigt worden sind).

Örtlich zuständig ist das Jugendamt, in dessen Bereich die Eltern ihren gewöhnlichen Aufenthalt haben (§ 86 Abs. 1 SGB VIII). Bei getrennt lebenden Eltern mit gemeinsamer elterlichen Sorge richtet sich die Zuständigkeit nach dem gewöhnlichen Aufenthalt des Elternteils, bei dem das Kind oder der Jugendliche vor Beginn der Leistung zuletzt seinen gewöhnlichen Aufenthalt hatte (§ 86 Abs. 2 SGB VIII).

5.2.1 Grundlagen der Arbeit im Jugendamt

Die Aufgaben der Jugendhilfe bestehen im Erbringen von Leistungen und Anderen Aufgaben (§ 2 SGB VIII). Bevor allerdings das Jugendamt oder auch ein Freier Träger in Wahrnehmung anderer Aufgaben (§§ 76, 3 Abs. 3 S. 2 SGB VIII) im Familiengerichtsverfahren aktiv mitwirkt, hat es mit den Eltern und dem Kind (§ 8 SGB VIII) zu klären, welche Art der Unterstützung diese im Jugendamt in Anspruch nehmen können.

Denkbar sind folgende Modalitäten:

- Die Eltern wenden sich nach Anschreiben und auf Einladung an das Jugendamt und wollen nur die Mitwirkung des Jugendamtes nach § 50 Abs. 2 SGB VIII in Anspruch nehmen. In diesem Fall ist grundsätzlich eine Informationsweitergabe an das Familiengericht erlaubt.
- Die Eltern nehmen eine Trennungsberatung nach § 17 Abs. 1 Nr. 3, Abs. 2 SGB VIII in Anspruch. Hier ist die Informationsweitergabe nach § 50 Abs. 2 SGB VIII im Kontext des Zweckbindungsgrundsatzes (§ 64 SGB VIII) nur eingeschränkt möglich.
- Die Eltern nehmen eine Hilfe zur Erziehung im Rahmen einer Beratung (zum Beispiel in einer Erziehungsberatungsstelle) nach § 28 SGB VIII in Anspruch, ohne dass eine Gefährdung des Kindes vorliegt. Die Informationsweitergabe ist ohne ausdrückliche Einwilligung der Eltern und des urteils- und einsichtsfähigen Kindes oder Jugendlichen nach § 65 SGB VIII verboten (BVerfGE 44, 353).
- Das Jugendamt prüft von Amts wegen, ob beispielsweise im Rahmen eines Sorgerechtsverfahrens gemäß § 1671 BGB nach § 1666 BGB eine Gefährdung des Kindeswohls vorliegt. Liegt eine Gefährdung des Kindeswohls nach §§ 1666 BGB, 50 Abs. 3 SGB VIII vor, ist das Jugendamt berechtigt, auch ohne Einwilligung der Eltern und Kinder (§ 65 Abs. 1 und 2 SGB VIII) alle Informationen an das Gericht weiterzugeben, sofern ohne diese Mitteilung eine für die Gewährung von Leistungen notwendige gerichtliche Entscheidung nicht möglich wäre.
- Die Eltern verweigern eine Kontaktaufnahme mit dem Jugendamt, ohne dass dort Anhaltspunkte für eine Kindeswohlgefährdung vorliegen. Das Jugendamt verfügt in diesem Fall über keine Informationen und kann demnach keine Stellungnahme abgeben. Im Rahmen zurückliegender Kontakte des Jugendamtes mit den Eltern und Kindern dürfen die damals gewonnenen Informationen (Daten) nicht an das Familiengericht weitergegeben werden.

Nehmen die Eltern eine Hilfe nach § 17 SGB VIII in Anspruch – Beraten, Helfen, Unterstützen –, sollen im Rahmen der Beratung die Bedingungen für eine dem Wohl des Kindes oder des Jugendlichen förderliche Wahrnehmung der Elternverantwortung geschaffen werden.

Gleichgültig, ob die Beratung im Sinne der im Gesetz genannten Vorgaben erfolgreich verläuft oder nicht, darf das Jugendamt im Rahmen der familiengerichtlichen Mitwirkungspflichten nach § 50 Abs. 2 SGB VIII dem Gericht

– nur „*insbesondere* über angebotene und erbrachte Leistungen berichten", wobei es
– erzieherische Leistungen und soziale Gesichtspunkte zur Entwicklung des Kindes oder des Jugendlichen einbringen kann und
– auf weitere Möglichkeiten der Hilfe hinweist.
– In Kindschaftssachen informiert das Jugendamt das Familiengericht bereits in dem frühen Termin nach § 155 Abs. 2 S. 3 FamFG über den Stand des Beratungsprozesses (§ 50 Abs. 2 S. 2 SGB VIII).

Das Wort „*insbesondere*" deutet an, dass die Inhalte der Mitwirkungspflichten nicht abschließend aufgezählt sind. Mögliche weitere Mitteilungen werden sich jedoch, um den datenschutzrechtlichen Regelungen nach §§ 64, 65 SGB VIII Genüge zu tun, ohne entsprechende Einwilligung der Eltern und des einsichtsfähigen, verständigen und urteilsfähigen Kindes oder Jugendlichen auf die eben genannten vier Gesichtspunkte konzentrieren müssen.

Bei den Mitwirkungspflichten sind die datenschutzrechtlichen Regelungen nach dem Zweckbindungsgrundsatz zu beachten. Diese sind in den Vorschriften der §§ 64, 65 SGB VIII neben den allgemeinen datenschutzrechtlichen Regelungen im Sozialgesetzbuch §§ 67–85 SGB X aufgeführt. Danach dürfen personenbezogene Daten nur zu dem Zweck verwendet werden, zu dem sie erhoben sind. Suchen demnach die Eltern das Jugendamt zum Zweck der Beratung auf, werden die Daten nicht für eine künftige Mitwirkung im Familiengerichtsverfahren erhoben, sondern zum Zweck der Beratung. Eine Weitergabe dieser Daten ist somit nach dem vorrangigen Zweck der Beratung nach § 50 Abs. 2 SGB VIII ohne Einwilligung der Eltern nur eingeschränkt möglich.

Haben beide Eltern der Informationsweitergabe zugestimmt (§ 65 SGB VIII), können die relevanten Gesichtspunkte dem Gericht mitgeteilt werden. Zu bedenken ist jedoch, dass diese Möglichkeit des Jugendamtes zur Informationsweitergabe das Vertrauensverhältnis zwischen Eltern und Kindern einerseits und dem Jugendamt andererseits nachhaltig stören kann, vor allem wenn Eltern wie Kinder die Tragweite der Offenbarung nicht ermessen können.

Sollten allerdings die Eltern ausdrücklich eine Weitergabe der aus der Beratung gewonnenen Informationen untersagen, darf unter Hinweis auf §§ 64 Abs. 1 und Abs. 2, 65 SGB VIII dem Gericht nichts Inhaltliches mitgeteilt werden. Den Eltern ist bereits vor einer Beratung diese Möglichkeit bekannt zu geben. Die Eltern sind im Übrigen nicht verpflichtet, einer Datenübermittlung zuzustimmen.

Haben die Eltern keine Erklärung bzw. Einwilligung zur Informationsweitergabe abgegeben, muss das Jugendamt das Risiko einer Leistungsgefährdung im Sinne einer Fortführung oder eines Abbruchs der Beratungskontakte im Rahmen einer etwaigen Informationsweitergabe in eigener Verantwortung abwägen. Würde beispielsweise der Erfolg der Leistung (der Beratung) gefährdet sein, hat das Jugendamt zu schweigen. Der Grund ist dem Gericht mitzuteilen.

Infolge der oben beschriebenen unterschiedlichen Aufgabenstellungen können allerdings die im Jugendamt tätigen Mitarbeiter bei nicht vorhandenen oder nicht hinreichenden organisatorischen Ressorttrennungen und Aufgabenteilungen in Rollenkonflikte geraten: Einerseits unterliegen sie, wenn sie die von Trennung und Scheidung oder sonstigen gerichtsrelevanten Konflikten betroffene Familie beraten, den datenschutzrechtlichen Regeln und strafrechtlich relevanten Verschwiegenheitspflichten, andererseits sind sie im Rahmen der Mitwirkungspflichten bei Gericht u.U. auch auskunftspflichtig.

Um diesem Dilemma zu begegnen, könnte, wie bereits ausgeführt die sozialpädagogische Mitwirkung im Familiengerichtsverfahren neben einer Aufgabentrennung im Jugendamt selbst auch aus dem Jugendamt ausgegliedert werden. Sie könnte dann als eigenständige Behörde den Gerichten zugeordnet werden. Nach diesem Modell würden die Abteilungen der Jugendämter im sog. ASD-Bereich (Amt für Sozialpädagogische Dienste) in der Regel bei Trennungen und Scheidungen der Eltern oder sonstigen das Wohlergehen der Kinder berührenden Konflikte nur noch beratende Aufgaben nach §§ 17, 18, 28 SGB VIII wahrnehmen. Im Übrigen würde eine Art sozialpädagogische Task Force der Gerichtshilfe der Familie und dem Familiengericht Hilfe und Unterstützung im Rahmen der Mitwirkung im Gerichtsverfahren anbieten und sicherstellen – ganz sicher eine Utopie, die noch lange nicht umgesetzt werden wird.

5.2.2 Das Jugendamt und die Arbeit mit dem Kind

Nach § 8 Abs. 1 SGB VIII sind Kinder und Jugendliche entsprechend ihrem Entwicklungsstand – also als verständiges, einsichtsfähiges oder urteilsfähiges Kind – an allen das Kind betreffenden Entscheidungen der öffentlichen Jugendhilfe zu beteiligen. Hierbei handelt es sich um eine gesetzlich verbindlich vorgeschriebene Beteiligung von Kindern und Jugendlichen. Sie sind darüber hinaus in geeigneter Weise im Jugendamt auf ihre Rechte im Verwaltungsverfahren sowie im Verfahren vor dem Familiengericht und dem Verwaltungsgericht hinzuweisen, z.B. auch durch einen Kinderbeauftragten oder in sog. Kinderbüros.

Ferner haben Kinder und Jugendliche nach § 8 Abs. 2 SGB VIII das Recht, sich in allen Angelegenheiten der Erziehung und Entwicklung an das Jugendamt zu wenden. Dort haben die Kinder sogar einen Rechtsanspruch nach Abs. 3 ohne Kenntnis des Personensorgeberechtigten beraten zu werden, wenn die Beratung aufgrund einer Not- und Konfliktlage erforderlich ist und solange durch die Mitteilung an den Personensorgeberechtigten der Beratungszweck vereitelt würde.

Mit diesem Anspruch (Recht) des Kindes wird nun seit Inkrafttreten des Bundeskinderschutzgesetzes mit den einhergehenden Änderungen im SGB VIII der entwicklungspsychologisch bereits seit Jahrzehnten existierenden Erkenntnis Rechnung getragen, dass Kinder und Jugendliche nicht Objekte elterlichen oder administrativen Handelns sein dürfen, sondern als unmittelbar betroffene Personen (Subjekte) in die sie betreffenden Entscheidungen Dritter mit einbezogen werden müssen.

Da das Kind jedoch für diese Art der Kontakte, die durchaus auch gegen Elterninteressen gerichtet sein können, keinen Begleiter oder Berater hat, scheint diese Vorschrift in ihrer praktischen Anwendung kaum eine Relevanz zu haben, zumal ein streitiges Sorgerechtsverfahren eher die Ausnahme bildet und in den meisten Fällen die gemeinsame elterliche Sorge die Trennung und Scheidung der Eltern überdauert, ohne dass je ein Jugendamt oder das Familiengericht mit dieser Frage befasst wurde.

Erschwerend für die Durchsetzung der Kindesinteressen kommt hinzu, dass dem Kind oder Jugendlichen im jugendbehördlichen Verfahren und ebenso bei einer Beratung nach § 8 Abs. 3 SGB VIII kein Verfahrensbeistand als Anwalt des Kindes zur Verfügung steht.

Dennoch gilt, dass im Fall einer Beratung der Eltern nach § 17 Abs. 1 Nr. 2, 3 SGB VIII auch Kinder und Jugendliche angemessen am Beratungsprozess zu beteiligen sind. § 17 SGB VIII bezieht damit das Verfassungsrecht von Kindern auf Achtung ihrer Würde und ihres Rechts auf störungs- und gefährdungsfreie Entfaltung ihrer Persönlichkeit (Art. 1, 2 GG) in ihrer Familie und mit ihren beiden Eltern (Art. 6 Abs. 2 GG) ausdrücklich unter Beachtung der UN-Kinderrechtskonvention (Art. 3, 4, 9, 18 UN-Kinderrechtskonvention) mit ein (Münder et al. 2003, § 17 SGB VIII, Rdnr. 3).

Demnach sollte es für die Berater im Jugendamt und die Eltern eine Selbstverständlichkeit sein, einsichtsfähige, verständige oder urteilsfähige Kinder und Jugendliche von Fall zu Fall bzw. von Zeit zu Zeit an den Gesprächen teilnehmen zu lassen, wobei es aus psychologischen Gründen nicht erforderlich ist, dass Kinder und Jugendliche an allen Beratungen beteiligt werden.

Im Rahmen der Beteiligung von Kindern sollten ebenso deren Entwicklungsstand, Belastungsfähigkeit, Konzentrationsvermögen und deren persönliche Konfliktlage bedacht werden.

Angesichts einer Beratung kann es bei einem derartigen Vorgehen für den Berater und die Eltern hilfreich sein, die Wünsche und Vorstellungen der Kinder und Jugendlichen persönlich in Erfahrung zu bringen. Hierfür können beispielsweise auch gesonderte Gespräche mit Kindern und Jugendlichen in Abwesenheit der Eltern Aufschluss geben.

Selbst wenn die Eltern zunächst eine Beratung nach § 17 SGB VIII ablehnen oder abbrechen, sollte im Rahmen der Mitwirkung im Gerichtsverfahren nach § 50 Abs. 2 SGB VIII der fallzuständige Sozialpädagoge im Jugendamt ähnlich wie im Rahmen der Beratung nach § 17 SGB VIII eine Konfliktminderung durch Gespräche und Lösungen anstreben, wobei auch Kinder und Jugendliche beteiligt und ermutigt werden sollten, hierzu eigene Interessen, Wünsche, Vorstellungen und ihren Willen einzubringen. Um die Qualität der Beziehungen, Interaktionen und Kommunikationen zwischen Eltern und Kind einschätzen zu können, sollten mit Einwilligung der Eltern Hausbesuche bei beiden Eltern in Anwesenheit der Kinder und Jugendlichen durchgeführt werden.

Des Weiteren sind im Rahmen der Mitwirkung im Familiengerichtsverfahren neben gesonderten Gesprächen mit den Eltern einerseits und den Kindern bzw. Jugendlichen andererseits gemeinsame Gespräche mit den Eltern und ihren Kindern erforderlich, um auch in diesen vermutlich besonders häufig hochstrittigen Fallkonstellationen zu versuchen, ein einvernehmliches Konzept für die Wahrnehmung der elterlichen Sorge und der elterlichen Verantwortung zu finden (vgl. z.B. § 17 Abs. 2 SGB VIII).

5.3 Kind und Sachverständigengutachten

In geschätzten 5 bis 10% aller familiengerichtlichen Verfahren, die nach § 151 FamFG Kindschaftssachen sind, wird ein Sachverständiger bestellt. Gesicherte Zahlen liegen hierzu mangels statistischer Erfassung nicht vor. Von der Zusammenarbeit des Kindes mit einem vom Gericht bestellten Sachverständigen sind somit vermutlich 10.000 bis 20.000 Kinder pro Jahr betroffen.

5.3.1 Begutachtung im Familiengerichtsverfahren

In Bezug auf die Sachverständigentätigkeit hat das FamFG in § 163 neben der auf Beschleunigung abzielenden Fristsetzung für die Abgabe des Gutachtens (Abs. 1) auch das einvernehmenorientierte Vorgehen in der Begutachtung explizit geregelt:

> *„Das Gericht kann in Verfahren, die die Person des Kindes betreffen, anordnen, dass der Sachverständige bei der Erfüllung des Gutachtenauftrags auch auf Herstellung des Einvernehmens zwischen den Beteiligten hinwirken soll."*
> (§ 163 Abs. 2 FamFG).

Damit wurde klargestellt, dass ein kind- und elternorientiertes Vorgehen im Rahmen einer familienpsychologischen Begutachtung[13], beispielsweise mit der Zielsetzung, Eltern zu befähigen, ihrer Elternverantwortung wieder nachzukommen, gleichgültig, ob es sich um

– eine Sorgerechts- oder Umgangsregelung (§§ 1671, 1684, 1685 BGB) nach einer Trennung oder Scheidung handelt,
– einen Sorgerechtsentzug nach § 1666 BGB,
– eine Fremdplatzierung des Kindes nach §§ 1666, 1666a BGB oder
– eine Rückführung aus der Pflegefamilie in die Herkunftsfamilie gemäß § 1632 Abs. 4 BGB,

nach dem Gesetzeswortlaut möglich und grundsätzlich erwünscht ist.

Der Gesetzgeber hat sich jedoch mit konkreten methodischen Vorgaben zurückgehalten und präzisiert lediglich in seiner Begründung des Gesetzesentwurfs beispielhaft: „der Sachverständige (kann) die Eltern zunächst über

---

13 Der Terminus „familienpsychologische Begutachtung" hat sich noch nicht endgültig etabliert; häufig wird noch ein kinderpsychologisches Gutachten oder ein Sachverständigengutachten in Auftrag gegeben.

die negativen (...) Auswirkungen einer Trennung auf alle Familienmitglieder aufklären und sodann versuchen, bei den Eltern Verständnis und Feinfühligkeit für die von den Interessen der Erwachsenen abweichenden Bedürfnisse des Kindes zu wecken. Gelingt dies, kann er mit den Eltern ein einvernehmliches Konzept zum zukünftigen Lebensmittelpunkt des Kindes und zur Gestaltung des Umgangs erarbeiten" (BR-Drucksache 309/07, S. 583).

Der vom Gericht bestellte Gutachter hat neben seinen diagnostischen Kenntnissen den aktuellen Stand der Wissenschaft, die aktuelle Forschung und die daraus resultierenden Erkenntnisse zu beachten und je nach Fallbezogenheit mit in die Überlegungen der Begutachtung einzufügen. So ist beispielsweise seit Jahren bekannt, dass Trennungen und Scheidungen keine punktuellen Ereignisse sind, dass sie sich immer in einem spezifischen Kontext vollziehen, generell ein Risiko im Lebenslauf darstellen und im Verlauf prinzipiell ein offenes Geschehen sind, sodass verlässliche Prognosen kaum möglich sind (Rohmann 2002, 82f.; Castellanos/Hertkorn 2014, 11).

Ein psychodiagnostisches Vorgehen im Rahmen eines familienpsychologischen Gutachtenprozesses beinhaltet deshalb immer jene methodisch und wissenschaftlich begründete Entscheidungshilfe, die aufgrund von Theoriebezogenheit und eigener Datenerhebung einem Auftraggeber – im vorliegenden Fall dem Familiengericht – zur Lösung eines Problems übermittelt wird.

Nach Westhoff/Kluck (2014) dient ein psychologisches Gutachten der Vorbereitung und Unterstützung von Entscheidungen. Die Autoren nennen ihr Vorgehen deshalb auch „Entscheidungsorientierte Diagnostik".

Dabei ist die durch den Sachverständigen vollzogene Datenerhebung im Gegensatz zu einer gutachtlichen Bewertung bereits vorliegender Stellungnahmen, Berichte bzw. Gutachten ein zentrales Essential jeder Begutachtung. An dieser definitorischen Festlegung hat sich seit Jahrzehnten kaum etwas geändert.

Mit Inkrafttreten der Kindschaftsrechtsreform am 1. Juli 1998 und des Familienverfahrensrechts am 1. September 2009, wandelten sich angesichts der veränderten Gesetzeslage vor allem in Bezug auf Sorgerechts- und Umgangsregelungen (vgl. §§ 1671, 1684, 1685 BGB) die Erwartungen der Familiengerichte an das Vorgehen familienrechtspsychologischer Begutachtungen.

1998 konnte noch nicht abgesehen werden, inwieweit die umfassenden Änderungen im Kindschaftsrecht Auswirkungen auf die gerichtsgebundene Sachverständigentätigkeit haben würde, da zunächst keine Änderungen einschlägiger Regelungen im Verfahrensrecht (ZPO) erfolgten. Erst durch § 163 Abs. 2 FamFG erweiterte sich der Aufgabenkreis des Sachverständigen. Nun wird der diagnostische Erkenntnisprozess, wenn es im Beweisbeschluss nach § 163 Abs. 2 FamFG ausdrücklich festgelegt worden ist, durch eine einvernehmenorientierte Intervention des Sachverständigen mit den Eltern, Kindern und sonstigen Beteiligten erweitert. Keinesfalls kann der Sachverständige jedoch während der Begutachtung in seiner Rolle als Sachverständiger eine Mediation durchführen, wie es Castellanos/Hertkorn (2014, 15) ausführen.

Dennoch fehlt es auch heute noch an methodisch ausformulierten, stringenten, schlüssigen und effektiven Interventionskonzepten, die nach der gesetzlichen Vorgabe im Rahmen eines Gutachtenauftrags z.B. nicht Mediation, Beratung, Paartherapie oder Familientherapie sein dürfen.

Inhaltlich und methodisch ist diese spezielle Art der einvernehmenorientierten Gerichtsbegutachtung trotz etlicher Vorschläge noch nicht vorgegeben und festgelegt (Salzgeber/Fichtner 2012, 234).

Einigkeit herrscht jedoch, bis auf wenige Außenseitermeinungen, dass auch bei einem einvernehmenorientierten Vorgehen eine Diagnostik der Familie und ihrer Mitglieder *vorangestellt* werden muss (Salzgeber/Fichtner 2012, 236).

Berechtigt ist der Sachverständige beispielsweise im Rahmen des einvernehmenorientierten Vorgehens, die Eltern z.B. auch bei der Ausgestaltung des Umgangs oder eines Wechselmodells (sog. Probehandeln) zu begleiten und zu unterstützen.

Hierüber sollte das Gericht im Rahmen von Sachstandsmitteilungen kontinuierlich gefragt und informiert werden.

Angesprochen sind im Rahmen des *vorangeschalteten* diagnostischen Vorgehens nicht nur die Möglichkeiten diagnostischer Erkenntnisse, sondern auch das Spannungsverhältnis bzw. das sich gegenseitig Bedingende und Ergänzende von

– Statusdiagnostik (Beschreibung eines Ist-Zustandes von Personen und Beziehungen als Momentaufnahme, meist mit prognostischer Ausrichtung),
– selektionsorientierter Diagnostik (z.B. geeignete Personen für bestimmte Anforderungen herauszufinden),
– Verlaufsdiagnostik (Beschreibung von Veränderungen) und
– entwicklungs-, prozess- oder modifikationsorientierter Diagnostik. Der vorangeschaltete diagnostische Erkenntnisprozess, also die Datenerhe-

bung, beinhaltet bei dieser Art des diagnostischen Erkenntnisprozesses die Zielvorstellung, Verhalten und Beziehungen untereinander zu beeinflussen, familiäre Konflikte zu entschärfen und Bedingungen zu schaffen, die zu eigenständigen Lösungen führen bzw. zu einer Optimierung gerichtlicher Entscheidungen.

Das Vorgehen im Rahmen einer sachgerechten familienpsychologischen Begutachtung hängt somit vom Grad der Zerstrittenheit der Parteien und/ oder dem Grad der Kindeswohlgefährdung ab:

– Das eine Mal wird eher die Status- und Selektionsdiagnostik zum Tragen kommen; ein Einvernehmen ist nicht möglich,
– das andere Mal eine Kombination von Status-, Selektions-, Verlaufs- und Modifikationsdiagnostik; ein Einvernehmen ist denkbar,
– das dritte Mal nur die Entwicklungs-, Prozess- oder Modifikationsdiagnostik, die letztlich in die einvernehmenorientierte Intervention mit guten Erfolgsaussichten einmündet.

Dennoch muss mit Blick auf die Sachverständigen und deren Gutachten kritisch festgehalten werden, dass auch heute noch eine klinisch-psychologisch ausgerichtete Gutachtenpraxis praktiziert wird (also nicht eine familienpsychologische Schwerpunktsetzung gewählt wird), in der der diagnostische Erkenntnisprozess und die Persönlichkeitsdiagnostik im Vordergrund steht, auch wenn es sich um ein typisch familienpsychologische Gutachten ohne psychopathologische Auffälligkeiten der Beteiligten handelt.

Hier kommt es offenbar aus Konkurrenzgründen zwischen Psychotherapeuten und Rechtspsychologen zu der sachlich falschen Feststellung, dass in Deutschland „nur die Fachpersonen, die einen Heilberuf ausüben (hier: Ärzte und Approbierte Psychotherapeuten) dazu berechtigt sind, klinische Diagnosen zu stellen" (so Castellanos/Hertkorn 2014, 58; siehe hierzu das umfangreiche Rechtsgutachten von Plagemann 2007, 411ff., 430, in dem festgehalten wird, dass der Approbationsvorbehalt nach § 1 PsychThG für den Familienpsychologischen Gutachter nicht gilt).

Die klinisch-psychologische Urteilsbildung führt dazu, dass über den betreffenden Personenkreis der Sachverständige eine (klinische) Prognose abgibt. Diagnostik und Prognostik bilden bei diesem Vorgehen eine Arbeitseinheit, ohne dass jedoch mit (angeregter bzw. von vornherein festgelegter) Beschlussfassung des Gerichts (§ 163 Abs. 2 FamFG) eine Intervention im Interesse der Eltern und des Kindes versucht wurde.

Heute hingegen fordern fast alle familienpsychologischen Sachverständigen Deutschlands eine eher *kombinierte* Tätigkeit: Befunderhebung im Rahmen des diagnostischen Erkenntnisprozesses, um mit Hilfe der relevanten Daten von Anbeginn der Untersuchungskontakte an ein einvernehmenorientiertes, konfliktmilderndes, entwicklungsoptimierendes oder modifikationsorientiertes Vorgehen des Sachverständigen, das die Entwicklungsprozesse der Familie berücksichtigt, möglich zu machen (Balloff 2008b; Balloff/Wagner 2010; Greger 2010; Lübbehüsen/Kolbe 2009; Maywald 2010; Rohmann 1997; Rohmann 2010; Rohmann/Stadler 1999; Salgo 2010; Salzgeber 2003; 2008; Salzgeber/Fichtner 2009; 2009a; Stötzel 2010; Wagner/Balloff 2009), obwohl weiterhin die weisungsgebundene Gehilfenstellung des Sachverständigen gegenüber dem Familiengericht auch nach Inkrafttreten des FamFG beibehalten blieb (vgl. § 404 a Abs. 1 ZPO; so schon die BGH Entscheidung 1994, 158).

Viele Familienrechtspsychologen und Familienrechtler sprechen – terminologisch nicht einwandfrei, weil im Gesetz so nicht angeführt – von einem lösungsorientiertem Vorgehen des Sachverständigen.

Bereits das Kindschaftsrechtsreformgesetz vom 1.7.1998 betont den Vorrang außergerichtlicher Hilfen und Unterstützung sowie die Verpflichtung des Gerichts, auf Einvernehmen hinzuwirken. Vermittlung in diesem Sinne bedeutet den Aufbau, die Stärkung oder Wiederherstellung der Fähigkeit der Eltern zur kompetenten Wahrnehmung ihrer elterlichen Verantwortung.

Dennoch ist neben der Auslegung und Änderungen von rechtlichen Normen nach wie vor die psychologische Wissenschaft gefragt, ein zeitgemäßes am Kind und am Wohlergehen des Kindes orientiertes Konzept psychologischer Sachverständigentätigkeit zu entwickeln. Der Sachverständige hat neben der für ihn geltenden Spezialvorschrift des § 163 Abs. 2 FamFG zu beachten, dass das im SGB VIII und im Familienverfahrensrecht in § 156 FamFG verankerte und grundlegende Prinzip „Hilfe vor staatlichem Eingriff" (vgl. §§ 8 Abs. 3, 17, 18 Abs. 4, 27, 28 SGB VIII; §§ 156, 158, 163 FamFG) auch für ihn gilt.

Mit anderen Worten: Bevor das Gericht durch richterlichen Beschluss in ein Familiensystem eingreift, ist den Eltern und Kindern vom Jugendamt oder dem Familiengericht ein Leistungsangebot in Form einer außergerichtlichen Beratung, Familientherapie, Psychotherapie oder Mediation nahezulegen. Damit ist vor den richterlichen Eingriff bzw. den justiziellen Interventionsansatz beispielsweise zur Regelung der elterlichen Sorge im Trennungs- oder Scheidungsfall (§ 1671 BGB) oder sonstige richterliche Eingriffe in die Familie *der Hilfe leistende sozialrechtliche Interventionsansatz getreten* (so schon Coester 1991a; siehe auch §§ 1666, 1666a BGB, in denen das Prinzip „Hilfe vor staatlichem" Eingriff schon Jahre vor den neueren Reformvorhaben gesetzlich geregelt worden ist).

Somit kann das Gericht für die Wahrnehmung eines Hinwirkens auf Einvernehmen mit den Beteiligten auch einen Sachverständigen hinzuziehen, der dann einvernehmenorientierte Vermittlungsbemühungen im Sinne einer Intervention mit der Familie in eigener Regie durchführt.

Allerdings erfordert eine fachlich versierte Tätigkeit, die auf Einvernehmen mit den Beteiligten abstellt einen fundierten Kenntnisstand von der jeweiligen familialen Problem- und Konfliktlage, der üblicherweise nur im Rahmen eines *vorangestellten* diagnostischen Erkenntnisprozesses erreicht werden kann.

Die Kinder sind an dem Prozess des Hinwirkens auf Einvernehmen zu beteiligen. Diese Partizipation gehört zu den fundamentalen Rechten eines Kindes, die nur dann nicht zum Tragen kommen, wenn im Rahmen der Beteiligung Gefährdungen auftreten würden (z.B. durch Gewaltandrohungen, Beleidigungen, Herabsetzen, Bloßstellen, Demütigen etc.), die Durchsetzung des kindlichen Willens zu einer Gefährdung führen würde oder die Eltern das Kind instrumentalisieren und beeinflussen (Maywald 2010, 463).

5.3.2 Die Beauftragungspraxis

Folgt man diesen familienrechtlichen Leitlinien, sollte ein Sachverständiger in der üblichen, also traditionellen Rolle des Gutachters nur dann bestellt werden, wenn

1. Eltern und Kindern bereits außergerichtlich Hilfe angeboten worden ist,
2. eine Beratung abgelehnt wurde,
3. eine Beratung erfolglos blieb,
4. eine Kindeswohlgefährdung nicht auszuschließen ist,
5. eine Kindeswohlgefährdung bereits eingetreten ist,
6. psychosoziale oder psychische Auffälligkeiten der Eltern das Wohl des Kindes gefährden,
7. das Kind gegen einen Elternteil eingestellt ist und die Kontakte mit ihm verweigert,
8. spezielle Besonderheiten des Kindes eine Begutachtung für sinnvoll erscheinen lassen (z.B. erhöhter Förderbedarf eines intelligenzgeminderten Kindes).

Bloße Uneinigkeit oder Streitigkeiten der Eltern um das Kind, bei ansonsten (gemutmaßter) Erziehungskompetenz, ohne dass zuvor beratende, familientherapeutische oder mediative Hilfen angeboten wurden oder eine Vermittlung nach § 156 FamFG versucht wurde, rechtfertigen somit noch nicht den Einsatz eines Gerichtsgutachters.

5.3.3 Rolle und Funktion des Sachverständigen

Theoretische Grundlagen typischer psychologisch-gutachtlicher Tätigkeit finden sich in der Entwicklungspsychologie (z.B. Bindungstheorie), der angewandten Psychologie und der Sozialpsychologie (Trennungs- und Scheidungsforschung), der Familienpsychologie (z.B. Methoden der Familiendiagnostik; Fragen des Wandels der Familie), der klinischen Psychologie (z.B. die Lehre von den psychischen Störungen; Klassifikation und Diagnostik; Methoden zur Untersuchung gestörten Verhaltens; psychische Störungen; Störungen im Zusammenhang mit Entwicklung und Alter), der Diagnostik (z.B. Methoden des diagnostischen Erkenntnisprozesses im Rahmen der Exploration oder Verhaltens- und Interaktionsbeobachtung), der Testpsychologie (z.B. Testtheorie; die Lehre von den Gütekriterien der Tests) und der Rechtspsychologie (diese umfasst psychologische Theorien, Methoden und Erkenntnisse zu Fragestellungen des Rechtswesens: Bliesener/ Lösel/Köhnken 2014; Köhler 2014) sowie Familienrechtspsychologie (z.B. die Lehre von der Interaktion der Psychologie mit dem Recht), wobei die Rechtspsychologie und für die Familiengerichtsbarkeit auch die Familienrechtspsychologie sowie die Kindschaftsrechtspsychologie (z.B. Wille des Kindes; Beziehungen und Bindungen des Kindes) zentrale Sammelbecken aller relevanten Aspekte dieser Psychologien, der Medizin und des Rechtswesens für die Gutachtertätigkeit darstellen.

Der Kernbereich eines jeden Vorgehens im Rahmen des gutachtlichen diagnostischen Erkenntnisprozesses in der Familiengerichtsbarkeit umfasst

1. die Analyse und Wiedergabe der Vorgeschichte in Bezug auf psychologisch relevante Sachverhalte (in erster Linie zunächst durch die Aktenanalyse),
2. das diagnostische Gespräch (auch Interview, Anamnese oder Exploration genannt) mit den Eltern und dem Kind,

3. die Interaktions- und Verhaltensbeobachtung (meist Hausbesuche beim Vater und der Mutter im Beisein des Kindes und gegebenenfalls Besuche von kindesrelevanten Einrichtungen, wie Kita oder Schule) und
4. bei Vorliegen einer Indikation auch die testpsychologische Untersuchung des Kindes und der Eltern
5. Befragung Dritter (mit Zustimmung der Personensorgeberechtigten).

Im Standardwerk von Schmidt-Atzert/Amelang (2012) wird in Anlehnung an die Aussagen von Westhoff/Kluck (2014) der Ablauf des gesamten diagnostischen Erkenntnisprozesses folgendermaßen beschrieben:

1. Fragestellung
2. Annahmen
3. Anforderungsprofil
4. Psychologische Fragen, die aus dem Akteninhalt und der juristischen Beweisfrage abgeleitet werden (Hypothesen: Z.B. wie stellen sich die Bindungen des Kindes mit den Eltern dar, welchen Willen äußert das Kind etc., wenn im Beweisbeschluss nach dem Aufenthalt des Kindes gefragt wird)
5. Untersuchungsplan
6. Durchführen der diagnostischen Untersuchung
7. Darstellen der Ergebnisse
8. Beantwortung der psychologischen Fragen und der juristischen Ausgangsfrage (Beweisfrage)
9. Vorschläge bzw. Empfehlungen zum weiteren Vorgehen.

Der Sachverständige hat aufgrund seiner berufsspezifischen Sachkunde die Pflicht, die vom Gericht gestellten Fragen mit zeitgemäßen, wissenschaftlichen und methodisch anerkannten Strategien zu beantworten. Das umfasst meist auch die Form des schriftlichen Gutachtens, obwohl das Gesetz offenbar dem mündlichen Gutachten Vorrang einräumt (§ 411 ZPO: „Wird schriftliche Begutachtung angeordnet ...").

Will der Gutachter ein anderes als durch die Beweisfrage vorgegebenes Vorgehen wählen oder bestehen fachliche oder ethische Zweifel, muss er sich mit dem Gericht in Verbindung setzen und für etwaige Änderungen der Beweisfrage eintreten (Westhoff/Kluck 2014), bis diese zweifelsfrei und eindeutig bearbeitbar ist (Westhoff/Terlinden-Arzt/Klüber 2000, 25).

Typische Beweisfragen, die z.T. ohne Handhabbarkeitmachung durch eine „Übersetzung" in psychologische Fragen für einen Sachverständigen nicht beantwortbar sind (z.B. Beweisfragen nach dem Sorge- oder Um-

I Das Kind vor dem Familiengericht bei Trennung und Scheidung

gangsrecht, Aufenthaltsbestimmungsrecht etc.), lauten im Rahmen von Begutachtungen in der Familiengerichtsbarkeit:

- Welche Sorgerechtsregelung/welches Aufenthaltsbestimmungsrecht dient dem Wohl des Kindes am besten?
- Ist die Mutter/ist der Vater erziehungsfähig?
- Welche Regelung des persönlichen Umgangs dient dem Wohl des Kindes am besten?
- Welcher Elternteil ist unter Berücksichtigung der gefühlsmäßigen Bindungen des Kindes, der eigenen Erziehungsfähigkeit und der jeweils angestrebten Perspektiven für das eigene Leben und das Leben des Kindes zur alleinigen Ausübung der elterlichen Sorge besser geeignet?
- Ist das körperliche, geistige oder psychische Wohl des Kindes angesichts des sexuellen Missbrauchsverdachts/der psychischen Erkrankung der Eltern/des Alkohol- oder Drogenmissbrauchs der Mutter oder des Vaters/ des körperlichen oder psychischen Misshandlungsverdachts gefährdet?
- Ist das Kindeswohl im Elternhaus des Kindes gefährdet und ist die Herausnahme des Kindes aus dem elterlichen Haushalt zur Abwendung einer Gefahr erforderlich?
- Würde die Wegnahme des Kindes aus der Pflegefamilie und die Rückkehr in die Herkunftsfamilie eine Kindeswohlgefährdung beinhalten?

Die regelmäßig bei entsprechender gerichtlicher Beschlusslage neben dem *vorangeschalteten* diagnostischen Erkenntnisprozess auf Veränderungen abzielenden einvernehmenorientierten und entwicklungsoptimierenden Strategien stellen eine spezifische familienpsychologische Einheit und Handlungsfigur dar. Sie eröffnet dem betreffenden Personenkreis beziehungsweise dem zur Debatte stehenden Familiensystem in Absprache mit dem Familiengericht und den Beteiligten neue Handlungsalternativen, die mit dem Sachverständigen besprochen, festgelegt und gegebenenfalls sogar unter seiner „Aufsicht" und Anleitung eingeübt werden (z.B. Probewohnen des Kindes bei einem Elternteil oder Durchführung neuer Umgangskontakte).

Diese einvernehmenorientierten Strategien des Sachverständigen beinhalten eine Einflussnahme ganz eigener Art (Intervention sui generis), die zwar auf die Methodik der Mediation, Beratung oder Therapie zurückgreifen dürfen, nicht aber im Rahmen eines Rollenwechsels vom Sachverständigen zum Psychotherapeuten die Durchführung einer Mediation, Beratung oder Psychotherapie beinhalten kann. Zu bedenken gilt, dass § 163 Abs. 2 FamFG dem Sachverständigen sehr viel Macht zubilligt, die einer richterlichen Funktion sehr nahe kommt (Salzgeber/Fichtner 2009, 334).

Gegen diese zeitgemäße Aufgabenstellung der Sachverständigen unter Nutzung einvernehmenorientierter und entwicklungsoptimierender Strategien, die über die traditionelle Arbeitsweise eines „ZPO-Gutachters" – Diagnose (Darstellen des Ist-Zustandes) und Prognose (Zukunftsvoraussage) – weit hinausgehen, werden allerdings vor allem aus juristischer Sicht trotz der neuen und eindeutigen Vorschrift des § 163 Abs. 2 FamFG immer wieder Bedenken angemeldet (früher schon Finger 1998; Finke 2003; Greger 2010, 446, der auch nach Inkrafttreten des § 163 Abs. 2 FamFG meint, dass eine „interventionsorientierte Begutachtung ... mit rechtlichen und praktischen Risiken behaftet (ist) und ... daher nur in Ausnahmefällen angeordnet werden (sollte)"; a.A. Balloff 2013b).

Nach Auffassung der Kritiker wird dem Sachverständigen in offenbar restriktiver Auslegung der gesetzlichen Möglichkeiten weiterhin in erster Linie eher die Rolle eines Hilfsorgans des Gerichts oder eines Entscheidungshelfers zugebilligt, der wegen möglicher Risiken und Befangenheit nur in begrenztem Maße die Rolle eines „Schlichtungshelfers" einnehmen könne. Hier rächt sich auch die Nachlässigkeit und Ignoranz des Gesetzgebers, alle relevanten Vorschriften für die familienrechtspsychologische Sachverständigentätigkeit nicht im Zuge der umfassenden Rechtsreformen in das FamFG zu integrieren, sondern in der ZPO zu belassen (§§ 402 ff. ZPO).

Zu bedenken ist beispielsweise die dem Zivilgericht auch außerhalb des familiengerichtlichen Verfahrens gemäß § 278 Abs. 1 S. 1 ZPO und nunmehr auch dem Familiengericht mit § 156 FamFG aufgegebene Verpflichtung, in jeder Lage des Verfahrens auf eine gütliche Beilegung des Rechtsstreits oder einzelner Streitpunkte bedacht zu sein bzw. auf Einvernehmen hinzuwirken.

Diese Schwerpunktsetzung in der Familiengerichtsbarkeit und gesetzliche Verpflichtung – wo immer möglich, einvernehmenorientiert vorzugehen, also deeskalierend zu wirken – hat auch der Gerichtsgutachter in gleicher Weise nach § 163 Abs. 2 FamFG einzulösen (siehe auch die Mitwirkung des Verfahrensbeistands nach § 158 Abs. 4 S. 3 FamFG beim Zustandekommen einer einvernehmlichen Regelung über den Verfahrensgegenstand – Salgo/Zenz(Fegert 2014, Rdnr. 266, 279, 384f.).

Möglicherweise bestehen bei Juristen auch terminologische Missverständnisse. Dies zeigt sich beispielsweise immer wieder, wenn – zum Teil auch in Anwaltsschreiben – unter typischen gerichtsbezogenen einverneh-

I Das Kind vor dem Familiengericht bei Trennung und Scheidung

menorientierten Strategien (Interventionen) des Gutachters nach § 163 Abs. 2 FamFG irrtümlicherweise von einer (unerlaubten) Mediation, Familientherapie oder psychologischen Beratung gesprochen und das Vorgehen des Sachverständigen dann beanstandet wird, obwohl beispielsweise in den Gesprächen nur auf einzelne Aspekte und technische Abläufe der Methodik einer Mediation, Beratung oder Familientherapie zurückgegriffen wurde (z.B. das Nutzen eines Flipcharts zum Visualisieren, Systematisieren und zur Hierarchisierung der Konfliktlage; Festlegung der Gesprächsregeln, die bei Nichteinhaltung zum Abbruch der Intervention führen, wie zuhören, ausreden lassen, Drohungen unterlassen etc.).

Trotz der unverkennbaren Tendenz der Verwissenschaftlichung der Begutachtung, Bestrebungen zur Qualitätssicherung im Rahmen des diagnostischen Vorgehens und beim Hinwirken auf Einvernehmen mit den Beteiligten steht die wissenschaftliche Begutachtung in der Familiengerichtsbarkeit nach wie vor und trotz des Inkrafttretens des FamFG auf rechtlich und psychologisch nicht sicheren und eindeutigen Standbeinen.

Die gesetzlichen Regelungen in der Zivilprozessordnung (§§ 402ff. ZPO) und trotz der Einfügung im FamFG mit § 163 geben immer noch eher Hinweise, wie Sachen, nicht aber Menschen in Konflikten zu begutachten sind. Eine Kindzentrierung in der ZPO ist nicht erkennbar. Daran hat sich auch durch die Neufassung des § 163 FamFG zur Frage der Sachverständigkeit im familiengerichtlichen Verfahren grundsätzlich nichts geändert, da die konkrete methodische Ausrichtung einer Begutachtung nicht angesprochen wurde und im Übrigen auch der Bezug zu den Vorschriften der §§ 402ff. ZPO weiterhin bestehen bleibt.

Das seit mehr als 20 Jahren praktizierte Vorgehen einiger familienpsychologischer Sachverständiger, neben dem *vorangeschalteten* diagnostischen Erkenntnisprozess, auf Veränderungen abzielende einvernehmen-, modifikations-, prozessorientierte und entwicklungsoptimierende Strategien anzustreben, stellen eine spezifische familienpsychologische Einheit dar, die dem betreffenden Personenkreis beziehungsweise dem zur Debatte stehenden Familiensystem neue Handlungsalternativen eröffnet (Balloff/Walter 1991a; 1991b; 1993).

Damals konnte noch nicht abgesehen werden, inwieweit die umfassenden Änderungen im Kindschaftsrecht Auswirkungen auf die gerichtsgebundene Sachverständigentätigkeit haben würden.

Hinzu kommt, dass in den letzten Jahren die familienpsychologische Sachverständigentätigkeit in der Familiengerichtsbarkeit nur von wenigen

Fachautoren einer kritischen Würdigung unterzogen wurde (Bergmann/ Jopt/Rexilius, 2002).

Beispielsweise thematisiert Rexilius (2002, S. 37) u.a. in dem Herausgeberwerk von Bergmann/Jopt/Rexilius, dass der diagnostische Prozess die methodischen Grundlagen des *Verstehens* und *Veränderns* zu befolgen hat, eine Forderung, die schon seit Jahren im Rahmen der entwicklungs-, modifikations-, oder prozessorientierten Diagnostik von Familienrechtspsychologen thematisiert wird (vgl. Balloff/Walter 1991b; Sternbeck/Däther 1986).

Handelt es sich bei dem Auftrag zum Hinwirken auf Einvernehmen lediglich um alten Wein in neuen Schläuchen? Legitimiert das FamFG nur eine bereits vor dem Inkrafttreten herrschende Praxis oder was ist neu an dem Auftrag nach § 163 Abs. 2 FamFG? Und was bedeutet *„bei der Erstellung des Gutachtens auch auf die Herstellung des Einvernehmens zwischen den Beteiligten hinzuwirken"*? Welche Chancen bietet die Begutachtung, den gerichtlich ausgetragenen Elternkonflikt einvernehmlich beizulegen und das trennungsbedingt desorganisierte Familiensystem einer Reorganisation zuzuführen?

Salzgeber (2008) meint zu Recht, dass das Ziel einer einigungs- oder entwicklungsorientierten Begutachtung nicht auf ein völliges Einvernehmen der Eltern begrenzt werden muss. Es gilt vielmehr eine Lösung anzustreben, die zu den gegebenen Umständen und zum angetroffenen Zeitpunkt für die Familie mit Blick auf das Kindeswohl möglich ist (Dettenborn/ Walter 2002, 62).

Salzgeber (2011, Rdnr. 2009ff.) spricht im Rahmen eines entwicklungsorientierten und entwicklungsoptimierenden Vorgehens des Sachverständigen von Vermittlung von

– Bedingungswissen (den Eltern beispielsweise die Reaktionen des Kindes auf eine Elterntrennung erklären),
– Veränderungswissen (den Eltern Strategien einer besseren Kommunikation vermitteln) und dem
– Wissen um die Bedeutung von Verhaltens- und Einstellungsänderungen.

Es können auch Teillösungen durch Herstellen partiellen Einvernehmens dem Wohl des Kindes dienlich sein, wenn z.B. über den Aufenthaltsort des Kindes ein Einvernehmen hergestellt wird, die Umgangsfrage aber strittig bleibt; das Kind im Rahmen einer Umgangsregelung vom Vater bereits am Freitagnachmittag von der Kita abgeholt wird und erst am Montagfrüh dorthin zurückgebracht wird, anstatt von Samstagfrüh bis Sonntagabend, um so die strapaziösen und konfliktbeladenen Übergaben des Kindes von Haustür zu Haustür zu vermeiden.

Vermittlung im Sinne des Einwirkens auf Einvernehmen bedeutet den Aufbau, die Stärkung, Wiederherstellung oder Erweiterung der Fähigkeit der Eltern zur kompetenten Wahrnehmung ihrer elterlichen Verantwortung.

Allerdings erfordert eine fachlich versierte Vermittlungstätigkeit des Sachverständigen einen fundierten Kenntnisstand von der jeweiligen familialen Problem- und Konfliktlage und den jeweiligen Interventionstechniken und dazu gehört der *vorab* durchzuführende diagnostische Erkenntnisprozess im Rahmen der Datenerhebung (ähnlich wie vor der Aufnahme einer Mediation, Psychologischen Beratung, Paar-, Familientherapie und Psychotherapie).

Auch Salzgeber (2008, 667) stellt zu Recht klar, dass eine *vorausgehende* differenzierte Diagnostik des familiären Konfliktes und der besonderen Situation der Beteiligten durch eine entsprechende Intervention ergänzt werden soll.

Häufig legen die Gerichte jedoch die Reihenfolge im richterlichen Beweisbeschluss folgendermaßen fest: Zunächst soll die Intervention versucht werden und dann erst die Diagnostik im Rahmen der Begutachtung (z.B. Interview, Anamnese, Exploration, Verhaltens- und Interaktionsbeobachtung und gegebenenfalls testpsychologische Untersuchungen)[14]. Diese Vorgehensweise impliziert, dass eine gemeinsam von beiden Eltern getragene Lösung grundsätzlich dem Kindeswohl am besten entspricht. Nicht immer ist dies jedoch der Fall. Denkbar sind Fälle, in denen ein erhebliches Macht-

---

14 Aus einem richterlichen Beschluss vom 30.7.2014 zur Regelung des Umgangs nach § 1684 BGB:
„1. Der Gutachter soll mit den Eltern lösungsorientiert zu arbeiten und Gefährdungen/Beeinträchtigungen des Kindeswohls im Haushalt der Kindesmutter durch eine entsprechende Intervention eindämmen, sofern er eine entsprechende Tätigkeit als Erfolg versprechend und zweckmäßig erachtet.
2. Sollten die Bemühungen des Sachverständigen erfolglos bleiben, sind folgende Fragen zu beantworten:
a) Ist das geistige, körperliche oder seelische Wohl von Miriam im Haushalt der Mutter gefährdet?
b) Worin besteht die Gefährdung?
c) Ist zur Abwehr der Gefahr, sofern eine solche besteht, die Trennung zwischen Mutter und Kind bzw. ein Wechsel des Kindes in den Haushalt des Vaters erforderlich?
d) Ist zu erwarten, dass sich die Mutter dauerhaft auf solche Hilfen einlassen kann?".

ungleichgewicht zwischen den Eltern die Berücksichtigung der Kindesinteressen verhindert, oder sich die Frage der Kindesinteressen mit anderen Themen, wie Unterhaltsleistungen, Hausratsaufteilung und Wohnungsfragen etc. vermischen.

Nicht zuletzt muss festgestellt werden, dass die Subjektstellung des Kindes im gerichtlichen Verfahren ein lang erkämpftes Gut darstellt, aus dem z.B. auch die Rolle des Verfahrensbeistands zur Wahrung der Kindesinteressen und Verlautbarung des Kindeswillens resultiert. Es wäre daher als Rückschritt zu betrachten, wenn der Wille und die Interessen des Kindes im familiengerichtlichen zugunsten der Annahme, eine von den Eltern gemeinsam erarbeitete Lösung sei *grundsätzlich* die für die betroffenen Kinder bessere Alternative, geopfert würde. Diese Rückschritte sind im Rahmen der Diskussion um das Elternentfremdungssyndrom, des Cochemer Modells und neuerdings beim eher elternzentrierten Wechselmodell deutlich zu erkennen: Die Meinung des Kindes ist nicht ernsthaft gefragt.

Obwohl der Sachverständige das grundgesetzlich garantierte Elternrecht zu respektieren hat und auch die Möglichkeit der Eltern besteht, sich vom gerichtlichen Verfahren durch Antragsrücknahme wieder zurückzuziehen, werden im Rahmen einer Begutachtung der Wille und die Bedürfnisse des Kindes in Erfahrung gebracht werden müssen.

Ein sachverständiges Vorgehen kann sich nicht ergebnisoffen dem Einigungsprozess der Eltern „unterwerfen", sondern muss die Bedürfnisse und den Willen der betroffenen Kinder herausarbeiten und berücksichtigen (das gilt auch für den Verfahrensbeistand: Salgo/Zenz/Fegert et al. 2014, Rdnr. 279).

Das im Rahmen einer einvernehmenorientierten Begutachtung von den Eltern mit dem Sachverständigen zu erarbeitende Ergebnis hat sich daher in einem am Kindeswohl orientierten Bereich zu bewegen, der den Eltern zwar Spielraum für gemeinsame Lösungen lässt, dessen Grenzen jedoch durch Wunsch, Wille und Bedürfnisse des Kindes, das Kindeswohlprinzip und eine denkbare Kindeswohlgefährdung markiert sind.

Das sachverständige Hinwirken auf Einvernehmen kann daher im Hinblick auf die einzusetzenden Strategien meist erst *nach* Beendigung der relevanten diagnostischen Untersuchungen begonnen werden.

Gleichermaßen muss der Sachverständige im Falle eines Scheiterns der Bemühungen, Einvernehmen mit den Eltern und dem Kind herzustellen, in der Lage sein, ein mündliches oder schriftliches Gutachten gemäß den üblichen methodischen und üblichen Qualitätsanforderungen zu erstellen, dass für die dann notwendige gerichtliche Entscheidung herangezogen werden kann.

Wenn das einvernehmenorientierte Vorgehen des Sachverständigen im Rahmen des gerichtlichen Begutachtungsauftrages stets erst *nach* Abschluss der notwendigen psychologischen Untersuchungen erfolgt, verlängert dies u.U. die Dauer der Begutachtung um einige wenige Wochen. Ein einvernehmenorientiertes Gutachten entspricht daher nicht unbedingt der Zielsetzung des Vorrang- und Beschleunigungsgebots nach § 155 FamFG und eine vom Gericht zu knapp festgelegte Frist zur Abgabe des Gutachtens (§ 163 Abs. 1 FamFG) kann das Herstellen von Einvernehmen auch erschweren.

Andererseits ist evident, dass ein Einvernehmen der Eltern die Verfahrensdauer erheblich verkürzen kann, da zeitraubende Beschwerdeverfahren entfallen.

Daher beinhaltet das Vorgehen immer eine Nutzen/Risikoabwägung: Einerseits stabilisiert sich das Familiensystem durch das Herstellen von Einvernehmen und wirkt auf Dauer für das Kind entlastend. Eine Regelung ist auch haltbarer und beständiger, wenn Eltern sich einig sind.

Demgegenüber kann ein gewisses Risiko für das Kind durch eine aktuell ungeklärte Situation entstehen, wenn beispielsweise das Gericht nach einer Trennung der Eltern eine Wechselregelung oder einen Umgang beschließt, den alle Beteiligten nicht wollen. Wenn ein zufriedenstellendes Interimsmodell gefunden werden konnte, hat der Sachverständige für weitergehende Einigungsbemühungen mit den Beteiligten genug Zeit.

Entscheidend für eine eltern- und kindzentrierte psychologische Sachverständigentätigkeit ist, dass

1. alle Beteiligten im Rahmen des Begutachtungsprozesses nach Möglichkeit eine neue, verbesserte Perspektive zum Wohl des Kindes erkennen und entwickeln,
2. die diagnostische Ermittlung den jeweiligen familialen Ressourcen, Bedingungen und Handlungsalternativen förderlich ist,
3. eine Stärkung der Subjektstellung des Kindes und
4. eine Stärkung der elterlichen Kompetenz erfolgt.

Hierzu sollten die Möglichkeiten eines interaktiven diagnostischen Erkenntnisprozesses zwischen Eltern und Kind einerseits und Sachverständigen andererseits nutzbar gemacht werden.

Mit diesem Vorgehen eröffnen sich in der gerichtsbezogenen gutachtlichen Tätigkeit neue Perspektiven eines subjektorientierten Vorgehens, indem nach Durchlaufen des diagnostischen Erkenntnisprozesses *mit* den Eltern und dem Kind auf Einvernehmen hingewirkt wird. So kann verhindert werden, dass nicht sogleich *über* diesen Personenkreis diagnostische Werturteile abgegeben und Schlussfolgerungen gezogen werden. Dieses eher systemorientierte Vorgehen kommt dem systemischen Verständnis von Familie sehr nahe.

Das Gelingen einer angemessenen Rekonstruktion von Familienangelegenheiten und die Eröffnung neuer Perspektiven, die unter Umständen möglich gewordene Teillösung oder sogar der Konsens und die aus diesem Prozess erwachsenen Perspektiven sind dann als Wahrheits- und Erfolgskriterium für ein gelungenes, am Kindeswohl orientiertes gutachtliches Vorgehen schlechthin anzusehen.

Dennoch muss ein schriftliches Sachverständigengutachten für den Leser überprüfbar sein, gleichgültig, welche Methodik und welches Vorgehen gewählt wurden.

Diesen Prüfvorgang ermöglichen beispielsweise die „Richtlinien für die Erstellung Psychologischer Gutachten" des Berufsverbandes Deutscher Psychologinnen und Psychologen (BDP) auch für Juristen, die in der Fassung von 1988/1994 nicht nur einen Minimalkonsens in der Rechtspsychologie darstellen, sondern ebenso eine Richtschnur für die Bewertung vorliegender Gutachten beinhalten.

Diese „Richtlinien" wurden 2007 in der Arbeitsgruppe 19 des Deutschen Familiengerichtstages aufgegriffen (Balloff 2008a, 165–168), diskutiert und als so genannte Mindeststandards bei der Begutachtung neben etlichen anderen Aspekten ohne Gegenstimme verabschiedet[15].

---

15 Siebzehnter Deutscher Familiengerichtstag vom 12. bis 15. September 2007 in Brühl, Arbeitskreis 19, Mindeststandards bei der Begutachtung: Ein Sachverständigengutachten in der Familiengerichtsbarkeit gehört in den dafür geeigneten Fallkonstellationen zu einem routinemäßigen Beweismittel des Familiengerichts.
 1. Ein Gutachten beinhaltet eine umfassende, meist schriftliche, für den Auftraggeber und die Beteiligten nachvollziehbare Darlegung der Aufgabe, des Verlaufs, der Ergebnisse und der Bewertung der Ergebnisse einer Untersuchung, auf der Grundlage evidenter Abwägungsprozesse, wobei die zugrunde gelegten Beurteilungsmaßstäbe wissenschaftlich anerkannt sein müssen.

I Das Kind vor dem Familiengericht bei Trennung und Scheidung

Das FamFG zwingt somit den Sachverständigen die Ausgestaltung und Umsetzung der Begutachtung mit Blick auf das Hinwirken auf Einvernehmen mit den Beteiligten zu verändern und zu ergänzen – und wird mehr denn je klinisch-psychologische Diagnosen und Urteile vermeiden helfen.

Für § 163 Abs. 2 FamFG wurde dargestellt, dass das von der Gesetzgebung legitimierte und nunmehr ausdrücklich mittels Gerichtsbeschluss be-

---

2. Eine Begutachtung in der Familiengerichtsbarkeit kann
   – den Status erheben mit daraus abgeleiteter Vorhersage/Prognose (traditionelles, sog. status orientiertes Gutachten) oder/und
   – interventionsorientiert oder lösungsorientiert (vgl. § 163 Abs. 2 FamFG) auf der Grundlage eines vorangeschalteten diagnostischen Erkenntnisprozesses angelegt sein oder
   im Rahmen der Wahrnehmung eines Vermittlungsauftrages nach § 165 FamFG erstellt werden.
3. Insbesondere bei schriftlicher Abfassung eines Familienrechtsgutachten sind im Aufbau und bei der Durchführung von Gutachten in der Familiengerichtsbarkeit folgende Mindeststandards zu beachten:
   – Übersicht, auch als Vorbemerkungen oder Vorgehensweise bezeichnet, und Wiedergabe des richterlichen Beschlusses; Anführen eines Arbeitsplans und Untersuchungsplans sowie Reformulierung der juristischen Fragestellung in eine handhabbare psychologische Fragestellung (sog. hypothesengeleitetes Vorgehen)
   – Darstellung der Vorgeschichte nach Aktenlage, die ausschließlich die relevanten psychologischen Gesichtspunkte betreffen
   – Datenerhebung/Untersuchungsbericht
   – Befund (Zusammenstellung der Daten)
   – Stellungnahme und Beantwortung der vom Gericht gestellten Fragen
   – Interventionen.

Einigkeit herrscht in der rechtspsychologischen Wissenschaft ferner, dass ein familienpsychologisches Gutachten folgende Schwerpunkte umfasst:
– 1. Anführen der Fragestellung
– 2. Nennung des Auftraggebers, der Untersucher, der Untersuchungstermine, Untersuchungsdauer und Untersuchungsorte.
– 3. Gegebenenfalls Referierung vorliegender Informationen, beispielsweise aus Akten und Vorgutachten.
– 4. Präzise Formulierung der Fragestellung, von der das Gutachten ausgeht.
– 5. Bezeichnung, Nennung und Charakterisierung der Untersuchungsmethoden und Untersuchungsverfahren – Kurzbeschreibung der angewandten psychodiagnostischen Instrumente.
– 6. Darstellung der relevanten Daten und deren Interpretation.
– 7. Darstellung der für die Fragestellung relevanten Untersuchungsergebnisse, soweit nicht rechtliche oder ethische Bedenken entgegenstehen.

auftragbare Hinwirken auf Einvernehmen mit den Beteiligten die übliche familienrechtspychologische Diagnostik im herkömmlichen Sinne *nicht* ersetzt, sondern ergänzt.

Da Ziel und Richtschnur des familiengerichtlichen Verfahrens nach wie vor das Wohl der betroffenen Kinder ist, wird es auch in Zukunft nicht primär die Aufgabe des Gutachters sein, zwischen den Eltern eine Lösung zu erarbeiten, die zuallererst von diesen als „gerecht" empfunden und daher getragen wird, sondern die Lösung herbeizuführen, die dem Kindeswohl am besten entspricht.

Wird von Seiten des Gerichts eine „lösungsorientierte" Begutachtung oder das Hinwirken auf Einvernehmen zwischen den Eltern angeordnet, sieht sich der Sachverständige (noch) nicht in der Pflicht, bestimmte definierte methodische Praktiken anzuwenden, es ist jedoch von ihm zu verlangen, darzulegen, wie er den Auftrag umgesetzt hat.

Die methodischen Mindeststandards für das Hinwirken auf Einvernehmen zwischen den Eltern werden zukünftig sowohl in der gutachterlichen Praxis, als auch in der Rechtsprechung definiert werden.

Jede vom Gericht schriftlich niedergelegte Situationsbeschreibung ist zum Zeitpunkt des Fixierens bereits Vergangenheit und jeder Versuch der Sachverhaltsaufklärung muss der jeweils aktuellen Situation notwendigerweise hinterherhinken.

8. Die Auswahl der Untersuchungsverfahren muss aus der Fragestellung herleitbar und nachvollziehbar sein.
9. Das psychologische Gutachten soll in der Regel nicht auf einer einzigen, sondern auf mehreren voneinander unabhängigen Datenquellen beruhen (z.B. Exploration, Verhaltensbeobachtung, Akteninhalte, unterschiedliche Tests).
10. Alle Befunde müssen mit ihrer Dokumentations-Quelle genannt werden. Dabei kann auch die Art der Dokumentierung von Bedeutung sein (z.B. Mitschriften, Notizen oder Tonbandprotokolle).
11. Aussagen von Dritten deutlich von den eigenen Aussagen abheben.
12. Beschreibung der für die Fragestellung relevanten Verhaltensweisen der Klienten.
13. Mitteilungen aller Ergebnisse, die für die Beantwortung der gerichtlichen Beweisfrage von Bedeutung sind – wie der Gutachter zum Befund und der Stellungnahme kommt, muss klar erkennbar sein.
14. Interpretation der Ergebnisse nach wissenschaftlich-psychologisch vorgegebenen Regeln und, soweit erforderlich, Hinweise auf Grenzen der Interpretierbarkeit der Daten.
15. Interpretation und Diskussion der Befunde und explizite Stellungnahme zur gerichtlichen Fragestellung.
16. Darstellen und Kenntlichmachung der Schlussfolgerungen des Gutachters.
17. Unterschrift des verantwortlich zeichnenden Untersuchers.

I Das Kind vor dem Familiengericht bei Trennung und Scheidung

Aufgabe einer auf Einvernehmen und Vermittlung fokussierten familienrechtlichen Praxis ist es, diesen „Fluss" zu begleiten und ihm modifizierend eine andere (Fließ-)Richtung zu geben.

Auch die sog. statusorientierte Diagnostik kann die Realität der Beteiligten nicht umfassend abbilden, da bereits die Aufnahme und der Verlauf der Begutachtung eine Intervention darstellt und jede Diagnostik immer nur *einen Teil* der Realität erhellt.

Wie hinter dem Antrag auf Übertragung der alleinigen elterlichen Sorge meist ein spezifisches Bedürfnis steht, so fußt auch das familiengerichtliche Verfahren häufig auf symbolischen und diskursiven Praktiken, die bestimmte Situationen und Interaktionen verändern oder erst hervorbringen können.

Das FamFG stellt auch Familienrichter mit seinem Schwerpunkt auf Vermittlung und Einigung vor neue Herausforderungen. Diese betreffen u.a. den Bereich der Gesprächsführung.

Alle Professionen (Familienrichter, Mitarbeiter im Jugendamt, Verfahrensbeistand, Sachverständiger z.B.) in der Familiengerichtsbarkeit bedürfen deshalb einer permanenten Fortbildung und Weiterentwicklung ihres Berufsbildes. Dies wird nur durch das Ausprobieren und Austarieren neuer Praktiken gelingen, zu der auch eine interdisziplinäre Zusammenarbeit aller am familiengerichtlichen Verfahren beteiligten Professionen gehört.

5.3.4 Ausblick und Perspektiven

Richterliche Entscheidungen in Familiensachen ohne Nutzung außergerichtlicher Hilfen oder Einsatz einer einvernehmenorientierten und entwicklungsoptimierenden Begutachtung stellen meist kein sinnvolles Instrument zur Lösung von Beziehungskonflikten und Familienproblemen dar. Eine Ausnahme beinhalten die besonders eilbedürftigen und dann oft auch akut kindeswohlgefährdenden Konstellationen.

Nicht selten werden durch zu frühe Entscheidungen der Gerichte innerfamiliale Konflikte unnötig festgeschrieben (Scheuerer-Englisch 1993). Gelegentlich wird aber auch zu spät entschieden, sodass es auch in diesem Fall zu einer sekundären Kindeswohlgefährdung kommen kann, diesmal durch eine Instanz sozialer Kontrolle, wie durch das Jugendamt in Wahrnehmung „Anderer Aufgaben" oder das Familiengericht.

Wird das elterliche Sorgerecht als pflichtengebundenes Recht begriffen, stellt beispielsweise eine gerichtliche Auflage zur Aufnahme einer psychologischen Beratung (vgl. § 156 FamFG) einen weitaus geringeren Eingriff in das Sorgerecht dar als die Entziehung des Aufenthaltsbestimmungsrechts oder Sorgerechts. Dazu würde auch die gerichtlich angeordnete Mediation gehören, was aber nach § 156 FamFG nicht möglich ist.

Dabei wird die ordnungsstiftende Funktion eines gerichtlichen Beschlusses in den dafür geeigneten – meist chronifizierten und hoch eskalierenden – Fällen nicht verkannt. Nicht umsonst spricht der Familienrichter Harald Vogel (2011, 190) von dem Recht der Eltern zum Streit und der Pflicht des Familiengerichts zur Entscheidung. Eine gerichtliche Regelung ist nach ihm sogar zwingend erforderlich, wenn „die Eltern nicht in der Lage sind, in eigener Verantwortung eine Lösung herbei zu führen" (Vogel 2011, 194).

5.3.5 Parteigutachten

Wird von einem Beteiligten (Eltern oder deren Rechtsanwälte) ein Privatgutachten oder eine gutachtliche Stellungnahme zu einem bereits vorliegenden Gerichtsgutachten eingeholt – meist wird im letzteren Fall eher von einer „Expertise" oder einer Stellungnahme zu einem vorliegenden Gutachten gesprochen –, handelt es sich grundsätzlich nicht um ein Beweismittel nach §§ 355ff. ZPO, sondern um einen Sachvortrag, der urkundlich belegt wurde.

Wird eine Expertise zu einem Gerichtsgutachten vorgelegt, muss sich das Gericht mit beiden Schriftstücken auseinander setzen. Darüber hinaus muss grundsätzlich der gerichtlich bestellte Gutachter angehört werden (§ 411 Abs. 3 ZPO). Zumindest ist ihm Gelegenheit einzuräumen, eine Stellungnahme abzugeben (BGH vom 9.1.196 – VI ZR 70/95 = NJW 1996, 1597: Zur Verpflichtung des Richters, auf die Aufklärung von Widersprüchen innerhalb der Beurteilung des gerichtlichen Sachverständigen hinzuwirken und sich mit von der Partei vorgelegten Privatgutachten auseinanderzusetzen).

Hier ergeben sich für das Familiengerichtsverfahren Fragen, die noch nicht hinreichend geklärt sind:

- Wer ist berechtigt, eine Expertise zu einem vorliegenden Gutachten zu erstellen? Welche Qualifikationen sollte eine derartige Person haben?
- Wirken derartige Expertisen eher Streit verschärfend oder Streit schlichtend?
- Welche Anlaufstellen gibt es in Deutschland oder den Bundesländern, um vorliegende Gutachten „begutachten" zu lassen? Sollte eine Kammer

für Sachverständige eingerichtete werden (ähnlich der Psychotherapeutenkammer, der Ärztekammer, der Anwaltskammer)?
- An wen und wohin kann sich ein Begutachteter wenden? Wie wird es in anderen Wissenschaftsbereichen (z.B. Medizin, Psychiatrie, klinische Psychologie) gehandhabt, eine kontrollierende oder überprüfende Instanz in Anspruch zu nehmen?
- Bestehen ethische, berufsrechtliche oder berufsständische Schranken, die einer „Begutachtung" eines Gutachtens entgegenstehen?
- Was sollte im Falle einer etwaigen Überprüfung eines Gutachtens hinterfragt werden – das Vorgehen des Gutachters, Inhalte, Methoden?
- Wer sollte der Auftraggeber sein – z.B. Eltern und/oder Rechtsanwälte?
- Falls eine Expertise erstellt wird, an welche Standards hat sich der Gutachter halten?
- Sollten die gleichen Standards wie für die Gutachtenerstellung oder andere zu Rate gezogen werden?
- Sollten inhaltliche Fragen oder Fehler thematisiert werden, auch wenn diese über die Klärung methodischer Fragen hinausgehen?
- Ist Vorkasse gerechtfertigt und in welcher Höhe? Soll sich das Honorar an dem Justizvergütungs- und Entschädigungsgesetz (JVEG) orientieren (seit 1. August 2013 100,00 Euro pro Leistungsstunde, zuzüglich Umsatzsteuer und Auslagen)?
- Soll eine freie Honorarvereinbarung gelten?
- Ist ein Erfolgshonorar ethisch und rechtlich vertretbar?
- Sollte dem Vorgutachter mit Einwilligung des Auftraggebers die Stellungnahme zum vorliegenden Gutachten überlassen werden?
- Wie kann sich ein vom Gericht bestellter Sachverständiger gegen ungerechtfertigte Kritik wehren?

Die Gefahren, die bei der Erstellung von Expertisen zu vorliegenden Gutachten durch zum Teil selbst ernannte Experten entstehen, die gelegentlich zu allem Überfluss noch nicht einmal einschlägige Experten sind oder keinen einschlägigen Berufsabschluss haben (siehe § 167 Abs. 6 FamFG: Dort werden beispielsweise der Arzt für Kinder- und Jugendpsychiatrie, Psychotherapeuten, Psychologen, Pädagogen oder Sozialpädagogen erwähnt), liegen auf der Hand: Neuer Streit entsteht. Die bereits hochstrittigen Gerichtsverfahren werden verzögert und die hocheskalierte Familiensituation manifestiert und chronifiziert sich weiter.

Die Vorteile liegen aber auch auf der Hand: Schutz der fachlich meist nicht versierten Beteiligten des Verfahrens und des Familiengerichts vor methodisch fragwürdigen und fehlerhaften Gutachten.
Vorschläge für eine rechtlich und ethisch akzeptable Handhabung:

– Expertisen zu einem Gerichtsgutachten werden nur dann von einem in der Rechtspsychologie ausgewiesenen und zertifizierten Experten erstellt, wenn eine Vorprüfung ergibt, dass methodische Fehler vorliegen. Liegen keine methodischen Fehler vor, wird nur der Leseaufwand abgerechnet.
– Expertisen werden nach Vorkasse der Auftrag gebenden Partei, in aller Regel des Rechtsanwalts, zur Verfügung gestellt.
– Die Bezahlung richtet sich seit dem Inkrafttreten am 1.7.2004 und den Honoraränderungen ab 1. August 2013 nach den Modalitäten des Justizvergütungs- und Entschädigungsgesetzes. Sonderhonorarvereinbarungen unter dem Honorarsatz des JVEG sollten möglich sein, um auch finanzschwachen Beteiligten eine Expertise zu ermöglichen.

Typische Gutachtenfehler, die zu einer Expertise führen: Sehr häufig fließen bereits in den Datenerhebungsteil – also in das diagnostische Gespräch, Interview, in die Anamnese und Exploration und vor allem bei Hausbesuchen – Bewertungen des Sachverständigen ein, die erst in den Stellung nehmenden Befundteil gehören.

Oft werden die Sorgerechtskriterien nicht durchgearbeitet, z.B. die Geschwisterbeziehungen oder der Wille des Kindes „vergessen".

Oder der Bindungsbegriff wird mit dem erweiterten Beziehungsbegriff verwechselt, der fatalerweise vor Jahrzehnten in dieser Vermischung Eingang in die Gesetzgebung und Rechtswissenschaft gefunden hat, sodass es zu terminologisch nicht sicheren Aussagen kommt, wenn von der „Bindungsstärke oder „Intensität" der Bindungen, von Geschwisterbindung usw. gesprochen wird – alles Begriffe, die in Anlehnung an den § 1671 BGB a.F. entstanden sind, dem Bindungsbegriff nach J. Bowlby aber fremd sind. Die Bindungstheorie kennt nur die sichere, unsicher-vermeidende, unsicher-ambivalente und desorganisierte Bindung.

Brisch (1999) hat diesem Konzept die Bindungsstörung hinzugefügt, die zum Teil in den internationalen diagnostischen Klassifikationen zu finden ist (z.B. ICD-10 und DSM-V).

Heute findet man den Bindungsbegriff als erweiterten Beziehungsbegriff im Familienrecht nur noch in § 1626 Abs. 3 BGB: „Zum Wohl des Kindes gehört in der Regel der Umgang mit beiden Elternteilen. Gleiches gilt für den Umgang mit anderen Personen, zu denen das Kind Bindungen besitzt, wenn ihre Aufrechterhaltung für seine Entwicklung förderlich ist."

5.3.6 Verfahrensbeistand und Sachverständiger

Verfahrensbeistand und Sachverständiger sollten bei zeitgleicher und ebenso bei zeitversetzter Bestellung bereits vor Arbeitsaufnahme mit der Familie die in Frage kommenden Termine absprechen, um Überschneidungen zu vermeiden und somit die Familie nicht unnötig zu belasten.

Verfahrensbeistand und Sachverständiger sollten gerade in diesen Fallkonstellationen einer „Doppelbesetzung" den Eltern und dem Kind die unterschiedlichen Berufsrollen erläutern: z.B. hier das primäre Herausarbeiten des Kindeswillens unter Beachtung des Kindeswohls durch den Verfahrensbeistand, dort Beachtung der Kindeswohl-, Sorgerechts- und Umgangskriterien, aber auch des Familienwohls durch den Gerichtsgutachter.

Ein Erfahrungs- und Meinungsaustausch beider Berufsgruppen gleich zu Beginn des gerichtsgebundenen Einsatzes ist normalerweise – mit Ausnahme bei einer Kindeswohlgefährdung – nicht erforderlich. Zu beachten ist, dass beide Berufsgruppen grundsätzlich nur mit Zustimmung der Personensorgeberechtigten, meist die Eltern oder der Vormund in einen fallbezogenen fachlichen Austausch treten sollten (sinnvoll ist hierfür eine schriftliche Schweigepflichtsentbindung gemäß § 203 StGB durch die Sorgerechtsinhaber).

Beide Berufsgruppen haben zu beachten, um Streit und Animositäten zu vermeiden, dass die unterschiedlichen Berufsrollen und fachlichen Ausrichtungen und damit auch unterschiedliche Schwerpunktsetzungen und Vorgehensweisen u.U. zu unterschiedlichen Auffassungen, Bewertungen und Schlussfolgerungen führen können.

Der Verfahrensbeistand und der psychologische Sachverständige sollten ihre Berufsrollen und unterschiedlichen Aufgaben nicht konkurrierend wahrnehmen. Vielmehr sollten sie ein durch Koordination geprägtes kooperatives Grundverständnis in analoger Anwendung zu den auf Vermittlung ausgerichteten Grundgedanken der §§ 158 und 163 Abs. 2 FamFG entwickeln: Während der Verfahrensbeistand vordringlich der „Interessenwahrnehmung" des Kindes verpflichtet ist (§ 158 Abs. 1 S. 1 FamFG), also unbedingt den Kindeswillen in Erfahrung und in das Gerichtsverfahren einzubringen hat, hat der Sachverständige – ähnlich wie das Jugendamt oder das Familiengericht – das Kindeswohlprinzip in einem kind- und elternzentrierten Sinne zu beachten.

Das Arbeitsfeld des Gutachters ist somit weiter gefasst als das des Verfahrensbeistands, wobei gerade angesichts dieser unterschiedlichen Aufgaben die meisten Diskrepanzen und Missverständnisse auftreten können. Die Verfahrensbeistandschaft ist grundsätzlich nicht eine weitere Institution zur Herausarbeitung und Bestimmung des Kindeswohls nach den üblichen Kindeswohlkriterien: Für das im Ergebnis als objektiv „richtig" verstandene Kindeswohl ist weiterhin auch das Jugendamt, der Sachverständige und das Familiengericht zuständig.

Allerdings hat auch der Verfahrensbeistand, wie alle anderen im familiengerichtlichen Verfahren beteiligten Berufsgruppen, das verfahrensleitende Prinzip des Kindeswohls zu beachten. Der Verfahrensbeistand hat die Aufgabe, die Wünsche und den Willen des Kindes oder Jugendlichen herauszufinden, um diese so authentisch wie möglich dem Gericht mitzuteilen. Dies bedeutet nicht, dass der Verfahrensbeistand nur Sprachrohr des Kindes sein sollte, vielmehr hat er auch die Aufgaben die objektiven Kriterien des Kindeswohls zu beachten (Zitelmann 2001, 338ff.; Salgo/Zenz/Fegert et al. 2014, Rdnr. 49ff.; Dettenborn 2014, 81).

Weder der Verfahrensbeistand noch der Sachverständige sind weitere „Streitparteien" in einem hochstrittigen Familienrechtsverfahren, sondern als Mitwirkende des Verfahrens, eher Katalysatoren und in diesem Sinne auch „Vermittler", insbesondere in hoch eskalierenden und dann meist kindeswohlschädlichen Familienkonflikten.

Der Verfahrensbeistand ist rechtlich der Verfahrensvertreter des Kindes oder Jugendlichen (nicht der rechtliche Vertreter des Kindes) und hat somit weitaus mehr Rechte als der Sachverständige, indem er beispielsweise die Pflicht und das Recht hat, alle Verfahrenshandlungen vorzunehmen oder anzuregen, die zur Wahrnehmung der Interessen des Kindes oder Jugendlichen geboten erscheinen. Darüber hinaus kann z.B. der Verfahrensbeistand in seiner Rolle als Beteiligter des Verfahrens u.U. gegen den Sachverständigen einen Antrag wegen Besorgnis der Befangenheit stellen. Der Sachverständige hat diese Möglichkeit nicht. Das Gleiche gilt auch in Bezug auf den amtierenden Richter: der Verfahrensbeistand, nicht aber der Gutachter kann beantragen, den Richter wegen Besorgnis der Befangenheit abzulehnen.

Der Verfahrensbeistand kann ebenso wie die Rechtsanwälte als Parteianwälte der Eltern beantragen, den Sachverständigen zur Erläuterung seines Gutachtens anzuhören; er kann unter besonderer Berücksichtigung des kindlichen Zeitgefühls auf die Einhaltung des Vorrang- und Beschleunigungsgebots hinwirken (§ 155 FamFG).

Er kann von sich aus an der Gesamtheit des gerichtlichen Verfahrens teilnehmen, z.B. persönliches Erscheinen zum Termin, schriftliche Äußerungen zu den Akten etc. (siehe hierzu die Zusammenstellung bei Röchling 2009, Kapitel II, Rdnr. 102–105; Vogel 2010).

Der Verfahrensbeistand kann gegen einen richterlichen Beschluss Rechtsmittel einlegen (in die Beschwerde gehen), dem Gutachter steht diese Möglichkeit nicht zu.

Der Verfahrensbeistand als antragsberechtigter Beteiligter (§ 158 Abs. 3 S. 2 FamFG) kann versuchen, das Gericht zu veranlassen, etwas Spezifisches zu tun oder zu unterlassen, während der Gerichtsgutachter allenfalls etwas erbitten oder Anregungen geben darf.

Der Verfahrensbeistand kann – zumindest im akuten Gefährdungsfall – ohne Einwilligung der Eltern in der Schule oder Kindertagesstätte Gespräche mit den Lehrern und Betreuern führen, während der Sachverständige normalerweise ohne Einwilligung der Personensorgeberechtigten derartige Einrichtungen nicht kontaktieren, aufsuchen und keine Gespräche führen darf.

Während der vom Gericht beauftragte Sachverständige nach Gesetz (vgl. z.B. §§ 404 a, 407 ZPO) und herrschender Rechtsauffassung Hilfsperson des Gerichts ist, der eine vom Gericht zu kontrollierende und weisungsgebundene Tätigkeit wahrzunehmen hat, übt der Verfahrensbeistand eine weitgehend unabhängigere Tätigkeit aus, obwohl mit der restriktiveren Neufassung des § 158 Abs. 4 S. 4 FamFG im Vergleich zu § 50 FGG a.F. das Familiengericht Art und Umfang der Beauftragung konkret festzulegen und die Beauftragung zu begründen hat.

Verfahrensbeistand und Sachverständige sollten immer dann miteinander kooperieren, also auch Gespräche führen, wenn es die konkrete Lebenssituation des Kindes oder die subjektive Interessenlage des Kindes erfordert.

Bei akuten Kindeswohlgefährdungen sind Verfahrensbeistand und Sachverständiger gleichermaßen gehalten, die Gefährdungen dem Jugendamt und dem Gericht unverzüglich mitzuteilen. Möglicherweise sollte der Verfahrensbeistand im Rahmen einer akuten Gefahrenabwehr das Kind sogar vorübergehend von den Eltern fernhalten und bei sich behalten, aber unverzüglich, wie auch der Gerichtsgutachter in derartigen Fällen das Jugendamt, den Kindernotdienst, die Polizei oder sogar die Feuerwehr informieren. Hierbei handelt es sich in erster Linie um Berichte des Kindes, die eine aktuelle Kindesmisshandlung zum Inhalt haben, und wenn anzunehmen ist, dass sich diese Misshandlungen auch in Zukunft fortsetzen.

Festzuhalten bleibt, dass sich etliche Hoffnungen und Wünsche der professionellen Kinderschützer in Bezug auf eine umfassende Interessenvertretung des Kindes durch den Verfahrensbeistand schon im Gesetzgebungsverfahren nicht verwirklichen ließen – zu denken ist hier beispielhaft an die vom Autor seit Jahren erhobene Forderung einer Vertretung des Kindes durch einen Verfahrensbeistand *vor* einem, *während* eines und für kurze Zeit auch *nach* einem Gerichtsverfahren. Hierzu gehört ebenso die Forderung an die verfahrensrechtliche Vertretung des Kindes in einem jugendbehördlichen Verfahren (Fieseler 2002, 119).

5.3.7 Der Sachverständige und die Arbeit mit dem Kind

Die Tätigkeit des Sachverständigen mit dem Kind hat das Ziel, einerseits herauszufinden, ob Grundbedürfnisse des Kindes beispielsweise nach

- Liebe, Akzeptanz, Zuwendung,
- stabilen Beziehungen und nach Möglichkeit sicheren Bindungen,
- ausreichender Ernährung und Versorgung
- Gesundheit,
- Schutz vor Gefahren von materieller und sexueller Ausbeutung sowie Schutz vor Verletzung der psychischen und körperlichen Integrität (psychische und körperliche Gewalt gegen das Kind),
- Wissen, Bildung und Vermittlung hinreichender Erfahrung (Fegert 1999, 10f.)

erfüllt werden.

Andererseits sind ebenso spezielle kindgemäße Umgangsformen mit dem Kind zu fordern, die beispielsweise auf

- Geduld,
- Empathie,
- Gelassenheit,
- Einhaltung der professionellen Distanz,
- Respekt und
- Achtung der Persönlichkeit des Kindes

beruhen sollten.

Eine freundliche, zugewandte, aber professionell distanzierte Haltung dem Kind gegenüber ist somit eine zentrale Voraussetzung bei der Ausgestaltung der Arbeitsbeziehung mit dem Kind.

I Das Kind vor dem Familiengericht bei Trennung und Scheidung

Der Sachverständige sollte sich anlässlich des ersten Kontakts dem Kind gegenüber in kindgerechten Worten vorstellen, auf seine Aufgaben und seine Funktion hinweisen, die Freiwilligkeit der Zusammenarbeit betonen und auch über den zeitlichen und inhaltlichen Rahmen der Zusammentreffen Auskunft geben.

Um einen vertrauensvollen Beginn der Zusammenarbeit mit dem Kind möglich zu machen, sollte der Sachverständige es bereits vor einer psychologischen Untersuchung in Abwesenheit der Eltern im Rahmen der Hausbesuche bei beiden Eltern kennen gelernt haben. Zum Aufbau einer derartigen Arbeitsbeziehung kann sich der Sachverständige im Rahmen der Hausbesuche mit Einwilligung des Kindes und der Eltern beispielsweise das Kinderzimmer und die begehrtesten Spielsachen zeigen lassen. Er kann sich, ebenfalls mit Erlaubnis aller Beteiligten, mit dem Kind ein Familienfotoalbum ansehen oder Gespräche über Freunde und Freizeitgestaltung und die vom Kind besuchte Kindertagesstätte, den Hort oder die Schule führen.

Fragen nach den Eltern, der Familie oder den Wünschen, Hoffnungen und Vorstellungen des Kindes in Bezug auf die Eltern oder den Wohnsitz sollten bei Hausbesuchen unterbleiben. Dies dient dazu, dem Kind im Beisein oder auch nur in Hörweite der Eltern bzw. eines Elternteils unnötige Gewissensqualen und Loyalitätskonflikte zu ersparen.

Vor der Untersuchung (diagnostisches Gespräch, Interaktions- und Verhaltensbeobachtung und gegebenenfalls testpsychologische Untersuchung) des Kindes an einem neutralen Ort, also nach Möglichkeit nicht in der Wohnung der Eltern, sollte es über den Grund der Begutachtung, über die Rolle des Sachverständigen und über die Freiwilligkeit der Teilnahme noch einmal aufgeklärt werden. Beispielsweise kann mit der Frage, ob das Kind wisse, warum es zu dem Sachverständigen gekommen sei, der Dialog eröffnet werden.

Die Untersuchung sollte grundsätzlich wie bei der richterlichen Anhörung in Abwesenheit der Eltern durchgeführt werden. Möglicherweise kann bei sehr jungen Kindern mit Einwilligung der Eltern eine vertraute Bezugsperson während der Untersuchung dabei sein.

Des Weiteren sollte das Kind gerade in der Anfangsphase ermutigt werden, über seine Befindlichkeiten und Vorstellungen, und ausdrücklich ermuntert werden, auch über die elterlichen Konflikte, die kindlichen Sorgen und Nöte und die Trennung der Eltern zu berichten.

Bei sehr ängstlichen und schüchternen Kindern sind meist allgemein gehaltene Feststellungen und Fragen hilfreich, die hier beispielhaft erwähnt werden sollen:

- „Viele Kinder haben Kummer mit der Trennung der Eltern, weil sie nicht genau wissen, wo und bei welchem Elternteil sie in Zukunft leben werden. Manche haben auch Angst, ihre Freunde in der Nachbarschaft, im Kindergarten oder in der Schule zu verlieren. Erzähle mir doch einmal, wie es dir geht."
- „Ich habe schon viele Kinder kennen gelernt, die nicht wussten, was nach der Trennung der Eltern passieren wird. Wir könnten zusammen überlegen, wie es für dich am besten weitergehen könnte."
- „Ich habe schon etliche Kinder kennengelernt, die nicht zu Hause bleiben konnten und in eine Pflegefamilie oder in ein Kinderheim kamen. Wie würde es dir ergehen, wenn du in eine Pflegefamilie kommen würdest?"

Der Sachverständige hat auf die gefühlsmäßige Befindlichkeit des Kindes einzugehen und kann beispielsweise fragen, was passieren müsste, damit es wieder vergnügter und fröhlicher sein könnte.

Ein starres Untersuchungsschema sollte nicht angewandt werden, eher sollte versucht werden, den kindlichen Bedürfnissen nach Spontaneität nachzukommen.

Darüber hinaus sollte der Sachverständige abwägen, ob er die Äußerungen des Kindes zunächst für sich behält oder mit Einwilligung des Kindes gleich den Eltern mitteilt. Manche Kinder wünschen zum Beispiel, dass das von ihnen Mitgeteilte nicht sogleich den Eltern bekannt gegeben wird.

Bemerkt der Sachverständige anhaltende Ängste, Wut- oder Trauerreaktionen oder selbstbezichtigende Schuldvorwürfe beim Kind, kann er einwenden, dass er auch von anderen Kindern wiederholt erfahren hat, dass sie sich nach der Trennung der Eltern Sorgen gemacht haben und manchmal auch sehr ängstlich, traurig oder wütend waren. Zudem weiß er auch, dass sich Kinder oft die Schuld an der Trennung geben.

Von besonderer Bedeutung bei einer anstehenden Gerichtsentscheidung beispielsweise zur Frage der Regelung des Aufenthaltsbestimmungsrechts ist die Klärung des Willens des Kindes sowie der Beziehungen und Bindungen zwischen dem Kind und beiden Eltern. Fragen nach der Freizeitgestaltung oder ganz allgemein, wie das Kind mit Vater oder Mutter zurechtkommt oder was das Kind besonders gern mit dem jeweiligen Elternteil unternimmt, können Aufschluss über die Qualität der Kind-Eltern-Beziehung und Bindung geben.

Das Kind kann auch nach seinen Träumen, Wünschen, Vorschlägen und seinen Ideen, wie die gesamte Situation zu verbessern sei, gefragt werden. Der Sachverständige kann dabei auch spielerisch die Rolle eines Zauberers einnehmen, der dem Kind drei Wünsche erfüllt: „Wenn ich der größte Zauberer der Welt wäre, welche drei Wünsche sollte ich dir erfüllen. Drei Wünsche hast du frei.".

Besonders bewährt hat sich das zirkuläre Fragen, indem nicht das Kind selbst Rede und Antwort steht, sondern fiktiv eine Person aus der Verwandtschaft, Freundschaft, Bekanntschaft, ein Tier oder Lieblingsgegenstand dem Kind einen Tipp und Ratschlag gibt (Beispiel: „Wenn deine Lieblingsoma, dein bester Freund, deine Katze, dein Kuscheltier usw. dir einen Tipp geben würde, wie es bei dir zu Hause besser werden könnte, was würde diese sagen, wenn ich eine dieser Personen, deine Katze oder deinen Teddybär jetzt fragen würde?" „Was würde deine Schwester/ dein Bruder antworten, was das Beste für dich wäre?").

Als psychologisch-methodisches und ergänzendes Instrumentarium bieten sich gerade bei jüngeren Kindern in Hinblick auf familienrechtspsychologische Fragestellungen maßgeschneiderte Anwendungen von testpsychologischen Methoden, die auf unterschiedliche Personengruppen, wie beispielsweise die Kinder, die Eltern, die Pflegeeltern, die Großeltern und auch auf das Alter des Kindes etc. abgestimmt sind (Hommers 2003, 551; Hommers/Steinmetz-Zubovic 2013, 312ff.; Skatsche/Rominger 2013, 327ff.).

Da im Rahmen der Sachverständigentätigkeit von einer Ausgangshypothese, die beiden Eltern zunächst die Erziehungsfähigkeit und die gleiche erzieherische Eignung zubilligt, und ferner von einer Bandbreite (einen Spielraum) dieser elterlichen Eignung auszugehen ist, sollten möglichst nur gesicherte Abweichungen gutachtlich verwertet werden.

Maßgeschneiderte Tests sind mittlerweile für die Begutachtung im Familiengerichtsverfahren entwickelt worden, wenn sie z.B. die Beziehungen des Kindes zu den Eltern erfassen sollen, die Erziehungsstile der Eltern oder deren Kooperationsfähigkeit. Hier wäre z.B. für Kinder bis neun Jahren der Family Relations Test (FRT-R) zu nennen, in dem Vater und Mutter die gleichen Zuordnungschancen haben (Hommers 2003, 552) oder der Projektive Familienszenen-Test (PFST) für Kinder der Altersgruppe von vier bis acht Jahren, wobei dem Kind zwölf Tierabbildungen vorgelegt werden, denen es jeweils drei vorgegebene Gefühlskategorien zuordnet (gefährlich, abstoßend, schön), um es dann eine Besetzung einer Elternfilmrolle mit einem Tier vornehmen zu lassen.

Auch der Familien-Identifikations-Test (FIT) für Kinder ab sieben Jahren gilt als familienrechtspsychologisch maßgeschneidertes Verfahren, da jeweils zwölf gleiche adjektivische Inhalte über den Vater und die Mutter abgefragt werden.

Der Familien- und Kindergarten-Interaktions-Test (FIT-KIT) erfasst die Interaktionen des Kindes der Altersgruppe von vier bis acht Jahren mit Vätern und Müttern aus Kindersicht, während das Erziehungsstilinventar (ESI) für die Altersgruppe von acht bis 16 Jahren der Beschreibung von Verhaltensweisen von Müttern und Vätern im Hinblick auf die Erziehungsstildimensionen Unterstützung, Einschränkung, Lob, Tadel und Inkonsistenz dient. Beide Testverfahren gelten nach Hommers (2003, 554) als für das Familienrechtsverfahren maßgeschneidert.

Hierzu gehören ebenso die Sorge- und Umgangsrechtliche Testbatterie (SURT) für die Altersgruppe von vier bis acht Jahren. Der Test erfasst die emotionalen Beziehungen von Kindern mit ihren Eltern. Das Strukturierte Interview dient der Erfassung der Eltern-Kind-Interaktion (SKEI) für die Altersgruppe von vier bis sieben Jahren.

Zeichentests („Familie in Tieren") oder andere projektive Verfahren, wie ein Spiel mit dem „Sceno-Test" oder die Vorlage von Bildkarten (z.B. Bildmaterial des „Schwarzfuß-Tests"), sind keine maßgeschneiderten familienrechtspsychologischen Verfahren. Sie können aber für die Hypothesengenerierung genutzt werden und Hinweise geben, wie sich das Kind der Familie verbunden fühlt. Sie können für den Sachverständigen somit eine weitere Explorationshilfe sein, also eine Erkenntnishilfe, die im Rahmen des üblichen multimodalen Vorgehens verwendet werden kann.

Tests können auch als informelle Tests genutzt werden, die beispielsweise fallbezogen ad hoc entwickelt werden und bei geeigneter Einrichtung sogar nach dem Binomialmodell zufallskritisch interpretiert werden können, „ohne dass dafür eine umfangreiche Testanalyse auf der Grundlage relativ aufwendiger Datenerhebungen notwendig wäre" (Hommers 2008, 1).

Alle maßgeschneiderten psychologischen Testverfahren geben beim Vorliegen Einblick in familiendynamische Zusammenhänge oder Hinweise auf innere Konflikte des Kindes. Sie weisen darauf hin, wie Kinder zu ihren wichtigsten Bezugspersonen, zu anderen Menschen oder zu Dingen in der Welt eingestellt sind.

6 Umgangsrecht

2012 waren 54.874 Umgangsrechtsverfahren vor den Familiengerichten anhängig (Statistisches Bundesamt, Wiesbaden 2014, Rechtspflege. Familiengericht 2012, Fachserie 10 Reihe 2.2, 18).

Seit der Verabschiedung und Inkrafttreten des Gesetzes zur Stärkung der Rechte des leiblichen, nicht rechtlichen Vaters am 4.7.2013 hat auch der leibliche Vater unter leichteren Bedingungen als bisher die Möglichkeit (vgl. § 1685 BGB), einen Umgang mit dem Kind auszuüben. Die Neufassung des § 1686a BGB beinhaltet u.a., dass ein leiblicher Vater, der ein ernsthaftes Interesse am Kind gezeigt hat, ein Recht auf Umgang mit dem Kind hat, solange es dem Wohl des Kindes dient, auch wenn eine rechtliche Vaterschaft besteht. Die Feststellung der Kindeswohldienlichkeit des Umgangs durch das Familiengericht wird sich in naher Zukunft auch auf Konstellationen gleichgeschlechtlicher Lebenspartner eines Elternteils, auf die Leihmutter, eine Eizellenspenderin und einen Samenspender erstrecken (Hoffmann 2013a, 1082).

Wie die elterliche Sorge ist auch das Umgangsrecht Bestandteil des Elternrechts und hat damit Verfassungsrang nach Art. 6 Abs. 2 S. 1 GG.

Darüber hinaus ist es als Menschenrecht in Art 6 Abs. 1 EMRK und Art. 9 Abs. 3 UN-Kinderrechtskonvention verankert. Art 9 Abs. 3 UN-Kinderrechtskonvention sieht vor, dass das Kind regelmäßig persönliche Beziehungen und unmittelbare Kontakte zu beiden Eltern pflegen kann, wenn es von einem Elternteil oder beiden Eltern getrennt ist, soweit diese Kontaktpflege nicht dem Wohl des Kindes widerspricht.

Erstmals seit dem 1.1.1998 ist das Recht des Kindes auf Umgang geregelt worden (§ 1684 Abs. 1, 1. Halbsatz BGB). Damit soll dem betreuenden Elternteil deutlich gemacht werden, dass eine Verhinderung des Umgangsrechts einen Verstoß gegen Rechte des Kindes beinhaltet. Das Kind hat somit ein eigenes Recht auf Umgang und gibt dem Kind einen Anspruch auf Umgang gegen seine Eltern. Zwar hat das Kind kein Antragsrecht auf Umgangsregelung; aber es kann ein Tätigwerden des Gerichts anregen, sei es über das Jugendamt, sei es über Dritte, Verwandte, Erzieherinnen in der Kita oder Lehrer, sei es auch direkt. Das Gericht hat dem Kind in diesem Fall einen Verfahrensbeistand zu bestellen (§ 158 Abs. 1, Abs. 2 Nr. 5 FamFG).

§ 1684 Abs. 1 BGB regelt das Umgangsrecht des Kindes, der Eltern und die Umgangspflicht der ehelichen oder auch nicht miteinander verheirateten Eltern. Die Neuregelung des Umgangsrechts stellt das Recht des Kindes auf Umgang mit jedem Elternteil an den Anfang, korrespondierend mit der Pflicht und dem Recht der Eltern. Damit ist klargestellt, dass das Wohl des Kindes bei der Ausübung und Ausgestaltung des Umgangsrechts Maßstab und Richtschnur ist, dem im Konfliktfall Vorrang vor Elterninteressen zukommt. Diese am Kindeswohl orientierte Gesetzesauffassung ist auch in den Grundsätzen zur Ausgestaltung der elterlichen Sorge in § 1626 Abs. 3 S. 1

BGB erwähnt, wonach zum Wohl des Kindes in der Regel der Umgang mit beiden Eltern gehört. Dabei hat jetzt das Kind nicht nur ein Recht auf Umgang mit beiden Eltern, sondern ebenso einen vollstreckbaren Anspruch auf Umgang – ganz sicher im Konfliktfall ein wichtiges Betätigungsfeld für einen Verfahrensbeistand, der aber in derartigen Umgangsverfahren immer noch viel zu selten bestellt wird.

In für das Kind schwierigen und zugespitzten Fallkonstellationen hat das Kind einen Anspruch gegen das Jugendamt auf Beratung und Unterstützung, §§ 8 Abs. 2, 3; 18 Abs. 3 S. 1 SGB VIII. Da Kinder und Jugendliche diese Rechte kaum kennen dürften, muss ihnen dies z.B. durch Kita, Schule, Jugendamt, Verfahrensbeistand, Familiengericht vermittelt werden.

Über die Art und Ausgestaltung und über Einschränkungen oder einen Ausschluss des Umgangsrechts entscheidet das Gericht auf Anregung eines Elternteils oder von Amts wegen. Auch in diesen Fällen ist das Gericht gehalten, das Kind vor einer Entscheidung gemäß § 159 FamFG „beschleunigt" (§ 155 FamFG) anzuhören.

Ein Umgangsrechtsfall beinhaltet somit nach Art. 6 GG, §§ 1626 Abs. 3, 1684 BGB eine differenzierte und abgestufte Reihenfolge:

1. Verpflichtung der Eltern, sich zu einigen (§ 1627 S. 2 BGB)
2. Recht der Mutter, des Vaters und der Kinder auf Beratung und Unterstützung bei der Ausübung der Personensorge und des Umgangsrechts (§ 18 Abs. 1, 2 SGB VIII)
3. Einschaltung des Familiengerichts und Förderung des Einvernehmens der Beteiligten, also hier der Eltern und Kinder (§ 156 FamFG)
4. Regelung des Umfangs der Kontakte durch das Familiengericht bei Uneinigkeit der Eltern (siehe §§ 160, 159, 162 FamFG),
5. Zustandekommen eines gerichtlich gebilligten Vergleichs (§ 156 Abs. 2 FamFG)
6. Gerichtliche Regelung des Umgangs durch Umgangsanordnung (§ 1684 Abs. 1 BGB)
7. Durchführung eines Vermittlungsverfahrens (§ 165 FamFG)
8. Befristete Anordnung einer Umgangspflegschaft (§ 1684 Abs. 3 BGB)
9. Gerichtlich angeordneter begleiteter Umgang (§ 1684 Abs. 4 S. 3 BGB)
10. Teilweiser Sorgerechtsentzug und Anordnung einer Ergänzungspflegschaft mit dem Aufgabenkreis Regelung des Umgangs durch das Familiengericht (§§ 1666 Abs. 3 Nr. 6, 1632 Abs. 2; § 1909 BGB = Bestellung eines Umgangspfleger nach einer Kindeswohlgefährdung)

I Das Kind vor dem Familiengericht bei Trennung und Scheidung

11. Teilweiser Entzug des Aufenthaltsbestimmungsrechts durch das Familiengericht (§§ 1666 Abs. 3 Nr. 6, 1631 Abs. 1, 1909 BGB)
12. Kurzer Umgangsausschluss durch das Familiengericht (§ 1684 Abs. 4 S. 1 BGB – z. B. einige Wochen oder Monate)
13. Umgangsausschluss für längere Zeit oder auf Dauer durch das Familiengericht (§ 1684 Abs. 4 S. 2 BGB – Jahre oder dauerhaft).

Grundsätzlich ist nach einer Trennung und Scheidung der Eltern der ungestörte Zugang des Kindes zu beiden Eltern eine bedeutsame Voraussetzung für das Wohlergehen des Kindes (so schon Goldstein/Solnit 1989, 112ff.; 2005, Rdnr. 122f.; Völker/Clausius 2014 § 2, Rdnr. 7-11; Prenzlow 2013, Rdnr. 267-270; Münder/Ernst/Behlert 2013c § 14, Rdnr. 1-4; Balloff 2013d).

Ein weitgehend konfliktfreier Umgang dient der leichteren Anpassung des Kindes an die Nachscheidungssituation (Figdor 1991, 149). Dabei bringt die Fortführung einer intensiven und tragfähigen Beziehung des Kindes mit dem Vater auch eine Entlastung des Kindes in seiner Beziehung zur Mutter mit sich (Figdor 1991, 150). Zu ergänzen wäre, dass auch der Vater entlastet werden würde, wenn das Kind bei ihm wohnt und lebt und die Mutter regelmäßig besucht.

Die Ergebnisse der Scheidungsforschung entsprechen dem Willen des Kindes nach einem Beieinanderbleiben und/oder Versöhnung der Eltern, in dem auch immer der Wunsch steckt, mit beiden Eltern Kontakt zu halten. Diese Wunsch- und Willensrichtung des Kindes entspricht normalerweise seinem natürlichen Bedürfnis, mit beiden Eltern und sonstigen für das Kind bedeutsamen Bezugspersonen eine gefühlsmäßig enge Beziehung aufzubauen und aufrechtzuerhalten.

Figdor (2012, 192f.) setzt sich auch für eine zwangsweise Durchsetzung des Umgangs ein: Dieser müsste allerdings an eine Zwangsberatung der Eltern gekoppelt sein.

Bevor das Gericht jedoch durch richterlichen Beschluss in ein Familiensystem (z.B. Herkunftsfamilie, Pflegefamilie, Stieffamilie) eingreift und über das Umgangsrechts entscheidet oder den Einsatz eines Umgangsbegleiters, Umgangspflegers oder Sachverständigen beschließt, ist den Eltern und Kindern und anderen für das Kind bedeutsamen Personen nach den einschlägigen Vorschriften des Familienverfahrensrechts und des Kinder- und Jugendhilferechts nach §§ 156, 165 FamFG, §§ 17, 18 Abs. 4, 27, 28 SGB VIII eine Beratung oder Mediation anzubieten.

Damit wird deutlich, dass nicht nur in Sorgerechtssachen, sondern ebenso in Umgangssachen vor dem gerichtlichen Eingriff (Interventionsansatz) (vgl. etwa §§ 1684f. BGB i.V. mit § 156 FamFG) der außergerichtliche Beratung, Hilfe und Unterstützung anbietende Interventionsansatz getreten ist (vgl. hierzu auch §§ 18 Abs. 3 S. 1; 8 Abs. 2, 3 SGB VIII; § 8 Abs. 3 SGB VIII lautet: „Kinder haben einen Anspruch auf Beratung ohne Kenntnis der Sorgeberechtigten, wenn die Beratung auf Grund einer Konfliktlage erforderlich ist ...").

Diese im FamFG vom 1.9.2009 weiterentwickelte Richtung einer zunächst helfenden und unterstützenden Begleitung der Kinder, Jugendlichen, Eltern oder gegebenenfalls auch der Pflegeeltern, werden durch die rechtlichen Möglichkeiten

– des begleiteten Umgangs gemäß § 1684 Abs. 4 BGB,
– der Umgangspflegschaft nach § 1684 Abs. 3 S. 3 BGB,
– der Interessenvertretung des Kindes durch einen Verfahrensbeistand nach § 158 FGG, ergänzt.

Aus familienrechtspsychologischer Sicht bewirkt der Umgang des Kindes das Entstehen, die Aufrechterhaltung und Festigung der Beziehung und Bindung (hier aus bindungstheoretischer Sicht als Lebenswurzeln bezeichnet) mit beiden Eltern, Eltern in Lebenspartnerschaften, Pflegeeltern oder Adoptiveltern.

Der Umgang ermöglicht darüber hinaus beiden Eltern (so die z.T. etwas altertümlich wirkenden Annahmen der Rechtswissenschaft und Rechtsprechung zur Frage der Nutzeffekte von Umgangskontakten):

– sich fortlaufend ein Bild von der leiblichen und psychischen Befindlichkeit des Kindes zu machen
– die Aufrechterhaltung und Vertiefung bestehender Beziehungen und Bindungen
– die Pflege verwandtschaftlicher Beziehungen und
– die Pflege der gegenseitigen Zuneigung und Liebe, die es dem Kind ermöglichen, persönliche Erfahrungen mit dem betreffenden Elternteil zu machen, indem ein regelmäßiger Umgang nach einem Ausfall eines Elternteils leichter dazu führt, dass der andere Elternteil kindgerecht die Betreuung und Versorgung des Kindes übernimmt.

Heute würde man aus familienrechtspsychologischer Sicht in Bezug auf die Eltern-Kind-Beziehung Umgangskontakte als notwendige Voraussetzung der Aufrechterhaltung einer gelebten und stabilen, dem Kind Sicherheit, Geborgenheit und Liebe gebende Beziehung und Bindung beschreiben.

Ein zeitgemäßer „normaler" Umgang über Tage oder Wochen, wie anlässlich einer Feiertagsregelung über Weihnachten, Sylvester, Ostern oder in den Ferien, umfasst notwendigerweise immer die Beaufsichtigung, Betreuung, Begleitung und meist auch die „Lenkung" und somit die Erziehung des Kindes (z.B. Fürsorge, Lob, Zuspruch, Unterstützung und Liebe anbieten, Ge- und Verbote aussprechen, wie pünktlich ins Bett gehen, Aufstehen und Schlafen gehen, regelmäßiges Zähneputzen und Waschen, witterungsgemäße Kleidung tragen, zur Kita oder in die Schule gehen, Schulaufgaben anfertigen etc.).

Weitaus schwieriger ist im Einzelfall zu klären, ob ein Umgang aus psychologischer Sicht tatsächlich dem Wohl des Kindes dient und wie Umgangskontakte auszugestalten sind, wenn dem Kind Umgangskontakte andauernde Ängste, Strapazen, Verunsicherungen und Irritationen bereiten.

Einige Einflussfaktoren sind mittlerweile gut bekannt und hinreichend empirisch belegt:

- hohes Konfliktniveau zwischen den Eltern (negativ),
- die Bereitschaft und Fähigkeit des getrennt lebenden Elternteils zur kindgemäßen Kontaktgestaltung (positiv),
- die vom Kind wahrgenommene Verbundenheit mit dem getrennt lebenden Elternteil (positiv)[16].

Störungen bei der Anbahnung, Durchführung und dem Ablauf von Umgangskontakten können von demjenigen Elternteil ausgehen, bei dem das Kind seinen Lebensmittelpunkt hat oder auch von dem Elternteil, der den Umgang in Anspruch nimmt. Selbst im Rahmen einer so genannten Wechselregelung, die die Eltern im Rahmen einer Vereinbarung festlegen können, sind Behinderungen der Kontakte des Kindes mit dem Vater oder der Mutter durch einen beeinflussenden und manipulierenden Elternteil möglich.

---

16 Empirisch eher unzureichend sind folgende weitere Einflussgrößen belegt: 1. Bewältigungsfähigkeiten und -strategien des Kindes (Coping-Strategien und Resilienzen), 2. Kindeswille, 3. Fähigkeit und Bereitschaft des überwiegend betreuenden Elternteils zur aktiven Unterstützung und Förderung der Kontakte, 4. Berücksichtigung von Partnerschaftsgewalt vor, während und nach einer Trennung, inkl. des Risikos erneuter oder sich fortsetzender Gewalt und 5. gewaltbedingte Belastung des Kindes.

Letztlich können Schwierigkeiten des Umgangs auch von einem Kind ausgehen, das nicht beeinflusst und manipuliert wurde, sondern erlebnisgestützte, also auf eigenen Erkenntnissen beruhende negative Erfahrungen mit dem umgangsberechtigten Elternteil gemacht hat[17].

Für ein Umgangsrecht spricht, dass bei Jungen wie Mädchen sich die geschlechtsspezifischen erzieherischen Einflüsse des Vaters und der Mutter ergänzen. Beispielsweise findet ein Mädchen sich ohne erzieherischen Einfluss des Vaters unter Umständen später einmal in der männlich orientierten Welt schlechter zurecht, während ein Junge ohne erzieherischen Einfluss der Mutter die weiblich orientierte Welt mit vergleichbaren Folgen nur unzureichend kennen lernt. Für beide, Mädchen wie Jungen, können daraus insbesondere in der Pubertät und im jungen Erwachsenenalter schwerwiegende Beziehungsprobleme durch den frühen Verlust oder einen Kontaktabbruch eines Elternteils erwachsen.

6.1 Der Umgang des Kindes mit den Eltern

Der Umgang des Kindes mit den Eltern dient nach juristischer Auffassung einer gedeihlichen Entwicklung des Kindes und gibt dem betreffenden Elternteil die Gelegenheit, sich ein auf persönlichen Erfahrungen beruhendes Bild vom Kind – gleichgültig welchen Alters – zu machen und darüber hinaus auch mit dem Kind in telefonischem, brieflichem oder E-Mail-Kontakt zu stehen.

Ferner dient der Umgang der Beziehungs- und Bindungserhaltung. Des Weiteren ist zu bedenken, dass im Fall einer Abänderungsentscheidung nach

---

17 Typische Konstellationen, in denen ein Umgang zur Debatte steht, ergeben sich aus:
   – Trennungs- und Scheidungssituation der Eltern nach § 1671 i.V. mit § 1684 BGB
   – Fremdplatzierung (Unterbringung) des Kindes in einer psychiatrischen Einrichtung, in einem Kinderheim, in einer Wohn- oder Erziehungsgruppe oder einer Pflegefamilie (§§ 1631b, 1666 BGB)
   – Unterbringung des Kindes in einer Pflegefamilie oder Kinderheim (§§ 1666, 1666a BGB)
   – Wegnahme des Kindes von den Pflegeeltern und Rückführung des Kindes in die Herkunftsfamilie nach § 1632 Abs. 4 BGB
   – Umgangskontakte des Kindes mit den in § 1685 Abs. 1 BGB genannten Personen (z. B. Großeltern und Geschwister) und den Personen, mit denen das Kind eine sozial-familiäre Beziehung hat (§ 1685 Abs. 2 BGB – z.B. Stiefeltern aus Lebenspartnerschaft oder Ehe).

§ 1696 Abs. 1 BGB der bisher nicht sorgeberechtigte Elternteil zur Übernahme der elterlichen Sorge, der Obhut und zur Betreuung und Versorgung des Kindes verpflichtet werden kann. Im Übrigen kann der andere Elternteil auch sterben (§ 1680 Abs. 1 u. 2 BGB), oder er ist aus anderen Gründen an einer Ausübung der elterlichen Sorge gehindert (§§ 1678 Abs. 2, 1696 Abs. 1 BGB), sodass eine regelmäßige Kontakt-, Beziehungs- und Bindungspflege im Rahmen des Umgangs einen Übergang des Kindes zum anderen Elternteil sehr erleichtern würde.

Aus psychologischer Sicht beinhalten die unmittelbaren und langfristigen Vorteile von gewollten Umgangskontakten für das Kind

- Wunscherfüllung, Beachtung des Willens, Selbstwirksamkeit, Situationskontrolle,
- erleichterte Verarbeitung der Trennung und Scheidung der Eltern,
- Entlastung der Beziehung zum betreuenden Elternteil,
- Entlastung und Beziehungspflege auch zu anderen Personen (§ 1685 BGB),
- geschlechtsrollengemäße Persönlichkeitsentwicklung, Sozial- und Selbstkompetenz, Leistungserhaltung,
- Vorsorge für Notfälle.

Für den betreuenden Elternteil führt ein kontinuierlicher Umgangskontakt zu

- Entlastung,
- Stressreduktion durch ein weniger belastetes Kind,
- mehr Freizeit,
- einem stabilen altersgemäß entwickelten Kind,
- einer entspannteren Langzeitbeziehung zum Kind,
- Vermeidung von Idealisierung des umgangsberechtigten Elternteils, Spannungen, Schuldgefühlen, Aggressionsspiralen, Erziehungssackgassen, Abhängigkeiten.

Für den umgangsberechtigten Elternteil bedeutet diese Lösung (nach Dettenborn/Walter 2002, 179):

- Befriedigung emotionaler Bedürfnisse nach Beziehung mit dem Kind,
- Wahrnehmung von Elternverantwortung,
- Teilhabe an der Entwicklung des Kindes.

Nach überwiegender juristischer Auffassung hat der umgangsberechtigte Elternteil kein Erziehungsrecht. Diese Auffassung entspricht jedoch nicht mehr den realen Gegebenheiten einer umfassenden Wochenend- oder Ferienregelung oder Wechselregelung, in der eine Erziehung, Betreuung und Versorgung des Kindes naturgemäß erfolgt, sodass ein Miterziehungsrecht dem betreffenden Elternteil eingeräumt werden muss (Weinreich/Klein 2013, § 1684 BGB, Rdnr. 7).

Der Umgangsberechtigte sollte umgangsfähig sein, indem er ähnlich wie bei dem Begriff der Erziehungsfähigkeit die Bedürfnisse des Kindes erkennt und mit diesen feinfühlig umgeht. Er sollte ferner in der Lage sein, das Kind während der Umgangskontakte angemessen zu versorgen und zu betreuen sowie sich dem anderen Elternteil gegenüber und dem Kind gegenüber beziehungstolerant verhalten (die Juristen nennen die Beziehungstoleranz irreführend Bindungstoleranz). Temizyürek (2014, 231) spricht zu Recht in Bezug auf die Bindungstheorie und das Konzept der Feinfühligkeit von Abstufungen der Bindungstoleranz, die sich in Anlehnung an Dettenborns (2014) Konzeptualisierungen in einem Verhalten der „Bindungsfürsorge = Bestvariante, Bindungstoleranz = Genugvariante und Bindungsblockade = Gefährdungsvariante (Balloff 2013) zeigt.

Dieses am Wohl des Kindes ausgerichtete Miterziehungsrecht auferlegt dem umgangsberechtigten Elternteil, Loyalitätskonflikte des Kindes zu vermeiden und die Wohlverhaltensklausel nach § 1684 Abs. 2 S. 1 BGB einzuhalten, also die Kontakte des Kindes mit dem anderen Elternteil aktiv zu fördern.

Die Wohlverhaltensklausel hat zur Folge, dass der umgangsberechtigte Elternteil den Sorgeberechtigten nicht in kleinlicher Weise kontrollieren oder durch Besserwisserei die Konflikte schüren darf. Er hat aber das Recht, die Entwicklung des Kindes zu beobachten und im Bedarfsfall angemessene und gebotene Maßnahmen zu ergreifen.

Die Wohlverhaltensklausel steht grundsätzlich einer Auswanderung des Sorgeberechtigten nicht entgegen, es sei denn, es soll der Umgang vereitelt werden. Es besteht kein natürlicher Vorrang für eine Betreuung, Versorgung und Erziehung des Kindes in Deutschland. Dennoch stehen bei einem Auswanderungsbegehren die Rechte des betreuenden Elternteils auf Freizügigkeit (Art. 2 GG) und des anderen auf Umgang als durch das Grundgesetz (Art 6 Abs. 2 S. 1 GG) geschütztes Grundrecht (Erdrich 2010, 5) in einem erheblichen Spannungsfeld. Der auswanderungswillige Elternteil muss demnach triftige Gründe haben (z.B. berufliche, private Gründe, wie Eheschließung mit einem neuen Partner; Kindeswohlverträglichkeit, wie Integration des Kindes, bestehende Bahn- und Flugverbindungen), die bedeutender sind als das Recht des anderen Elternteils auf ungestörten Umgang

(Born 2009, 131). Allerdings sollte ein Umgang des Kindes mit dem anderen Elternteil weiterhin möglich sein.

Denkbar ist aber im Fall einer Auswanderung auch eine Abänderung der elterlichen Sorge nach § 1696 Abs. 1 BGB.

Boykottiert ein Sorgerechtsinhaber den Umgang, kann zunächst ein Umgangspfleger und im Kindeswohlgefährdungsfall ein Ergänzungspfleger bestellt werden, der die Umgangspflege wahrzunehmen hat.

Verstößt der Umgangsberechtigte gegen die Wohlverhaltenspflicht, kann es zu einer gerichtlich angeordneten Beschränkung oder auch zu einem gänzlichen Ausschluss des Umgangs kommen (§ 1684 Abs. 4 BGB).

Weitere juristische Mittel, die Eltern zur Erfüllung ihrer Loyalitätspflicht und Wohlverhaltenspflicht anzuhalten, bestehen darin, den Beteiligten bei groben Verschulden die Verfahrenskosten aufzuerlegen (§ 81 FamFG). Zudem ist die Androhung und die Verhängung von Ordnungsgeld und sogar von Ordnungshaft (§ 89 Abs. 1 S. 1 FamFG) gegenüber dem betreuenden Elternteil bei schuldhafter Zuwiderhandlung gegen eine Umgangsregelung oder eine gerichtlich bestätigte Umgangsvereinbarung möglich. Darüber hinaus kann eine fortgesetzte schuldhafte Vereitelung des Umgangs zu einer Verwirkung oder teilweisen Verwirkung des Ehegattenunterhalts nach § 1579 Nr. 8 BGB oder einer Sorgerechtsänderung führen, während der Umgangsberechtigte, der gegen die Loyalitätspflicht verstößt, einen Ausschluss des Umgangs antizipieren muss (NomosKommentar-BGB/Peschel-Gutzeit 2014, § 1684 Rdnr. 32).

Schonender und effektiver wird allerdings eine außergerichtliche Intervention im Rahmen einer Mediation, Beratung, Paarberatung oder Familientherapie sein, die auch Fälle einer Umgangsverweigerung durch den Umgangsberechtigten mit einschließt. Hierbei handelt es sich um eine Fallkonstellation, die in der Rechtswirklichkeit weitaus häufiger vorkommt als eine Umgangsverweigerung durch den Sorgerechtsinhaber. Ein wirkungsvolles Sanktionsmittel, einen Elternteil in die Beziehung und emotionale Nähe zum Kind zu zwingen, ist jedoch aus psychologischer Sicht kaum denkbar.

Möglich ist ferner, dass die Zuneigung und Liebe zu einem leiblichen Kind bisher nicht zustande gekommen sind, oder sie sind durch eine Abtrennung mit einhergehender Entfremdung verloren gegangen. Ob in diesem zuletzt genannten Fall ein begleiteter Umgang eine zerbrochene Beziehung heilen kann, muss bezweifelt werden.

Grundsätzlich bestimmen aber die Eltern selbst die Ausgestaltung und den Umfang des persönlichen Umgangs. Ob Eltern eine Vereinbarung einseitig widerrufen können, ist umstritten (Weinreich/Klein 2013, § 1684

BGB, Rdnr. 49). Über den Umfang und die konkrete Ausgestaltung der Umgangsregelung lässt sich keine allgemein gültige Regelung aufstellen (Salzgeber 2011, Rdnr 797).

Evident ist jedoch, dass die Quantität der Umgangskontakte in den letzten 20 bis 30 Jahren erheblich zugenommen hat. Ob es sich hierbei aber um die Hälfte der Zeit handeln muss (Stichwort: „Hälfte-Hälfte-Regelung"), die das Kind mit beiden Eltern verbringt, ist entgegen der Auffassung von Sünderhauf (2013) psychologisch nicht von entscheidender Bedeutung. Denn es kommt vordringlich auf die Qualität der Beziehung, den Grad der Zufriedenheit des Kindes an und darauf, ob es dauerhaft von diesen Kontakten profitieren kann.

Dabei hat die in der älteren juristischen und psychologischen Literatur vorgeschlagene Umgangsregelung keine Bedeutung mehr. Zur Illustration, welche heute fast grotesk anmutenden Vorstellungen man noch vor ca. 30 Jahren in Bezug auf die Ausgestaltung der Umgangsregelungen hatte (früher „Verkehrsregelungen" genannt), sollen die damaligen Vorstellungen des Juristen Dürr (1978, 25ff.) angeführt werden.

Hierzu einige konkrete Umgangsregelungsvorschläge:

– Kinder bis zu zwei Jahren einmal monatlich ein bis zwei Stunden
– Kinder von zwei bis sechs Jahren einmal monatlich vier bis sechs Stunden
– Kinder von sechs bis zehn Jahren einmal monatlich sechs bis acht Stunden
– Kinder ab zehn Jahren einmal monatlich acht bis zehn Stunden
– Übernachtungen, Ferienaufenthalte, zusätzliche Besuche an den Feiertagen sollen gegen den Willen des Sorgeberechtigten nicht erfolgen, auch nicht gegen den Willen des Kindes.
– Wenn der Umgangsberechtigte (Verkehrsberechtigte) weit weg wohnt, sollten u.U. gar keine Besuche bei ihm erfolgen.

Aus entwicklungs- und familienpsychologischer Sicht sollten bei einer zeitlichen Umgangsausgestaltung folgende Aspekte berücksichtigt werden (Dettenborn/Walter 2002, 207):

– das Alter und der Entwicklungsstand des Kindes,
– die Belastbarkeit des Kindes,
– die vorfindbaren Beziehungs- und Bindungsqualitäten,
– die Geschichte der Beziehungs- und Bindungsqualitäten,
– das Streitpotential der Eltern,

- die Geschwisterkonstellation und
- die organisatorischen Bedingungen wie Entfernung der Wohnorte, Arbeitszeiten der Eltern.

Dabei entspricht der Kontakt des Kindes mit dem anderen Elternteil umso mehr dem Kindeswohl, je konfliktfreier sich dieser zwischen allen Beteiligten gestaltet und je kompetenter die Eltern mit dem Kind interagieren (Salzgeber 2011, Rdnr. 704) und es bei der Ausgestaltung der Kontakte unterstützen und fördern. Erst wenn die Eltern nicht in der Lage sind, eine Umgangsregelung zu vereinbaren, darf das Familiengericht die Ausübung und den Umfang des Umgangsrechts regeln. Eine Änderung ist dann nur durch erneute Anrufung des Familiengerichts möglich.

Eine Einschränkung oder ein Ausschluss des Umgangs setzt gemäß § 1684 Abs. 4 S. 1 BGB voraus, dass eine derartige Regelung zum Wohl des Kindes erforderlich ist. Die Eingriffsschwelle liegt für diese Fallkonstellation bei § 1696 BGB. Es werden also triftige, das Wohl des Kindes nachhaltig berührende Gründe ausreichend sein (z.B. wenn ein gerichtlich geregelter Umgang nicht gewährleistet wird; NomosKommentar-BGB/Harms 2014, § 1696 Rdnr. 34).

Ein Ausschluss über längere Zeit oder auf Dauer setzt dagegen voraus, dass andernfalls das Kindeswohl gefährdet wäre. Die Kindeswohlgefährdung nach § 1684 BGB entspricht somit derjenigen des § 1666 BGB.

Somit kann das Familiengericht über den Umfang der Befugnis entscheiden und ihre Ausübung, auch Dritten gegenüber, näher regeln. Ferner kann das Familiengericht die Befugnis zum persönlichen Umgang einschränken oder ausschließen, wenn dies zum Wohle des Kindes erforderlich ist.

In beiden Fallkonstellationen – beim Vorliegen triftiger Gründe und bei einer Kindeswohlgefährdung – ist somit eine Prüfung des Kindeswohls erforderlich. Zu einer Einschränkung oder einem Ausschluss des Umgangs können extreme Angst- und Panikreaktionen des Kindes führen, der entgegenstehende Wille des über zwölf Jahre alten Kindes (bis dahin, so nimmt die Rechtsprechung an, hat der sorgeberechtigte bzw. aufenthaltsberechtigte Elternteil auf das Kind einzuwirken, den Umgang wahrzunehmen), nicht aber die Eingliederung in die neue Stieffamilie, aber eine erhebliche Entfremdung durch lange Nichtausübung des Umgangs, u.U. eine Inhaftierung, eine Kindesentziehung, sexueller Missbrauch des Kindes, psychische und körperliche Misshandlungen anderer Art, unbekannter Aufenthalt des Umgangsberechtigten.

Dennoch hat beispielsweise die psychologisch-diagnostische Beurteilung der Ausgangslage im Fall einer Begutachtung die Frage zum Inhalt, welche Umgangsregelung zum Wohl des Kindes getroffen werden sollte. Sie geht davon aus, dass grundsätzlich der Umgang dem Kindeswohl dient; ist dies nicht der Fall, wird die Frage geprüft, ob das Kindeswohl gefährdet ist, wenn der Umgang nicht eingeschränkt oder ausgeschlossen wird.

Zu prüfen ist somit, ob Bedingungen vorliegen, durch die bei der Realisierung eines Umgangs das Wohl des Kindes gefährdet wäre oder ob solche Bedingungen nicht vorliegen. Im letzteren Fall würden die Einschränkung oder der Ausschluss des Umgangs eine Kindeswohlgefährdung beinhalten (Dettenborn/Walter 2002, 175).

Ein Misslingen des Umgangs hängt so gut wie immer vom Verhalten und den Einstellungen beider Eltern ab. Beim betreuenden Elternteil sind hierfür maßgeblich:

– Kränkungen, Verlusterleben und Verlassenheitsängste,
– Verlusterleben im Hinblick auf das Kind,
– Exklusivansprüche in Bezug auf das Kind („das Kind gehört mir"),
– Angst vor Einfluss des anderen Elternteils,
– Vergessenwollen des Partners,
– Abgrenzung,
– Uninformiertheit,
– Nichtrespektieren der neuen Lebenssituation des Expartners, Verhinderung der Integration des Kindes in die neue Lebenssituation.

Beim umgangsberechtigten Elternteil können folgende Gründe und Motive den Umgang behindern (Dettenborn/Walter 2002, 184f.):

– Desinteresse
– Resignation und Rückzug angesichts drohender Rivalität zum neuen Lebenspartner des betreuungsberechtigten Elternteils,
– Resignation und Rückzug angesichts anhaltender Bemühungen des betreuungsberechtigten Elternteils, die Umgangskontakte zu erschweren und zu behindern,
– Angst vor Ablehnung durch das Kind,
– Vergeltung, Rache, Hass gegen die „andere" ehemalige Familie des Kindes,
– Ruhebedürfnis.

Beim Kind spielen folgende Aspekte eine Rolle (Dettenborn 2014, 108f.):

- nicht tragfähige emotionale Beziehung zum umgangsberechtigten Elternteil,
- Beeinflussung und Induzierung durch den betreuenden Elternteil,
- Verlustängste in Bezug auf den betreuenden Elternteil durch Parentifizierung,
- Protest gegen belastende Ereignisse bei der Durchführung und Ausgestaltung des Umgangs (z.B. Elternstreit bei den Übergaben),
- Gewalt zwischen den Eltern,
- eigenes Erleben von Gewalt, Drohungen, Vernachlässigung oder sexuellen Übergriffen,
- Schutz vor psychischen Überbelastungen bei schweren Loyalitätskonflikten,
- kindliche Machtansprüche und überzogene Selbtswirksamkeitsansprüche,
- Widerstände gegen neue Partner und der neuen Familie des umgangsberechtigten Elternteils,
- Solidarisierung mit Geschwistern in der Ablehnung des Umgangs,
- fehlender Spaß.

Bevor es zu einem begleiteten Umgang kommt, wird normalerweise ein Vermittlungsverfahren nach § 165 FamFG in Gang gesetzt. Nicht zuletzt aus der Erfahrung, dass der zwangsweise durchgesetzte Umgang kindeswohlschädigend sein kann, soll ein gegen das Kind gerichteter Bestrafungscharakter vermieden werden. Das Gericht wird im Rahmen eines Vermittlungsverfahrens nach § 165 FamFG nur auf Antrag der Eltern tätig. Kommt es im Vermittlungstermin zu einer Einigung, wird diese durch das Gericht protokolliert und stellt somit eine neue Umgangsvereinbarung dar. Scheitert das Vermittlungsverfahren, wird dies durch unanfechtbaren Gerichtsbeschluss festgestellt und gleichzeitig erwogen, ob nunmehr Ordnungsmaßnahmen oder eine Änderung der bisherigen Entscheidungen zum Umgangs- oder Sorgerecht in Frage kommen (§ 165 Abs. 5 S. 2 FamFG).

Scheitern auch die Bemühungen des Verfahrensbeistands und des Jugendamtes, ein Einvernehmen der Eltern für das Kind zu erreichen, wird in Begutachtungsfällen dieser Art auch der Sachverständige, wenn er zum Hinwirken auf Einvernehmen mit den Beteiligten beauftragt wurde, mit dem Kind und den Eltern nach vernünftigen und kindgerechten einvernehmlichen Abläufen suchen.

Die Gründe einer Umgangsverweigerung (z.B. Boykotthaltung eines Elternteils und/oder Verweigerung des Kindes) sind meist schon lange gerichtsbekannt, sodass die bloße erneute Feststellung des umgangserschwerenden Sachverhalts (Status-quo-Diagnostik versus entwicklungs-, prozess- oder modifikationsorientierte Diagnostik) den psychodiagnostischen Aufwand schon aus Kostengründen nicht lohnt. Gefordert ist hier die aktive Beteiligung und Moderation des Sachverständigen, auf Einvernehmen mit den Beteiligten hinzuwirken.

6.2 Der begleitete Umgang und die Umgangspflegschaft

Der begleitete Umgang ist eine rechtlich geregelte und zeitlich befristete Leistung der Jugendhilfe (Fthenakis 2008; Klinkhammer/Klotmann/Prinz 2011). Er hat nach § 1684 Abs. 4 S. 3 u. 4 BGB im Rahmen der Kindschaftsrechtsreform vom 1.7.1998 seine ausdrückliche gesetzliche Grundlage erhalten. Ein Ausschluss des Umgangs ist somit u.a. dann nicht möglich, solange ein begleiteter Umgang eine Kindeswohlgefährdung (z.B. durch Entführung, Missbrauch, Alkoholabhängigkeit des betreffenden Elternteils) abwenden kann. Liegt auch dann eine Kindeswohlgefährdung vor oder bahnt diese sich nachdrücklich an, wird ein begleiteter Umgang zur Pflicht.

Bloße Streitereien der Eltern führen nicht automatisch zu einem begleiteten Umgang, durchaus aber Handgreiflichkeiten und Gewalt.

Der begleitete Umgang muss vom Gericht nach Zeit, Ort, Dauer und Häufigkeit festgelegt werden (NomosKommentar-BGB/Peschel-Gutzeit 2014, § 1684 Rdnr. 63).

Salzgeber (2011, Rdnr. 723-729) und (Fthenakis 2008, XIII; Bundesministerium für Familie, Senioren, Frauen und Jugend 2008) differenzieren in begleiteten Umgang (partielle Begleitung), betreuten Umgang (Umgang mit Beratung) und den beaufsichtigten Umgang (Schaffung eines geschützten Rahmens für das Kind durch andauernde Beaufsichtigung der Kontakte).

Von der Rechtsprechung wird in einigen Fällen ein begleiteter Umgang angeordnet (Weinreich/Klein 2013, § 1684 BGB, Rdnr. 112), beispielsweise bei

- Verdacht auf sexuellen Missbrauch,
- Gefahr einer Kindesentziehung,
- der Anbahnung von Umgangskontakten nach längerer Unterbrechung,

- psychischer Erkrankung, Alkohol- oder Drogenabhängigkeit des Umgangsberechtigten.

Im Fall der gerichtlich angeordneten Umgangsbegleitung hat sich das Gericht vor einer Entscheidung zu versichern, dass ein mitwirkungsbereiter Dritter bereitsteht, in der Regel das Jugendamt, ein anderer Träger der Jugendhilfe, ein Verein, aber auch Privatpersonen etc. Da das Kind einen Anspruch auf Mitwirkung des Jugendamtes hat, folgt aus § 18 Abs. 3 SGB VIII, dass das Jugendamt die Möglichkeit eines begleiteten Umgangs dem Kind anzubieten hat, ohne jedoch vom Gericht hierzu verpflichtet werden zu können. Es liegt somit auch in Fällen des begleiteten Umgangs eine im Gesetz festgelegte koordinierte Kooperation des Familiengerichts mit dem Jugendamt auf der Grundlage der § 162 FamFG und § 50 SGB VIII vor.

Ist auch ein begleiteter Umgang angesichts einer hoch eskalierenden Auseinandersetzung der Eltern nicht möglich und verstoßen die Eltern bzw. ein Elternteil gegen die Wohlverhaltensklausel und Loyalitätspflicht kann neben dem begleiteten Umgang oder auch allein – ohne begleiteten Umgang – eine befristete Umgangspflegschaft angeordnet werden (§ 1684 Abs. 3 BGB). Obwohl in das elterliche Sorgerecht eingegriffen wird, muss keine Kindeswohlgefährdung nach § 1666 BGB bei der Anordnung einer Umgangspflegschaft vorliegen (Umkehrschluss aus § 1685 Abs. 3 S. 2 BGB).

Der Umgangspfleger kann den vom Gericht festgelegten Umgang gestalten oder den länger unterbrochenen Umgang auch anbahnen. Der Umgangspfleger hat das Recht, die Herausgabe des Kindes zur Durchsetzung des Umgangs zu verlangen. Er bestimmt für die Dauer des Umgangs den Aufenthalt des Kindes. Ein begleiteter Umgang kann nicht vom Umgangspfleger angeordnet werden, sondern nur vom Familiengericht (NomosKommentar-BGB/Peschel-Gutzeit 2014, § 1684 Rdnr. 67).

Weitergehende Maßnahmen des Familiengerichts können zu einem Entzug des Aufenthaltsbestimmungsrechts oder sogar des Sorgerechts führen (Altrogge 2007; Münder/Ernst/Behlert 2013c, § 14 Rdnr. 8).

6.3 Umgang des Kindes mit weiteren Personen

Im Rahmen der Kindschaftsrechtsreform wurde erstmalig nichtelterlichen Bezugspersonen, die dem Kind normalerweise nahe stehen, ein Umgangsrecht, aber keine Umgangspflicht eingeräumt.

Das Umgangsrecht erstreckt sich unter Zugrundelegung des Verwandtenbegriffes des § 1589 BGB zunächst auf Großeltern und Geschwister, also auch Halbgeschwister, nicht aber auf Stiefgeschwister.

Zu dem weiteren Personenkreis gehören schließlich Stiefeltern einschließlich der Lebenspartner nach dem Lebenspartnerschaftsgesetz (LPartG), wenn sie längere Zeit mit dem Kind in häuslicher Gemeinschaft zusammengelebt haben. „Längere Zeit in häuslicher Gemeinschaft lebend" kann dahingehend interpretiert werden, dass zunächst das kindliche Zeitempfinden, aber auch regelmäßige Kontakte von entscheidender Bedeutung sind. Wenn beispielsweise das Kind ein Jahr alt war, als die Lebensgemeinschaft eingegangen wurde, und nach einem Jahr die Trennung erfolgte, dann hat dieses Kind die Hälfte seines bisherigen Lebens mit dieser Bezugsperson verbracht; in diesem Sinne handelt es sich um eine „längere Zeit", erst recht, wenn qualitativ eine enge und tragfähige Beziehung entstanden ist. Ist das Kind dagegen 14 Jahre alt und lebt ein Jahr mit dem Lebenspartner des leiblichen Elternteils zusammen, dann würde es sich vermutlich nicht um eine „längere Zeit" handeln, da dieser Zeitumfang nur ein Vierzehntel der bisherigen Lebensspanne des Kindes ausmachen würde.

Der Umgang mit dem in § 1685 BGB genannten Personenkreis muss dem Wohl des Kindes dienen. Dabei müssen nicht unbedingt enge und tragfähige Beziehungen zwischen Kind und Umgangsberechtigten nach § 1685 BGB vorliegen. Es dient beispielsweise auch dem Wohl des Kindes, wenn es Beziehungen zu den Verwandten (§ 1685 Abs. 1 BGB) aufbauen kann. Im Übrigen gilt diese Aussage in Bezug auf den Aufbau einer Beziehung sowohl für Kinder, deren Eltern sich trennen, als auch für Kinder, die beispielsweise in einer Pflegefamilie leben und u.U. bisher noch keinen Kontakt mit den Großeltern hatten.

Lehnt aber der sorgeberechtigte Elternteil den Umgang des Kindes mit den Großeltern aus nachvollziehbaren Gründen ab, dient der Umgang aller Wahrscheinlichkeit nicht dem Wohl des Kindes, solange die Beziehung zwischen Großeltern und dem betreffenden Elternteil grobe Unvereinbarkeiten aufweist (zerrüttet ist).

Sollten die Eltern kein Einvernehmen herstellen können, ob ein Umgang mit den in § 1685 BGB erwähnten Personen stattfinden soll, müssen sie versuchen, sich zu einigen (§ 1627 S. 2 BGB). Gelingt das nicht, muss das Familiengericht auf Antrag bestimmen, wer hierzu die Entscheidung zu treffen hat (§ 1628 BGB).

Nach § 1686a BGB kann der leibliche Vater von der Mutter bei berechtigtem Interesse Auskunft über die persönlichen Verhältnisse des Kindes verlangen, und zwar auch dann, solange ein Umgangskontakt mit dem Kind nicht durchgesetzt werden konnte, weil das Kind sich weigert. Dieses Anliegen des leiblichen Vaters darf allerdings dem Wohl des Kindes nicht widersprechen.

Andere Personen als der betreffende Elternteil sind jedoch nicht auskunftspflichtig (z.B. Schule, Kita, Hort, Arzt). Nach § 1686a Abs. 1 BGB kann der leibliche Vater des Kindes neben dem Recht auf Erteilung der Auskunft – wie bereits ausgeführt – ein Umgangsrecht geltend machen (Kloster-Harz 2013, 327).

Der Inhalt der Auskunft bezieht sich auf solche Informationen, die der Elternteil erhalten könnte, wenn er mit dem Kind Umgang hätte, also Auskunft über den Gesundheitszustand, über seine schulische und berufliche Entwicklung, seine persönlichen Interessen. Es gehört auch das Zur-Verfügung-Stellen von Kopien der Schul- und Ausbildungszeugnisse, von Lichtbildern des Kindes, aber auch von halbjährlichen oder jährlichen Entwicklungsberichten zum Inhalt derartiger Auskünfte.

Ein Einverständnis des Kindes erwartet bemerkenswerterweise das Gesetz oder die Rechtsprechung nicht. Je älter ein Kind ist, wird es jedoch dem Vater selbst die entsprechenden Auskünfte geben, sodass der Vater u.U. nicht mehr sein Auskunftsrecht gegenüber den rechtlichen Eltern geltend machen muss.

6.4 Schlussfolgerungen bei Umgangsfragen

Allein die Tatsache eines anhängigen Gerichtsverfahrens zur Regelung des Umgangs sollte für alle am Verfahren Beteiligten den sicheren Hinweis geben, dass hier das Wohl des Kindes in Gefahr ist. Das Kind erlebt oder spürt die Uneinigkeit seiner Eltern, die Spannungen und erfährt nach Einleiten des Gerichtsverfahrens, dass sich plötzlich viele Fachleute (z.B. Berater, Jugendamt, Verfahrensbeistand, Gutachter, Familiengericht) für die Familie interessieren, alle ausfragen und häufig alles besser wissen, als der Vater, die Mutter und das Kind (z.B. „Wir wissen, was am besten für dich ist, bei deinem Vater oder deiner Mutter zu wohnen"; „wir wissen genau, dass ein Umgang deinerseits mit deinem Vater oder deiner Mutter von größter Bedeutung ist, und deshalb wird auch ein Umgang festgelegt").

Wie ausgeführt, führen anhaltende Konflikte und Unvereinbarkeiten der Eltern während des Zusammenlebens und nach einer Trennung bei Kindern häufig zu erheblichen Beunruhigungen, Auffälligkeiten im Leistungs- und Gefühlsbereich und zu Loyalitätskonflikten.

Vor allem Kinder, die nach einer Trennung und Scheidung der Eltern weiter durch deren Kampf gegeneinander – nun um den Umgang – beunruhigt und in ihrem Wohlergehen beeinträchtigt werden, gehören zu einer Risikogruppe, in der besonders häufig Entwicklungsstörungen und Verhaltensauffälligkeiten auftreten. Gerade bei diesen Kindern tritt nach einer Trennung der Eltern keine Entlastung ein. Oft konzentrieren sich nunmehr erneut die Auseinandersetzungen der Eltern neben den bereits hoch eskalierenden Elternkonflikten und Unvereinbarkeiten auf die Kinder.

In der Wissenschaft werden in Bezug auf anhaltende Unvereinbarkeiten der Eltern und eine Fortführung, eine Einschränkung oder einen Ausschluss der Besuchskontakte recht unterschiedliche Auffassungen und Positionen vertreten. Grundsätzlich kann ein Umgang, der nur mit Zwangsmitteln durchgesetzt werden kann, nicht dem Kindswohl dienen, es sei es liegen Anhaltspunkte vor, die im Einzelfall ein anderes Ergebnis zum Inhalt hätten (BVerfGE 1 BvR 1620/04 v. 1.4.2008 = FamRZ 2008, 845).

Psychologen und Juristen warnen nicht ohne Grund vor erneuten und weiteren Verunsicherungen und Identitätskonflikten des Kindes, wenn trotz Weigerung des Kindes oder anhaltender Unvereinbarkeiten der Eltern ein Umgangsrecht angeordnet und durchgesetzt wird (Salzgeber 2011, Rdnr. 745).

Festzuhalten bleibt, dass die Durchsetzung eines Umgangsrechts gegen den anhaltenden und erklärten Willen des Kindes – trotz der Versuche, die Kontakte im Rahmen eines begleiteten Umgangs durchzuführen – und des Sorgerechtsinhabers in aller Regel dem Kindeswohl entgegensteht.

Von der Oberlandesgerichtsrechtsprechung wird mittlerweile dem Kind ab dem zehnten bis zwölften Lebensjahr ein beachtenswerter Wille zugestanden, da das Kind dieser Altersgruppe die Bedeutung des Umgangsrechts verstehen könne. Das OLG Hamm (Beschluss vom 20. 11. 1998 – 11 UF 12/98 = NJWE-FER 1999, 235 = FamRZ 2000, 45) entschied z.B. schon 1998, dass das Umgangsrecht des nichtsorgeberechtigten Elternteils aus Gründen des Kindeswohls auszuschließen ist, wenn das Kind (hier: elf bzw. zwölf Jahre alt) Kontakte ablehnt und aufgrund seiner derzeitigen Verfassung und Einstellung nicht in der Lage ist, die durch Besuchskontakte entstehende Konfliktsituation zu bewältigen. Dies ist der Fall, wenn die Weigerung der Kontaktaufnahme auf einer inneren Ablehnung des Kindes beruht, die auf nicht verarbeitete Vorfälle zurückzuführen ist.

Auch die erzieherische Einwirkung (BGH, NJW Rechtsprechungs-Report 2012, 324) des obhutsberechtigten Elternteils auf das Kind, um den Umgang wahrzunehmen, ist ab einem Alter des Kindes von etwa zehn Jahren gegen dessen erklärten Willen nicht mehr erfolgversprechend. Davor muss der betreffende Elternteil jedoch darlegen, ob, wie und mit welchen Mitteln er auf das Kind eingewirkt hat (Hennemann 2013, 318).

Insgesamt wird jedoch in der obergerichtlichen Rechtsprechung nach wie vor der eigenständige Wille gerade des jüngeren Kindes zu wenig beachtet und respektiert (Büte 2005, mit weiteren Nachweisen).

Büte (2005) meint, dass das Familiengericht die Bedeutung des Umgangsrechts für den betroffenen Elternteil dem Kind vor Augen zu führen hat, um es zu einer Prüfung seiner ablehnenden Haltung zu veranlassen. Dagegen sei bei jüngeren Kindern bis zu zehn oder zwölf Jahren der betreuende Elternteil verpflichtet, einen entgegenstehenden Willen des Kindes zum Umgang durch erzieherische Maßnahmen zu überwinden.

Das Familiengericht muss die Gründe der Ablehnung eruieren, sodass beispielsweise eine tiefgreifende Störung der Eltern-Kind-Beziehung, die über die typischen Loyalitätskonflikte hinausgeht, zu einer Einschränkung oder einem Ausschluss des Umgangs führen kann (Büte 2005).

Eindeutig wird in der Kommentar-Literatur bei Johannsen/Henrich/Jäger (2010, § 1684 BGB, Rdnr. 41) Stellung bezogen: Dort wird vertreten, dass gegen den „wahren", wenngleich auch beeinflussten Willen (also nicht „nur eingeimpften" Willen mit oft nur passagerer Wirkung) des Kindes ein erzwungener Umgang den Zweck des Umgangsrechts aus der Sicht des Kindes nicht erfüllen kann. Sobald das Kind zu einer eigenen, wenn auch durch elterliche Beeinflussung mit verursachten Willensbildung fähig ist, die regelmäßig in einem früheren Alter einsetzt als die Fähigkeit zur vernunftgemäßen Selbstbestimmung, läge ein Verstoß gegen sein Persönlichkeitsrecht vor, es gegen seinen Willen zum Umgang mit dem abgelehnten Elternteil zu nötigen.

Nach wie vor ist in hochstrittigen Umgangsfällen das Wohlergehen des Kindes u.U. insofern in Gefahr, als es zu einem Objekt des Rechts und der Interessenlagen der Erwachsenen werden kann, über das andere verfügen, wie die Eltern, das Jugendamt, der Verfahrensbeistand, der Gutachter oder das Familiengericht.

Sobald aber in einem umgangsrechtlichen Verfahren der Wille des Kindes wiederholt und dauerhaft gebrochen wird, liegt somit ein Verstoß gegen die Menschenwürde, das Persönlichkeitsrecht und den Sinngehalt des persönlichen Umgangs vor.

Andererseits ist das Umgangsrecht auch ein „Beziehungsrecht" des Kindes, aus der eine „Beziehungspflicht" der Eltern erwächst. Ein weiterer Kern des Umgangs beinhaltet somit das Bedürfnis des Kindes nach Zuwendung von Vater und Mutter.

Damit ist das „Beziehungsrecht" des Kindes ein aus der elterlichen Pflichtensphäre herleitbares Kindesgrundrecht auf Erhaltung der elterlichen Beziehungen. Erst die kindeswohlorientierte Bilanzierung beider Grundsätze im Einzelfall berechtigt die Professionellen, einen Umgang durch- oder ausnahmsweise auch einmal auszusetzen.

Auch die berufsethischen Grundsätze im Beschluss der Generalversammlung zum 1. Internationalen Kongress zur Umgangsbegleitung 1998 in Paris (Haid-Loh/Normann-Kossak/Walter 2000, 107ff.) stellen ausschließlich auf die Rechte des Kindes und der Eltern ab, miteinander Umgang zu haben.

Ein Wille des Kindes, nein zu sagen, wird dem Kind ausweislich dieser berufsethischen Grundsätze auch bei erlebnisgestützten Berichten über Gefahren nicht zugestanden (zur Frage der Umgangsverweigerung durch das Kind: Palandt/Bearbeiter: Diederichsen 2014, § 1684, Rdnr. 31f.).

Ein Kind muss das Recht haben, aus hoch eskalierenden Konflikten und anhaltenden Unvereinbarkeiten der Eltern herausgehalten zu werden. Das gilt auch für Gefährdungen des Kindes durch einen Elternteil.

Ein Beziehungsrecht des Kindes sollte immer auch sein Bedürfnis nach Ruhe, Geborgenheit, sicheren und von ihm kontrollier- und beherrschbaren Lebensumständen und konfliktfreien Kontakten umfassen. Das kann zur Folge haben, dass das Recht des Kindes auf Beziehung nach einer Trennung und Scheidung der Eltern nur einem Elternteil gegenüber realisiert werden kann: Denn die entwicklungspsychologisch bedeutsamen und negativen Folgen und Konsequenzen anhaltender Unvereinbarkeiten der Eltern haben immer auch die für die Trennung und Konflikte der Eltern nicht verantwortlichen Kinder zu tragen.

Auch Psychologen nehmen das Vorliegen anhaltender elterlicher Unvereinbarkeiten und hoch eskalierender Konflikte – und offenbar auch bei Partnerschaftsgewalt – nicht zum Anlass, den psychologischen Sinn und Nutzen eines Umgangsrechts für das Kind kritisch zu hinterfragen (Rexilius 2002, 278ff.).

Beispielsweise geht aus einschlägigen Studien (Kindler, 2002a, 68; Goldbeck 2011, 132) hervor, dass erhebliche Beeinträchtigungen der Entwicklung von Kindern im Kontext von Partnerschaftsgewalt vorkommen, wenngleich auch nicht die Mehrheit der Kinder davon betroffen ist. Hier bedarf es somit einer sogfältigen Einzelfallprüfung.

Damit werden nicht nur aktuelle Ergebnisse der Scheidungsforschung ignoriert, dass beispielsweise erzwungene Umgangskontakte, insbesondere bei älteren Kindern, so gut wie nie zu einer engen Beziehung und zu einem tragfähigen, von den Kindern gern nachgesuchten Kontakt führen, sondern ebenso psychologische Theorien, die seit Jahrzehnten bekannt sind. Prominente psychologische Theorien in Bezug auf Reaktionen des Kindes angesichts anhaltender elterlicher Unvereinbarkeiten sind das Prinzip der Selbstwirksamkeit des Kindes und die der „Erlernten Hilflosigkeit".

Die Theorie der „Selbstwirksamkeit" besagt, dass bereits junge Kinder im Vorschulalter Überzeugungen der eigenen Bedeutung und Selbstwirksamkeit entwickeln und ein Bewusstsein dafür haben, Urheber von selbst beabsichtigten Effekten zu sein (Schneider/Lindenberger 2012, 203), während das Gegenstück, die Theorie der „Erlernten Hilflosigkeit" zum Inhalt hat, dass Widerwillen und Abneigung etwas gegen die eigene Überzeugung und gegen den erklärten Willen machen zu müssen, nicht nur zu Angst und Vermeidungsreaktionen führen, sondern dass wiederholte Konfrontationen mit aversiven Reizen, die unvorhersehbar sind und außerhalb der Kontrolle des Kindes liegen, sich langfristig hemmend auswirken (Masur 2004, 270f.).

Dann besteht die Gefahr, dass diese Kinder die Vorstellung entwickeln, dass ihr Verhalten nur geringe Auswirkungen auf die Umwelt (z.B. auf die Eltern) hat. Und diese Erwartung wird auf andere Situationen und Lebensbereiche des Kindes ausgeweitet, mit der Gefahr von Mutlosigkeit und eben erlernter Hilflosigkeit. Das Kind passt sich an, macht mit oder verweigert sich und verliert seinen Lebensmut, seine Neugierde, seinen Explorationswillen und seine Glücksfähigkeit.

Ein Kind sollte insbesondere nach einer spannungsreichen und konfliktbeladenen Beziehung der Eltern möglichst ungestört in Ruhe und Geborgenheit aufwachsen können, erst recht, wenn diese Spannungen destruktive und hoch eskalierende Unvereinbarkeiten beinhalten und auch Jahre nach einer Trennung und Scheidung unvermindert anhalten und eskalieren.

Dabei ist das bei Kontakt- und Umgangsfragen häufig angeführte „Ruheargument" (gleich Kontaktabbruch, Ausschluss des Umgangs) unter den diskutierten Bedingungen nicht unbedingt ein den Erwachsenen vorwerfbares Argument. Mit dieser Aussage wird allerdings nicht verkannt, dass diese Argumentation von Eltern immer wieder als Handhabe missbraucht wird, dem anderen Elternteil und damit dem Kind die Kontakte zu erschweren oder sogar unmöglich zu machen.

Dennoch ist zu beachten, dass vor allem der Elternteil, bei dem das Kind seinen Lebensmittelpunkt hat, von zentraler Bedeutung ist. Werden zum

Beispiel gegen den anhaltenden erlebnisgestützten Willen des Kindes immer wieder konfliktbeladene Kontakte erzwungen, wird das Kind in seinem Vertrauen auch zu diesem Elternteil erschüttert.

Eine Lösungsmöglichkeit dieser eher seltenen Fälle, bezogen auf ca. jährlich 200.000 von Trennung und Scheidung betroffene Kinder, liegt in der Inanspruchnahme einer außergerichtlichen Intervention und notfalls auch in der Handhabung konsequenter Gerichtsentscheidungen, die auch frühzeitig einen Sorgerechtswechsel oder eine Sorgerechtsentscheidung zu Gunsten des bindungstoleranten Elternteils beinhalten sollten. Aus familienrechtspsychologischer Sicht gilt, dass die (unbegründet) fehlende Bindungstoleranz eines obhutsberechtigten Elternteils so gut wie immer zu erheblichen Schwierigkeiten bei der Umsetzung des Umgangs führt und häufig sogar in einen Kontaktabbruch des Kindes mit dem anderen Elternteil einmündet.

Sollten die Eltern allein oder mit Hilfe einer außergerichtlichen Intervention ihre Konflikte mindern oder sogar beilegen und lernen, die Elternebene zu respektieren, spricht, ohne dass eine Gefährdung vom umgangsbegehrenden Elternteil ausgeht, aus psychologischer Sicht nichts mehr gegen umfassende Kontakte des Kindes mit beiden Eltern.

Liegen jedoch anhaltende Unvereinbarkeiten und hoch eskalierende Konflikte der Eltern vor, müssen die Kontakte unter Umständen eingeschränkt werden. In dieser Konstellation ist meist die Erziehungsfähigkeit der Eltern in Frage gestellt ist und für das Kind bahnt sich eine riskante bis gefährliche Entwicklung an.

Aus diesem Grund sollte immer eine Regelung bedacht werden, die nicht nur die Rechte des die Besuche begehrenden Elternteils berücksichtigt, sondern auch das Recht des Kindes auf ungestörtes Aufwachsen.

Offenkundig ist, dass ein Recht des Kindes auf Erhaltung der Beziehungen und Kontakte mit beiden Eltern und eine primäre Entscheidungsbefugnis des Sorgerechtsinhabers in Angelegenheiten des täglichen Lebens (§ 1687 BGB) Ungerechtigkeiten nicht ausschließen kann, vor allem wenn der Sorgeberechtigte oder der Inhaber des Aufenthaltsbestimmungsrechts seine bevorzugte Stellung missbraucht. Es geht hier aber nicht um Recht oder Unrecht der Erwachsenen, sondern allein um das Wohlergehen des Kindes.

Lempp meinte schon vor Jahrzehnten (1989, 45) nicht zu Unrecht, dass der juristische Zwang gegen den böswilligen, die Besuche hintertreibenden Elternteil nie ihn selbst trifft, sondern immer das Kind, das in der Regel weiterhin mit diesem Elternteil lebt.

Bei derartigen Problemkonstellationen sollte allerdings der Wunsch und Wille des Kindes als Ausdruck und Bestandteil seiner Persönlichkeit besonders sorgfältig beachtet werden. Ebenso sollte bedacht werden, dass Beziehungskonflikte der Eltern und deren anhaltende Unvereinbarkeiten durch juristische Entscheidungen allein nicht gelöst werden können. Nach dieser Erkenntnis wird ein bloßer Sorgerechtswechsel die Konflikte der Eltern nicht mindern. Vielmehr ist nach einem derartigen Eingriff des Gerichts zunächst mit erneuten Eskalationen zwischen den Eltern zu rechnen.

Gerade für diese Fälle sind vor einer erneuten richterlichen Entscheidung das Jugendamt oder die berechtigten Freien Träger nach wie vor gefordert, nach §§ 17, 18, 28 SGB VIII nichts unversucht zu lassen, die Eltern zu beraten und mit ihnen nach friedfertigen Strategien und einvernehmlichen Lösungen zu suchen und bei der Herstellung von Besuchskontakten und bei der Ausführung gerichtlicher und vereinbarter Umgangsregelungen in geeigneten Fällen Hilfestellung zu geben.

7 Sorge- und Umgangsrecht – Zusammenfassung

Fasst man beispielhaft die Weiterentwicklung des Sorge- und Umgangsrechts unter Beachtung des Kindschaftsrechts vom 1.7.1998 und des Familienverfahrensrechts vom 1.9.200 und der neuesten Änderungen im Familienrecht und Kinderschutz zusammen, sind folgende Entwicklungslinien zu erkennen:

1. Aufgeben des Verschuldensprinzips bei Ehescheidungen mit Inkrafttreten des ersten Eherechtsänderungsgesetzes am 1.7.1977
2. Einführung des Bindungsbegriffs und Neufassung des Kindeswohlbegriffs im Rahmen der Sorgerechtsreformen von 1977 und 1980
3. Zulassung der gemeinsamen elterlichen Sorge nach Trennung und Scheidung der Eltern nach der Entscheidung des Bundesverfassungsgerichts am 3.11.1982
4. Inkrafttreten des Kinder- und Jugendhilfegesetzes (SGB VIII) am 1.1.1991 (in der ehemaligen DDR am 3.10.1990)
5. Inkrafttreten der UN-Kinderrechtskonvention in der Bundesrepublik am 5.4.1992
6. Inkrafttreten des Kindschaftsrechtsreformgesetzes am 1.7.1998 mit weitgehender Gleichstellung des nichtehelichen Kindes und Vaters mit dem ehelichen Kind und Vater und

7. Abgabe einer einvernehmlichen Sorgeerklärung nicht miteinander verheirateter Eltern bereits vor oder auch nach der Geburt des Kindes bis zu dessen Vollendung des 18. Lebensjahres sowie
8. Gesetzliche Verankerung der Beibehaltung der gemeinsamen elterlichen Sorge nach Trennung und Scheidung, was mittlerweile dazu führte, dass die gemeinsame elterliche Sorge faktisch zum Regelfall wurde und
9. Erweiterung der Umgangskontakte des Kindes auf über die Eltern hinausgehende Personen in der Verwandtschaft, Pflegefamilie und nun auch in der Lebenspartnerschaft
10. Gesetzliche Einführung des die Kindesinteressen vertretenden Verfahrenspflegers seit 1.7.1998 (bis 1.9.2009 so genannt; ab 1.9.2009 Verfahrensbeistand)
11. Gewaltverbot in der Erziehung – Kinder haben ein Recht auf gewaltfreie Erziehung. Körperliche Bestrafungen, psychische Verletzungen und andere entwürdigende Maßnahmen sind unzulässig (§ 1631 Abs. 2 BGB); in Kraft getreten am 8.11.2000
12. Inkrafttreten des Gewaltschutzgesetzes (GewSchG) vom 11.12.2001, mit der Folge, dass ab 1.1.2002 Kinder u.U. nicht mehr fremdplatziert werden müssen, sondern die Familienwohnung vor gewalttätigen Familienangehörigen und Mitbewohnern geschützt wird (§§ 1, 2 GewSchG i.V. mit § 1666a Abs. 2 BGB)
13. Inkrafttreten des Lebenspartnerschaftsgesetzes am 16.2.2001, mit der Folge, dass nun auch gleichgeschlechtliche Lebenspartner rechtlich besser abgesicherte Elternaufgaben wahrnehmen können
14. Inkrafttreten des Bundeskinderschutzgesetzes am 1.1.2012, einhergehend mit Änderungen im SGB VIII (z.B. §§ 8, 8a, 8b, 42) und dem Gesetz zur Kooperation und Information im Kinderschutz am 1.1.2012
15. Inkrafttreten des Gesetzes zur Reform der elterlichen Sorge nicht miteinander verheiratete Eltern am 19.5.2013 durch Hinzufügung des § 1626a Abs. 1 Nr. 3 und Änderung des § 1671 Abs. 2 BGB
16. Inkrafttreten des Gesetzes zur Stärkung der Rechte des leiblichen, nicht rechtlichen Vaters auf Umgang und Auskunft durch Einfügung § 1686a BGB am 13.7.2013
17. Inkrafttreten des Gesetzes zum Ausbau der Hilfen für Schwangere und zur Regelung der vertraulichen Geburt am 1.5.2014, das dazu dienen soll, dem Kind mehr Rechte zur Klärung seiner Herkunft zu ermöglichen und der Mutter mehr Beratung nach dem Schwangerschaftskonfliktgesetz zukommen zu lassen.

I Das Kind vor dem Familiengericht bei Trennung und Scheidung

Der Katalog etablierter und neuerer Grundannahmen aus psychologischer Sicht lässt sich mit folgenden Stichworten umreißen:

1. Das Konzept der Beibehaltung der gemeinsamen elterlichen *Verantwortung* nach Trennung und Scheidung gilt mittlerweile als ein erweitertes Konzept mit Blick auf die gemeinsame elterliche Sorge.
2. Die Bedeutung des Vaters und weiterer für das Kind bedeutsamer Bezugspersonen, die eine gedeihliche Entwicklung des Kindes auch im Trennungsfall der Eltern ermöglichen, wurde durch eine Vielzahl empirischer Befunde belegt. Damit wurde die Exklusivität der Mutter-Kind-Beziehung zu Gunsten eines umfassenderen Bindungs- und Beziehungskonzepts ergänzt. In den neuen Gesetzen werden dem Vater auch gegen den erklärten Willen der Mutter mehr Rechte eingeräumt (z.B. Antrag des nichtehelichen Vaters Sorgerechtsinhaber mit der Mutter zu werden, § 1626a Abs. 2 BGB).
3. Der Bindungsbegriff, der im materiellen Familienrecht nur noch im § 1626 Abs. 3 BGB erwähnt wird, wurde für das Familiengerichtsverfahren von Vertretern der Bindungstheorie weitergehend ausformuliert. Mittlerweile hat sich die Erkenntnis durchgesetzt, dass auch unter dem Aspekt der Aufrechterhaltung der Bindungen des Kindes beide Eltern nach ihrer Trennung dem Kind zur Verfügung stehen sollten. Empirisch nicht sicher belegt ist jedoch unter beziehungs- und bindungstheoretischen Gesichtspunkten, dass das Kind im Fall einer Elterntrennung die eine Hälfte der Zeit bei einem und die andere Hälfte der Zeit bei dem anderen Elternteil verbringen muss (Wechselmodell).
4. Mittlerweile gehört es zur herrschenden Meinung, dass im Sorgerechtsverfahren und umgangsrechtlichen Verfahren das Reorganisationsmodell unter Beachtung familialer Entwicklungsübergänge gilt. Der weitergehende Entwurf, das Modell der Transition unter Beachtung des verwandtschaftlichen und persönlichen Beziehungsnetzwerkes des Kindes, hat sogar Eingang in das Gesetz gefunden (Ausgestaltung der Umgangsvorschrift nach § 1685 BGB). Das Desorganisationsmodell gilt als überholt. Nunmehr wird gefordert, dass die der Trennung und Scheidung zugrunde liegenden Konflikte nicht zu einem Abbruch im Sinne eines Stillstandes familialer Kontakte, Bindungen und Beziehungen führen, sondern in aller Regel die Kontakte, Bindungen und Beziehungen unter qualitativ veränderten Bedingungen der Reorganisation fortbestehen. Die Familie im Kontext der Mehrgenerationen löst sich durch Trennung und Scheidung *nicht* auf.

5. Mehr Beratungs-, Familientherapie-, Mediationskonzepte und Trennungsgruppen für Kinder, aber auch spezielle Trennungsgruppen für Eltern vor, während und nach der Trennung und dem Scheidungsverfahren wurden weiterentwickelt. Dabei wurde auch die Notwendigkeit einer interdisziplinären Zusammenarbeit aller am Trennungs- und Scheidungsverfahren beteiligten Berufsgruppen herausgestellt.
6. Die psychologische Sachverständigentätigkeit wurde unter Beachtung der Änderungen im FamFG nach § 163 Abs. 2 und unter dem Aspekt der Interventions- und Einvernehmenorientiertheit zum Wohl des Kindes weiterentwickelt. Als Folge dessen werden trotz der Regeln in der ZPO (§§ 402ff. ZPO) neben einer diagnostischen Bestandsaufnahme ebenso konsensfördernde und konfliktmindernde, also einvernehmenorientierte Interventionen eingesetzt.

Nach wie vor werden die Sozialwissenschaften, die Rechtswissenschaft und die entsprechenden Institutionen die Aufgabe haben, einerseits die realen Lebensverhältnisse in unserer Gesellschaft angemessen zu analysieren und zu berücksichtigen und vor allem den besonders stark von Armut und Not betroffenen Trennungs- und Scheidungskindern und den allein erziehenden Müttern weitergehende finanzielle Hilfen zukommen zu lassen. Das Modell des Erziehungsgeldes reicht bei weitem nicht aus. Deshalb muss auch die kinder- und elternfeindliche Illusion ein Ende haben, dass beispielsweise ein Alleinverdiener/eine Alleinverdienerin nach einer Paartrennung grundsätzlich in der Lage ist, für zwei Familien den Wohnraum zu bezahlen und sie zu ernähren. Das Einkommen wird vor allem für die Fälle nicht reichen, wenn der Unterhaltspflichtige eine neue Beziehung eingeht und eine Familie gründet. In diesen Themenkatalog gehören auch die sei 2008 zeitlich gekürzten nachehelichen Unterhaltszahlungen für Eltern mit jungen Kindern.

Dazu gehört ebenso eine fortlaufende, empirisch fundierte Konflikt- und Langzeitanalyse aller von Trennung und Scheidung betroffenen Personengruppen. Gerade diese empirisch forschende Wissenschaft hat auch die Aufgabe, normative und die zwischenmenschlichen Beziehungen besser gestaltende Alternativen und Modelle zu entwerfen.

Derzeit ergibt die Analyse der realen Lebensbeziehungen von Menschen in Partnerschaften häufig noch das Bild sehr enger, über lange Zeiträume auf Ausschließlichkeit, extremer Nähe und Abhängigkeit beruhender Zweiergemeinschaften. Nicht der andere ist für den Partner uneingeschränkt zuständig, sondern jeder Partner ist auch für sich selbst verantwortlich: Gegenseitiger Schutz, Zugewandtheit, Nähe und gegenseitige Hilfe ersetzt nicht die Verantwortung für sich selbst. Liebesbeziehungen und Partnerschaften in und außerhalb von Familien sollten nach familientherapeutischer Vorstellung dazu beitragen, einander Schutz und Kraft zu geben. Durch Respekt, Fairness, Freiheit, Flexibilität sollte es besser möglich sein, Probleme zu lösen, um neue Wege beschreiten zu können.

Spätestens bei der Trennung und Scheidung zerbricht die Vorstellung von „heiler Familie" und liebevoller Zweierbeziehung – mit den bekannten Gefahren vieler hoch eskalierender Konflikte, die viel zu oft in Gewalt, Hass, Rache einmündet und gelegentlich bis zum Tötungsdelikt gehen.

Durch neue gesetzliche Regelungen (z.B. §§ 17, 18, 28 SGB VIII; §§ 156, 158, 163 Abs. 2 FamFG) wurden für Eltern und Kinder immer mehr außergerichtliche Konfliktlösungsstrategien angeboten und vorgegeben.

Allerdings werden auch für „heillos" zerstrittene Eltern oder aus anderen Gründen gefährdete Kinder weiterhin effektivere pädagogische und psychologische Konzepte weiterentwickelt werden müssen, um in letzter Konsequenz den Schutz auch dieser Kinder sicherzustellen und die Autonomie selbst dieser Eltern wiederherzustellen. Hierzu liegen mittlerweile fundierte Konzepte beraterischer und therapeutischer Interventionen in hoch eskalierenden Familiensystemen vor (Walper/ Fichtner/Normann 2011).

Pädagogische und psychologische Strömungen und Innovationen und das Recht selbst werden allerdings nur dann eine kulturelle, gesellschaftliche und individuelle Verbindlichkeit erlangen, wenn ihre Vorgaben und Normen eine breite Akzeptanz bei den für die Kinder in Familien Verantwortung tragenden Frauen und Müttern sowie Männern und Vätern finden. Erinnert sei hier auch an die Beschneidungsdebatte männlicher Kinder, die bisher trotz der neuen gesetzlichen Regelung in § 1631d BGB zu keinem Konsens geführt hat. Die Vorstellung, dass eine Beschneidung für jüdische und moslemische Kinder selbstverständlich durchgeführt werden muss, bis hin zu Überlegungen, dass es sich bei einem derartigen Eingriff um eine Kindeswohlgefährdung, eine Verletzung des Persönlichkeitsrechts des Kindes und eine strafbare Handlung handelt, beherrschen weiterhin die Diskussion in dieser Frage.

Alles in allem setzen Gesetzesänderungen voraus, dass diese Vorgaben und Normen der realen Entwicklung der Menschen in Kultur und Gesellschaft Rechnung tragen. Dazu gehört auch, dass nach wie vor offenkundige geschlechtsspezifische Hierarchien, Abhängigkeiten und Ungerechtigkeiten gerade in Beziehungen und bei der Betreuung und Versorgung von Kindern abgebaut werden.

Im Übrigen entfaltet das Familien- und Kindschaftsrecht und hier insbesondere das in einzelnen Vorschriften zwischenmenschliche Beziehungen regelnde Recht immer auch pädagogische Gestaltungskräfte. Durch richtunggebende oder sanktionierende Gesetze oder Gerichtsentscheidungen können grundlegende Beziehungskonflikte nicht gelöst werden.

8 Der Wille des Kindes

Die Bedeutung des Willens des Kindes in der Familiengerichtsbarkeit ist u.a. Ausdruck seiner Beziehungen und Bindungen an seine emotional bedeutsamsten Bezugspersonen und Ausdruck des verfassungsrechtlich geschützten Selbstbestimmungsrechts des Kindes (BVerfG, FamRZ 2009, 1389).

In einer Vielzahl von Vorschriften und juristisch bedeutsamen Angelegenheiten, die als gesetzlich vorgesehene oder durch die Rechtsprechung festgelegte Eigenständigkeit des Kindes anzusehen sind, spielt der Wille des Kindes eine Rolle.

Beispiele aus dem Gesetz: § 5 Gesetz über die religiöse Kindererziehung. Dort ist geregelt, dass das Kind mit zwölf Jahren den Wechsel der Eltern zu einem anderen religiösen Bekenntnis ablehnen kann und ab 14 Jahren entscheidet das Kind allein über einen Wechsel seines Bekenntnisses. Nach § 1303 Abs. 2 BGB kann das Kind ab dem 16. Lebensjahr heiraten, wenn das Familiengericht hierzu die Befreiung erklärt. Das Kind kann ebenso ab 14 Jahren seine Einwilligung in eine Adoption nach § 1746 Abs. 3 S. 2 BGB widerrufen.

Beispiele für die Zubilligung der Eigenzuständigkeit durch die Rechtsprechung: Hierzu zählen Ausbildung und Berufswahl, medizinische Versorgung, Schutz der Privatspähe, Ausübung prozessuale Mitwirkungs- und Weigerungsrechte (Peschel-Gutzeit 2014, 435f.).

Zu erwähnen sind im Rahmen der Selbstbestimmung und des Schutzes des Kindes folgende gesetzliche Vorschriften (Peschel-Gutzeit 2014, 434):

- §§ 1617a bis 1618 BGB (Wahl des Familiennamens und Einbenennung)
- § 1626 Abs. 2 BGB (Einbeziehung des Kindes in alle Entscheidungen)
- § 1626a BGB (Einräumung der Mitsorge),
- § 1628 BGB (Übertragung der Alleinentscheidung bei gemeinsamer Sorge),
- § 1631 Abs. 2 BGB (Recht auf gewaltfreie Erziehung),

- § 1631a BGB (Mitwirkung bei Ausbildungs- und Berufswahl),
- § 1631d BGB (Einwilligung in Beschneidung),
- § 1632 Abs. 4 BGB (Verbleibensanordnung bei Pflegeeltern),
- § 1666 BGB (Kindeswohlgefährdung),
- § 1671 BGB (Änderung der elterlichen Sorge),
- § 1680 BGB (elterliche Sorge bei Tod eines Elternteils),
- § 1681 BGB (Verbleiben des Kindes bei Bezugsperson),
- § 1684 BGB (Umgangsrecht des Kindes und der Eltern),
- § 1685 BGB (Umgangsrecht anderer Bezugspersonen),
- § 60 FamFG (Beschwerderecht Minderjähriger),
- § 159 FamFG (persönliche Anhörung des Kindes).

Die Bedeutung des kindlichen Willens wird – angesichts der mittlerweile wieder abklingenden Debatte um das sog. Eltern-Entfremdungs-Syndrom (Parental-Alienation-Syndrome – PAS; Dettenborn 2014, 121; Fegert 2001; 2013, 190) vor allem mit dem Argument in Frage gestellt, dass ein Kind angesichts seiner mangelnden Reife nicht in der Lage ist, über derart bedeutsame Angelegenheiten wie Beziehungspflege oder Kontaktabbruch mit einer engen Bezugsperson Entscheidungen zu treffen. Hierzu ist Folgendes anzumerken:

- In der Entwicklungspsychologie, Familienpsychologie, Familienrechtspsychologie, Rechtspsychologie, Rechtswissenschaft und Rechtsprechung herrscht Übereinstimmung, dass selbst das über 14 Jahre alte Kind beispielsweise über die Aufnahme, Durchführung oder den Abbruch von Umgangskontakten nicht allein entscheiden darf.
- Der Kindeswille muss gerade angesichts problematischer Familienrechtsfälle immer im Kontext mit dem Kindeswohl diskutiert werden.
- Umstritten ist jedoch:
    - In welchen familienrechtlichen Zusammenhängen hat der kindliche Wille welche relevante Bedeutung?
    - Ist der Wille des Kindes ein Akt der Selbstbestimmung und in welchem Kontext zum Kindeswohl und Elternrecht nach Art. 6 GG steht er?
    - Ab welchem Alter ist der Kindeswille beachtlich?
    - Handelt es sich bei einem beeinflussten, manipulierten, suggerierten und schlimmstenfalls induzierten Willen überhaupt um einen beachtenswerten Kindeswillen?
    - Wie lässt sich ein Kindeswille feststellen?

Der Wille des Kindes kann mit Dettenborn (2014, 65) als die altersgemäß stabile und autonome Ausrichtung des Kindes auf erstrebte, persönlich bedeutsame Ziele verstanden werden. Insofern handelt es sich bei der kindlichen Willensbildung um einen meist lang anhaltenden, oft sogar dauerhaften Prozess, der vielfältigen Änderungen unterworfen sein kann. Das Erreichen bedeutsamer Zielzustände beinhaltet nicht unbedingt das Erreichen nur eines einzigen Zieles (z.B. den Vater wieder besuchen und die Billigung der Mutter erfahren) (Zitelmann 2001, 228, mit weiteren Nachweisen; Dettenborn 2014; Salgo/Zenz/Fegert et al. 2014, Rdnr. 645ff.).

Bei einer eindeutigen Zielorientiertheit sind diejenigen Ziele zu identifizieren, die für das betreffende Kind von entscheidender Bedeutung sind. Sie sind darüber hinaus als bewusste Vorgehensweisen des Kindes anzusehen, die sich auf zukünftige und angestrebte Handlungsergebnisse beziehen, die meistens außerhalb des Individuums liegen. Dabei können die entsprechenden Ziele von dem Kind selbst stammen (intrinsische Zielvorstellungen), gemeinsam mit anderen Personen ausgehandelt und vereinbart oder von anderen Personen dem Empfänger (hier das Kind) zugewiesen worden sein (u.U. auch durch Manipulationen und Suggestionen).

Entscheidend ist bei der Kenntnisnahme und Überprüfung eines zielorientierten Kindeswillens, zunächst zu fragen:

– nach dem Woher (die Quelle können z.B. Bedürfnisse, Motivationen, Triebe, Neid, Wut, Ärger, Rivalität sein) und
– nach dem Wohin (z.B. nach der Richtung, also der Zielorientierung).

In der sog. präintentionalen Phase überwiegt das Woher des kindlichen Willens, soweit dieser überhaupt schon zu identifizieren ist (welche Quellen sind identifizierbar? – Bedürfnis, Trieb, Wunsch, Ärger, Neid etc.), während das Wohin (welches Ziel soll erreicht werden?) an Bedeutung gewinnt, wenn sich der kindliche Wille nunmehr in der sog. intentionalen und damit zielgerichteten Phase bewegt. Präintentionale Bedürfnisse, Motivationen und Wünsche, aber auch Neid, Ärger, Wut, Rivalität, Instinkt oder Anreiz sowie intentionale Ziel-Zweck-Ausprägungen spielen somit beim Entstehen der bewussten und absichtlichen Ausrichtung des kindlichen Willens eine entwicklungspsychologisch und familienrechtspsychologisch bedeutsame Rolle, wobei

– das Alter,
– die Persönlichkeitsentwicklung sowie
– der Entwicklungsstand des Kindes

für das Heranbilden und die Ausprägung eines kindlichen Willens entscheidend sind.

Der Entwicklungspsychologe Piaget (1962) betonte bereits 1962 die Fähigkeit erst 15 Monate alter Kinder, so zu tun, „als ob" (z.B. sich schlafend stellen, um die Mutter zu täuschen), also die Fähigkeit des Kindes, den mentalen Zustand einer anderen Person zu erkennen und (begrenzt) zu verstehen, um diesen gegebenenfalls zu beeinflussen oder sogar zu täuschen. Des Weiteren wohnt dieser frühen Fähigkeit des Kindes die Kraft inne, zwischen Vorstellung und Fantasie einerseits und Realität andererseits sowie zwischen Gedanken und Dingen zu unterscheiden.

Dabei beinhaltet die Einstellung als spezifischer Typus einer mentalen Ausrichtung (z.B. Überzeugung, Bedürfnis und Absicht) und die inhaltliche Ausgestaltung der kindlichen Aussage („Ich sitze auf einem Dreirad." = Überzeugung; „Ich möchte ein Fahrrad mit Stützrädern haben." = Bedürfnis; „Ich will ins Kaufhaus gehen, um ein Fahrrad zu bekommen." = Absicht) nicht nur eine zweckrationale Einheit. Sondern sie umfasst ebenso die Fähigkeit des Kindes, spätestens im Alter von drei bis vier Jahren einen eindeutigen und klaren Willen zu formulieren, um ein bestimmtes Ziel zu erreichen oder zu vermeiden.

Dabei führen permanente Ereignisse aus der Umwelt

– zur differenzierteren Wahrnehmung des Kindes,
– zur Heranbildung von Überzeugungen und Bedürfnissen,

die ebenso durch Emotionen oder Triebe verursacht und aufrechterhalten werden und die dann in

– einen eigenen Willen und Handlungen einmünden und
– zu einem zielorientierten Ergebnis führen können (Astington 2000, 90, die dieses Strukturmodell für die Theorie des Denkens nutzbar machte).

Insbesondere im Alter des Kindes von drei bis vier Jahren zeigen sich Kompetenzentwicklungen, die auch zunehmend differenzierte Willensbildungen ermöglichen (Dettenborn 2014, 73f., mit weiteren eindrucksvollen Belegen aus der Entwicklungspsychologie).

Hierzu gehören nach Dettenborn (a.a.O.) im Alter von drei bis vier Jahren u.a.:

– der Erwerb der Überzeugung
– die Fähigkeit, zwischen Realität und Überzeugung zu unterscheiden
– die Fähigkeit zur Täuschung anderer

- die Fähigkeit zum Bedürfnisaufschub
- Selbstkontrolle und Verzicht
- erste Vorstellungen über Zeitspannen
- die Fähigkeit, Gegensätze zu benennen und mentale Wollens- und Könnens-Ausdrücke zu benutzen
- Übergang vom prälogischen bzw. magischen Denken zum kausalorientierten Denken
- Sprachliche Kompetenzen, z.B. Gegensätze benennen; einen elaborierten Sprachcode benutzen etc.

Entwicklungspsychologisch unauffällige Kinder haben somit bereits im Alter von drei bis vier Jahren alle notwendigen sozialen und psychischen Kompetenzen erworben, um einen eigenen (autonomen) und festen (stabilen) Willen zu haben und bei hinreichender Sprachentwicklung auch formulieren zu können. Vom Kind selbst erworbene und definierte Vorstellungen, Meinungen, Wünsche, Einstellungen, Haltungen, Sichtweisen, Prioritäten, Favorisierungen etc. sind also vom Alter her und entwicklungspsychologisch sehr frühzeitig möglich und stellen wesentliche Aspekte der Persönlichkeits-, Identitäts- und Selbstwirksamkeitsentwicklung des Kindes dar. Sie beinhalten damit ureigene – subjektive – Interessen des Kindes und sollten im Rahmen einer kindorientierten Haltung nicht als eine Äußerung umgedeutet werden, die nur dann beachtlich ist, wenn sie im wohl verstandenen Interesse gemacht wurde, wie es vordringlich Juristen in der Familiengerichtsbarkeit es tun (siehe hierzu die Erläuterungen bei Peschel-Gutzeit 2014, 436f.).

Im Übrigen hat der Willensbegriff des Kindes in vielen Lehrbüchern der Entwicklungspsychologie bisher ausdrücklich noch keinen Eingang gefunden (siehe Schneider/Lindenberger 2012) oder der Wille des Kindes wird nur für beachtlich gehalten, wenn es sich um einen sog. vernünftigen Willen des verständigen und urteilsfähigen Kindes handelt, der zudem mit dem Kindeswohl im Einklang zu stehen hat.

Der Wille des Kindes sollte ferner in Fällen hoch eskalierender familiärer Konflikte nicht sogleich mit einem moralisch zwar akzeptablen und familienpsychologisch sowie rechtlich erwünschten und erstrebenswerten „höherwertigen Ziel" verknüpft werden (z.B. Umgangskontakte des Kindes mit einem Elternteil), da bei einer derartigen Verbindung der Wille des Kindes – beispielsweise im Kontext von Kindeswohlkriterien – zwangsläufig an Bedeutung verliert und dem höherwertigen Elternrecht geopfert wird.

Im Übrigen lässt sich die hier vertretene Auffassung – die (zwangsweise) Umsetzung des Kindeswillens kann dem Kindeswohl erheblich schaden, im Gegensatz zu der Annahme, dass es kein Kindeswohl gegen den Kindeswillen gibt – am ehesten im § 159 FamFG identifizieren. Dort heißt es in Abs. 2, 2. Halbsatz: „... wenn die Neigungen, Bindungen oder der Wille des Kindes für die Entscheidung von Bedeutung sind oder wenn eine persönliche Anhörung aus sonstigen Gründen angezeigt ist".

Unabhängig von der weiteren Vorstellung, den Willen des Kindes in einen rationalen oder einen emotionalen Akt zu unterteilen, der dann entweder als Akt der Selbstbestimmung oder als Teilaspekt des Kindeswohls angesehen wird (vgl. die umfassende Darstellung hierzu bei Zitelmann 2001, 206ff.; Dettenborn 2014) oder ihn als grundsätzlich unbeachtlich anzusehen, weil er u.U. beeinflusst, manipuliert oder schlimmstenfalls suggeriert bzw. induziert worden ist, bleibt Folgendes zu klären:

Soll nach dem Kenntnisstand kindlicher Entwicklungsprozesse dem Subjektstatus des Kindes Rechnung getragen werden oder ist die Meinungsäußerung des Kindes, die sich zum Kindeswillen verdichtet hat, lediglich als wenig bedeutsame Meinung des Kindes zu begreifen und zu verstehen?

Dabei wird gerade im Verstehen und Begreifen der kindlichen Vorstellungen, Meinungen, Haltungen, Wünsche und des Willens das in der Psychologie herausragende hermeneutische Prinzip der Sinnvermittlung und Auslegung betont, das der Rekonstruktion von Präintentionalität (im Sinne der Frage nach dem Woher) und Intentionalität (im Sinne der Frage nach dem Wohin) kindlicher Willensbildungsprozesse dient.

Darüber hinaus begreifen die psychologischen Theorien des Subjekts (z.B. die Kritische Psychologie) den Menschen insgesamt und somit auch Kinder als grundsätzlich fähig, sich Handlungsräume, Freiheitsgrade und Rahmenbedingungen aktiv-kognitiv strukturierend anzueignen und zu gestalten, um sich dementsprechend eine eigene subjektive, aber auch objektivierbare Vorstellung und Meinung von der Umwelt zu machen.

Eine andere Auffassung vertritt offensichtlich Klenner (2002), der in seinen Ausführungen ein Kind offenbar nicht als erkenntnis- und handlungsfähiges Subjekt begreift und damit den Willen des Kindes nur dann für relevant erachtet, wenn es „seinen unabhängigen und freien Willen erklären kann". Diesen „freien Willen" gibt es jedoch bei Kindern, Jugendlichen und Erwachsenen nicht. Die wissenschaftliche Erkenntnistheorie (z.B. Psychologie und Philosophie) schließt aus, dass der Mensch als kollektives Wesen unbeeinflusst einen freien Willen bilden kann.

Würde man jedoch dem Individuum im Rahmen der üblichen Beeinflussungen und Manipulationen bei der Heranbildung von Vorstellungen und Meinungen gänzlich einen eigenen Willensbildungsprozess absprechen, würden wir alle ausschließlich subjektiv handlungsunfähige und fremdbestimmte Objekte sein.

Das ist jedoch trotz vielfältiger, auch massiver Beeinflussungen in Familie und Gesellschaft meist nicht der Fall, solange die betreffende Person über Freiheitsgrade verfügt, einen Willen zu formulieren, der durch Nachdenken ihrem Urteil und ihrem Entschluss folgt, sich also als Urheber dieses Willensbildungsprozesses versteht, Gründe erkennt und dementsprechende Vorstellungen (einen Willen) entwickelt und gegebenenfalls auch andere Vorstellungen (einen anderen Willen) hätte entwickeln können (Mechsner 2003).

Dennoch kritisiert Klenner (2002) jede andere kindorientiertere Meinung, ein Kind sei zu einem eigenen subjektiven Willen fähig, als eine „aus ideologischer Sichtweise resultierende Idee der Selbstbestimmung des Kindes", die dazu führe, dass sich „die für das Kind verantwortlichen Erwachsenen der Verantwortung" entzögen.

Wie jedoch bereits ausgeführt, wird der kindliche Wille allein weder bei Sorgerechts- noch bei Umgangsrechtsentscheidungen ausschlaggebend sein, da allgemein bekannt ist, dass nicht nur Erwachsene, sondern auch Kinder u.U. Ziele anstreben, die bei objektiverer Betrachtung nach Kindeswohlgesichtsaspekten riskant oder gefährlich sind oder unter dem Einfluss eines Dritten zum selbstdefinierten Ziel des Kindes oder Jugendlichen wurden.

Wenn also der Kindeswille regelmäßig in den Kontext von Kindeswohlaspekten oder auch sog. psychosozialen Grundbedürfnissen des Kindes (basic needs of children) gestellt wird, sollte dennoch eine Maxime professionellen Handelns mit Kindern – auch im hochstrittigen Sorge-, Aufenthalts- und Umgangsrechtsverfahren – sein, den Kindeswillen so weit wie möglich herauszuarbeiten und gegebenenfalls auch zu akzeptieren. Des Weiteren sollten nur so viele jugendamtliche, verfahrensbeiständische, gutachtliche oder richterliche Eingriffe in den Subjektstatus des Kindes und dessen Willensbildungsprozess vorgenommen werden, wie es zur Sicherstellung des Kindeswohls nötig ist, also beispielsweise beim selbstgefährdenden Kindeswillen oder beim induzierten Kindeswillen, der schwersten Form der Beeinflussung, Manipulation und Suggestion (die PAS-Anhänger sprechen hier von Programmierung).

Beispielsweise führt die gerichtliche Festlegung des Umgangs eines älteren Kindes mit dem abgelehnten Elternteil meist zu keinem zufrieden stellenden Kontakt. Vielmehr sind die Erfolge meist dürftig und die Abbruchs- sowie die Verweigerungsquote hoch.

Bekannt ist somit schon längst, dass auch erzwungene Kontakte, also gegen den Willen des Kindes veranlasste Besuchskontakte, meist die Beziehungen des Kindes mit dem den Umgang begehrenden Elternteil nicht verbessern oder stabilisieren (vgl. etwa die Langzeitstudie von Wallerstein/Lewis/Blakeslee 2002, 68ff.) und im höheren Lebensalter des Kindes oder bei Volljährigkeit häufig zu einem rigorosen Kontaktabbruch führen.

Sinnvoller ist aus interventionspsychologischer Sicht die Inanspruchnahme einer Mediation, Beratung, Paar-, Familientherapie oder Psychotherapie der Erwachsenen, die auch durch gerichtliche Auflagen forciert werden sollte (auch wenn bisher nur die Beratung den Eltern vom Gericht auferlegt werden kann – § 156 Abs. 3 S. 2 FamFG), als das Kind übermäßig zu strapazieren und in eine nicht mehr kontrollierbare Situation zu zwingen.

Denkbar ist ebenso, dass angesichts einer massiven Beeinflussung mit der Qualität einer Induktion des Kindes es keinen Willen äußert oder einen Willen kundgibt, der nicht seinen „wirklichen" Intentionen entspricht (Beispiele für derartige Manipulationen: „Wenn du deinen Vater/ deine Mutter besuchst, werde ich vor Kummer und Sorgen um dich schwer krank werden; vielleicht werde ich dann sogar sterben").

Werden Kinder beeinflusst, manipuliert oder induziert, gibt es wiederum mehrere Möglichkeiten, diese Entwicklung in Bezug auf die Eltern und das Kind diagnostisch zu erfassen und zu klären. Gerade diese Fälle stellen an den Sachverständigen hohe Anforderungen, der eine differenzierte Diagnostik und Intervention, oftmals nur in Zusammenarbeit mit anderen helfenden Professionen durchführen kann, um die Gründe der Verweigerung herauszufinden (Salzgeber 2011, Rdnr. 861ff., 913ff.).

Es ist allerdings auch denkbar, dass ein Kind gute Gründe haben kann (etwa erlebnisgestützte Erfahrungen gemacht hat – z.B. sich schlecht behandelt zu fühlen, geschlagen worden zu sein oder zu wenig Aufmerksamkeit erfahren zu haben), Kontakte mit dem betreffenden Elternteil zu verweigern, ohne dass Beeinflussungen vom anderen Elternteil vorliegen.

Hierzu können durchaus die im Rahmen der sog. PAS-Diskussion (Parental-Alienation-Syndrome) aufgestellten Kriterien, die in ihren Einzelaussagen und in ihrer Tragweite bereits seit Jahrzehnten bekannt sind, genutzt werden.

Allerdings ist zu beachten, dass das auf Linearitäten und Kausalitäten beruhende Modell des PAS – fast immer wird die Mutter als boykottierende Täterin und das Kind (der Vater) als Opfer dieser Dynamik angesehen – zeitgemäßen familiensystemischen Ansätzen fundamental widerspricht.

In systemtheoretischen Ansätzen wird gerade nicht ein Täter-Opfer-Modell vertreten, sondern ein familiendynamischer Ansatz, dem eine Vielzahl wechselseitiger und rückbezüglicher Interaktionen innewohnen, die u.U. auch zu einer Kontaktverweigerung führen können (z.B. bei hocheskalierenden Familienkonflikten).

Im Übrigen wird durch derart radikale, auf angeblichen Kausalitäten beruhende Denkansätze eher einem vordergründigen Rechtsempfinden und möglicherweise auch einem Strafbedürfnis Rechnung getragen. Eine weitere Gefahr in der PAS-Konstruktion liegt darin, dass der Kindeswille nicht mehr als Wirkfaktor anerkannt wird, da er als zerstört und nicht mehr existent gilt (Dettenborn/Walter 2002, 92). Die schlagwortartige Benennung und griffige Begründung des PAS-Konzepts richtet sich eindeutig auf den schuldigen Elternteil, und somit wird die Richtung der zu ergreifenden Maßnahmen gegen den „induzierenden" Elternteil klar vorgegeben: „Gerade in dieser Simplifizierung liegt aber die Gefahr dieser Theorie" (so schon Weinrich/Klein 2002, § 1684 BGB, Rdnr. 28f.).

Zudem führt die Manipulation des betreffenden Elternteils meist zu einer Anpassung des Kindes, die für sich genommen auch einen Willensbildungsprozess darstellt.

Die das Kind bei Manipulationen beeinflussenden Wirkfaktoren berühren sowohl das Elternverhalten als auch die Kindebene.

I. Elternebene
1. Der induzierende Elternteil macht meist auch Jahre nach der Trennung oder Scheidung andauernde negative Äußerungen über den anderen Elternteil (dein Vater/deine Mutter ist ein Versager, Feigling, ein Betrüger, der Zerstörer der Familie etc.).
2. Der induzierende Elternteil hält nachpartnerschaftliche Schuldprojektionen bezüglich des anderen Elternteils – meist angesichts schwerer Kränkungen und psychischer Verletzungen – hartnäckig aufrecht.
3. Der induzierende Elternteil äußert seine Vorbehalte normalerweise nicht direkt gegenüber dem anderen Elternteil, sondern wählt sich das Kind als Ansprech-, Manipulationspartner und Komplizen aus. Auch das Jugendamt, der Sachverständige, Verfahrensbeistand,

Umgangsbegleiter oder das Gericht werden häufig in diese Dynamik mit einbezogen, um den Kontakt des Kindes mit dem anderen Elternteil einzuschränken oder auszusetzen.
4. Der induzierende Elternteil instrumentalisiert das Kind, um eigenen Verlustängsten zu begegnen und weiter bestehende Hass- und Rachegefühle gegenüber dem anderen Elternteil auszuleben. Eine Trennung bzw. Differenzierung der Elternebene von der Paarebene scheint unmöglich zu sein.
5. Trennungsbedingte Symptome und Beunruhigungen des Kindes werden dem abgelehnten Elternteil zugerechnet.
6. Meist wird eine Hilfe oder Unterstützung – beispielsweise im ASD (Amt für sozialpädagogische Dienste) des Jugendamtes – oder eine Mediation, Beratung oder Therapie nicht in Anspruch genommen; direkte Kontakte mit dem anderen Elternteil werden abgelehnt.
7. Der induzierende Elternteil folgt oft dem Motto: Beide Eltern sind im Allgemeinen auch nach einer Trennung für die Kinder wichtig, nicht aber im konkreten (in meinem) Fall. Der andere Elternteil hat alle „Rechte" am Kind verwirkt.
8. Die Beziehungen des Kindes zu anderen Familienmitgliedern des abgelehnten Elternteils werden als genauso schädlich eingestuft wie die Kontakte zu ihm selbst.
9. Selbst von neutralen Personen begleitete Umgangskontakte werden oft als dem Kind unzumutbar abgelehnt.
10. Einmal aufgestellte Behauptungen werden auch im Falle einer „Widerlegung" durch Fachleute oder durch gerichtlichen Beschluss weiterhin als Realität angesehen (z.B. beim Thema „sexueller Missbrauch").

II. Kindebene
1. In den Gesprächen mit einem manipulierten Kind fällt auf, dass der induzierende Elternteil meist durchweg positiv, der abgelehnte Elternteil dagegen meist durchgängig negativ beschrieben wird.
2. Auf die Frage, wie sich der abgelehnte Elternteil ändern bzw. was geschehen müsste, um ein besseres Bild vom abgelehnten Elternteil zu bekommen, fällt dem Kind so gut wie nie eine Antwort ein. Typische Antworten lauten beispielsweise: „Der kann sich gar nicht ändern." – „Der hat bei mir keine Chance mehr."
3. Auf die Frage, warum das Kind keinen Kontakt mit dem anderen Elternteil haben möchte, werden meist nur lapidare Erklärungen oder vage Hinweise gegeben: „Dort muss ich den Tisch abräumen."

– „Da muss ich lesen üben." – „Da musste ich den Mülleimer ausleeren."
4. Wenn ein derart induziertes Kind seine ablehnende Haltung begründen soll, werden meist wortgetreu die Beschuldigungen des anderen Elternteils wiedergegeben. Nähere Erläuterungen, Begründungen oder Konkretisierungen sind dem Kind jedoch meist nicht möglich (vgl. hierzu auch Dettenborn 2014, 123).

Nach Gardner (1992) zeigen in diesem Sinne induzierte Kinder (PAS) im hochstrittigen Sorgerechts- oder Umgangsverfahren folgende Besonderheiten:

- Verunglimpfungskampagnen des anderen Elternteils
- Absurde Rationalisierungen und Verunglimpfungen
- Fehlende Ambivalenz
- Betonung „eigenständigen Denkens"
- Reflexive Unterstützung des betreuenden Elternteils
- Fehlende Schuldgefühle
- „Entliehene Szenarien".
- Ausweitung der Feindseligkeiten auf weitere Angehörige des abgelehnten Elternteils

Werden derartig gravierende Induzierungen beim Kind nicht erkennbar, sondern eher typische Beeinflussungen, Manipulationen oder Instrumentalisierungen, sind folgende Leitfragen zur Klärung der Lebenssituation, der Vorstellungswelt des Kindes und seines Willens bei der Klärung von Sorgerechts- und Umgangsfragen hilfreich (Westhoff/Terlinden-Arzt/Klüber 2000):

- Wann hat das Kind seine Mutter, seinen Vater nach der Elterntrennung erstmalig wiedergesehen?
- Gab es seitdem Unterbrechungen der Kontakte?
- Wie häufig trifft das Kind seine Mutter bzw. seinen Vater? Wie lange dauern dann jeweils die Kontakte?
- Unter welchen Bedingungen finden die Kontakte statt?
- Welche Personen sind außer dem jeweiligen Elternteil anlässlich der Kontakte dabei?
- Was unternehmen das Kind und seine Mutter bzw. sein Vater, wenn sie zusammen sind?
- Gibt es telefonische und/oder briefliche Kontakte zwischen dem Kind und dem betreffenden Elternteil?

- Gab bzw. gibt es Schwierigkeiten bei der Durchführung der Umgangskontakte?
- Wie sieht die Übergabe- und Abholsituation aus?
- Wie geht das Kind auf seine Mutter bzw. seinen Vater zu, wenn es zu einem Zusammentreffen kommt?
- Wie geht es dem Kind beim Abschiednehmen?
- Wie verhält sich das Kind, wenn es wieder zurückkommt?
- Wie erlebt das Kind die Besuchskontakte?
- Kann das Kind von den Besuchskontakten profitieren?
- Berichtet das Kind von den Besuchen und Aktivitäten?
- Wie verhält sich das Kind bei den Besuchskontakten gegenüber seiner Mutter bzw. seinem Vater?
- Welchen Willen kann das Kind äußern?
- Fanden bereits Umgangskontakte gegen den erklärten Willen des Kindes statt?
- Haben die Eltern eine Mediation, Trennungsberatung oder Psychotherapie in Anspruch genommen?
- Boykottiert ein Elternteil die Umgangskontakte?
- Welche Auflagen, gerichtlichen Beschlüsse und Sanktionen sind bereits erfolgt, um den Boykott zu beheben?

Beeinflussungen, absichtliches Verursachen von Loyalitätskonflikten, Manipulationen, Instrumentalisierungen, Parentifizierungen von Kindern aller Altersgruppen und Induzierungen in hochstrittigen Trennungsprozessen, bei Sorgerechts- und Umgangsregelungen sind seit Jahren bekannte Phänomene in der Sozialarbeit, Verfahrensbeistandschaft, familienpsychologischen Sachverständigentätigkeit, Beratungspraxis, Kinder- und Jugendlichenpsychotherapie und im Gerichtsverfahren.

Der Wille des Kindes als zentraler Bestandteil der Subjekthaftigkeit eines jungen Menschen sollte trotz denkbarer Beeinflussungen und Manipulationen nach Möglichkeit immer herausgearbeitet und in Erfahrung gebracht werden. Dieses Unterfangen wird nicht immer einfach sein, da der Wille des Kindes auch durch Loyalitätskonflikte beeinflusst sein kann. Ebenso kann gerade das jüngere Kind die Tragweite dessen, was es durch eine Willensäußerung zum Ausdruck bringen möchte, nicht immer ermessen, sodass auch ein durch Gründe gebundener Wille, also ein erlebnisgestützter Wille des Kindes, selbstverständlich in den Kontext der Kindeswohl- bzw. Sorgerechtskriterien zu stellen ist.

Dennoch ist vor allem ein

- zielorientierter,
- intensiver,
- stabiler und
- autonomer Wille (Dettenborn 2014, 70)

des Kindes immer auch ein Indiz für seine Beziehungs- und Bindungsqualitäten und ein Merkmal für Bindungs- und Beziehungswünsche. Erlebt das Kind etwa einen Elternteil eher als verunsichernd und ängstigend und verspricht es sich vom anderen Elternteil Schutz, Geborgenheit und Trost, können die in diese Richtung gehenden Äußerungen als Hinweise auf einen mehr Sicherheit gebenden Bindungspartner gedeutet werden.

Beachtenswert ist in diesem Zusammenhang, dass Kinder normalerweise keine Unwahrheiten über einen Elternteil verbreiten. Nur wenn beim Kind aufgrund annähernd gleichartiger Bindungs- und Beziehungsqualitäten kein ausgeprägter Wunsch oder Wille vorhanden ist, eher bei dem einen oder anderen Elternteil überwiegend wohnen und leben zu wollen, wird es sich unter Umständen verbal eher zu dem Elternteil bekennen, der ihm mehr Freiheit, Annehmlichkeiten oder Bequemlichkeiten offeriert.

Am Ende der Untersuchung sollte das Kind gefragt werden, ob es wünsche, dass der Sachverständige den Eltern das gerade erfolgte Gespräch und darüber hinausgehend noch etwas mitteilen soll. Häufig äußern Kinder nach einem derartigen Hinweis recht spontan einige Wünsche, die sich auf die Kontakthäufigkeit mit den Eltern, auf Freunde, Verwandte oder auf Spielsachen beziehen.

9 Beschneidung des männlichen Kindes

Die Beschneidung des männlichen Kindes, die in der neuen Vorschrift des § 1631d BGB geregelt ist, hat zu heftigen Kontroversen vor allem unter Juristen geführt, während die Vertreter der nicht juristischen Wissenschaften das Thema bisher nicht aufgegriffen oder sich bisher eher zurückhaltend geäußert haben (Schmidbauer 2012, ist einer der wenigen Psychologen, der Stellung bezogen hat).

I Das Kind vor dem Familiengericht bei Trennung und Scheidung

Handelt es sich bei der Beschneidung[18] eines männlichen Kindes um eine staatlich legalisierte Kindeswohlgefährdung und Kindesmisshandlung durch Zulassung ritueller Beschneidung zugunsten elterlicher Glaubensfreiheit (Czerner 2012, 373; 2012a, 433) oder beinhaltet es ein Ereignis, das für einen Jungen weder ein Trauma, noch harmlos oder gut ist? Mischt es sich ohne andauernde Belastungen oder Traumatisierungen mit anderen guten oder schlechten Erfahrungen, die alle Kinder im Laufe ihrer Entwicklung machen (Schmidbauer 2012)?

Als Reaktion auf die durch ein Urteil des LG Köln (LG Köln NJW 2012, 2128) entstandene öffentliche Debatte über die rechtliche Zulässigkeit der Beschneidung eines männlichen Kindes hat der Gesetzgeber die neue Vorschrift des § 1631d BGB beschlossen, um Rechtssicherheit zu schaffen. Dabei hat sich der Gesetzgeber entschieden, „den Umfang der Personensorge in Bezug auf die Frage nach der Zulässigkeit einer Beschneidung männlicher Kinder nicht im Strafrecht oder Patientenrechtegesetz, sondern im Sorgerecht zu regeln (Spickhoff 2013, 339). Die Neuregelung durch das „Gesetz über den Umfang der Personensorge bei einer Beschneidung des männlichen Kindes" (BGBl. I S. 2749) ist am 28.12.2012 mit folgenden amtlichen Begründungen in Kraft getreten:

Die Regelung erfasst die medizinisch nicht erforderliche Beschneidung des nicht einsichtsfähigen, urteilsfähigen und verständigen männlichen Kindes. Sie stellt keine Sonderregelung für religiös motivierte Beschneidungen dar, sondern umfasst auch Beschneidungen zu anderen Zwecken, etwa als prophylaktische Maßnahme oder aus kulturellem Ritus. Medizinisch indizierte Beschneidungen fallen nicht in den Anwendungsbereich.

---

18 § 1631d BGB Beschneidung des männlichen Kindes
(1) Die Personensorge umfasst auch das Recht, in eine medizinisch nicht erforderliche Beschneidung des nicht einsichts- und urteilsfähigen männlichen Kindes einzuwilligen, wenn diese nach den Regeln der ärztlichen Kunst durchgeführt werden soll. Dies gilt nicht, wenn durch die Beschneidung auch unter Berücksichtigung ihres Zwecks das Kindeswohl gefährdet wird.
(2) In den ersten sechs Monaten nach der Geburt des Kindes dürfen auch von einer Religionsgesellschaft dazu vorgesehene Personen Beschneidungen gemäß Absatz 1 durchführen, wenn sie dafür besonders ausgebildet und, ohne Arzt zu sein, für die Durchführung der Beschneidung vergleichbar befähigt sind.
Diese Vorschrift ist in das BGB eingefügt durch das „Gesetz über den Umfang der Personensorge bei einer Beschneidung des männlichen Kindes" vom 28.12.2012 (BGBL. I. S. 2749).

9 Beschneidung des männlichen Kindes

Zudem greife die Regelung nur bei Beschneidungen von nicht selbst einwilligungsfähigen männlichen Kindern.

Schließlich beschränkt sich die Regelung nach ihrem Wortlaut und nach dem eindeutigen Willen des Gesetzgebers auf die Beschneidung männlicher Kinder. Die Genitalverstümmelung an weiblichen Kindern unterliegt also weiter den bisher geltenden Regeln, denen zufolge eine rechtfertigende Einwilligung der Eltern nicht in Betracht kommt (BT-Drucks. 17/11295, 16f.).

Geht es um die Einwilligung in einen Eingriff in die körperliche Integrität, sind einerseits Selbst- und Mitbestimmungsrechte des Kindes zu berücksichtigen und andererseits spezielle zivil- und strafrechtliche Regeln, ganz besonders seit dem 8.11.2000 bestehenden Recht des Kindes auf gewaltfreie Erziehung nach § 1631 Abs. 2 BGB. Unzulässig sind seither nicht nur körperliche Bestrafungen, sondern auch psychische Verletzungen und andere entwürdigende Maßnahmen. Zu erwähnen ist hier auch § 1666 BGB, also die staatliche Pflicht zur Gefahrenabwehr für ein Kind, folgend aus dem staatlichen Wächteramt nach Art. 6 GG.

Zudem sind mit dem Eingriff auch die Grundrechte des Kindes auf freie Entfaltung seiner Persönlichkeit, auf körperliche Unversehrtheit, auf freie Religionsausübung und letztlich auf seine unverletzliche Menschenwürde tangiert.

Diese Grundrechte des Kindes sind gegen die ebenfalls tangierten Grundrechte der Eltern abzuwägen, die sich aus Art. 6 Abs. 2 GG ergeben, auf Religionsfreiheit und freie Religionsausübung der Eltern.

Diese Gewichtung und Abwägung von Grundrechten erfüllt § 1631d BGB nicht. Die tangierten und zum Teil verletzten Grundrechte des Kindes werden nicht angemessen benannt und berücksichtigt, es fehlt an einer evident erforderlichen Abwägung, welche Grundrechte wodurch irreparabel verletzt werden und mit welchen Folgen.

Die Zuständigkeit und Einwilligungskompetenz der Eltern wird erweitert. Diese haben nunmehr seit dem 28.12.2012 das Recht, in eine medizinisch nicht erforderliche, auch keineswegs nur religiös bedingte Beschneidung des noch nicht einsichts- und urteilsfähigen männlichen Kindes einzuwilligen.

Einzige Voraussetzung ist die Durchführung nach den Regeln ärztlicher Kunst, wobei auch diese Voraussetzung für die ersten sechs Lebensmonate des Kindes durch Absatz 2 der neuen Vorschrift eingeschränkt wird, da in dieser ersten frühen Zeit auch Nicht-Ärzte die Beschneidung vornehmen dürfen.

Wie verträgt sich diese Kompetenzerweiterung für die Eltern, eine tatbestandsmäßige Körperverletzung des Kindes vornehmen zu lassen mit den

Rechten des Kindes auf Selbstbestimmung, auf Gewaltfreiheit, auf Wahrung eigener Grundrechte des Kindes? Wie traumatisch ist die Beschneidung von Kindern? Wie schützenwert ist die Tradition der Beschneidung?

Beschneidungen und symbolische Kastrationen gehören zum ältesten menschlichen Brauchtum. Derartige religiöse Praktiken kollidieren allerdings mit modernen Rechtsüberzeugungen (Schmidbauer 2012). Religionsfreiheit und das Recht auf körperliche Unversehrtheit prallen mit der Frage der Beschneidung in allen Industriestaaten unversöhnlich aufeinander.

Wenn in der Debatte die weibliche Genitalverstümmelung als barbarisch abgelehnt, aber die Amputation der männlichen Vorhaut als harmloses, hygienisches Ritual der Mannwerdung gefeiert wird, tritt die gemeinsame Wurzel beider Praktiken, eine „freie", nämlich körperlich zurechtgeschnittene Sexualität, zu unterdrücken, in den Hintergrund.

Solange so gut wie alle Kinder geschlagen wurden, waren Schläge nichts Besonderes. Es gab keine Denkfigur, Gewalt gegen Kinder und Schläge als traumatisierend zu erkennen. Viele Menschen werden nun durch die neue Denkfigur, eine Beschneidung kann traumatische Wirkungen entfalten, verunsichert.

Die Ablehnung, das Verbot und die Sanktionierung der Beschneidung gemäß § 223 StGB können dazu führen, dass sich Polizei und Staatsanwaltschaft in ansonsten intakte Familien einmischen, obwohl gerade diese Eltern aus tiefer Überzeugung glauben, das Beste für ihre Kinder zu tun.

Aus juristischer Sicht lässt sich durchaus vertreten, wie es Czerner vorträgt (2012a, 436), dass ernsthafter Kinderschutz keine Glaubensangelegenheit ist und somit die Beschneidung eines Jungen als Kindeswohlgefährdung angesehen und den staatlichen Schutzauftrag mobilisieren muss. Im Übrigen gebe es keine Rechtfertigung für diese „unverhältnismäßige Kompetenzerweiterung der Eltern", die zudem gegen § 1631 Abs. 2 BGB verstoße (Peschel-Gutzeit 2013, 3619).

Anderer Ansicht ist Lack (2012, 342), die in einer religiös motivierten Beschneidung nicht in jedem Fall eine Kindeswohlgefährdung oder eine strafbare Handlung sieht.

Mandla (2013, 244) vertritt nicht zu Unrecht die Auffassung, dass mit Blick auf die Beschneidungen der letzten Jahrzehnte eine bisher ungeregelte Inkonsequenz nunmehr eine gesetzlich geregelte Inkonsequenz geworden ist. Er folgert, dass es besser gewesen wäre, kein Gesetz wie dieses zu erlassen (Mandla 2013, 250).

Rogalla (2012, 484) gibt zu bedenken, dass die Frage nicht geklärt ist, ab wann ein Kind einwilligungsfähig ist. Im Gesetz finden sich hierzu keine

Angaben. In den Fällen, in denen sich die Eltern nicht einig über die Beschneidung seien, bedürfe es einer umfassenden Klärung der Frage, ob sich die Beschneidung negativ auf die psychische Verfassung des Kindes auswirkt.

Gleich wie die Rechtslage im Einzelnen ausgelegt wird, bei einem Verbot ist die Frage nicht zu klären, wie das Verbot mit rechtsstaatlichen Mitteln bei hunderttausenden in Deutschland geborenen muslimischen und jüdischen Kindern durchgesetzt werden kann, ohne zu polizeistaatlichen Mitteln zu greifen. Ganz sicher wird aber weiterhin der Frage nachgegangen werden müssen, wie Grundfragen der körperlichen Integrität von Kindern (Art. 2 Abs. 2 S. 1 GG) und somit Kinderrechte, Religionsfreiheit und Eltern- sowie Sorgerecht (Art. 6 Abs. 2 GG; §§ 1626ff., insbesondere auch § 1631 Abs. 2 BGB) miteinander in einen rechtlich einwandfreien und psychologisch sinnvollen Kontext gestellt und geklärt werden (Spickhoff 2013, 343).

Probleme ergeben sich auch aus der sorgerechtlichen Position der Eltern. Erst jüngst musste das BVerfG klarstellen, ob der nichtsorgeberechtigte Vater eine Beschneidung des Kindes auf Wunsch der alleinsorgeberechtigten Mutter durch eine Sorgeübertragung auf seine Person im Wege der einstweiligen Anordnung verhindern kann (BVerfG, Beschluss vom 13.2.2013 – 1 BvQ 2/13 = FamRZ 2013, 530–531).

10 Die Bindung des Kindes

Die theoretischen Grundlegung der Bindungstheorie ist bekanntermaßen durch den Mediziner und Psychoanalytiker John Bowlby (1907 bis 1990) erfolgt; seine ersten Schüler in der von Bowlby geleiteten Tavistock Clinic waren Mary Ainsworth und James Robertson (Film: A two years old goes to hospital).

Die ersten Publikationen zur Bindungstheorie erfolgten in den Jahren 1958 und 1960. Fast zeitgleich zu Mary Ainsworths Publikation zum sog. Fremde-Situation-Test (strange-situation-test) im Jahre 1969 folgte die Trilogie von Bowlby:

1. Attachment and Loss, 1969 (deutsch: Bindung, 1975)
2. Separation. Anxiety and Anger, 1973 (deutsch: Trennung, 1973)
3. Loss, Sadness and Depression, 1980 (deutsch: Verlust, 1983).

Weitere bedeutsame Schüler von J. Bowlby waren Mary Main (Adult-Attachment-Interview) und die wohl bekanntesten Bindungsforscher in Deutschland Klaus und Karin Grossmann.

Bindung beschreibt eine lang andauernde emotionale Beziehung des Kindes zu Personen, die es betreuen und versorgen, die Schutz und Unterstützung bieten, dem Kind helfen, seine Emotionen zu regulieren und das Kind trösten, wenn es verunsichert oder traurig ist (Lengning/Lüpschen 2012, 11).

Liegt eine derartige Beziehungserfahrung vor, die zu einer Bindungsaufnahme und nach Ablauf eines Jahres nach der Geburt des Kindes zu einer Bindung geführt hat, können diese Bindungsfiguren ohne emotionale Belastung für das Kind nicht mehr ersetzt werden.

Das Bindungssystem stellt ein primäres, genetisch verankertes motivationales System dar. Deshalb ist Bindung quasi von Geburt an beobachtbar bei emotionaler Belastung als eine Suche nach körperlicher und psychischer Nähe von vertrauten Personen. Typische Bindungsverhaltensweisen zeigen sich im Rufen, Anklammern, Weinen, Hinkrabbeln, Hinlaufen und Protest bei Trennungen von der Bezugsperson. Auslöser für diese Bindungsverhaltensweisen können Krankheit, Schmerzen, Stress, Trauer, Ängste, Müdigkeit sein. Demgegenüber steht das Explorations- und spielerische Erkundungsverhalten, wenn die betreffende Bezugsperson dem Kind als sichere Basis dient.

Um den Bindungsaufbau des Neugeborenen zu fördern, stellt nach wie vor das Konzept der Feinfühligkeit vor allem im ersten und zweiten Lebensjahr des Kindes eine wichtige Bedingung für eine sichere Bindung dar, aber auch die Bedeutung der Sprache, des Rhythmus und der Zeit in der Interaktion (Brisch 2002, 354). Beispielsweise hatten Mütter, die bereits im ersten Lebensjahr des Kindes, bevor die Sprachentwicklung ausgereift war, in der Interaktion mit dem Kind dessen nonverbale Signale in nachvollziehbare Worte fassten, nach einem Jahr Kinder, die häufig sicher gebunden waren. Überzufällig unsicher gebunden waren dagegen Säuglinge, deren Mütter wenig empathisch, nicht nachvollziehbar oder überhaupt nicht in der Interaktion mit ihm sprachen.

Etwas später, also im zweiten Lebensjahr des Kindes, ist es für die weitere Bindungsentwicklung bedeutsam, inwiefern es einem Elternteil gelingt, dem Kind genügend Raum für eigenes Explorationsverhalten zu geben und mit zunehmendem Alter des Kindes weitere adäquate Lernsituationen und Standards im Fürsorgeverhalten zu setzen.

Vor allem im zweiten Lebensjahr des Kindes findet der Übergang von der dyadischen zur intraindividuellen Organisation des Selbst statt. Das Kind entwickelt zunehmend mehr Fähigkeiten zur Selbstbehauptung, zur aktiven Umwelterkundung und zur Aneignung der Umwelt. Gerade in dieser Entwicklungsphase des Kindes kommt der Balance zwischen Bindungs- und Explorationsverhalten eine neue Qualität zu, die auch dessen kognitive Entwicklung beeinflusst.

Zunächst bilden Säuglinge eine Art Bindungshierarchie in Bezug auf ihre Bezugspersonen, die entsprechend der Verfügbarkeit und dem Ausmaß der jeweils erlebten Trennungsangst in einer bestimmten Reihenfolge aufgesucht werden.

Im Laufe der ersten Lebensmonate bilden sich für jede einzelne Bezugsperson eigenständige und unterschiedliche Arbeitsmodelle im Kind, die später innere Repräsentanzen und die sog. Sicherheitsbasis für das Kind darstellen, die in Notfällen zum „Auftanken" aufgesucht wird.

Obwohl die Bindungsrepräsentanzen stabil sind, können jedoch einschneidende Erlebnisse (z.B. Elterntrennung, Misshandlung, Vernachlässigung, sexueller Kindesmissbrauch) sichere Bindungen zu unsicher-vermeidenden, unsicher-ambivalenten oder desorganisierten Bindungen werden lassen. Es können auch nach traumatisierenden Erlebnissen Bindungsstörungen auftreten.

Von Anfang an umfasste die Bindungstheorie als Teil der Entwicklungstheorie und Entwicklungspsychologie die Unterscheidung, was Bindung ist und was nicht. Das explorative Verhaltenssystem und das Bindungsverhaltenssystem stellen dabei zentrale Verhaltenssysteme des Kindes dar: Dem Bindungsbedürfnis des Säuglings steht sein Explorationsbedürfnis gegenüber.

Ein Säugling oder Kleinkind kann dementsprechend nur dann erfolgreich explorieren (sich die Umwelt erkunden und aneignen), wenn die betreffende Bezugsperson als sichere Basis angesehen wird, von der man sich entfernen kann, ohne sie zu verlieren.

Beispielsweise bricht das Explorationsverhalten des Kleinkindes sofort ab, wenn Gefahr antizipiert wird, vor allem wenn die Bindungsfigur (Bezugsperson) vorübergehend abwesend ist, und das Bindungsverhaltenssystem aktiviert sich. Bindung, Exploration und Furcht regulieren die Entwicklungsanpassung des Kindes und erst durch ihr Zusammenspiel kann es Neues lernen und sich entwickeln, ohne jedoch den Kontakt zu den Erwachsenen zu verlieren (Fonagy 2003, 15).

Wenn Eltern oder sonstige Bindungspersonen für das Kind keine sichere Basis sind, ist oft ein sehr eingeschränktes Bindungsverhalten zu erkennen; diese Kinder geben den Körperkontakt mit den Eltern auch dann nicht auf, wenn beispielsweise neue Anregungen an das Kind herangetragen werden. Der enge und anklammernde Körperkontakt ist in diesen Fällen nicht notwendigerweise ein Zeichen sicherer Bindung, vor allem wenn das Kind nicht exploriert. Deshalb beinhaltet Bindungssicherheit auch, dem Kind Sicherheit und Möglichkeiten zur Exploration zu geben.

Bretherton (2002) versuchte in Weiterentwicklung des auf die beiden ersten Lebensjahre des Kindes beschränkten Fremde-Situation-Tests mit linguistisch orientierten Analysen die innere Bindungs-Repräsentantenwelt von Kindern ab dem dritten Lebensjahr zu erforschen. Hierzu erzählte man den Kindern kurze, unvollständige Geschichten, deren Inhalt eine konflikthafte Zuspitzung enthielt. Zudem wurden diese Geschichten mit Puppen vorgespielt.

Eine Zusammenstellung der Verbalisierungsfähigkeit des Kindes ab etwa vier bis fünf Jahren in Bezug auf Beziehungsqualitäten, die wiederum Hinweise – wie auch die Willensäußerungen – für Bindungsqualitäten geben können, beinhalten folgende Schwerpunkte, wobei diese ein Arbeitsmodell in der psychologischen Begutachtung darstellen können, um Bindungen besser einzuschätzen:

- Sichere Bindung (B – Bindung)
    - Das Kind verfügt über eine gute Erinnerungsfähigkeit in Bezug auf die Beziehungen, Kontakte und Aktivitäten mit den Eltern.
    - Das Kind ist in der Lage, eine ausgewogene Darstellung positiver und negativer Erfahrungen in Bezug auf die Eltern abzugeben.
    - Das Kind wertschätzt Beziehungen mit den Eltern.
    - Das Kind ist in der Lage, kognitive und affektive Aspekte in Bezug auf die Beziehungen mit den Eltern miteinander zu integrieren (Stichworte: Gute Zeiten – schlechte Zeiten).
    - Die Darstellung des Kindes zu Fragen von Beziehungsabläufen und Kontakten mit den Eltern ist kohärent (zusammenhängend).
- Unsicher-ambivalente Bindung (C – Bindung)
    - Das Kind kommt in Bezug auf die Berichterstattung über Beziehungen, Kontakte und Aktivitäten mit den Eltern zu einer unausgewogenen Darstellung und Beurteilung.
    - In der Berichterstattung überwiegen affektive Aspekte von Wut, Ärger, Hilflosigkeit oder Ratlosigkeit.
    - Das Denken des Kindes ist durch Passivität gekennzeichnet.
    - Die Berichterstattung deutet auf ein anhaltendes Verwickeltsein.

- Die Darstellung des Kindes zu Fragen von Beziehungsabläufen und Kontakten mit den Eltern ist inkohärent (zusammenhangslos).
- Unsicher-vermeidende Bindung (A – Bindung)
  - Das Kind hat in Bezug auf die Berichterstattung der Beziehungen, Kontakte und Aktivitäten mit den Eltern nur eine geringe Erinnerungsfähigkeit.
  - In den Berichten des Kindes tauchen Idealisierungen der Eltern auf.
  - Gleichzeitig kommt es zu Abwertungen von Beziehungspersonen und Beziehungen überhaupt.
  - In der Berichterstattung überwiegen kognitive Aspekte.
  - Die Darstellung des Kindes zu Fragen von Beziehungsabläufen und Kontakten mit den Eltern ist inkohärent.
- Desorganisierte/desorientierte Bindung (D – Bindung)
  - Das Kind verfügt in Bezug auf die Berichterstattung über Beziehungen, Kontakte und Aktivitäten mit den Eltern nur über ein geringes Sprachvermögen. Die Sprache wirkt z.T. zerfallen (z.B. stottern, abgehackt sprechen, nach Worten ringen).
  - Das Kind wird noch vom sog. magischen Denken beherrscht.
  - Häufig wählt das Kind auch einen poetischen Sprachgebrauch (z.B. manieriert sprechen, altklug wirken, theoretisieren).
  - Das Kind benutzt eine z.T. extrem unausgewogene Darstellung bei der Beurteilung von Beziehungen.
  - Die Darstellung des Kindes zu Fragen von Beziehungsabläufen und Kontakten mit den Eltern bleibt inkohärent.

Angesichts vielfältiger und grundlegender Forschungen lässt sich mittlerweile belegen, dass Bindungen im Gegensatz zu bloßen Beziehungen eine bedeutsame emotionale Basis während des gesamten Lebens bis ins Alter hinein darstellen. Es besteht sogar ein Zusammenhang zwischen der Qualität der Bindungsrepräsentation der Elterngeneration und der Bindungsqualität, die sich im Säuglingsalter und späteren Lebensalter des jeweiligen Kindes entwickelt.

Vernachlässigt wurden von der Bindungsforschung vordringlich in der Anfangszeit – vermutlich in deutlicher Abgrenzung zur Tiefenpsychologie – die in der Psychoanalyse außerordentlich bedeutsamen Aspekte der Fantasie, Sexualität und Aggression. Ebenso wurde die Bedeutung des Vaters für das Kind vernachlässigt.

Heute gilt als belegt, dass eine sichere Bindung in der Entwicklung des Kindes einen Schutzfaktor darstellt. Es werden prosoziale Verhaltensweisen und Bewältigungsstrategien gefördert (Coping-Strategien) sowie eine belastbare Stabilität erreicht (Resilienz).

Bei der Bindungstheorie handelt es sich mittlerweile um eine empirisch fundierte Theorie über die psychische Entwicklung des Menschen (Grossmann/Grossman 2012).

Etliche Autoren, die sich in Deutschland bisher mit der Relevanz der Bindungstheorie im Rechtssystem beschäftigen, sind Schüler des Ehepaares Grossman (z.B. Scheuer-Englisch, Suess, Unzner, Schwabe-Höllein, Kindler, August-Frenzel). Insbesondere das Autorenteam Schwabe-Höllein/Kindler/August-Frenzel (2001, 41ff.) hat sich mit den Implikationen des alten und neuen Kindschaftsrechts im Kontext der Bindungstheorie befasst:

Dennoch hat trotz jahrzehntelanger internationaler Forschung auf dem Gebiet der Entwicklung von Bindungsbeziehungen im Laufe des Lebens die Bindungstheorie in Deutschland zunächst kaum Eingang in die Gesetzgebung bzw. Rechtsprechung gefunden (Walter 2013, 177).

Unausrottbar scheint auch heute noch der in Juristenkreisen auftretende Fehler zu sein, Beziehungen und Bindungen in einen Topf zu werfen und zu verwechseln, sodass Fragen nach der Intensität, Stärke, Enge, Innigkeit oder Tragfähigkeit der Bindung gestellt werden. Diese umgangssprachliche (Salzgeber 2011, Rdnr. 1830ff.) Nutzung taucht sehr häufig in richterlichen Beschlüssen beispielsweise zu Fragen der Regelung der elterlichen Sorge und des Umgangsrechts auf und bei der Wegnahme des Kindes aus der Pflegefamilie.

So wird auch nicht ausreichend zwischen dem Menschenrecht des Kindes auf Erhaltung der Bindungen als Lebenswurzeln, z.B. in Bezug auf die Pflegeeltern und dem verfassungsmäßig geschützten Elternrecht abgewogen.

Im Familienrecht wird somit unter Bindungen ein erweiterter Beziehungsbegriff verstanden, was der Bindungsbegriff in § 1626 Abs. 3 BGB vermuten lässt: „Zum Wohl des Kindes gehört in der Regel der Umgang mit beiden Elternteilen. Gleiches gilt für den Umgang mit anderen Personen, zu denen das Kind *Bindungen* besitzt, wenn ihre Aufrechterhaltung für seine Entwicklung förderlich ist".

Im FamFG spielt der Bindungsbegriff in § 159 Abs. 2 eine Rolle. Dort heißt es, *„wenn die Neigungen, Bindungen oder der Wille des Kindes..."* eine Rolle spielen. Auch hier ist nicht eindeutig geklärt, welcher Bindungsbegriff von Bedeutung ist. Hier hätte der Gesetzgeber Klarheit herstellen können, um dem Begriff „Bindung" die Bedeutung beizumessen, die ihm zusteht, Lebenswurzeln des Kindes zu sein.

Ob in der sparsameren Verwendung des Bindungsbegriffs im Familienrecht eine Aufwertung des Bindungsbegriffes zu sehen ist, wie Schwabe-Höllein/Kindler/August-Frenzel (2001, 41) meinen, ist zu bezweifeln, da bedauerlicherweise nach wie vor von einer beharrlichen Unkenntnis der Familienrechtler in Bezug auf die Bindungstheorie und Bindungsforschung auszugehen ist.

Nachvollziehbar ist jedoch das Argument, dass durch die regelmäßige Beibehaltung der gemeinsamen elterlichen Sorge auch im Trennungs- und Scheidungsfall der Eltern die Erkenntnis eine Rolle gespielt haben mag, dass gewachsene Beziehungen und vor allem die Bindungen des Kindes zu beiden Eltern aufrechterhalten werden sollen.

Nach Trennung und Scheidung ist eine Regelung anzustreben, die dem Kind die gewachsenen emotionalen und *sozialen Bindungen* zu seinen Eltern, Geschwistern und anderen Personen, z.B. neuer Partner der Mutter, wenn dieser mit dem Kind zusammenlebt, zu weiteren Bezugspersonen und Freunde des Kindes, so weit wie möglich zu erhalten, heißt es bei Rakete-Dombek (NomosKommentar-BGB/Rakete-Dombek 2014, § 1671 Rdnr. 26). Auch hier liegt eine missverständliche Formulierung des Bindungsbegriffs vor, da normalerweise ein Kind nur zu nahen, regelmäßig betreuenden Bezugspersonen – normalerweise die Eltern – Bindungen haben kann.

Auch das Sorgerechtskriterium der sog. Bindungstoleranz stellt auf Beziehungen und Bindungen ab und bezieht sich auf die Fähigkeit eines Elternteils, Beziehungen zu allen wichtigen Bezugspersonen des Kindes offen zu halten, also auch zu Beziehungspersonen, die ganz offensichtlich keine Bindungsfiguren des Kindes sind.

Im Hinblick auf eine Gutachtentätigkeit im Familiengerichtsverfahren sind somit drei herausragende Kriterien zu beachten (Schwabe-Höllein 2002, 63):

– das Konzept der emotionalen Sicherheit als Basis von Anpassungsleistungen und der Willensbildung des Kindes
– die Berichterstattung der Eltern und des Kindes über tatsächlich erbrachte Förderleistungen durch die Eltern
– die elterliche Tradierung von Bindungserfahrungen.

Eine in der Bindungsforschung zentrale Hypothese besagt, dass die Erfahrungen von emotionaler Sicherheit und Ermutigung, die ein Kind mit seinen Bindungspersonen macht, die spätere Fähigkeit, im Erwachsenenalter enge und tragfähige Beziehungen einzugehen, kausal mitbestimmen (Bowlby

1982) und damit auf einen für Lebensqualität und psychische Gesundheit grundlegenden Bereich Einfluss nehmen (Schwabe-Höllein/Kindler 2001, 43).

Das bekannteste Kategoriensystem zu Bindungsklassifikationen ist das Verhalten des Kindes bei Mutterabwesenheit, also in der fremden Situation (Fremde-Situation-Test). Im Rahmen dieses Untersuchungsverfahrens wird das Verhalten eines Kindes der Altersspanne zwischen zwölf und 20 Monaten gegenüber einer Bindungsperson nach zwei kurzen Trennungen „gemessen". Alles in allem handelt es sich um 8 Episoden (Beobachter führt die Mutter und das Kind in den Beobachtungsraum und verlässt ihn nach 30 Sekunden wieder; Mutter verlässt für 30 Sekunden den Beobachtungsraum; Mutter beteiligt sich nicht, während das Kind exploriert; eine fremde Person betritt den Raum und nach drei Minuten verlässt die Mutter den Raum; in dieser 1. Trennungsphase richtet fremde Person ihr Verhalten auf das Kind; Mutter kommt zurück; Mutter verlässt erneut den Raum im Rahmen der 2. Trennungsphase für drei Minuten; fremde Person betritt den Raum und richtet ihr Verhalten erneut auf das Kind; Mutter betritt nach drei Minuten den Raum, begrüßt das Kind und nimmt es auf den Arm. Die fremde Person verlässt nach weiteren drei Minuten den Raum.)

Beobachtet und später kategorisiert wurde ein „sicheres" Muster, bei dem das Kind die emotionale Belastung gegenüber der Bindungsperson anspricht, um dann im Kontakt mit der betreffenden Bindungsfigur wieder emotionale Sicherheit herstellen zu können. Des Weiteren wurden auch „unsicher-ambivalente" und „unsicher-vermeidende" Muster entdeckt (z.B. Vermeidung einer emotional offenen Kommunikation durch das Kind oder ausbleibende Beruhigung im Kontakt mit der Bindungsperson) sowie später noch eine desorganisierte Form kindlichen Verhaltens (Erstarren des Kindes, Anzeichen von Furcht vor der Bindungsperson).

Die kategoriale Unterscheidung verschiedener Bindungsmuster ist aber nicht das einzige Instrument zur Messung der Bindungserfahrungen von Kindern. Ein anderes Verfahren beispielsweise beschreibt mit der Feinfühligkeitsskala, inwieweit eine Bindungsperson in der Beobachtungszeit die Signale eines Kindes wahrnimmt, richtig interpretiert und prompt sowie angemessen darauf reagiert.

Weitere Beobachtungsmethoden beschreiben kindliches Verhalten auch in natürlichen Situationen oder konzentrieren sich auf innere Repräsentationen von Bindungserfahrungen eines Kindes in Interviews, Rollenspielen oder der Vervollständigung von Geschichten, das Steps Toward Effective Enjoyable Parenting (STEEP), Sichere Ausbildung für Eltern (SAFE) (Gloger-Tippelt 2001; Lengning/Lüpschen 2012, 82ff.; www.circleofsekurity.n et/; www.zepra-hamburg.de/bildungsangebot/steep-fruehilfen/allgemein-st eep/).

Eine etwaige Beschreibung der „Stärke", besser der qualitativen Ausrichtung gezeigter Bindungsverhaltensweisen, ist für eine psychologische Bewertung von Bindungen nach der Bindungstheorie nicht so günstig, da sich diese Terminologie der juristischen Auffassung von Bindungen = Beziehungen annähert.

Präziser ist von sicherer, unsicher-ambivalenter, unsicher-vermeidender oder desorganisierter Bindung zu sprechen und die Frage der „Stärke" oder Intensität eher einer *Beziehung*sdiagnostik zu überlassen, die wiederum ein Indikator für die Bindungsdiagnostik sein kann, da ein Kernbereich der Bindung durchaus die andauernde und gelebte Beziehung ist. Ohne Beziehung entsteht keine Bindung.

Im Hinblick auf das Verständnis der Bindungsqualität wird eine Bindungsbeziehung eines Kindes auch aus der Betreuungsgeschichte erschlossen werden können (Schwabe-Höllein/Kindler/August-Frenzel 2001, 46). Dabei verdient nicht nur die Bindungsbeziehung zur Hauptbetreuungsperson einen besonderen Schutz, da Kinder auch von mehreren positiven Beziehungen in ihrem Bindungsnetzwerk profitieren und insbesondere bei einer unsicheren Bindung an die Hauptbetreuungsperson andere positive Vertrauenspersonen an Bedeutung gewinnen und dementsprechend eine ausgleichende und kompensierende Rolle einnehmen können, die die inneren Arbeitsmodelle von Bindungen bei Kindern ergänzt und erweitert.

In welche Richtung eine Bindungsperson die Bindungsentwicklung eines Kindes beeinflusst, scheint aber generell mehr von der Qualität der Bindungserfahrungen mit dieser Person und weniger vom Umfang der gemeinsam verbrachten Zeit abzuhängen (Schwabe-Höllein/Kindler/August-Frenzel 2001, 47).

In Bezug auf Väter lassen sich nach Schwabe-Höllein/Kindler/August-Frenzel (2001, 47) und Grossmann/Grossman (2012, Kap. III. 4) für die mitteleuropäische Kultur folgende Aspekte festhalten:

- Kinder entwickeln normalerweise wie zur Mutter auch Bindungsbeziehungen zu ihrem Vater.
- Wenn nur ein Elternteil anwesend ist, finden Kleinkinder in emotionalen Belastungssituationen in etwa gleich häufig bei der Mutter wie beim Vater Geborgenheit und Trost.

- Ob und in welcher Form sich ein Kind bei Belastungen an den Vater wendet, beruht, zumindest bis zur mittleren Kindheit, vorrangig auf der bisherigen Qualität der Kontakte des Kindes mit dem Vater.
- Wichtige Faktoren sind die Feinfühligkeit, Einsicht und Wertschätzung eines Vaters in Bezug auf die Bedeutung von Bindungserfahrungen des Kindes mit ihm und die Fähigkeit des Vaters, sich in das eigene Erleben als Kind zurückzuversetzen.
- Besonders bedeutsam ist die Spielbeziehung des Kindes mit dem Vater und die Spielfeinfühligkeit des Vaters mit dem Kind, wenn der Vater herausfordernder Helfer beim Explorieren des Kindes ist.
- Auch in Familien mit einer eher traditionellen frauen- und mütterzentrierten Kinderbetreuung und Arbeitsteilung leisten die Bindungserfahrungen eines Kindes mit dem Vater einen bedeutsamen Beitrag zur sozialen und emotionalen Entwicklung des Kindes.

Im Fall einer Elterntrennung wird die Bedeutung einer Aufrechterhaltung der Bindungsbeziehungen zu beiden Eltern erneut deutlich. Gleichzeitig ist zu bedenken, inwieweit der nun hauptsächlich betreuende Elternteil in der Lage ist, psychologische Aufgaben des früheren Partners in der Bindungsbeziehung mit dem Kind mit zu übernehmen – hier die Mütterlichkeit, dort die Väterlichkeit, was gerade beim Wechselmodell mit Kleinkindern von besonders herausragender Bedeutung ist. Denn die emotionale Sicherheit von Kindern zeigt sich auch darin, inwieweit sie in ihren Bindungsbeziehungen emotionale Geborgenheit und Ermutigung erleben.

Bei einer Elterntrennung handelt es sich auch aus der Perspektive des Kindes um einen Prozess, den Kinder nicht nur passiv erleiden, sondern mit aktiven Bewältigungsreaktionen begleiten, die bindungstheoretisch als „bedingte Strategien" bezeichnet werden können, da sie von den Bindungsvorerfahrungen der Kinder, ihrem Entwicklungsstand und den Signalen der Bindungspersonen abhängen. Z.B. können sie sich in einem vermehrten Nähesuchen, Anklammern, Fragen, einem aufmerksamen Achten auf den Gesichtsausdruck von Bindungspersonen in uneindeutigen Situationen bis hin zu komplizierteren Strategien zeigen, die auch die Ablehnung eines Elternteils zur Folge haben können. Sie können sich somit auch in einem ablehnenden oder bejahenden Kindeswillen zu Fragen des ständigen Aufenthaltes und zu Besuchskontakten äußern (Schwabe-Höllein/Kindler 2001, 50).

Dabei steht eine Bindungsdiagnostik in Wechselwirkung zur Förderung der elterlichen Kooperationsbereitschaft und Einvernehmlichkeit, indem Eltern verdeutlicht werden kann, wie bedeutsam für das Kind die Aufrechterhaltung von Bindungen auch nach einer Elterntrennung ist. Zudem wird es leichter möglich sein, mit einem Verständnis der Bindungssituation eines Kindes Ansatzpunkte für Interventionen und geeignete Hilfen für das Kind und die Eltern zu finden.

10.1 Hochunsichere Bindung und Bindungsstörung

Der Terminus „Hochunsichere Bindungen" entstammt der Entwicklungspsychologie und beinhaltet eine „hochunsichere-desorganisierte Bindung", während Bindungsstörungen eher den kinderpsychiatrischen Diagnosekriterien des ICD-10 ähneln. Beiden ist gemeinsam, dass sie auf einen Zusammenbruch der Coping-Strategien des Kindes hindeuten und dass das Kind sein Verhalten oder seine Gefühle nicht mehr flexibel regulieren kann (Salgo/Zenz/Fegert et al. 2014, Rdnr. 794-810).

Hier wird für den Praktiker vorgeschlagen, terminologisch die vier Bindungsqualitäten und die Bindungsstörung zu nutzen, da hochunsichere Bindungen in die vierte Kategorie der unsicheren Bindung passen und dort eher eine Unterkategorie sein sollte.

Wenn ein Säugling oder Kleinkind in dieser frühen Entwicklungszeit traumatische Erfahrungen mit einer betreuenden und versorgenden Bezugsperson gemacht hat, die für Schutz, Trost, Zuspruch, Feinfühligkeit und Sicherheit zuständig ist, entwickelt es eine Bindungsstörung (Brisch 2013a, 185; 2013b). Grundlage aller Bindungsstörungen ist, dass frühe Bedürfnisse des Säuglings nach Nähe und Schutz, vordringlich in Bedrohungssituationen und bei ängstlicher Mobilisierung des Bindungsverhaltenssystems, wiederholt oder dauerhaft nicht adäquat, unzureichend oder widersprüchlich beantwortet werden (Brisch 2002, 357). Dies kann insbesondere bei abrupten Trennungserfahrungen und Verlustängsten des Kindes durch Wechsel der Betreuungssysteme (z.B. Trennung der Eltern und Abtrennung des Kindes von einem Elternteil; Fremdplatzierung des Kindes; Problem der Diskontinuität in sog. Kurzpflegestellen; unvorbereitete Rückkehr des Kindes aus der Pflegefamilie in die Herkunftsfamilie) in Pflegefamilie oder Kinderheim, bei psychisch kranken oder drogen-, alkoholabhängigen Eltern oder bei einer erheblichen chronischen Belastung und Überforderung der Eltern entstehen.

Kriterien von Bindungsstörungen haben längst Eingang in den internationalen Klassifikationen nach DSM-IV-TR, in der Neufassung DSM-V (Deutsche Ausgabe 2014: Diagnostische Kriterien des Diagnostischen und

Statistischen Manuals Psychischer Störungen) und ICD-10 (Internationale Klassifikation psychischer Störungen) gefunden:

Im DSM-V werden z.B. der gehemmte Bindungstypus und der ungehemmte Typus angeführt, während im ICD-10 zwischen der

- reaktiven Bindungsstörung im Kindesalter (ICD 10 F94.1 – z.B. deutlich widersprüchliche oder ambivalente Reaktion in verschiedenen sozialen Situationen, mit Verlust emotionaler Ansprechbarkeit, Rückzug und aggressiven Reaktionen) und
- Bindungsstörung des Kindesalters mit Enthemmung (ICD 10 F94.2 – z.B. Anklammerungsverhalten in der Kleinkindzeit; aufmerksamkeitssuchendes Verhalten und freundliches Verhalten bezüglich der Personen, bei denen wahllos Trost gesucht wird) sowie
- Gedeihstörung (ICD 10 R62.8 – definiert als verzögertes Wachstum, meist weniger als das 3. Perzentil hinsichtlich des Gewichts. Die Ursachen können rein organisch, z.B. „FAS-Kinder", psychisch oder eine Kombination von beiden sein)

unterschieden wird (Schneider/Lindenberger 2012, 679).

Das Konzept der Bindungsstörungen beinhaltet nach Brisch (1999; 2000; 2002; 2013; 2013a; Brisch/Buchheim/Kächele 1999; Brisch/Grossmann/ Grossmann/Köhler 2002 und Brisch/Hellbrügge 2003 folgende Verhaltensweisen des Kindes, die über die internationalen Klassifikationssysteme weit hinausgehen:

- keine Bindungsverhaltensweisen,
- in Trennungssituationen, also auch bei Elterntrennungen oder Fremdplatzierungen, keinen Trennungsprotest,
- u.U. undifferenzierte Bindungsverhaltensweisen im Sinne sozialer Promiskuität (jeder Ältere kann das Kind trösten),
- Unfallrisikoverhalten,
- übermäßiges Anklammern, ängstliches Verhalten und massiven Trennungsprotest selbst bei unvermeidlichen und für das Kind einsichtigen Trennungen,
- übermäßige Anpassung (insbesondere nach Erfahrungen mit körperlicher Misshandlung und bei Erziehungsstilen mit körperlicher Gewaltanwendung und Androhung von Gewalt beobachtet),
- gehemmtes Bindungsverhalten,
- aggressive Verhaltensweisen, insbesondere bei der Kontakt- und Beziehungsaufnahme (z.B. in Kita und Schule),

- Bindungsstörungen im Rahmen einer Eltern-Kind-Rollenumkehr (z.B. in Alkoholikerfamilien, bei depressiven Eltern, bei schweren körperlichen Erkrankungen der Eltern – besonders problematisch ist hier die Entwicklung einer Angstbindung),
- Bindungsstörungen im Säuglings- und Kleinkindalter, auch in Form psychosomatischer Störungen mit Schrei-, Schlaf- und Esssymptomatik oder in anderen ausgeprägten psychosomatischen Reaktionen.

Weitere Erkenntnisse zu unsicheren und desorganisierten Bindungen in Richtung Bindungsstörungen beinhalten:

- In einer zunehmenden Anzahl von Längsschnittuntersuchungen wurden Zusammenhänge zwischen einer unsicheren Bindung und Verhaltensauffälligkeiten der Kinder auch im Vorschul- und im Schulalter gefunden.
- Bei bestimmten chronischen Erkrankungen wie Herzfehlern und nach Herzoperationen im Kindesalter wurden gehäuft unsichere Bindungen mit einer größeren Anzahl von desorganisierten Mustern festgestellt.
- Bei Frühgeborenen liegen widersprüchliche Ergebnisse vor. Bei extrem früh Geborenen scheinen aber die unsicher gebundenen Kinder zu überwiegen.
- Misshandelte und vernachlässigte Kinder sind häufiger unsicher gebunden als andere. Hier traten sogar besonders oft desorganisierte Bindungsmuster und Bindungsstörungen auf.
- Kinder depressiver oder schizophrener Eltern sind häufiger als andere Kinder unsicher gebunden. Diese Entwicklung wird aber zum Teil erst im zweiten und dritten Lebensjahr sichtbar.
- Ferner fanden sich Zusammenhänge mit eigenen unsicheren Bindungsrepräsentationen (in der vergangenen Kindheit) u.a. bei Patienten mit Borderline-Persönlichkeitsstörungen, Agoraphobie, nach sexuellem Missbrauchstrauma in der Kindheit, bei Adoleszenten mit suizidalem Agieren, Depressionen, ganz allgemein eine erhöhte Vulnerabilität bei psychiatrischen, schizophrenen und forensischen Patienten und bei Patienten mit spastischen Erkrankungen.

Mittlerweile unbestritten stellt eine sichere Bindung einen Schutzfaktor dar (siehe auch die neuere Resilienz-Forschung: Opp/Fingerle 2008; Petermann/ Niebank/ Scheitthauer 2000; Fröhlich-Gildhoff/Rönnau-Böse 2014). Dieser ist einer weiteren gesunden Entwicklung des jungen Menschen förderlich, während eine unsichere Bindung eher als ein Risikofaktor für die Entwicklung – auch psychopathologischer Symptome betrachtet – werden muss.

Eine sichere Bindung erhöht somit die Resilienz, eine unsichere erniedrigt sie. Fröhlich-Gildhoff/Rönnau-Böse (2014, 31) sprechen in diesem Zusammenhang von einer förderlichen stabilen, wertschätzenden, emotional warmen Beziehung, die die Grundlage für eine sichere Bindung des Kindes zu einer erwachsenen Bezugsperson bildet.

10.2 Kritik an der Bindungstheorie

Die Bindungstheorie wird nach wie vor aus entwicklungs- oder familienpsychologischer Sicht bisher nur in einem geringen Maß einer kritischen Würdigung unterzogen. Lediglich die Tiefenpsychologie hat von Anbeginn an einige Bedenken geäußert.

Was trennt nun nach heutigem Verständnis die Bindungstheorie von der Psychoanalyse (PA), und welche gemeinsamen Ziele sind möglich (Fonagy 2003)?

Die Bindungstheorie und die Tiefenpsychologie haben zwar gemeinsame Wurzeln, beide Theorien haben sich allerdings erkenntnistheoretisch in unterschiedliche Richtungen entwickelt. Dennoch ist in beiden Strömungen zu erkennen, dass sie ein entwicklungsorientiertes Verständnis der Persönlichkeit und psychischer Störungen ansteuern (Fonagy 2003, 201). Damit würde sich bei konsequenter Weiterführung dieser Entwicklungslinie auch der bisherige Fokus der Bindungstheorie erweitern und jene Bereiche mit einbeziehen, die über psychosoziale Entwicklungen des Kindes im Kontext von Dyaden hinausreichen.

Zurzeit lassen sich noch folgende Unterschiede finden:

1. Das Bindungssystem ist nur eines von mehreren Motivationssystemen (z.B. Oralität, Sexualität und Abhängigkeitsbedürfnisse werden außer Acht gelassen).
2. Die Tiefenpsychologie ermöglicht die Beobachtung eines Menschen über einen langen Zeitraum durch teilnehmende Beobachtung, während das (aktivierte) Bindungssystem nur in einer Konfliktsituation zu einem jeweils definierten Zeitraum als Momentaufnahme zu beobachten ist.
3. Die Bindungsforschung arbeitet nicht mit dem Element der Übertragung (es wird grundsätzlich zwischen positiver und negativer Übertragung unterschieden. Bei der positiven Übertragung werden positive

Anteile früherer Beziehungen, wie Liebe, Zuneigung, Vertrauen übertragen, bei der negativen Übertragung negative Anteile wie Hass, Abneigung, Wut, Misstrauen).
4. Die Klientel des Analytikers ist mit dem Sample der Normalbevölkerung der Bindungstheorie nicht vergleichbar.
5. Da das im Alter von einem Jahr festgestellte Bindungsmuster statistisch bei 75% der Kinder bis zur Pubertät konstant bleibt, haben es Analytiker normalerweise mit jenen 25% zu tun, die sich nicht entsprechend der Statistik entwickeln.
6. Das Motivationssystem des Kindes ist auf Bindung ausgerichtet, während die Psychoanalyse meint, das Motivationssystem dient
    – der Regulation physiologischer Anforderungen der Exploration und späteren Geltendmachung (self-assertion)
    – der Aversion (im Sinne von Widerspruch oder Rückzug)
    – der Realisierung sinnlicher, libidinöser und sexueller Bedürfnisse.

Die Bindungstheorie hat in ihren theoretischen Grundannahmen und Forschungen bisher weitgehend auf ein dynamisches Konzept von Entwicklung verzichtet. Sie beruht auf Linearitäten und einer Beziehungslehre, die dyadische Kausalitäten, weniger aber familiendynamische Abläufe beachtet (so schon: von Klitzing 2002, 87). Verdeutlicht wird diese Annahme durch den in der Bindungsforschung mittlerweile üblichen Vergleich von Bindungsmustern einerseits zwischen der Kind-Mutter-Dyade, andererseits zwischen der Kind-Vater-Dyade.

Im Übrigen wurde jahrzehntelang die Erforschung der Kind-Vater-Bindung (Cowan 1997) und die Bedeutung des Vaters für eine gesunde Entwicklung des Kindes vernachlässigt (Balloff 2011, 349).

Um schließlich dieses Forschungsdefizit auszugleichen, wurden nach dem Konzept der gewährenden mütterlichen Feinfühligkeit und der herausfordernden väterlichen Feinfühligkeit diese Dyaden untersucht, anstatt ein dynamisches Konzept für die Dreierbeziehung, also eine triadische Skizze zwischen Kind-Vater-Mutter- bzw. Kind-Mutter-Vater-Beziehungen zu entwerfen, ein Vorwurf, der in Bezug auf die Vernachlässigung des Vaters in der frühen Bindungstheorie schon 1995 von Beck-Gernsheim (1995) erhoben wurde.

Oft ist nach wie vor die Aussage in der Bindungsforschung anzutreffen, dass die Kind-Vater-Bindung zwar wichtig, aber weniger bedeutsam als die Kind-Mutter-Bindung ist (von Klitzing 2002, 89; Becker-Stoll 2009).

Des Weiteren sind häufig die Zusammenhänge von Feinfühligkeit, Fürsorgeverhalten, Bindungssicherheit und kindlicher Entwicklung in Stichproben mit meist wenig belasteten Mittelschichtfamilien erhoben worden und nicht mit armen, belasteten oder sogar klinisch hochbelasteten Familien, in denen keine Bindungssicherheit herrscht.

Kritisiert wird aus entwicklungspsychologischer Sicht ebenso, dass z.B. die westliche Betonung des Explorationsverhaltens von Kindern nicht ubiquitär anzutreffen ist. Japanische Mütter fördern beispielsweise eher die Abhängigkeit ihrer Kinder als die durch Explorationen leichter mögliche Autonomieentwicklung und Individuation des Kindes. Ebenso werden im Konzept der Feinfühligkeit erhebliche Unterschiede festgestellt, wenn beispielsweise amerikanische Mütter erst dann reagieren, wenn das Kind ein spezifisches Bedürfnis kommuniziert, während japanische Mütter antizipatorisch versuchen, ein Unwohlsein des Kindes von Vornherein zu verhindern (Schneider/Lindenberger 2012, 148f., mit weiteren Nachweisen).

11 Geschwister

Geschwister stellen aus familiensystemtheoretischer Sicht ein Subsystem innerhalb des Familienverbandes dar. Hierzu gehören auch geschwisterähnliche Konstellationen in Patchworkfamilien, in denen häufig „Halbgeschwister" und nicht miteinander verwandte Stiefgeschwister zusammenwohnen. Es ist evident, dass es nicht nur sehr unterschiedliche Geschwister und Typen von Geschwisterbeziehungen, sondern ebenso sehr unterschiedliche Beziehungsqualitäten und Veränderungen in der Qualität der Beziehungen im geschwisterlichen Lebenszyklus gibt. Insbesondere in den frühen Entwicklungsphasen haben meist ältere Geschwister eine Art „Pionierfunktion" für die nachkommenden jüngeren Geschwister (Schmidt-Denter 1993). Zugleich fungieren ältere Geschwister – und hier wiederum vordringlich ältere Schwestern – häufig als (Lern-)Modell und „Lehrerinnen" für ihre jüngeren Geschwister. Kasten (2005, 170ff.) spricht in diesem Zusammenhang von einer typischen Anhänglichkeit und einem Zusammengehörigkeitsgefühl der Geschwister, die trotz aller üblichen Kontroversen und Unstimmigkeiten besteht.

So erweisen sich normalerweise Geschwister in Krisenzeiten, bei Konflikten mit den Eltern, aber auch bei einer Elterntrennung hilfreiche Dienste und Unterstützungen in kognitiver, sozialer, psychosozialer und emotionaler Hinsicht (Petri 1994).

Empirisch belegt ist mittlerweile, dass eine enge Geschwisterbeziehung das persönliche Wohlbefinden der Geschwisterkinder stärkt. Auch nach einer Elterntrennung können weiterhin zusammen aufwachsende Geschwisterkinder die Auswirkungen einer Trennung und Scheidung ihrer Eltern leichter bewältigen als Einzelkinder (Schmidt-Denter 1993).

Im Übrigen beruhen enge, tragfähige und über die gesamte Lebensspanne bestehende Geschwisterbeziehungen auf ungezählten und unzählbaren alltäglichen Lernschritten in der Kindheit (Kasten 2005), die der Entwicklung eines jeden Geschwisterkindes dienlich sind, indem beispielsweise

– das Gerechtigkeitsempfinden,
– die Rücksichtnahme,
– das Zusammenspiel und die Kooperation sowie die Konfliktfähigkeit,
– das Abgeben und Teilen,
– das Verteidigen des eigenen und das Respektieren des fremden Besitzes,
– das Zuhören und das Sich mitteilen,
– das Machen und Annehmen von Kontaktangeboten sowie
– das Eintreten für Schwächere

gestärkt wird.

Um diese entwicklungspsychologisch bedeutsamen Ziele zu erreichen, müssen allerdings die Geschwister die Chance bis zur Ablösung vom Elternhaus bekommen, im permanenten Zusammenleben über Jahre hinweg ständig neue Alltagserfahrungen zu machen (Krieger 1997). Es ist in diesem Zusammenhang auch bekannt, dass Geschwister im Zusammenleben an einem Ort weitaus besser als an voneinander getrennten Orten Loyalität und Verantwortung lernen und gemeinsam tragen.

Geschwistergemeinschaften stellen daher nicht nur in innerfamilialen und persönlichen Krisenzeiten einen „Rettungsanker" dar, sondern sie dienen auch im späteren Leben der Abpufferung erlittener Krisen durch Trennungen, Tod, Fremdheit, Isolation oder ökonomische Not (Sohni 1998; Walper/ Thönissen/Wendt/Bergau 2009, 45).

Deshalb sind aus psychologischer Sicht auch die Rechtsordnung, die Rechtsprechung und vor allem die Jugendhilfe gerade im Fall einer Elterntrennung oder Unterbringung der Kinder gefordert, die Geschwister zusammen zu lassen und die Grundwerte geschwisterlichen Zusammenlebens, wie Gerechtigkeit, Sorge und Mitgefühl füreinander, Dankbarkeit und soziale Verantwortung zu stärken. Sie sollten diese nicht durch eine Geschwistertrennung angesichts heftig streitender Elternpaare oder Platzierungsschwierigkeiten aufs Spiel setzen.

Für das menschliche Grundbedürfnis nach Nähe und Verbundenheit bieten die Geschwistergemeinschaft und die Geschwisteridentität als lebensbegleitende Erfahrung (Petri 1999) – gerade angesichts des immer auftretenden Verlusterlebens bei einer Elterntrennung bzw. einer Trennung von den Eltern – eine wesentliche Ressource für eine weitere gesunde Entwicklung und angemessene psychische Bewältigung der Elterntrennung. Insofern stärkt eine Geschwistergemeinschaft gerade bei Elterntrennungen oder einer Unterbringung der Kinder deren Bewältigungsstrategien und Resilienz.

Deshalb sollte aus psychologischer Sicht eine Trennung von Geschwistern nur dann in Erwägung gezogen werden, wenn beispielsweise jeder von beiden Eltern offenkundig mit der Betreuung und Versorgung aller Geschwisterkinder überfordert ist oder wenn sich die Geschwisterkinder gegenseitig erheblich behindern und sich „im Wege stehen" (so auch Salzgeber 2011, Rdnr. 1834).

Wenn es zu Beginn der Elterntrennung zwischen den Geschwistern zu mehr Streitereien kommt und die Beziehungen insgesamt belastet sind, sollte auch diese meist nur vorübergehende Entwicklung nicht zu einer Geschwistertrennung führen (Walper/Thönissen/Wendt/Bergau 2009, 46).

Letztlich ist die Entwicklung einer positiven Geschwisterbeziehung (auch) nach einer Elterntrennung von kooperativen Eltern-Kinder-Beziehungen abhängig (Walper/Thönissen/Wendt/Bergau 2009, 45).

Aus psychologischer Sicht ist darüber hinaus eine Trennung von Geschwistern – bei einer engen Geschwisterbeziehung und angesichts erheblicher psychischer Belastungen durch die Trennung der Eltern – selbst dann nicht mit dem Wohlergehen der Kinder vereinbar, wenn ein Kind möglicherweise eine besonders enge Beziehung zu dem Elternteil hat, bei dem das Kind künftig nicht seinen überwiegenden Aufenthalt haben wird. Insofern können aus psychologischer Sicht ausnahmsweise die ansonsten vorrangigen Kind-Eltern-Beziehungen bei Platzierungsfragen in den Hintergrund treten.

Der Vollständigkeit halber sei erwähnt, dass auch die obergerichtliche Rechtsprechung die Bedeutung und Aufrechterhaltung von Geschwisterbeziehungen gerade angesichts einer Elterntrennung längst erkannt hat und zunehmend auch in dem Sinne berücksichtigt, ohne triftige Gründe keine Geschwistertrennung vorzunehmen und den Willen der Geschwisterkinder zu berücksichtigen (Oberlandesgericht Bamberg – 7 UF 93/96 = FamRZ 1998, 498f.; Oberlandesgericht Hamm – 6 UF 693/97 1999 = FamRZ 1999, 320f.)

Das OLG Dresden (Beschluss vom 29. 8. 2002 – 10 UF 229/02 = NJW 2003, 147) billigt dem Fortbestand der Geschwisterbindung z.B. insbesondere dann große Bedeutung zu, wenn die Elternbeziehung „zerrüttet" ist.

12 Die Rechtsanwälte als Parteianwälte

Der Rechtsanwalt ist ein unabhängiges Organ der Rechtspflege (§ 1 Bundesrechtsanwaltordnung – BRAO); er übt einen freien Beruf aus. Er hat als unabhängiger Berater und Vertreter in allen Rechtsangelegenheiten seinen Mandanten vor Rechtsverlusten zu schützen, rechtsgestaltend, konfliktvermeidend und streitschlichtend zu begleiten, vor Fehlentscheidungen durch Gerichte und Behörden zu bewahren und gegen verfassungswidrige Beeinträchtigungen und staatliche Machtüberschreitung zu sichern.

Nach wie vor herrscht auch bei einer einverständlichen Scheidung Anwaltszwang.

Obwohl mit anwaltlicher Hilfe ca. 70% aller Konflikte außergerichtlich gelöst werden (Müller 2002, 239), hängt der Grad der Konflikthaftigkeit eines Familiengerichtsverfahrens mit Kindern nach wie vor nicht unmaßgeblich vom Einsatz der Rechtsanwälte und der Art und Weise ab, wie sie die Auseinandersetzungen führen.

Auch in der Familiengerichtsbarkeit sollte der Schwerpunkt familienanwaltlicher Tätigkeit im außergerichtlichen Bereich liegen, was durch psychologische Beratung und Mediation gefördert wird.

Der Rechtsanwalt in der Familiengerichtsbarkeit hat im Rahmen der obligatorischen Weiterbildung Spezialkenntnisse im Familienrecht erworben, die ihn seit 1998 berechtigen, den Berufstitel „Fachanwalt für Familienrecht" zu führen.

Sieht sich der Rechtsanwalt ausschließlich als Interessenvertreter der Partei an, die ihn beauftragt hat, wird er zwar umfassend die Mandanteninteressen wahrnehmen, das Wohl des Kindes und die Kindesinteressen möglicherweise aber zu wenig beachten.

Meint der Anwalt allerdings, der von einem Elternteil erteilte Auftrag schließe auch die Beachtung der Interessen des Kindes durch seine Person mit ein, muss er im Sorgerechts- oder Umgangsverfahren unter Umständen im Kontakt mit seinem Mandanten gegen dessen Vorstellungen argumentieren. Er wird dann versuchen, auf seinen Mandanten einzuwirken, damit im Verfahren eine kindeswohlgemäße Haltung eingenommen werden kann.

I Das Kind vor dem Familiengericht bei Trennung und Scheidung

Dies kann der Anwalt allerdings nur solange beibehalten, wie sein Mandant bereit ist, andere Vorstellungen und möglicherweise sogar Kompromisse zuzulassen. Andernfalls kann das Mandat aufgekündigt werden oder der Rechtsanwalt gerät in den Grenzbereich des Parteiverrats.

Müller (2002, 246) meint, dass ein Familienanwalt, der sich für ein kooperatives Verhalten einsetzt, nicht die Interessen seines Mandanten verrät, obwohl er sich auf einem „schmalen Grad" bewege. Mit dieser Haltung würden die Ziele des neuen Kindschaftsrechts verfolgt.

Bereits 1982 hat das Bundesverfassungsgericht zum damals gesetzlich noch nicht zugelassenen gemeinsamen elterlichen Sorge nach einer Scheidung ein Einvernehmen und die Kooperation der Eltern vor eine gerichtliche Regelung gestellt (BVerfG, Urteil vom 3.11.1982 – 1 BvL 25/80; 1 BvL 40/80; 1 BvL 12/81 = NJW 1983, 101).

Ein Interessen- und Rollenkonflikt des Rechtsanwaltes ist dann denkbar, wenn er nicht bereit ist, die Vorstellungen, Bedürfnisse und Wünsche seines Mandanten hinreichend zu berücksichtigen und in den Vordergrund zu stellen.

Dennoch hat der Rechtsanwalt immer auch abzuwägen, ob eine Regelung, die zunächst für seinen Mandanten vorteilhaft erscheint, kurz- oder mittelfristig nicht doch erhebliche Nachteile für das Kind und seinen Mandanten mit sich bringt.

Schmidt (2003, 127) vertritt als praktizierende Rechtsanwältin die Auffassung, dass auch ein Rechtsanwalt in einem Kindschaftsverfahren einen konstruktiven Beitrag zu kindorientierter Konfliktlösung zu leisten hat. Das Vertragsverhältnis, das er mit seinem Mandanten eingehe, stehe dieser Ausrichtung anwaltlicher Arbeit nicht entgegen.

Gleichwohl bleibt immer noch zu klären, ob Rechtsanwälte als Parteianwälte bei gleichzeitiger Verpflichtung auf das Kindeswohl in diesen dem Wohlergehen des Kindes verpflichteten Familiengerichtsverfahrensabläufen regelmäßig auftreten sollten.

Das moderne Familiengerichtsverfahren ist ein auf Koordination, Kooperation und Vernetzung beruhendes Gebilde, in dem üblicherweise

- gemeinsame am Wohlergehen des Kindes erklärte Ziele maßgeblich sind,
- die eine umfassende Zusammenarbeit erfordern und
- gemeinsame Orientierungen und Wertmaßstäbe zur Grundlage haben (z.B. Erhaltung der elterlichen Verantwortungsgemeinschaft für das

Kind nach einer Elterntrennung und Scheidung; regelmäßige Kontakte des Kindes mit den Eltern etc.).

Ob hierfür immer ein Gerichtsverfahren und Parteianwälte regelmäßig einen hinreichenden Beitrag leisten, ist angesichts z.T. nach wie vor desavouierender und streitverschärfender Schriftsätze etlicher Anwälte aus psychologischer Sicht zu bezweifeln.

Durch den Einsatz eines Verfahrensbeistands (Anwalt des Kindes) hat sich die Situation im Gericht für die Kinder bei eskalierenden Schriftsätzen der Rechtsanwälte nicht entspannt. Hier müsste der Verfahrensbeistand als Anwalt des Kindes in derartigen Fällen eingreifen, um die streitverschärfende Vorgehensweise der betreffenden Anwälte Einhalt zu gebieten.

13 Das Kind im Familiengericht

13.1 Die Anhörung des Kindes

Das Anhörungsrecht des Kindes ergibt sich aus dem Anspruch auf rechtliches Gehör nach Art. 103 Abs. 1 GG, das einfachgesetzlich in § 159 FamFG ausgestaltet ist. Insbesondere Kinder unter 14 Jahren sind durch die Trennung und Scheidung der Eltern vielfältigen Belastungen ausgesetzt, die sich beispielsweise in Ängsten, Irritationen, Beeinflussungen und Loyalitätskonflikten zeigen. Deshalb ist gerade für diese Altersgruppe eine Anhörung durch einen neutralen Dritten besonders wichtig, zumal die Anhörung vor Gericht nach wie vor etlichen Eltern als überflüssige und zusätzliche Belastung erscheint.

Von einigen Scheidungsexperten und Kindertherapeuten (z.B. Figdor 1997, 204ff.), die die Gefahren der gerichtlichen Anhörung des Kindes zunächst auf die in der Tat problematische Frage reduzieren, bei welchem Elternteil das Kind wohnen und leben möchte, wird sie sogar als schädlich und mit dem Wohl des Kindes für unvereinbar angesehen. Dieser Ansicht sind gelegentlich auch Eltern, die dagegen sind und alles daran setzen, ihr Kind nicht vor Gericht aussagen zu lassen.

Die Anhörung des Kindes nach § 159 FamFG gilt jedoch für alle Kindschaftssachen (z.B. elterliche Sorge, Umgang, Kindesherausgabe, Unterbringung des Kindes).

Die Anhörung dient dem rechtlichen Gehör des Kindes und der Ausübung seines Rechts auf Selbstbestimmung. Sie dient ferner dazu, den Willen und die Beweggründe des Kindes in Erfahrung zu bringen (Krumm 2013, 265).

I Das Kind vor dem Familiengericht bei Trennung und Scheidung

Die Anhörung des Kindes ist darüber hinaus auch nach dem Amtsermittlungsprinzip gemäß § 26 FamFG erforderlich.

Zu bedenken ist, dass Kinder vor Gericht nicht zum Objekt der Interessen von Erwachsenen werden dürfen. Vielmehr gilt es auch und gerade bei einer Sorgerechts- und Umgangsregelung die Individualität, Einmaligkeit und Subjekthaftigkeit eines jeden Kindes als Träger von Grund- und Menschenrechten zu begreifen und zu beachten, dem Kind rechtliches Gehör zuzubilligen und ihm Beteiligungs- und Mitwirkungsrechte einzuräumen (Rohmann 2013, 465). Diesem Anspruch wird grundsätzlich eine kindgerechte Anhörung gerecht, die im Übrigen auch ein wichtiger Bestandteil der Sachaufklärung ist.

13.1.1 Theoretische Grundlagen der Anhörung

Der Gesetzgeber hatte bereits mit dem am 1.1.1980 in Kraft getretenen Sorgerechtsgesetz (SorgeRG), in dem u.a. auch das Rechtsinstitut der Anhörung, also grundsätzlich die direkte Kommunikation mit dem Kind oder die Beobachtung des Säuglings oder Kleinkindes bei der Tagesmutter, in der Kita oder häuslichem Umfeld des Kindes bei einer Sorgerechts- oder Umgangsregelung nach § 50b FGG a.F. neu geregelt wurde. Nun ist, wie bereits mehrfach erwähnt, das Kind nach §§ 7 Abs. 2 Nr. 1, 8 FamFG die Person, deren Rechte durch das Verfahren unmittelbar betroffen sind, grundsätzlich Beteiligter des Verfahrens.

Die rechtliche Ausgangslage zur Anhörung des Kindes wurde bereits einige Monate nach Inkrafttreten des SorgeRG am 5.11.1980 durch die höchstrichterliche Rechtsprechung bestätigt (vgl. Bundesverfassungsgerichtsentscheidung – BVerfGE 1980, Bd. 55, 179).

Das Bundesverfassungsgericht stellte bereits damals u.a. fest:

– Nicht nur Erwachsene, sondern auch Kinder und Jugendliche sind als Wesen mit eigener Menschenwürde und dem eigenen Recht auf freie Entfaltung der Persönlichkeit anzusehen.
– Im Übrigen trage die nach dem Sinngehalt des Gesetzes der Tendenz nach obligatorische Anhörung des Kindes – insbesondere auch bei Sorgerechtsentscheidungen – dem verfassungsrechtlichen Gebot Rechnung, den eigenständigen Willen des Kindes zu berücksichtigen (BVerfGE 1980, Bd. 55, 182; Völker/Clausius 2014, § 1 Rdnr. 323, mit Verweis auf die neuere Rechtsprechung: BVerfG Familien-Rechts-Berater 2007, 73).

Das Rechtsinstitut der Anhörung des Kindes oder Jugendlichen steht mit dem in der Bundesrepublik Deutschland am 5.4.1992 in Kraft getretenen Übereinkommen über die Rechte des Kindes (UN-Kinderrechtskonvention) im Einklang (so schon Struck 1990; Stöcker 1991; 1992; Rohmann 2013, 465).

Dort ist z.B. nach Art. 9 Abs. 2 UN-Kinderrechtskonvention unter Verweis auf Art. 9 Abs. 1 vorgesehen, dass in Verfahren, in denen ein Kind gegen den Willen seiner Eltern von diesen getrennt oder in denen bei getrennt lebenden Eltern eine Entscheidung über den Aufenthaltsort des Kindes getroffen wird, allen Beteiligten Gelegenheit zu geben ist, am Verfahren teilzunehmen und ihre Meinung zu äußern. In Art. 12 Abs. 2 UN-Kinderrechtskonvention sichern die Vertragsstaaten darüber hinaus dem Kind zu, dass es in allen das Kind berührenden Gerichts- oder Verwaltungsverfahren entweder unmittelbar oder durch einen Vertreter oder eine geeignete Stelle im Einklang mit den innerstaatlichen Verfahrensvorschriften gehört wird.

§ 159 FamFG schreibt vor, dass das Gericht in einem Verfahren zur Regelung der Personensorge das Kind immer dann persönlich anzuhören hat,

— wenn es das 14. Lebensjahr vollendet hat (§ 159 Abs. 1 S. 1 FamFG)
— wenn für das jünger als 14 Jahre alte Kind die Neigungen, Bindungen oder der Wille des Kindes für die Entscheidung von Bedeutung sind oder wenn eine Anhörung aus sonstigen Gründen angezeigt ist (vgl. § 159 Abs. 2 FamFG) (Karle 2011, 261, schlägt in seiner umfassende Studie aus dem Jahr 2008 vor, dass eine obligatorische Anhörung der Kinder ab 4 Jahren erfolgen sollte, zumal rechtstatsächlich Kinder in den Familiengerichten ab 4;1 Jahren angehört würden, a.a.O., 253).

In vermögensrechtlichen Angelegenheiten soll dagegen das Kind persönlich immer nur dann angehört werden, wenn dies nach der Art der Angelegenheit angezeigt erscheint (vgl. § 159 Abs. 1 S. 2 FamFG).

Ausdrücklich ist im Gesetz vorgesehen, dass von einer Anhörung nur aus schwerwiegenden Gründen abgesehen werden darf (vgl. § 159 Abs. 3 S. 1 FamFG). Unterbleibt die Anhörung allein wegen Gefahr im Verzug, ist sie unverzüglich nachzuholen (§ 159 Abs. 3 S. 2 FamFG).

Dabei soll die Anhörung neben der juristischen Sachaufklärung auch die Erforschung der für den konkreten Einzelfall psychologisch bedeutsamen Umstände ermöglichen.

Letztlich soll aus juristischer und psychologischer Sicht mit der Anhörung des Kindes oder Jugendlichen gesichert werden, dass das Gericht nicht *über* das Kind als Subjekt und Träger eigener Grundrechte verhandelt, verfügt oder beschließt, sondern in Zusammenarbeit *mit* dem Kind versucht wird, eine sachgerechte und kindeswohlorientierte Entscheidung vorzubereiten und möglich zu machen.

Aus psychologischer Sicht ist somit die Anhörung des Kindes und die Anhörungspflicht des Gerichts zu begrüßen, da nicht nur Kinder als Zeugen im Strafverfahren, sondern ebenso als unmittelbar Betroffene und Beteiligte im familienrechtlichen Verfahren leicht zum „Objekt" fremder Interessenlagen bzw. der Interessen der beteiligten Erwachsenen werden können (Kluck 1995, 91).

Dieser Gefahr, das Kind nicht zu beteiligen und anzuhören, ist bisher in der Diskussion um das Cochemer-Modell, dem Eltern-Entfremdungs-Syndrom (PAS) oder neuerdings zum Wechselmodell nicht hinreichend begegnet worden.

Demnach wird das Kindeswohl im familiengerichtlichen Verfahren neben den anderen relevanten und bekannten Gesichtspunkten am besten durch eine regelmäßige und grundsätzlich altersunabhängige Anhörung des Kindes sichergestellt. Diese anderen Gesichtspunkte sind z.B. Beachtung der Beziehungen und Bindungen des Kindes, Beachtung des Wunsches, Willens und der Neigungen des Kindes, der Erziehungskompetenz der Eltern sowie Beachtung des Förder-, Kontinuitäts- und Stabilitätsprinzips.

Dabei handelt es sich bei der inhaltlichen Ausgestaltung der Anhörung vor allem bei Kindern ab einem Alter von drei Jahren eher um eine Anschauung, Beobachtung, eine Beobachtung der Interaktion zwischen Kind und Eltern. So kann sich das Gericht vom Kind einen unmittelbaren Eindruck verschaffen bzw. vom Kind ein Bild machen. Im Allgemeinen wird aber erst eine Anhörung vom dritten Lebensjahr des Kindes an veranlasst (Johannsen/Henrich/Büte-Familienrecht 2010, FamFG § 159, Rdnr. 11).

Bei älteren Kindern oder bei Jugendlichen wird sich das Gericht durch Gespräche über die Vorstellungen, Vorlieben, Prioritäten, Wünschen und den Willen sowie die Meinung zum Gesamtgeschehen zu beschäftigen haben, ohne jedoch das Kind oder den Jugendlichen zu „vernehmen" (§ 163 Abs. 3 FamFG: *„Eine Vernehmung des Kindes als Zeuge findet nicht statt"*) oder sonst auszuhorchen.

Aus den empirischen Untersuchungen von Lempp/von Braunbehrens/Eichner/Röcker (1987, 11), Lidle-Haas (1989) und Karle (2011) wird deutlich, dass die Anhörungen des Kindes oder Jugendlichen überwiegend im Gerichtsverfahren zur Regelung der elterlichen Sorge nach § 1671 BGB stattfinden.

Dagegen erfolgen solche nach der Untersuchung von Lempp/von Braunbehrens/Eichner/Röcker (1987) in Verfahren zur Regelung des Umgangs nach § 1634 a.F. BGB (neu §§ 1684, 1685 BGB) nur im Umfang von einem Viertel der gesamten Anhörungen.

Ebenso spielten Anhörungen in den Untersuchungen in den Verfahren zur Frage einer Kindeswohlgefährdung nach §§ 1666, 1666a BGB zahlenmäßig nur eine untergeordnete Rolle.

Im Hinblick auf das Sorgerechtsverfahren fanden Lempp/von Braunbehrens/Eichner/Röcker (1987, 101) beispielsweise heraus, dass nur ein Drittel aller Richter Kinder unabhängig davon anhört, ob es sich um ein streitiges oder unstreitiges Verfahren handelt.

Lidle-Haas (1989, 90f.) stellte hingegen in der in Berlin durchgeführten Richterbefragung der Familienrichter beim Kammergericht und damaligen Amtsgericht in Berlin-Charlottenburg fest, dass in den sog. unstreitigen Familiensachen Kinder unter 14 Jahren nur selten oder nie angehört wurden. Des Weiteren hörte die Mehrheit der Berliner Familienrichter und Familienrichterinnen Kinder erst ab einem Alter von drei bis fünf Jahren an. Es gab aber auch einige Richter, die ein Kind erst im Alter von sechs oder acht Jahren anhörten.

Die gesamte zeitliche Bandbreite einzelner Kindesanhörungen variierte nach der Untersuchung von Lempp/von Braunbehrens/Eichner/Röcker (1987, 12) von weniger als zehn Minuten bis zu einer Stunde.

Karle (2011, 253) gibt einen Zeitumfang im Durchschnitt von 25 Minuten an; die Schwankungsbreite bewegt sich aber bei fünf Minuten bis zwei Stunden.

Insgesamt zeigten sich nach der Untersuchung von Lempp/von Braunbehrens/Eichner/Röcker (1987, 102ff.) zu Beginn der Anhörung 30% der Kinder beim Ansprechen kritischer Themen stark belastet, 55% mittelstark und 15% gering belastet. Am Ende der Anhörung, die durchschnittlich 20 Minuten dauerte, zeigten noch 21% der Kinder eine starke Belastung, 41% eine mittelgradige Belastung und 38% eine geringe Belastung. Bemerkenswert ist, dass besonders häufig diejenigen Kinder starke Anspannungen zeigten, bei denen die gesamte Familienkonstellation beängstigend war. Psychische Beeinträchtigungen der Kinder hingen somit in erster Linie von der Intensität des Familienkonflikts, vom bisherigen Verhalten der Eltern, vom Alter des Kindes und seiner Persönlichkeit ab.

Gemäß den gesetzlichen Vorgaben nach dem alten FGG und seit dem 1.9.2009 nach dem FamFG sowie nach dem in der Rechtsprechung, Wissenschaft und Forschung verdichtenden Meinungsbild hat sich im Gerichtsalltag folgender Grundsatz durchgesetzt: Ein Kind wird unabhängig vom Lebensalter – meist aber nicht vor dem dritten Lebensjahr – im familiengerichtlichen Verfahren immer dann persönlich angehört, wenn gemäß § 159 FamFG die Neigungen, Bindungen oder der Wille des Kindes von Bedeutung sind.

„Anhören" im Sinne, sich vom Kind ein Bild machen (also anschauen, beobachten z.B.), kann jedoch das Familiengericht von Geburt des Kindes an.

Eine andere Entwicklung nahm im Trennungs- und Scheidungsfall der Eltern offensichtlich die Beteiligung von Kindern und Jugendlichen in den Jugendämtern. Obwohl § 8 Abs. 1 SGB VIII vorsieht, dass Kinder und Jugendliche entsprechend ihrem Entwicklungsstand an allen sie betreffenden Entscheidungen der öffentlichen Jugendhilfe zu beteiligen und in geeigneter Weise auf ihre Rechte u.a. im Familiengerichtsverfahren hinzuweisen sind, machen hiervon die im Sorgerechtsverfahren beteiligten Jugendämter offenbar nur wenig Gebrauch (§ 50 SGB VIII: Mitwirkung in Verfahren vor den Familiengerichten i.V. mit § 162 FamFG: Mitwirkung des Jugendamts durch das Familiengericht)

Dies erbrachte eine Analyse von 119 Jugendamtsberichten aus allen Berliner Amtsbezirken der Jahre 1992 bis 1994 (Erhebungszeitraum: 1.1.1992 bis 31.12.1996. Diese 119 Jugendamtsberichte waren Bestandteil der im gleichen Zeitraum analysierten 128 Scheidungsakten). Eine neuere Untersuchung ist nicht bekannt.

Beispielsweise ging aus den 119 Jugendamtsberichten nur in fünf Fällen hervor, dass mit dem Kind oder Jugendlichen ein direkter Gesprächskontakt hergestellt worden war – in zwei Fällen mit Angabe des Gesprächsinhalts. In diesen Fällen wurde jedoch nicht deutlich, dass die betreffenden Kinder oder Jugendlichen gemäß § 8 Abs. 1 S. 2 SGB VIII in geeigneter Weise auf ihre Rechte im Familiengerichtsverfahren hingewiesen worden wären. Dies, obwohl die in Satz 2 verankerte Hinweispflicht als Pflicht zur Beratung des Kindes oder Jugendlichen anzusehen ist.

An diesem Zustand hat sich offenbar angesichts der Personalknappheit und Fokussierung auf den Kinderschutz in Kindeswohlgefährdungsfällen nichts Grundlegendes geändert (als Gerichtsgutachter wurde mir bisher nicht bekannt, dass Kinder im Jugendamt grundsätzlich über ihre Rechte nach § 8 Abs. 1 S. 2 SGB VIII aufgeklärt werden).

13.1.2 Fallbeispiel

Die Anhörung im Gericht: Schriftlicher Vermerk über die Anhörung der Eltern Meyer (Namen sind anonymisiert; Geburtsdaten bis auf das Geburtsjahr geändert) und des Kindes Marvin Meyer, geb. am 12.2.2004 (Bild-Ton-Aufzeichnungen der Anhörung werden von einigen Richtern u.a. wegen Verletzung der Persönlichkeitsrechte des Kindes abgelehnt, Schweppe/Bussian 2012, 20):

> „Die Eltern und das Kind wurden eingehend angehört. Die Mutter wurde nach ihrer Antragstellung, künftig allein die elterliche Sorge auszuüben, über die Sach- und Rechtslage insbesondere dazu informiert, dass ihr und dem Vater von Gesetzes wegen im Falle der Beibehaltung der gemeinsamen elterlichen Sorge die gleichen Pflichten und Rechte auferlegt sind wie dem Kindesvater. Die Mutter hatte vorgetragen, dass der Vater mit der Versorgung und Betreuung des nunmehr zehn Jahre alten Jungen gänzlich überfordert sei.
> Marvin wurde ebenfalls angehört. Er berichtete von seinen Kontakten mit seinen Spielgefährten, Klassenkameraden, Großeltern väterlicher- und mütterlicherseits, seiner Mutter, seinem Vater. Stolz erzählte er, dass er ein guter Schüler sei und einen Notendurchschnitt von 1,5 auf dem letzten Schulzeugnis gehabt habe. Über die Trennung seiner Eltern sei er sehr traurig. Am liebsten wäre es ihm, dass seine Eltern wieder zusammenzögen. Er wisse aber, dass das nicht mehr geschehen werde. Deshalb wolle er auch überwiegend bei seinem Vater wohnen und leben – 'so zehn Tage bei ihm und anschließend fünf Tage bei der Mutter'.
> Auf die Frage, ob er sich vorstellen könne, bei beiden Eltern zu wohnen und somit nach der Trennung der Eltern zwei Zuhause zu haben, nickte er mit dem Kopf und erklärte, dass er dasselbe eben gemeint habe. In Bezug auf seine Schule mache er sich keine Sorgen. Seine Mutter würde ihn zu der weiter entfernten Schule bringen und nachmittags gegen 16.00 Uhr auch wieder abholen."

Die Beteiligung des Kindes im Jugendamt

> „Bezugnehmend auf den Antrag vom 07.03.6.2014 zur Regelung der elterlichen Sorge und dem Berichtsersuchen des Familiengerichts vom 27.12.2013 nehmen wir wie folgt Stellung:
> Zur Klärung der Angelegenheit wurden folgende Gespräche geführt, nachdem deutlich wurde, dass die Eltern eine Beratung im Jugendamt oder anderswo gemäß 17 SGB VIII nicht in Anspruch nehmen werden:
>
> – am 6. Januar 2014 mit Herrn Meyer,
> – am 13. Januar 2014 mit Frau Meyer,
> – am 20. Januar 2014 mit Frau und Herrn Meyer,
> – am 27. Januar 2014 Hausbesuch bei Herrn Meyer im Beisein des Jungen und
> – am 3. Februar 2014 Hausbesuch bei Frau Meyer im Beisein des Jungen.
>
> Der Vater ist an seinem Sohn Marvin sehr interessiert. Die Kontakte des Jungen mit seinem Vater erfolgten in der Vergangenheit regelmäßig und ohne Beson-

derheiten. Die vom Vater erwähnte Beeinflussung des Sohnes durch den neuen Partner der Mutter kann unseres Erachtens nicht von der Hand gewiesen werden. Bei den Besuchskontakten fragte Marvin diesen beispielsweise: ‚Bist du der Mann, der kleine Kinder quält?'

Wir konnten feststellen, dass der Vater pädagogisch sehr geschickt mit diesen Beschuldigungen umgehen kann. In der Regel gelingt es ihm dann, das Misstrauen des Kindes abzubauen.

Im Rahmen eines Hausbesuchs beim Vater haben wir uns davon überzeugen können, dass sich Marvin offensichtlich in der neuen Familie seines Vaters sehr wohl fühlt.

Das Spielgeschehen war von großer Selbstverständlichkeit und Ungezwungenheit geprägt. Alles lief in einer natürlichen Atmosphäre ab. Man hatte den Eindruck, dass sich Marvin in der Familie geborgen und angenommen fühlt.

Der Hausbesuch bei der Mutter ergab, dass sich Marvin auch bei seiner derzeit noch allein lebenden Mutter wohl fühlt.

Aus dem von uns sehr sorgfältig zusammengetragenen Material können wir keine gesicherte Empfehlung für eine Sorgerechtsregelung ableiten. Ob im vorliegenden Falle der Wunsch der Mutter entsprechend, ihr die elterliche Sorge allein zu übertragen, das geeignete Mittel ist, um Konflikte vom Kind fernzuhalten, muss aus sozialpädagogischer Sicht mit Nachdruck bezweifelt werden. Deshalb schlagen wir eine psychologische Begutachtung vor. Falls eine Begutachtung vom Gericht nicht angeordnet wird, meinen wir, dass es günstiger ist, beiden Eltern trotz des gegenteiligen Wunsches und der Einlassungen der Mutter die gemeinsame elterliche Sorge zu belassen. Allerdings sollte dann geklärt sein, dass Marvin seinem Wunsch entsprechend seinen Lebensmittelpunkt bei seinem Vater einnehmen kann. Hierzu könnte dem Vater das Aufenthaltsbestimmungsrecht für den Jungen übertragen werden."

Die Anhörung des Kindes stellt für den Richter bzw. die Richterin die einzige Möglichkeit dar, sich vom Kind oder Jugendlichen einen unmittelbaren Eindruck zu verschaffen und von diesem Personenkreis eine eigene Meinung zu erfahren.

Ein Verzicht auf die Anhörung des Kindes oder Jugendlichen in Fällen einvernehmlicher und regelmäßiger Beibehaltung der gemeinsamen elterlichen Sorge schränkt einerseits die Funktion des Richters als staatlicher Wächter ein. Dies ist aus juristischer und psychologischer Sicht angesichts des Trends „weniger Staat und weniger Kontrolle in den Familien im Trennungs- und Scheidungsfall bei gleichzeitiger Stärkung der Elternverantwortung und Autonomie der Eltern durch außergerichtliche Interventionsverfahren", beispielsweise durch Beratung und Mediation gemäß §§ 17, 18, 28 SGB VIII, hinzunehmen.

Gleichzeitig erleidet andererseits das Kind als beteiligtes Subjekt im Gesamtgeschehen eines Trennungs- und Scheidungsverfahrens seiner Eltern und somit auch im Gerichtsverfahren einen entscheidenden faktischen und rechtlichen Bedeutungsverlust.

Da das Elternrecht dem Kindeswohl zu dienen hat und das Kind auch eigene Rechte haben sollte (Thema: Rechte des Kindes in die Verfassung integrieren), muss es aus der Perspektive des Kindes weiterentwickelt werden. Um dieses Ziel zu erreichen, ist dem Kind auch in Zukunft grundsätzlich das Recht einzuräumen, nicht nur zu wichtigen es betreffenden Entscheidungen bzw. Regelungen angehört und beteiligt zu werden. Vielmehr muss die Stellung des Kindes ebenso durch Zubilligung eigener Antragsrechte und gegebenenfalls mit Hilfe einer Unterstützung und Begleitung durch einen Verfahrensbeistand („Anwalt des Kindes") *vor* einem, *während* eines und für kurze Zeit *nach* einem Gerichtsverfahren gestärkt werden.

Die Anhörung als kommunikativer Prozess mit dem Kind sollte beachten:

– Dass die Offenbarung bestimmter Vorstellungen und Wünsche der Kinder ohne direkte Befragung möglich ist. Denkbar wären bei der Klärung des künftigen Wohnsitzes beispielsweise Fragen, die den Kontakten des Kindes mit Nachbarn, Nachbarskindern, Kindertagesstätte, Schule, Spielmöglichkeiten nachgehen. Auch zirkuläres Fragen ist hier möglich: „was würde dir deine Oma, dein bester Freund, dein Bruder zur Frage des Wohnsitzes raten".
– Direkte Befragungen sind durchaus denkbar und psychologisch vertretbar, wenn zu erwarten ist, dass das Kind über die bereits in aller Regel bestehenden nicht in weiter gehende Loyalitätskonflikte gstürzt wird.
– Als positiven Effekt dokumentieren allerdings auch direkte Fragen dem Kind, dass es von einem neutralen Dritten ernst genommen wird und seine ureigenen Vorstellungen genauso wichtig sind wie die Meinungen der Eltern und anderer Erwachsener – z.B. „Wer hat dich lieb? Wen hast du lieb?".

13.2 Grundlagen der Kommunikation mit dem Kind

Kommunikation ist sowohl ein sozialer Prozess als auch ein universelles Konzept, an welchen mindestens zwei Personen beteiligt sind, die etwas Bestimmtes, meist Zielorientiertes erreichen wollen (Rohmann 2013, 466). Es beinhaltet bekanntermaßen einen Austausch von Mitteilungen zwischen Individuen. Bezogen auf Kinder und Jugendliche sowie Erwachsene im familiengerichtlichen Verfahren sollte sich das kommunikative Bemühen der

I Das Kind vor dem Familiengericht bei Trennung und Scheidung

Professionellen zunächst auf die Vorklärung bedeutsamer Grundvoraussetzungen beziehen:

1. Wer (Kommunikator, Sprecher, Schreiber) sagt etwas?
2. Was kann die Person mitteilen bzw. aussagen? (Wozu ist sie kognitiv und emotional angesichts der Entwicklung, des Alters oder der zugespitzten Konflikte in der Lage?)
3. Was will die Person mitteilen bzw. aussagen (Frage nach der Motivation)?

Dabei spielen zunächst meist folgende interaktiven und kommunikativen Strukturelemente eine Rolle:

1. Wer (Kommunikator, Sprecher, Schreiber)
2. sagt was (Nachricht, Botschaft, Mitteilung, Information)
3. zu wem (z.B. Empfänger, Adressat, Zuhörer, Leser)
4. womit (Zeichen oder Signal, welche verbalen und nonverbalen Verhaltensweisen werden deutlich?),
5. durch welches Medium (Modalität der Übermittlung, z.B. Sprache, Fotos, Videos, Berichte, Stellungnahmen, Gutachten, Bild, Brief, E-Mail),
6. mit welcher Absicht bzw. mit welchem Zweck (Intention, Motivation und Handlungsziel),
7. mit welchem Effekt (z.B. Auslösen einer erwünschten Reaktion beim Adressaten) (Günther 2003, 20)?

Zu den Grundvoraussetzungen einer zwischenmenschlichen Kommunikation gehört

– ein Sender (also eine Person, die „sendet"),
– eine Nachricht und
– ein Empfänger (eine Person, die die Nachricht empfängt).

Ein und dieselbe Nachricht enthält oft viele Botschaften, die nicht klar erkennbar sind, während der Empfänger der Nachricht diese oft anders als gewollt wahrnimmt und interpretiert.

Zwischen Meinen und Sagen des Sprechers (Senders) und Hören und Verstehen des Hörers (Empfängers) entstehen somit immer Verluste, meist deshalb auch Diskrepanzen oder auch Missverständnisse, ein Vorgang, den man auch als Informationsverlust kennzeichnen kann.

Um diese üblichen Fehlerquellen einzudämmen, sind seit langem Kommunikationsregeln aufgestellt worden, die in den jeweiligen Beziehungen,

Kontexten und Sachverhaltszusammenhängen von großer Bedeutung für einen effektiven Gesprächsablauf und -verlauf sind.

In der professionellen Zusammenarbeit mit Kindern, lautet die Frage nicht, ob Kinder oder Jugendliche eine Meinung haben oder über Informationen verfügen, sondern wie wir mit Kindern und Jugendlichen kindgerecht und respektvoll kommunizieren können, um deren Meinung zu erfahren oder die entsprechenden Informationen zu erhalten.

Im Gesprächsverlauf sollten offene „Wie-Fragen" im Vordergrund stehen und „Warum-Fragen" weitgehend vermieden werden. Auch geschlossene Fragen führen leicht zu einem Ja- oder Nein-Antwortverhalten.

Nachfragen oder Fragen wiederholen, erklären, Antwort wiederholen und zusammenfassen und zusammenfassend, den Kern der Antwort in Frageform wiedergeben, ist erlaubt, während Suggestivfragen vermieden werden sollten. Komplexe Fragen, also mehrere Fragen in einem Satz, verunsichern Kinder, Jugendliche und Erwachsene gleichermaßen (Delfos 2011, 155ff.) Bei Jugendlichen schlägt Delfos (2011a, 218f.) vor, dosiert Pseudofragen (der Befragte kann dem Frager sein Wissen zeigen) und rhetorische Fragen (eine rhetorische Frage kann beispielsweise zur Selbstreflektion führen) als spezifische Gesprächstechniken zu stellen.

Auch andere „Kanäle", sog. nonverbale Kommunikationsabläufe, sollten eingesetzt werden, wie:

- Blickkontakt
- Mimik und Gesichtsausdruck
- Gestik
- Körperhaltung
- Merkmale der Stimme
- Abstand und Winkel der Gesprächspartner
- Benutzung von Hilfsmitteln bei Kindern durch Puppen oder Spielzeug
- andere situative Einflüsse.

Um eine angemessene Wertebalance bei einer konstruktiven Kommunikations- und Streitkultur zu erreichen, bedarf es einerseits des Bemühens um Verstehen, also

- zuhören,
- ausreden lassen,
- Unterschiede bejahen,
- sich einfühlen,

- Perspektivenwechsel vornehmen, andererseits aber durchaus auch des Muts zur Konfrontation nach den Leitsätzen:
- Streiten ist erlaubt.
- Konflikte anzusprechen und auszufechten ist möglich.
- Durchsetzungsfähigkeit ist erlaubt.
- Absurde Positionen und Sichtweisen dürfen in Frage gestellt oder auch abgelehnt werden.
- Eine falsch verstandene Pseudoharmonie sollte ebenso wie eine verächtlich machende und gehässige Mundtot-Macherei vermieden werden.

Die wichtigsten Kommunikationssettings und Kommunikationsregeln in unterschiedlichen Kontexten sind:

I. Vorklärungen des Gesprächs
 1. Einschätzung des Ist-Zustandes
    - Definition des Problems bzw. der Problemlage
    - Worin besteht das Problem?
    - Seit wann besteht das Problem schon und wie hat es sich entwickelt?
    - Wer ist alles von diesem Problem betroffen?
    - Worauf hat das Problem Auswirkungen?
    - Wie erkläre ich mir das Entstehen und das Zustandekommen des Problems?
 2. Was wünsche ich mir idealiter, wie das Problem gelöst werden könnte? Was möchte ich in Bezug auf das Problem am liebsten erreichen?
    - in der Sache
    - in der Beziehung
    - für die anderen Beteiligten
    - kurzfristig, mittelfristig und langfristig.
 3. Wie könnte die Lösung des Problems konkret, unter Beachtung der realen Gegebenheiten geschehen?
    - Was wünsche ich mir von meinem Gesprächspartner?
    - Was soll er tun, wann, wie oft, wo, mit wem und mit welchen Mitteln, damit das Problem gelöst wird?
    - Welchen Beitrag kann ich zur Problemlösung leisten?
 4. Verhandeln und Prüfen
    - Welche Vorstellungen und Änderungswünsche des Gesprächspartners sind erfüllbar?
    - Welche sind von mir nicht einzulösen?

- Finde ich den Lösungsvorschlag des Gesprächspartners angesichts der gesamten Sachlage gerecht und ausgewogen?
- Was kann ich wann konkret für meinen Gesprächspartner tun?

II. Grundregeln der Kommunikation im Anwaltsgespräch, im Gespräch mit dem Jugendamt, des Sachverständigen mit den Betroffenen, des Verfahrensbeistands mit dem Kind oder Jugendlichen sowie bei der Anhörung im Gericht
 1. Ich-Gebrauch
    - eigene Gedanken, Vorstellungen und Meinungen ansprechen
    - wenn erforderlich, möglichst auch eigene Gefühle ansprechen: Kennzeichen dafür ist der sprachliche Gebrauch von „Ich" – „Ich bin der Meinung"; „Ich habe festgestellt"; „Ich möchte wissen..."
    - der Du- oder Sie-Gebrauch wird vom Gesprächspartner häufig als Vorwurf und Anklage wahrgenommen und löst eine Rechtfertigung, einen Widerstand oder einen Gegenangriff aus.
 2. Konkrete Situationen schildern und ansprechen, keine Verallgemeinerungen wählen
    - z.B. Worte wie: „immer", „nie", „niemals" meiden! Beispielsweise: „Nie bist du aufmerksam!"; „Nie hilfst du deiner Mutter!"; „Immer wollen sie Recht haben!"; „Immer kommen sie zu spät!"
    - Ansprechen eines konkreten Verhaltens, keine Zuschreibung negativer Eigenschaften; z.B.: „Nie hören sie zu!"
 3. Im Hier und Jetzt bleiben, also gegenwarts- und zukunftsorientiert, und nur in bedeutsamen bzw. unabdingbaren Fällen, also in gerichtsrelevanten Angelegenheiten, Verhaltensweisen aus der Vergangenheit erfragen und recherchieren
 4. Gegebenenfalls mitteilen, was in einem selbst vorgeht
    - deshalb an passender Stelle eigene Kenntnisse, Gefühle oder auch Bedürfnisse direkt äußern, z.B.: „Ich habe schon viele Personen kennen gelernt, die in einer ähnlichen Situation waren. Bisher war es nahezu immer möglich, gemeinsam eine Lösung zu finden." Und in Bezug auf Kinder: „Ich kenne viele Kinder, die auch ängstlich und verzweifelt waren. Wenn wir über deine Ängste reden, wirst du bald merken, dass es dir besser geht."

III. Akutes Krisen- und Konfliktmanagement
 1. Situationsbeschreibung

– Was ist (gerade) passiert?
2. Ansprüche
   – Welcher Anspruch wurde verletzt?
   – Wie ist mein Anspruch begründet?
3. Verantwortlichkeit
   – Wer hat den Anspruch verletzt?
   – Hat die Person wirklich etwas mit dem Problem bzw. dem Schaden zu tun?
   – Hat sie tatsächlich nicht anders handeln können?
   – Hat sie die schädliche Wirkung einsehen und abschätzen können?
   – Wollte sie mir wirklich einen Schaden zufügen?
   – Hatte mein Gesprächspartner möglicherweise gute Gründe für sein Tun, das ich bei näherem Nachdenken doch noch respektieren könnte?
4. Vorurteile
   – Was halte ich von meinem Gesprächspartner?
   – Habe ich z.B. eine vorgefasste Meinung?
   – Unterstelle ich ihm etwas?

IV. Gesprächsbehindernde Kommunikation
1. Sich herablassend und besserwisserisch benehmen
   – bewerten
   – trösten (bei Kindern möglich)
   – ironische Bemerkungen machen
   – übertriebene oder unangebrachte Fragen stellen
   – den verständnisvollen „Psychologen" spielen
   – etikettieren und stigmatisieren.
2. Nachforschen
   – Gründe, Motive, Ursachen zu finden versuchen
   – nach weiteren Informationen suchen
   – ausfragen und „verhören"
   – Warum-Fragen stellen
3. Gefühle ausreden
   – „Bei mir brauchst du keine Angst zu haben."
   – „Hier kann nichts passieren."
4. Die Aussagen interpretieren und analysieren
   – nach Deutungen suchen und Deutungen anbieten
   – Vorgänge und Gefühle deuten
   – Verfälschen der ausgedrückten Gefühle.

5. Werten, kritisieren und moralisieren
   - persönliche Werturteile abgeben bzw. Bewertungen durchführen
   - Infragestellen oder Ablehnen der Aussage
   - übermäßiges Zustimmen.
6. Ungefragt Ratschläge erteilen
   - ungefragt eine Lösung ansteuern
   - ungefragt konkrete Handlungsanweisungen geben.
7. Sich rechtfertigen
   - sich und sein Verhalten verteidigen (z.B.: „Es tut mir Leid, in meiner Rolle als... muss ich nun einmal dieses und jenes tun")
   - auftrumpfen
   - Vorwürfe machen.
8. Signale setzen
   - befehlen und dem anderen keine Wahl lassen
   - den anderen bedrohen oder unter Druck setzen.
9. Vermeidung und Verschlossenheit
   - vage bleiben
   - Informationen zurückhalten
   - Ablenkungsmanöver einleiten
   - unehrlich und unwahrhaftig sein:

V. Aktives Zuhören und Zuhörer-Regeln
   1. Prinzip: Aufmerksames Zuhören
      - Blickkontakt herstellen
      - zuwenden
      - zustimmendes „hm"
      - Überraschung, Nachdenklichkeit, Verständnis und Interesse auch mimisch und gestisch zeigen
      - unterstützende Gesten wie Nicken oder kurze Zwischenfragen
      - Ermutigungen
      - angemessener Blickkontakt
      - eine dem Gesprächspartner zugewandte Körperhaltung
      - ausreden lassen
      - Pausen zulassen.
   2. Prinzip: Wiedergabe und Konkretisierung des Gehörten (Paraphrasieren)
      - z.B. wörtliche Wiederholung dessen, was der Gesprächspartner gerade gesagt hat, um sich zu vergewissern, ob alles richtig verstanden worden ist

- umschreiben
- Beispiele erfragen (dabei aber Fachausdrücke und Modewörter und Zeitgeistwörter vermeiden)
- zusammenfassen (z.B. habe ich das so richtig verstanden?).
3. Prinzip: Art und Weise des Nachfragens
   - Der Inhalt der Nachfrage soll keine Werturteile enthalten, sondern allenfalls eine Interpretation. Nicht: „Ich glaube, Sie sind unkonzentriert und wollen gar nicht zuhören", sondern: „Würden Sie gern eine Pause machen?", oder zu einem Kind: „Wollen wir jetzt etwas anderes machen?"
4. Prinzip: Loben für Offenheit und Verständlichkeit
   - Gefühle verbalisieren
   - Gedanken ansprechen
   - Hat der Gesprächspartner etwas klar, offen und verständlich dargestellt, sollte man ihm bedeuten, dass es jetzt leicht gefallen ist, ihn zu verstehen.
5. Prinzip: Störungen haben Vorrang und Ablenkungen werden mitgeteilt
   - Belastende Gefühle, unangenehme und belastende Mitteilungen und Störungen, die vom Zuhören ablenken, müssen dem Gesprächspartner mitgeteilt werden. Dabei kann es sich beispielsweise um Lärm von draußen handeln, aber auch um Belastungen, die durch die Mitteilungen oder die Art und Weise der Mitteilungen entstanden sind.

VI. Die Kommunikation mit dem Kind zur Herstellung einer entspannten Gesprächsatmosphäre unter besonderer Berücksichtigung spezieller Fragen im Sorgerechts- und Umgangsverfahren
  1. Vorstellen, Erklären, Verdeutlichen und Besprechen der Rolle, Funktion und Aufgabe des Professionellen mit dem Kind
     - z.B.: „Ich bin der Richter und habe folgende Aufgaben wahrzunehmen..."; „Ich bin der Sozialarbeiter im Jugendamt und möchte Folgendes tun..."; „Ich bin der Verfahrensbeistand, also so etwas wie ein ‚Anwalt des Kindes', der deine Interessen wahrzunehmen hat" etc.
  2. Fragen nach Bekannten, Freunden, Kameraden, Nachbarn, Nachbarskindern
     - „Erzähle mir doch etwas über deine Freunde!" „Wie heißen deine besten Freunde und was unternehmt ihr?"

- „Welche von deinen Freunden besuchen dich zu Hause?"
- „Wen besuchst du zu Hause?"
3. Fragen nach der Kindertagesstätte, dem Hort und/oder der Schule
   - „Wie heißen deine Erzieher in der Kita oder im Hort? Was unternehmen die mit dir?"
   - „Wie heißen deine Lehrer in der Schule? Wie kommst du mit ihnen klar? Wie gehen die mit dir um?"
   - „Wie sind deine Leistungen in der Schule? Erzähle mir bitte, welche Zensuren du auf dem letzten Schulzeugnis hattest?"
   - „Wie kommst du mit deinen Mitschülern und den anderen Kindern in der Kita oder im Hort klar? Was macht ihr zusammen?"
4. Die „Liebesfragen"
   - „Wer hat dich von allen Menschen, die du kennst, besonders lieb?"
   - „Wen hast du lieb?"
5. Fragen nach Freizeit, Spiel und Spielzeug
   - „Womit spielst du am liebsten in der Wohnung?"
   - „Mit wem spielst du besonders gerne?"
   - „Wer spielt mit dir?"
   - „Was machst du am liebsten draußen?"
6. Fragen nach Hobbys, Interessen und Neigungen
   - „Was machst du regelmäßig in deiner Freizeit am liebsten?"
   - „Erzähle mir bitte von deinen Hobbys (z.B. Musik oder Sport, Malen, Computerspiele), die dir am meisten Spaß machen."
   - „Wer möchte, dass du ein Hobby hast?"
   - „Wer unterstützt dich?"
7. Fragen nach Wünschen
   - „Wenn ich der größte Zauberer wäre und dir drei Wünsche erfüllen könnte, welche Wünsche hättest du?"
   - „Wenn ich der größte Zauberer wäre und in der Lage wäre, ein Unglück zu verhindern, welche schlimmen Ereignisse und Erlebnisse sollten nicht passieren?"
8. Fragen nach Verwandten, der Familie und den elterlichen Beziehungs- und Bindungspersonen
   - „Wer gehört deiner Meinung nach zu deiner Familie?"
   - „Wer hat dich lieb?"
   - „Wen hast du lieb?"
   - „Was spielt und unternimmt dein Vater mit dir?"
   - „Was spielt und unternimmt deine Mutter mit dir?"

- „Wer hilft dir wie bei den Schularbeiten?"
- „Wer bringt dich wie ins Bett?"
- „Wer weckt dich wie auf?"
- „Wer macht wie das Frühstück, Mittagessen oder Abendessen?"
- „Wer bringt dich in die Kita? Wer holt dich ab?"
- „Wer bringt dich in die Schule? Wer holt dich ab?"
- „Mit wem machst du am liebsten Schularbeiten?"
- „Gibt es noch andere Personen in der Verwandtschaft oder in deiner Familie, die mit dir spielen oder sonst etwas unternehmen?"
- „Was machen diese Personen mit dir?"

9. Fragen nach dem Wohnsitz
    - „Was spricht dafür, dass du bei deiner Mutter wohnen bleibst?"
    - „Was spricht dagegen?"
    - „Was spricht dafür, dass du bei deinem Vater wohnst?"
    - „Was spricht dagegen?"
    - „Was spricht dafür, dass du künftig bei beiden Eltern wohnst?"
    - „Was spricht dagegen?"
    - „Welche Person könnte dir für diese besonders schwierige Frage einen guten Ratschlag geben?"
    - „Wenn du allein entscheiden könntest, was würdest du am liebsten machen?"

10. Zirkuläres Fragen
    - „Wenn du einmal nicht weiterweißt, welcher Gegenstand, welches Tier oder welche Person könnte dir einen guten Ratschlag geben?" Was würde dir gesagt werden?
    - „Wenn jetzt deine Oma oder dein Opa (oder auch andere vom Kind ausgewählte Vertrauenspersonen) hier sitzen würde und ich diese Person fragen würde, was für dich am besten wäre, was würde diese antworten?"

11. Trichterfragen
    Beispiel: Nach dem Vater fragen: Wie ist dein Vater? Was macht dein Vater? Spielt er mit dir? Was spielt er mit dir? Gibt es sonst noch etwas, was dir mit deinem Vater Spaß macht? Wenn du mit ihm Tischtennis spielst, ist er fair, spielt er gut, lässt er dich siegen oder siegt er?

12. „Zwiebelringfragen"
    Beispiel: Je weiter weg die Fragen vom Kern der Zwiebel (Familie, Eltern, Geschwister etc.) sind, desto leichter wird das Kind

antworten können. Fragen nach der Freizeitgestaltung, Kita, Schule, Lehrkräfte, Erzieher, Freunde, Nachbarn, Hobbys, Neigungen, Interessen gehören hierzu. Ist das Kind sehr belastet, sollte sich die Frage zunächst im äußeren „Zwiebelringbereich" bewegen. Nach und nach wird dann ein Zwiebelring nach dem anderen bis zum „Zwiebelkern" = Familie abgetragen.

Kommunikation und Gesprächsführung mit dem Kind bei Sachverhalten mit strafrechtlich relevantem Hintergrund (z.B. Kindesmisshandlung und sexueller Kindesmissbrauch) haben gänzlich andere Schwerpunkte. An erster Stelle steht hier, Mehrfachbefragungen und Suggestionen zu vermeiden. Entscheidend sind also nicht die kommunikativen Gesprächstechniken mit Fragen beispielsweise nach dem „Wann, Wie, Woher, Welche", sondern die Art und Weise der Fragestellungen, die in der Aussagepsychologie als geeignete, bedingt geeignete und ungeeignete Fragen gekennzeichnet sind.

13.3 Das Kind in Kooperation mit dem Familienrichter

Die Anhörung als spezielle Kooperation des Familienrichters mit dem Kind ist aus juristischer Sicht zunächst eine Maßnahme zur Sachaufklärung. Wie er diese Sachaufklärung durchzuführen hat, wird dem Juristen weder im Studium noch in der praktischen Ausbildung vermittelt. Nach wie vor ist es für die meisten Richter „Privatsache", ob sie sich in der Psychologie beispielsweise zu Fragen komplexer Familienbeziehungen weiterbilden oder nicht (Prestien 2003, 161).

Bei Entscheidungen über die elterliche Sorge, das Umgangsrecht und die Herausgabe des Kindes entspricht sie dem verfassungsrechtlichen Gebot, den Willen des Kindes zu berücksichtigen, soweit dies mit dessen Wohl im Einklang steht. Die Anhörung dient darüber hinaus auch der Gewährung von rechtlichem Gehör. Deshalb ist die Anhörung in der Regel unverzichtbar. Die Anhörung sollte schriftlich protokolliert und dokumentiert werden, da ansonsten eine Überprüfung im Beschwerdeverfahren kaum möglich ist.

Eine Teilnahme der Eltern an der Anhörung kann zwar bei jüngeren Kindern unter vier Jahren erforderlich sein, sollte aber auch seitens des Verfahrensbevollmächtigten so weit wie möglich vermieden werden, damit sich das Kind unbefangen äußern kann. Die Entscheidung hierüber liegt im pflichtgemäßen Ermessen des Familiengerichts.

Gegen die Anhörung und gegen einen Anhörungszwang werden vor allem seitens der Eltern immer wieder einmal Bedenken angemeldet. Das Kind habe Angst, insbesondere vor Fremden, sei weinerlich und gerate durch die Befragung in Panik und Loyalitätskonflikte.

Mit dieser Vorstellung bedenken die betreffenden Eltern nicht, dass insbesondere übermäßige Ängste der Kinder, die sich symptomatisch in Stresssituationen wie z.B. vor oder bei der Anhörung zeigen können, häufig mit der noch nicht verarbeiteten Trennungssituation und mit den von einem Elternteil oder beiden Eltern auf die Kinder induzierten oder projizierten eigenen Ängsten zusammenhängen. Ängstliche, ärgerliche, wütende, traurige oder sonst beunruhigte Eltern können ihren gefühlsmäßigen Zustand selbst bei größter Beherrschung auch nicht vor älteren Kindern verbergen. Zudem kennen Kinder ihre Eltern so gut, dass sie immer deren Gefühlslage spüren.

Entlastung durch die Eltern kann das Kind erfahren, wenn ihm von beiden versichert wird, dass es offen über alles sprechen darf und dass es sich keinesfalls treulos verhält, wenn es beispielsweise ehrlich und wahrhaftig dem Richter mitteilt, bei wem es unter Abwägung aller Gesichtspunkte am liebsten wohnen möchte. Gerade jüngeren Kindern sollten Eltern darüber hinaus zu verstehen geben, dass nicht sie die Entscheidung treffen, sondern allein die Eltern oder im Fall fehlender Einvernehmlichkeit der Eltern der Richter.

Im Übrigen sollte dem Kind seitens der Eltern versichert werden, dass es auch weiterhin geliebt werde, gleichgültig, bei wem es wohnen oder wie oft es Kontakt mit dem anderen Elternteil haben wolle.

Für eine Anhörung gerade älterer Kinder – etwa ab sechs Jahren – bei Gericht spricht, dass das Kind trotz Streits der Eltern erlebt, von einem neutralen Dritten ernst genommen zu werden und damit persönlich erfährt, dass auch seine Wünsche, Ängste, Hoffnungen, Anschauungen, Präferenzen und Vorstellungen von Bedeutung sind.

Hinzu kommt, dass sich der Richter vom Kind im Rahmen einer Anhörung, die nicht im Gerichtssaal stattfinden sollte, ein eigenes Bild machen kann.

In etlichen Familiengerichten stehen mittlerweile den Kindern in aller Regel nicht nur die Dienstzimmer der Richter zur Verfügung, sondern auch eigens eingerichtete Spiel- bzw. Anhörungszimmer. Die Anhörung im Sitzungszimmer (Gerichtssaal) sollte unterbleiben.

Die Anhörung selbst sollte im Interesse des Kindes in Abwesenheit der Eltern und Rechtsanwälte durchgeführt werden. Der Verfahrensbeistand sollte grundsätzlich an der richterlichen Anhörung teilnehmen (§ 159 Abs. 4 S. 3 FamFG).

Dieser psychologisch bedeutsame Grundsatz, mit dem Kind von den Eltern getrennte Gespräche zu führen, wird nach meinen Erfahrungen nicht in allen Fällen beherzigt: Sowohl im Jugendamt wie auch in der Wahrnehmung der Verfahrensbeistandschaft werden Kinder, beispielsweise anlässlich von Hausbesuchen, entweder im Beisein oder in Hörweite der Erwachsenen angehört und befragt. Dabei werden in diesen Fällen offensichtlich von den betreffenden Professionellen mögliche Loyalitätskonflikte der Kinder nicht bedacht, die Aussagen der Kinder zu wenig ernst genommen, oder das Gespräch wird nur oberflächlich geführt.

Mitunter bestehen auch Rechtsanwälte darauf, mit ihren Mandanten an der Anhörung des Kindes im Familiengericht teilzunehmen.

Der strukturelle und inhaltliche Aufbau einer Anhörung sollte vorbereitet und durchdacht sein, ohne dass jedoch die geordnetere Vorstellungswelt des Richters ihn veranlassen sollte, die spontanere Vorstellungswelt eines Kindes, die weitaus gefühlsbetonter ist als bei Erwachsenen, außer Acht zu lassen. Die Gesprächsführung darf durchaus direkt sein, wobei sich vor allem in der Anfangsphase Fragen nach der Kindertagesstätte, dem Hort, der Schule, nach Freunden in der Nachbarschaft, Interessen, Neigungen oder Hobbys anbieten.

Kurze Erklärungen und Hinweise auf die eigene Befindlichkeit und die des Kindes erleichtern dabei den zwischenmenschlichen Kontakt und fördern bei dem Kind die Überzeugung, dass es der Richter mit ihm redlich, offen und wahrhaftig meint und es nicht, wie es bedauerlicherweise viel zu oft die Eltern tun, für seine Interessen vereinnahmt.

Dabei bietet sich der Richter auch als wichtige Person an, auf die vom Kind Gefühle von Ärger, Angst oder auch Wut übertragen werden können. Die so entstehende Beziehung kann Aufschluss über die Kommunikationsfähigkeit, die Neugierde oder auch die Ängste des Kindes geben.

Für das Ansehen des Richters ist es nicht abträglich, wenn er dem Kind offenbart, dass auch er unsicher ist und vor allem bei streitenden erziehungskompetenten Eltern Schwierigkeiten hat, eine für das Kind angemessene Lösung zu finden.

Zu Beginn der Anhörung sollte der Richter auf seine Funktion hinweisen: „Du weißt, dass sich deine Eltern um dich streiten. Dein Vater möchte, dass du bei ihm wohnst. Das Gleiche will deine Mutter. Bisher haben sich deine Eltern nicht einigen können, deshalb muss ich u.U. für dich und deine Eltern eine Entscheidung treffen."

I Das Kind vor dem Familiengericht bei Trennung und Scheidung

Nach einer derartigen Einführung sollte die aktuelle Befindlichkeit des Kindes angesprochen und nochmals der Grund der Anhörung erwähnt werden:

> „Ich kann mir denken, dass du nicht gern hergekommen bist und dass du möglicherweise ein wenig Angst hast. Mir ist es aber wichtig, dich kennen zu lernen, damit ich mir ein besseres Bild von dir machen kann. Ich möchte keine falsche Entscheidung für dich treffen, deshalb möchte ich von dir wissen, was du dir wünschst, wie es weitergehen könnte, wo du z.B. in Zukunft wohnen, bei beiden Eltern oder bei deinem Vater oder deine Mutter und welche Kontakte du mit deinen Eltern haben möchtest. Vorhin habe ich dir schon gesagt, was du auch schon längst weißt, dass deine Eltern um dich streiten. Jeder will, dass du bei ihm wohnst. Deshalb möchte ich auch erfahren, was du willst. Ich kann mir vorstellen, dass du deinen Vater und deine Mutter lieb hast. Das soll auch in Zukunft so bleiben. Ich kann mir auch vorstellen, dass es dir am liebsten wäre, wenn deine Eltern wieder zusammenziehen. Das wird aber vermutlich nicht mehr möglich sein. Ich kann dir aber versprechen, dass ich mit deinen Eltern reden und mich dafür einsetzen werde, dass du auch weiterhin zu deinem Vater und zu deiner Mutter Kontakt haben kannst. Ich denke aber, dass auch du Vorstellungen, Wünsche und Hoffnungen hast, wie es am besten für dich weitergehen sollte."

Diese Feststellungen, Aussagen und Fragen bedeuten für den Richter und das Kind immer eine sensible Gratwanderung. Es kann unter Umständen wegen tief greifender Loyalitätskonflikte des Kindes bisweilen nicht in seinem Interesse liegen, sich zu erklären. Andererseits weiß häufig auch dieses Kind ziemlich genau, bei welchem Elternteil es wohnen und leben möchte.

Im weiteren Verlauf des Gesprächs kann sich ein fantasiertes „Spiel" anschließen, in dem das Kind aufgefordert wird, sich vorzustellen, wie es wäre, wenn es bei Vater und Mutter oder wenn es beim Vater oder bei der Mutter wohnen würde.

Selbst Fantasien des Kindes sind immer auch Ausdruck und Ergebnis seiner subjektiven Realität, die letztlich seinen „wahren" Wünschen, Neigungen und Interessen mehr entsprechen, als es die Erwachsenen für möglich halten.

Zu der zuletzt genannten Thematik passen auch Fragen, wie oft das Kind den anderen Elternteil, bei dem es sich gerade nicht aufhält, besuchen möchte oder was dem Kind beim Vater oder bei der Mutter besonders gut gefällt oder auch nicht gefällt.

Wichtig ist, dass sich das Gericht neben den nach § 159 FamFG zu beachtenden Neigungen, Bindungen und Wünschen auch ein Bild von den Beziehungen des Kindes machen kann und damit in die Lage versetzt wird, die Qualität der Beziehungen und Bindungen in Erfahrung zu bringen und einzuschätzen.

Hierzu können Fragen nach gemeinsamen Aktivitäten im Rahmen der Freizeitgestaltung des Kindes mit den Eltern, aber auch Fragen, die der Bewältigung alltäglicher Aufgaben und Betreuungsformen dienen (zum Beispiel Fragen, wie die Mahlzeiten arrangiert werden; Fragen nach elterlicher Unterstützung bei den Schulaufgaben oder Fragen, die die Themen Wecken, Aufstehen, Ins-Bett-Gehen, Freizeitgestaltung, gemeinsames Spielen zum Inhalt haben), hilfreich sein.

Damit das Kind weiß, woran es ist, sollte ihm vor Abschluss der Anhörung mitgeteilt werden, welche (alternativen) Ideen das Gericht hat, wie es weitergehen könnte: bei wem, bei beiden Eltern oder einem Elternteil, es seiner Meinung nach in Zukunft wohnen und wann und wie oft es den anderen Elternteil besuchen sollte.

Insbesondere bei jüngeren Kindern unter dem Vorschulalter sollte der Richter keine Scheu haben, mit dem Kind zu spielen, zu malen oder geeignete Kinderbücher anzuschauen. Beispielsweise kann mit Puppen oder dem Malstift eine Familienszene arrangiert werden, ein Ausflug, eine prägnante Alltagssituation oder ein Urlaub.

Der Richter kann auch den Elternteil, der das Kind zur Anhörung bringt, bitten, Fotos oder Fotoalben der Familie mitzubringen, die möglichst den Zeitraum des Zusammenlebens der Eltern und die Zeit nach der Trennung umfassen sollten. Beim Anschauen der Familienfotos wird in aller Regel das Kind interessiert sein und auch Erklärungen abgeben, die wiederum Schlüsse auf die Beziehungen und Bindungen des Kindes zulassen.

Die Anhörung von Geschwistern sollte – wann immer möglich – zunächst getrennt erfolgen. So werden beispielsweise gegenseitige Beeinflussungen gering gehalten. Dennoch sollten die Geschwister nach der separaten Anhörung möglichst noch einmal im Anschluss an die Einzelanhörung gemeinsam angehört werden.

Durch eine Einzelanhörung ist gewährleistet, dass sich das Gericht über die Befindlichkeit, Lebenssituation, Lebenszufriedenheit und Persönlichkeit eines *jeden* Kindes und über die individuelle Ausprägung seiner Vorstellungen, Wünsche und Neigungen ein Bild machen kann.

Eine im Anschluss erfolgende gemeinsame Anhörung der Geschwister ermöglicht Klärungen über die Beziehungen der Kinder untereinander.

Bei sehr ängstlichen oder verschlossenen Kindern kann allerdings in umgekehrter Reihenfolge eine vorgezogene gemeinsame Anhörung der Geschwister Entlastung und Sicherheit bringen.

Nach einer Anhörung der Kinder ist das Gericht nicht mehr nur auf Berichte Dritter (Eltern, Anwälte, Mitarbeiter im Jugendamt, Verfahrensbeistand, Sachverständiger) angewiesen. Es kann sich nunmehr vom Entwicklungsstand des Kindes, von seinen Ängsten und Konflikten, aber auch von seinen Wünschen, seinen Bindungen, Beziehungen, Neigungen und Vorstellungen und vor allem von seinem eigenständigen oder auch beeinflussten, manipulierten und schlimmstenfalls suggerierten Willen ein eigenes Bild machen.

Die Anhörung des Kindes kann darüber hinaus einen wichtigen Beitrag leisten, allen Verfahrensbeteiligten bewusst zu machen, dass ein Kind nicht zum Objekt elterlichen, anwaltlichen oder richterlichen Handelns werden darf, sondern als eigenständige Persönlichkeit und Subjekt angesehen und geachtet werden muss.

Nachteilig kann sich die Anhörung auswirken, wenn Kinder als Ergebnis der Anhörung mehr noch als zuvor in den Streit der Eltern hineingezogen werden, wenn diese oder zumindest ein Elternteil die anstehende Anhörung für seine Interessen ausnutzt und das Kind manipuliert oder es nach der Anhörung sogar für seine Aussagen zur Rechenschaft gezogen wird.

Arntzen, einer der ersten Familienrechtspsychologen in Deutschland (1994, 66) schlägt zusammenfassend u.a. folgendes Vorgehen vor:

– Informationen des Kindes über den Zweck der Anhörung
– Auflockerung durch ein einleitendes Kontaktgespräch über nichtverfahrensbezogene Themen
– Wenig Protokollierung während der Anhörung, keine Tonbandaufnahme
– Einfache Fragen (Fragen in kurzen Sätzen, keine abstrakten Begriffe)
– Vermeidung von Überforderung (keine Warum-Fragen oder Fragen nach Motiven)
– Ruhige, einfühlende und langsame Befragung.

II Fremdplatzierung

14 Unzureichende Versorgung des Kindes

14.1 Einleitung und Fallbeispiel

Staatliche Eingriffe in Familienbeziehungen erfolgen bei Gefährdungen des Kindes beispielsweise im Rahmen eines Sorgerechtsentzuges nach §§ 1666, 1666a BGB, Maßnahmen des Jugendamtes bei Inanspruchnahme von Hilfen durch die Eltern und Maßnahmen zum Schutz der Kinder nach dem Kinder- und Jugendhilfegesetz (SGB VIII) und nach den einschlägigen Vorschriften des Familienverfahrensrecht (FamFG). Diese Verfahren sind nach dem FamFG als Kindschaftssachen (§ 151 FamFG) der seit 1.9.2009 allein zuständigen Familiengerichtsbarkeit zugeordnet. Auch die Annahme eines Kindes (Adoption) ist nun der Familiengerichtsbarkeit zugeordnet (verfahrensrechtlich nach §§ 186–199 FamFG; materiell-rechtlich nach §§ 1741–1772 BGB).

Insgesamt wurden für das Jahr 2012 bundesweit mehr als 517.000 Fälle der Hilfen zur Erziehung gezählt (Pressemitteilung des Statistischen Bundesamtes vom 21.10.2013), verglichen mit 364.000 Hilfen im Jahr 1991 liegt somit ein Einpendeln auf hohen Niveau vor.

Gleichzeitig führten 2012 die Jugendämter 106.623 Gefährdungseinschätzungen für Kinder durch, von denen 16.875 von den Jugenämtern eindeutig als Kindeswohlgefährdungen eingeschätzt wurden (Statistisches Bundesamt, Wiesbaden, Destatis 2014, Kinder und Jugendhilfe, Verfahren zur Einschätzung der Gefährdung des Kindeswohls nach § 8a Abs. 1 SGB VIII im Jahr 2012).

Hilfen zur Erziehung außerhalb des Elternhauses für Kinder und Jugendliche unter 18 Jahren erfolgten in Deutschland im Zeitraum 2012 in sog. Tagesgruppen (T-Gruppe), Vollzeitpflege in einer anderen Familie (Pflegefamilie), Heimerziehung und sonstige betreute Wohnform (z.B. Kinderheim) und in sog. intensiver sozialpädagogischer Einzelbetreuung.

Die Anzahl der im Jahr 2012 bis zum 31.12.2012 in Familienpflege gegebenen Kinder und Jugendliche betrug 17.086 bei einer Gesamtzahl von Vollzeitpflegen in anderen Familien im Jahr 2012 mit 64.851 Kindern und Jugendlichen, in der Heimerziehung oder sonstigen betreuten Wohnform

II Fremdplatzierung

wohnten und lebten 66.711 Kinder und Jugendliche und eine intensive sozialpädagogische Einzelbetreuung wurde in 3.378 Fällen durchgeführt (Statistisches Bundesamt, Wiesbaden, Destatis 2014, Kinder- und Jugendhilfe. Hilfe zur Erziehung. Außerhalb des Elternhauses. Art der Hilfen nach Jahren).

Insgesamt wurden im Jahr 2012 für 310.661 Kinder und Jugendliche Erziehungsberatungen angeboten (28 SGB VIII), 27.827 junge Menschen hatten einen Erziehungsbeistand oder Betreuungshelfer (§ 30 SGB VIII) und in 65.642 Fällen wurde bis zum 31.12.2012 eine Familienhilfe durchgeführt (Statistisches Bundesamt Wiesbaden 2014, Destatis. Kinder- und Jugendhilfe. Hilfe zur Erziehung. Ambulante erzieherische Hilfen nach Jahren).

In 3.886 Fällen des Jahres 2012 wurde eine Adoption durchgeführt, davon

- 1.996 Jungen unter 18 Jahren,
- 1.920 Mädchen unter 18 Jahren, davon wiederum
- 3.085 deutsche Kinder unter 18 Jahren und
- 801 nicht deutsche Kinder unter 18 Jahren.

Insgesamt wurden im Jahr 2012 bis zum 31.12.2012 1.543 Nichtverwandtenadoptionen durchgeführt, 2.215 Stiefmutter-/Stiefvater-/Stiefelternadoptionen und 128 Verwandtenadoptionen. 2000 wurden beispielsweise noch 6.399 Kinder und Jugendliche adoptiert; 2004 waren es noch 5.072 Kinder und Jugendliche und 2008 4.201 (Statistisches Bundesamt, Wiesbaden, Destatis 2012, Adoptionen; Statistisches Bundesamt, Wiesbaden. Destatis 2014. Kinder- und Jugendhilfe in Deutschland. Adoptionen).

Es zeigt sich, dass sich die Anzahl der Fremdunterbringungen (Vollzeitpflege, Heimerziehung) in den letzten Jahren nur wenig verändert hat, während die erzieherischen ambulanten Hilfe, die Vorrang vor stationären Unterbringungen hat, auf dem hohen Stand von über 340.00 Hilfen stehen blieben, während die Adoptionen erheblich zurückgegangen sind.

Folgende Gesetze sind bei einem Sorgerechtsentzug und einer Fremdunterbringung des Kindes oder Jugendlichen von besonders herausragender Bedeutung:

- Bürgerliches Gesetzbuch (BGB)
- Gesetz zum zivilrechtlichen Schutz vor Gewalttaten und Nachstellungen (Gewaltschutzgesetz – GewSchG)
- Sozialgesetzbuch VIII = Kinder- und Jugendhilfegesetz (KJHG = SGB VIII)

14 Unzureichende Versorgung des Kindes

– Familienverfahrensrecht (FamFG)
– Strafgesetzbuch (StGB).

Jeder junge Mensch hat nach dem Kinder- und Jugendhilfegesetz ein Recht auf Förderung seiner Entwicklung und auf Erziehung zu einer eigenverantwortlichen und gemeinschaftsfähigen Persönlichkeit (§ 1 Abs. 1 SGB VIII). Dabei sind Pflege und Erziehung der Kinder das natürliche Recht der Eltern und die zuvörderst ihnen obliegende Pflicht. Über ihre Betätigung wacht die staatliche Gemeinschaft (Art. 6 Abs. 2 GG; § 1 Abs. 1, 2 SGB VIII).

Das Elternrecht darf nach Gesetzeslage und vorherrschender Rechtsansicht ohne Kindeswohlgefahr grundsätzlich nicht eingeschränkt werden. Beispielsweise hat die Jugendhilfe keinen eigenen Erziehungsauftrag. Es existiert kein Erziehungsrecht der Jugendhilfe; unmittelbare Adressaten des SGB VIII sind grundsätzlich die Eltern, nicht etwa die Kinder. Die Eltern sind in der ihnen obliegenden Erziehungsverantwortung allenfalls zu unterstützen, damit gegebenenfalls die Erziehungssituation der Kinder und Jugendlichen verbessert wird.

Um die Erziehung von Kindern und Jugendlichen vor staatlichen Eingriffen zu schützen, wurde das Kinder- und Jugendhilferecht vornehmlich an dem Erziehungsrecht der Eltern und nicht etwa an denkbaren Beteiligungsrechten der Kinder und Jugendlichen ausgerichtet (so schon Münder et al. 2003, § 1 SGB VIII, Rdnr. 15; Wiesner 2011, § 1 Rdnr. 8). Die Erziehung des Kindes ist somit kein Grundrecht des Kindes selbst (BVerfGE 28, 104, 112).

Einen Rechtsanspruch auf Hilfe haben somit nicht Kinder und Jugendliche, sondern deren Eltern oder sonstige Personensorgeberechtigte. Dabei bezieht sich der Rechtsanspruch der Eltern gegenüber dem Staat auf Hilfen zur Förderung der Erziehung durch Bereitstellen der dafür geeigneten pädagogischen Mittel. Ein Rechtsanspruch der Eltern auf Hilfe zur Erziehung setzt daher einen erzieherischen Bedarf des Kindes voraus und eine nicht hinreichende Erziehungskompetenz der Eltern (Wiesner 2011, § 1 Rdnr. 18).

Kinder- und Jugendhilfe hat dabei auf konkrete individuelle, soziale und gesellschaftliche Situationen zu reagieren, die die Lebenslagen von Kindern, Jugendlichen und ihren Familien berühren. Dabei nimmt das Recht auf Erziehung im Sinne von Zielen der Förderung und der Erziehung gemäß § 1 SGB VIII eine Art sozialpädagogische Leitbildfunktion ein.

Trotz des verfassungsrechtlichen Vorrangs von Elternrechten sind Kinder und Jugendliche an allen Entscheidungen der öffentlichen Jugendhilfe zu beteiligen (§ 8 SGB VIII). Ein verfahrensrechtlich abgesichertes Beteiligungsrecht für Kinder und Jugendliche ist jedoch nicht vorgesehen, sodass diese Regelung letztlich eher Appellcharakter hat.

Das Recht des Kindes oder Jugendlichen, sich an das Jugendamt zu wenden, stellt für das unter 15 Jahre alte Kind (vgl. § 36 SGB I) den einzigen Weg dar, das Jugendamt über eine Gefährdung zu informieren. Wenn z.B. ein Verdacht der Kindesmisshandlung besteht, wird das Jugendamt u.U. nach einer Gefährdungseinschätzung nach § 8a SGB VIII das Familiengericht anrufen.

Das Kind hat jedoch kein eigenständiges Recht zu beantragen, dass der Jugendhilfeträger dem (leistungsberechtigten) Personensorgeberechtigten eine Leistung anbietet. Ein eigenes Antragsrecht ergibt sich erst für das ab 15 Jahre alte Kind nur aus § 36 Abs. 1 SGB I, und zwar in Hinblick auf eigene Leistungsansprüche. Ein weitergehendes Antragsrecht für Kinder und Jugendliche unter 15 Jahre wäre wünschenswert. Nach geltendem Recht kann das Kind jedoch nicht über die Leistungsansprüche des Personensorgeberechtigten disponieren (Münchener Kommentar-Tillmanns zum BGB 2012, SGB VIII § 8, Rdnr 6).

Somit ist die öffentliche Kinder- und Jugendhilfe verpflichtet, einsichtsfähige, verständige und urteilsfähige Kinder und Jugendliche inhaltlich mit einzubeziehen, wenn sie von Entscheidungen der Jugendhilfe betroffen sind. Darüber hinaus besteht seitens des Jugendamtes eine rechtlich gebotene Hinweispflicht (Pflicht zur Aufklärung des Kindes) in Bezug auf die Rechte des Kindes oder Jugendlichen in einem Verwaltungsverfahren oder Verfahren vor dem Familiengericht.

§ 8 Abs. 2 SGB VIII verankert für alle Kinder das Recht, sich in Angelegenheiten der Erziehung und Entwicklung an das Jugendamt zu wenden. Das bedeutet, dass auch organisatorisch im Jugendamt die Möglichkeit geschaffen werden muss, dass die Interessen des Kindes oder Jugendlichen behandelt werden können (z.B. durch ein Kinderbüro, Kinderbeauftragte, Anwalt des Kindes etc.).

§ 8 Abs. 3 SGB VIII regelt die Beratung von Kindern und Jugendlichen im Jugendamt im Konfliktfall auch ohne Kenntnis des Personensorgeberechtigten, und zwar solange eine Beratung angesichts der Not- und Konfliktlage erforderlich ist und durch eine Mitteilung an den Personensorgeberechtigten der Beratungszweck vereitelt würde. Mit diesem Recht und Anspruch des Kindes oder Jugendlichen auf Beratung tritt das Recht des Personensorgeberechtigten auf Information über das Kind hinter dem zu schützenden Vertrauensverhältnis zwischen dem hilfesuchenden Kind oder Jugendlichen und dem Jugendamt zurück. Die Neufassung des Abs. 3 legt jetzt ausdrücklich fest, dass Kinder und Jugendliche einen *Anspruch* auf Beratung haben.

Die nach dem SGB VIII (§§ 16–58a) vorgesehenen abgestuften ambulanten, teilstationären und stationären Maßnahmen und Hilfen der Jugendämter zur Erziehung und bei Gericht umfassen im Wesentlichen:
- Allgemeine Förderung der Erziehung in der Familie
- Beratung in Fragen der Partnerschaft, Trennung und Scheidung
- Beratung bei der Unterstützung bei der Ausübung der Personensorge und des Umgangsrechts
- Gemeinsame Wohnformen für Mütter/Väter und Kinder
- Betreuung und Versorgung des Kindes in Notsituationen
- Pädagogische und therapeutische Leistungen
- Erziehungsberatung
- soziale Gruppenarbeit für ältere Kinder und Jugendliche
- Erziehungsbeistand und Betreuungshelfer
- sozialpädagogische Familienhilfe – Familienhelfer
- intensive sozialpädagogische Einzelbetreuung – Einzelfallhilfe
- Erziehung in einer Tagesgruppe
- Vollzeitpflege in einer Pflegefamilie, heilpädagogischen Pflegestelle oder Sonderpflegestelle
- Heimerziehung oder sonstige betreute Wohnform, wie Jugendwohngemeinschaften oder betreutes Einzelwohnen
- vorläufige Maßnahmen zum Schutz von Kindern und Jugendlichen – Inobhutnahme von Kindern und Jugendlichen (Unterbringung bei geeigneten Personen oder sonstigen Einrichtungen, wie Jugendschutzstellen, Aufnahmeheimen, Kinder- und Jugendnotdiensten, Bereitschaftspflegestellen)
- Beratung und Belehrung in Verfahren zur Annahme als Kind (Adoption)
- Mitwirkung in anderen gerichtlichen Verfahren vor dem Familiengericht
- Pflegschaft und Vormundschaft für Kinder und Jugendliche.

Wenn aufgrund spezifischer sozialer und psychosozialer Notlagen eine Adoption nicht in Frage kommt oder nicht möglich ist, sind unter bestimmten Voraussetzungen für gefährdete Kinder ambulante, teilstationäre oder stationäre Betreuungsformen angezeigt.

Bevor es zu einer Fremdplatzierung des Kindes kommt, sind alle ambulanten Hilfen für die Familie zu prüfen und gegebenenfalls anzubieten (§§ 1666, 1666a BGB mit implizitem Verweis auf die SGB VIII-Vorschriften). Zeigt sich im Zusammenleben der Familie und erst recht im Trennungs-

II Fremdplatzierung

oder Scheidungsfall, dass die betreffenden Eltern angesichts vielfältiger psychischer und psychosozialer Probleme, bei gleichzeitig fehlender Kooperation und anhaltenden Unvereinbarkeiten, allein mit den Betreuungs- und Versorgungsaufgaben überfordert sind, stellt sich nicht nur die Frage nach der kindeswohlverträglichsten Sorgerechtsregelung, sondern ebenso die Frage nach einer „richtigen" Platzierung des Kindes bei einem Elternteil oder in einer Einrichtung. Dies beinhaltet im Fall des Verbleibs des Kindes bei einem Elternteil oder beiden Eltern die Ausschöpfung und Inanspruchnahme ambulanter Hilfen nach dem SGB VIII.

Fallbeispiel

Bis zum Zeitpunkt der Trennung der seit Jahren arbeitslosen Eheleute Mühsam Anfang des Jahres 2013, die die leiblichen Eltern der jetzt zehnjährigen Mandy sind, wurde das Mädchen sowohl vom Vater als auch von der Mutter abwechselnd im gemeinsamen Haushalt versorgt.

Der Vater neigte seit Jahren zum Alkoholmissbrauch, der zwei- bis dreimal jährlich dazu führte, dass er seine Tochter wochenlang wegen seiner Alkoholabhängigkeit nicht versorgen und betreuen konnte. In dieser Zeit stabilisierte sich der Gesundheitszustand der oft depressiven und dann meist über Monate tagsüber bettlägerigen Mutter regelmäßig derart, dass sie die Pflege des Kindes übernahm und auch für einen regelmäßigen Schulbesuch ihrer Tochter sorgte.

Hatte der Vater sein „Trinken im Quartal" wieder im Griff, das zuvor oft einige Wochen zu einer stationären Entgiftung in einer Klinik führte, und war er als jetzt sog. trockener Alkoholiker wieder in der Lage, sich um seine Tochter zu kümmern, zeigten sich häufig erneut die Depressionen der Mutter, die dann abermals als Versorgerin des Kindes meist für etliche Monate ausfiel.

Wiederholte Einsätze von Familienhelferinnen führten bei den miteinander nur wenig kooperationsgeneigten Eltern bisher nicht zu einer Stärkung der elterlichen Autonomie.

Im Januar 2013 trennte sich schließlich der Vater in einer trockenen Phase von seiner Ehefrau und nahm Mandy ihrem Willen entsprechend mit in die neue Zwei-Zimmer-Wohnung, da die Mutter wiederum unter schweren Depressionen litt.

Der Vater reichte die Scheidung ein und beantragte nach § 1671 BGB die elterliche Sorge für sich allein. Bereits während des Scheidungs- und Sorgerechtsverfahrens fiel der Vater ein weiteres Mal wegen anhaltender Trunkenheit als Betreuer und Versorger des Kindes aus. Diesmal klangen die Depressionen der Mutter zunächst nicht ab und fesselten sie tagsüber an das Bett, während sie in den späten Nachmittagsstunden bzw. frühen Abendstunden aufstehen und aktiver sein konnte.

Das Jugendamt stellte fest, dass Mandy nur noch unregelmäßig die Schule besuchte. Darüber hinaus war das Mädchen in einer Art Rollenumkehr (auch Parentifizierung genannt) bemüht, beide Eltern in jeweils ihren Haushalten zu versorgen, für sie einzukaufen und ihnen den Haushalt zu machen. Deshalb nahm das Jugendamt das Mädchen gemäß § 42 Abs. 1 Nr. 2 SGB VIII in Obhut, da die Eltern keine in Frage kommenden Bekannten und Verwandten hatten, und beantragte nach erneuten erfolglosen Beratungsangeboten (§§ 17, 28 SGB VIII), beiden Eltern die elterliche Sorge – hilfsweise das Aufenthaltsbestimmungsrecht nach § 1666 BGB – zu entziehen und einem Vormund bzw. Pfleger zu übertragen. Das Jugendamt brachte das Mädchen wegen einer seiner Sicht nach akuten Kindeswohlgefährdung zunächst in den Kindernotdienst. Von dort wurde Mandy in einem Kinderheim untergebracht.

Im vorliegenden Beispielsfall müsste das Jugendamt und Familiengericht im Zusammenwirken mit den Rechtsanwälten der Eltern und dem Verfahrensbeistand beide Eltern motivieren, sich in ärztliche Behandlung zu begeben.

Beispielsweise könnte die Mutter, falls sie weiterhin keine Psychotherapie in Anspruch nehmen will, nach einer diagnostischen Abklärung ihrer Erkrankung eine Langzeitbehandlung mit Psychopharmaka bekommen (sog. Antidepressiva und später möglicherweise zur Prophylaxe eine lang dauernde Verabreichung von Lithium-Salzen).

Der Vater dagegen sollte nach einem stationären Alkoholentzug eine Langzeitbehandlung in einer Therapie- oder Selbsthilfegruppe machen.

Dieses Vorgehen sollte das Familiengericht als in Erwägung zu ziehende Auflagen thematisieren und gegebenenfalls auch festlegen.

Während der stationären Behandlung der Eltern könnte Mandy vorübergehend in einer Kurzpflegestelle wohnen, da in Frage kommende Bekannte und Verwandte nicht vorhanden sind.

Nach der stationären Behandlung der Eltern sollten der Familie Mühsam weitere ambulante Hilfen zur Verfügung gestellt werden, die dann u.U. eine erneute Fremdunterbringung des Kindes nicht mehr erforderlich machen würden. Diese Hilfen würden sich nach der Gesetzeslage auf eine Beratung

II Fremdplatzierung

der Eltern und auf weitere Hilfen in der Familie zu konzentrieren haben (vgl. §§ 17, 28 und §§ 20 Abs. 2, 23, 31 SGB VIII).

Im vorliegenden Fall kommen für die Familie nach der Gesetzeslage vor einer Fremdunterbringung des Kindes „Angebote zur Förderung der Erziehung in der Familie" (§§ 16 bis 21 SGB VIII), „Angebote zur Förderung von Kindern in Tageseinrichtungen und in Tagespflege" (§§ 22 bis 25 SGB VIII) und „Hilfe zur Erziehung und ergänzende Leistungen" (§§ 27 bis 37 und 39, 40 SGB VIII) in Frage.

Grundsätzlich dient eine Beratung nach den Vorschriften des SGB VIII (§§ 17, 18 i.V. mit § 28 SGB VIII) der Verwirklichung eines partnerschaftlichen Familienmodells, der Klärung und der Befähigung zur Konfliktbewältigung und der Sicherung der Kontinuität der nachehelichen und nachpartnerschaftlichen elterlichen Beziehungen des Kindes zu seinen beiden Eltern. Obwohl die Eltern einen Rechtsanspruch auf Beratung haben, ist nach deutschem Recht eine Zwangsberatung im Rahmen der SGB VIII-Regelungen umstritten (siehe aber § 156 Abs. 1 S. 4 FamFG; § 1666 Abs. 3 Nr. 1 BGB).

Begreift man das elterliche Sorgerecht als ein am Wohlergehen des Kindes orientiertes pflichtengebundenes Recht, macht eine nach § 156 Abs. 1 S. 4 FamFG „angeordnete" oder „auferlegte" Beratung nach § 1666 Abs. 3 Nr. 1 BGB durchaus Sinn.

Da die Eltern von Mandy bisher in akuten Krankheitsschüben eine Beratung im Jugendamt oder bei einem freien Träger abgelehnt haben, kommen diese familiengerichtlichen Interventionen im vorliegenden Beispielsfall zum Tragen.

Zu prüfen ist sodann, ob für das Schulkind Mandy nach dem erneuten Alkoholabusus ihres Vaters im Falle eines Wechsels in den Haushalt der Mutter die Inanspruchnahme und Durchsetzung einer Erziehung in einer Tagesgruppe nach § 32 SGB VIII in Frage kommen und ausreichen würde, ihr Wohlergehen sicherzustellen. Für die Betreuung tagsüber in einer Tagesgruppe spricht aus sozialpädagogischer/psychologischer Sicht, dass Mandy im mütterlichen Haushalt tagsüber unzureichend betreut und angeleitet wird, während sich die Mutter am späten Nachmittag bzw. in den frühen Abendstunden regelmäßig soweit erholt und stabilisiert hat, dass sie in der Lage ist, das Mädchen für den Rest des Tages und Abends angemessen zu versorgen.

Reicht das Angebot der Förderung des Kindes in der Tagesgruppe nicht aus und ist eine weitergehende Hilfe erforderlich, um das Wohl des Kindes zu gewährleisten, kann beim Ausfall eines oder beider Eltern aus gesundheitlichen Gründen das Kind im elterlichen Haushalt versorgt und betreut werden, wenn und solange es für sein Wohl erforderlich ist (§ 20 Abs. 3 SGB VIII).

Angesichts der hier vorliegenden Notfallsituation – schwere Erkrankung beider Eltern – und der Dauer des Ausfalls der Eltern könnte mangels geeigneter Bekannter oder Verwandter für die Familie eine professionelle Hilfe (Haushaltshilfe) engagiert und eingesetzt werden, zumal gemäß § 79 SGB VIII die Pflicht der öffentlichen Jugendhilfe darin besteht, entsprechende Leistungen bereitzuhalten.

Nach § 79 SGB VIII handelt es sich um eine Muss-Leistung, die beim Vorliegen der Anspruchsvoraussetzungen einen Rechtsanspruch des Leistungsberechtigten beinhaltet (Kunkel 2014, § 20 Rdnr. 13).

In Frage kommt grundsätzlich auch eine sozialpädagogische Familienhilfe (§ 31 SGB VIII). Diese ist eine pädagogische Dienstleistung, die die Selbsthilfekompetenzen der Familie zu stärken vermag. Sie ist vor allem ein ressourcenorientiertes Angebot zur Stärkung der familialen Autonomie, weniger ein Angebot, das der Kontrolle und Behebung von Defiziten dient. Dabei ist die sozialpädagogische Familienhilfe eine typische ambulante Hilfe, die sich auf die gesamte Familie erstreckt. Deshalb ist die aktive Mitarbeit aller Familienmitglieder eine notwendige Voraussetzung.

Im Beispielsfall hatten jedoch bereits mehrfache Familienhelfereinsätze nicht den gewünschten Erfolg. Der erneute Einsatz einer Familienhelferin in der Familie Mühsam – beispielsweise bei der Mutter – würde als ambulante Maßnahme mit einem Wochenstundenkontingent von fünf bis 20 Stunden (einschließlich Supervision, Teamsitzungen, Berichterstattung oder Verwaltungstätigkeit) aller Wahrscheinlichkeit nach nicht den gewünschten Erfolg einer Stabilisierung der Gesamtsituation nach sich ziehen.

Im Rahmen der sozialpädagogischen Familienhilfe sind mittlerweile auch in Deutschland einige erfolgversprechende Projekte entwickelt worden, die letztlich als umfassende Kriseninterventionsprogramme für in Not und Schwierigkeiten geratene Familien eingesetzt werden. Diese gehen weit über das Ausmaß einer nur stundenweisen sozialpädagogischen Familienhilfe durch eine einzige Person hinaus. Dabei sollen nach diesen Modellprojekten die Ressourcen der Familie für eine Krisenbewältigung innerhalb von maximal sechs oder neun Wochen durch tägliche Anwesenheit, Wochenendarbeit und Rufbereitschaft so weit aktiviert werden, dass eine Fremdplatzierung des Kindes vermieden werden kann. Ein derartiges Modellprojekt ist z.B. das mittlerweile bundesweit aktive Familienaktivierungsmanagement (FAM) (Pieper 2013).

II Fremdplatzierung

Familienaktivierung ist von der Vorstellung geprägt, dass Kinder am besten in einer Familie aufwachsen können und jedes Familiensystem das Potential für Veränderungen besitzt. Das FAM ist ein Angebot für Familien, die sich in einer schweren Krise befinden, die sich darin zeigt, dass ein oder mehrere Kinder/Jugendliche von einer Fremdunterbringung bedroht sind. Im FAM wird davon ausgegangen, dass Menschen besonders in Krisen zur Veränderung bereit sind. Über ein konsequentes methodisches Vorgehen, den absichernden Rahmen einer 24-Stunden-Erreichbarkeit und ein klares fachliches Unterstützungssystem für die FAM-Fachkräfte soll die Fremdplatzierung vermieden werden, sofern dies dem Wohl des Kindes dient. In einem sechswöchigen Einsatz im Haushalt der Familie werden die Fähigkeiten und Stärken aller Familienmitglieder herausgearbeitet und genutzt, um gemeinsam neue Ziele zu definieren und einen Stabilisierungsprozess einzuleiten. Die Sicherheit der Kinder bzw. Jugendlichen steht dabei immer im Vordergrund. Die Familie wird in unterstützende Strukturen des Umfeldes eingebunden, die über die Zeit der Unterstützung durch FAM hinaus Stabilität und Fortschritt gewährleisten (Pieper 2013).

Erst wenn ambulante Hilfen für eine Familie angesichts der Schwere der Konflikte oder angesichts akuter Konfliktlagen nicht in Frage kommen, muss das Kind stationär in einer sog. Vollzeitpflegefamilie, einer Wohngruppe oder einem Kinderheim untergebracht werden.

Einen anderen Stellenwert hat die Inobhutnahme eines Kindes als vorläufige Maßnahme der Unterbringung, Beratung und Unterstützung gemäß § 42 SGB VIII, die der Behebung einer akuten Gefährdung des Kindeswohls und einer aktuellen Notlage des Kindes oder Jugendlichen dient.

Unter einer Vollzeitpflege (§ 33 FGG) wird im Gegensatz zur Tagespflege die befristet oder auf Dauer (zu unterscheiden sind Kurzzeitpflege, Übergangspflege, Dauerpflege oder Adoptionspflege) angelegte Unterbringung, Betreuung und Erziehung eines Kindes oder Jugendlichen über Tag und Nacht außerhalb des Elternhauses bei einer Pflegeperson oder in einer Pflegefamilie verstanden (Kunkel 2014, § 33 Rdnr. 4). Sie soll grundsätzlich – mit Ausnahme der Adoptionspflegefamilie – nicht mehr den Charakter einer Ersatzfamilie haben (Münder et. al. 2003, § 33 SGB VIII Rdnr. 1, 13).

Der Beispielsfall zeigt, dass die im Gesetz vorgesehenen ambulanten Jugendhilfemaßnahmen nicht ausgeschöpft worden sind.

Die bereits in Zeiten des Zusammenlebens erheblichen und wiederkehrenden Auffälligkeiten der Eltern führten bereits kurz nach ihrer Trennung zu einer besonders zugespitzten Krisensituation der Unterversorgung und

Überforderung des Kindes. Keiner von beiden konnte die Betreuung, Versorgung und den Schulbesuch des Kindes sicherstellen.

Dennoch muss nach dem Grundsatz „Hilfe vor Eingriff" zunächst im Rahmen der in Frage kommenden Jugendhilfemaßnahmen versucht werden, ambulante Hilfen bereitzustellen. Diese könnte im vorliegenden Fall u.a. eine sozialpädagogische Familienhilfe als Kriseninterventionsmaßnahme (§ 31 SGB VIII), die Tagesgruppe (§ 32 SGB VIII) oder eine Betreuung und Versorgung des Kindes in Notsituationen (§ 20 SGB VIII) beinhalten.

Darüber hinaus hat das Familiengericht dem Kind einen Verfahrensbeistand nach § 158 FamFG zu bestellen.

Den Eltern sollte trotz passager nicht unerheblich eingeschränkter Erziehungsfähigkeit die gemeinsame elterliche Sorge belassen bleiben.

Wenn sich jedoch die Familienkrise weiter zuspitzen sollte (z.B. wenn beide Eltern akut erkranken – hier der Alkohol dort die Depressionen), sollte das Aufenthaltsbestimmungsrecht einem Pfleger übertragen werden, um das Kind bei anhaltender Gefahr als letztes Mittel kurzfristig stationär unterbringen zu können.

Im vorliegenden Fall hätte sich jedoch aller Wahrscheinlichkeit nach selbst eine kurz- bis mittelfristige stationäre Unterbringung des Kindes durch eine spezielle „Betreuung und Versorgung des Kindes in Notsituationen" nach § 20 SGB VIII verhindern lassen. Der Vater nahm z.B. angesichts massiver Interventionen und Ankündigungen im Familiengericht, die von den beiden Rechtsanwälten mitgetragen wurden, neben der erneuten Entgiftung in einer Klinik eine Langzeittherapie in Form einer Einzel- und Gruppentherapie in Anspruch. Die Mutter machte erstmalig eine auf Dauer angelegte psycho-pharmakologische Therapie neben einer begleitenden Psychotherapie. Die medikamentöse Einstellung erfolgte im Rahmen ambulanter ärztlicher Maßnahmen. Der Gesundheitszustand der Mutter stabilisierte sich innerhalb weniger Wochen.

Mandy blieb jedoch auf Betreiben des Jugendamtes „wegen prognostischer Unwägbarkeiten" noch weitere 18 Monate in dem Kinderheim.

14.2 Eltern oder Paare, die gewalttätig sind

Wenn Kinder im Kontext häuslicher Gewalt aufwachsen, können sich u.U. nachstehende zivilrechtliche Rechtsfolgen daran anschließen:

II Fremdplatzierung

- Sorgerechtsübertragung auf einen Elternteil bei Trennung oder Scheidung bisher gemeinsam sorgeberechtigter Personen (§ 1671 BGB)
- Inobhutnahme des Kindes (§§ 8a, 42 SGB VIII)
- Einsetzung eines Umgangspflegers und Umgangsbegleiters (§ 1684 BGB)
- Einschränkung oder Ausschluss des Umgangsrechts (1684 Abs. 3, 4 BGB)
- gerichtliche Maßnahmen zum Schutz des Kindes oder Jugendlichen (§§ 1666, 1666a)
- Untersagung der Nutzung der vom Kind mitbewohnten Wohnung – Wegweisung, Betretungsverbot oder Go–order–Anordnung (§ 1666a Abs. 1 S. 2 BGB)
- Auferlegung eines Näherungs-, Kontakt- und Belästigungsverbotes gegenüber der Gewalt ausübenden Person nach § 1 Abs. 1 Nr. 2–5, 2 Nr. 2b Gewaltschutzgesetz
- Einsetzung eines Verfahrensbeistands (§ 158 FamFG)
- Einsetzung eines Ergänzungspfleger in einem strafrechtlichen Ermittlungsverfahren, wenn sich die Gewalt auch gegen das Kind richtete (§ 1909 BGB).

Das Gesetz zur Verbesserung des zivilgerichtlichen Schutzes bei Gewalttaten und Nachstellungen sowie zur Erleichterung der Ehewohnung bei Trennung, kurz Gewaltschutzgesetz (GewSchG) vom 11.12.2001 (in Kraft getreten am 1.1.2002) schaffte die Grundlage für Schutzanordnungen des Zivilgerichts auf Antrag der betroffenen Person, wenn einer der Partner den anderen vorsätzlich an Körper, Gesundheit oder Freiheit verletzt oder mit solchen Verletzungen bedroht. Dasselbe gilt für bestimmte unzumutbare Belästigungen.

Für eine gerichtliche Schutzanordnung nach § 1 GewSchG ist eine persönliche Nähebeziehung zwischen Opfer und Täter nicht Voraussetzung. Der Schutz erstreckt sich somit über den häuslichen Bereich und Partnerschaften hinaus.

Ferner wurde die Grundlage geschaffen, die Wohnung dem Kind und der nicht gewalttätigen Person in Zukunft zur alleinigen Nutzung zu überlassen, wenn diese mit dem Gewalttätigen einen gemeinsamen Haushalt führt (§ 1666a Abs. 1 S. 2 BGB).

Das Verfahren richtet sich seit Inkrafttreten des FamFG am 1.9.2009, unabhängig davon, ob die Beteiligten verheiratet oder verpartnert waren (keine personale Nähebeziehung erforderlich) nach §§ 210–216a FamFG, wonach Gewaltschutzsachen Verfahren nach § 1 und 2 des Gewaltschutzgesetzes (GewSchG) sind (§ 210 FamFG). Nach § 214 FamFG kommt nun als Eilanordnung die einstweilige Anordnung in Betracht (Palandt/Bearbeiter: Brudermüller 2014, GewSchG, Einleitung, Rdnr. 6). Das Jugendamt ist zu hören (§ 213 FamFG).

Die Neuregelung des Gewaltschutzverfahrens durch das FamFG umfasst folgende wichtige Veränderungen:

– die Aufspaltung der Rechtswege – Amtsgericht und Familiengericht – ist beendet und die Gewaltschutzsachen sind jetzt ausnahmslos den Familiengerichten zugewiesen (§§ 111 Nr. 6, 210 FamFG)
– Das Familiengericht ist nicht verpflichtet in Gewaltschutzsachen eine Einigung zwischen den Beteiligten herbeizuführen (§ 36 Abs. 1 S. 2 FamFG: Das Gericht soll außer in Gewaltschutzsachen auf eine gütliche Einigung der Beteiligten hinwirken)
– bei Gefahr für einen der Beteiligten kann eine getrennte Anhörung durchgeführt werden (§ 33 Abs. 1 S. 2 FamFG)
– Einführung des isolierten Eilverfahrens nach § 214 FamFG (Nomos-Kommentar-BGB/Heinke 2014, Vor GewSchG, Rdnr 21).

Diejenigen, die der Wohnung verwiesen werden können, müssen entweder Inhaber oder Mitinhaber der Familienwohnung sein. Eine Nutzungsuntersagung (§ 1666a Abs. 1 S. 2 BGB) kann auch dann erfolgen, wenn das Kind die Familienwohnung nur mitbenutzt, oder es kann auch eine ganz andere Wohnung in der Nachbarschaft gemeint sein, die von einem das Kind gefährdenden Dritten genutzt wird.

Da die Nutzungsuntersagung (auch als Wegweisung oder „Go-Order" bezeichnet) der Familienwohnung u.U. zu einer Trennung des Kindes von dem leiblichen Elternteil führt, soll sie nur zum Einsatz kommen, wenn den von dem betreffenden Elternteil ausgehenden Gefahren nicht auf andere Weise begegnet werden kann, wie beispielsweise durch familienunterstützende Maßnahmen nach dem SGB VIII (§§ 11–40 SGB VIII).

Greifen diese jedoch nicht, steht dem Familiengericht, wie bereits weiter oben angeführt, nach dem GewSchG auch die Möglichkeit zu (§§ 1 Abs. 1 S. 3 Nr. 1–5 GewSchG), ein

– Betretungsverbot,
– Näherungsverbot,
– Kontaktverbot und
– Belästigungsverbot

auszusprechen, welche das Nutzungsverbot begleiten oder ersetzen können (Palandt/Bearbeiter: Diederichsen 2014, § 1666a, Rdnr. 4ff.).

Ist die betroffene Person umgangsberechtigt, kommen noch zusätzliche Maßnahmen nach §§ 1684, 1685 BGB in Frage.

Das Familiengericht wird von Amts wegen tätig, sodass eine Wegweisung des gewalttätigen Elternteils oder eines Dritten zum Schutz des Kindes auch dann möglich ist, wenn der nicht gewalttätige Elternteil keinen Antrag stellt. Ob allerdings ein amtswegiges Verfahren hier für das Kind einen realen Nutzeffekt hat, wenn der nicht gewalttätige Elternteil die Maßnahme der Wohnungsverweisung des anderen Elternteils nicht mitträgt, bleibt fraglich.

Das Familiengericht kann das Wohnungsbetretungsverbot vorübergehend oder auf unbestimmte Zeit aussprechen. Wenn sich jedoch Aussicht auf eine Konfliktregulierung und -beilegung ergibt, ist ein zeitlich befristetes Verbot vorgesehen. Hieraus erwächst ein neues sinnvolles Betätigungsfeld für eine außergerichtliche Konfliktlösung (Mediation).

14.3 Auswirkungen von Partnerschaftsgewalt auf das Kind

Bei Partnerschaftsgewalt geht es nicht um unmittelbare körperliche Gewalt zu Lasten von Kindern, wie beispielsweise bei der Kindesmisshandlung. Vielmehr meint sie das Miterleben von Gewalt als Spezialvariante von psychischer Gewalt gegen Kinder. Partnerschaftsgewalt bezieht sich auf körperliche, sexuelle, soziale und emotionale Gewalt zwischen erwachsenen Bezugspersonen mit Elternaufgaben (Balloff 2009; 2010; Kindler 2002a; 2011; Krüger 2011; Weber-Hornig/Kohaupt 2003, 317).

Gewalthandlungen zwischen Eltern sind für Kinder belastende Ereignisse, die gelegentlich traumatisierende Dimensionen annehmen und dann auch zu einer posttraumatischen Belastungsstörung (PTBS) führen können, und zwar immer dann, wenn die dem Kind normalerweise zur Verfügung stehenden Bewältigungsmechanismen und Resilienzen versagen und die Qualität der Gewalthandlungen besonders roh, quälend und angstauslösend ist. Dann stellt sich regelmäßig angesichts des Kontrollverlustes über die Situation und das Selbst ein Gefühl des Überwältigtwerdens ein, mit der Folge, dass das psychische Gleichgewicht zusammenbricht (Maywald 2003, 304) und in Folge die PTBS als Stresserkrankung in Erscheinung tritt (DSM-5 geht nicht mehr wie in der Vorauflage – DSM-4 – von einer Angsterkrankung, sondern von einer Stresserkrankung aus).

Der Grad der psychischen Beeinträchtigung (Angst, Wut, Trauer, Trauma) hängt somit

- vom Entwicklungsstand,
- vom Grad der Abhängigkeit,
- von der Qualität der emotionalen Beziehung, Bindung und Verletzlichkeit,
- dem Grad der Lebenserfahrung (Weber-Hornig/Kohaupt 2003, 317) und
- dem Schweregrad der Misshandlung und Gewalt

ab.

Bemerkenswert ist ferner, dass gemeinsame Kinder das Risiko des Stalkings erhöhen (Voß 2011, 202).

Partnerschaftsgewalt in der Beziehung, die oft nach einer Trennung in ein nachstellendes Verhalten (Stalking) einmündet (§ 238 StGB; Hoffmann/Küken-Beckmann/Voß 2011, 213), kommt in allen sozialen Schichten vor, steht aber besonders häufig mit Not und Armut im Zusammenhang.

Insbesondere kleine Kinder erleben die Bedrohung ihrer Bezugsperson als existenzielle Bedrohung und Angst vor Vernichtung.

Darüber hinaus führt Gewalt zwischen Eltern für Kinder zu einer Beeinträchtigung der Beziehungen und Bindungen sowie einem massiven Vertrauensverlust gegenüber beiden Eltern. Das Urvertrauen des Kindes in die Eltern wird zerstört.

Dennoch übernehmen insbesondere ältere Kinder häufig für den schwächeren Elternteil die Verantwortung und wollen ihn schützen.

Aus einer Metaanalyse vorliegender Befunde von Kindler (2002a, 72) geht u.a. hervor, dass sich Verhaltensauffälligkeiten bei Kindern im Vergleich zur unbelasteten Kontrollgruppe verdreifachen. Dagegen wird aus der kriminologischen Forschung berichtet, dass sich die Gewaltbereitschaft von Kindern und Jugendlichen erhöht, wenn diese Partnerschaftsgewalt erlebt haben (Enzmann/Wetzels 2001).

Sowohl der Gewalt gegen Kinder als auch der Gewalt in der Partnerschaft liegen meist ungelöste, mehrdimensionale und mehrere Generationen umfassende Beziehungskonflikte zu Grunde. Oft haben die gewalttätigen Erwachsenen als Kind selbst Gewalt erfahren.

II Fremdplatzierung

Die Jugendhilfe umfasst auch in derartigen Fallkonstellationen Leistungen nach § 2 Abs. 2 Nr. 2, 3, 4 SGB VIII:

- Angebote zur Förderung der Erziehung in der Familie (§§ 16 bis 21 SGB VIII),
- Angebote zur Förderung von Kindern in Tageseinrichtungen und in Tagespflege (§§ 22 bis 25 SGB VIII),
- Hilfe zur Erziehung und ergänzende Leistungen (§§ 27 bis 37 und 39 bis 40 SGB VIII und so genannte andere Aufgaben nach § 2 Abs. 3 Nr. 1, 6, 11 SGB VIII:
- die Inobhutnahme von Kindern und Jugendlichen (§ 42 SGB VIII),
- die Mitwirkung in Verfahren vor dem Familiengericht (§ 50 SGB VIII) im Fall eines Sorgerechtsentzuges nach § 1666 BGB oder einer Einschränkung oder eines Ausschlusses des Umgangs nach §§ 1684, 1685 BGB
- die Beistandschaft, Amtspflegschaft und Amtsvormundschaft des Jugendamtes (§§ 55 bis 58 SGB VIII).

14.4 Fremdplatzierung eines Kindes oder Jugendlichen

§ 1666 BGB setzt den Verfassungsauftrag des Kindesschutzes nach Art. 6 Abs. 2 S. 2 GG auf der Ebene des Familienrechts als Teil des bürgerlichen Rechts um. Die Vorschrift beschränkt das Elternrecht aus Art. 6 Abs. 2 S. 1 GG und zeigt die Grenze auf, ab wann der Staat zur Wahrung des Kindeswohles und Durchsetzung des Kinderschutzes in die Familie und damit in das Elternrecht einschreiten darf.

§ 1666 BGB verfolgt ebenso den Zweck, den Schutz des Kindes gegen ein Eltern- oder Drittverhalten im Bereich der Personen- und der Vermögenssorge durchzusetzen, wenn das Wohl des Kindes gefährdet ist. § 1666 Abs. 4 BGB gestattet deshalb familiengerichtliche Eingriffe in das Recht der elterlichen Sorge und auch Maßnahmen gegen Dritte, während Eingriffe in das elterliche Persönlichkeitsrecht nicht erfasst sind. Damit ist das Familiengericht auch außerstande auf Grundlage des § 1666 BGB eine psychiatrische Untersuchung oder eine psychotherapeutische Behandlung anzuordnen und durchzustzen, wobei psychologisch nicht nachvollziehbar ist, dass sehr wohl eine Erziehungsberatung angeordnet werden kann (§ 156 Abs. 3 S. 2 FamFG), die auch in das Persönlichkeitsrecht – je nach Methode, Vorgehensweise und Durchsetzungskraft des psychologischen, sozialpädagogischen oder psychiatrischen Beraters, trotz des Wunsch- und Wahlrechts der leistungsberechtigten Eltern – in einem erheblichen Maß eingreifen kann, zumal die Eltern vom Familiengericht erheblich unter Druck gesetzt werden können, wenn im Weigerungsfall angedroht wird, ihnen die Kosten nach § 81 Abs. 2 Nr. 5 FamFG aufzuerlegen (Meysen 2010, 74).

Wichtige Formen bzw. Folgen der Fremdunterbringung von Kindern sind neben der rechtlich hoch problematischen Anonymen Geburt, der Anonymen Übergabe an Fachpersonen, das Ablegen in der Babyklappe, die vertrauliche Geburt (seit 1. Mai 2014 möglich), der Adoption und Unterbringung in Spezialeinrichtungen (z.B. Internat, Lehrlingsheim, sog. betreutes Wohnen nach § 34 SGB VIII) die Unterbringungen in einer Pflegefamilie oder einem Kinderheim.

Eine Fremdunterbringung eines Kindes und Jugendlichen nach den Vorschriften des BGB (§§ 1666, 1666a) und damit eine Trennung des Kindes von der elterlichen Familie ist normalerweise gegen den Willen der Beteiligten gerichtet und bedeutet regelmäßig einen Eingriff in das Elternrecht. Sie darf nur erfolgen, wenn der Gefahr nicht auf andere Weise begegnet werden kann.

§ 1666 BGB und § 1666a BGB sind die beiden wichtigsten Vorschriften des zivilrechtlichen Kinderschutzes und stellen die gesetzliche Konkretisierung des staatlichen Wächteramtes nach Art. 6 Abs. 2 Grundgesetz dar (Johannsen/Henrich/Büte Familienrecht 2010, § 1666 BGB, Rdnr. 1).

Dabei können die Eltern so lange frei von staatlichen Eingriffen eigenverantwortlich die Erziehung ihrer Kinder gestalten, solange sie dem Kindeswohl gerecht werden. Erst bei einer Kindeswohlgefährdung greift die Verantwortung des Staates kraft seines Wächteramtes und berechtigt ihn und seine dafür vorgesehenen Organe, die Pflege und Erziehung eines Kindes sicherzustellen.

Die Vorschrift des § 1666 BGB ist anwendbar auf sorgeberechtigte Eltern, auf Väter und Mütter eines Kindes, auch wenn sie nicht miteinander verheiratet sind, einen so genannten Scheinvater und einen allein sorgeberechtigten Elternteil.

Die Leistungen der Kinder- und Jugendhilfe nach dem SGB VIII stehen in keiner Konkurrenz zu § 1666 BGB, sondern stellen ein Komplementärverhältnis dar (Johannsen/Henrich/Büte-Familienrecht 2010, § 1666 BGB, Rdnr. 18).

Selbst Eingriffe wie die Inobhutnahme nach § 42 SGB VIII machen Maßnahmen nach § 1666 BGB nicht entbehrlich; sie helfen vielmehr nur, die Zeit bis zu einer eventuell notwendigen Entscheidung des Familiengerichts

II Fremdplatzierung

zu überbrücken. Anderen Leistungen des SGB VIII (§§ 27ff.) enthalten dagegen keine Eingriffsgrundlage.

Der strafrechtliche Kinderschutz, wie beispielsweise Verletzung der Unterhaltspflicht, sexueller Missbrauch, Misshandlung von Schutzbefohlenen oder Entziehung eines Kindes oder Jugendlichen (§§ 170ff., 174, 176ff., 180, 225, 235 StGB) ergänzt den zivilrechtlichen (bürgerlich-rechtlichen) Kinderschutz, während das Jugendgerichtsgesetz (§§ 9ff. JGG) im Jugendstrafverfahren die Möglichkeit der Verhängung von Erziehungsmaßregeln vorsieht, die in Weisungen bestehen können, der Anordnung von Erziehungsbeistandschaft (§ 30 SGB VIII) oder Heimerziehung (§ 34 SGB VIII). Dabei kann das Jugendgericht im Jugendstrafverfahren dem Familiengericht die Auswahl der Anordnungen der in Frage kommenden Erziehungsmaßregeln überlassen (§ 53 JGG). § 53 JGG: „Der Richter kann dem Familiengericht im Urteil die Auswahl und Anordnung von Erziehungsmaßregeln überlassen, wenn er nicht auf Jugendstrafe erkennt. Das Familiengericht muß dann eine Erziehungsmaßregel anordnen, soweit sich nicht die Umstände, die für das Urteil maßgebend waren, verändert haben."

Das Eingreifen des Familiengerichts als eines der in Frage kommenden staatlichen Organe zur Wahrung des körperlichen, geistigen und psychischen Wohls des Kindes (§ 1666 BGB) ist an folgende Voraussetzungen geknüpft:

1. Es muss das körperliche, geistige oder psychische Wohl des Kindes gefährdet sein; es muss die begründete Besorgnis bestehen, dass bei Nichteingreifen des Familiengerichts das Wohl des Kindes beeinträchtigt wird oder eine derartige Gefahr besteht, dass sich bei der weiteren Entwicklung des Kindes eine erhebliche Schädigung mit Sicherheit voraussehen lässt (BVerfG, FamRZ 2012, 1127) und
2. die Eltern nicht gewillt oder nicht in der Lage sind, die Gefährdung abzuwenden.
3. Gefährdung der ordnungsgemäßen Vermögensverwaltung.

Nicht jede denkbare Gefahr oder jedes unzweckmäßige, sorglose oder ungeschickte Verhalten rechtfertigt somit einen Eingriff des Familiengerichts in das elterliche Sorgerecht (z.B. psychische Erkrankung der Eltern; Läusebefall; Aufenthalt des Kindes bei Pflegeeltern ohne Pflegeerlaubnis; Weigerung der Mutter, Angaben zur Person des Vaters des Kindes zu machen; Rauchen der Eltern; Zugehörigkeit zur Bhagwan-Sekte).

Es muss also etwas Gravierendes, Konkretes und aktuell das Wohl des Kindes Gefährdendes geschehen, wie beispielsweise

14 Unzureichende Versorgung des Kindes

- eine Gesundheitsgefährdung,
- Verwahrlosung,
- seelische Grausamkeit,
- Anleitung zu Kriminalität oder Prostitution.

Unter missbräuchliche Ausübung der elterlichen Sorge fällt beispielsweise

- die körperliche und psychische Misshandlung
- drohende Beschneidung eines Mädchens (bei männlichen Kindern siehe die heftig umstrittene neue Regelung des § 1631d BGB)
- der sexuelle Missbrauch
- die Zufügung psychischer Qualen
- Einschüchterung, Demütigung und Bloßstellen vor Dritten
- übertriebene Strafmaßnahmen (z.B. Wegsperren wegen Zuspätkommens einer 13-Jährigen in einen Keller über Nacht)
- Verweigerung der Zustimmung zu notwendigen ärztlichen Maßnahmen
- ungerechtfertigte Umgangsverbote mit Personen, mit denen das Kind enge Beziehungen aufgebaut hat
- Weigerung, schulpflichtige Kinder zur Schule zu schicken etc.

Die schuldhafte Vernachlässigung eines Kindes zeigt eine grob pflichtwidrige Untätigkeit der Eltern auf, z.B. durch

- mangelhafte Ernährung
- mangelnde Bekleidung
- unzureichende Aufsicht
- mangelnde ärztliche Vorsorge und Behandlung
- unzureichende Wohnverhältnisse
- Duldung des Herumtreibens
- Untätigkeit in Bezug auf die Erziehung, Betreuung und Begleitung des Kindes.

Ein Versagen der Eltern besteht beispielsweise in einem Fehlverhalten aus

- unbelehrbarem Starrsinn (Querulant)
- Sucht (Alkoholismus, andere Drogenabhängigkeit)
- psychischer Erkrankung mit erheblicher Einschränkung der Erziehungsfähigkeit,
- religiösem Fanatismus (z.B. Verbringen eines Mädchens in ein anderes Land zur Beschneidung)
- durch ungünstige Lebensumstände entstandenen Zwangslagen.

II Fremdplatzierung

Insbesondere psychische Erkrankungen, aber auch Suchterkrankungen der Eltern werden bei der Prüfung einer Kindeswohlgefährdung oft verkannt oder bagatellisiert. Beispielsweise fällt dem fachlichen Laien in der Schule, Kita, möglicherweise auch dem Sozialpädagogen im Jugendamt, dem Verfahrensbeistand, im Familiengericht eine Borderline-Störung einer Person (in diesem Fall des u.U. das Kind gefährdenden Elternteils) nicht auf. Auch eine Suchterkrankung oder andere seelische Erkrankung kann im Verborgenen bleiben.

Zudem kann auch die Gefährdung des Kindes durch das Verhalten eines Dritten zu einem Einschreiten des Familiengerichts führen, wenn die Eltern nicht gewillt oder in der Lage sind, die Gefahr abzuwenden (beispielsweise wenn sich die sorgeberechtigte Mutter nicht von ihrem Freund trennt, der das Kind psychisch oder körperlich misshandelt oder sexuell missbraucht).

Die gesamte Personensorge darf nur entzogen werden, wenn andere Maßnahmen erfolglos geblieben sind oder wenn anzunehmen ist, dass sie zur Abwendung der Gefahr nicht ausreichen. Das Wohl des Kindes muss also trotz angebotener beziehungsweise durchgeführter ambulanter, beratender Hilfen und Unterstützung durch das Jugendamt oder durch Ermahnungen, Verwarnungen, Verhaltensgebote, Verbote des Familiengerichts weiterhin gefährdet sein.

Hierbei hat sich das Familiengericht auf Maßnahmen zu beschränken, die nach dem Grundsatz der Verhältnismäßigkeit geeignet und erforderlich sind, um der Gefahr für das Kind zu begegnen. Die gesamte Personensorge darf beispielsweise nur dann entzogen werden, wenn andere Maßnahmen erfolglos geblieben sind (beispielsweise Entzug des Aufenthaltsbestimmungsrechts) oder wenn anzunehmen ist, dass sie zur Abwendung der Gefahr nicht ausreichen (§§ 1666, 1666a BGB).

Maßnahmen, die mit einer Trennung des Kindes von der Familie verbunden sind, sind nur zulässig, wenn der Gefahr nicht auf andere Weise, auch nicht durch ambulante öffentliche Hilfen, begegnet werden kann (§ 1666a Abs. 1 S. 1 BGB).

Das BGB sieht bei Sorgerechtsentzug mit Unterbringungsmaßnahmen gegen den Willen der Personensorgeberechtigten und der Kinder und Jugendlichen vor, dass Unterbringungen mit freiheitsentziehendem Charakter nur mit Genehmigung des Gerichts zulässig sind (1631b BGB), mit Ausnahme zur Abwendung einer unmittelbaren Akutgefährdung, wobei die Genehmigung dann unverzüglich nachzuholen ist.

Freiheitsentziehende Maßnahmen durch das Jugendamt (vorläufige Inobhutnahme des Jugendamtes nach § 42 Abs. 5 SGB VIII) sind kurzfristig ohne gerichtliche Entscheidung möglich, müssen aber spätestens mit Ablauf des Tages, der dem Tag der Freiheitsentziehung folgt, beendet werden, sofern kein gerichtlicher Beschluss erwirkt wurde (Wabnitz 2009, 110).

Das heißt, dass bei einer Inobhutnahme der Rest des Tages zählt, an dem die Maßnahme begonnen hat, und dass die Inobhutnahme ohne richterlichen Beschluss nur bis spätestens 24 Uhr des Folgetages möglich ist.

Jugendamt und Familiengericht sind zur Zusammenarbeit verpflichtet, die Mitwirkung des Jugendamtes ist gesetzlich vorgeschrieben (§ 162 FamFG, § 50 SGB VIII).

Unterbringungen von Kindern und Jugendlichen aufgrund jugendamtlicher Maßnahmen nach dem Kinder- und Jugendhilfegesetz (§§ 42 SGB VIII) sind wie die familiengerichtlichen Maßnahmen nach dem BGB Maßnahmen zum Schutz von Kindern und Jugendlichen. In beiden Fällen orientiert sich die Eingriffsschwelle an Gefährdungen des Kindeswohls, die in der schon mehrfach erwähnten zentralen Vorschrift in § 1666 BGB definiert sind.

Bei der so genannten Vollzeitpflege (Unterbringung des Kindes bzw. Jugendlichen in einer Pflegefamilie) oder der Heimerziehung handelt es sich rechtssystematisch um Hilfen zur Erziehung.

Die Personensorgeberechtigten begehren in Fällen der Vollzeitpflege und der Heimerziehung vom Jugendamt eine Leistung. Das Jugendamt wird somit auf „Wunsch" – rechtlich auf Antrag – der Personensorgeberechtigten oder von Amts wegen nach § 8a Abs. 2 S. 2 SGB VIII tätig.

Grundsätzlich soll vor, während und auch nach einer Unterbringung des Kindes in einer Pflegefamilie oder in einem Heim den Eltern Hilfe und Unterstützung gewährt werden. Die Hilfen zur Erziehung umfassen auch die Gewährung pädagogischer und therapeutischer Leistungen (§§ 27 Abs. 3, 36, 37 SGB VIII).

Die Inobhutnahme (§ 42 SGB VIII) bildet als vorläufige Unterbringungsmaßnahme des Kindes bzw. Jugendlichen eine Ausnahme: Als Krisenintervertionsmaßnahme und damit als vorläufige Maßnahme zum Schutz von Kindern und Jugendlichen bedarf es keiner beratenden oder therapeutischen Vorarbeit mit den Personensorgeberechtigten.

Die Trennung von Kindern von ihrer Herkunftsfamilie erfolgt jedoch nicht immer aufgrund von erzieherischen oder betreuerischen Defizitsituationen, wie Vernachlässigungen, Misshandlungen oder sexuellem Missbrauch. Vielfach spielen bei einer Herausnahme des Kindes aus dem Elternhaus auch andere defizitäre Sozialisationsbedingungen und soziale Notlagen der Erwachsenen eine Rolle, wie der Ausfall eines Elternteils oder

II Fremdplatzierung

beider Eltern durch Krankheit, Tod, Unfall, Haft, Arbeitslosigkeit, Wohnungslosigkeit.

Die Fremdunterbringung (Fremdplatzierung) ist der Sammelbegriff für alle Maßnahmen, die eine Unterbringung in einer anderen Familie, bei einer anderen Person, in einem Kinderheim oder in einer ähnlichen Einrichtung zur Folge haben. Unterbringungen außerhalb des Elternhauses können zeitlich befristet oder auf Dauer erfolgen.

Gewalt gegen Kinder, wie sie sich in Vernachlässigungen, Gewalt in der Familie, körperlichen und psychischen Misshandlungen, sexuellem Missbrauch, sexueller Ausbeutung oder in psychischen Grausamkeiten niederschlägt, kann sich auf struktureller und damit auf gesellschaftlicher Ebene (Armut, Hunger, Krankheit, politische Verfolgung, Bürgerkrieg, Krieg, Terror usw.) und auf interpersonaler Ebene zeigen. Häufig liegt eine Wechselwirkung vor, sodass sich strukturelle und interpersonale Gewalt miteinander verknüpfen und dann eine Handlungs- und Gefahreneinheit darstellen. So ist beispielsweise seit langem bekannt, dass Not und Armut Gewalt und Vernachlässigung gegenüber Kindern begünstigen.

Auf allen kindeswohlschädigenden Ebenen sind Übergänge und Grenzen zwischen „noch nicht schädigend", „wahrscheinlichen" oder „sicheren" Schädigungen fließend. Dettenborn (2014, 54ff.) diskutiert in diesem Zusammenhang die „Bestvariante" zur Sicherstellung des Kindeswohls, die „Genug-Variante" und die „Gefährdungs-Variante". Erst die Gefährdungs-Variante steht für Maßnahmen zur Abwendung einer Kindeswohlgefährdung, wenn also die Kompetenzen des Kindes überfordert werden, vor allem die Kompetenzen, die zu einer ungenügenden Berücksichtigung seiner Bedürfnisse in seinen Lebensbedingungen führen, ohne dass das Kind in der Lage wäre, die negativen körperlichen und/oder psychische Folgen zu bewältigen (a.a.O., 57f).

Wenn eine dem Wohl des Kindes oder des Jugendlichen entsprechende Erziehung nicht mehr gewährleistet ist, haben die Personensorgeberechtigten (in der Regel beide sorgeberechtigten Eltern oder ein sorgeberechtigter Elternteil) bei der Erziehung einen Anspruch auf die für die Entwicklung des Kindes oder des Jugendlichen geeignete und notwendige Hilfe zur Erziehung nach dem Kinder- und Jugendhilferecht. Dabei ist der erzieherische Bedarf unter Einbeziehung des engeren sozialen Umfeldes des Kindes oder Jugendlichen zu beachten.

„Hilfe zur Erziehung" umfasst dabei auch die Gewährung pädagogischer und damit verbundener therapeutischer Leistungen (§ 27 SGB VIII). Aus dieser Vorschrift wird nochmals der Leistungsanspruch der Beteiligten (z.B. Eltern und Kind) und die Leistungsverpflichtung des Jugendamtes deutlich.

Das Jugendamt unterstützt das Familiengericht bei allen Maßnahmen, die die Sorge für die Person von Kindern und Jugendlichen betreffen. Weitergehende Eingriffsbefugnisse lassen sich aus § 50 SGB VIII nicht ableiten (NomosKommentar-BGB/Röchling 2014, § 50 Rdnr. 5). Vorläufige Maßnahmen, wie beispielsweise die Inobhutnahme nach § 42 SGB VIII, sind somit keine speziellen Eingriffsbefugnisse des Jugendamtes nach § 50 SGB VIII, sondern Notmaßnahmen zur Gefahrenabwehr nach § 8a SGB VIII.

Wird beispielsweise im Jugendamt ein Handlungsbedarf zur Abwendung einer Kindeswohlgefährdung für erforderlich gehalten (§ 8a SGB VIII), dann muss das Gericht angerufen werden (§ 8a Abs. 2 SGB VIII). Hierzu gehört regelmäßig das Feststellen einer Gefährdungslage nach § 8a SGB VIII und letztlich auch die Klärung der Frage, ob die Eltern gewillt oder in der Lage sind, die Gefährdung abzuwenden. Hierzu gehören z.B. öffentliche Hilfen, wie Leistungen und Angebote der Jugendhilfe.

Kann dagegen die Gefährdung ohne Eingriff in das elterliche Sorgerecht abgewendet werden, bedarf es keiner Anrufung des Gerichts.

Sind ambulante Hilfen ergebnislos versucht worden oder reichen sie nicht aus, wie zum Beispiel eine Erziehungsberatung, eine soziale Gruppenarbeit, Hilfen durch einen Erziehungsbeistand, Betreuungshelfer oder eine sozialpädagogische Familienhilfe, kommen teilstationäre oder stationäre Hilfen in einer Tagesgruppe, die Vollzeitpflege in einer anderen Familie oder die Heimerziehung oder ein sonstiges betreutes Wohnen in Betracht.

Maßnahmen nach §§ 1666, 1666a BGB sind in angemessenen Zeitabständen vom Familiengericht zu überprüfen (§ 166 Abs. 2 FamFG) und immer dann aufzuheben, wenn eine Gefahr für das Wohl des Kindes nicht mehr besteht oder die Erforderlichkeit der Maßnahme entfallen ist (§ 1696 Abs. 2 BGB).

Aus psychologisch- und sozialpädagogisch-diagnostischer Sicht ist bei der Herausnahme des Kindes aus dem Elternhaus ebenso zu prüfen, ob tatsächlich eine Gefährdung und/oder eine Schädigung des Kindes vorliegt und keine anderen ambulanten Maßnahmen (Maßnahmen der öffentlichen Hilfe) mehr greifen.

Hier kann im Ergebnis u.U.

— fälschlicherweise davon ausgegangen werden, dass eine solche Gefährdung vorliegt (falsch positive Schlussfolgerung). Beispiel: Der schwer

II Fremdplatzierung

am Halswirbel verletzte Säugling ist laut rechtsmedizinischen Befund nicht geschüttelt worden, sondern tatsächlich gestürzt.
- fälschlicherweise das Vorliegen einer Gefährdung verneint werden (falsch negative Bewertung: Der Säugling ist geschüttelt worden, nicht aber gestürzt, wie behauptet worden ist).

Wird nun das Vorliegen einer Gefährdung bejaht, ist zu prüfen, ob ein aktives Handeln oder ein Unterlassen der betreffenden Person vorliegt.

Auch hier kann das Vorliegen einer Gefährdung durch fehlerhafte Kausalbezüge

- fälschlicherweise bejaht werden (das Kind ist zwar sexuellen Übergriffen ausgesetzt gewesen, aber nicht von der in Verdacht geratenen Person) oder
- fälschlicherweise verneint werden.

Muss die Gefährdung bejaht werden, dann muss geprüft werden, ob die betreffende Person fähig, willens und bereit ist, die Kindeswohlgefährdung abzustellen.

Auch diesmal kann es dann im Rahmen der Urteilsbildung wiederum

- zu falschen Bejahungen oder
- falschen Verneinungen kommen (Dettenborn 2003, 295; 2012, 447-452).

Gerade durch Fehleinschätzungen (falsche Bejahungen oder falsche Verneinungen von Risikolagen des Kindes) der Instanzen sozialer Kontrolle und Betreuung (z.B. Jugendamt, Familiengericht, Gutachter, Verfahrensbeistand, Kindernotdienst, Kindertagesstätte, Schule, medizinischer Dienst, Polizei) kann es zu *sekundären* Kindeswohlgefährdungen (manche sprechen auch missverständlich von sekundären Traumatisierungen durch das Helfersystem) kommen. Deren Risikofolgen liegen zunächst ausschließlich bei den Kindern und der sie betreuenden Erwachsenen, nicht aber auf Seiten fachlich falsch, nämlich zu zögerlich oder zu nachdrücklich, handelnder Professioneller (Dettenborn 2003, 298f.).

Um Fehlerquellen dieser Art einzudämmen und die Auftretenswahrscheinlichkeit von unentdeckten oder falsch angenommenen Kindeswohlgefährdungen zu reduzieren, bedarf es in Fällen des § 1666 BGB einer Neuorientierung und umfassenden Umgestaltung des gesamten Kinder- und Jugendschutzes auf der Grundlage einer gesetzlich vorgeschriebenen koordinierten Kooperation im Netzwerk, um Fälle wie den folgenden zu vermeiden

(Tsokos/Guddat 2014; Stern vom 30.1.2014, 71-75, mit einem aktuellen Interview von Tsokos/Guddat).

„Das Zimmer der Angst. In einer Nacht zu Dienstag war sie auf einmal tot. Der Körper des Kindes war voller Hämatome. Einen Ort hatten Zoe und ihre Geschwister immer ganz besonders gefürchtet – das Bad. Jetzt stehen ihre Eltern vor Gericht: Mordanklage" (Der Tagesspiegel 28.3.2014, Nr. 22.000, S. 3: „Fall Zoe: Anklage fordert lebenslänglich. Staatsanwältin will ein erneutes Verfahren gegen die Sozialarbeiter").

Was war geschehen? Am 31. Januar 2012 starb das 33 Monate alte Mädchen gegen vier Uhr morgens. Feuerwehr und Notärzte, die in die Wohnung eilten, konnten nichts mehr tun. Sie sehen ein von Hämatomen übersäten Körper und einen Bauch des Mädchens der an unternährte Kinder erinnerte. Die Obduktion erbrachte Einblutungen am Rücken, eine massive Entzündung des Bauchraumes, bedingt durch einen Dünndarmdurchbruch, der durch stumpfe Gewalt hervorgerufen sei. Zwei Familienhelferinnen hatten sich um die Mutter und die insgesamt drei Kinder gekümmert. Die Mutter und ihr Lebensgefährte hätten stets einen liebevollen und zugewandten Umgang mit den Kindern gepflegt, berichteten die Familienhelferinnen. Mittlerweile ist gegen den Lebenspartner der Mutter Anklage wegen Mordes und gegen die Mutter Anklage wegen Totschlags durch Unterlassen erhoben worden.

Der Tagesspiegel 8.7.2014, Nr. 22.097, S. 17; Der Tagesspiegel 12.7.2014, Nr. 22.101, S. 18: „Das Gericht verurteilte nach einem fünf Monate langen und zähen Indizienprozess beide Angeklagten zu hohen Haftstrafen. Matthieu K., der Lebensgefährte von Melanie S., wurde zu zwölf Jahren verurteilt, die Mutter zu acht Jahren. Die Staatsanwaltschaft hatte für beide lebenslänglich gefordert ... Das Verfahren gegen die Familienhelferinnen wurde eingestellt, doch wie berichtet wird die Staatsanwaltschaft es wieder aufnehmen ... Insgesamt haben vier Sozialarbeiter die Familie intensiv betreut, alle sagten vor Gericht aus, mit den Kindern sei `liebevoll` umgegangen worden. 40 Hämatome fanden die Gerichtsmediziner an Zoes Körper, weitere 15 an ihrem Bruder."

Grundsätzlich ist in derartigen Fällen von der Staatsanwaltschaft zu prüfen, ob das Jugendamt im Rahmen der Garantenpflicht seine Fürsorgepflicht verletzt hat.

Die Sicherstellung des Schutzauftrages bleibt auch nach der Einführung des § 8a SGB VIII eine der brisantesten, schwierigsten und verantwortungsvollsten Aufgaben für die öffentliche und freie Kinder- und Jugendhilfe. Problematisch ist nach wie vor, dass inhaltliche Kriterien wie z.B. „gewich-

II Fremdplatzierung

tige Anhaltspunkte", „insoweit erfahrene Fachkraft" oder das „Verfahren zur Risikoabschätzung" nicht vom Gesetzgeber konkretisiert worden sind und somit erst mit Hilfe der Rechtsprechung und im Rahmen von Praxiserfahrungen Definitionen für ein Kindeswohl angemessenes Vorgehen entwickelt werden müssen.

14.4.1 Garantenstellung

Angesprochen ist bei derartigen Falllagen die Garantenstellung des Jugendamtes und bestimmter Kinderschutzeinrichtungen, wie beispielsweise die der Jugendhilfe.

Der typische Vorwurf, wenn Kinder, meist aus Problemfällen, trotz eines Betreuungszusammenhangs mit der öffentlichen Jugendhilfe zu Schaden kommen, geht dahin, dass die der Jugendhilfe verpflichteten Instanzen sozialer Kontrolle – also das Jugendamt selbst oder unter Aufsicht des mit dem Jugendamt kooperierenden freien Trägers als Beauftragte – nichts oder zu wenig unternommen haben, einen strafrechtlich relevanten Schaden vom Kind abzuwenden.

Dabei geht es der Sache nach bei diesem Vorwurf um einen Unterlassungsvorwurf – Begehen durch Unterlassen nach § 13 StGB –, also Handlungen und Maßnahmen unterlassen zu haben, die beispielsweise den nach §§ 212, 211, 222 oder 176, 225 StGB vorausgesetzten tatbestandsmäßigen Erfolg (Tod oder schwerer Schaden des mit betreuten Kindes) verhindert hätten.

Strafbar ist ein solches unterlassende Verhalten beim unechten Unterlassungsdelikts nur (echte Unterlassungsdelikte sind im Gesetz ausdrücklich geregelte Delikte, wie „Unterlassene Hilfeleistung" nach § 323c oder „Nichtanzeige geplanter Straftaten" nach § 138 StGB), wenn es den in § 13 Abs. 1 StGB normierten Strafbarkeitsvoraussetzungen des unechten Unterlassungsdelikts entspricht: „Wer es unterläßt, einen Erfolg abzuwenden, der zum Tatbestand eines Strafgesetzes gehört, ist nach diesem Gesetz nur dann strafbar, wenn er rechtlich dafür einzustehen hat, daß der Erfolg nicht eintritt, und wenn das Unterlassen der Verwirklichung des gesetzlichen Tatbestandes durch ein Tun entspricht."

Für eine etwaige Strafbarkeit wegen Unterlassens kommt es somit darauf an, ob aus dem qua amtlicher Aufgabenerfüllung entstandenen Arbeitszusammenhang mit Kindern aus Problemfamilien Umstände resultieren, nach denen diejenigen rechtlich dafür einzustehen haben, also Garant sind, dass der Tod, die Körperverletzung, der sexuelle Missbrauch oder ein sonstiger tatbestandsmäßiger Erfolg bei Beachtung fachlich gebotener Sorgfaltspflichten nicht eingetreten wäre. Anders ausgedrückt: Durch die Nichtvornahme einer gebotenen Handlung kann der Tatbestand eines Begehungsdelikts verwirklicht werden. Dann und nur dann ist der den Kinderschutz wahrnehmende Betreuer Garant für das Leben und die körperliche Unversehrtheit des betroffenen Kindes oder Jugendlichen. D.h., wenn er also Handlungen und Maßnahmen unterlässt, die den Schaden hätten verhindern können.

Zur Debatte steht demnach eine Nichtvornahme rechtlich gebotener Handlungen, die dem Unterlassenden allerdings auch tatsächlich möglich und zumutbar sein müssen.

Ferner muss diese Unterlassung objektiv vorwerfbar sein. Es muss also feststellbar sein, dass die unterbliebene rechtlich gebotene Handlung den tatbestandlichen Erfolg verhindert hätte. Der Sorgfaltsmaßstab als Beurteilungsmaßstab für Sorgfaltsanforderungen dieser Art entscheidet darüber, ob z.B. die Nichthinderung eines Erfolgseintritts im Merkmalsgefüge des unechten Unterlassungsdelikts als sorgfaltswidriges Verhalten des Garanten zu qualifizieren ist. Ein von der Rechtsprechung entwickelter Durchschnittsmaßstab auferlegt dem Garanten, dasjenige an Sorgfalt aufzuwenden, wozu ein „einsichtiger und verständiger Mensch in der Lage des Täters" imstande ist. Sorgfaltsmaßstab im Sinne generalisierbarer Durchschnittsmaßstab „standardisierter Sonderfähigkeiten" und Fachlichkeit auferlegen Personen mit Sonderwissen und Sonderfähigkeiten, z.B. entsprechende Mitarbeiter in Jugendämtern, ihre besonderen Kenntnisse und Fähigkeiten zur Vermeidung von Rechtsgutverletzungen fachgerecht und fallbezogen einzusetzen, wobei die bundesweit thematisierten „Fachlichen Standards", „Qualitätsstandards" oder andere Kriterien von „Fachlichkeit" das Anforderungsprofil „der standardisierten Sonderfähigkeiten" des strafrechtlich gebotenen Rechtsgüterschutzes schärfen und präzisieren.

Mittlerweile liegen mehr als 200 verfügbare Arbeitshilfen und Empfehlungen zum Umgang mit § 8a SGB VIII vor, die auch bei der Überprüfung der Garantenhaftung von Bedeutung sind. Büttner/Wiesner (2008, 292-297, 293) sprechen von einem breiten Spektrum von bekannt gewordenen Checklisten, Einstellungen zu diesen Checklisten, Dienstanweisungen etc.

Welche situativen rechtstatsächlichen Umstände im Einzelfall entstehen müssen, um eine Garantenstellung zu erzeugen, ist aus § 13 Abs. 1 StGB nicht zu erschließen. Als Faustregel kann gelten: Es müssen sich im Einzelfall tatsächliche Umstände ergeben, die eine Garantenstellung bewirken,

II Fremdplatzierung

sodass sich schließlich die zunächst „rein" sittlichen Pflichten zu Garantenpflichten verdichten.

Das ist der Fall, wenn die Verpflichtung zu erfolgsabwendendem Verhalten ausdrücklich

- in Rechtssätzen, also in Gesetzen normiert ist; vordringlich in den Strafvorschriften,
- durch die Rechtsprechung thematisiert und festgelegt wurde,
- aus Rechtssätzen hergeleitet oder allgemeinen Rechtsprinzipien entnommen werden kann (Bringewat 1997; Meysen 2003; Trenczek/Tammen/Behlert 2011, 570ff.).

Das strafrechtliche Risiko einer Verurteilung wegen pflichtwidrigen Unterlassens einer gebotenen Handlung lässt sich in der Kinder- und Jugendhilfe ebenso wenig ausschalten wie in der ärztlichen, psychotherapeutischen oder polizeilichen Tätigkeit. Es kann aber durch Verbesserung der fachlichen Kompetenzen, durch Supervision, Erarbeitung und Einhaltung von fachlichen Standards, Anwendung von Kategorialsystemen sowie durch organisatorische Maßnahmen minimiert werden.

14.4.2 Psychische Erkrankung der Eltern

Psychische Erkrankungen der Eltern stellen einen Risikofaktor in der Entwicklung des Kindes dar, die die Wahrscheinlichkeit des Auftretens einer Störung erhöht, wobei zwischen kindbezogenen (z.B. schwieriges Temperament) und umweltbezogenen (z.B. psychische Erkrankung eines Elternteils oder der Eltern) Risikofaktoren unterschieden werden kann (Becker/Laucht 2013, 391; Salgo/Zenz/Fegert et al. 2014, Rdnr. 944-947).

So können psychische Erkrankungen der Eltern deren Erziehungsfähigkeit erheblich einschränken, wenn elementare Bedürfnisse des Kindes nach Nahrung, Kleidung, Schutz, Zuwendung, Versorgung, Anregung unerfüllt bleiben. An Krankheitsbildern zählen hierzu vor allem Depressionen, postpartale Depression der Mutter, Angsterkrankungen, Panikzustände, Psychosen und Persönlichkeitsstörungen. Fegert (2002, 194f.) nennt als häufige psychische Störungen, die Einfluss auf die Entwicklung des Kindes haben: Depressionen und Angsterkrankungen der Mütter, Schizophrenien und Persönlichkeitsstörungen.

Vor allem postpartale Depressionen von (gehäuft auftretend bei alleinerziehenden) Müttern, die in 10 bis 15% dieser Fälle über mehrere Wochen oder Monate persistieren können (Becker/Laucht 2013, 393) oder körperliche und psychische Grenzüberschreitungen der Eltern oder die Einbeziehung der Kinder in ein Wahnsystem und dadurch entstehende Überforderungen führen oft dazu, dass auch bei den Kindern psychopathologische Auffälligkeiten auftreten.

Nach wie vor gibt es kaum zuverlässige (belastbare) Daten zur Häufigkeit psychischer Erkrankungen (Prävalenz) der Eltern.

Psychisch kranke Personen haben genauso häufig Kinder wie Gesunde, sodass Binder/Bürger (2014, 5f.) unter Berufung anderer Quellen (u.a. Lenz 2012) davon ausgehen, dass etwa drei Millionen Kinder im Verlauf eines Jahres einen Elternteil mit einer psychischen Störung erleben und ca. 250.000 Kinder bei Eltern leben und wohnen, die psychisch erkrankt sind (Binder/Bürger 2014, 5; Castellanos/Hertkorn 2014, 88).

Knapp ein Drittel aller teilweisen oder vollständigen Sorgerechtsentzüge in Deutschland haben als Hintergrund eine psychische Erkrankung zumindest eines Elternteils (Häfele 2003, 307).

Wiedemann (2013, 6) nennt ca. 25% der Sorgerechtsverfahren und dass bei 1.500 bis 1.800 teilweisen oder vollständigen Sorgerechtsentzügen psychische Störungen eines Elternteils oder beider Eltern beteiligt sind.

Anderen Schätzungen zufolge wachsen in Deutschland etwa 200.000 bis 500.000 Kinder und Jugendliche mit zumindest einem psychisch kranken Elternteil auf (Häfele 2003, 307; Wiedemann 2013, 6, beruft sich auf Mattejat der davon ausgeht, dass ca. 500.000 Kinder schizophrener und depressiver Eltern in Deutschland leben).

Untersuchungen erbrachten, dass 16,5 bis 18% Patienten in der psychiatrisch-stationären Behandlung Kinder zu versorgen haben (Häfele 2003, 308). Oft zeigen die Kinder selbst psychische Störungen, die behandelt werden müssen.

Dennoch liegt kein Automatismus vor: Nicht jeder psychisch kranke Mensch ist erziehungsunfähig. Eltern, die beispielsweise an einer Schizophrenie leiden, können sich vor allem bei einer sicheren und wirksamen Medikation durchaus sehr liebevoll um ihre Kinder kümmern.

Gemessen an der Vielzahl der betroffenen Kinder und Jugendlichen ist es bemerkenswert, dass sich die klinisch-psychologische und kinder- und jugendpsychiatrische Fachwelt mit dieser Thematik – Elternschaft der Personen mit psychischen Störungen (Lenz 2005, 34) – kaum beschäftigte. Die Bedürfnisse und Schwierigkeiten der Kinder in diesen Familien wurden offenbar vernachlässigt, obwohl sich der „Deutsche Kinderschutzbund" seit Jahrzehnten um den Kinderschutz bemüht (Deutscher Kinderschutzbund:

II Fremdplatzierung

Stellungnahme des Deutschen Kinderschutzbundes – Bundesverband e.V. vom 14.11.2012), Konzepte zur Unterstützung der Kinder dieser Eltern entwickelte und wiederholt neuere Forschungsergebnisse zu dem Thema Kindesmisshandlung oder Gewalt in der Familie publizierte.

Lenz (2008; 2012), ein Vorreiter des Kinderschutzes und der Hilfe von Kindern in Familien mit psychisch kranken Eltern, geht davon aus, dass der regelmäßig auftretende Stress für Kinder psychisch kranker Eltern durch Rollenumkehr (Parentifizierung) bei alltäglichen Anforderungen, Konflikten und Spannungen einen Prozesscharakter hat, der sich aus dem kritischen Lebensereignis – psychische Erkrankung eines Elternteils oder der Eltern – ergibt.

Die von ihm auf den Stress der Kinder abgestellten Bewältigungsprozesse folgen einem systemischen Ansatz, der Ressourcen, Resilienzen und Schutzfaktoren in den Mittelpunkt rückt, wobei die Stressbewältigung nicht als individuumsorientierter, sondern als systemisch-familiärer Prozess angesehen wird.

Damit mündet die Diagnostik zwangsläufig in den Prozess der Intervention ein, die nicht sogleich eine Herausnahme des Kindes aus dem Elternhaus beinhaltet, sondern Begleitung und Unterstützung des Kindes und seiner Eltern im Familienverband.

Aus klinisch-psychologischer Sicht ist evident, dass psychische Erkrankungen in der Elterngeneration mit einem deutlich erhöhten Risiko verbunden sind, dass die Kinder später einmal auch psychische oder Verhaltensprobleme bekommen.

Nicht eindeutig geklärt ist jedoch, ob hier bei den Kindern genetische Komponenten ausschlaggebend sind und/oder die ungenügende Feinfühligkeit, die mangelnde Fähigkeit, akzeptable Grenzen zu setzen, die unzulängliche Empathie des betreffenden psychisch erkrankten Elternteils dem Kind gegenüber (Fegert 2002, 195).

Dieses unterversorgende Verhalten kann dazu führen, dass elementare Bedürfnisse des Kindes nach emotionaler Zuwendung, (materieller) Versorgung und kognitiver Anregung nicht erfüllt werden. Bei sehr jungen Kindern kann es durch körperliche Angriffe, Grenzüberschreitungen, Einbeziehung in die Konflikte der Eltern und in deren eigenes Wahnsystem, Überforderung durch Haushaltspflichten und Versorgung jüngerer Geschwister zu existentiellen Bedrohungen kommen.

Fast immer ist eine langwierige psychische Erkrankung mit einem sozialen Abstieg und finanziellen Problemen verbunden, die wiederum zu wiederholten Trennungen und Unterbringungen der Kinder führen.

14 Unzureichende Versorgung des Kindes

Nachgewiesen ist für Psychosen aus dem schizophrenen Formenkreis und für manisch-depressive Erkrankungen eine genetische Belastung. Sie liegt bei der Schizophrenie, wenn ein Elternteil erkrankt ist, bei einem zehnfach, wenn beide Eltern krank sind, bei einem vierzigfach höheren Risiko, selbst zu erkranken. Bei der manisch-depressiven Erkrankung liegen die Zahlen noch höher (Häfele 2003, 309f.).

Insgesamt konstatieren Wüthrich/Mattejat/Remschmidt (1997, 141), dass Kinder depressiver Eltern ein vielfach erhöhtes Risiko aufweisen, im Verlauf ihrer Entwicklung selbst depressiv zu erkranken und andere psychiatrische Störungen zu entwickeln. Dennoch haben Kinder psychisch kranker Eltern immer dann zufrieden stellende Entwicklungschancen, wenn Eltern, Angehörige und Fachleute lernen, in angemessener Weise mit der Erkrankung umzugehen, und sich die Patienten und die Kinder auf tragfähige Beziehungen stützen können (Wüthrich/Mattejat/Remschmidt 1997, 141; Mattejat/Lisofsky 2013).

Die High-Risk-Forschung zeigt jedoch seit Jahrzehnten auf (Bohus 1998, Sollberger 2000, 26ff.), dass bei Kindern psychotischer Eltern zwar gehäuft psychopathologische Auffälligkeiten festzustellen sind, und zwar im kognitiven wie auch im emotionalen Bereich, insgesamt aber kein generelles Hindernis für eine dennoch angemessene Entwicklung des Kindes vorliegt.

Psychisch erkrankte Eltern beziehen ihre Kinder gelegentlich in ihr Wahnsystem ein (Klosinski 2003, 75). So ergeht z.B. die Aufforderung, außerhalb des Haushaltes nichts zu essen und zu trinken, weil alles vergiftet sei. Oder es werden gemeinsame Anstrengungen unternommen, durch umfangreiche „Schutzmaßnahmen" feindselige Einflüsse der Außenwelt fernzuhalten. Scham-, Verantwortungs- und Loyalitätsgefühle verhindern, dass sich Kinder psychisch kranker Eltern Außenstehenden anvertrauen.

Ein Eingriff in das Sorgerecht ist in der Regel nicht zu vermeiden, wenn

- keine Krankheitseinsicht vorliegt und alle Behandlungsvorschläge abgelehnt werden,
- eine Behandlung ohne ärztliche Konsultation abgebrochen wird,
- es zu häufigen Krankheitsschüben kommt,
- Suizidalität vorliegt,
- schwere Interaktionsstörungen vorliegen, die vom anderen Elternteil nicht ausgeglichen werden können,
- die Jugendhilfe oder andere Hilfen nicht angenommen werden,
- eine abnorm verzerrte, dem Kind angsteinflößende Wahrnehmung vorliegt,

- es zu Misshandlungen und/oder Vernachlässigungen kommt,
- eine deutliche Entwicklungsverzögerung des Kindes vorliegt (Häfele 2003, 311).

Salzgeber (2011, Rdnr. 1453ff.) zählt beispielsweise zu den häufig die Erziehungsfähigkeit der Eltern einschränkenden psychischen Erkrankungen und Störungen und dann u.U. das Wohl des Kindes gefährdenden Zuständen

- die Psychosen und affektiven Psychosen (wobei hier Antrieb, Affektqualität, interpersonales Kontaktverhalten, formales und inhaltliches Denken, Erinnerungsfunktionen, also mnestische Funktionen (Gedächtnis und Erinnerung – Fachbegriff: mnestische Funktionen, vom griechischen: mneme = Gedächtnis – ermöglichen uns Erfahrenes zu behalten und wieder zu vergegenwärtigen), Kritikfähigkeit, Verantwortung sowie die Frage der Suizidalität zur Debatte stehen können),
- Borderline-Störungen (z.B. instabile, aber passager intensive zwischenmenschliche Beziehungen, die durch Idealisierungen und oft jahrelange Abwertungen gekennzeichnet sind. Impulsivität, affektive Instabilität, übermäßige Aggressionen und Schwierigkeiten, die Wut zu kontrollieren, Prügeleien, Suiziddrohungen, ausgeprägte Identitätsstörungen, chronisches Gefühl der Leere; Bemühen, ein Alleinsein zu verhindern),
- das Münchhausen-Syndrom (pathologisches Lügen, erfundene Geschichten, die auf dramatischer Weise glaubhaft dargestellt werden, häufig tritt selbstschädigendes Verhalten auf),
- Münchhausen-by-Proxy-Syndrom (Eltern täuschen bei Kindern Krankheitssymptome vor, manipulieren und schädigen und verletzen schlimmstenfalls das Kind selbst, um Behandlungen, auch Operationen, in die Wege zu leiten),
- Messie-Syndrom,
- Schädel-Hirn-Traumen (die zu schweren psychischen Veränderungen führen, wie z.B. kindliches, hyperaktives, ungerichtetes, planloses Handeln bei Einschränkung der Impulskontrolle etc.),
- cerebrale Anfallsleiden (Epilepsien) (die vor allem bei der Betreuung von Säuglingen und Kleinkindern zu gefährlichen Situationen führen können),
- Anpassungsstörungen (gänzlich fehlende Einfühlung in die Belange eines anderen Menschen, hier speziell des Kindes, beispielsweise im Trennungsfall),

- Persönlichkeitsstörungen (Affektivität, Antrieb, Impulskontrolle, Wahrnehmung, Denken und die Beziehungen zu anderen sind anhaltend gestört),
- Drogen- und Alkoholabhängigkeit (Abhängigkeit immer dann, wenn ein nicht mehr bzw. nur schwer kontrollierbarer Drang besteht, einen bestimmten Suchtstoff erneut dem Körper zuzuführen, um körperlichem und psychischem Missbehagen entgegenzusteuern).

Castellanos/Hertkorn (2014, Rdnr. 334) beziehen sich bei den die Erziehungsfähigkeit einschränkenden Störungen und Auswirkungen auf einige Hauptgruppen psychischer Störungen, die von der WHO definiert sind. Hierzu zählen u.a. ebenso organische Erkrankungen, wie Demenz oder unfallbedingte Schädigungen des Gehirns, Intelligenzminderungen, pathologisches Glücksspiel, Kleptomanie und Störungen der Sexualpräferenz wie Pädophilie sowie Sucht und Abhängigkeit.

Die Autorinnen (2014, Rdnr. 412ff.) erwähnen neben den üblichen psychotherapeutischen Interventionen und medikamentösen Behandlungen das Programm „STEEP" (Steps Towaed Effective, Enjoyable Parenting), „EPB" (Entwicklungspsychologische Beratung von Eltern mit Säuglingen und Kleinkindern), „SAFE" (Sichere Ausbildung für Eltern), KIPKEL (Programm für Kinder psychisch Kranker).

14.4.3 Suchterkrankung der Eltern

Alkoholabhängigkeit und -missbrauch haben meist schwere Erkrankungen zur Folge. Das Vorkommen ist nicht nur im Einzelfall sehr schwer zu bestimmen. Die Schätzzahlen variieren sehr stark (Frank 1993, 112, nennt 1,8 Millionen behandlungsbedürftige Alkoholiker; Berzewski 2003, 312, spricht von 9,1 Millionen Menschen, die ein behandlungs- oder beratungsbedürftiges Alkoholproblem haben; Salzgeber 2011, Rdnr. 1579, führt 1,6 Millionen mit aktueller Alkoholabhängigkeit an; nach Salzgeber umfasst der beratungs- und behandlungsbedürftiger Personenkreis insgesamt 10,7 Millionen; a.a.O. Rdnr. 1579).

In Deutschland sollen 2,5 Millionen Kinder und Jugendliche in Familien leben, in denen wenigstens ein Elternteil alkoholabhängig ist. Darüber hinaus sollen 40.000 Kinder und Jugendliche in Familien leben, in denen mindestens ein Elternteil drogenabhängig ist (Castellanos/Hertkorn 2014, Rdnr. 425).

II Fremdplatzierung

In der Zeitschrift für Kindschaftsrecht und Jugendhilfe (ZKJ 2014, Heft 3, 87) werden von einem Sprecher für Drogen- und Suchtpolitik 2,6 Millionen Kinder genannt, die in „Suchtfamilien" aufwachsen.

Kindern und Familien Alkoholkranker wird in der Forschung zunehmend Aufmerksamkeit geschenkt (Zobel 2006, 2008), da mittlerweile bekannt ist, dass Kinder alkoholkranker Mütter ein hohes Risiko haben, ein Fetales Alkoholsyndrom (FAS – Landgraf/Heinen 2013; Salgo/Zenz/Fegert et al. 2014, Rdnr. 948–951) zu entwickeln (vgl. auch Czerner 2010, 222, der den Schutz des ungeborenen Kindes vor der eigenen, Suchtmittel konsumierenden Mutter thematisiert).

Bei alkoholabhängigen Eltern entstehen nach der Geburt des Kindes – auch ohne Alkoholbelastung bereits während der Schwangerschaft der Mutter – beim Kind sehr häufig schwere Verhaltensstörungen und Risiken, später selbst in eine Abhängigkeitsproblematik zu geraten (Berzewski 2003, 312).

Der Kenntnisstand über die Prävalenz und Inzidenz des FAS-Syndroms ist derzeit noch unbefriedigend. In Deutschland sollen es gut 40.000 Kinder mit FAS sein; das entspricht einer Prävalenz von 3 zu 1000 Kindern. Jährlich werden demnach in Deutschland ca. 2.050 Kinder mit einem FAS geboren (Feldmann 2014).

Zu den Merkmalen eines Vollbildes des Fetalen Alkoholsyndroms (FAS) gehören erhebliche emotionale Auffälligkeiten und Verhaltensstörungen der betreffenden Kinder.

Das FAS entspricht dem hirnorganischen Psychosyndrom. Es hat Funktions- und Alltagsbeeinträchtigungen zur Folge, die jedoch durch frühe Förderung beeinflussbar sind. Umso wichtiger ist eine frühzeitige Diagnose (Landgraf/Heinen 2013, 11). In Deutschland sollen mittlerweile mehr als 16% der schwangeren Mütter während der Schwangerschaft Alkohol konsumieren (Landgraf/Heinen 2013, 26, mit weiteren Nachweisen, z.B. Studie zur Gesundheit von Kindern und Jugendlichen in Deutschland – kurz gefasst KIGGS-Studie des Robert-Koch-Instituts).

Auch Kinder alkoholkranker Väter stellen eine Risikogruppe für den frühzeitigen Beginn psychischer Störungen dar, die sich vor allem im Bereich der sozial-emotionalen Entwicklung zeigen (Furtado/Laucht/Schmidt 2002, 248) und deshalb auch in Präventions- und Frühinterventionsprogrammen Beachtung finden müssen. Oft sind sie Vernachlässigung, Misshandlungen oder sexuellem Missbrauch ausgesetzt.

In der Familie herrschen häufig unausgesprochene Regeln (Bertling 1993, 60):

- Das Wichtigste im Familienleben ist der Alkohol.
- Der Alkohol ist nicht die Ursache von Konflikten und Problemen.
- Der abhängige Elternteil ist nicht für seine Abhängigkeit verantwortlich, sondern schuld sind die Umstände oder andere.
- Der bisherige Status muss aufrechterhalten werden.
- Jeder in der Familie ist ein Zuhelfer (enabler: Problem des Co-Alkoholismus).
- Niemand darf darüber reden, was wirklich in der Familie geschieht.
- Niemand darf sagen, wie er sich wirklich fühlt.

Eine Diagnose der Alkoholabhängigkeit sollte nach der Internationalen Klassifikation psychischer Störungen (ICD-10) – am besten im Kontext medizinischer Befunde – nur gestellt werden, wenn folgende Kriterien erfüllt sind:

1. starker Wunsch oder eine Art Zwang, Alkohol zu konsumieren
2. verminderte Kontrollfähigkeit bezüglich des Beginns, der Beendigung und der Menge des Konsums
3. körperliche Entzugssymptome, wie Unwohlsein, Unruhe, Nervosität
4. Dosiserhöhung (Vermehrung der Trinkmenge vor allem in Konflikt- und Krisensituationen)
5. fortschreitende Vernachlässigung von Interessen zugunsten des Konsums von Alkohol
6. anhaltender Alkoholkonsum trotz des Nachweises eindeutiger schädlicher Folgen, wie z.B. Leber-, Magen-, Bauchspeicheldrüsen- oder Herz-Kreislaufschädigungen etc.

Alkoholabhängigkeit und -sucht stellen somit einen über viele Jahre gehenden prozesshaften Verlauf dar, der beim Alkoholabhängigen einen solchen Grad erreicht hat, dass deutliche Störungen oder Konflikte in der körperlichen und geistigen Gesundheit und in den zwischenmenschlichen Beziehungen auftreten (z.B. schwerwiegende Probleme in Ehe und Partnerschaft, Arbeitslosigkeit, vermehrte Krankheiten aller Art, Unfälle etc.).

Die Folgen einer Alkoholabhängigkeit mit Krankheitswert nur eines Mitglieds in der Familie erfassen alle anderen Erwachsenen und Kinder gleichermaßen und führen bei ihnen häufig zu schweren psychischen Beeinträchtigungen und Abhängigkeiten anderer Art (aus dieser Dynamik entwickelte sich der Begriff des sog. Co-Alkoholikers).

II Fremdplatzierung

Alkoholkranke Eltern bzw. ein alkoholkranker Elternteil belasten ihre Kinder in einem besonders starken Maße. Besonders gefährdet sind Säuglinge und Kleinkinder, die sich selbst nicht allein versorgen können (Salzgeber 2011, Rdnr. 1655f.).

Es sind insbesondere vier Faktoren, von denen Kinder oft schon lange vor einer Trennung von den Eltern beeinträchtigt werden (Spangenberg 1998, 28):

1. die gefühlsmäßig außerordentlich ambivalente und schwankende Persönlichkeit des erkrankten Erwachsenen,
2. die reduzierte Außenwahrnehmung des erkrankten Elternteils,
3. die Co-Abhängigkeit des anderen Elternteils,
4. der Mangel an einem Lebensplan und sinnvollen Lebensmodell.

Hinzuzufügen sind die sehr häufig anzutreffende Mangelversorgung und der fehlende Schutz des Kindes.

Als wesentliche Folgen für die Persönlichkeitsentwicklung der Kinder werden in der Literatur folgende Störungen berichtet (Pflüger 1998, 7):

1. Das durch die gefühlsmäßigen Wechselbäder der trinkenden Eltern bzw. eines trinkenden Elternteils verunsicherte Kind wird in der Fähigkeit behindert, sich sicher zu orientieren.
2. Die Emotionalität des Kindes verkümmert.
3. Das Kind verliert an Selbstachtung, Beziehungs-, Bindungs- sowie Kontakt- und Vertrauensfähigkeit.
4. Das Kind erleidet einen Verlust an Sozialität.
5. Das Familienklima erzeugt Ängste und meist auch schwere Loyalitätskonflikte.
6. Die Kinder haben häufig in der Pubertät Schwierigkeiten mit ihrer eigenen Geschlechtsrolle, fühlen sich isoliert, suchen Anerkennung, geben sich die Schuld und urteilen zu hart über sich selbst.
7. Besonders häufig fühlen sich die Kinder der familiären Notsituation verpflichtet, leiden bei einer Herausnahme aus dem Elternhaus aus Verantwortung unter besonders starkem Heimweh und verbieten sich eine Ablösung (Abnabelung) von den dringend hilfsbedürftigen Eltern oder dem Elternteil.

Die gutachtliche Klärung eines eventuell kindeswohlgefährdenden Alkohol- oder Drogenmissbrauch lässt sich nicht immer herbeiführen.

Die obergerichtliche Rechtsprechung geht davon aus, dass in einem Verfahren wegen elterlicher Sorge gegen die Beweisanordnung, nach der ein beteiligter Elternteil durch einen Arzt zu untersuchen ist und als Beteiligter an der Untersuchung mitzuwirken hat, die sofortige Beschwerde in entsprechender Anwendung der § 567, 572 ZPO statthaft ist und dass es für die Anordnung einer ärztlichen Untersuchung auf Alkoholkonsum (Laboruntersuchung, z.B. Blutuntersuchung – Carbohydrat-defizientes Transferrin – CDT – und Haaranalyse) und die Verpflichtung, an der Untersuchung mitzuwirken, keine Rechtsgrundlage gibt. Die allgemeine Ermittlungsbefugnis des Familiengerichts aus §§ 26, 29, 30 FamFG reicht nach diesem Beschluss auch in einem Verfahren nach § 1666 GB hierfür nicht aus (OLG Nürnberg, Beschluss vom 16.8.2013 – 11 WF 1071/13 = BeckRS 2013, 17646).

Besonders problematisch sind wegen der wechselseitigen Beeinflussungen kombinierte Drogen (z.B. Alkohol mit Benzodiazepinen – Salzgeber 2011, Rdnr. 1583), wobei die Polytoxikomanie auch durch die mehrfach stofflich gebundene Abhängigkeit besonders schwerwiegende Gesundheitsgefahren in sich birgt. Für Alkohol und Drogen bedeutet Polytoxikomanie den gleichzeitigen oder den Gebrauch nacheinander von mehr als einer Droge oder Drogenart, mit der Absicht der Beschleunigung, Potenzierung oder der Entgegenwirkung des Effekts anderer Drogen.

Nach der Klassifikation der WHO des internationalen Diagnoseschlüssels ICD-10 werden neun verschiedene mögliche Suchtmittel erwähnt und voneinander abgegrenzt:

- Alkohol
- Amphetamine
- Opioide (uneinheitliche Gruppe natürlicher und synthetischer Substanzen, die morphinartige Eigenschaften aufweisen)
- Benzodiazepine
- Cannabinoide
- Sedativa und/oder Hypnotika
- Kokain
- Stimulantien
- Halluzinogene.
- Hinzu kommen der Tabakkonsum und das Schnüffeln durch flüchtige Lösungsmittel.

Die einzelnen Suchtmittelgruppen unterscheiden sich durch die körperlichen und psychischen Symptome, die bei Gebrauch entstehen. Sie führen in unterschiedlicher Intensität zu psychischer und/oder körperlicher Abhängigkeit und zu Störungen im psychosozialen Bereich. Sie bedürfen substanzspezifischer Behandlungen.

Beim Alkohol liegen beispielsweise nach den Richtlinien der WHO die Grenzen in Bezug auf einen riskanten Alkoholgebrauch bei Frauen bei 20 Gramm reinen Alkohols pro Tag und bei Männern bei 40 Gramm Alkohol pro Tag (Payk 2007, 220). Bandelow/Gruber/Falkai (2013, 30) gehen von einer Toleranzgrenze beim Alkoholkonsum pro Tag von 20 Gramm reinen Alkohol bei Frauen und bei Männern von 30 Gramm aus, sodass ein schädlicher Gebrauch (Abusus) bereits für Frauen nach dem Konsum von O,2 Liter Wein pro Tag und 0,5 Liter Bier bei Männer erwachsen kann.

Die Deutsche Hauptstelle für Suchtfragen berichtet (Jahrbuch Sucht 2014), dass in Deutschland ca. 10 Mio. Menschen Alkohol in gesundheitlich riskanter Weise konsumieren, wenn diese Personen mehr als 12 g (Frauen) bzw. 24 g (Männer) täglich konsumieren. Knapp 1,8 Mio. Menschen in Deutschland sind alkoholabhängig, 1,6 Mio. trinken in missbräuchlicher Weise.

Neben den psychischen und körperlichen Folgekrankheiten treten vermehrt auf (Berzewski 2003, 312):

- Suizidalität
- Schädigungen der beruflichen Situation
- Verlust des Arbeitsplatzes
- Schädigungen der Familie
- Trennungen und Scheidungen
- Beeinträchtigungen der Verkehrstüchtigkeit
- Kriminalität.

Alkoholmissbrauch kommt in allen sozialen Schichten vor. Je höher die soziale Schicht, umso größer ist die Wahrscheinlichkeit, dass er verheimlicht werden kann. Dies ist einer der Gründe, warum beispielsweise in der Familienanamnese bei verhaltensauffälligen oder somatisch gestörten Kindern, die einem Arzt oder Psychologen vorgestellt werden, nach einem denkbaren Alkoholmissbrauch in der Familie gefragt wird.

Kinder entwickeln vermehrt Ängste und Depressionen und vor allem bei Jungen zeigt sich sehr schnell eine Bereitschaft, frühzeitig Alkohol zu konsumieren (Zobel 2006). Sie leiden vermehrt unter Kopfschmerzen, funktionellen Magen-Darm-Beschwerden, Schlafstörungen, Asthma, Einnässen und/oder Einkoten. Im psychischen Bereich finden sich kognitive Defizite, Koordinations- und Wahrnehmungsstörungen, Ängste, depressive Verstimmungen, Selbstunsicherheit und Kontaktstörungen (Berzewski 2003, 313).

Die Kenntnis der verschiedenen Phasen einer Suchtentwicklung ist eine wichtige Entscheidungshilfe, um therapeutische Interventionen, Hilfs- und

Schutzmaßnahmen des Kindes nach §§ 16 bis 42 SGB VIII oder Entscheidungen durch das Familiengericht nach § 1666 BGB zu treffen.

Da sich die Suchtkrankheit allmählich entwickelt, unterscheidet man mehrere Phasen der Abhängigkeitsentwicklung:

1. Präalkoholische Phase: Die Betroffenen trinken, um Spannungen abzubauen oder um anderer Wirkungen willen. Sie trinken allmählich immer mehr. Der Stoffwechsel stellt sich auf den vermehrten Alkoholkonsum ein.
2. Prodromalphase: Es kommt zu ersten Erinnerungslücken schon nach geringen Mengen Alkohol. Die Betroffenen trinken heimlich, oft schon morgens und vermeiden das Thema Alkohol.
3. Kritischen Phase: Der Betroffene verliert die Kontrolle über seinen Alkoholkonsum. Aufgrund des Alkoholkonsums kommt es zu Schwierigkeiten im sozialen Umfeld der Betroffenen.
4. Chronische Phase: Diese ist erreicht, wenn mehrtägige Rauschzustände vorkommen. Alkohol wird zum wichtigsten Lebensinhalt, und es besteht eine schwere körperliche Abhängigkeit, die sich in Alkoholentzugssyndromen äußert. Gegen Entzugssymptome wie z.B. morgendliches Händezittern wird angetrunken. Es bestehen ausgeprägte psychosoziale Folgeschäden, Gedächtniseinbußen und Wesensänderung.

Spätestens in der Prodomalphase steht eine erste Krisenintervention in der Familie zur Debatte, weil das familiäre Beziehungssystem noch nicht tief greifend gestört ist.

Bei Vorliegen einer Abhängigkeit (Kritische Phase) sollte u.U. noch ambulant eine Behandlung durchgeführt werden. Mit deren Hilfe kann es gelingen, aggressive Impulse zu reduzieren, Schuldgefühle abzubauen und wieder eine tragfähige Beziehung zu den Kindern aufzubauen.

Befindet sich der Alkoholkonsum in der chronischen Phase, so ist grundsätzlich eine stationäre Entzugs- und Entwöhnungsbehandlung indiziert. Eine Einsicht und Abstinenz ist normalerweise nicht mehr vom Alkoholabhängigen zu erwarten. Wegen der Gefahr von Entzugskomplikationen sollte zunächst eine stationäre Entgiftung durchgeführt werden (ein Mittel der Wahl zur körperlichen Entgiftung ist nach wie vor „Distraneurin"), die dann in eine Langzeittherapie auf psychotherapeutischer Grundlage einmündet. Vorrangiges therapeutisches Ziel in einer Familie mit Kindern ist die Beendigung von alkoholbedingter Gefährdungen und Fehlbehandlung der Kinder: Vernachlässigung, Misshandlung und Missbrauch.

II Fremdplatzierung

Bei der Opioidabhängigkeit spielen nach wie vor die Analgetika eine bedeutende Rolle. Sie führen schnell zu körperlicher und psychischer Abhängigkeit. Vom Opioidabhängigen wird ein Zustand von Euphorie und Sedierung erwartet.

Die bekannteste und eine der ältesten illegalen Substanzen ist das Heroin. Der chronische Gebrauch von Heroin führt zu Lethargie, Apathie, Antriebsschwäche und dysphorischen Verstimmungen. Gravierend sind die spezifischen psychosozialen Folgen, wie vermehrte Suizide, Unfälle und Beschaffungskriminalität. Kinder, die Familie und der Beruf werden vernachlässigt. Kinder sind oft unzureichend ernährt, verschmutzt, von Ungeziefer befallen und in ihrer Entwicklung retardiert.

Ein Methadonsubstitutionsprogramm ist sinnvoll, jedoch an bestimmte Bedingungen gebunden:

– Durchführung durch einen speziell qualifizierten Arzt,
– Anbieten und Inanspruchnahme einer psychosozialen Betreuung,
– Verabreichung unter kontrollierten Bedingungen,
– Urinkontrollen.

Suchterkrankungen in der Familie führen im Akutfall, insbesondere bei den in diesen Familien häufig besonders nachdrücklich auftretenden Misshandlungen und Vernachlässigungen, zu einer Inobhutnahme des Kindes nach § 42 SGB VIII, die dann meist in eine längerfristige Unterbringung gemäß §1666 BGB übergeht (Zenz 1998, 19f.; Bandelow, Gruber, Falkai 2013, 39-49 zu Einzelfragen der Drogenabhängigkeit und Suchtstoffe).

14.4.4 Kindesmisshandlung und Vernachlässigung

Eine Kindeswohlgefährdung durch seelische und/oder körperliche Misshandlung und Vernachlässigung liegt im Kontext zur Vorschrift des § 1666 BGB immer dann vor, wenn sich bei Fortdauer einer akuten und identifizierbaren Gefahrensituation für das Kind eine erhebliche Schädigung seines körperlichen, geistigen oder seelischen Wohls mit hoher Wahrscheinlichkeit annehmen lässt (Schone/Hensen 2011, 20).

Eine Kindesmisshandlung ohne sexuelle Übergriffe tritt als Vernachlässigung sowie psychische und körperliche Misshandlung auf (Kinderschutz-Zentrum Berlin 2009, 28ff.). Kindesmisshandlung ist dementsprechend nach Engfer (2002, 800f.) eine gewaltsame psychische oder physische Beeinträchtigung von Kindern durch Eltern und Erziehungsberechtigte, die durch Handlungen und Unterlassungen entsteht.

Dabei stellt z.B. das Münchhausen-By-Proxy-Syndrom (MSBP) – die Betreuungsperson des Kindes verursacht, erfindet oder suggeriert beharrlich dessen Krankheit, mit der Folge, dass das Kind immer wieder bei Ärzten und in Kliniken vorgestellt wird, wo es z.T. zu schmerzhaften Eingriffen oder sogar unnötigen Operationen kommt – einen Sonderfall der psychischen und körperliche Misshandlung dar (Nowara 2005, 128ff.).

Eine weitere Form dieser Art beinhaltet die Ess-, Fütter- und nicht organisch begründete Gedeihstörung, die u.U. auf eine ausgeprägte Unterversorgung und Vernachlässigung des Kindes hinweist (Ludwig-Körner/Koch 2005, 744f.).

Grundsätzlich kann eine Kindesmisshandlung seelischer oder körperlicher Art auch durch eine einzige Handlung vorliegen (z.B. einmaliges stundenlanges Einsperren eines Kindes oder ein harter Schlag mit einem Gegenstand).

Dagegen führt eine Missachtung elementarer Grundbedürfnisse des Kindes erst dann zur Vernachlässigung, wenn über längere Zeit bestimmte Versorgungs- und Unterstützungsleistungen für das Kind – in materieller, gesundheitlicher, emotionaler oder kognitiver Art – unterbleiben (Cantwell 2002, 519).

Schone/Gintzel/Jordan et al. (1997, 21) definierten in ihrer richtungweisenden Schrift die Vernachlässigung als aktive oder passive andauernde oder wiederholte Unterlassung fürsorglichen und betreuerischen Handelns angesichts unzureichender Einsicht oder unzureichenden Wissens verantwortlicher Personen, die zur Sicherstellung der körperlichen und psychischen Versorgung des Kindes notwendig wäre. Die durch die Vernachlässigung bewirkte chronische Unterversorgung des Kindes hemmt, beeinträchtigt, missachtet oder schädigt seine körperliche, kognitive und psychische Entwicklung und kann zu erheblichen bleibenden Schäden führen (zur Kasuistik, siehe Salzgeber 2011, Rdnr. 1003–1005).

Insbesondere die psychischen Misshandlungen ängstigen und überfordern das Kind und vermitteln ihm das Gefühl der Wertlosigkeit. Die Juristen verstehen hierunter eine gewaltförmige, auf blinden Gehorsam und Unterwerfung ausgerichtete Erziehung.

Nach Dettenborn (2012, 447) beinhaltet – unter Berufung auf die Richtlinien der American Professional Society on the Abuse of Children – die seelische Misshandlung eines Kindes das wiederholte Auftreten oder die extreme Ausprägung von Verhaltensweisen einer Betreuungsperson, die dem Kind zu verstehen gibt, es sei wertlos, mit Fehlern behaftet, ungeliebt, ungewollt, gefährlich oder nur dazu nütze, die Bedürfnisse eines Menschen zu erfüllen, während Kindler/Schwabe-Höllein (2012, 404) keine eindeutige Definition anbieten wollen, sondern etliche Aspekte diskutieren, wie beispielsweise auch die Reaktion des Kindes auf das seelisch misshandelnde Verhalten.

Die Folgen einer körperlichen Misshandlung zeigen sich vordringlich durch Verletzungen an der Haut (durch Narben, Wunden, Hämatome an Brust, Rücken, Oberarmen, Ober- und Unterschenkeln, Gesäß, Hals, Gesicht, Einrisse der Mundwinkel bei kleinen Kindern, Biss- und Griffmarken, Verbrühungen, Verbrennungen). Möglich sind aber auch Skelett- und Rippenverletzungen mit Frakturen der Knochen, Kopfverletzungen, Schütteltrauma bei Säuglingen und kleineren Kindern, innere Verletzungen und Vergiftungen.

Durch diese die seelische oder körperliche Integrität verletzenden Handlungen kann ein Psychotrauma entstehen. Dieses entsteht durch ein unerwartetes dramatisches äußeres Ereignis und zieht bei der betroffenen Person eine leidvolle seelische Erschütterung nach sich, wenn diese Person auf dieses massive Ereignis unvorbereitet war und seine Adaptionsfähigkeiten überflutet und damit ausgeschaltet wurde (Friedmann/Hofmann/Lueger-Schuster et al. 2004, 12f.). Es handelt sich bei einem derartigen Trauma somit im Erleben des Kindes um „ein vitales Diskrepanzerlebnis zwischen bedrohlichen Situationsfaktoren und individuellen Bewältigungsmöglichkeiten, das mit Gefühlen von Hilflosigkeit und schutzloser Preisgabe einhergeht und so eine dauerhafte Erschütterung des Selbst- und Weltverständnisses bewirkt" (Purtscher/Dick 2004, 127, mit Verweis auf Fischer/Riedesser, 2003).

Nach derartigen Misshandlungen können ähnlich wie beim sexuellen Missbrauch, die traumatisierend gewirkt haben, posttraumatische Belastungsstörungen auftreten (Ehlers 1999; Herbert 1999; Fischer/Riedesser 2003; Friedmann/Hofmann/Lueger-Schuster et al. 2004).

Diese zeigen sich u.a. darin, dass das Kind

– diese Ereignisse immer wieder, auch in Träumen und Tagträumen, erinnert,
– an emotionaler Ausdrucksfähigkeit verliert,
– sich zurückzieht,
– Ängste und Depressionen entwickelt,

– vegetative Störungen wie Schreckhaftigkeit oder Schlaflosigkeit zeigt (Dettenborn/Walter 2002, 229).

Die Polizeiliche Kriminalstatistik (2014, 64) zeigt für das Jahr 2013, dass in 4.650 Fällen eine Anzeige wegen Misshandlung von Schutzbefohlenen erstattet wurde (davon 3.525 Anzeigen bei Kindern unter 14 Jahren). Insgesamt waren 2013 nach diesen Hellfeldannahmen bei 3.525 Strafanzeigen 4.051 Kinder, also 1,3 Prozent mehr als im Vorjahr, von einer Misshandlung (ohne sexuellen Hintergrund) betroffen.

Die seelische Misshandlung bleibt dagegen meist unbekannt und wird nicht angezeigt, obwohl sie „nachhaltiger und schädlicher als andere Formen der Misshandlung in Bezug auf die weitere Entwicklung des Kindes" gelten (Dettenborn 2012, 447).

Allerdings sind bloße Strafanzeigen wegen körperlicher Kindesmisshandlung nur wenig aussagekräftig, da

1. nicht jede Strafanzeige den Beweis erbringt, dass eine Tathandlung dieser Art (Misshandlung) tatsächlich vorliegt und
2. nach wie vor offenbar die wenigsten Misshandlungen angezeigt werden (Problem des Dunkelfelds).

Im Zusammenhang mit der realen Auftrittswahrscheinlichkeit kommt Wetzels bereits 1997 (1997, 234) zu dem Schluss, dass selbst bei sehr zurückhaltender Auslegung der Gewaltbegriffe die Opferraten bei der körperlichen Misshandlung von Kindern etwa doppelt so hoch sein werden wie beim sexuellen Missbrauch, also jährlich annähernd 150.000 Fälle. Von dieser Fallzahl geht auch die Sachverständigenkommission des 10. Kinder- und Jugendberichts aus (Maywald 2003, 301).

Im Rahmen einer älteren repräsentativen Umfrage in Deutschland gaben 10,8% der Befragten an, dass sie durch ihre Eltern körperlich misshandelt worden sind (Wetzels 1997, 145).

Bei der Beobachtung von Familien wurden jedenfalls in ca. 15% der Fälle misshandlungsähnliche Phänomene entdeckt, die beispielsweise nicht in der polizeilichen Anzeigestatistik auftauchen (Engfer 2000, 24). Wegner (1997, 118) spricht von vermutlich 10 bis 15% aller Erwachsenen, die Kinder „schwer misshandeln".

Deegener (2012, 350) stellt im Rahmen einer Metaanalyse u.a. fest, dass in Deutschland in den Jahren von 1992 bis 2008 in Familien mit

II Fremdplatzierung

- 25 bis 35% eine völlige bis weitgehend körperstrafenfreie Erziehung erfolgt
- 30 bis 40% leichte bzw. seltene Züchtigungen vorkommen
- 15 bis 20% schwere bzw. häufige Züchtigungen erfolgen
- 5 bis 10% leichte bzw. seltene Misshandlungen und
- 5% schwere bzw. häufige Misshandlungen vorkommen.

Die Dunkelziffer schwerer Misshandlungen wird als sehr hoch eingeschätzt. Von ärztlicher Seite wird in Deutschland von jährlich ca. 4.000 schwersten Misshandlungen ausgegangen (Motzkau 2002, 300; die Rechtsmediziner Tsokos/Guddat 2014, 8, gehen von jährlich 3.600 schwerst misshandelten Kindern aus).

Der Normgehalt des § 1666 BGB beinhaltet drei besonders bedeutsame Voraussetzungen des zivilrechtlichen Kinderschutzes:

1. das Tätigwerden des Familiengerichts bei einer Kindeswohlgefährdung,
2. eine mangelnde elterliche Gefahrenabwehr bei gleichzeitigem,
3. Gefahrabwendungsprimat der Eltern,

wobei auch die Integration des Gewaltschutzgesetzes in § 1666a Abs. 1 BGB, das Gewaltverbot gegen Kinder nach § 1631 Abs. 2 BGB, die Einfügung der §§ 8a, 8b SGB VIII und die gesetzliche Regelung der Rechte des Kindes auf Beratung ohne Kenntnis der Eltern nach § 8 Abs. 3 SGB VIII und das Bundeskinderschutzgesetz unmittelbare Wirkungen auf den zivilrechtlichen Kinderschutz haben, wenn beispielsweise Eltern, ein Elternteil oder ein Dritter Gewalt gegen das Kind anwendet.

§ 1631 Abs. 2 BGB a.F. sah beispielsweise vor, dass nur entwürdigende Erziehungsmaßnahmen, insbesondere körperliche Misshandlungen, unzulässig sind. Dagegen ist in § 1631 Abs. 2 BGB nunmehr gesetzlich geregelt, dass Kinder ein Recht auf gewaltfreie Erziehung haben und körperliche Bestrafungen, psychische Verletzungen sowie andere entwürdigende Maßnahmen unzulässig sind. Andererseits wird in Abs. 1 der eben erwähnten Vorschrift in einer Art Positivkatalog u.a. festgelegt, dass die Personensorge insbesondere die Pflicht und das Recht umfasst, das Kind zu pflegen, zu erziehen, zu beaufsichtigen und seinen Aufenthalt zu bestimmen. Dieser Katalog wird durch die Vorschriften der §§ 1626 und 1627 BGB ergänzt.

Dort ist zunächst in § 1626 Abs. 1 S. 1 BGB festgehalten, dass die Eltern die Pflicht und das Recht haben, für das Kind zu sorgen. Weiterhin ist in § 1626 Abs. 2 BGB festgelegt, dass die Eltern bei der Pflege und Erziehung die wachsende Fähigkeit und das wachsende Bedürfnis des Kindes zu selbständigem verantwortungsbewusstem Handeln berücksichtigen. Sie besprechen mit dem Kind, soweit es nach dessen Entwicklungsstand angezeigt ist, Fragen der elterlichen Sorge und streben Einvernehmen an.

Dabei haben die Eltern nach § 1627 BGB die elterliche Sorge in eigener Verantwortung und in gegenseitigem Einvernehmen zum Wohl des Kindes auszuüben. Bei Meinungsverschiedenheiten müssen sie versuchen, sich zu einigen.

Hier wird auch der Bezug zu Art. 6 GG und § 1 SGB VIII deutlich, wonach jeder junge Mensch ein Recht auf Förderung seiner Entwicklung und auf Erziehung zu einer eigenverantwortlichen und gemeinschaftsfähigen Persönlichkeit hat und die Pflege und Erziehung der Kinder das natürliche Recht der Eltern und die zuvörderst ihnen obliegende Pflicht sind. Über diese elterliche Betätigung wacht die staatliche Gemeinschaft (hier ist das staatliche Wächteramt nach Art. 6 mit Bezug auf § 1 Abs. 2 S. 2 SGB VIII angesprochen).

Dagegen wird im Strafgesetzbuch, und zwar im 13. Abschnitt „Straftaten gegen die sexuelle Selbstbestimmung" gemäß §§ 174 ff. StGB – und hier im § 176 StGB – und im 17. Abschnitt „Straftaten gegen die körperliche Unversehrtheit" gemäß §§ 223 ff. StGB – und hier in § 225 StGB „Misshandlung von Schutzbefohlenen", in der Laiensprache besser bekannt als Kindesmisshandlung – die Verletzung der körperlichen Integrität im Sinne einer Misshandlung durch Quälen oder roh Misshandeln oder durch böswillige Vernachlässigung geregelt, die zusätzlich zu einer Gesundheitsschädigung der schutzbefohlenen Person geführt haben muss.

Strafrechtliche Vorgaben der „Kindesmisshandlung" regeln auch den sexuellen Missbrauch gemäß § 176 StGB (Sexueller Missbrauch von Kindern), § 176a StGB (Schwerer sexueller Missbrauch von Kindern), § 176b StGB (Sexueller Missbrauch von Kindern mit Todesfolge).

Auch die UN-Kinderrechtskonvention als ein Kernbereich des internationalen Völkerrechts (20.11.1989) legt in Art. 19 fest, dass Kinder „vor jeder Form körperlicher oder geistiger Gewaltanwendung, Schadenszufügung oder Misshandlung, vor Verwahrlosung oder Vernachlässigung, vor schlechter Behandlung oder Ausbeutung einschließlich des sexuellen Missbrauchs zu schützen" sind. Art. II-84 EU-Verfassung (Art. 24 EU-Grundrechte Charta – Rechte des Kindes) legt u.a. fest, dass Kinder einen Anspruch auf den Schutz und die Fürsorge haben, die für ihr Wohlergehen notwendig sind. Sie können ihre Meinung frei äußern. Ihre Meinung wird in den An-

II Fremdplatzierung

gelegenheiten, die sie betreffen, in einer ihrem Alter und Reifegrad entsprechenden Weise berücksichtigt.

Im SGB VIII ist beispielsweise in § 42 Abs. 1 geregelt, dass das Jugendamt berechtigt und verpflichtet ist, ein Kind oder einen Jugendlichen in seine Obhut zu nehmen, wenn das Kind oder der Jugendliche darum bittet, eine dringende Gefahr für das Wohl des Kindes oder des Jugendlichen die Inobhutnahme erfordert, die Personensorgeberechtigten nicht widersprechen oder eine familiengerichtliche Entscheidung nicht rechtzeitig eingeholt werden kann.

Ein ausländisches Kind oder ein ausländischer Jugendlicher kann in Obhut genommen werden, wenn es unbegleitet nach Deutschland kommt und sich weder Personensorge- noch Erziehungsberechtigte im Inland aufhalten (§ 42 Abs. 1 Nr. 3 SGB VIII).

Freiheitsentziehende Maßnahmen nach § 42 Abs. 5 SGB VIII (Einsperren des Kindes oder Jugendlichen) sind u.a. nur zulässig, um eine Gefahr für Leib und Leben des Kindes oder Jugendlichen oder eine Gefahr für Leib und Leben Dritter abzuwenden.

Ein weiterer Hinweis zum Kinderschutz ist aus der Verfassung ersichtlich. In Artikel 1 GG ist z.B. festgehalten, dass die Würde des Menschen unantastbar ist. Dabei ist unumstritten, dass jede Misshandlung eines Kindes und somit auch die besonders nachhaltige und gefährliche psychische Misshandlung (Stadler 2012, 439) oder Vernachlässigung die Würde des Kindes verletzt und damit ein Verstoß gegen die Grundrechte und die Verfassung vorliegt.

Dennoch zeigen sich in Bezug auf das statistisch valide Erfassen von Misshandlungen aller Art etliche Probleme:

1. Offenkundig ist, dass bisher niemand genau weiß, wie viele Kinder und Jugendliche in Deutschland psychisch und körperlich misshandelt und vernachlässigt werden. Schätzungen zur Vernachlässigung beinhalten Angaben in der Größenordnung von 50.000 bis 500.000 (Deegener 2012, 354; Stadler 2012).
2. Wie könnte also empirisch einigermaßen gesichert erfasst werden, wie viele Kinder und Jugendliche misshandelt werden? (Beachte die Prinzipien der Dunkelfeld- und Hellfeldforschung.) Man könnte beispielsweise Kinder und Jugendlichen befragen. Problem: Die Eltern oder andere Betreuungspersonen würden, wenn sie misshandelt hätten, nicht in die Untersuchung einwilligen.

3. Die Kriminalstatistik gibt z.B. nur Aufschluss über die Anzeigequote (das so genannte Hellfeld), also die tatsächlich bei der Polizei angezeigten Misshandlungen von Schutzbefohlenen (Kindesmisshandlungen).
4. In der Kriminalstatistik werden mit leichten Schwankungen jährlich ca. 4.000 bis 5.500 Misshandlungen von Schutzbefohlenen angeführt.
5. Annäherung an das Problem: Man müsste z.B. junge Erwachsene nach klaren definitorischen Vorgaben befragen, ob sie in ihrer Kindheit oder im Jugendalter misshandelt worden sind.
6. Ältere sozialwissenschaftlichen Studien zeigen auf, dass etwa die Hälfte bis zwei Drittel aller deutschen Eltern ihre Kinder körperlich bestrafen, davon in 10 bis 15% aller Fälle auch in schwerwiegender Art (Wetzels 1997). Neuere Untersuchungen zeigen andererseits, dass beispielsweise die „schwere bzw. häufige Misshandlung" langsam, aber kontinuierlich zurückgeht (Deegener 2012, 350).
7. Nach wie vor wird davon ausgegangen, dass derzeit in Deutschland jährlich ca. 200.000 bis 300.000 Fälle von Kindesmisshandlungen auftreten. Jacobi (2008, 49) nennt auf der Grundlage von UNICEF-Studien die jährliche Gesamtzahl von 157.000 Kinder unter 14 Jahren. Der Deutsche Kinderschutzbund schätzt, dass 300.000 Kinder misshandelt werden. Tsokos/Guddat (2014, 9) gehen von mehr als 200.000 misshandelt Kinder pro Jahr aus.

Meist gibt es Vorstufen der (körperlichen) Kindesmisshandlung. Verhält sich beispielsweise ein Erwachsener dem Kind gegenüber rücksichtslos und verantwortungslos und erlebt sich das Kind dementsprechend als machtlos, hilflos und wertlos, wird die Grenze der psychischen Kindesmisshandlung als Vorstufe der körperlichen Misshandlung erreicht bzw. sogar überschritten.

Verhält sich der Erwachsene neben der Rücksichtslosigkeit und Verantwortungslosigkeit dem Kind gegenüber außerdem (physisch und/oder psychisch) gewaltsam, liegt immer dann eine psychische und/oder körperliche Kindesmisshandlung vor, wenn die Entwicklung des Kindes zur persönlichen Autonomie unterbrochen wird und/oder es auf frühere Entwicklungsstufen zurückgeworfen wird und/oder es erhebliche psychische Schäden erleidet (z.B. Ängste). Oder anders ausgedrückt: Eine physische und/oder psychische Misshandlung liegt immer dann vor, wenn ein Erwachsener (oder älterer Jugendlicher) ein Kind aus dem zentralen Motiv heraus kränkt, demütigt, bedroht, behindert oder bestraft, weil er glaubt, dass dieses Kind

II Fremdplatzierung

ihn selbst oder andere Menschen, die ihm wichtig sind, demütigt, kränkt, bedroht oder behindert.

Interpretiert dann der Erwachsene die gesamte Situation um (du bist Schuld, weil du böse bist), wird das Kind sogar zur Geheimhaltung gezwungen (durch Androhen neuer Strafen oder Übergriffe) und manipuliert er die Wahrnehmung des Kindes, ist das Kind nicht nur in einer Loyalitätsfalle, sondern auch nicht mehr in der Lage, die Erfahrungen psychisch zu verarbeiten. Spätestens hier beginnt die Gefahr der Traumatisierung.

Dennoch ist das subjektive Erleben des Kindes bei der Beurteilung einer Kindesmisshandlung aus entwicklungspsychologischer Sicht nicht entscheidend, da viele misshandelte Kinder die von den Erwachsenen ausgehenden Handlungen als „normal", „gerecht" oder sogar „positiv" empfinden.

Eine Kindesmisshandlung setzt häufig schon im Säuglings- oder Kleinkindalter ein. Diese Kinder werden weder einmalig noch „ein bisschen" misshandelt. Vielmehr dauert die Misshandlung dann meist Jahre und endet erst, wenn das Kind aus dem Misshandlungsalter herausgewachsen ist, oder wenn die Erwachsenen bzw. die Eltern Hilfe und Unterstützung in einer Beratungsstelle, in einem Kinderschutzzentrum oder bei einem Therapeuten gefunden haben oder die Wegnahme des Kindes durch das Jugendamt oder Familiengericht aus dem Elternhaus erfolgt ist. Denkbar ist auch, dass die Misshandlung durch die Trennung der Eltern endet, wenn also der misshandelnde Elternteil vom Kind getrennt wird bzw. sich vom Kind trennt.

Wenn Erwachsene ein Kind aus Rache oder zur Bestrafung nicht versorgen – beispielsweise mit Nahrung, Gesundheit, Beachtung etc. –, liegt keine Vernachlässigung vor, sondern eine psychische und/oder physische Misshandlung.

Darunter fallen alle Handlungen und Unterlassungen von Eltern und Betreuungspersonen, die

1. die Kinder ängstigen,
2. sie überfordern,
3. ihnen das Gefühl der eigenen Wert- und Nutzlosigkeit vermitteln und
4. sie in ihrer psychischen und/oder körperlichen Entwicklung beeinträchtigen.

Hierzu gehören nicht nur die besonders schweren Formen psychischer Grausamkeiten oder sadistischer Praktiken, sondern z.B. auch die demonstrative Bevorzugung eines Geschwisterkindes, das Herabsetzen vor anderen, erhebliche Einschüchterungen, häufiges Beschimpfen, Isolieren oder lang anhaltender Liebesentzug etc.

Dabei erlebt sich das Kind durch derartige Verhaltensweisen der Erwachsenen als

- machtlos,
- hilflos und
- wertlos.

Dieses Verhalten der Erwachsenen verursacht beim Kind meist einen Kontrollverlust, mindert die Resilienz und verhindert die Entwicklung von Coping-Strategien und führt

- zum Verlust von Urvertrauen und sicheren Bindungen,
- zum Verlust der Kontrollüberzeugung (überzeugt zu sein, eine Situation unter Kontrolle zu behalten) und der Selbstwirksamkeit (als Spezialfall der Kontrollüberzeugung)
- zu Regressionen,
- zu einem psychischen Schaden und
- unterbricht die Entwicklung des Kindes zur persönlichen Autonomie.

In Bezug auf die Folgen und Auswirkungen der Vernachlässigung, der psychischen Misshandlung, aber auch der körperlichen Misshandlung sind mittlerweile in der empirischen Sozialforschung

1. die Art und Weise der Handlungen bzw. der Unterlassungen,
2. die Schwere und
3. die Häufigkeit sowie
4. die Beziehung des Kindes zum Täterkreis

untersucht und als Prädiktoren für eine Entwicklungsstörung beim Kind identifiziert worden (Bender/Lösel 2000, S. 40).

Bedeutsam ist ferner, dass das subjektive Empfinden der Kinder bei der Diagnose Vernachlässigung oder psychische Misshandlung nicht entscheidend und handlungsleitend für die Instanzen sozialer Kontrolle sein kann, sondern objektivierbare Sachverhalte, da Kinder vor allem vernachlässigende Umgangsformen und psychische Misshandlungen häufig sogar trotz Traumatisierungen als gewohnt und normal ansehen.

Erschwerend kommt u.U. für das Kind hinzu, wenn der Erwachsene

- die vernachlässigende bzw. die misshandelnde Situation uminterpretiert,
- die Wahrnehmung des Kindes manipuliert und
- es zur Geheimhaltung verpflichtet.

Dann kann das Kind derartige Erfahrungen psychisch meist nicht verarbeiten. Liegt ein Trauma vor kann sich aus diesem psychodynamischen Geschehen eine Posttraumatische Belastungsstörung (PTB) entwickeln.

Ein charakteristisches Symptom der Posttraumatischen Belastungsstörungen liegt in dem ungewollten Wiedererleben von Aspekten des Traumas (Ehlers 1999, 3). Diese können sich in den gleichen sensorischen Eindrücken und gefühlsmäßigen und körperlichen Reaktionen zeigen wie während des Traumas. Beispielsweise wurde in dem internationalen Klassifikationssystem des ICD-10 bereits 1991 die PTB als Diagnose eingeführt. Im ICD-10 bildet sie unter F43 eine gesonderte Kategorie der „Reaktionen auf schwere Belastungen und Anpassungsstörungen" (vgl. Ehlers 1999, 3, mit weiteren Nachweisen). Es wird somit auch im internationalen Klassifikationssystem des ICD-10 angenommen, dass die betreffenden psychischen und körperlichen Symptome als direkte Folge einer akuten schweren Belastung oder eines kontinuierlichen Traumas eintreten.

Bei der Vernachlässigung und Misshandlung liegen immer ein typisches Interaktionsgeschehen und typische Wirkfaktoren vor, die ineinander greifen, und zwar:

1. ein bestimmter Erwachsener,
2. eine Krise,
3. eine spezifische Interaktion und Reaktion,
4. ein besonderes Kind.

Der Ort der Misshandlung befindet sich vorrangig in leiblichen Familien und Stieffamilien (aber auch in Adoptions- und Pflegefamilien) sowie öffentlichen Einrichtungen (z.B. Kindertagesstätten, kinder- und jugendpsychiatrischen Einrichtungen; Schulen, Internaten oder Heimen).

In Bezug auf die Folgen und Auswirkungen von Misshandlungen und Vernachlässigung bleibt festzuhalten, dass

1. als stärkster Prädiktor für ernsthafte Erlebens- und Verhaltensprobleme im Jugendalter die psychische Misshandlung in der Kindheit herausgefunden wurde (Bender/Lösel 2000, 41),
2. allerdings in dem Maße, wie Schutzfaktoren (protektive Faktoren und Resilienzen) die Wirkung von Belastungserlebnissen und Risikofaktoren kompensieren, die psychische Gesundheit aufrechterhalten bleiben kann. Übersteigen allerdings das Belastungserleben und die Risiken die vorhandenen Schutzfaktoren, kommt es zu einem Verlust des Gleichgewichts, der beim Kind zu Entwicklungsstörungen, Kompetenzdefi-

ziten und körperlichen und psychischen Störungen führen wird, und zwar bei allen Arten der Misshandlung oder Vernachlässigung. Unter Resilienz wird in diesem Zusammenhang nicht nur die Fähigkeit des Kindes verstanden, sich trotz schwieriger Lebensumstände kompetent und gesund zu entwickeln, sondern auch die relativ eigenständige Erholung von einem Störungszustand.
3. bindungs- und lerntheoretisch anzunehmen ist, dass die Erfahrung von Misshandlung und Vernachlässigung im krassen Gegensatz zu den kindlichen Bedürfnissen steht.
4. Damit wird die Entwicklung eines uneinfühlsamen und feindseligen Verhaltens beim Kind gefördert.
5. Dementsprechend zeigt sich, dass misshandelte und vernachlässigte Kinder Probleme mit der Regulierung und Kontrolle ihrer Emotionen, Aggressionen und Empathie haben.

Zusammenfassend berichten vor allem Ärzte, Klinikärzte und Rechtsmediziner, dass unterschiedliche psychologische Funktionsbereiche als Folge von Kindesmisshandlungen betroffen sein können (Pfeiffer/Lehmkuhl et al. 2001, 282; Herrmann 2005, 46ff.; 2011, 392ff; Jacobi 2008; Winter/Pfeiffer/Lehmkuhl 2012, 447ff., Böwering-Möllenkamp 2013, 187ff.; Tsokos/Guddat 2014, 31).

Dazu gehören:

- psychische Erkrankungen (z.B. Angststörungen und Depressionen),
- autoaggressives Verhalten,
- gestörtes Sozialverhalten (z.B. vor allem bei Jungen delinquentes Verhalten),
- kognitive und Leistungsprobleme,
- Sprachentwicklungsprobleme,
- Auffälligkeiten im Bindungsverhalten (ICD-10 F94.1 Reaktive Bindungsstörung des Kindesalters u. F94.2 Bindungsstörung des Kindesalters mit Enthemmung; DSM-V – Reaktive Bindungsstörung in der Kindheit),
- Interaktionsstörungen mit Gleichaltrigen,
- aggressives Verhalten,
- intergenerationale Transmission von Misshandlungsverhalten in ca. 30%.

Säuglinge werden aus medizinischer Sicht häufig als irritabel, verzögert in der sozialen und motorischen Entwicklung beschrieben, als affektiv verflacht und zurückgezogen. Oft liegen auch Essstörungen vor.

Bei Kleinkindern werden neben den Entwicklungsverzögerungen Spielunust, Spielunfähigkeit, ziellose, unvorhersagbare Verhaltensweisen und aggressive Durchbrüche gegenüber Gleichaltrigen und Betreuern sichtbar.

Im Schulalter treten dann besonders viele psychopathologische Symptome auf, wie Defizite in der kognitiven Entwicklung, Hyperaktivität, Impulsivität, Frustrationsintoleranz, Angstzustände, aber auch aggressives und destruktives Sozialverhalten.

Im Jugendalter zeigen sich häufig delinquente Verhaltensweisen und ein problematischer Umgang mit Alkohol und Drogen (Steinhausen 2006, 328.).

Darüber hinaus zeigen misshandelte Kinder nach Pfeiffer/Lehmkuhl/Frank (2001, 283) ein erhöhtes Risiko, neben den bereits erwähnten depressiven Störungen, Störungen des Sozialverhaltens und Angststörungen weitergehende psychiatrische Auffälligkeiten zu entwickeln, wie beispielsweise:

- hyperaktive Störungen,
- suizidales Verhalten und
- Drogenmissbrauch.

Bei Verdacht auf körperliche Misshandlungen sind medizinische Untersuchungen indiziert (Jacobi 2008, 155), besser rechtsmedizinische Untersuchungen (Tsokos/Guddat 2014), die im Akutfall auch von professionellen Betreuern des Kindes veranlasst werden können (z.B. Erzieherinnen in der Kita, Lehrer, Psychotherapeuten, Kinderarzt – nach §§ 34, 225 StGB).

Zunächst ist die Untersuchung des gesamten Kindes zu veranlassen, insbesondere der Haut.

Beispielsweise liegen bei etwa 90% aller misshandelten Kinder Symptome der Haut vor, die durch

- Schlagen,
- Verbrennungen,
- Verbrühungen,
- Bisse,
- Fesselungen oder Striemen

entstehen.

Ferner sollten beim Kind, der Schädel, das Verhalten, der Allgemeinzustand und der Ernährungs- und Pflegezustand untersucht werden.

14 Unzureichende Versorgung des Kindes

Erforderlich ist außerdem:

- eine gründliche Untersuchung des Kindes, vor allem des Säuglings oder Kleinkindes, um z.B. ein lebensbedrohliches Schütteltrauma auszuschließen,
- eine neurologische Untersuchung und Kontrolle des Entwicklungsstandes,
- die Gewichts-, Längen- und Schädelwachstumskurven,
- eine Untersuchung der Augen, besonders des Augenhintergrundes,
- eine Röntgenuntersuchung des Skeletts, ein Schädelsonogramm, das CCT (als Craniale Computertomographie (CCT) wird eine radiologische Untersuchungsmethode bezeichnet, mit der mittels scheibenartiger Schnittbilder das Gehirn, aber auch knöcherne Anteile, Gefäße, Gehirnkammern mit Flüssigkeit, sowie die übrigen Weichteile im Inneren des Schädels und etliche pathologische Veränderungen dieser Strukturen festgestellt werden können. Es handelt sich dabei um ein bildgebendes Verfahren, das in der Neurologie Bedeutung hat) oder die MRT (die MRT – Magnetresonanztomographie –, auch als Kernspintomographie bezeichnet, gehört ebenfalls zu den bildgebenden Verfahren. Die Untersuchung wird durch einen Computer gestützt und liefert ohne die Anwendung von Röntgenstrahlen eine detaillierte Darstellung von Organen und Geweben im Körperinneren. Mit einer MRT kann der gesamte Körper durchleuchtet werden, aber auch einzelne Körperbereiche wie der Kopf oder das Knie lassen sich mittels der Schnittbilder darstellen), des Schädels und/oder der Wirbelsäule,
- eine Blutgerinnungsuntersuchung,
- ein EKG, EEG, Szintigramm (Bilddarstellung, Strichrasterbild des Körpers bzw. einzelner Körperteile),
- bei wiederholten Krankenhausaufenthalten ohne nähere Genese immer auch die Abklärung einer denkbaren Vergiftung.

Festgestellt worden sind bei misshandelten Kindern beispielsweise Kochsalzvergiftungen (bei Säuglingen können bereits wenige Gramm Kochsalz zu schweren Schäden führen), Vergiftungen durch entwässernde Mittel (Diuretika), Vergiftungen durch Schlaf- und Beruhigungsmittel, Codeinvergiftungen, Schmerzmittelvergiftungen (z.B. durch Aspirin), Vergiftungen, die durch Mittel gegen Zuckerkrankheit verursacht wurden, Vergiftungen und Blutungen durch Einnahme von Blutgerinnungshemmern (Phenprocoumon, z.B. in Marcumar).

II Fremdplatzierung

Eine Vernachlässigung zeigt sich häufig in

- übermäßiger Züchtigung und entwürdigenden Erziehungsmaßnahmen (auch durch Duldung des anderen Elternteils),
- groben Erziehungsfehlern, wie „erstickendes" Erziehungsverhalten der Eltern,
- der Behinderung des Schulbesuchs,
- ungenügender Förderung der Ausbildung in Schule und Beruf,
- der Verweigerung ärztlicher Heileingriffe, wie Bluttransfusionen, Operationen, Impfungen, und der Ablehnung einer psychologischen oder psychiatrischen Untersuchung bei psychischen Störungen eines Kindes oder Jugendlichen,
- der Nötigung zum Schwangerschaftsabbruch.

Vor allem die Vernachlässigung wird häufig im Kontext extremer Armut und sozialer Randständigkeit beobachtet, aber auch im Zusammenhang mit psychischen Erkrankungen der Eltern bzw. eines Elternteils oder einer sonstigen Betreuungsperson des Kindes, wie Depressionen, Psychosen, Borderline-Störungen, geistige Behinderungen. Auch Alkohol- und Drogenprobleme der Eltern können leicht dazu führen, dass Kinder vernachlässigt werden.

Insgesamt zeigt sich die Vernachlässigung besonders häufig in einer

- stark unzureichenden Ernährung und Pflege des Kindes,
- sehr starken Verwahrlosung der Wohnung,
- passiven Unterlassung jeder ärztlichen Behandlung (Augenarzt, Zahnarzt, Kinderarzt etc.),
- Verweigerung eines gebotenen Klinikaufenthaltes,
- erheblichen Vernachlässigung der Kleidung,
- Duldung des Herumtreibens,
- mangelhaften Beaufsichtigung,
- ungenügenden Sorge für einen regelmäßigen Schulbesuch,
- Duldung ungünstiger Einflüsse Dritter, z.B. in einer peer-group,
- extrem instabilen Lebensführung der Erwachsenen.

Vernachlässigte Kinder weisen oft eine nicht altersgemäße Selbständigkeit auf; sie sind beispielsweise eigenen Bekundungen zufolge „gut" in der Lage, den ganzen Tag allein in der Wohnung oder auf der Straße zu verbringen. Sie meinen auch, sich selbst und möglicherweise sogar ihre jüngeren Geschwister versorgen zu können. Sie zeigen zudem gehäuft Verhaltensweisen, die normalerweise erst bei älteren Kindern auftreten, z.B. wenn sie bereits als Grundschulkinder rauchen oder Alkohol trinken. Möglich ist auch, dass vernachlässigte Kinder Dinge tun dürfen, die sonst erst erheblich älteren Kindern erlaubt sind, z.B. als Grundschulkinder beliebig nach Hause kommen, bis spät in die Nacht fernsehen, Horrorvideos oder Pornos anschauen, oder dass Eltern pubertierender Jugendlicher keine Kenntnis und kein Wissen von deren Lebensplanung, Umgang, Gedanken und Vorstellungen haben (Wegner 1997).

Bestimmte psychosoziale Risiken gefährden Kinder nach älteren Untersuchungen, die allerdings durch neuere Untersuchungen nicht widerlegt wurden, in der pränatalen, perinatalen und postnatalen Entwicklung besonders stark (Wegner 1997):

1. Not und Armut sowie unzureichende materielle Voraussetzungen im Elternhaus und für das erwartete Kind,
2. Stiefkinder,
3. missgebildet geborene Kinder, insbesondere Kinder mit manifesten Behinderungen, z.B. Hirnschäden oder Kinder mit Mehrfachbehinderungen,
4. Kinder, bei denen es zu einer gravierenden Unterbrechung der elterlichen Zuwendung kam – und hier z.B. Frühgeborene; Unfall der Kindeseltern, also Ausfall der Eltern; Krankenhaus- oder Heimaufenthalt des Kindes. Zu denken ist hier vor allem an die Bindungstheorie – z.B. erlöschen Beziehungen und Bindungen durch längeren oder wiederholten Kontaktabbruch im Säuglings- und Kleinkindalter.
5. Kinder mit sog. minimalen zentralnervösen Behinderungen, die durch unruhiges und überaktives Verhalten imponieren – heute eher bekannt als Aufmerksamkeitsdefizit-/Hyperaktivitätsstörung (AD/HS-Kinder), auch als Aufmerksamkeits-Defizit-Syndrom (ADS) beschrieben;
6. kränkelnde Kinder und hier vordringlich Kinder mit Gedeihstörungen,
7. unruhige Schreikinder,
8. einnässende und einkotende Kinder,
9. ungewollte Kinder,
10. hohe Erwartungen an die Kinder,
11. erstgeborenes Kind und Unerfahrenheit der Kindeseltern,
12. Geburt des Kindes und junge Eltern unter 20 Jahren,
13. problematische Erfahrungen der Eltern in der eigenen Kindheit,
14. Verleugnung der Schwangerschaft durch die Mutter,
15. kurz aufeinander folgende Schwangerschaften,
16. schwere, komplikationsreiche Schwangerschaft,

II Fremdplatzierung

17. starke Schwangerschaftsdepressionen,
18. Anzeichen von Isolation und Angst bei der Mutter.

Tsokos/Guddat (2014, 249) geben auch für nicht einschlägig professionelle Berufsgruppen einige Tipps, um eine Kindesmisshandlung von einem Unfall (z.B. Sturz) zu unterscheiden:

1. Eher typische Verletzungen durch Kindesmisshandlung
   - Verletzungen im oberen Kopfbereich (oberhalb der sog. Hutkrempenlinie)
   - Verletzungen an Wangen und Ohren
   - Verletzungen an den Streckseiten der Unterarme, am Rücken oder Gesäß.
2. Eher sturztypische Verletzungen
   - finden sich an Knien, Schienenbeiden Ellenbogen, Handballen
   - am Hinterkopf oder an der Stirn
   - am Kinn und an der Nasenspitze.

Ausblick

Vermutlich ist die Vernachlässigung, die körperliche und vor allem die seelische Kindesmisshandlung nur zurückzudrängen und nicht zu beseitigen. Eine Eindämmung ist im Rahmen präventiver Maßnahmen denkbar.

Eine effektivere Prävention als bisher ist wahrscheinlich zu erreichen durch (siehe hierzu auch die bei Kolberg/Stadler/Wetzels 2012, 455ff., vorgestellten Präventionen):
- Verhinderung und Beseitigung von Not und Armut,
- Verbesserung des Schwangerschaftsverlaufs, der Erziehungskompetenz und der Lebens- und Familienplanung
- Einsatz von Familienhebammen
- Früherkennung, Verbesserung der Entwicklung des Kindes, Stärkung der Familie,
- regelmäßige Information und Aufklärung der Bevölkerung, Eltern und Professionellen,
- Stärkung der kindlichen Identität, des Willens und der Widerstandskraft von Kindern, damit sie notfalls auch gegen Erwachsenengewalt energisch protestieren und Gehör finden können,
- Einrichtung von Kinderbüros und Selbsthilfegruppen für Eltern und Kinder

- Teilnahme an Eltern- und Kinderkursen
- gründliche Fortbildungen der Mitarbeiter im Jugendamt und den Erziehungsberatungsstellen, der Kinderärzte, Erzieherinnen in der Kita und Lehrer.

Darüber hinaus sind Kinder, die ihre Rechte kennen, besser geschützt als unwissende Kinder (vgl. hierzu auch § 8 SGB VIII; in einem Gutachtenfall berichtete beispielsweise ein sechs Jahre alter Junge, dass er bis zur Einschulung nicht gewusst habe, dass Schlagen, Treten, Anspucken und „schlimme" Beschimpfungen durch seinen Vater verboten sind).

Eltern, die beispielsweise ihre Kinder in Entscheidungsprozesse mit einbeziehen und an allen relevanten, die Belange des Kindes betreffend, beteiligen, kommen eher ohne Gewalt aus.

Kinderrechte sollen auch in Kindertagesstätten, Schulen, Kirchen, Bildungseinrichtungen und Sport- und Freizeiteinrichtungen mehr thematisiert werden. Erforderlich ist eine aktive Beteiligung der Kinder, um deren Subjektstellung zu stärken und sie mehr für ihre eigenen Belange zu interessieren.

So, wie Trennungs- und Scheidungsgruppen für Kinder ganz sicher ihre Berechtigung haben, sind derartige Kindergruppen für misshandelte, vernachlässigte und sexuell missbrauchte Kinder ebenso bedeutsam. Und nochmals – Kinderrechte gehören in die Verfassung!

14.4.5 Sexueller Missbrauch

2013 wurden wegen sexuellen Kindesmissbrauchs (§§ 176, 176a, 176b StGB) 12.437 Strafanzeigen erstattet (Polizeiliche Kriminalstatistik 2014, 61).

Der Verdacht des sexuellen Missbrauchs war bis in die achtziger Jahre des 20. Jahrhunderts vordringlich ein strafrechtliches Problem. Möglicherweise durch bessere Aufklärung, die Frauenbewegung, erhöhte Aufmerksamkeit, sorgfältigere Diagnostik, aber auch durch Überinterpretationen und irrtümliche Falschbeschuldigungen wurde die Missbrauchsproblematik auch innerhalb der Familiengerichtsbarkeit zu einem überaus virulenten Thema (Dettenborn/Walter 2002, 284).

Grundsätzlich spielt der Verdacht sexuellen Missbrauchs auch unabhängig von § 1666 BGB eine bedeutende Rolle für die Sorgerechtsregelung nach einer Elterntrennung, bei der Regelung des Umgangs und dem Ausschluss des Umgangsrechts.

Sexueller Missbrauch beinhaltet eine Generationsschranken überschreitende sexuelle Aktivität eines Erwachsenen oder Jugendlichen mit einem Kind. Er zeigt sich in Belästigungen, pornografischen Aktivitäten, Veranlassung zur Prostitution, Masturbation, oralen, analen oder genitalen Verkehr, wodurch die körperliche und seelische Entwicklung, die Unversehrtheit und Autonomie, die sexuelle Selbstbestimmung des Kindes gefährdet und beeinträchtigt wird. Der Täter bzw. die Täterin nutzt seine/ihre Machtposition und die Abhängigkeit des Kindes aus und ignoriert die Grenzen des Kindes. Sexueller Missbrauch in der eigenen Familie geht oft mit seelischen Misshandlungen (Erpressungen) und Vernachlässigungen einher.

In 80 bis 90% der Fälle werden Missbrauchshandlungen an Kindern durch männliche Täter begangen. Ein Drittel aller Fälle führen jugendliche Täter aus (Maywald 2003, 302). Der sexuelle Missbrauch eines Kindes stellt eine Kindeswohlgefährdung dar und beinhaltet sehr häufig ein traumatisierendes Belastungserleben.

Unter einer Gefährdung des Kindeswohls verstehen die Juristen eine begründete Besorgnis, dass bei Nichteingreifen des Gerichts das Wohl des Kindes beeinträchtigt wird. Damit liegt eine gegenwärtige in einem solchen Maße vorhandene Gefahr vor, dass sich bei der weiteren Entwicklung des Kindes wegen eines anhaltenden Erziehungsunvermögens und des Fehlens einer Gefahrenabwendungsbereitschaft der Eltern bzw. des betreffenden Elternteils eine erhebliche Schädigung mit ziemlicher Sicherheit voraussehen lässt (Palandt/Bearbeiter: Diederichsen 2014, § 1666 BGB, Rdnr. 16ff.).

Die Schwere des Traumas sexueller Misshandlungen ist abhängig vom Alter der Betroffenen bei Misshandlungsbeginn und von der Dauer, Häufigkeit und Intensität der sexuellen Aktivität und der emotionalen Beziehung zwischen den Beteiligten. Generell gilt, dass chronische gewaltsame Missbrauchserfahrungen zu weitaus schwereren Schädigungen führen, als dies bei verbalen Entgleisungen (sexueller „Anmache") oder bei exhibitionistischen und voyeuristischen Vorgängen der Fall ist.

Während im Strafverfahren die Unschuldsvermutung gilt, steht in § 1666 Abs. 1 BGB das Kindeswohl im Vordergrund.

Die Trennung des Kindes vom Elternhaus und der gewohnten Umgebung stellt einen schwerwiegenden Eingriff dar, vor allem, wenn es sich um eine falsch positive Annahme handelte und sich die entsprechenden Vorwürfe später als unzutreffend erweisen. Deshalb muss das Gericht die ihm zugänglichen Erkenntnismöglichkeiten gem. § 26 FamG vollständig ausschöpfen und die Beteiligten und insbesondere auch die Eltern und Dritte (z.B. Experten) anhören. Erst dann vermag sich das Familiengericht eine Meinung zu bilden.

Die alleinige Heranziehung des Jugendamtsberichtes reicht selbst im Verfahren vorläufiger Anordnungen nicht aus. Hier sollte regelmäßig bei einem aussagefähigen und aussagebereiten Kind neben einem familienpsychologischen Sachverständigengutachten eine Glaubhaftigkeitsuntersuchung durch einen zweiten Gutachter durchgeführt werden (Salzgeber 2011, Rdnr. 1739). Bewährt hat sich in der familienrechtspsychologischen Gutachtenpraxis in der Tat die Begutachtungspraxis, die durch eine Trennung beider Begutachtungen (also zwei Gutachtenaufträge durch das Gericht) in ein familienpsychologisches Gutachten und eine Glaubhaftigkeitsgutachten gekennzeichnet ist (ähnlich auch Salzgeber 2011, Rdnr. 1749). Das Ergebnis der Glaubhaftigkeitsuntersuchung wird dann in das familienpsychologische Gutachten integriert.

Sollten allerdings bei einem noch nicht verbalisierungsfähigem oder retardiertem Kind Zweifel bleiben und eine Glaubhaftigkeitsuntersuchung nicht möglich ist, muss das Gericht abwägen, was für das Kind das Beste ist. Hierbei ist zu beachten, „dass die Kindeswohlgefährdung nicht zwingend auf einen unbewiesenen Verdacht gestützt werden muss, sondern sich aus der Gesamtschau der Umstände ergeben kann, sodass es letztlich für die Notwendigkeit einer Maßnahme uU gar nicht mehr darauf ankommt, ob der sexuelle Missbrauch vorlag." (Münchener Kommentar-BGB/Olzen 2012 BGB, § 1666 Rdnr. 61-62; noch uneindeutiger Coester 2009, 550).

Der sexuelle Kindesmissbrauch muss unter Anwendung des § 1666 BGB grundsätzlich als typische Kindeswohlgefährdung bewiesen sein. Im familiengerichtlichen Verfahren ist jedoch das Kindeswohl die verfahrensbestimmende Leitlinie, während im Strafverfahren „im Zweifel für den Angeklagten" gilt (in dubio pro reo).

Begutachtungsfragen nach einem sexuellen Missbrauch von Kindern und Jugendlichen bzw. nach dem Entstehen von Verdachtsmomenten berühren normalerweise die Aspekte der Glaubhaftigkeit der Angaben kindlicher Opferzeugen und die möglichen Folgen des sexuellen Missbrauchs.

Unter einem sexuellen Missbrauch versteht man aus sozialwissenschaftlicher und heilkundlicher Sicht – anders als aus rechtlicher Sicht gemäß § 176 StGB – die sexuelle Inanspruchnahme von abhängigen, entwicklungspsychologisch „unreifen" Kindern für sexuelle Handlungen, wobei das Kind die Tragweite der sexuellen Inanspruchnahme durch einen älteren Dritten angesichts seines Entwicklungsstandes oder aufgrund familialer Abhängigkeiten und Loyalitäten nicht verstehen kann. Insofern ist ein Kind auch außerstande, „freiwillig" und „rechtswirksam" in eine derartige sexuelle Inanspruchnahme einzuwilligen.

Die Handlungen zeigen sich in

- der Zurschaustellung von sexuellen Akten (Pornografie und Exhibitionismus)
- dem Berühren der Genitalien des Kindes bzw. die Aufforderung zur Berührung oder Masturbation der Genitalien des wesentlich älteren Menschen
- im vaginalen, oralen oder analen Verkehr ohne Bedrohung (häufig über längere Zeiträume)
- der Vergewaltigung als akut erzwungener Geschlechtsverkehr (Steinhausen 2006, 333).

Grenzen zum sexuellen Missbrauch werden immer dann überschritten, wenn das Kind in sexueller Absicht berührt oder aufgefordert wird, den Erwachsenen zu berühren (vgl. Volbert 1995, 54).

Durch diese Handlungen werden die körperliche und psychische Entwicklung, die Unversehrtheit und Autonomie, die sexuelle Selbstbestimmung des Kindes oder des Jugendlichen gefährdet und beeinträchtigt und die Gesamtpersönlichkeit nachhaltig gestört. Der Täter bzw. die Täterin nutzt seine/ihre Machtposition und die Abhängigkeit des Kindes aus und ignoriert die Grenzen des Kindes. Sexueller Missbrauch ist oft mit psychischen Misshandlungen (Erpressungen) und häufig mit Vernachlässigungen verknüpft.

Hervorzuheben ist, dass eine sexuelle Handlung faktisch und auch im Strafrechtssinne vom Kind als solche nicht wahrgenommen zu werden braucht (z.B. Herstellen von Aufnahmen für pornografische Zwecke eines unbefangenen nackten Kindes im Rahmen eines ansonsten üblichen Reinigungsrituals). Allerdings muss die Sexualbezogenheit der Handlung vom äußeren Erscheinungsbild „objektiv" erkennbar sein.

Die strafgesetzliche Regelung des sexuellen Missbrauchs von Kindern findet man in § 176 StGB. Kind im Sinne des Strafrechts ist ein junger Mensch unter 14 Jahren.

Nach dieser Vorschrift sind alle sexuellen Handlungen

- an einem Kind oder
- vor einem Kind unter 14 Jahren verboten.

- Verboten sind ferner sexuelle Handlungen, die jemand an sich von einem Kind vornehmen lässt.
- Des Weiteren ist strafbar, ein Kind zu sexuellen Handlungen an oder mit Dritten zu bestimmen.
- Schlussendlich ist strafbar, einem Kind pornografische Abbildungen oder Darstellungen vorzuführen oder
- durch Abspielen von Tonträgern pornografischen Inhalts oder
- durch entsprechende Reden auf das Kind einzuwirken.

Bestraft werden können alle Personen mit Beginn des Strafmündigkeitsalters ab 14 Jahren.

Die Altersschutzgrenze für Kinder und Jugendliche beträgt sogar 18 Jahre, wenn jemand an seinem noch nicht 18 Jahre alten leiblichen oder angenommenen Kind sexuelle Handlungen vornimmt (§ 174 Abs. Nr. 3 StGB).

Die aussagepsychologische Begutachtung (Glaubhaftigkeitsuntersuchung) beinhaltet sowohl im familiengerichtlichen Verfahren als auch im Strafverfahren ein hypothesengeleitetes Vorgehen. Dabei steht eine wissenschaftlich begründete Unterscheidung zwischen einer wahrheitsgemäßen Darstellung und einer Lüge im Mittelpunkt der Überlegungen und Forschungen.

Seit langem ist es beispielsweise forschungsevident, dass kein eindeutiger Zusammenhang zwischen einem allgemein positiven Leumund und der Glaubhaftigkeit einer konkreten Bekundung besteht (Steller/Volbert 1997, 15ff., mit weiteren Nachweisen).

Die Beurteilung einer Zeugenaussage im sexuellen Missbrauchsfall entwickelte sich aus frühen, bereits Anfang des vergangenen Jahrhunderts vorgenommenen experimentellen Untersuchungen zur Aussagegenauigkeit von Kindern. Diese beruhen nach heutigem Erkenntnis- und Forschungsstand auf systematischen, hypothesengeleiteten empirischen und experimentellen Forschungen im Bereich der Glaubhaftigkeitsbeurteilung (Dettenborn 2013b, § 5 Rdnr. 2 bis 6).

Die Prüfung der Aussagegenauigkeit beinhaltet dabei die Unterscheidung zwischen realitätsgerechter Darstellung und Irrtum. Danach sind Glaubhaftigkeit und Aussagegenauigkeit situationsbezogene Merkmale, während sich die sog. allgemeine Glaubwürdigkeit und die Zeugentüchtigkeit eher auf personale Merkmale und Eigenschaften der zu untersuchenden Person beziehen.

Festzuhalten bleibt, dass die zeitgemäße Glaubhaftigkeitsdiagnostik nicht mehr die Glaubwürdigkeit eines Zeugen erfasst, sondern die Glaubhaftigkeit

II Fremdplatzierung

einer spezifischen Aussage, die in einem erlebnisgestützten situativen Kontext steht.

In der gerichtsgebundenen Glaubhaftigkeitsuntersuchung findet der sog. inhaltsanalytische Ansatz Anwendung, nach dem die Aussage als eine kognitive Leistung angesehen wird.

Untrennbar mit dieser Annahme ist die Erkenntnis verbunden, dass eine Aussage eines Zeugen über ein sehr komplexes Handlungsgeschehen, wie das eines sexuellen Missbrauchs, ohne reale Erlebnisgrundlage bzw. Erlebnisgestütztheit besonders hohe Anforderungen an die kognitive Leistungsfähigkeit stellt. Aus dieser Erkenntnis resultiert die Hypothese, dass erfundene Schilderungen vermutlich eine geringere inhaltliche Qualität aufweisen als eine wahre Bekundung über ein Erlebnis und dass dieser Unterschied durch eine Inhaltsanalyse der Aussage deutlich wird.

Das sachverständige Vorgehen in einer Begutachtung umfasst zunächst das methodische Grundprinzip der Hypothesenbildung, die sich an folgender Leitfrage zu orientieren hat:

Könnte dieser Zeuge

– mit den gegebenen individuellen Voraussetzungen,
– unter den gegebenen Befragungsumständen und
– unter Berücksichtigung der im konkreten Fall möglichen Einflüsse Dritter diese spezifische Aussage machen,
– ohne dass sie auf einem realen Erlebnishintergrund basiert?

Aus dieser Fragestellung resultiert die empirische Notwendigkeit, in jedem Fall bei einer Glaubhaftigkeitsuntersuchung die entscheidende Ausgangshypothese zu nutzen, die so genannte Null- oder Unwahrhypothese (die dem juristischen Grundprinzip der Unschuldsvermutung – „im Zweifel für den Angeklagten" – entspricht):

– die Aussagen sind nicht erlebnisgestützt,

und bei Verneinung dieser ersten Hypothese die Alternativhypothese aufzustellen,

– die Aussagen sind erlebnisgestützt,

die anhand des gewonnenen Datenmaterials entweder bestätigt oder verworfen werden.

Dabei besteht diese methodische Annahme gerade darin, einen zu überprüfenden Sachverhalt so lange zu negieren, bis diese Negation mit den gesammelten Fakten nicht mehr vereinbar ist. Erst dann wird diese Null- bzw.

Unwahrhypothese verworfen, mit der Folge, dass die Alternativhypothese – es handelt sich somit um eine glaubhafte Aussage – gilt (Balloff 2000, 265, unter Bezugnahme auf das richtungweisende und für alle Sachverständigen gutachtenleitende BGH-Urteil vom 30.7.1999, 1 Str 618/98 = BGHST 45, 164; Dettenborn 2013b, § 5 Rdnr. 24f.).

Im Einzelfall kann, wenn aus der Entstehungsgeschichte der Aussage Hinweise auf Suggestionen ersichtlich werden, die beispielsweise durch nicht sachgerechte Fragen entstanden sind, auch die Hypothese untersuchungsleitend sein, die die Aussage als Ergebnis suggestiver Beeinflussungen ansieht.

Methodische Hauptzugänge beinhalten die

– Aussagefähigkeit,
– Aussagequalität und die
– Aussagezuverlässigkeit.

Die Überprüfung der *Aussagefähigkeit* des Zeugen als Kompetenzanalyse (Persönlichkeitsanalyse mit Berücksichtigung des zur Debatte stehenden Sachverhalts) beinhaltet z.B. die Frage, ob die aussagende Person den Sachverhalt zuverlässig wahrgenommen hat bzw. hat wahrnehmen können und ob sie in der Lage ist, diesen Sachverhalt zwischen dem Tatgeschehen und der Befragung im Gedächtnis zu behalten. Das führt normalerweise zu einer gutachtlichen Überprüfung der Wahrnehmungs-, Erinnerungs- und Ausdrucksfähigkeit des kindlichen Zeugen. Ferner muss überprüft werden, ob der Zeuge über ein ausreichendes Sprachverständnis, über eine ausreichende sprachliche Ausdrucksfähigkeit, über ein ausreichendes Maß an Kontrollmöglichkeiten gegenüber Suggestionen verfügt und ob er in der Lage ist, Erlebtes von Fantasien zu unterscheiden. Die Überprüfung der *Aussagefähigkeit* eines Zeugen beinhaltet ferner – vordringlich auch im familiengerichtlichen Verfahren – explorative und anamnestische sowie fremdexplorative und fremdanamnestische Interviews und testpsychologische Untersuchungen.

In der familienrechtlichen Praxis sind es besonders häufig Kinder unter vier Jahren, bei denen aus entwicklungspsychologischer Sicht noch keine hinreichende *Aussagefähigkeit* identifizierbar ist.

Die Beurteilung der *Aussagequalität* einer Zeugenaussage erfolgt anhand der Realkriterien- und Konstanzanalyse. Erforderlich ist hierfür die wörtliche Protokollierung der Zeugenaussage, bei der auch die Fragen und Antworten deutlich voneinander abgegrenzt erkennbar sein müssen.

II Fremdplatzierung

Die Frage der *Aussagezuverlässigkeit* bezieht sich in erster Linie auf störungsfreie interne und externe Rahmenbedingungen der Aussageentwicklung. Fragen nach der Aussagemotivation, Aussagegeschichte, Fremdeinflüsse, Persönlichkeitsbesonderheiten spielen hier eine Rolle; ebenso die Fehlerquellenanalyse im Rahmen der Motivanalyse, Prüfung der Aussageentwicklung, der Suggestionsprüfung und der Persönlichkeitsanalyse.

Alles in allem stellt sich im Rahmen der Gesamtanalyse mit Blick auf die Validität der kindlichen Zeugenaussage die Frage, ob Zweifel an der Zuverlässigkeit der Aussage vorliegen könnten (Greuel 1997, 160).

Als geeignete Frageformen werden beispielsweise übereinstimmend
- die Leerfrage
- die Anstoßfrage,
- die Wahlfrage und
- die Konträrfrage angesehen.

Als bedingt geeignete Frageform wird die Stichwortfrage beurteilt.

Als ungeeignete Frageformen werden
- die Erwartungsfrage,
- die Voraussetzungsfrage,
- die Vorhaltfrage und
- die Wiederholungsfrage

herausgestellt (Greuel, Offe et al. 1998, 66, mit weiteren umfassenden Nachweisen).

Falschaussagen auch kindlicher Zeugen sind relativ selten (Salzgeber 2011, Rdnr. 1759), kommen aber durchaus vor.

Hierbei kann es sich handeln um
- absichtliche Falschaussagen, also intentionale Falschaussagen oder intentionalen Transfer eines eigenen Erlebnisses, einer sonstigen Wahrnehmung auf den Beschuldigten,
- Aussagen, die durch Fremdbeeinflussungen zustande gekommen sind, wie intentionale Induktion einer Falschaussage durch einen Dritten, die vom Kind subjektiv als unwahr erkannt, aber dennoch übernommen wird; intentionale Induktion einer Falschaussage durch einen Dritten, die vom Kind subjektiv als wahre Aussage übernommen wird; irrtümliche Induktion einer Falschaussage durch einen Dritten, die vom Kind als unwahr erkannt, aber übernommen wird; irrtümliche Induktion einer Falschaussage durch einen Dritten, die vom Kind subjektiv als wahre Aussage übernommen wird,

– Aussagen, die durch Autosuggestionen entstanden sind, und zwar durch unabsichtlich falschen Transfer eines Erlebnisses oder einer sonstigen Wahrnehmung (Steller/Volbert 1999, 49, Volbert 2000, 114; Dettenborn 2013b, § 5 Rdnr. 31).

Zur Operationalisierung und Handhabbarmachung von „wahren" bzw. „unwahren" Zeugenaussagen im Rahmen der Einschätzung der *Aussagequalität* wurden seit den sechziger Jahren des 20. Jahrhunderts – vor allem im deutschen Sprachraum – mehrere Kategorialsysteme vorgelegt, die sich nach heute übereinstimmender Meinung auf spezifische Merkmalsgruppen beziehen, die auch als Realkennzeichen (Realkriterien) bezeichnet werden. Folgende Realkennzeichen finden in der Glaubhaftigkeitsuntersuchung Anwendung (Volbert 2000, 116):

– Allgemeine Merkmale
  1. logische Konsistenz
  2. chronologisch unstrukturierte Darstellung
  3. quantitativer Detailreichtum
– Spezielle Inhalte
  1. raum-zeitliche Verknüpfungen
  2. Interaktionsschilderungen
  3. Wiedergabe von Gesprächen
  4. Schilderungen von Komplikationen im Handlungsverlauf
– Inhaltliche Besonderheiten
  1. Schilderung ausgefallener Einzelheiten
  2. Schilderung nebensächlicher Einzelheiten
  3. phänomengemäße Schilderung unverstandener Handlungselemente
  4. indirekt handlungsbezogene Schilderungen
  5. Schilderung eigener psychischer Vorgänge
  6. Schilderung psychischer Vorgänge des Angeschuldigten
– Motivationsbezogene Inhalte
  1. spontane Verbesserungen der eigenen Aussage
  2. Eingeständnis von Erinnerungslücken
  3. Einwände gegen die Richtigkeit der eigenen Aussage
  4. Selbstbelastungen
  5. Entlastung des Beschuldigten
– Deliktspezifische Inhalte
  1. deliktspezifische Aussageelemente

II Fremdplatzierung

Dabei dürfen diese Glaubhaftigkeitsmerkmale bzw. Realkennzeichen nicht als Checklisten missverstanden werden, bei denen beispielsweise eine bestimmte Quantität von Einzelmerkmalen für oder gegen die Glaubhaftigkeit der Aussage spricht. Die Benutzung der Glaubhaftigkeitsmerkmale dient vielmehr nur einer systematischen Einschätzung der *Aussagequalität*. Erst die gutachtlichen Schlussfolgerungen aus der Gesamtheit aller Indikatoren erlangen einen Indizwert, der für die Glaubhaftigkeit der zu beurteilenden Angaben spricht. Hierbei handelt es sich um den Qualitäts-Kompetenz-Vergleich, der die Persönlichkeitsdiagnostik und die Analyse der Aussageentwicklung und die Bewertung der Realkennzeichenanalyse mit einschließt.

Nur durch das Zusammenwirken aller Indikatoren kann die Fehlerwahrscheinlichkeit gesenkt werden. Die benutzten Realkennzeichen können somit nicht den Status von nomologischen Gesetzen beanspruchen, obwohl diese Merkmale durchaus geeignet sind, als nützliche Indikatoren im Rahmen klar spezifizierter und kritisch geprüfter Modelle einen statistisch gesicherten Beitrag zur Wahrheitsfindung zu leisten (Fiedler/Schmid 1999, 17).

Um diesem Umstand angemessen Rechnung zu tragen, wird bei der Realkennzeichenanalyse, also in Bezug auf das jeweilige Vorliegen eines Realkennzeichens, das mathematische und psychometrische Prinzip der Aggregation zugrunde gelegt.

Erst das Zusammenwirken der aussagepsychologischen Konstrukt-Trias (Greuel 1997, 160) – Aussagefähigkeit, Aussagequalität und die Aussagezuverlässigkeit – als mehrdimensionales Konstruktspektrum ergibt – neben der Hypothesenbildung – drei übergeordnete psychologische Untersuchungsfragen, die die Wahrnehmungs-, Erinnerungs- und Ausdrucksfähigkeit des Zeugen umfassen (Frage der Aussagefähigkeit).

Ferner werfen sie die Frage auf, ob die konkrete Aussage solche Merkmalsstrukturen aufweist, die in erlebnisfundierten Aussagen und Schilderungen zu erwarten sind, in intentionalen Falschaussagen hingegen fehlen (Frage der Aussagequalität).

Darüber hinaus muss immer auch überprüft werden, ob die internen sozio-emotionalen und motivationalen und externen Rahmenbedingungen der Aussageentstehung und -entwicklung frei von solchen (suggestiven) Störungen sind, die Zweifel an der Aussagezuverlässigkeit begründen können (Greuel 1997).

Die „Lügenanalyse" des in Verdacht geratenen mit Hilfe des Polygrafen wird vom BGH als durch die Rechtsprechung der Strafsenate des BGH (BGH, Urteil vom 17.12.1998 – 1 StR 156-98 = BGHSt 44, 308 = NJW

1999, 657; BGH, Urteil vom 30.7.1999 – 1 StR 618/98 = PdR 1999, 113–125) und seit 2003 auch für das Zivilverfahren als ungeeignetes Beweismittel angesehen (BGH, Beschluss vom 24.6.2003 – VI ZR 327/02 = FPR 2003, 571).

Ungeklärt ist angesichts der Festlegung, die Polygrafiemethode sei ein ungeeignetes Beweismittel, wie und mit welchen fachlich anerkannten Mitteln einem sexuellen Missbrauchsverdacht nachgegangen werden kann, wenn z.B. das Kind

- keine Aussage trifft,
- aus Gründen des Alters, der Entwicklung oder einer Behinderung zu keiner Aussage in der Lage ist oder
- eine Aussage ohne weitere Erklärung widerruft.

Das bereits erwähnte – für Jahre richtungweisende Urteil des Bundesgerichtshofes vom 30.7.1999 – zu Fragen des Abfassens eines aussagepsychologischen Gutachtens gibt vor, wie aussagepsychologische Begutachtungen im Strafverfahren durchzuführen sind. Dieses Urteil hat darüber hinaus erhebliche Auswirkungen auf die Begutachtung in der Familiengerichtsbarkeit. Denn nunmehr muss die aussagepsychologische Untersuchung in der Familiengerichtsbarkeit die gleiche Gutachtenqualität aufweisen wie in der Strafgerichtsbarkeit.

Der BGH thematisiert 1999 im Rahmen der Bewertung eines beanstandeten Begutachtungsfalles folgende Einzelpunkte, die z.T. dem Stand des wissenschaftlichen Diskurses entsprechen.

Dies führt in diesen Ausführungen zu einigen Wiederholungen – hier wissenschaftliche Erkenntnis vor dem BGH Urteil und das BGH-Urteil selbst – was aber hingenommen werden sollte, um die Trag- und Reichweite des BGH-Urteils zusammenfassend darstellen zu können:

1. Die Glaubhaftigkeitsuntersuchung unter Beachtung der Null- bzw. Unwahrhypothese:
    Beim Verdacht einer an einem Kind begangenen Sexualstraftat empfiehlt der BGH, schon zu dessen erster Vernehmung einen Sachverständigen hinzuzuziehen.
    Dabei besteht nach Auffassung des BGH nach den Vorgaben der beiden eingeholten Gutachten (Fiedler/Schmid 1999, 5–45; Steller/Volbert 1999, 46–112) das methodische Grundprinzip in Übereinstimmung mit der gesamten übrigen aussagepsychologischen Literatur (Volbert 2000) darin, einen zu überprüfenden Sachverhalt so lange zu negieren, bis

diese Negation mit den gesammelten Fakten nicht mehr vereinbar ist (sog. Null- bzw. Unwahrhypothese).

Ergibt die Prüfstrategie im Rahmen der Begutachtung, dass die Unwahrhypothese mit den erhobenen Fakten nicht mehr übereinstimmt, wird sie verworfen. Dann gilt die Alternativhypothese, nach der es sich um eine glaubhafte, also erlebnisfundierte Aussage handelt.

Die Bildung von Hypothesen ist deshalb für Inhalt und Ablauf einer Glaubhaftigkeitsuntersuchung von ausschlaggebender Bedeutung. Sie stellt nach Auffassung des BGH einen wesentlichen und unerlässlichen Teil des hypothesengeleiteten Begutachtungsprozesses dar.

Dabei hat sich der Sachverständige ausschließlich methodischer Mittel zu bedienen, die dem jeweils aktuellen wissenschaftlichen Kenntnisstand entsprechen. Die eingesetzten Test- und Untersuchungsverfahren müssen durch die gebildeten Hypothesen (auch psychologische Fragestellungen genannt) indiziert, also geeignet sein, zu deren Überprüfung beizutragen. Existieren mehrere anerkannte und im Einzelfall angezeigte Testverfahren, so steht deren Auswahl im pflichtgemäßen Ermessen des Sachverständigen.

2. Zur Frage der Auswahl der für die Begutachtung in Frage kommenden Test- und Untersuchungsverfahren:

Die Auswahl der für die Begutachtung in Frage kommenden Test- und Untersuchungsverfahren hängt nach den Vorgaben des BGH davon ab, welche Möglichkeiten als Erklärung für eine – unterstellt – unwahre Aussage in Betracht zu ziehen sind (sog. hypothesengeleitete Diagnostik).

Der BGH betont, dass beispielsweise die projektiven Testverfahren des Wartegg-Zeichen-Tests und Baum-Zeichen-Tests Mängel in den Testgütekriterien aufweisen.

Dagegen beinhaltet nach Auffassung des BGH die Verwendung von so genannten Fantasieproben oder vergleichbaren Verfahren im Kontext der Exploration des kindlichen Zeugen ein wissenschaftlich eingeführtes Verfahren. Sie dienen der Prüfung, ob eine Person bei einer unzweifelhaft erfundenen Geschichte eine ebenso realistische, das heißt inhaltlich plausible und emotional getönte Darstellung erreichen kann wie bei dem Bericht des behaupteten Sachverhalts. Dieses Verfahren reicht aber nicht aus, um die Möglichkeit einer durch Dritte induzierten Aussage zu prüfen. Denn bei der Suggestibilität handelt es sich nicht um ein situationsübergreifendes, persönlichkeitsspezifisches Konstrukt, sondern um ein Phänomen, das nach heutigem Kenntnisstand

durch eine Reihe von kognitiven und sozialpsychologischen Mechanismen beeinflusst wird. Zu beachten ist hierbei, dass „Verbalmerkproben" nicht als Standardverfahren eingeführt und üblich sind (Gleiches gilt für den Test mit der Bezeichnung „Selbstbildnis").
Der Ausdeutung von Kinderzeichnungen sowie der Deutung von Interaktionen, die Kinder unter Einsatz von „anatomisch korrekten Puppen" darstellen, kommt nach dem Urteil des BGH im Rahmen einer forensisch-aussagepsychologischen Begutachtung keine Bedeutung zu. Möglicherweise können neben einer bewussten Falschaussage auch Autosuggestionen oder bewusst fremdsuggerierte Aussagen vorkommen. Insbesondere bei Kindern besteht nach Auffassung des BGH die Gefahr, dass diese ihre Angaben unbewusst ihrer eigenen Erinnerung zuwider verändern, um beispielsweise den von ihnen angenommenen Erwartungen eines Erwachsenen, der sie befragt, zu entsprechen oder sich an dessen vermuteter größerer Kompetenz auszurichten.
Zu berücksichtigen sind allerdings vom Gutachter nicht alle denkbaren, sondern nur die im konkreten Fall nach dem Stand der Ermittlungen realistisch erscheinenden Erklärungsmöglichkeiten.
Bei der Glaubhaftigkeitsuntersuchung sind die Angaben des kindlichen Zeugen nach Überzeugung des BGH regelmäßig auf ihre inhaltliche Konsistenz zu überprüfen. Diesem aussagepsychologischen Konzept liegt auch nach Auffassung des BGH die Annahme zugrunde, dass zwischen der Schilderung eines wahren und der eines bewusst unwahren Geschehens ein grundlegender Unterschied in Bezug auf die jeweils zu erbringende kognitive Leistung des Aussagenden besteht.
Wenn ein wahrer Bericht aus dem Gedächtnis rekonstruiert wird, konstruiert eine bewusst lügende Person ihre Aussagen aus ihrem gespeicherten Allgemeinwissen. Da es eine schwierige Aufgabe mit hohen Anforderungen an die kognitive Leistungsfähigkeit darstellt, eine Aussage über ein komplexes Geschehen ohne eigene Wahrnehmungsgrundlage zu erfinden und über längere Zeit aufrechtzuerhalten, ist die Wahrscheinlichkeit im Fall einer Lüge gering, beispielsweise nebensächliche Details, abgebrochene Handlungsketten, unerwartete Komplikationen, phänomengemäße Schilderungen oder unverstandene Handlungselemente zu berichten.
Hinzu tritt das Bemühen der die Unwahrheit berichtenden Person, glaubwürdig zu erscheinen. Daher besteht auch nach Ansicht des BGH die begründete Erwartung, dass bewusst falsche Aussagen nur in ge-

ringem Maß Selbstkorrekturen und Selbstbelastungen möglich machen oder das Zugeben von Erinnerungslücken enthalten.
3. Die Anwendung der Realkennzeichen und das Prinzip der Aggregation (Häufung):
Bei der Durchführung der Analyse zur Aussagequalität werden Merkmale zusammengestellt, denen insofern entscheidende Bedeutung zukommt, ob beispielsweise die Angaben der untersuchten Person auf tatsächlichem Erleben beruhen.
Das Auftreten dieser Merkmale (Realkennzeichen) in einer Zeugenaussage gilt dann als Hinweis auf die Glaubhaftigkeit der Angaben, wobei nur die Realkennzeichen im Gegensatz zu
– Methoden der Aufdeckungsarbeit,
– Symptomlisten,
– einem so genannten sexuellen Missbrauchssyndrom (z.B. Kendall-Tacket/Williams/Finkelhor 1993),
– dem sog. Syndrom der Geheimhaltung (z.B. Fürniss 1991),
– kindlichen Verhaltensauffälligkeiten bzw. Verhaltensbesonderheiten, Ausdeutungen von Kinderzeichnungen,
– einem diagnostischen Einsatz von „Anatomisch Korrekten Puppen",

im Gerichtsverfahren zulässig sind. Die Realkennzeichen seien fundierter empirisch überprüft, obgleich Untersuchungen zur Validität der verwendeten Glaubhaftigkeitsmerkmale beispielsweise im Rahmen von Feldstudien und Simulationsstudien noch nicht hinreichend durchgeführt wurden (Volbert 2000, 118).
Nach heutigem Kenntnisstand wird die Realkennzeichenanalyse als nicht anwendbar erachtet,
– wenn kein bestimmter Mindestumfang der Aussage vorhanden ist,
– wenn Suggestivfragen gestellt wurden; es dürfen auch keine Realkennzeichen erfragt werden
– wenn Verneinungen ignoriert wurden,
– wenn in der Vorgeschichte suggestive Einflüsse nachweisbar sind,
– wenn die Aussagen erheblich inkonstant sind,
– wenn die Aussagesubstanz mangelhaft ist,
– wenn die Aussageperson eine hohe Lügenkompetenz hat (sog. guter Lügner),
– wenn die Aussagefähigkeit nicht bejaht wurde (Dettenborn 2013b, § 5 Rdnr. 45f.).

Unzureichend ist nach wie vor der Kenntnisstand,
- inwieweit sich beispielsweise suggestive Bedingungen tatsächlich auf die konkrete Aussage ausgewirkt haben,
- ob eine Aussage, auch wenn diese unter suggestiven Bedingungen zustande gekommen ist, nur als suggeriert oder doch noch als erlebnisbegründet klassifiziert werden kann,
- ob sich dementsprechend die Qualität einer suggerierten Aussage von einer erlebnisgestützten Aussage unterscheidet und
- ob die Realkennzeichenanalyse auch in diesen Fällen ein geeignetes diagnostisches Instrument zur Differenzierung dieser beiden Aussagequalitäten darstellt (Volbert 2000, 135).

Einschränkend bleibt festzuhalten, dass es, anders als bei der Unterscheidung zwischen einer erlebnisgestützten und einer erfundenen Aussage, bisher keinen empirischen Beleg dafür gibt, dass die Realkennzeichenanalyse zur Differenzierung von erlebnisgestützten und suggerierten Aussagen geeignet ist (Volbert 2000, 136).
Eine Lösung dieses Dilemmas gerade in der Familiengerichtsbarkeit ist derzeit nur darin zu sehen, in diesen Fällen der Rekonstruktion und der Geschichte des Entstehens der Aussage und der „Geburtsstunde" der Aussage besonderes Gewicht beizumessen.
Dennoch bleibt einschränkend festzuhalten, dass ein positiver aussagepsychologischer Beleg im Hinblick auf einen tatsächlichen Erlebnisbezug nach erheblichen suggestionsfördernden Bedingungen häufig nicht mehr gefunden werden kann (Steller/Volbert 1997).
Ferner betont der BGH, dass, obwohl es sich bei den Realkennzeichen um Indikatoren mit jeweils für sich genommen nur geringer Validität handelt, die gutachtliche Schlussfolgerung aus der Gesamtheit aller Indikatoren einen Indizwert für die Glaubhaftigkeit der zu beurteilenden Angaben erlangt, da durch das Zusammenwirken aller Indikatoren deren Fehleranteile gesenkt werden.
Diesem Umstand liegt das bei Fiedler/Schmid (1999, 21f.) thematisierte mathematische und psychometrische Prinzip der Aggregation (Häufung, Anhäufung) zugrunde: Auch wenn der Wert einzelner Merkmale bzw. Indikatoren im Rahmen einer Realkennzeichenanalyse unbefriedigend bleibt, gestattet die Gesamtheit multipler Cues (vielfältiger Indikatoren) eine hochsignifikante Diskrimination wahrer und unwahrer Aussagen.
Im Rahmen dieses probabilistischen Entscheidungsmodells (probabilistisch – alles Wissen beinhaltet lediglich Wahrscheinlichkeitswerte) wird

II Fremdplatzierung

durch Aggregation vielfältiger Einzelindikatoren eine deutlich höhere Gesamtgenauigkeit erreicht. Aggregation selbst über schwache Indikatoren stellt somit keine unzulässige diagnostische Methode dar, sondern ein wissenschaftlich anerkanntes methodisches Prinzip (Fiedler/Schmid 1999, 22). Ebenso spielt es über viele Indikatoren bei fast allen psychologischen Tests ebenso eine herausragende Rolle (beachte in diesem Zusammenhang die Grundannahmen der Klassischen Testtheorie (KTT), der Probabilistischen Testtheorie oder Item-Response-Theorie (IRT) (Amelang/Zielinski 2002, 68ff.).

Die Analyse der Realkennzeichen darf nicht schematisch erfolgen. Ein zwingender Schluss von einem festgestellten Merkmal auf die Glaubhaftigkeit ist nicht möglich. Methodisch unzulässig ist, aus dem Vorliegen einer bestimmten Anzahl von Merkmalen (im Sinne eines Schwellenwertes) auf die Qualität einer Aussage zu schließen. Nur im Einzelfall können auch einzelne Realkennzeichen ausreichen, um den Erlebnisbezug einer Aussage anzunehmen. Fehlen derartige Merkmale, kann umgekehrt nicht unbedingt eine bewusst unwahre Aussage angenommen werden, da dies durch verschiedene Faktoren (z.B. Angst, Erinnerungslücken, Suggestionen) verursacht worden sein kann.

Die Realkennzeichen sind allerdings zur Unterscheidung zwischen einer wahren und einer suggerierten Aussage als diagnostisches Instrumentarium nicht geeignet, da nach der empirischen Befundlage erlebnisbasierte und suggerierte Aussagen sich offenbar in ihrer Qualität nicht (messbar) unterscheiden.

1. Inhaltsanalyse, Konstanzanalyse und Gesamtanalyse:
   Die Inhaltsanalyse befasst sich nach Auffassung des BGH, die im Einklang mit rechtspsychologisch-diagnostischen Annahmen steht, mit der Qualität der Aussage, während die Konstanzanalyse die Analyse des von einer Person gezeigten Aussageverhaltens umfasst. Dabei bezieht sich die Konstanzanalyse insbesondere auf aussageübergreifende Qualitätsmerkmale, die sich aus dem Vergleich von Angaben über denselben Sachverhalt zu unterschiedlichen Zeitpunkten ergeben. Falls ein Zeuge mehrfach vernommen wird, ist ein Aussagevergleich im Hinblick auf Übereinstimmungen, Widersprüche, Ergänzungen und Auslassungen vorzunehmen. Dabei stellt allerdings nicht jede Inkonstanz einen Hinweis auf mangelnde Glaubhaftigkeit der Angaben insgesamt dar. Vielmehr können vor allem Gedächtnisunsicherheiten eine hinreichende Erklärung für festgestellte Abweichungen darstellen.

Im Rahmen einer Gesamtanalyse müssen die spezifischen Kompetenzen und Erfahrungen der untersuchten Person sowie die Entstehungs- und Entwicklungsgeschichte der Aussage berücksichtigt werden. Speziell das Vorhandensein einzelner bei einer Inhaltsanalyse verwendeter Realkennzeichen hängt mit hoher Wahrscheinlichkeit auch von Merkmalen der untersuchten Person ab. Das erzielte Ergebnis ist deshalb insbesondere mit den Mitteln der Fehlerquellenanalyse und Kompetenzanalyse auf seinen Aussagewert dahingehend zu überprüfen, ob eine – gegebenenfalls hochwertige und infolgedessen einen Erlebnisbezug indizierende – Aussage nach aussagepsychologischen Kriterien als zuverlässig eingestuft werden kann.

Bei der Fehlerquellenanalyse wird es in Fällen, bei denen auch (u.U. unbewusste) fremdsuggestive Einflüsse in Erwägung zu ziehen sind, regelmäßig erforderlich sein, die Entstehung und Entwicklung der Aussage aufzuklären. Die Aussagegenese stellt insofern einen zentralen Analyseschritt dar. Insbesondere, wenn es sich um ein jüngeres Kind handelt, werden zu diesem Zweck die Angaben der Personen, denen gegenüber es sich zu den Tatvorwürfen geäußert hat (z.B. Eltern, Erzieher, Lehrer), zu berücksichtigen sein. Einer derartigen fremdanamnestischen Befragung Dritter kann darüber hinaus – wenigstens bei Kindern im Vor- und Grundschulalter – auch zur biografischen Rekonstruktion Bedeutung zukommen.

Bedenken meldet allerdings der BGH insofern an, ob trotz erheblicher strafprozessualer und rechtstatsächlicher Einwände Drittbefragungen durch den Gutachter im Rahmen eines Strafverfahrens überhaupt zulässig sind. Der BGH weist in diesem Zusammenhang auf den strafprozessual nicht zu beanstandenden Weg hin, wonach der Sachverständige bei der Staatsanwaltschaft oder dem Gericht auf die Vernehmung von Zeugen hinzuwirken hat, zumal dem Sachverständigen in diesem Fall ein Anwesenheits- und Fragerecht zusteht (§ 80 Strafprozessordnung – StPO).

Im Familiengerichtsverfahren sind dagegen Befragungen Dritter durch den Sachverständigen üblich und möglich (z.B. Erzieher in der Kita, Mitarbeiter im Jugendamt oder Lehrkräfte in der Schule). Sollten jedoch nunmehr die strengeren verfahrensrechtlichen Grundsätze des Strafverfahrens durch die Zivilgerichtsrechtsprechung auch in das familiengerichtliche Verfahren Eingang finden, wird in Zukunft möglicherweise auch in diesen Verfahren eine Befragung Dritter durch den

Sachverständigen nicht mehr möglich sein. Dieser Zustand ist jedoch bis heute nicht eingetreten.
2. Motivationsanalyse und Kompetenzanalyse:
Die Motivationsanalyse zielt nach Auffassung des BGH vor allem auf die Feststellung möglicher Motive für eine unzutreffende Belastung des Beschuldigten durch einen Zeugen ab. Wesentliche Anhaltspunkte für potentielle Belastungsmotive können nach Ansicht des BGH etwa der Untersuchung der Beziehung zwischen dem Zeugen und dem von ihm Beschuldigten entnommen werden. Beachtlich ist ferner, welche Konsequenzen der erhobene Vorwurf für die Beteiligten oder für Dritte nach sich ziehen kann, wobei aus einer festgestellten Belastungsmotivation beim Zeugen nicht zwingend auf eine Falschaussage geschlossen werden kann.
Im Wege der Kompetenzanalyse ist zu prüfen, ob die Aussage namentlich durch so genannte Parallelerlebnisse oder reine Erfindungen erklärbar sein könnte. Dazu bedarf es der Beurteilung der persönlichen Kompetenz der aussagenden Person, insbesondere ihrer allgemeinen sprachlichen und intellektuellen Leistungsfähigkeit sowie ihrer Kenntnisse über Sexualdelikte.
Die unter Berücksichtigung des konkreten Tatvorwurfs vorzunehmende Prüfung dieser Fähigkeiten einschließlich eventueller aussagerelevanter Besonderheiten der Persönlichkeitsentwicklung des Untersuchten (z.B. Selbstwertprobleme, gesteigertes Geltungsbedürfnis) erfolgt üblicherweise mit den allgemeinen Methoden psychologischer Diagnostik (z.B. Befragung, Beobachtung, Tests und Fragebögen). Hierunter fallen im Einzelfall auch die projektiven testpsychologischen Untersuchungsverfahren. Dabei fällt die Auswahl der Verfahren unter Beachtung des aktuellen wissenschaftlichen Kenntnisstandes in die Zuständigkeit des Sachverständigen.
3. Zur Bedeutung einer Sexualanamnese des kindlichen Opferzeugen:
Neben allen anderen bereits angesprochenen Untersuchungsverfahren ist nach Auffassung des BGH grundsätzlich auch eine Sexualanamnese in Betracht zu ziehen. Allerdings ist eine Sexualanamnese nicht bei jeder Glaubhaftigkeitsuntersuchung bedeutsam. Vielmehr handelt es sich um eine Untersuchungsmethode, deren Anwendung im pflichtgemäßen Ermessen des Sachverständigen liegt. Geht es aber um die Frage, ob ein Zeuge den Vorwurf an ihm begangener Sexualdelikte zutreffend erhebt, ist regelmäßig die Einschätzung seiner sexualbezogenen Kenntnisse und Erfahrungen notwendig. Dies gilt zumindest bei Zeugen, bei denen

– etwa aufgrund ihres Alters – ein entsprechendes Wissen nicht ohne weiteres vorausgesetzt werden kann (Volbert 1995, Volbert/Homburg 1996).
4. Beachtung einer gynäkologischen Untersuchung durch den Sachverständigen:
Die Beachtung der Ergebnisse einer gynäkologischen Untersuchung durch den psychologischen Sachverständigen stellt keinen Verstoß gegen das Prinzip der wissenschaftlichen Unabhängigkeit in Bezug auf sog. Außenkriterien dar. Vielmehr darf ein Sachverständiger Anknüpfungstatsachen, die er dem bestehenden Ermittlungsergebnis entnommen hat, in seinen Abwägungsprozess mit einbeziehen.
5. Prinzip der Transparenz und Überprüfbarkeit gutachtlichen Vorgehens:
Die diagnostischen Schlussfolgerungen vom Sachverständigen müssen nach Möglichkeit, so der BGH, für alle Verfahrensbeteiligten nachvollziehbar dargestellt werden, namentlich durch Benennung und Beschreibung der Anknüpfungs- und Befundtatsachen. Gleichzeitig muss für alle Beteiligten – zumindest aber durch andere Sachverständige – überprüfbar sein, auf welchem Weg der Sachverständige zu den von ihm gefundenen Ergebnissen gelangt ist. Deshalb sind die vom Sachverständigen zugrunde gelegten Hypothesen im Gutachten einzeln zu bezeichnen. Dabei sind die jeweils verwendeten Untersuchungsmethoden und Testverfahren zu benennen und zu den gebildeten Hypothesen in Bezug zu setzen, das heißt, es muss deutlich gemacht werden, welche Fragestellung mit welchem Verfahren unter Angabe des Zeitrahmens bearbeitet wurde und warum diese Verfahren methodisch indiziert waren.
Anerkannte Diagnoseverfahren, wie z.B. Befragung, Beobachtung, Standardtests und Standardfragebögen, bedürfen allerdings keiner regelmäßigen Erläuterung der Konzeption und Methodik. Andere Verfahren müssen dagegen im Gutachten dargestellt werden, um dem Nachvollziehbarkeits- und Transparenzgebot zu entsprechen.
Grundsätzlich genügt es, die wesentlichen Ergebnisse der Testung, die sich bei der Durchführung der Begutachtung für die Erfüllung des Gutachtenauftrages als wichtig erwiesen haben, zu benennen und zu interpretieren. Allerdings kann es im Einzelfall aus Transparenzgründen und zur Überprüfung der aus den Befunden gezogenen Schlussfolgerungen notwendig sein, alle vom Untersuchten erzielten Testergebnisse mitzuteilen.

II Fremdplatzierung

Entsprechende Maßstäbe gelten für Mitschriften, Audio- und gegebenenfalls Videoaufnahmen der Exploration zur Sache, die für eine sachangemessene Analyse und Bewertung der Bekundungen anzufertigen sind. Das bedeutet aber nach Auffassung des BGH nicht, dass das Explorationsgespräch im Gutachten vollständig wiederzugeben ist. Die wörtliche Wiedergabe ist nur insofern erforderlich, als sie für die Bearbeitung des Gutachtenauftrages von Bedeutung ist. Dabei sind diese Unterlagen wenigstens bis zur Rechtskraft des Urteils, im Hinblick auf eine eventuelle Wiederaufnahme des Verfahrens auch darüber hinaus, aufzubewahren und bei Bedarf in der Hauptverhandlung nach den Maßstäben der gerichtlichen Aufklärungspflicht vorzulegen.

An der konkreten, wissenschaftlich seit Jahren praktizierten aussagepsychologischen Begutachtung durch vom Gericht bestellte Sachverständige hat sich durch das für Jahre die Richtung bestimmende Urteil des BGH, nichts Wesentliches geändert.

Mit dem BGH-Urteil zur aussagepsychologischen Begutachtung ist im Gegensatz zu den Polygrafie-Urteilen des Bundesgerichtshofes in Strafsachen vom 17.12.1998 und Zivilsachen vom 26.4.2003 ein eminent bedeutsamer und traditioneller Bereich der Rechtspsychologie bestätigt worden (Steller/Volbert 1999, 104).

Fazit

Die Rechtsprechung erachtet nach der bisherigen Entwicklung nur die aussagepsychologische Begutachtung unter Zugrundelegung der Realkennzeichenanalyse als einzig zulässige Untersuchungsmethode in einem sexuellen Missbrauchsverdachtsfall (die Untersuchungsmethode gilt auch für den Fall einer Kindesmisshandlung ohne sexuellen Hintergrund).

In der Rechtspsychologie wird dagegen nicht nur die wissenschaftliche Aussageuntersuchung, sondern grundsätzlich auch die polygrafische Untersuchung als Methode der Wahl in einem sexuellen Missbrauchsfall erachtet.

Dettenborn (2003a, 566) resümiert zum Polygrafieverbot sicher nicht zu Unrecht, dass die Fehlbarkeit richterlicher Urteilsbildung durch das Polygrafieverbot nicht gemindert wird und die in Verdacht geratenen Personen nunmehr keine Möglichkeit haben, ihre Unschuld zu beweisen und Kinder möglicherweise ungerechtfertigterweise von Bindungspersonen getrennt oder von einem Missbraucher eben mangels verdichteter Verdachtsmomente nicht getrennt werden.

14.5 Unterbringung in einer Pflegefamilie

Bei den Hilfen zur Erziehung außerhalb der Herkunftsfamilie spielt die Unterbringung des Kindes in einer anderen Familie im Sinne der so genannten „Vollzeitpflege" als zeitlich befristete oder Dauerpflege neben der Unterbringung in einem Heim die bedeutendste Rolle.

Unter Vollzeitpflege wird nach § 33 SGB VIII im Gegensatz zur Tagespflege (§ 23 SGB VIII) die Unterbringung, Betreuung, Versorgung und Erziehung eines Kindes oder Jugendlichen über Tag und Nacht außerhalb des Elternhauses in einer anderen Familie verstanden.

Pflegeeltern sind Personen, bei denen sich das Kind im Rahmen einer Hilfe zur Erziehung nach § 33 SGB VIII aufhält. Hierzu ist eine Pflegeerlaubnis nach § 44 SGB VIII erforderlich. Die Pflegeperson vertritt nicht unmittelbar das Kind, sondern den Inhaber der elterlichen Sorge (Hoffmann 2013, § 1 Rdnr. 91) und regelt so die Angelegenheiten des täglichen Lebens für das Kind (§ 1688 Abs. 1 S. 1 BGB). Vertragsrechtlich ist es durch das Erteilen einer Vollmacht möglich, weitere Angelegenheiten für das Kind zu regeln.

Im Laufe der Weiterentwicklung der Familienpflege bedeutet Familienpflege nicht nur die Unterbringung des Kindes in einer Pflegefamilie, sondern umfasst alle familienähnlichen Erziehungs- und Betreuungsformen – auch im Bereich der Heimerziehung – bei entsprechenden familienähnlichen (familienanalogen) Betreuungsformen, wie z.B. in Wohngruppen oder SOS-Kinderdörfern (Münder/Ernst/Behlert 2013c, § 15 Rdnr. 13).

Dabei ist dem Sprachgebrauch nach auch die Vollzeitpflege entweder eine zeitlich befristete Erziehungshilfe oder eine auf Dauer angelegte Erziehungs- und Lebensform (§ 33 SGB VIII: Kurzzeitpflege, Übergangspflege, Dauerpflege, im Gegensatz zur Adoptionspflege nach § 1744 BGB, §§ 1, 8 Adoptionsvermittlungsgesetz – AdVermG).

Voraussetzung für eine Familienpflege ist, dass eine dem Wohl des Kindes entsprechende Erziehung in der Herkunftsfamilie nicht mehr geleistet wurde bzw. nicht mehr geleistet werden konnte (§ 27 Abs. 1 SGB VIII). Eine Maßnahme nach §§ 1666, 1666a BGB (Sorgerechtsentzug oder nur Entzug des Aufenthaltsbestimmungsrechts) erfolgt in 40 bis 50% der Fälle (Salgo 2003, 362; 2013, 204).

§ 33 S. 2 SGB VIII fordert, für besonders entwicklungsbeeinträchtigte Kinder und Jugendliche, geeignete Formen der Familienpflege zu schaffen, wobei auch die Geldleistungen in solchen Fällen für die Pflegefamilie auf

II Fremdplatzierung

die Besonderheiten des Einzelfalles anzupassen sind (§ 39 Abs. 4 S. 2 SGB VIII).

Kinder außerhalb des Elternhauses werden demnach bei dritten Personen in anderen Familien oder Einrichtungen untergebracht.

2012 betrug die Gesamtzahl der Kinder und Jugendliche in der Vollzeitpflege 64.851 und in der Heimerziehung und sonstigen betreuten Wohnformen 66.711 (Statistisches Bundesamt, Wiesbaden 2014, Kinder- und Jugendhilfe. Hilfe zur Erziehung außerhalb des Elternhauses, Art der Hilfen).

Eine Erziehung in einer Tagesgruppe mit 17.086 Kindern und Jugendlichen und eine „Intensive sozialpädagogische Einzelbetreuung" nach § 35 SGB VIII erfolgte 2012 in 3.378 Fällen.

Faktisch kommen nach wie vor 80% der Kinder und Jugendlichen aus sozial belasteten Familien (Münder/Ernst/Behlert 2013c, § 15 Rdnr. 12).

Weder im Familienrecht noch im Kinder- und Jugendhilferecht (SGB VIII) ist ein Recht der Erziehung außerhalb der Herkunftsfamilie geregelt. So ist auch die Übertragung der elterlichen Sorge – ausgehend von den das Sorgerecht innehabenden Eltern – auf die Pflegeeltern nicht möglich. Es kommt vielmehr nur die Übertragung der elterlichen Sorge zur Ausübung in Frage (Münder/Ernst/Behlert 2013c, § 10 Rdnr. 26; § 15 Rdnr. 12), was wiederum einen (widerrufbaren) Konsens der Eltern mit den Pflegeeltern voraussetzt.

Steht allerdings fest, dass das Kind dauerhaft in der Pflegefamilie bleiben wird, sollte diesem Sachverhalt eine Übertragung der Personensorge bzw. Teilen davon folgen (Lack 2014, 367), selbst wenn nach § 1688 BGB die Pflegeperson in Angelegenheiten des täglichen Lebens allein entscheiden und den Inhaber der elterlichen Sorge in diesen Angelegenheiten vertreten kann, die allerdings nur solange von Bestand sind, wie der Sorgerechtsinhaber nicht etwas anderes erklärt (§ 1688 Abs. 3 BGB).

Diese Möglichkeit für die Pflegeperson ist auch angesichts einer gerichtlich angeordneten Verbleibensanordnung nach § 1632 Abs. 4 BGB gegeben, wobei das Herausgabeverlangen des Sorgeberechtigten im Rahmen einer Kindeswohlgefährdung nach § 1666 BGB zu prüfen ist.

Lebt ein Kind in einer Pflegefamilie und verlangen die Eltern die Rückführung des Kindes, muss der Erlass einer Verbleibensanordnung nach § 1632 Abs. 4 BGB als im Verhältnis zu einem Sorgerechtsentzug milderes Mittel erwogen werden. „Ergibt sich die Gefährdung des Kindeswohls nur daraus, dass das Kind zur Unzeit aus der Pflegefamilie herausgenommen und zu den leiblichen Eltern zurückgeführt werden soll, liegt in der Regel noch kein hinreichender Grund vor, den Eltern das Sorgerecht ganz oder teilweise zu entziehen." (BGH, Beschluss vom 22.1.2014 – XII ZB 68/11 = NZFam 2014, 362–367, 362).

Bei Pflegschaften, die zwei Jahre oder länger dauern, wird die Herausnahme des Kindes im Sinne einer Kontinuitätssicherung regelmäßig abgelehnt, weil dem Kindeswohl im Interessenkonflikt mit dem Elternrecht auch vom Bundesverfassungsgericht Vorrang eingeräumt wird (BVerfGE 68, 176/189; BVerfGE 75, 201/2018; Münder/Ernst/Behlert 2013c, § 15 Rdnr. 13; OLG Köln vom 10.12.2007 – 14 UF 103/07 = FamRZ 2008, 807; OLG Stuttgart, Beschluss vom 10.5.2013 – 18 UF 125/12 = FamRZ 2014, 671; Diouani-Streek 2014, 147).

Letztlich ist im Bereich des Art. 6 GG das Wohl des Kindes maßgeblich (OLG Hamm, Beschluss vom 16.10.2012 – II–2 163/12 = FamRZ 2013, 1228).

Die Pflegepersonen können nur nach gerichtlichen Ermessen auch Beteiligte im Verfahren sein (§ 161 FamFG); sie sind also keine „Muss-Beteiligten" nach § 7 Abs. 2 FamFG.

Kommt es zu einer Rückkehr in die Herkunftsfamilie, können die Pflegepersonen nach § 1685 Abs. 2 BGB den Umgang des Kindes mit ihnen vom Gericht regeln lassen. Dem wird auch stattgegeben, wenn eine derartige Regelung dem Kindeswohl dient, weil sich während des Zusammenlebens eine sozial-familiäre Beziehung zwischen Pflegekind und Pflegepersonen herangebildet hat oder auch sonst eine enge soziale Beziehung entstanden ist (Münder/Ernst/Behlert 2013c, § 15 Rdnr. 15).

Die Regelungen der Vollzeitpflege nach § 33 SGB VIII stehen in einem grundsätzlichen bzw. in einem von Fall zu Fall unterschiedlichen Zusammenhang mit weiteren bedeutsamen Vorschriften des SGB VIII, FamFG und BGB:

– § 36 SGB VIII – Mitwirkung und Hilfeplan,
– § 37 SGB VIII – Zusammenarbeit bei Hilfen außerhalb der eigenen Familie,
– § 38 SGB VIII – Vermittlung bei der Ausübung der Personensorge,
– §§ 39, 40 SGB VIII – Leistungen zum Unterhalt des Kindes oder des Jugendlichen, Krankenhilfe,
– § 44 SGB VIII – Erlaubnis zur Vollzeitpflege,
– 86 Abs. 6 SGB VIII Örtliche Zuständigkeit für Leistungen an Kinder, Jugendliche,
– §§ 91 bis 97c SGB VIII – Heranziehung zu den Kosten und Gebühren,
– § 161 FamFG – Mitwirkung der Pflegeperson,

II Fremdplatzierung

- § 1630 Abs. 3 BGB – Elterliche Sorge bei Pflegerbestellung oder Familienpflege; siehe hierzu auch §§ 27 – Hilfe zur Erziehung, 36 SGB VIII,
- § 1632 Abs. 4 BGB – Schutz vor Herausgabeverlangen der leiblichen Eltern,
- § 1688 BGB – Entscheidungsbefugnisse der Pflegeperson; siehe hierzu auch § 1696a BGB – Kindeswohlprinzip,
- §§ 1666, 1666a BGB – Gerichtliche Maßnahmen bei Gefährdung des Kindeswohls.

Eine Sicherstellung der auf Dauer angelegten Lebensform in einer Pflegefamilie ist rechtlich bisher im Familienrecht nicht vorgesehen, obwohl im SGB VIII eine zeitlich befristete Erziehungshilfe oder eine auf Dauer angelegte Lebensform gesetzlich so geregelt ist (§§ 33 S. 1, 37 Abs. 1 S. 4 SGB VIII).

Diskutiert wird deshalb schon lange, ob beispielsweise die zivilrechtliche Absicherung der Dauerpflege von Amts wegen oder auf Antrag der Pflegeeltern ermöglicht werden soll und eine entsprechende bereichsspezifische Umgangsregelung – etwa durch eine Einfügung eines § 1684a BGB -, die der Tatsache Rechnung trägt, dass in vielen Fällen eine Unterbringung angesichts einer Kindeswohlgefährdung erfolgt ist, mithin ein Umgang nicht automatisch dem Kindeswohl dient, wie es § 1684 BGB impliziert (Salgo/Veit/Zenz 2013, 204f.; Zwernemann 2014, 239; Balloff 2014, 770).

Wiemann (2012, 138) befürwortet Umgangskontakte des Kindes mit seinen Eltern deutlicher, aber auch undifferenzierter als Salgo/Veit/Zenz (a.a.O.).

Wiemann (a.a.O.) meint, dass sich das Pflegekind durch

- Umgangskontakte mit den Eltern weniger „radikal verlassen" erlebt,
- Umgangskontakte besser orientieren kann, selbst wenn diese nur selten stattfinden (wie sehen meine Eltern aus; was sind das für Menschen; was haben wir gemeinsam; worin unterscheiden wir uns)
- Umgangskontakte das Kind besser seine subjektive Realität bewältigt (weshalb es z.B. nicht bei den Eltern leben kann) (Wiemann a.a.O.).

Wiemann (a.a.O.) lässt mit dieser Aussage jedoch außer Acht, dass im Elternhaus gefährdete und traumatisierte Kinder wegen der Gefahr erheblicher seelischer Belastungen und der Gefahr einer Retraumatisierung u.U. – vorübergehend oder auf Dauer – keine Umgangskontakte mit den Eltern haben sollten.

Im Fall einer Rückführung des Kindes in der Herkunftsfamilie dürfen keine ad hoc Lösungen erfolgen. Vielmehr müssen die Eltern, Pflegeeltern und das Kind unter Beachtung des kindlichen Zeitgefühls in einem auf Koordination und Kooperation beruhenden Netzwerk beraten und begleitet werden. Als Faustregel könnte man bei Kindern unter drei Jahren unter Beachtung der Kindeswohldienlichkeit (Kind wurde nicht traumatisiert, sondern untergebracht, weil die Eltern überfordert waren; weil sie wegen eines schweren Verkehrsunfalls monatelang stationär im Krankenhaus behandelt wurde etc.) einen Zeitrahmen von u.U. mehreren Wochen bis Monaten vorschlagen, der sicherstellt, dass eine stabile Integration des Kindes bei seinen (jetzt) wieder erziehungsfähigen Eltern möglich ist, nicht aber wenige Kontakte, verteilt über einige wenige Wochen.

Die strengen juristischen Voraussetzungen einer Kindeswohlgefährdung nach § 1632 Abs. 4 BGB, die zu einer Verbleibensanordnung führen können, zwingen angesichts der unzureichenden Gesetzeslage (z.B. Missachtung des Kontinuitätsprinzips bei langem Aufenthalt des Kindes in der Pflegefamilie) zu der (juristischen) Annahme, dass bei einem Nichtvorliegen einer Kindeswohlgefährdung eine Rückführung des Kindes in die Herkunftsfamilie auch dann erfolgen muss, wenn sie unterhalb der Gefährdungsschwelle liegt. Die Rückführung muss aber nicht dem Kindeswohl dienen (Kindler 2013, 46). Nicht kindeswohldienliche Irritationen, Ängste und Unsicherheiten des Kindes beinhalten nach dieser Auffassung keine Kindeswohlgefährdung.

Älteren Untersuchungen zufolge werden rund 30 bis 40% aller Pflegeverhältnisse vor Ablauf von fünf Jahren aus formalen Gründen beendet (Vollendung des 16. Lebensjahres, durch Volljährigkeit oder Adoption). Weitere 30 bis 40% enden mit der Rückkehr in die Herkunftsfamilie. Bei 20 bis 40% kommt es aus anderen Gründen zu einer Beendigung (Abbruch des Pflegeverhältnisses, Wechsel in Adoptionspflegestellen oder Spezial- und Therapieeinrichtungen, Jugendwohnungen und Wohngemeinschaften). Die prozentualen Schwankungen erklären sich durch die Spannbreite, die sich durch unterschiedliche Bezugsquellen und Datengrundlagen ergeben (Jordan 2004, 468).

Blandow (2004, 457) berechnete, dass es sich bei der Inpflegegabe in drei von zehn Fällen um Übergangshilfen handelt, während für gut ein Viertel aller Kinder mit einer Aufenthaltsdauer von mehr als fünf Jahren die Pflegefamilie als „hoch bedeutsamer Lebensort" und dauerhafter Lebensort charakterisiert werden kann.

Die meisten der 30 bis 40% Pflegekinder, die wieder in ihre Herkunftsfamilie zurückkehren, bleiben weniger als zwei Jahre in der Pflegefamilie.

II Fremdplatzierung

Da Umgebungswechsel und ein Wechsel der Bezugspersonen für Kinder immer auch belastende und kritische Lebensereignisse darstellen und oft mit Trennungskrisen verbunden sind, sollte man annehmen, dass zumindest die Reintegrationsbemühungen, die Rückkehr und die Eingewöhnungszeit in die Herkunftsfamilie für die Kinder fachlich gut vorbereitet und begleitet werden.

Das Gleiche gilt auch in Bezug auf Hilfe und Unterstützung für die Pflegefamilie und die Herkunftsfamilie. Untersuchungen belegen jedoch, dass die Beendigung eines Pflegeverhältnisses und die Reintegration in die Herkunftsfamilie, die sich oft strukturell, personell und von der Wohngegend her betrachtet grundlegend verändert hat, im Ergebnis häufig nicht einem geplanten Prozess mit allen Beteiligten und in Frage kommenden Personen entspricht (Jordan 2004).

Im Übrigen ist es aus bindungstheoretischer Sicht nicht haltbar anzunehmen, dass ein bis drei Wechsel eines Kindes an verschiedene Lebensorte nicht grundsätzlich kindeswohlschädlich seien (so aber Kindler 2013a, 199; a.A. Grossmann/Grossman 2012, Kapitel 1.5.5, die davon ausgehen, dass beispielsweise bei einem Säugling eine längere Trennung oder der Verlust einer Bindungsperson zu einer Reihe körperlicher Reaktionen und Stresssymptomen führt, die sogar die Immunabwehr schwächen können).

Diese Aussage, dass abrupte Trennungen und Wechsel von Kindern aus Bindung schädlich sind, beinhaltet nicht, dass insbesondere resiliente Kinder nicht in der Lage wären, sich in einem neuen Lebensort mit feinfühlenden Bezugspersonen – der seelischen Not gehorchend (z.B. durch Tod oder Versagen der Eltern) – einzuleben und zurechtzufinden.

Diese Fähigkeit, der Not gehorchend, sich neu zu binden ist bei jedem Säugling phylogenetisch als Überlebensstrategie angelegt. Dennoch ist jeder endgültige Trennungsverlust von einer Bindungsperson riskant und für weniger resiliente Kinder auch gefährlich.

Jede neue und abrupte andauernde Trennung von einer Bezugsperson, die für das Kind zur Bindungsperson wurde, stellt somit ein erhebliches Risiko und Belastungserleben für ein Kind dar, das sehr schnell in eine Kindeswohlgefährdung einmünden kann. Kumulative Trennungen dieser Art gefährden grundsätzlich das Wohlergehen des Kindes.

Fast alle Pflege- und Heimkinder haben bereits eine Trennung von wenigstens einer Bindungsperson aus der Herkunftsfamilie hinter sich, sodass eine zweite Trennung, diesmal von der Pflegefamilie, in der das Kind gegebenenfalls neue Bindungspersonen gefunden hat, je nach Zeitdauer der Unterbringung, Alter und Entwicklungsstand des Kindes, erheblich entwicklungsgefährdend sein kann.

Diese Annahme schließt nicht aus, dass Kinder u.U. sogar – wiederum der Not gehorchend – auch ein drittes oder sogar fünftes Mal Beziehungen mit einer feinfühligen Betreuungsperson aufnehmen können. Die Folge dieser mit dem Kindeswohl nicht im Einklang stehenden Mehrfachtrennungen führt jedoch mit großer Wahrscheinlichkeit zu einem desorganisierten oder gestörten Bindungsverhalten. Je früher und je häufiger derartige Trennungen erfolgen, desto gefährdeter ist das Kind.

Tatsächlich erleben untergebrachte Kinder – das betrifft jedes dritte bis vierte Kind – die mehrfach den Lebensort wechseln müssen, was unter beziehungs- und bindungstheoretischen Gesichtspunkten vor allem für jüngere Kinder mehr als nur ein weiteres belastendes Lebensereignis ist, diese Trennungen als psychische Katastrophe.

Spangler/Bovenschen (2013, 207) führen zu dem Thema Trennungen von Bindungspersonen, die für das Kind wegen der Bindung an diese Person einen bedeutsamen Schutzfaktor bedeuten, zutreffend aus: „Trennungen oder Bindungsabbrüche führen zur Einschränkung dieser psychologischen Bindungsfunktion und können vorliegende unterstützende innere Arbeitsmodelle von Bindung gefährden. Zur Gewährleistung der Schutzfunktion kindlicher Bindungen sollten somit familiengerichtliche Entscheidungen dem Kind die Möglichkeit geben, bestehende Bindungen aufrechtzuerhalten und gegebenenfalls neue unterstützende Bindungen aufzubauen."

Auch lange nach Inkrafttreten des SGB VIII ist keine grundlegende Verbesserung für diese Kinder in Sicht, die auf eine Aufrechterhaltung von Beziehungen und Bindungen angewiesen sind, obwohl alle Beteiligten an der Unterbringung mitzuwirken haben und darüber hinaus ein Hilfeplan gemeinsam erarbeitet und aufgestellt werden muss (§§ 36, 37 SGB VIII).

Ursprünglich bestand das Ziel der neuen gesetzlichen Regelungen im SGB VIII darin, die Fremdunterbringung beziehungsweise die Inpflegegabe des Kindes nur noch auf der Grundlage fachlicher und kontinuitätssichernder Planungen vorzunehmen.

Dabei entspricht die dauerhafte oder auch die nur zeitlich befristete Unterbringung in der Pflegefamilie oder die Rückkehr in die Herkunftsfamilie gleichberechtigten gesetzlichen Intentionen des SGB VIII, die sich ausschließlich nach der Kindeswohlmaxime und damit nach Lage des Einzelfalles zu richten haben.

Eine familienrechtliche Sicherstellung einer auf Dauer angelegten Lebensform des Kindes in einer Pflegefamilie ist rechtlich bisher nicht vorge-

II Fremdplatzierung

sehen, obwohl im SGB VIII eine zeitlich befristete Erziehungshilfe oder eine auf Dauer angelegte Lebensform gesetzlich so geregelt ist (§§ 33 S. 1, 37 Abs. 1 S. 4).

Die Voraussetzung einer *Kindeswohlgefährdung* durch die Wegnahme aus der Pflegefamilie bzw. bei einer Rückkehr des Kindes in die Herkunftsfamilie nach § 1632 Abs. 4 BGB, die zu einer Verbleibensanordnung führt, beinhaltet gleichzeitig, dass u.U. das Kindeswohlprinzip nach § 1697a BGB verletzt wird, da beim Nichtvorliegen einer Kindeswohlgefährdung die Wegnahme des Kindes aus der Pflegefamilie und Rückkehr in die Herkunftsfamilie auch dann erfolgt, wenn sie deutlich nicht dem Kindeswohl dient (Kindler 2013, 46).

14.5.1 Dauerpflege in Ersatz- oder Ergänzungsfamilie?

Der Streit zur Frage, was für eine Familienform die Pflegefamilie ist und ob sich das Kind beispielsweise bei einer Dauerpflege in einer die Herkunftsfamilie ersetzenden Familie (Pflege in Ersatzfamilie) oder in einer die Herkunftsfamilie ergänzenden Familie befindet (Pflege in Ergänzungsfamilie), ist mittlerweile wohl abgeklungen.

Salgo (2013, 153) unterstreicht zu Recht, dass eine Pflegefamilie in dem einen Fall eher einen ergänzenden Charakter haben kann und im anderen Fall eher eine Ersatzfunktion, wobei sich beide Funktionen im Laufe der Zeit auch wandeln können.

Von Gesetzes wegen und der mehrheitlich vertretenen juristischen Auffassungen zur Frage des verfassungsrechtlich geschützten Elternrechts wird die Respektierung der Beziehungen und Bindungen des Kindes an seine Herkunftsfamilie und möglicherweise auch die Rückführung des Kindes dorthin betont (§ 33 SGB VIII). Die Rückkehr in die Herkunftsfamilie oder Verbleib in der Pflegefamilie stellen jedoch nach der Gesetzeslage im SGB VIII, wie bereits mehrfach betont, gleichberechtigte Alternativen dar (§§ 33, 37 SGB VIII).

Aus entwicklungs- und familienpsychologischer Sicht lässt sich festhalten, dass die Gesamtheit der Beziehungen des Kindes von Bedeutung ist. Hierzu gehören Beziehungen zu den Personen in der Herkunftsfamilie und zur Pflegefamilie, sodass ein Kind, selbst wenn es von Geburt an in einer Pflegefamilie aufwächst und dort bleibt, sein Leben lang zwei Familien hat (Rüting 2012, 381), die zwei Kerne bilden und im sozialwissenschaftlichen Fachjargon als binukleares Familiensystem (ein Familiensystem, das aus zwei Kernen besteht) bezeichnet werden (ähnlich wie nach einer Trennung und Scheidung ein Kind meist eine Vater- und eine Mutterfamilie hat. Auch dort wird von einem Zwei-Kerne-Familiensystem gesprochen).

Auch in Bezug auf die Pflegefamilie und die Herkunftsfamilie kann von einer Ganzheit verschiedener Systeme, also von einem Familiensystem gesprochen werden, das bestimmten Strukturprinzipien folgt, in dem nach bestimmten Regeln miteinander interagiert wird. Selbst ein Pflegekind das adoptiert wurde und das noch nie Kontakt zu seinen leiblichen Eltern hatte, macht sich irgendwann Vorstellungen über diese, hat Phantasien, Hoffnungen und Wünsche und wird u.U. ähnlich wie ein Adoptivkind ohne Kontakte die leiblichen Eltern idealisieren.

Da dem Familiensystemansatz ein lineares, auf Kausalitäten beruhendes Denksystem fremd ist, kommt es hier auch nicht zu Schuldzuweisungen, wer etwa an der Fremdunterbringung des Kindes „schuld" ist. Vielmehr wird das Kind im Kontext seiner Beziehungen begriffen, in denen auch die Pflegefamilie nur ein Bestandteil eines größeren Systems ist, zu dem aus systemischer Sicht naturgemäß auch die Herkunftsfamilie und andere persönliche und professionelle Netzwerke des Kindes gehören (z.B. Verwandtschaft, Freundes- und Bekanntenkreis, Jugendamt, Beratungsstellen, Kita, Hort, Schule etc.).

Wenn jedoch grundlegende Bedürfnisse des Kindes nach Liebe, Zuwendung, Unterstützung, Förderung, Lob und Anerkennung, angemessener Betreuung, Schutz, Einhaltung der Generationsgrenzen inklusive Beachtung und Einhaltung der körperlichen und psychischen Integrität des Kindes (z.B. nach Vernachlässigung, Misshandlung oder sexuellen Missbrauch) in seinem Herkunftsfamiliensystem nicht mehr sichergestellt werden können, wenn das Kind den Schutz und die Versorgung beispielsweise seiner alkoholkranken oder psychisch kranken Eltern übernehmen muss, ist dieses Familiensystem nach systemischer Auffassung dysfunktional und u.U. für das Kind gefährlich geworden.

Dennoch entstehen auch in einem dysfunktionalen Familiensystem wechselseitige Beziehungen und Abhängigkeiten sowie eine Bindung des Kindes an diese Eltern, die vom Kind wie in einem funktionierenden Familiensystem als existentiell erlebt werden, obwohl die Lebenssituation u.U. von Diskontinuität, Instabilität und Gefährdungen gekennzeichnet ist, die eine Fremdplatzierung des Kindes indizieren.

Der systemische Denkansatz trägt auch mit dazu bei, das Entweder – Oder einer Pflegefamilie als Ersatz- oder als Ergänzungsfamilie zu überwinden. Eine wechselseitige Interaktion und Beeinflussung beider Familiensysteme ist offenkundig, und das Kind ist mit dem Akt der Unterbringung in einer Pflegefamilie nun Mitglied der Herkunfts- und der Pflegefamilie, sodass die Beziehungen des Kindes mit seiner Herkunftsfamilie unter Ausschluss von Gefährdungen prinzipiell erhalten bleiben sollten, selbst wenn eine Rückführung des Kindes in die Herkunftsfamilie nicht möglich ist.

Alles in allem verhindert das systemorientierte Konzept weitgehend Idealisierungen des Kindes. Es ist nicht pathologisierend, sodass Ursachenforschung und Zuschreibungen von Schuldanteilen zu Fragen der Fremdunterbringung keine sinnvollen Vorstellungen beinhalten. Vielmehr geht es um das Herausarbeiten und Möglichmachen von Ressourcen in der Pflegefamilie und der Herkunftsfamilie, um die bestehenden neuen Anforderungen für das Kind zu bewältigen (vgl. § 37 Abs. 1, 2 SGB VIII).

Dennoch kann es der Kontinuitätsgrundsatz (auch aus systemischer Sicht) nachdrücklich gebieten, dass das Kind dauerhaft in der Pflegefamilie bleibt. Ein Kind, das beispielsweise von Geburt an in einer Pflegefamilie wohnt und lebt, kann nicht verstehen, wenn beispielsweise nach Jahren die bisher unbekannten bzw. wenig bekannten Eltern das Kind „haben wollen" und die Rechtsprechung diesem Anliegen, das in diesem Fall eine typische sekundäre Kindeswohlgefährdung beinhaltet, stattgeben würde.

Der Nachteil des familiensystemischen Ansatzes bei akuten oder chronischen Kindeswohlgefährdungen besteht darin, dass insbesondere bei akuten Gefährdungen des Kindes u.U. zu spät gehandelt und zu lange „ausprobiert" (behandelt) wird. Wenn bei Akutgefährdungen zunächst nur „von einer in dieser Familie typischerweise auftretenden Dysfunktionalität" ausgegangen wird (so in einem Bericht der Familienhilfe vom 2.3.2014 mit Bezug zu einer Familie, in der Kinder misshandelt wurden), ohne unverzüglich weitreichende (dann auch kausale) Konsequenzen zum Schutz des Kindes zu ziehen, reicht diese Denkfigur nicht aus, einen effektiven Kinderschutz zu praktizieren.

Westermann (2014, 200) fordert aus tiefenpsychologischer Sicht, dass Kinder ihre Herkunftsfamilie „verlassen dürfen, wenn diese sich für die Erziehung und Sozialisation als ungeeignet erwiesen hat", sodass diese Kinder nicht mehr einem erweiterten Familiensystem (Herkunfts- und Pflegefamilie) angehörten.

Richtig ist, dass traumatisierte, misshandelte und vernachlässigte Kinder, nicht veranlasst werden sollten, bei weitgehend unveränderter Ausgangslage der Herkunftsfamilie, Umgangskontakte wahrnehmen und in Folge später wieder in diese Familie zurückkehren zu müssen.

Immer wieder kommt es in der Konstellation Pflegefamilie, Herkunftsfamilie und Kind gelegentlich zu erheblichen Umgangsproblemen des Kindes mit den Herkunftseltern und gelegentlich auch mit dem sich verweigernden oder seelisch destabilisierten Kindes (Salgo 2013, 343f.; BVerfG, Beschluss vom 29.11.2012 – 1 BvR 335/12 = FamRZ 2013, 361–363).

Bekannt ist, dass angesichts einer ungeklärten Lebenssituation des Kindes – Verbleib in der Pflegefamilie oder Rückkehr in die Herkunftsfamilie – Umgangskontakte vom Kind wegen der ungewissen Situation verweigert werden (auch bei dieser Ausgangslage ist im Übrigen das PAS-Modell unbrauchbar).

Aus beratender und psychologischer Sicht gilt es zu verhindern, dass zwischen Herkunftsfamilie, Kind und Pflegefamilie ein „pathologisches Dreieck" entsteht, in dem durch Koalitionen mit dem Kind, die jeweils gegen das andere Familiensystem gerichtet sind, rivalisierende Beziehungen zwischen Pflegefamilie und Herkunftsfamilie das Wohlergehen des Kindes gefährden.

Da die Umgangsvorschriften nach §§ 1884, 1685 BGB eher auf die Trennungs- und Scheidungsfamilie zugeschnitten sind, wie Salgo (2003, 362ff.) es bereits seit Jahren zutreffend thematisiert, muss im Rahmen einer Einzelfallprüfung das Für und Wider von Umgangskontakten des Kindes unter Beachtung und kritischer Reflexion der Vorgeschichte mit Personen der Herkunftsfamilie festgestellt werden. Hierzu ist derzeit die Forschungslage noch unzureichend (Kindler 2011, C.8.4, 599).

Das Umgangsrecht, das Verfassungsrang hat und die Vorstellung beinhaltet, dass dieses Recht der leiblichen Eltern ein Grundrecht aus Art 6. GG ist, also „automatisch" dem Kindeswohl dient, verführt dazu, selbst wenn die Umgangskontakte riskant bis gefährlich sind oder dem Kind keine Chance bieten, von derartigen Kontakten zu profitieren, dennoch einen Umgang zu beschließen. Auch der ablehnende Wille des Kindes führt nicht zu der Überzeugung, dass das Persönlichkeitsrecht des Kindes nach Art 1 GG bei einem derartigen Umgangsbeschluss verletzt wird.

Fallvignette: Einem aktuell 13 Jahre alten Mädchen sollte ein Umgangskontakt vom Anwalt des Vaters unter anfänglich deutlichem Wohlwollen des Familiengerichts auferlegt werden, obwohl der Vater zehn Jahre zuvor die Mutter im Beisein des damals drei Jahre alten Kindes getötet hatte, zu zehn Jahren Freiheitsstrafe verurteilt wurde und das Mädchen in eine Pflegefamilie kam.

Der Vater stellte nach seiner Haftentlassung einen Sorgerechtsantrag und regte hilfsweise ein Umgangsrecht an. Allein das Begehren des Vaters, mit dem Kind in Kontakt zu treten, führte bei dem Mädchen zu Panikzuständen und Ängsten, die vorübergehend einen weiteren Schulbesuch unmöglich machten, sodass aus Kindeswohlgründen jeder Kontakt des Kindes mit dem Vater aus psychologischer Sicht obsolet und kindeswohlgefährdend war und deshalb der Umgang auf Dauer ausgeschlossen wurde.

Bleiben jedoch regelmäßige Kontakte zwischen Kind und leiblichen Eltern bestehen, die für ein Kind zufrieden stellend verlaufen und somit am Wohlergehen des Kindes orientiert sind, kann ohne weitere Gefährdung des Kindes durch die (jetzt) erziehungsfähigen leiblichen Eltern

- mit dem Willen des Kindes eine Rückführung des Kindes in die Herkunftsfamilie erfolgen,
- oder unter Beachtung des Kontinuitätsprinzips und des Willen des Kindes bei jahrelanger Unterbringung in einer Pflegefamilie eine dauerhafte Integration des Kindes in der Pflegefamilie unter Beachtung und Respektierung seiner Beziehungen zur Herkunftsfamilie durchgeführt werden, die auch Umgangskontakte beinhalten.

Anzumerken ist, dass eine Rückkehr des Kindes in die Herkunftsfamilie nicht nach „Schema F" durchgeführt werden darf (z.B. Rückkehr eines 4-jährigen Jungen; nur einige wenige Kontakte mehr als die bisherigen vierwöchigen Umgangskontakte mit der Mutter; schließlich Besuche für einige Wochenenden bei der Mutter und nach vier bis acht weiteren Wochen erfolgt der Umzug des Kindes zur Mutter unter Abbruch der Kontakte mit der langjährigen Pflegefamilie).

Vielmehr muss im Rahmen einer dezidierten Hilfeplanung eine fachlich fundierte (vermutlich mit personalintensiver und langfristig angelegter Hilfe und Unterstützung) Rückführung erfolgen (Balloff 2013, 2011f.). Dabei ist auch der Wille des Kindes zu beachten.

In Bezug auf die Umgangskontakte des Pflegekindes mit seinen Eltern ist § 1626 Abs. 3 BGB – zum Wohl des Kindes gehört in der Regel der Umgang mit beiden Eltern – irreführend, da in nahezu der Hälfte aller Unterbringungen des Kindes in eine Pflegefamilie, eine Kindeswohlgefährdung vorlag (Heilmann 2013, 96).

Ebenso wie § 1684 BGB ist § 1626 Abs. 3 auf Trennungs- und Scheidungseltern zugeschnitten, *nicht* aber auf Pflegekinder in einer Pflegefamilie und Umgangskontakte des Kindes mit den Eltern.

Das heißt, dass in diesen Fällen der Umgang nicht „automisch" dem Kindeswohl dient, erst Recht nicht, wenn das Kind in der Herkunftsfamilie durch Misshandlung, Missbrauch oder eine schwere Vernachlässigung traumatisiert worden ist. Vielmehr muss zunächst eine dezidierte Fallarbeit und Analyse eine Kindeswohlverträglichkeit feststellen (z.B. bei zurückliegenden Gewalterfahrungen in der Herkunftsfamilie, beim Auftreten von Loyalitätskonflikten oder bei Trennungs- und Verlustängsten).

Diese Andersartigkeit bei Kindern in Pflegefamilien beinhaltet, dass für Pflegekinder eine *gesonderte* Umgangsvorschrift in das Familienrecht eingefügt werden muss.

Bei Umgangskontakten des Pflegekindes mit den Eltern ist zusammenfassend zu beachten, dass

- ohne Umgang des Kindes mit den Eltern Beziehungen und Bindungen „verloren" gehen,
- bei einer Säuglingsunterbringung ohne Umgangskontakte keine Beziehungen und Bindungen entstehen können,
- der Umgang eines Kindes mit ehemals traumatisierenden Eltern zu einer Retraumatisierung des Kindes führen kann,
- der Umgang des Kindes mit den Eltern in der Rückführungsphase, beispielsweise durch eine fehlende Kooperation der Eltern und Pflegeeltern, riskant, belastend und gefährdend für das Kind sein kann,
- Umgangskontakte einer Sonderregelung im BGB bedürfen, da ein Pflegekind häufig andere Belastungen erfahren hat als ein Trennungs- oder Scheidungskind.

14.5.2 Rückführung des Kindes aus der Pflegefamilie

Die Rückführung des Kindes aus der Pflegefamilie in die Herkunftsfamilie ist in der zentralen Vorschrift des § 1632 Abs. 4 BGB geregelt, die ansonsten ein Sammelsurium unterschiedlichster Regelungsinhalte beinhaltet:

1. die Herausgabe des Kindes durch den Sorgeberechtigten von jedem, der es den Eltern oder einem Elternteil widerrechtlich vorenthält (§ 1632 Abs. 1 BGB)
2. die Festlegung, dass die Personensorge auch das Recht umfasst, den Umgang des Kindes mit Wirkung für und gegen Dritte zu bestimmen (§ 1632 Abs. 2 BGB)
3. die Regelung, dass über Streitigkeiten, die eine Angelegenheit nach Absatz 1 oder 2 betreffen, das Familiengericht auf Antrag eines Elternteils entscheidet (§ 1632 Abs. 3 BGB) und

II Fremdplatzierung

4. dass das Familiengericht von Amts wegen oder auf Antrag der Pflegeperson anordnen kann, dass das Kind bei der Pflegeperson verbleibt, wenn und solange das Kindeswohl durch die Wegnahme gefährdet würde (§ 1632 Abs. 4 BGB)

§ 1632 Abs. 4 BGB beinhaltet somit eine Schutzvorschrift für Pflegekinder, die sich in Dauerpflege befinden und in ihrer Entwicklung u.U. deshalb gefährdet wären, wenn ihre Eltern sie aus der Pflegefamilie wegnehmen würden.

Hat somit das Pflegekind seine Beziehungen und Bindungen mit den Pflegeeltern entwickeln und festigen können, (seine Bezugswelt gefunden, wie die Juristen es ausdrücken) und ist es seinen leiblichen Eltern entfremdet, muss im Konflikt zwischen dem Grundrechtsschutz auch langfristiger Pflegeelternschaft und dem an sich aus juristischen Gründen vorrangigen Erziehungsrecht der leiblichen Eltern wegen des Kindeswohls das Recht der elterlichen Sorge zurücktreten (Palandt/Bearbeiter: Diederichsen 2014, § 1632, Rdnr. 10).

Im Übrigen kann eine gefahrlose Rückkehroption nur innerhalb eines die kindliche Zeitperspektive erfassenden Zeitrahmens möglich sein. Alles andere hieße, ein Kind erneut zu entwurzeln und einen Beziehungs- und Bindungsabbruch in Kauf zu nehmen.

Da in etwa der Hälfte aller Fälle die Unterbringung des Kindes in eine Pflegefamilie anlässlich einer Kindeswohlgefährdung erfolgte, müssen auch die Eltern nun dahingehend noch einmal überprüft werden, ob sie jetzt erziehungsfähig sind und eine Kindeswohlgefährdung nicht mehr zu erwarten ist.

Um diese Prognose stellen zu können, haben sich folgende Kriterien zur Überprüfung in Anlehnung an sozialpädagogische Vorgaben bewährt:

1. Problemsicht
2. Problemakzeptanz
3. Problemkongruenz
4. Hilfeakzeptanz
5. Veränderungsakzeptanz.

Die Eltern müssen bzw. der betreffende alleinerziehende Elternteil muss nach der Inpflegenahme des Kindes eine erforderliche *Problemsicht* aufbringen. Verleugnungen oder Bagatellisierung der damaligen oder beibehaltenen Lebenssituation der Eltern zwingen zu einer Verneinung der Problemsicht (z.B. eine ursprünglich ausgeprägt kindeswohlgefährdende Messi-Wohnung wird nun im Ergebnis der elterlichen kritischen Reflexion „als etwas unordentliche Wohnung" bezeichnet, die sich in einem vergleichbaren Zustand befindet, wie zum Zeitpunkt der Inobhutnahme).

Die erforderliche *Problemakzeptanz* beinhaltet die Vorstellung, dass die ursprünglich Obhut gebende Eltern die zurückliegenden Probleme nicht nur erkennen, sondern dass sie diese Probleme jetzt auch als kindeswohlschädlich akzeptieren.

Darüber hinaus sollte eine grundlegende Übereinstimmung (*Problemkongruenz*) mit den ursprünglichen und derzeitigen diagnostischen Erkenntnissen der entsprechenden Instanzen bestehen (Jugendamt, Arzt, Beratungsstellen, Kliniken etc.), es sei denn, es liegen objektivierbare diagnostische Fehler vor.

Die *Hilfeakzeptanz* darf nicht nur durch Lippenbekenntnisse „glaubhaft" gemacht werden, sondern durch ernsthafte Einsichten, Erklärungen und Überzeugungen, welche Hilfen bereits in Anspruch genommen worden sind, welche Hilfen nach einer Rückkehr des Kindes in Anspruch genommen werden sollten und welche Hilfen damals eine Unterbringung des Kindes hätten verhindern können.

Die *Veränderungsakzeptanz* beinhaltet die glaubhafte Vorstellung, tatsächliche Veränderungen in Bezug auf die gesamte Lebenssituation für das Kind mit Bezug auf die eigene Person vorgenommen zu haben bzw. noch weitergehend zu vollziehen.

Blandow (2006, Kapitel 103) schlägt vor, beispielsweise zu überprüfen, ob

– die früher erziehenden Personen sich als fähig erwiesen haben, einen produktiven Umgang mit der Krise zu finden und sich nunmehr auf einen Veränderungsprozess eingelassen haben,
– sich bei den Familienmitgliedern soziale, psychische, kognitive und motivationale Kompetenzen zur Beteiligung an einem Veränderungsprozess zeigen und ob das entsprechende Durchhaltevermögen vorliegt,
– sich bei der Familie eine gewisse Einsicht in die Notwendigkeit der Fremdunterbringung des Kindes ergeben hat,
– die Art der Hilfebeziehung zwischen Fachkraft und Familie eine Basis für einen Veränderungsprozess geboten hat,
– die für die Einleitung und Unterstützung des Veränderungsprozesses notwendigen Ressourcen (Psychotherapie, Beratung, Betreuung, Kontrolle) zeitnah zur Verfügung stehen,

- sich die Eltern während der Unterbringung des Kindes am Kind interessiert gezeigt haben, Umgangskontakte eingehalten und für das Kind zufriedenstellend durchgeführt wurden,
- die Eltern bei Besuchen bei ihnen und bei Beurlaubungen in den eigenen Haushalt den Schutz des Kindes sicherstellen konnten und das Zusammensein aktiv und fördernd gestaltet haben.

Um eine andauernde oder erneute Gefährdungen des Kindes durch eine Herausnahme aus der Pflegefamilie zu verhindern (1. Gefährdung, die Wegnahme des Kindes selbst; 2. Gefährdung durch nach wie vor nicht erziehungsfähigen Eltern), wird normalerweise eine Verbleibensanordnung des Familiengerichts getroffen. Hierzu muss die Familienpflege seit längerer Zeit bestehen. „Längere Zeit" muss aber nur eine relative Zeitdimension umfassen. (also keine absolute Zeit von beispielsweise sechs Monaten, einem Jahr etc.; aber, je jünger ein Kind ist, desto kürzer ist der Zeitrahmen mit Bezug zum kindlichen Zeitempfinden, der zu einer Beziehung und Bindung führt). Das Kind muss demnach wenigstens eine tragfähige Beziehung mit der Pflegefamilie entwickelt haben, und die Zeitdauer muss an der Erlebnisverarbeitung von Kindern orientiert sein sowie dem kindlichen Zeitempfinden entsprechen. So kann beispielsweise für einen sechs Monate alten Säugling der Aufenthalt von sechs Monaten in der Pflegefamilie sehr lang sein, während diese Zeitdimension für einen 16 Jahre alten Jugendlichen zur Frage der Entwicklung und Festigung von Beziehungen und Bindungen sehr knapp bemessen ist.

Maßgeblich ist, dass das kindliche Zeitempfinden an die Möglichkeit und Geschwindigkeit von Bedürfnisbefriedigung gebunden ist, die das Kind als notwendig und zufriedenstellend empfindet.

Im Übrigen bewirkt die raschere, meist kürzer hintereinander erfolgende Bedürfnisbefriedigung des jüngeren Kindes im Vergleich zu einem an Bedürfnisaufschübe bereits gewöhnten älteren Kind ein schnelleres Entstehen von Bindung mit ihm. Deshalb gilt auch die psychologische Grundregel in Familienpflegschaftssachen: Je jünger ein Kind ist, desto kürzer ist normalerweise der Zeitraum der Pflegschaft, der die Instanzen sozialer Kontrolle (in erster Linie Jugendamt, Verfahrensbeistand, Familiengericht) veranlassen muss, auf die Entstehung von Bindungen zu schließen, die ohne erneutes Schadensrisiko nicht mehr aufzuheben sind (Dettenborn/Walter 2002, 257).

Für Säuglinge ab einem Lebensalter von drei Monaten und Kleinkinder bedeutet dies u.U., dass bereits ein dreimonatiger Aufenthalt in einer so genannten Kurzpflegestelle dazu führen kann, dass ein Kind aus beziehungs-

und vor allem aus bindungstheoretischer Sicht angesichts sich entwickelnder Bindungen in der entwicklungspsychologisch besonders bedeutsamen Bindungsaufbauphase dort nicht mehr herausgenommen werden dürfte.

Grundsätzlich soll das Familiengericht in diesen Fällen nur auf der Grundlage eines aktuellen familienpsychologischen Gutachtens entscheiden (Palandt/Bearbeiter: Diederichsen 2014, § 1632 BGB, Rdnr. 20).

Das psychologische Gutachten sollte dabei zwei Ausgangshypothesen prüfen (Dettenborn/Walter 2002, 246):

1. Die Herausgabe des Kindes aus der Pflegefamilie stellt das geringere Risiko für das Kind dar.
2. Das Verbleiben des Kindes in der Pflegefamilie stellt das geringere Risiko dar.

Hieraus resultieren im Rahmen der Beurteilung einer Kindeswohlgefährdung als Risikoentscheidung (Dettenborn 2003) zwei Fehlermöglichkeiten, falls

– die Beziehungen,
– die Bindungen,
– der Wille,
– die Vulnerabilität,
– die Resilienz,
– der Kontinuitätsgrundsatz,
– die Trennungserfahrungen und
– das Verlusterleben sowie
– die Verlassenheitsängste des Kindes,
– die Erziehungskompetenz der Eltern,
– die personalen Dispositionen und
– die Kooperationsbereitschaft der beteiligten Elternfiguren,
– die Frage des Willkommenseins und
– die Dauer der Maßnahme.

nicht hinreichend beachtet und diagnostisch bearbeitet wurden:

1. Die Herausgabe des Kindes aus der Pflegefamilie erfolgte „fälschlicherweise" = falsch negativ.
2. Die Nichtherausgabe des Kindes erfolgte „fälschlicherweise" = falsch positiv.

Besonders kindeswohlriskant wird beispielsweise ein Rückführungsbemühen der leiblichen Eltern, wenn die juristische Vorrangstellung des Elternrechts im familiengerichtlichen Verfahren zu der sehr häufig bei Rechtsanwälten angeführten Annahme führt, dass das (leibliche) Elternrecht höherwertig ist als das Recht der Pflegeeltern. Auch die angenommene Tatsache, dass die Adoption des Kindes zu einer Verbesserung seiner Rechte führt, ist ein in Bezug auf das Gewicht des Kindeswohls nachrangiges „Recht", da damit eine Rückführung für immer ausgeschlossen würde.

Sind beispielsweise die Pflegeeltern erziehungskompetent, hat das Kind angesichts langer Verweildauer von mehreren Jahren dort tragfähige Beziehungen und Bindungen mit den Pflegeeltern entwickelt und will es bei ihnen bleiben, sollte unter Berücksichtigung der übrigen weiter oben angeführten Kriterien ein Verbleib des Kindes in der Pflegefamilie sichergestellt werden. Das Elternrecht darf nicht das Wohlergehen des Kindes nachhaltig beschädigen und einen Beitrag leisten, den Willen des Kindes zu brechen.

Hat das Kind dagegen engere Beziehungen und sichere Bindungen zu den Eltern, sind die Eltern darüber hinaus (wieder) erziehungskompetent, wurde das Kind durch die Eltern vor der Unterbringung nicht traumatisiert (z.B. durch Gewalt, Missbrauch, Misshandlung, Vernachlässigung) und will das Kind wieder zu seinen Eltern, sollte aus Kindeswohlgründen bei kooperationsbereiten und –fähigen Eltern *und* Pflegeeltern eine Rückführung erfolgen, auch wenn diese u.U. Monate oder auch weit mehr als ein Jahr andauert.

Hier muss das Jugendamt umlernen und Personal bereitstellen, um auch langfristige Rückführungsbemühungen angemessen zu unterstützen und zu begleiten. Die Aussage von Rüting (2012, 385), dass die Rückführung als „planvoller, gestalteter und reflektierter Prozess" *erfolgt* (nicht erfolgen sollte), ist angesichts der oft viel zu schnellen und schlecht vorbereiteten Rückkehr eines Kindes zu optimistisch.

Hat das Kind weder tragfähige Beziehungen und Bindungen zu den leiblichen Eltern noch zu den Pflegeeltern, stellen sich beide Elternsysteme als nicht erziehungskompetent dar und will das Kind weder bei den Pflegeeltern bleiben noch zu den leiblichen Eltern zurück, sollte ein Wechsel der Pflegefamilie erwogen werden, eine Adoption oder eine Heimerziehung (Dettenborn/Walter 2002, 248f.).

Nach wie vor haben Kinder und Jugendliche im Dreiecksverhältnis zwischen Jugendamt, leiblichen Eltern und Pflegeeltern kaum eigene Rechte. Das Kindeswohl ist ein fürsorgerisches Recht, das dem Kind nur in einem gewissen Rahmen eine eigene Subjekthaftigkeit zubilligt, wie z.B. der Wille des Kindes (BVerfGE vom 29.11.2012 – 1 BvR 335/12 = ZKJ 2013, 120–124; Gottschalk/Heilmann 2013, 113f.).

Bestellung eines Verfahrensbeistands, Anhörung des Kindes und die Beschwerdemöglichkeit ab dem 14. Lebensjahr sind rechtliche Gegebenheiten, die das ältere Kind oder der Jugendliche eigenständig nutzen kann.

Das Kind kann allerdings keinen Antrag auf Verbleib bei der Pflegeperson oder eine Rückkehr zu den Eltern stellen (Patjens/Wegert 2009, 232–236, 235).

14.6 Unterbringung in einem Kinderheim

Nach heutiger Auffassung ist die Heimerziehung, wie in § 34 SGB VIII vorgesehen, neben der Vollzeitpflege (§ 33 SGB VIII) eine stationäre Hilfe zur Erziehung in einer Einrichtung über Tag und Nacht.

Die entsprechenden Hilfen nach § 34 Abs. 1 Nr. 1 bis 3 SGB VIII sollen dazu beitragen, dass eine

– Rückkehr in die Familie möglich wird,
– die Erziehung in einer anderen Familie vorbereitet wird oder
– eine auf längere Zeit angelegte Lebensform angeboten und auf ein selbständiges Leben vorbereitet wird.

Daneben existieren in der Kinder- und Jugendhilfe ambulante, teilstationäre und weitere stationäre Hilfen, wie

– Erziehungsberatung (§ 28 SGB VIII),
– soziale Gruppenarbeit (§ 29 SGB VIII),
– Erziehungsbeistandschaft/Betreuungshelfer (§ 30 SGB VIII),
– sozialpädagogische Familienhilfe (§ 31 SGB VIII),
– Erziehung in der Tagesgruppe einer Einrichtung (§ 32 S. 1 SGB VIII),
– Erziehung in einer sozialpädagogischen Familienpflegestelle (§ 32 S. 2 SGB VIII) (Kunkel 1995, 100),
– intensive sozialpädagogische Einzelbetreuung (§ 35 SGB VIII).
– Freiheitsentziehende Unterbringungen (Unterbringung in einer geschlossenen Einrichtung) sind nach dem SGB VIII ausschließlich unter den Bedingungen des § 42 Abs. 2 SGB VIII möglich (Kunkel 2014, § 34 Rdnr. 35): „Freiheitsentziehende Maßnahmen im Rahmen der Inobhutnahme sind nur zulässig, wenn und soweit sie erforderlich sind, um eine Gefahr für Leib und Leben des Kindes oder Jugendlichen oder eine Gefahr für Leib und Leben Dritter abzuwenden. Die Freiheitsentziehung ist ohne gerichtliche Entscheidung spätestens mit Ablauf des Tages nach

II Fremdplatzierung

ihrem Beginn zu beenden" (siehe auch § 1631b BGB; OLG Brandenburg, 9.10.2013 – 9 UF 147/13 = FamRZ 2014, 856).

Ende 2012 wohnten und lebten, wie bereits mehrfach angeführt, 66.711 Kinder und Jugendliche in einem Heim oder in einer sonstigen betreuten Wohnform. Im gleichen Jahr wurden von den Jugendämtern ca. 107.000 Gefährdungseinschätzungen durchgeführt, von denen in 38.000 Fällen eine Gefährdung angenommen bzw. nicht ausgeschlossen werden konnte (ZKJ 2013, 390).

Für 12.800 Kinder und Jugendliche schloss sich an die Inobhutnahme eine Erziehung außerhalb des eigenen Elternhauses an. Weiter stark zugenommen hat die Zahl mit 4.800 Kindern und Jugendlichen (eine Zunahme seit 2007 mit 900 Kindern und Jugendlichen um das Fünffache), die angesichts einer unbegleiteten Einreise aus dem Ausland in Obhut genommen worden sind (Statistisches Bundesamt, Wiesbaden 2014, Pressemitteilung Nr. 260 vom 7.8.2013).

Die Jugendämter in Deutschland haben im Jahr 2012 40.200 Kinder und Jugendliche in Obhut genommen (§ 42 SGB VIII). Das waren ca. 1.700 oder 5% mehr als 2011. Im Jahr 2013 waren es 42.100 Kinder und Jugendliche, die in Obhut genommen wurden. Das waren gut 1.900 Kinder und Jugendliche (+ 5%) mehr als 2012. Die Zahl der Inobhutnahmen hat somit in den letzten Jahren stetig zugenommen, gegenüber 2008 (32 300 Inobhutnahmen) stieg sie um 31%.

Der häufigste Anlass für die Inobhutnahme eines Kindes oder Jugendlichen war mit einem Anteil von 40% (16.900 Kinder und Jugendliche) die Überforderung der Eltern beziehungsweise eines Elternteils.

Erneut stark angestiegen ist die Zahl der Kinder und Jugendlichen, die aufgrund einer unbegleiteten Einreise aus dem Ausland in Obhut genommen wurden. Insgesamt kamen 2013 rund 6.600 Kinder und Jugendliche ohne Begleitung einer sorgeberechtigten Person über die Grenze nach Deutschland, sechsmal mehr als im Jahr 2008 (1.100 Minderjährige). Rund 5.900 dieser jungen Menschen (89%) waren männlich, dagegen reisten nur etwa 700 Mädchen unbegleitet nach Deutschland ein. Knapp 4.600 (69%) der Kinder und Jugendliche waren 16 oder 17 Jahre alt (Statistisches Bundesamt, Wiesbaden, Pressemitteilung Nr. 262 vom 25.7.2014).

Für knapp 52.000 Kinder, Jugendliche und junge Erwachsene begann 2012 eine Heimerziehung, eine Unterbringung in einer sonstigen betreuten Wohnformoder oder eine Vollzeitpflege in einer anderen Familie (ZKJ

2013, Heft 12, 475). Diese Unterbringungsformen verursachten 2012 Kosten von etwa 4,5 Milliarden Euro (ZKJ 2014, Heft 3, 87).

Neben der Erziehung in einer Pflegefamilie spielt somit die Heimerziehung im Rahmen der so genannten Fremdunterbringungen von Kindern und Jugendlichen die bedeutendste Rolle. Die Heimkinder leben in ca. 3.000 Heimen, Wohngruppen und Kinderdörfern (Schauder 2003, XIII; gesichertes neueres Zahlenmaterial liegt nicht vor).

Bis in die siebziger Jahre führten schlechte Betreuungsverhältnisse oder pädagogisch fragwürdige Erziehungsmethoden (körperliche Züchtigungen, Einschließen, Zwangsvorführungen beim Arzt usw.) immer wieder zu Skandalen. Vor allem in dieser Zeit der „1968er-Jahre" wurden solche Skandale in so genannten Heimkampagnen von der Studenten- und Sozialarbeiterbewegung aufgegriffen und öffentlich angeprangert (Post 2002, 30). Angesichts anhaltender Kritik an der Heimerziehung kam es schließlich zu weitreichenden Reformen.

Münder/Meysen/Trenczek (2013, § 34 SGB VIII, Rdnr. 6) fassen die Heimkritik jener Zeit treffend zusammen:

- anonymes und beziehungsarmes Milieu,
- identitätsstörende und stigmatisierende Wirkung institutioneller Erziehung in großen Einrichtungen (Heimkind als Stigma),
- repressive Einweisungskriterien,
- lange Heimaufenthalte,
- überzogene medizinisch-psychiatrische Ausdifferenzierung der Kinderheime,
- unüberschaubare und wenig verlässliche Bezugssysteme,
- Schichtdienst und Personalfluktuation,
- soziale Abkapselung der Heime durch Lage in abgelegenen Gebieten,
- geschlossene Unterbringung als strafvollzugsähnliche Einrichtung.

Übrig geblieben ist aus dieser Protestbewegung die Forderung, dass größere Heime wegen ihrer innewohnenden institutionellen Zwänge abzuschaffen sind, während Jugendwohngemeinschaften, Wohngruppen und kleine Heime (SOS-Kinderdörfer) akzeptabel erscheinen (Post 2002, 33). Nach massiven Protesten wurden zum Beispiel kleinere Heime und Jugendwohngemeinschaften eingerichtet, die Gruppen in den Heimen verkleinert und der Personalschlüssel vergrößert. Darüber hinaus wurde die Ausbildung des Personals verbessert.

II Fremdplatzierung

Im Zusammenhang mit dieser ersten Reformphase, die die Heimerziehung erheblich verteuerte, weitete sich nicht zuletzt aus Kostengründen das Pflegekinderwesen aus (Blandow 1991).

Ende der siebziger Jahre löste das nunmehr mit der Heimerziehung konkurrierende und sich weiter ausweitende Pflegekinderwesen einen erneuten Reformschub in der Heimerziehung aus: Jetzt machten sich allerdings auch finanzielle Beschränkungen in der Jugendhilfe bemerkbar, die Mitte der siebziger Jahre mit der damals anhaltenden Wirtschaftskrise begonnen hatten. Insgesamt führte diese Entwicklung trotz eingeschränkter finanzieller Mittel zu einer weiteren Auflösung der Großanstalten zugunsten kleinerer Heime, kleiner Wohneinheiten, Wohngruppen, Wohngemeinschaften und Außenwohngruppen und zu einer Verbesserung des Ausbildungsniveaus der Mitarbeiter. Gleichzeitig etablierten sich auch die „Sozialraumorientierung" (Unterbringung der Kinder und Jugendlichen in der Nähe ihres bisherigen Lebensmittelpunktes) und psychotherapeutische Konzepte in der Heimerziehung. Ebenso wurden Alternativen zur geschlossenen Unterbringung entwickelt (heute als mit „Freiheitsentziehung verbundene Unterbringung" genannt: § 1631b BGB) und Tagesheimgruppen für schwierige und behinderte Kinder sowie betreute Wohnformen für entlassene Heimkinder eingerichtet.

Aus kurativen und präventiven Gründen wurde die pädagogische Arbeit mit den Eltern systematisiert und im Vorfeld der Heimerziehung die sozialpädagogische Familienhilfe ausgebaut.

Die äußeren Aspekte der Versorgung von Kindern und Jugendlichen, wie Essen, Kleidung, Spielzeug, Taschengeld und angemessene Unterkunft, sind trotz des Einsparungszwanges weiterhin ausreichend. Das Personal ist in aller Regel pädagogisch gut ausgebildet. Die Erzieherausbildung für Jugend- und Heimerziehung ist eine landesrechtlich geregelte schulische Aus- bzw. Weiterbildung an Fachschulen, Berufsfachschulen und andere Bildungseinrichtungen. Die Aus- bzw. Weiterbildung dauert zwei bis drei Jahre und beinhaltet ggf. den Erwerb von Zusatzqualifikationen.

Trotz von Bundesland zu Bundesland unterschiedlicher Erzieherschlüssel (Anzahl der Erzieher pro Kindergruppe, z.B. in einer Wohngruppe/Binnenwohngruppe von bis zu zehn Kinder vier Erzieher im Schichtdienst (Heidemann/Greving 2011, 39) sind Erzieher immer noch ausreichend vorhanden. Das Kinderheim scheint somit trotz Personalknappheit ein akzeptabler Ort für Kinder und Jugendliche zu sein.

Die traditionelle Heimerziehung in Kinder- und Jugendheimen und die sozialpädagogische Betreuung in sonstigen Wohnformen beinhalten eine

Vorgehensweise, positive und entwicklungsfördernde Lebensorte für Kinder und Jugendliche zu sein, was sich auch in dem durchgängigen Muster „Regeln ja, Körperstrafen und seelische Misshandlungen nein" zeigen:

Diese Aussage schließt nicht aus, dass es auch immer wieder zu körperlichen und seelischen Übergriffen zu Lasten der Kinder und Jugendliche kommt – siehe erst jüngst die Überprüfungen und Feststellungen zu den „Haasenburgheimen", die von Amts wegen geschlossen wurden (Ministerium für Bildung, Jugend und Sport des Landes Brandenburg 2013, Bericht und Empfehlungen der unabhängigen Kommission zur Untersuchung der Einrichtungen der Haasenburg GmbH vom 30.10.2013).

Nahezu alle stationären Einrichtungen dieser Art der Jugendhilfe sollen lebensweltorientiert sein, also ortsnah mit Unterstützung der Kontakte der Kinder und Jugendlichen zur Herkunftsfamilie und zum früheren Sozialen Umfeld; es sei denn, gerade diese Ausrichtung würde das Wohl der betreffenden Kinder und Jugendliche gefährden (z.B. das Agieren in delinquenten peer-groups) (siehe Gründer 2011, 19).

Betrachtet man jedoch innere Aspekte zwischenmenschlicher Betreuung und emotionaler Versorgung der Kinder und Jugendlichen, trotz der erfolgten Ausdifferenzierung in Heilpädagogische Heime, Kinderdörfer, Kinderhäuser und Kleinstheime, Wohngemeinschaften, Wohngruppen, Kleinkindgruppen, Jungengruppen, Mädchengruppen (Heidemann/Greving 2011, 35-46) und der Verbesserung der Nachbetreuung, weist gerade die in der Heimerziehung anzustrebende kontinuierliche Betreuung der Kinder und Jugendlichen durch Fluktuationen in den Kindergruppen (z.B. durch Schichtdienst, Krankheit, Urlaub, Erreichen der Altersgrenze, Kündigung, Versetzung) Mängel auf, die vermutlich nicht abzustellen sind. Vor allem das professionell beschäftigte und angestellte Personal erschwert oder verhindert durch Fluktuationen, Trennungen und regelmäßige Verabschiedungen unter dem Gesichtspunkt der Kontinuität und der Beständigkeit von Beziehungen sowie Bindungen des Kindes und Jugendlichen an diesen Personenkreis einen sicheren Beziehungs- und Bindungsaufbau.

Ausnahmen hierzu finden sich in Einrichtungen, wie z.B. in den SOS-Kinderdörfern und z.T. auch in Wohngruppen, wenn Betreuungs- und Bezugspersonen der untergebrachten Kinder in Anlehnung an familienanaloge Konzepte – z.T. mit ihren eigenen Kindern – in den jeweiligen Einrichtungen wohnen.

Der traditionelle und durchaus durch Professionalität gekennzeichnete Heimalltag ist nach wie vor meist nicht durch das Aufrechterhalten stabiler und sicherer zwischenmenschlicher Beziehungen und Bindungen gekennzeichnet, obwohl vermutlich besonders viele bindungsauffällige Kinder in die Heimerziehung geraten. Das bedeutet, dass Kinderheime, in denen eine kontinuierliche Betreuung nicht gewährleistet ist, dem Wohlergehen der in der Regel emotional unterversorgten Kinder nicht in wünschenswertem Maß dienen. Solche Einrichtungen sind somit trotz hoher Kosten und großer Anstrengungen des Personals gerade für in Not geratene Kinder ein unzureichender Lebensort.

In Bezug auf diesen Gesichtspunkt der Beziehungs- und Bindungsentwicklung – vielfach vorgeschädigter Kinder und Jugendlicher – hat die Familienvollzeitpflege immer noch deutliche Vorteile. Aus diesem Grund und aus Kostengründen hat die Unterbringung von Jugendlichen und vor allem von Säuglingen und jungen Kindern in Pflegestellen *Vorrang* vor Unterbringungen in Heimen. Dennoch ist auch nach wie vor eine kontinuierliche Betreuung, Versorgung und Begleitung vieler Kinder im Kinderheim erforderlich, da viele erheblich vorgeschädigte Kinder eine Pflegefamilie überfordern würden.

Heimerziehung ist heute aus sozialpädagogischer und psychologischer Sicht vermutlich – auch aus Kostengründen – nicht mehr eine bis zur Volljährigkeit des Kindes oder Jugendlichen angelegte Hilfe, sondern eine (vordringlich für ältere Kinder und Jugendliche) befristete Hilfe (siehe § 34 Abs. 1 Nr. 1 bis 3 SGB VIII) mit deutlicher Tendenz zur Rückkehr in die Herkunftsfamilie oder Hinführung in eine Pflegefamilie. Diese eher kurzfristige Maßnahme bezieht sich insbesondere auch auf die Dauer der Unterbringung im Rahmen einer freiheitsentziehenden Maßnahme.

Die Entscheidung und die Ausgestaltung der jeweiligen Hilfe im Rahmen der nicht freiheitsentziehenden Heimerziehung kommt im Zusammenwirken verschiedener Fachkräfte der Jugendhilfe zustande und steht auf der Grundlage des fachlich ausgewiesenen Hilfeplans (§§ 36, 37 SGB VIII). Dieser ist von einem Behandlungs- oder Therapieplan zu unterscheiden und dient als ein Instrument zur fachlich fundierten und kontrollierten Sicherstellung des erzieherischen Bedarfs und der zu gewährenden Hilfe in Zusammenarbeit (Beteiligung) mit den Eltern und dem Kind (Kunkel 2014, Rdnr. 8). Es erfolgt kein „Aushandeln" der Hilfe, sondern eine Beteiligung der Eltern und des Kindes, um die Qualität der Hilfe zu verbessern.

Entscheidend für den Erfolg einer Heimunterbringung sind beispielsweise die

- spezielle Beziehungserfahrungen, die ein Kind oder Jugendlicher in der Herkunftsfamilie vor, während und nach der Heimunterbringung gemacht hat bzw. macht,
- Beziehungserfahrungen in der Gruppe und den Peer-Groups in der jeweiligen Einrichtung,
- Beziehungserfahrungen mit den Erzieherinnen und Erziehern,
- persönlichkeitsspezifische Eigenschaften des Kindes oder Jugendlichen (z.B. starker Wille, Resilienz, Temperament, Kommunikationsfähigkeit, aktive Bewältigungsstrategien, Kreativität, Talente und Hobbys etc.: Fröhlich-Gildhoff/Rönnau-Böse 2014, 40f.),
- Integration und Anerkennung in Schule, Beruf und Partnerschaft und
- soziale Orientierung (Gehres 1997, 197).

In einer der wenigen aktuelleren explorativen Studien von Buchholz-Graf/Sgolik (2010, 21-25) wurden 37 ehemalige Heiminsassen befragt, die von 2000 bis 2007 in Heimerziehung waren. Etwa drei Viertel dieser Heimkinder scheinen ihr Leben in Bezug auf Wohnung, Selbstständigkeit und Berufsausbildung im Griff zu haben. Besonders bedeutsam ist, dass für die meisten ehemaligen Heimkinder das Aufwachsen und Leben im Kinderheim eine positive Ressource für die eigene Lebensgestaltung war. Es überwiegen darüber hinaus die positiven subjektiven Bilder über die eigene Person und Biografie. Weitere Verbesserungen der Heimerziehung werden von den beiden Autoren durch eine Intensivierung der Elternarbeit erwartet. Dagegen berichtet Nowacki (2007, 77) in ihren Erhebungen noch von massiven „Beeinträchtigungen von jungen Menschen, die zumindest zeitweise in einem Heim aufgewachsen sind, besonders hinsichtlich ihrer Bindungspräsentationen und ihrer psychischen Befindlichkeit.

Erfolgreich kann somit eine Heimerziehung sein, wenn Kinder und Jugendliche in der jeweiligen Einrichtung

- ein selbständiges, eigenverantwortliches Leben innerhalb einer klaren, eindeutigen und Sicherheit gebenden Struktur führen können,
- eine Partizipation und Kooperation zwischen den Beteiligten, vor allem zwischen Erzieher und Eltern erfolgt,
- wenn sich positive, verlässliche Beziehungen zwischen Betreuer und Kind entwickeln,
- das Heim als Zuhause erlebt wird und

– die Kinder und Jugendlichen durch qualifizierte Erzieher und professionelles Handeln begleitet, betreut und versorgt werden.

Exkurs: Freiheitsentziehende Unterbringung

Die Aufenthaltsbestimmungsberechtigten des Kindes haben nach § 1631 Abs. 1 BGB die Pflicht und das Recht das Kind zu pflegen, zu erziehen, zu beaufsichtigen und seinen Aufenthalt zu bestimmen. Sie können eine freiheitsentziehende Unterbringung des Kindes in der Jugendhilfe oder in der Kinder- und Jugendpsychiatrie veranlassen. Ein Antragsrecht steht diesen Personen nach § 1631b BGB jedoch nicht zu, da es sich um ein amtswegiges Genehmigungsverfahren handelt.

Sobald das Familiengericht Kenntnis hat, dass ein Kind oder Jugendlicher freiheitsentziehend untergebracht werden soll bzw. bereits untergebracht ist, hat das Gericht von Amts wegen die Ermittlungen aufzunehmen (Vogel 2014, 280). Sind die aufenthaltsbestimmungsberechtigten Eltern in der Frage der freiheitsentziehenden Unterbringung nicht einer Meinung, kann das Familiengericht, dieses „Anregungsrecht" nach § 1628 BGB nicht auf einen Elternteil allein übertragen. Vielmehr hat das Familiengericht in diesem Fall allein zu entscheiden. Bei der zivilrechtlichen Unterbringung ist das Einverständnis bzw. das fehlende Einverständnis des Kindes oder Jugendlichen irrelevant.

Eine freiheitsentziehende Unterbringung in einer Einrichtung der Kinder- und Jugendhilfe kommt nach §§ 27, 34, 35a SGB VIII in Frage.

Insbesondere in Bezug auf die Diskussion über den Nutzen einer freiheitsentziehenden Maßnahme in einer geschlossenen Einrichtung in der Jugendhilfe zeichnet sich nach wie vor kein Konsens ab (Günder 2011, 355ff., mit ausführlichen Begründungen und Quellenangaben).

Die freiheitsentziehende zivilrechtliche Unterbringung nach § 1631b BGB ist von der öffentlich-rechtlichen freiheitsentziehenden Unterbringung nach den Landesgesetzen des Unterbringungsrechts (PsychKG) zu unterscheiden.

Unterbringungsähnliche und die Freiheit nur passager einschränkende Unterbringungen (z.B. nächtliche Ausgehverbot) sind seitens des Familiengerichts nicht genehmigungspflichtig (§ 167 Abs. 1 S. 1 FamFG bezieht sich ausdrücklich nicht auf § 312 Nr. 2 FamFG i.V. mit § 1906 Abs. 4 BGB).

Alle Angebote im Bereich der freiheitsentziehenden Unterbringung weisen eine klare und eindeutige Struktur des Tagesablaufs auf. Sie beinhalten ein intensives Betreuungsangebot und den Versuch, eine Verhaltensänderung zu erreichen, wobei die Kinder und Jugendlichen schrittweise mehr Freiheiten erhalten, bis von einer Freiheitsentziehenden Maßnahme im engeren Sinne nicht mehr gesprochen werden kann (Hoops 2011, 540f.; Hoffmann 2013b, 1349).

Permien (2011, 545) berichtet im Rahmen analysierter Studien und einer selbst durchgeführten empirischen Untersuchung, dass Jugendliche, die noch ein weiteres Jahr nach der freiheitsentziehenden Unterbringung in Jugendhilfe-Einrichtungen lebten, „insgesamt erfolgreicher und zufriedener waren, als diejenigen, die wieder in der Familie oder anderen privaten Settings lebten."

Die Anzahl der geschlossenen Einrichtungen ist zurückgegangen, die Platzzahlen sind dagegen gestiegen. Heute wird mit Zahlenmaterial aus 2011 gemutmaßt (zuverlässiges Zahlenmaterial liegt nicht vor), dass in Deutschland in ca. 27 geschlossenen Einrichtungen mit entsprechender Betriebserlaubnis bis zu 368 Kinder und Jugendliche untergebracht sind (Hoffmann 2013b, 1349; Hoops 2001, 540; Günder 2011, 360, nennt für das Jahr 2010 352 Plätze). Dennoch wird unter dem Motto „Menschen statt Mauern" und auch in den neueren Jugendberichten der geschlossenen Unterbringung eine deutliche Absage erteilt (Münder/Meysen/Trenczek 2013, § 34 SGB VIII, Rdnr. 9; von Wolffersdorf 2009, 104, Vogel 2014, 291–294, der eine namentliche Auflistung aller Einrichtungen anführt, die 2011 Plätze für eine freiheitsentziehende Maßnahme haben).

Bundesweite Plätze, die in Einrichtungen der Jugendhilfe freiheitsentziehend belegt werden können, umfassten nach Hoops (2011, 540) mit kontinuierlich steigenden Platzzahlen beispielsweise 1996 122 Plätze, 2006 196 Plätze und 2011 368 Plätze. Hier wird allerdings die erforderliche Betriebserlaubnis für derartige Heime nicht thematisiert.

Vogel (2014, 294) kommt zu dem Ergebnis, dass 2011 bei 368 verfügbaren Plätzen 159 für männliche Kinder und Jugendliche vorgesehen waren, 107 für weibliche Kinder und Jugendliche und 102 Plätze für männliche oder weibliche Kinder und Jugendliche.

Die Familienrechtler Vogel (2012a, 462–467; 2014), Grabow (2011, 550–553) und Salgo (2011, 546–549, hier vor allem die Pflicht zur familiengerichtlichen Genehmigung der Freiheitsentziehenden Unterbringung) thematisieren das Einhalten juristischer Mindeststandards bei der Anordnung einer freiheitsentziehenden Maßnahme, wie erschöpfende Sachaufklärung, persönliche Anhörung des Kindes oder Jugendlichen und Inaugenscheinnahme durch das Gericht (Grabow 2011, 550), unabdingbare Bestel-

II Fremdplatzierung

lung eines Verfahrensbeistandes nicht nach § 158 FamFG, sondern nach §§ 167 Abs. 1 S. 2, 317 FamFG (Vogel 2012a, 464; 2014, 237), Beachtung der Verfahrensfähigkeit des ab 14 Jahre alten Kindes, Einholung eines Sachverständigengutachtens (§§ 167 Abs. 1 S. 1, 321 Abs. 1 S. 1 FamFG; Rohmann 2011, 561–566), Inhalt der Beschlussformel, Begründung der Entscheidung, Bekanntmachung des Beschlusses, Rechtskraft des Beschlusses, Beschwerderecht gegen die Entscheidung des Gerichts, einstweilige Anordnung und einstweilige Anordnung bei gesteigerter Dringlichkeit (z.B. zunächst ohne Anhörung des Kindes oder Bestellung eines Verfahrensbeistandes gemäß § 332 FamFG).

Rüth (2011, 554–558) behandelt die freiheitsentziehenden Maßnahmen zur Frage der Unterbringung in psychiatrischen Einrichtungen. Er stellt dar, dass eine psychiatrisch bedingte akute Eigengefährdung (z.B. Suizidalität), eine psychiatrisch bedingte akute Fremdgefährdung (z.B. beim Vorliegen eines psychotischen Syndroms) und eine psychiatrisch bedingte chronische Eigengefährdung (z.B. kontinuierlicher Drogengebrauch (a.a.O., 555f.) zu einer derartigen Unterbringung führen kann. Allerdings lassen sich die Symptome gelegentlich nicht so eindeutig zuordnen, dass eine notwendige Unterbringung entweder in einer psychiatrischen oder pädagogischen Einrichtung erfolgt (z.B. bei Schulverweigerung).

Nach Kunkel (2014, § 34 Rdnr. 36) kommt die geschlossene Unterbringung im Rahmen einer freiheitsentziehenden Maßnahme als zusätzliche Schutzmaßnahme für das Kind nicht mehr in Betracht, sodass auch angesichts des Bundeskinderschutzgesetzes das Recht des Kindes auf eine Erziehung ohne Freiheitsentziehung ausgerichtet sein solle.

Ob jedoch selbst im Fall einer pädagogischen Intensivhilfe (Intensive sozialpädagogische Einzelbetreuung nach § 35 SGB VII) Kindern unter 14 Jahren die erforderliche Hilfe und ein lebenserhaltender Schutz angeboten werden kann, z.B. Verhinderung nächtlicher Wettfahrten von Kindern mit gestohlenen Autos; Brandstiftungen, Raubdelikten, S- und U-Bahn-Surfen auf dem Dach der Fahrzeuge etc.), vermag bisher niemand zu beantworten.

Dennoch ist die Haltung der meisten Spezialisten zu diesem Reizthema der Freiheitsentziehenden Unterbringung eindeutig verneinend (so schon vor mehr als 15 Jahren: von Wolffersdorff 1998). Nur wenige plädieren für eine einzelfallbezogene geschlossene Unterbringung, die nicht institutionalisiert werden darf und nur zum Schutz vor einer erheblichen Gesundheits- oder Lebensgefahr des Kindes in Betracht kommt (Trenczek/Tammen/Behlert 2011, 668).

Trede (2003, 123) sieht den Freiheitsentzug im Rahmen der geschlossenen Unterbringung in einem Kinderheim im Einzelfall als ein Mittel der Hilfe zur Erziehung an, wenngleich auch nur als Ultima Ratio.

Eine freiheitsentziehende Unterbringung kommt ebenso nach Art. 37 UN-KRK[19] nur als letztes Mittel und nur für die „kürzeste angemessene Zeit" in Betracht.

Die Skandalisierungen und die jüngsten Schließungen der Freiheitsentziehenden Einrichtungen „Haasenburg" zeigen erneut auf, dass eine geschlossene Einrichtung (geschlossenes System) außerdem von außen nur schwer zu kontrollieren ist und pädagogische Maßnahmen offenbar auch geduldete Überreaktionen zum Inhalt haben können und weniger ein pädagogisch sinnvolles Vorgehen mit den in Not geratenen jungen Menschen beinhalten, die durchaus selbstgefährdend und gefährlich sein können.

Hierzu bedarf es spezieller klientenorientiertere Konzepte, die Formen von Eindeutigkeit aufweisen können (z.B. klare Regeln, eindeutige Ansagen und Konsequenzen), während Verachtung, Verächtlichmachung, Respektlosigkeit, Drill und Bestrafungen kontraindiziert sind (Ministerium für Bildung, Jugend und Sport des Landes Brandenburg 2013, Bericht und Emp-

---

19 **Artikel 37 UN-KRK [Schutz vor Folter; Garantien bei Freiheitsentzug]**
Die Vertragsstaaten stellen sicher,
a) daß kein Kind der Folter oder einer anderen grausamen, unmenschlichen oder erniedrigenden Behandlung oder Strafe unterworfen wird. Für Straftaten, die von Personen vor Vollendung des achtzehnten Lebensjahrs begangen worden sind, darf weder die Todesstrafe noch lebenslange Freiheitsstrafe ohne die Möglichkeit vorzeitiger Entlassung verhängt werden;
b) daß keinem Kind die Freiheit rechtswidrig oder willkürlich entzogen wird. Festnahme, Freiheitsentziehung oder Freiheitsstrafe darf bei einem Kind im Einklang mit dem Gesetz nur als letztes Mittel und für die kürzeste angemessene Zeit angewendet werden;
c) daß jedes Kind, dem die Freiheit entzogen ist, menschlich und mit Achtung vor der dem Menschen innewohnenden Würde und unter Berücksichtigung der Bedürfnisse von Personen seines Alters behandelt wird. Insbesondere ist jedes Kind, dem die Freiheit entzogen ist, von Erwachsenen zu trennen, sofern nicht ein anderes Vorgehen als dem Wohl des Kindes dienlich erachtet wird; jedes Kind hat das Recht, mit seiner Familie durch Briefwechsel und Besuche in Verbindung zu bleiben, sofern nicht außergewöhnliche Umstände vorliegen;
d) daß jedes Kind, dem die Freiheit entzogen ist, das Recht auf umgehenden Zugang zu einem rechtskundigen oder anderen geeigneten Beistand und das Recht hat, die Rechtmäßigkeit der Freiheitsentziehung bei einem Gericht oder einer anderen zuständigen, unabhängigen und unparteiischen Behörde anzufechten, sowie das Recht auf alsbaldige Entscheidung in einem solchen Verfahren.

fehlungen der unabhängigen Kommission zur Untersuchung der Einrichtungen der Haasenburg GmbH vom 30.10.2013).

Eine eindeutige, zufriedenstellende, fachlich ausgewiesene, kindgerechte Alternativen aufzeigende Antwort, was mit akut selbstgefährdenden (suizidalen) oder fremdgefährdenden (z.B. drogeninduzierte Gewaltbereitschaft) jungen Menschen geschehen sollte, und wie sie effektiv und weitgehend ohne Zwang behandelt und betreut werden können, liegt jedoch nicht vor. Die Antworten bei der Verneinung einer freiheitsentziehenden Maßnahme, welcher Schritt anstelle einer geschlossenen Unterbringung erfolgen sollte, geben „keineswegs befriedigende Antworten auf alle diese Fragen. Einige schwierige Kinder und Jugendliche fallen nach wie vor durch alle Maschen" (Gründer 2011, 365).

Fazit

Eine zeitgemäße Heimerziehung (geschlossen, halboffen, offen) hat durch eine Verbindung von Alltagserleben, pädagogischen und therapeutischen Angeboten Kinder und Jugendliche in ihrer Entwicklung fördern.

Der Alltag muss strukturiert sein, eine fundierte Beziehungsarbeit sollte erfolgen, die ein Verhaltenstraining mit umfasst und die der „Ich-Stärkung" der Heiminsassen dient.

Die Elternarbeit sollte kontinuierlich erfolgen und durch eine systemische Familienarbeit unterstützt werden (Günder 2011, S. 195.f).

Zur Frage „geschlossene Unterbringung" im Rahmen einer freiheitsentziehenden Unterbringung lassen sich keine leichten Antworten finden. Populär ist nach wie vor die Jahrzehnte anhaltende Gegnerschaft, ohne dass jedoch die Gegner einer geschlossenen Unterbringung eine Antwort haben, wie extrem eigen- und fremdgefährdete Kinder und Jugendliche außerhalb einer freiheitsentziehenden Maßnahme angemessen begleitet, betreut und versorgt werden könnten, um z.B. künftig ein emotional zufriedenstellendes Leben in sozialer Verantwortung führen zu können.

14.6.1 Kind, Elternhaus, Familie

Nach Angaben des Statistischen Bundesamt (Statistischen Bundesamt, Wiesbaden 2014. Statistiken der Kinder und Jugendhilfe. Erzieherische Hilfe, Eingliederungshilfe für seelisch behinderte junge Menschen, Hilfe für junge Volljährige. Orientiert am jungen Menschen nach § 27 SGB VIII, 6, 71) erfolgte im Jahr 2012 für ca. 517.000 Kinder, Jugendliche und junge Erwachsene eine erzieherische Hilfe nach § 27 SGB VIII des Jugendamtes oder einer Erziehungsberatungsstelle. Den größten Anteil unter den erzieherischen Hilfen hatte mit 65% die Erziehungsberatung (gut 307.000 junge Menschen). 55.000 Familien erhielten eine familienorientierte Hilfe (damit wurden 102.000 junge Menschen erreicht).

Bezogen auf 2012 ergibt sich bei ca. 15,5 Mio. in Deutschland lebenden Kinder, Jugendlichen und jungen Menschen bis 20 Jahren, dass von ca. 3% dieser Personen eine Hilfe zur Erziehung in Anspruch genommen wurde (Statistiken. Das Statistik Portal 2014).

Trotz vielfältiger Dysfunktionalitäten und Störungen in den betreffenden Familien ergibt sich aus dem Zahlenmaterial, dass jedoch auch 2012 nur ein geringer Prozentsatz aller Familien in Deutschland Hilfen dieser Art in Anspruch genommen haben. Somit lässt sich andererseits aus diesem Zahlenmaterial auch ablesen, dass ca. 97% aller Familien derartige Hilfe nicht in Anspruch nehmen oder auferlegt bekommen. Das belegt, dass die Lebenseinheit Familie für Kinder und Jugendliche in unserem Kulturkreis nach wie vor die primäre und wichtigste Sozialisationseinheit für Kinder ist, ohne dass staatliche Mittel beansprucht oder staatliche Interventionen notwendig sind.

Für eine gedeihliche Entwicklung der Kinder hat dabei der formale Status der Familie (ehelich, nichtehelich, faktisch, leiblich, allein erziehend, Folge- oder Fortsetzungsfamilie als Stieffamilie, Partnerschaftsfamilie, Pflegefamilie, Adoptionsfamilie) oder der rechtliche Status der Verbindung der Eltern beziehungsweise die formale Seite der Kind-Eltern-Beziehung keine besonders herausragende Bedeutung.

Ausschlaggebend sind die gelebten Kind-Eltern-Beziehungen, die Bindungen des Kindes an die betreuenden und versorgenden Personen und die Art und Weise, wie dieser Personenverband miteinander umgeht, welche Formen von Beziehungen, welche Regeln des Verhaltens gelten und gefördert werden und welche Werte und Rollen Kinder kennen lernen (können), annehmen und für ihre eigene Lebensgestaltung nutzen. Das kindliche Nutzbarmachen einer angemessenen Lebensgestaltung umfasst in diesem Sinne die Möglichkeit des Lernens, Erfahrens und Wissens, um Zusammenhänge, Wünsche, Hoffnungen und Zielvorstellungen überhaupt herstellen zu können.

Von dieser kindgerechten Gestaltung des alltäglichen Miteinander-Umgehens hängt es ab, ob Kinder die Erfahrungen und Regeln, die ihnen von den Eltern beziehungsweise in der Familie vermittelt wurden, auch in an-

II Fremdplatzierung

deren sozialen Lebensbereichen sinnvoll und erfolgreich anwenden können. Wie gut beispielsweise Kinder, Jugendliche und später die jungen Erwachsenen mit anderen Menschen zurechtkommen, hängt von der Qualität, Stabilität, Verlässlichkeit, Einvernehmlichkeit, Kooperation und den Problemlösestrategien innerfamiliärer Beziehungen ab.

Ein günstiger Sozialisationsverlauf wird nach derzeitigem sozialwissenschaftlichem und vor allem entwicklungspsychologischem Erkenntnisstand in Mitteleuropa offensichtlich immer dann angenommen,

- wenn das Elternhaus beziehungsweise die Familie den Kindern eine gewisse Ausgewogenheit zwischen festen Regeln und spontanen Möglichkeiten in und außerhalb der Familie eröffnet,
- wenn in der Kind-Eltern-Beziehung zwischen gefühlsmäßiger Nähe und Distanz ein ausgeglichenes Verhältnis besteht,
- wenn in der Familie die Fähigkeit zur Abgrenzung ebenso wie zur Öffnung gegenüber Außeneinflüssen erworben wird und normative wie nicht normative Familienentwicklungsübergänge bewältigt werden (Schneider/Lindenberger 2012, 137ff),
- wenn die Familie dem Kind Schutz, Zuversicht, Fairness, Freiheit und Flexibilität übermittelt.

Störungen dieses oft schwierigen Balanceaktes treten vornehmlich bei finanzieller Not der Eltern, Arbeitslosigkeit, Verlust der Wohnung, Gewalt, Alkoholismus, Süchten anderer Art oder bei schwerer körperlicher und psychischer Erkrankung auf. Daraus resultierende Symptome gehen besonders häufig bei einer Chronifizierung zu Lasten der Kinder und können sich dann in Vernachlässigung, körperlichen und psychischen Misshandlungen, sexuellem Missbrauch und Verwahrlosung zeigen.

Dabei zeichnen sich gerade kritische Lebensereignisse der oben genannten Art, zu denen auch Tod, Trennungen und Scheidungen gehören, häufig durch Unvorhersagbarkeit und Unkontrollierbarkeit aus (so genannte nicht normative familiale Entwicklungsübergänge). Alle kritischen Lebensereignisse dieser Art erfordern vielfältige und komplexe Anpassungsprozesse seitens der Betroffenen, die häufig professionelle Hilfen in Anspruch nehmen müssen. Diese Anpassungsprozesse, die entweder durch so genannte Selbstheilungskräfte der betroffenen Personen oder Personengruppen möglich werden und/oder durch professionelle Hilfen, sind – psychologisch gesehen – ausgerichtet auf

- Erklärung und Sinnfindung des Geschehens,
- Wiederherstellung der innerfamiliären und eigenen Handlungsfähigkeit,
- Stabilisierung des Selbstwertgefühls und der Selbstwirksamkeit.

Dennoch reichen insbesondere nach längeren Krisen strukturelle Verbesserungen allein, aber auch die verbliebenen Selbstheilungskräfte und Ressourcen in der Familie sowie die Resilienzen der Kinder im Rahmen von professionellen ambulanten Hilfen gelegentlich nicht mehr aus, um für Kinder einen wirksamen Schutz sicherzustellen. Nach Ausschöpfen aller ambulanten Hilfen, scheint dann zumindest eine vorübergehende Herausnahme des Kindes aus dem Elternhaus unter Abwägung aller relevanten Gesichtspunkte des Kindeswohls die am wenigsten schädliche Alternative zu sein.

14.6.2 Kind, Jugendamt und Familiengericht

Bei einem hohen Anteil der Pflege- und Heimkinder geht die Fremdunterbringung vermutlich auf eine richterliche Entscheidung wegen einer Kindeswohlgefährdung nach § 1666 BGB zurück. Exakte Zahlen werden jedoch statistisch nicht erfasst. Für den Pflegekinderbereich werden beispielsweise von Salgo/Veit/Zenz (2014, 211) Schätzzahlen in Höhe von 40 bis 50% genannt. Die Autoren meinen, der „restliche Anteil der Pflegekinder war zwar auch vor der Fremdplatzierung gefährdet" (Salgo/Veit/Zenz a.a.O.), die Eltern hätten jedoch freiwillig der Unterbringung ihrer Kinder zugestimmt.

Diese generalisierende Aussage muss – auch angesichts der nicht verlässlichen statistischen Ausgangslage – angezweifelt werden, da insbesondere in entsprechenden Begutachtungsfällen bekannt ist, dass etliche Kinder in Pflege gegeben wurden, die von den Eltern nicht gefährdet, misshandelt, missbraucht oder vernachlässigt wurden. Vielmehr wurden diese Kinder von abgebenden, z.T. sehr jungen Müttern oder seelisch instabilen Eltern, mit Hilfe des Jugendamts in eine Pflegefamilie gegeben, bevor eine Kindeswohlgefährdung eingetreten war. Die Eltern oder die alleinerziehenden Mütter trauten sich die Betreuung und Versorgung des Kindes auf Dauer nicht zu und überließen deshalb in Verantwortung zum Kind dieses Dritten zur Pflege.

Im Rahmen einer Fremdunterbringung hat das Jugendamt das Familiengericht – wie auch im Sorgerechtsverfahren oder umgangsrechtlichen Verfahren – „insbesondere" über angebotene und erbrachte Leistungen zu unterrichten und erzieherische und soziale Gesichtspunkte zur Entwicklung des Kindes einzubringen (§ 50 Abs. 2 SGB VIII).

Wie im Fall einer Sorgerechts- und Umgangsregelung oder Adoption hat das Familiengericht bei einer familiengerichtlichen Unterbringungsmaßnahme stets und hier nach dem Amtsermittlungsgrundsatz (§ 26 FamFG) das Jugendamt, die Eltern nach § 167 Abs. 4 FamFG und grundsätzlich auch das Kind (im Beisein des Verfahrensbeistands: BGH, Urteil vom 18.7.2012 – XII ZB 661/11 = JAmt 2013, 45f.) anzuhören. Nur bei Gefahr im Verzug kann das Gericht im Wege der einstweiligen Anordnung zunächst auf Anhörungen verzichten (§ 332 S. 1 i.V. mit § 167 Abs. 1 S. 1 FamFG), die allerdings so schnell wie möglich nachzuholen sind (§ 332 S. 2 FamFG). Im Gesetz sind hierfür jedoch keine Fristen genannt.

Das Familiengericht hat im Rahmen der Anhörung der Kinder und Jugendlichen vergleichbar der Anhörung in einer Sorge- und Umgangsrechtssache deren Neigungen, Bindungen und Willen zu berücksichtigen und zu würdigen. Das Gericht hat sich somit auch und gerade bei Unterbringungen einen persönlichen Eindruck vom Kind zu verschaffen.

Mehr als im familiengerichtlichen Verfahren bei einer anstehenden Regelung der elterlichen Sorge oder des Umgangsrechts werden bei einem Sorgerechtsentzug nach §§ 1666, 1666a BGB und einer Unterbringung des Kindes in einer Einrichtung die Entscheidungsträger im Familiengericht mit dem Kind zurückliegende, unter Umständen das Wohl des Kindes nachhaltig berührende Ereignisse besprechen, um zu einem angesichts der Schwere des Eingriffs sachgerechten Urteil zu kommen.

Unterbringungen von Kindern durch Gerichtsbeschluss beinhalten meist eine Herausnahme des Kindes aus dem Elternhaus. Sie sind immer auch Maßnahmen zum Schutz des Kindes. Bei diesen Fallkonstellationen wird der Wille des Kindes, wo und bei wem es beispielsweise wohnen und leben möchte, einen anderen Stellenwert haben als zum Beispiel bei einem Sorgerechtsverfahren nach einer Elterntrennung.

Normalerweise wird das Kind nicht in der Lage sein, die Tragweite und Notwendigkeit einer Entziehung des Aufenthaltsbestimmungsrechts, des Sorgerechts oder seiner Herausnahme zu erfassen.

Der Wille des Kindes wird somit in aller Regel darauf ausgerichtet sein, im Elternhaus zu bleiben, obwohl gerade dort Gefährdungen vorliegen und sein Wohlergehen beeinträchtigt ist. Dagegen kann im trennungsbedingten ABR- oder Sorgerechtsverfahren das Kind – selbst bei heftig streitenden Eltern, hocheskalierten Familiensystemen und trotz aller Loyalitätskonflikte – zumindest (für sich) kognitiv zwischen mehreren Alternativen und Lösungen wählen.

Bei Fallkonstellationen mit akuten Gefährdungen des Kindes muss unter Umständen sein fester Wille, bei den Eltern bleiben zu wollen, gebrochen werden.

Anders sieht es aus, wenn das Kind zum Beispiel seit längerer Zeit in einer Pflegefamilie lebt: Bei der gerichtlichen Verbleibensanordnung (§ 1632 Abs. 4 BGB), ist eine sachgerechte Entscheidung vermutlich nur denkbar, wenn der Kontinuitätsgrundsatz beachtet wird und grundsätzlich dem vom Kind geäußerten Willen, der durch Gründe gebunden ist und die erforderliche Zielorientiertheit, Stabilität, Intensität und Autonomie aufweist, bei den Pflegeeltern zu bleiben, Rechnung getragen wird (OLG Hamm, 16.10.2012 – II-2 UF 163/12 = FamRZ 2013, 1228; OLG Stuttgart, 10.5.2013 – 18 UF 125/12 = FamRZ 2014, 320).

Die Betonung und Hervorhebung der Rechte der leiblichen Eltern, wie es Art. 6 GG vorsieht, bedeutet häufig eine Missachtung des Kindeswohls und der Rechte des Kindes auf Erhaltung bestehender und neu gewachsener Beziehungen und Bindungen.

Der Vorrang des Elternrechts der leiblichen Eltern gegenüber den Pflegeeltern führt nicht selten zu einer Herausnahme des Kindes bei den Pflegeeltern, wenn mit der Rückkehr des Kindes in das Elternhaus keine Gefährdung verbunden wird. Dabei werden zu oft die neuen gewachsenen Beziehungen und Bindungen des Kindes nicht genügend beachtet (Beispiel: Ein leicht geistig behinderter vier Jahre alte Junge lebt seit drei Jahren bei seinen Pflegeeltern. Dort und in der Kita ist er gut integriert. Die Mutter hat weiterhin das volle Sorgerecht inne. Sie verlangt, dass der Junge in eine andere Pflegefamilie kommt, damit sich der Junge nicht zu sehr an die erste Pflegefamilie gewöhnt. Jugendamt, Verfahrensbeistand und Familiengericht folgen dem Votum der Mutter, da eine Rückkehr des Kindes zur Mutter nicht ausgeschlossen wird. Ein Umgangskontakt des Jungen mit der alten Pflegefamilie wird mit der Begründung unterbunden, dass sich der Junge nun an die neue Pflegefamilie gewöhnen muss. Der alten Pflegefamilie wurde vom Familiengericht keine Beteiligtenstellung eingeräumt. Der Sachverständige, der zu dem Ergebnis eines dringenden Verbleibs des Kindes in seiner alten Pflegefamilie kommt, wird mit seinen Ausführungen zu den entwickelten und gefestigten Bindungen des Kindes mit seinen Pflegeeltern, dem Willen des Kindes bei seinen Pflegeeltern bleiben zu wollen und unter Beachtung des Kontinuitätsgrundsatzes nicht ernstgenommen und nicht zur Anhörung geladen).

II Fremdplatzierung

Den leiblichen Eltern wird somit der Aufenthalt für ihr Kind nach längerer Verweildauer in einer Pflegefamilie auch dann nicht verwehrt, obwohl sie das Wohlergehen des Kindes „nicht sicherstellen" können oder das Sorgerecht im Machtkampf gegen die Pflegefamilie missbrauchen.

Unter verfassungsrechtlichen Gesichtspunkten ist anzumerken, dass das Persönlichkeitsrecht des Kindes mit zunehmender Selbstbestimmungsfähigkeit die im Elternrecht wurzelnden Rechtsbefugnisse einschränkt.

Darüber hinaus sind immer auch im Spannungsverhältnis zwischen leiblichen Eltern, Pflegeeltern und Kind die nach dem Grundgesetz den Pflegeeltern erwachsenen und zustehenden Rechte zu beachten, durch die eine Herausnahme des Kindes zur Unzeit verhindert werden muss.

Allerdings können sich die Pflegeeltern nicht auf die Elternrechte des Art. 6 Abs. 2 S. 1 GG berufen. „Die Spielräume des Gesetzgebers, unter Überwindung der Elterninteressen zum Wohle des Kindes in bestimmten Situationen rechtliche Sicherungsmaßnahmen zu schaffen, sind vom Bundesverfassungsgericht nicht ausgeleuchtet" (Britz 2014, 19), obwohl das BVerfG das Kindeswohl als letztlich bestimmend ansieht (BVerfGE 68, 176, 188; 75, 201, 218).

Dennoch sollte eine zivilrechtliche Absicherung der Dauerpflege durch das Familiengericht in den dafür geeigneten Fällen möglich werden (§ 1632 Abs. 4 BGB i.V. mit § 37 Abs. 1 S. 4 SGB VIII). Wenn Kinder dauerhaft in einer Pflegefamilie bleiben, sollte diese auch in Angelegenheiten mit „erheblicher Bedeutung" (§ 1687 BGB) Entscheidungen treffen können (§§ 1688, 1630 Abs. 2 BGB müssten in § 1800 S. 1 BGB aufgenommen werden). Zudem sollte eine Umgangsregelung den speziellen Bedürfnissen eines Kindes in Dauerpflege angepasst werden (Salgo/Veit/Zenz 2014, 212).

14.6.3 Maßnahmen der Reintegration

Eltern und Kinder erleben sich bei der Herausnahme des Kindes durch das Jugendamtes oder Familiengericht oft als Opfer. Deshalb ist in den einschlägigen Vorschriften im BGB (z.B. § 1666a BGB) und vor allem im Kinder- und Jugendhilferecht (z.B. §§ 8a, 42 SGB VIII) vorgesehen, während und nach einer Maßnahme zur Unterbringung von Kindern den Eltern und Kindern Hilfe und Unterstützung anzubieten.

Insbesondere bei „SGB VIII-Unterbringungen" soll den Eltern auf freiwilliger Grundlage umfassende Beratung angeboten werden, die u.U. auch einen begleiteten Umgang im Rahmen einer denkbaren Rückkehroption umfassen (§ 18 SGB VIII). Das Jugendamt hat den Eltern gegenüber umfassende Beratungs- und Informationspflichten.

Eltern und Kinder sollen während des gesamten Prozesses der Unterbringung möglichst Entscheidungsbeteiligte bleiben. So sind zum Beispiel Eltern und Kinder und Jugendliche auch an der Erstellung des Hilfeplans und an der Auswahl der Pflegestelle oder des Kinderheims zu beteiligen (§ 36 Abs. 1 S. 3, Abs. 2 SGB VIII).

Das Jugendamt hat die Eltern ferner über die Rechtsfolgen der Fremdunterbringung zu unterrichten. Es hat sie trotz der im Gesetz vorgesehenen Rückkehroptionen in das Elternhaus (§§ 33, 34, 35 SGB VIII) darauf hinzuweisen, dass sie ihr Kind insbesondere dann nicht mehr nach Belieben von einem Ort zum anderen bringen können, wenn es längere Zeit in einer Pflegefamilie oder in einem Kinderheim verbracht hat (im Sinne der oben bereits ausführlicher behandelten Verbleibensanordnung).

Ein schwerer Beratungsfehler, der immer wieder in der Jugendamtspraxis auftaucht, beinhaltet die Mitteilung, dass die Eltern ihr Kind im Falle einer erfolgreichen Stabilisierung der Lebenssituation oder Rehabilitation wieder zurückbekommen würden. Dieser gut gemeinte Hinweis lässt viele Eltern, deren Lebenssituation sich u.U. durchgreifend stabilisiert hat, vergessen, dass nunmehr nach Ablauf einer bestimmten Zeit das Kind nicht erneut „herausgenommen" und wiederum „untergebracht" werden kann, diesmal bei den Eltern.

Ein vergleichbarer Beratungsfehler besteht darin, den Pflegeeltern bei einer Inpflegenahme eines Säuglings zu bedeuten, dass hier eine Adoption möglich sein wird.

Fall: Die Mutter lebt bereits während der zweiten Schwangerschaft in einem Mutter-Kind-Heim, während das erste – damals zweijährige Kind Noah – seit der Elterntrennung mit Eintritt der Schwangerschaft des zweiten Kindes, von der der Vater nichts erfährt, beim Vater wohnt. Die Mutter leidet unter einer erheblichen seelischen Instabilität, die vermutlich durch einen zurückliegenden, jahrelangen Drogenkonsum in einer Hausbesetzerszene indiziert wurde. Unmittelbar nach der Geburt des zweiten Kindes Miriam fasst die Mutter den Entschluss, dieses Kind mit Hilfe des Jugendamtes in eine Pflegefamilie zu geben. Der nichteheliche Vater wird zunächst nicht informiert (auch nicht über die Geburt des zweiten Kindes).

Er bemühte sich aber nach Inkenntnissetzung durch die Mutter, um einen Umgang mit Miriam, was die Pflegeeltern trotz wiederholter Gerichtsverfahren seit drei Jahren erfolgreich verhindern. Er wollte zunächst seine Tochter alle zwei Wochen im Rahmen eines begleiteten Umgangs zwei

II Fremdplatzierung

Stunden sehen. Selbst das OLG traute sich angesichts der mittlerweile überaus angespannten Situation zwischen den Pflegeeltern und dem Vater nicht, einen Umgang des Kindes mit dem Vater zu beschließen, so dass Miriam dem Vater und ihrer Schwester fremd blieben.

Das Jugendamt hat die Maßnahme der Fremdunterbringung in regelmäßigen Zeitabständen von Amts wegen zu überprüfen. Es hat festzustellen, ob die gewählte Hilfeart weiterhin geeignet und notwendig ist (§ 36 Abs. 2 S. 2, 2. Halbsatz SGB VIII).

Bei konkreten Rückkehrbemühungen ist zu beachten, dass sich häufig die leibliche Familie, in die das Kind reintegriert werden soll, durch das Ausscheiden oder Hinzukommen von Familienmitgliedern verändert hat (Stichwort: Patchwork Familien). Wenn solche Veränderungen nicht beachtet werden, treten bei einer Rückführung fast unweigerlich Schwierigkeiten durch Überforderungen, Rivalitäten und übermäßige Abgrenzungen auf, die zu einer erneuten Herausnahme führen können.

Von entscheidender Bedeutung für das Wohlergehen des Kindes sind jedoch angesichts von Rückführungsüberlegungen

- die Dauer der Unterbringung,
- das Alter des Kindes,
- sein Wille,
- die bestehenden Beziehungen und Bindungen,
- der psychosoziale Entwicklungsstand und
- die soziale, ökonomische und psychische Verfassung der Herkunftsfamilie.

Ausblick

Fremdunterbringungen müssen dazu angetan sein, Gefährdungen und Entwicklungsbehinderungen des Kindes zu unterbrechen. Entstehen dann neue Beziehungen und Bindungen, sind diese zu beachten und u.U. auch im Kindesinteresse unter dem Aspekt Wille des Kindes und des Sorgerechtskriteriums der Kontinuität als vorrangig zu respektieren (Unzner 2003, 324).

Kommt nach längerer Fremdunterbringung eine Rückkehr des Kindes in seine Ursprungsfamilie nicht in Frage, muss aus Kindeswohlgründen das Familiengericht eine Entscheidung treffen, mit der ein dauerhafter Verbleib des Kindes sichergestellt wird. Es hat sich dabei am Bedürfnis des Kindes nach Aufrechterhaltung der neu entstandenen und gewachsenen Beziehungen und Bindungen zu orientieren.

15 Die Annahme als Kind (Adoption)

Mit Inkrafttreten der Reform des Verfahrens in Familiensachen und in den Angelegenheiten der freiwilligen Gerichtsbarkeit (FamFG) am 1.9.2009 ist das sog. Große Familiengericht eingeführt worden. Gleichzeitig sind die Vormundschaftsgerichte, die bisher für Adoptionssachen zuständig waren, aufgelöst und den Familiengerichten zugeordnet worden.

Tabelle 7: Anzahl der Adoptionen der Jahre 1993 bis 2012

Jahr	1993	1996	1999	2002	2004	2005	2006
Adoptionen	8.687	7.420	6.399	5.668	5.064	4.762	4.748

Jahr	2007	2008	2009	2010	2011	2012
Adoptionen	4.509	4.201	3.888	4.021	4.060	3.886

(Statistisches Bundesamt, Wiesbaden 2014, Kinder und Jugendhilfe in Deutschland, Adoption).

57% der Adoptionen erfolgte durch Stiefeltern. 34% der Adoptierten waren unter drei Jahre alt. 2007 wurden 55% der adoptierten Kinder oder Jugendlichen von einem Stiefelternteil oder von Verwandten als Kind angenommen; 45% der Adoptierten waren unter sechs Jahre alt, 30% waren zwischen sechs und elf Jahren und 25% zwölf Jahre oder älter; 32% besaßen nicht die deutsche Staatsangehörigkeit. Mit den genannten 3.886 Adoptionen im Jahr 2012, davon mit den Adoptiveltern nicht verwandte 1.543 Adoptivkinder, hat sich insgesamt die Anzahl seit 1978 mit 11.224 Fällen nahezu auf ein Drittel reduziert. Wiemann (2012, 18) betont, dass diese Entwicklung eigentlich gut sei, da eine Adoption immer zum Inhalt hat, dass sich „eine Mutter und ihr Kind ... in einer Notlage befunden haben".

Der Begriff Adoptionssachen ist erstmals als Gesetzesbegriff eingeführt worden (§ 111 Nr. 4 FamFG). Die Familiensachen sind somit (u.a.) um die Adoptionssachen erweitert worden. Zugleich ist bei Annahme-, Ersetzungs- und Aufhebungsverfahren in Adoptionssachen das Verfahren nach wie vor der freiwilligen Gerichtsbarkeit zugewiesen. Materiell-rechtlich hat die Reform des Familienverfahrensrechts sowie des Rechts der freiwilligen Gerichtsbarkeit keine weitergehenden Änderungen für das Adoptionsrecht gebracht. In den Bestimmungen zur Annahme als Kind (Buch 4, Abschnitt 2, Titel 7 des BGB) ist in §§ 1741 bis 1772 gemäß Art. 50 des FGG-Reformgesetzes das Adoptionsrecht sachlich unverändert geblieben.

Das gilt auch für Fragen der örtlichen Zuständigkeit nach § 187 Abs. 4 FamFG, durch den im Falle von Inlandsadoptionen bei Anwendbarkeit ausländischer Sachvorschriften auf § 5 Abs. 1 Adoptionswirkungsgesetzes verwiesen und somit die örtliche Zuständigkeit konzentriert wird.

Die neuen gerichtsverfassungsrechtlichen Regelungen für Familiensachen gelten nun auch bei Adoptionssachen. Somit ist nicht mehr das Landgericht die 2. Instanz in Adoptionssachen, sondern das Oberlandesgericht. Die adoptionsrechtlichen Verfahrensvorschriften sind im 5. Abschnitt des 2. Buchs in §§ 186-199 FamFG geregelt.

Die materiell in die sachliche Zuständigkeit des Familiengerichts fallenden Adoptionssachen als Familiensachen sind in § 186 FamFG aufgezählt:

- § 186 Nr. 1 FamFG – Annahme als Kind:
- § 1752 BGB (Antragsverfahren Minderjährigenadoption)
- § 1768 BGB (Antragsverfahren Volljährigenadoption)
- § 1757 Abs. 4 BGB (namensrechtliche Zusatzentscheidung auf Antrag)
- § 1746 Abs. 1 S. 4 BGB (gerichtliche Genehmigung der Einwilligung des Kindes bei unterschiedlicher Staatsangehörigkeit des Kindes und des Annehmenden, sofern ausländisches Sachrecht anwendbar ist).
- § 186 Nr. 2 FamFG – Ersetzung der Einwilligung zur Annahme als Kind:
- §§ 1748, 1749 BGB (gerichtliche Ersetzung notwendiger Einwilligungen auf Antrag).
- § 186 Nr. 3 FamFG – Aufhebung des Annahmeverhältnisses[20]:
- §§ 1760; 1771 BGB (Aufhebung des Annahmeverhältnisses auf Antrag)
- § 1763 BGB (Aufhebung des Annahmeverhältnisses von Amts wegen)
- § 1765 Abs. 2 BGB (namensrechtliche Zusatzentscheidung auf Antrag).
- § 186 Nr. 4 FamFG – Befreiung vom Eheverbot:
- § 1308 Abs. 2 BGB (Befreiung vom Eheverbot der Adoptivverwandtschaft auf Antrag).

---

20 Eine Aufhebung der Adoption von Amts wegen kommt nach § 1763 Abs. 1 BGB nur in Frage, wenn schwerwiegende Gründe (z.B. Misshandlung, Missbrauch des Kindes) vorliegen und somit die Aufhebung zum Wohl des Kindes erforderlich ist (Krause 2010, 65).

Zu den *Kindschaftssachen* nach § 111 Nr. 2 FamFG gehören die im Zusammenhang mit dem Adoptionsverfahren stehenden selbständigen Entscheidungen, die die Verantwortung für die Person des Kindes oder dessen Vertretung betreffen.

Es handelt sich dabei um Verfahren in Kindschaftssachen nach:

- § 151 Nr. 1 FamFG;
- § 1751 Abs. 3 BGB (Rückübertragung der elterlichen Sorge nach Wirkungslosigkeit der Adoptionseinwilligung eines Elternteils)
- § 1764 Abs. 4 BGB (Rückübertragung der elterlichen Sorge nach Aufhebung des Annahmeverhältnisses).
- § 151 Nr. 4, 5 FamFG;
- § 1764 Abs. 4 2. Halbsatz BGB (Bestellung eines Vormunds oder Pflegers nach Aufhebung des Annahmeverhältnisses).

Die örtliche Zuständigkeit des Familiengerichts ist in § 187 FamFG geregelt und als ausschließliche Zuständigkeit ausgestaltet, sodass beispielsweise eine Zuständigkeitsvereinbarung der Beteiligten ausgeschlossen ist.

Abzustellen ist bei der Frage der Zuständigkeit auf den gewöhnlichen Aufenthalt des oder der Annehmenden bzw. Verlobten, § 187 Abs. 1, 3 FamFG, also nicht auf den Aufenthaltsort des Kindes.

Nach § 197 Abs. 3 FamFG ist ein Beschluss des Familiengerichts über die Annahme als Kind nicht anfechtbar (§ 1761 Abs. 2 BGB) und nicht im Wege der Wiederaufnahme abänderbar. Somit erfolgt bereits erstinstanzlich eine unanfechtbare richterliche Entscheidung.

Die internationale Zuständigkeit der deutschen Familiengerichte ergibt sich in Adoptionssachen aus § 101 FamFG. Handelt es sich um eine nach ausländischem Recht (vgl. Art. 22 EGBGB) zu behandelnde Adoption eines Minderjährigen, kommt das Adoptionswirkungsgesetz (AdWirkG) zur Anwendung.

Weitere wichtige rechtliche Grundlagen der Adoption – neben den einschlägigen Vorschriften im BGB, EGBGB und FamFG – finden sich im Adoptionsvermittlungsgesetz (AdVermiG), im Haager Adoptionsübereinkommen, im Adoptionsübereinkommens-Ausführungsgesetz, im Adoptionswirkungsgesetz, im Europäischen Adoptionsübereinkommen, in der UN-Deklaration über Jugendwohlfahrt, Pflegekindschaft und Adoption (Reinhardt/Kemper/Weitzel 2012).

Das Adoptionsverfahren wird durch persönlichen, notariell beurkundeten Antrag des Annehmenden beim Familiengericht eingeleitet. Ist beispielsweise eine Einwilligung eines Elternteils zu ersetzen, sollte der Ersetzungs-

II Fremdplatzierung

antrag am besten gleichzeitig mit dem Annahmeantrag gestellt werden, da Ersetzungen oft sehr zeitraubend sind.

U.U. schon mit Antragstellung (§ 1758 Abs. 2 S. 2 BGB), spätestens aber mit der Einwilligung der Eltern in die Adoption dürfen Tatsachen, die die Annahme und ihre Umstände aufdecken könnten, ohne Zustimmung des Annehmenden und des Kindes nicht mehr offen gelegt oder sonst bekannt gemacht werden (§ 1758b Abs. 1, 2 S. 1 BGB).

Mit dem Zugang der Einwilligung der sorgeberechtigten Eltern oder deren rechtskräftiger Ersetzung ruht die elterliche Sorge und das Umgangsrecht.

Mit dem zugestellten, dann rechtskräftigen und unanfechtbaren Annahmebeschluss wird das Kind (gemeinschaftliches) Kind des/der Annehmenden. Mit dem Wirksamwerden der Adoption erlöschen regelmäßig die verwandtschaftlichen Beziehungen des Kindes zu seiner leiblichen Familie (§ 1755 Abs. 1 BGB). Als Geburtsnamen erhält das Kind grundsätzlich den Familiennamen des Annehmenden.

Das Adoptionsvermittlungsgesetz (AdVermiG) regelt, wer in Deutschland unter welchen Voraussetzungen ein Adoptivkind vermitteln darf. Auch Vermittlungsstellen, die Kinder aus dem Ausland nach Deutschland vermitteln wollen, bedürfen regelmäßig der staatlichen Anerkennung.

Die Annahme als Kind (Adoption) ist neben der Heimerziehung und der Unterbringung des Kindes in eine Pflegefamilie eine weitere Form einer Erziehung außerhalb der Herkunftsfamilie. Allerdings ist das, was man typischerweise unter einer Adoption versteht, die Annahme und Aufnahme des Kindes durch adoptionswillige Personen, die nicht mit dem Adoptivkind verwandt sind, mittlerweile zu einer Ausnahmeerscheinung im Vergleich zu den beiden anderen Unterbringungsformen geworden.

Die Adoption ist nur zulässig, wenn sie unter Abwägung aller Gesichtspunkte dem Wohl des Kindes dient und wenn zu erwarten ist, dass zwischen dem Kind und dem annehmenden Erwachsenen ein Eltern-Kind-*Verhältnis* entsteht (§ 1741 Abs. 1 BGB). Besser wäre unter dem Gesichtspunkt des Kindeswohls eine Terminologie, die zum Inhalt hat, dass eine Adoption erst dann erfolgen kann, wenn eine tragfähige Adoptiveltern-Kind-*Beziehung entstanden* ist, und nicht bereits dann, wenn zu erwarten ist, dass eine Eltern-Kind-Beziehung entsteht.

Die annehmenden Eltern müssen mindestens 25 bzw. 21 Jahre alt sein (§ 1743 BGB). Nach § 1752 BGB müssen die Annehmenden beim Familiengericht einen Antrag stellen und die Einwilligung des Kindes sowie der leiblichen Eltern müssen vorliegen (§§ 1752, 1746, 1747 BGB). Ein Kind über 14 Jahre kann nur selbst einwilligen, benötigt aber die Zustimmung des gesetzlichen Vertreters. Die leiblichen Eltern müssen auch dann einwilligen, wenn ihnen die elterliche Sorge entzogen wurde oder der Vater nicht Sorgerechtsinhaber ist. Es gilt die Sechswochenfrist, nach der eine Mutter des Kindes erst acht Wochen nach der Geburt die Einwilligung wirksam erteilen kann.

2010 wurde in 248 Fällen bei 4.021 Adoptionen die elterliche Einwilligung ersetzt (Münder/Ernst/Behlert 2013c, § 16 Rdnr. 282).

Die Einwilligung der Eltern kann nach § 1748 BGB ersetzt werden, bei

- anhaltend gröblicher Pflichtverletzung und bei einem unverhältnismäßigen Nachteil bei Unterbleiben der Adoption,
- Gleichgültigkeit trotz Belehrung durch das Jugendamt und unverhältnismäßiger Nachteil bei Unterbleiben der Adoption,
- bei besonders schwerer Pflichtverletzung und die voraussichtliche Unmöglichkeit, das Kind in der Obhut des Elternteils zu belassen,
- schweren geistigen Gebrechen der Eltern und schwere Entwicklungsgefährdungen des Kindes oder Jugendlichen.

Bei der Stiefkindadoption, also Adoptionen durch einen Stiefelternteil, wird an die Ersetzung der Einwilligung ein besonders hoher Maßstab gesetzt (BVerfG 29.11.2005 – 1 BvR 1444/01 = FamRZ 2006, 94ff.).

Die besonders häufigen Stiefkindadoptionen weisen folgende Konstellationen auf:

- Eine Ehe löst sich durch den Tod eines Ehegatten auf. Der Überlebende heiratet erneut, und sein eheliches Kind wird von dem Stiefelternteil adoptiert. Da die verwandtschaftlichen Beziehungen des Kindes zu den leiblichen Verwandten des verstorbenen Elternteils bestehen bleiben, hat das Kind nach der Adoption unter Umständen sechs Großeltern (§ 1776 Abs. 2 BGB).
- Die Ehe wird durch Scheidung, Eheaufhebung oder Ehenichtigkeit aufgelöst. Heiratet einer der Ehegatten der alten Ehe zum zweiten Mal und wird sein eheliches Kind vom neuen Partner adoptiert, verliert es seine Rechtsbeziehungen zu der Familie des anderen leiblichen Elternteils (§ 1776 Abs. 2 BGB).
- Adoptiert ein Ehegatte das Kind des anderen Ehegatten, erlöschen die Rechtsbeziehungen des Kindes zu dem nicht dieser Ehe angehörigen Elternteil und dessen Verwandten (§ 1755 BGB).

II Fremdplatzierung

Möglich sind auch die so genannten Verwandten- oder Verschwägertenadoptionen. Hier wird ein Kind

- von einem Großelternteil und dessen Ehegatten/Ehegattin oder
- von einem Bruder und dessen Ehegattin oder
- von einer Schwester und deren Ehegatten oder
- von einer Tante und deren Ehegatten oder
- von einem Onkel und dessen Ehegattin

als Kind angenommen (§ 1756 BGB).

In solchen Fällen wird das Kind nicht aus seiner Herkunftsfamilie herausgelöst. Vielmehr werden unter Aufrechterhaltung aller sonstigen Verwandtschaftsbeziehungen nur die Ehepaare „ausgetauscht" (§ 1755 BGB).

Um den anderen Elternteil nicht von den Rechtsbeziehungen zum Kind auszuschließen, ist die Annahme des eigenen ehelichen Kindes auch nach einer Trennung und Scheidung nicht möglich.

Denkbar sind neben den klassischen Aufhebungsgründen einer Adoption auch so genannte Folge- oder Zweitadoptionen:

- Der Ehegatte dessen, der bereits adoptiert hat, kann das Kind zusätzlich annehmen, um das Stiefkindverhältnis zu beenden, wenn der andere Ehegatte, der gesetzliche Vertreter und der leibliche Elternteil zustimmen.
- Die Erstadoptiveltern sind gestorben. In diesem Fall kann das Kind wie jedes andere Waisenkind auch ohne Einwilligung der leiblichen Eltern erneut adoptiert werden.
- Ist die Erstadoption aufgehoben worden, kann das Kind erneut adoptiert werden, wenn die leiblichen Eltern zustimmen.

In der Praxis kommen allerdings im Wesentlichen nur drei Arten der Adoption vor:
Die Adoption

1. durch einen Stiefelternteil (Ehepartner oder eingetragener Lebenspartner; bei Lebenspartnern gelten folgende Vorschriften: § 9 Abs. 7 LPartG; §§ 1743 S. 1, 1751 Abs. 2, 4 S. 2, 1754 Abs. 1, 3, 1755 Abs. 2, 1756 Abs. 2, 1757 Abs. 2 S. 1, 1772 Abs. 1 S. 1 Buchstabe c BGB)
2. durch Verwandte oder Verschwägerte zweiten oder dritten Grades oder
3. durch Fremde.

Liegen die rechtlich erforderlichen Einwilligungserklärungen vor, wird das Jugendamt während der Adoptionspflegezeit Vormund des Kindes, während die elterliche Sorge der leiblichen Eltern ruht (§ 1751 BGB). Mit der Einwilligung eines Elternteils oder beider Eltern verliert dieser Elternteil beziehungsweise verlieren beide leiblichen Eltern das Recht auf persönlichen Umgang mit dem Kind.

Bevor eine Adoptionsvermittlungsstelle die Adoption befürwortet, wird diese zur Vorbereitung der Vermittlung die üblichen sachdienlichen Ermittlungen bei den Adoptionsbewerbern, bei dem Kind und seiner Familie durchführen (§ 7 AdVermiG). Dieses sog. Eignungsverfahren dauert je nach Bundesland und Jugendamt zwischen vier und neun Monaten. Dem Eignungsverfahren zugrunde liegen zwei oder drei Einzel- oder Gruppengespräche mit den dafür zuständigen Sozialpädagogen des betreffenden Jugendamtes. Vor allem bei Auslandsadoptionen sollte nach Abschluss der Ermittlungen der sog. Sozialbericht auch den Adoptionsbewerbern ausgehändigt werden, da er in den meisten Ländern verlangt wird.

Während der Ermittlungen und während der Adoptionspflege haben die Annehmenden einen Rechtsanspruch auf Beratung und Unterstützung (§ 9 AdVermiG), die sog. Adoptionsbegleitung der Annehmenden.

Spätestens mit Abschluss der Ermittlungen sind die erforderlichen, notariell beurkundeten Einwilligungserklärungen abzugeben, die keine Bedingungen oder Fristen enthalten dürfen und mit Vorlage beim Familiengericht unwiderruflich wirksam werden.

Sind diese Voraussetzungen erfüllt, hat das Jugendamt den Adoptionsbewerbern bei vorliegender Geeignetheit die Pflegeerlaubnis zu erteilen, mit der Rechtsfolge, dass das Kind in die Adoptionspflege gegeben werden kann (§ 8 AdVermiG).

Homosexualität ist kein Ausschlussgrund für eine Adoption (BVerfG 16.1.2002 – 1 BvR 1069/01 = FuR 2002, 187ff.). Bei eingetragenen Lebenspartnerschaften ist seit 1.1.2005 die Annahme eines Kindes eines Lebenspartners und auch die Annahme des Kindes allein durch einen Lebenspartner möglich (Münder/Ernst/Behlert 2013c, § 16 Rdnr. 32).

Mittlerweile ist, wie eingangs bereits angeführt, auch die sukzessive Adoption möglich, nicht aber die gleichzeitige Adoption eines Kindes von beiden Lebenspartnern (BVerfG, Urteil vom 19.2.2013 – 1 BvR 324/09 = ZKJ 2013, 244–249).

Die Fallzahl bei einer der selten erfolgenden Aufhebung der Adoption (§ 1759 BGB) liegt jährlich konstant unter 25 (möglich nach: §§ 1760: bei fehlender Einwilligung; 1763 BGB: bei Vorliegen schwerwiegender Gründe).

II Fremdplatzierung

Die Adoptionsvermittlung erfolgt über das Jugendamt und Landesjugendamt über die Adoptionsvermittlungsstellen (§ 2 Abs. 1 AdVermiG), aber auch über freie Wohlfahrtsverbände (z.B. Diakonisches Werk, Deutsche Caritasverband), nicht aber Krankenhäuser, Hebammen, Ärzte, Priester (Marx 2011, 147).

Im Fall der Ersetzung der Einwilligung hat das Jugendamt eine Beratungs- und Belehrungsaufgabe (§ 51 SGB VIII). Vorangestellt ist grundsätzlich eine nicht zwingende Pflegezeit vor der Adoption, die in etwa in Deutschland ein Jahr umfasst (§ 1744 BGB).

An internationalen Abkommen und damit im Zusammenhang stehende nationale Vorgaben sind zu nennen

- Europäische Adoptionsübereinkommen
- UN-Deklaration über Jugendwohlfahrt, Pflegekindschaft und Adoption
- UN-Kinderrechtskonvention.
- Einführung des § 2a Adoptionsvermittlungsgesetz – zur Koordination der internationalen Adoption, die dem Bundesamt der Justiz als Bundeszentralstelle für Auslandsadoptionen unterliegt.
- Haager Übereinkommen über den Schutz von Kindern und die Zusammenarbeit auf dem Gebiet der Internationalen Adoption vom 29.5.1993 (HAÜ).

Nach den Regelungen des internationalen Privatrechts unterliegt die Adoption dem Recht des Staates, dem der Annehmende angehört (Art. 22 Abs. 1 EGBGB). Mit Blick auf die Einwilligungen der Eltern bzw. deren Ersetzungen gilt zusätzlich das Recht des Heimatstaates des Kindes (Art 23 S. 1 EGBGB). Nach Art. 23 Übereinkommen über den Schutz von Kindern und die Zusammenarbeit auf dem Gebiet der internationalen Adoption (AdÜbk) werden in einem Mitgliedsstaat durchgeführte Auslandsadoptionen kraft Gesetzes anerkannt. Deshalb ist eine nochmalige Adoption nach deutschem Recht nicht notwendig (Trenczek/Tammen/Behlert 2011, 316).

Mit der Annahme durch einen deutschen Staatsangehörigen erwirbt das Kind oder der Jugendliche die deutsche Staatsangehörigkeit, auch wenn nur ein Ehegatte die deutsche Staatsangehörigkeit besitzt (§ 6 Staatsangehörigkeitengesetz – RuStAG).

Nach dem Adoptionsvermittlungsgesetz sind die Adoptionsvermittlungsstellen verpflichtet, in Deutschland für elternlose Kinder Adoptiveltern zu suchen. Sie sind ferner gehalten, zu prüfen, ob die Adoptivbewerber unter Berücksichtigung des Kindes und seiner Bedürfnisse für die Adoption des Kindes geeignet sind (§ 7 AdVermiG).

§ 189 FamFG sieht vor, dass eine Kindeswohlprüfung der Annehmenden zu erfolgen hat. Dass die Annahme dem Wohl des Kindes dient, muss zur Überzeugung des Gerichts feststehen (OLG Hamm ZKJ 2010, 209 = OLG Hamm, FamRZ 2010, 1259; Haußleiter 2011, § 189 Rdnr. 1). Nach § 189 FamFG hat die Adoptionsvermittlungsstelle dem Familiengericht das Adoptionsgutachten zu übergeben oder das Jugendamt ist bei Gericht anzuhören, wenn beispielsweise das Gutachten von einer Adoptionsvermittlungsstelle eines Wohlfahrtsverbandes und nicht vom Jugendamt erstellt wurde.

Eine Adoption kann dem Kind das Bedürfnis nach stabilen und persönlich-intimen Beziehungen erfüllen, wenn sich konstante und tragfähige Beziehungen ergeben und dem Kind damit unter Einbeziehung von neuen Verwandten, Freunden und Bekannten ein relativ geschlossenes und damit überschaubares und konstantes Sozialisationsfeld und Netzwerk angeboten wird.

Die Adoptiveltern in der Rolle sozialer oder faktischer Eltern bieten dem Kind somit nach Abgabe der leiblichen Eltern normalerweise günstige und gleich gute Möglichkeiten für seine Persönlichkeitsentwicklung.

In Europa und Deutschland wird grundsätzlich und vor allem für die Fälle, bei denen Störungen durch die leiblichen Eltern oder auch nur durch einen leiblichen Elternteil nicht auszuschließen sind, die so genannte Inkognito-Adoption gewählt, anstatt die Möglichkeiten einer offenen Adoption zu nutzen.

Bei der Inkognito-Adoption ist rechtlich vorgesehen, das so genannte Adoptionsgeheimnis zu wahren (§ 1758 BGB). Im Rahmen der Inkognito-Adoption haben abgebende und annehmende Eltern nach deutschem Recht dann keine Möglichkeit, miteinander in Kontakt zu treten. Allerdings behält das Kind weiterhin nach § 62 Abs. 1 S. 3 Personenstandsgesetz (PStG) das Recht, mit Vollendung des 16. Lebensjahres Einsicht in seine Geburtsunterlagen (z.B. Abstammungsurkunde) zu nehmen.

Die Inkognito-Adoption beruht auf der Überlegung, dass die Adoptionsvermittlungsstelle die Anonymität der Adoptivfamilie zu wahren hat und ein reibungsloses Zusammenwachsen in der neuen Familie vor allem dann zu erwarten ist, wenn sie sich nicht mit der Existenz und den Ansprüchen der Personen aus dem Herkunftsmilieu des Kindes auseinander setzen muss. Das Europäische Adoptionsübereinkommen sieht in Art 20 Abs. 1 vor, „dass jeder Mitgliedsstaat Anordnungen treffen soll, damit ein Kind angenommen werden kann, ohne dass seiner (leiblichen) Familie aufgedeckt wird, wer der Annehmende ist." (Schleicher 2010, 352).

II Fremdplatzierung

In den USA wird vermehrt die sog. offene Adoptionsform gewählt, in der Annahme, dass eine Verleugnung der Existenz von zwei real existierenden Familiensystemen der Entwicklung einer stabilen Persönlichkeit des Kindes entgegensteht (Wild/Berglez 2002, 366).

Die Inkognito-Adoption ist seit längerer Zeit in der sozialwissenschaftlichen Diskussion bekannt und nicht unumstritten. Adoptionen müssen, soweit möglich, mit allen Beteiligten verständnisvoll und offen durchgeführt werden. „Eine vollständig offen gestaltete Adoption von Anbeginn wird nur in seltenen Fällen angezeigt, realistisch und verantwortbar sein (Paulitz 2009, 266), zumal hierzu die statistische und empirische Ausgangslage unzureichend ist. Ein Anfang für eine halboffene/offene Adoption ist gemacht, wenn von der Adoptivfamilie über die Entwicklung des Kindes berichtet wird, wenn Fotos oder Briefe über die Adoptionsvermittlungsstelle an die abgebenden Eltern weitergeleitet werden (Paulitz a.a.O.).

Im Rahmen einer von Anfang an offenen Adoption könnten die leiblichen Eltern an der Auswahl potentieller Adoptionsbewerber beteiligt werden. Darüber hinaus könnte ihnen nach erfolgter Adoption das Recht eingeräumt werden, sich bei der Adoptionsvermittlungsstelle nach der Entwicklung des Kindes zu erkundigen. Wie intensiv dieser Austausch zum Wohl des Kindes sein kann, wäre dann mit allen Beteiligten zu klären (Wild/Berglez 2002, 366).

Im Vordergrund müsse grundsätzlich die Beachtung des Einzelfalles stehen. Vorteilhaft könne sich auswirken, wenn eine offene Adoption die Freigabeentscheidung und die psychische Verarbeitung der Adoptionsfolgen bei den leiblichen Eltern erleichtert. Nachteilig könne sich bei anderen Fallkonstellationen auswirken, wenn der Trauerprozess der leiblichen Eltern länger und intensiver andauert. Darüber hinaus könnten die leiblichen Eltern auf die Adoptiveltern mit Eifersucht reagieren und deren Erziehungsverhalten ablehnen (Textor 1988).

Bei offenen Adoptionen werden im Gegensatz zur Inkognito-Adoption die Adoptiveltern in der Regel recht umfassende Informationen über das Adoptivkind, über seine Herkunft und über die leiblichen Eltern erhalten. Nachteile für die Adoptiveltern können entstehen, wenn sie überwiegend negative und belastende Informationen über die leiblichen Eltern erhalten oder mit ihnen negative Erfahrungen machen.

Vorteilhaft kann sich eine offene Adoption auch für die Adoptivkinder auswirken, wenn sie sich ein realistisches Bild von den leiblichen Eltern machen können und so auch einen direkten Zugang zu Informationen über ihre Herkunft haben.

Nachteile können entstehen, wenn sich die Kinder zwischen leiblichen Eltern und Adoptiveltern hin- und hergerissen fühlen. Dadurch könnte die Integration in die Adoptivfamilie erschwert werden (Textor 1991). Nicht zuletzt aus diesen Gründen sollten vor allem ältere Kinder einer offenen Adoption auch zustimmen (Textor 1991, 110).

Offene oder halboffene Adoptionen sollten nicht die Inkognito-Adoption ersetzen. Sie können jedoch in geeigneten Fällen eine sinnvolle Alternative darstellen, wenn alle Betroffenen mit der gewählten Adoptionsform einverstanden sind und aufgrund der vorliegenden Erkenntnisse über alle Beteiligten keine Bedenken im Hinblick auf deren am Wohl des Kindes ausgerichtete Einvernehmlichkeit, Kooperationsbereitschaft und Kooperationsfähigkeit bestehen. Um dieses angemessen in Erfahrung zu bringen, sollten u.U. bereits vor dem Abschluss des Adoptionsprozesses unter fachlicher Betreuung gemeinsame Treffen vorbereitet und durchgeführt werden (NomosKommentar-BGB/Dahm 2014, Vor §§ 1741–1772 Rdnr. 14–16).

Leibliche Eltern und Adoptiveltern sollten füreinander Verständnis und Toleranz aufbringen können. Dazu müssten sie sich kennenlernen. Ferner sollte erwartet werden, dass die leiblichen Eltern beispielsweise die Erziehungsvorstellungen, Erziehungsziele, den Erziehungsstil und die Erziehungspraktiken der Adoptiveltern respektieren. Gleichzeitig sollten die leiblichen Eltern anerkennen, dass etwaige Kontakte mit dem Kind auf freiwilligen Absprachen beruhen und gerichtlich nicht durchsetzbar sind.

In allen Fällen einer offenen Adoption sollte den Adoptiveltern und dem Kind genügend Zeit gelassen werden, sich an die neue Lebenssituation zu gewöhnen. Konkrete Zeitvorgaben scheinen gerade im Rahmen dieser Diskussion schwierig und kaum möglich zu sein, zumal das Alter der Kinder zu berücksichtigen ist sowie deren kindliches Zeitempfinden und Vorerfahrungen mit den leiblichen Eltern. Normalerweise haben zumindest bei der Inkognito-Adoption die beiden Personengruppen der Abgebenden und Annehmenden oft über Jahrzehnte keine persönlichen Kenntnisse voneinander.

15.1 Grundlagen der Vermittlung

Im Adoptionsvermittlungsgesetz in der seit 1.1.2002 geltenden Fassung ist unter anderem geregelt, welche staatlichen Adoptionsvermittlungsstellen und Dienststellen freier Träger Adoptivkinder vermitteln dürfen, zum Beispiel:

II Fremdplatzierung

- nach § 2 Abs. 1 Adoptionsvermittlungsgesetz (AdVermiG) befugte Jugendämter und Landesjugendämter,
- Adoptionszentrale des Diakonischen Werkes,
- Caritasverband,
- Arbeiterwohlfahrt,
- Adoptionszentrale des Sozialdienstes Katholischer Frauen.

Adoptionsvermittlungsstellen, die Kinder aus dem Ausland in die Bundesrepublik vermitteln, sind derzeit (Stand 23.6.2014):

- AdA Adoptionsberatung e.V.
- Children und Parents e.V.
- Eltern für Afrika e.V.
- Eltern für Kinder e.V.
- Eltern-Kind-Brücke e.V.
- Ev. Verein für Adoptions- und Pflegekindervermittlung Rheinland e.V.
- familie international frankfurt e.V. (fif e.V.)
- Global Adoption Germany – Help for Kids e.V.
- HELP a child e.V.
- Zentrum für Adoptionen e.V.
- Zukunft für Kinder e.V.
- „Terre des Hommes" in Osnabrück,
- Verein Eltern für Kinder e. V. in Berlin,
- „Internationaler Sozialdienst" in Frankfurt und
- „Pro Infante/Aktion Kind in Not e. V." in Kempen.

Grundsätzlich ist es nur den staatlichen Vermittlungsstellen der Jugendämter und den staatlich autorisierten Vermittlungsstellen freier Träger erlaubt, Adoptionen vorzubereiten (§ 5 AdVermiG). Damit haben die staatlichen oder staatlich anerkannten Vermittlungsstellen ein Monopol. Jeder anderen Person oder Institution ist die Adoptionsvermittlung verboten.

Verboten sind bei einer Bußgeldandrohung von Euro 10.000 bis 50.000 auch werbende Zeitungsannoncen, öffentliche Anzeigen oder Erklärungen, in denen Adoptivkinder gesucht oder angeboten werden (§§ 6, 14 AdVermiG). Ordnungswidrig handelt (vgl. § 14 AdVermiG) u.a., wer eine nichtautorisierte Vermittlungstätigkeit ausübt, wer durch öffentliche Erklärungen Kinder zur Annahme als Kind oder Adoptionsbewerber, Ersatzmütter oder Bestelleltern sucht oder anbietet, Kinder in den Geltungsbereich dieses Gesetzes oder aus dem Geltungsbereich dieses Gesetzes verbringt und wer gewerbs- oder geschäftsmäßig eine Schwangere zur Weggabe ihres

Kindes bestimmt oder der Schwangeren entgegen der gesetzlichen Regelung (§ 5 Abs. 3 Nr. 2 AdVermiG) zu der Weggabe des Kindes Hilfe leistet. Wer eine Ersatzmüttervermittlung betreibt und einen Vermögensvorteil erhält oder sich versprechen lässt (§ 14b Abs. 2 AdVermiG), wird mit einer Freiheitsstrafe bis zu zwei Jahren oder einer Geldstrafe bestraft; wer gewerbs- oder geschäftsmäßig handelt, wird mit einer Freiheitsstrafe bis zu drei Jahren oder Geldstrafe bestraft (§ 14b Abs. 3 AdVermiG).

Ausnahmen nach diesen Grundsätzen sind nur zulässig, wenn ein Kind im engeren Verwandtenkreis – Personen, die mit dem Adoptivbewerber oder dem Kind bis zum dritten Grad verwandt oder verschwägert sind – vermittelt oder im Einzelfall und unentgeltlich eine Adoptionsmöglichkeit nachgewiesen wird, sofern eine autorisierte Adoptionsvermittlungsstelle oder das Jugendamt unverzüglich benachrichtigt wird (§ 5 Abs. 2 Nr. 1, 2 AdVermiG).

Es ist ferner untersagt, Vermittlungstätigkeiten auszuüben, die zum Ziel haben, dass ein Dritter ein Kind auf Dauer bei sich aufnimmt, insbesondere dadurch, dass ein Mann die Vaterschaft für ein Kind, das er nicht gezeugt hat, anerkennt (§ 5 Abs. 4 AdVermiG). Ebenso ist die Vermittlung von Ersatz- oder Leihmüttern untersagt (§ 13c AdVermiG).

Vermitteln widerrechtlich kommerzielle Agenturen und werden Kinder zum Kauf angeboten oder gesucht, kann ein sog. Kinderhandel vorliegen, für den Freiheitsstrafen bis zu zehn Jahren vorgesehen sind (§ 236 StGB).

Die (legalen) Adoptionsvermittlungsstellen müssen mit mindestens einer hauptamtlichen Fachkraft besetzt sein, die in aller Regel Sozialarbeiter oder Sozialpädagoge ist. In Frage kommen auch Diplompsychologen, wenn sie aufgrund ihrer Ausbildung und beruflichen Erfahrung zur Adoptionsvermittlung geeignet sind (§ 3 AdVermiG).

Des Weiteren ist u.a. im AdVermiG geregelt, dass Schwangere durch Dritte nicht veranlasst werden dürfen, die Entbindung im Ausland vorzunehmen, um dort ihr Kind adoptieren zu lassen (§ 5 Abs. 3 AdVermiG).

Mit dem Adoptionsvermittlungsgesetz sind nunmehr auch zentrale Adoptionsstellen in den Landesjugendämtern mit dem Ziel eingerichtet worden, schwer vermittelbaren Kindern überregional zu einer Adoption zu verhelfen. Als schwer vermittelbar gelten behinderte und chronisch kranke Kinder, aber auch Kinder, die verhaltensauffällig sind. Ferner sind ältere Kinder, schulpflichtige Heimkinder, Geschwistergruppen und Kinder mit nicht weißer Hautfarbe, die bereits in Deutschland leben, schwer vermittelbar (Bach 2001).

II Fremdplatzierung

15.2 Familiäre und psychosoziale Hintergründe

Betrachtet man die persönlichen, familiären und psychosozialen Hintergründe der Personen, die in das Adoptionsvermittlungsverfahren einbezogen sind, ist leicht erkennbar, dass zwei Personengruppen in eine nicht nur für das Kind bedeutsame fast schicksalsträchtige Verbindung geraten.

Adoptivfamilien stellen (rechtlich) für das Kind in der Regel eine Ersatzfamilie dar.

Adoptiveltern weisen eine durchschnittlich bessere Schulbildung im Vergleich zu den Herkunftseltern auf, gehören ökonomisch besser gestellten Gesellschaftsschichten an und haben eine günstigere Wohnsituation. Adoptiveltern werden als durchsetzungsfähiger und selbstsicherer beschrieben und weisen einen besseren körperlichen und psychischen Gesundheitszustand auf als Eltern mit leiblichen Kindern. Alles in allem wachsen somit Adoptivkinder in der Regel in sozial privilegierten und strukturell intakten Familien auf, die auch meist ganz unproblematisch die Zeit der Adoptionspflege durchlaufen (Wild/Berglez 2002, 364).

15.2.1 Die Annehmenden

Adoptiveltern unterscheiden sich im Allgemeinen zu Beginn ihrer Partnerschaft oder Ehe nicht von anderen Paaren, die später einmal eine Familie gründen und Kinder haben. Die Mehrzahl der adoptionswilligen Paare hat sich jedoch zunächst mit der Diagnose einer unfreiwilligen Kinderlosigkeit auseinander zu setzen.

Stellt sich später definitiv heraus, dass die Geburt eigener Kinder unmöglich ist, wird meist durch die Frau der erste Schritt getan, eine Familiengründung durch eine Adoption in die Wege zu leiten.

Dies führt aber gleichzeitig zu Ängsten und Unsicherheiten, die sich auf

- das biologische Erbe des in Frage kommenden Kindes,
- etwaige Beziehungsabbrüche durch sog. Heimkarrieren,
- allgemein deprivierende Lebensumstände oder
- die Frage, ob überhaupt eine tragfähige Beziehung zu einem u.U. schon älteren Kind möglich sein wird, beziehen (Wild/Berglez 2002, 369).

Sieht man einmal von den Verwandten- oder Stiefelternadoptionen ab, in denen aufgrund bereits häufig langjährig existierender Beziehungen und Bindungen zwischen Kind und Erwachsenen andere Voraussetzungen vorliegen als bei einer „Fremdadoption", dann wird es sich häufig um Paare handeln, die lange vergeblich auf ein leibliches Kind gehofft haben.

Vergeblicher Kinderwunsch und das Leiden an unfreiwilliger Kinderlosigkeit stellen auch die mit Abstand zentralen und wichtigsten Motive dar, ein Kind zu adoptieren (Geissler 1987).

Andere Motive können im Verzicht auf weitere eigene Kinder oder im Verantwortungsgefühl künftiger Adoptiveltern liegen, Kindern eine Heimerziehung oder ein Aufwachsen im Elend der Dritten Welt zu ersparen.

Der Wunsch vieler Adoptiveltern führt bei Fremdadoptionen dazu, dass die Ein- bis Dreijährigen die größte Gruppe der Adoptierten ausmachen (ca. 50%) und an zweiter Stelle die Gruppe der Drei- bis Sechsjährigen steht (ca. 20%). Dagegen ist die Gruppe der Kinder, die das Vorschulalter erreicht haben, weniger begehrt (Fendrich/Schilling 2001, 308).

Knobbe (2001, 311) meint sogar, dass die meisten Bewerber aus der Situation ihrer nicht gewollten Kinderlosigkeit den Wunsch haben, einen Säugling bis sechs Monaten, der gesund und ohne Risiken ist, aufzunehmen, sodass sich die Adoptionsschere zwischen Bewerbern für Säuglingsadoptionen und zur Verfügung stehenden Säuglingen immer weiter öffnet. Dennoch nehmen zunehmend mehr Adoptionsbewerber in den westlichen Bundesländern auch Kinder aus älteren Altersgruppen auf (Fendrich/Schilling 2001, 308).

Jedoch suchen die Adoptionsvermittlungsstellen nicht Kinder für ungewollt kinderlose Paare, sondern *Eltern für Kinder*, die sonst ohne eigene Eltern aufwachsen müssten.

Kommt es schließlich zu einer Adoption, unterscheiden sich die Gründungsphase und vor allem der bürokratische Vorlauf einer Familie, die adoptieren will, von Vorgaben einer biologischen Familie erheblich. Die Adoptiveltern müssen nicht nur, wie bereits erwähnt, bei der Adoptionsvermittlungsstelle ihre Qualifikation als künftige Eltern unter Beweis stellen, sondern können auch nicht wie leibliche Eltern in ihre Rolle als biologische Eltern hineinwachsen.

Häufig erfolgt die Inpflegenahme darüber hinaus trotz Wartezeiten überraschend und plötzlich. Möglicherweise auch aus diesem Grund haben vor allem Adoptivmütter anfangs große Mühen, eine enge gefühlsmäßige Bindung zu dem Adoptivkind aufzubauen. Kann im Laufe der Zeit eine tragfähige Beziehung zwischen Adoptiveltern und Kind hergestellt werden, müssen die Adoptiveltern häufig die Erfahrung machen, dass die Vergangenheit des Kindes und dessen biologische Herkunft nicht in Vergessenheit geraten.

II Fremdplatzierung

D.h., dass sich die biologischen Kreise der Herkunftsfamilie mit denen der Adoptivfamilie lebenslang kreuzen (Hoffmann-Riem 1989, 401).

Obwohl leibliche Eltern vor der Geburt ihres Kindes bekanntermaßen nicht auf ihre Erziehungsfähigkeit und Erziehungstüchtigkeit überprüft werden, wird von den künftigen Adoptiveltern nach wie vor eine Überprüfung dieser Fähigkeiten verlangt. Begründet wird diese Voraussetzung mit den höheren Anforderungen, die auf die Adoptiveltern zukommen (Lempp 1983, 167).

15.2.2 Die Abgebenden

Wenn in der Debatte bei Fragen zur Adoptionsfreigabe von „Abgebenden" gesprochen wird, ist mit diesem Terminus in erster Linie die leibliche Mutter gemeint, da häufig der mit der Mutter nicht verheiratete leibliche Vater in diesen Fallkonstellationen unbekannt bleibt. Diese Väter wurden, solange ihnen bis zur Kindschaftsrechtsreform 1998 nicht das Recht zugestanden wurde, in eine Adoption des leiblichen Kindes einzuwilligen, aus unterschiedlichen Gründen besonders häufig nicht in das Adoptionsvermittlungsverfahren mit einbezogen.

Wenn jedoch ledige Väter an dem Adoptionsvermittlungsverfahren beteiligt werden, stellt sich nach den Ergebnissen erster empirischer Befunde offensichtlich nicht selten heraus, dass sie keinesfalls einem alten und überholten Klischee entsprechen, nur leichtfertige und verantwortungslose Männer zu sein. Schon ältere Untersuchungen aus den USA belegen, dass sich auch ledige Väter mehr Gedanken um die Schwangerschaft und das Kind gemacht haben, als man bisher angenommen hatte. Zudem waren sie durchaus bereit, vor der Adoption an den Besprechungen und Überlegungen in den Adoptionsvermittlungsstellen teilzunehmen (Sorosky/Baran/Pannor 1982, 42).

Die Abgebenden, denen das Sorgerecht für ihre Kinder gemäß § 1666 BGB entzogen wurde, machen nur ein Fünftel aller Adoptionen aus, wobei der Anteil der zur Adoption freigegebenen Kinder aus vollständigen Familien nur bei 10% aller Freigaben liegt (Dettenborn/Walter 2002, 269).

Rund 250.000 Mütter haben in den alten Ländern der Bundesrepublik Deutschland seit Ende des Zweiten Weltkrieges bis Ende der achtziger Jahre Kinder zur Adoption freigegeben. Textor (1989, 323) bringt unter Berufung auf die internationale Adoptionsforschung deutlich zum Ausdruck, dass Mütter die Abgabe eines Kindes nicht vergessen können.

15 Die Annahme als Kind (Adoption)

Jedoch liegen weder im Ausland noch in Deutschland trotz dieser über die Jahrzehnte insgesamt recht hohen Adoptionszahlen ausreichende und gesicherte empirische Untersuchungen vor, die umfassendere Informationen über die abgebenden leiblichen Mütter und Väter bieten könnten. Vor allem neuere Untersuchungen fehlen in Deutschland nach wie vor fast vollständig.

Insbesondere leibliche Väter wurden bisher bei empirischen Untersuchungen nur wenig berücksichtigt. Möglicherweise konnten sie bisher auch nicht in einem nennenswerten Umfang berücksichtigt werden: Häufig haben sie sich von den Müttern zurückgezogen, und oft werden sie auch von den Müttern verschwiegen. Selbst in aktuellen Lehrbüchern der Entwicklungs- oder Familienpsychologie wird die Adoption oder werden die Auswirkungen von Adoptionen auf die Kinder, Abgebenden und Annehmenden noch nicht einmal als Stichwort angeführt (Schneider/Lindenberger 2012; Schneewind 2010).

Die nach wie vor wohl umfassendste und repräsentative Untersuchung wurde 1978 im Gebiet der damaligen Bundesrepublik Deutschland veröffentlicht (Napp-Peters 1978).

Im Rahmen dieser Studie wurden 1.362 Adoptionsfälle erfasst. Bezüglich der Altersverteilung der Mütter ergab sich folgendes Bild:

- 11,0% der Mütter unter 20 Jahren
- 37,4% zwischen 20 und 26 Jahren
- 21,5% zwischen 26 und 30 Jahren
- 27,5% über 30 Jahren
- 4,3% machten keine Angabe.

Bezüglich der Altersverteilung der Väter wurden folgende Ergebnisse gewonnen:

- 1,9% der Väter unter 20 Jahren
- 16,7% zwischen 20 und 26 Jahren
- 14,5% zwischen 26 und 30 Jahren
- 24,5% über 30 Jahren, von
- 42,4% der Väter lagen keine Angaben vor.

Weiterhin wurde anhand dieser Untersuchung festgestellt, dass

- 54,0% der leiblichen Mütter ledig,
- 1,6% verwitwet,
- 21,7% geschieden sind,

II Fremdplatzierung

- 20,4% verheiratet waren, wobei viele von ihrem Mann trotz Ehe getrennt lebten,
- 2,3% der Frauen keine Angaben machten,
- 34,2% noch mindestens ein weiteres nichteheliches Kind hatten,
- 23,3% mindestens noch ein eheliches Kind hatten,
- 9,7% noch weitere nichteheliche und eheliche Kinder hatten,
- 30,0% keine weiteren Kinder hatten,
- 2,7% keine Angaben machten.

Des Weiteren hatten nach dieser Untersuchung

- 5,6% der leiblichen Mütter die Sonderschule besucht,
- 6,2% die Volksschule ohne Abschluss,
- 74,3% die Volksschule mit Abschluss,
- 6,7% die Realschule,
- 3,1% das Gymnasium,
- 4,1% der Mütter machten hierzu keine Angaben.
- 47,7% der Mütter hatten keine Berufsausbildung,
- 12,3% waren angelernt worden,
- 26,3% hatten eine Lehre abgeschlossen,
- 8,1% hatten eine Fachschule besucht,
- 1,0% hatten eine Fachhochschule oder Universität besucht,
- 5,0% machten hierzu keine Angaben.
- 12,5% der Mütter waren Hausfrauen,
- 27,8% waren im kaufmännischen oder handwerklichen Bereich tätig,
- 13,7% im Gaststättenbereich,
- 8,4% im hauswirtschaftlichen Bereich,
- 4,6% der Mütter waren als Prostituierte tätig,
- 21,0% als Arbeitnehmerinnen,
- 4,8% waren in sozialen oder akademischen Berufen tätig,
- 2,5% befanden sich in der Ausbildung,
- 4,8% machten hierzu keine Angaben.

Aus dieser Untersuchung und aus den wenigen sonst noch vorliegenden Befunden (z.B. Swientek 1986, Wittland-Mittag 1992: Eine Befragung der Adoptionsvermittler) kann geschlossen werden, dass offensichtlich eine große Anzahl der leiblichen Mütter, die ihre Kinder zur Adoption freigeben, den unteren sozialen Schichten angehören. Ebenso gehört ein Großteil der leiblichen Väter der Unterschicht an.

Die Mütter waren darüber hinaus vielfältigen sozialen, psychischen und wirtschaftlichen Belastungen ausgesetzt (Textor 1989, 324).

Überwiegend befinden sich die abgebenden Mütter ganz offenbar in materiellen und meist auch emotionalen Notlagen (Dettenborn/Walter 2002, 269). Junges Lebensalter und eine ungewollte Schwangerschaft spielen bei der Freigabe ebenso eine bedeutsame Rolle.

Wild/Berglez (2002, 371) berichten unter Berufung auf die einschlägige Adoptionsliteratur – angesichts der „zerrütteten" Herkunftsfamilien – von einer durchgängig beobachteten „Bindungsunfähigkeit" der abgebenden Mütter. Trotzdem stellt offenbar für viele Mütter die Adoptionsfreigabe nur kurzfristig eine Erleichterung dar. Häufig treten kurze Zeit nach der Endgültigkeit dieser Entscheidung starke Trauer- und Schuldgefühle auf; diese Frauen leiden zumindest anfangs vermehrt an Depressionen, Trauergefühlen, Hilflosigkeit, Selbstmordgedanken, Schmerz, Wut und Resignation. Andere Frauen fühlen sich wertlos und meinen, eine Versagerin zu sein, oder zeigen die Tendenz, Legenden wie die von der Totgeburt des Kindes zu entwickeln (Wild/Berglez 2002, 371).

Während sich einige Frauen nach einer endgültigen Freigabe zur Adoption des Kindes erleichtert fühlen oder das Kind schnell „vergessen", bedeutet für viele Frauen oft ihr Leben lang die Freigabe keinesfalls eine Lösung ihrer Probleme.

Kommt es zu einer Freigabe zur Adoption, wurden hierfür zusammenfassend folgende Gründe angeführt:

- Die Schwangerschaft wurde lange Zeit nicht bemerkt, sodass die Frist zum Schwangerschaftsabbruch versäumt wurde.
- Ein Schwangerschaftsabbruch wird abgelehnt.
- Geldnot und beengte Wohnverhältnisse führen vermehrt zur Adoption.
- Gelegentlich geben jüngere Frauen ihr Kind zur Adoption frei, weil sie von ihren eigenen Müttern oder beiden Eltern oder von den leiblichen Vätern zu diesem Schritt gedrängt wurden.
- Gelegentlich bieten die staatlichen Institutionen (zum Beispiel das Jugendamt), aber auch die Adoptionsvermittlungsstellen freier Träger, den Frauen zu wenig Unterstützung an.
- Viele Frauen fühlen sich zu jung und auf die Elternschaft nicht vorbereitet.
- Andere wiederum fühlen sich überfordert und geraten durch die Schwangerschaft in Panik.

II Fremdplatzierung

– Eine weitere Gruppe von Frauen verfolgt persönlich andere Ziele (zum Beispiel Schul- und Berufsabschluss) und fühlt sich dementsprechend durch die Schwangerschaft und anstehende Geburt belastet.

15.2.3 Das Kind

Die Rechtsfolgen der Adoption beinhalten für ein Adoptivkind folgende Änderungen, die noch einmal zusammenfassend angeführt werden:
– in der Adoptivfamilie gilt das adoptierte Kind als gemeinschaftliches Kind der Ehegatten (§ 1754 Abs. 1, 2 BGB); der Geburtsname des Kindes wird der Familienname der Adoptiveltern (§ 1757 Abs. 1 BGB); gegebenenfalls ist eine Änderung des Vor- und/oder Familiennamens durch das Familiengericht möglich (§ 1757 Abs. 4 Nr. 1 u. 2 BGB),
– die deutsche Staatsangehörigkeit wird erworben oder geht verloren (§§ 3 Nr. 3, 6, 27 StAG,
– die Rechtsbeziehungen zur leiblichen Familie erlöschen (§ 1757 Abs. 1 S. 1 BGB),
– für das Kind entsteht ein volles Erbrecht mit den Adoptiveltern (§ 1754, 1924ff. BGB),
– mit der Adoption entstehen wechselseitige Unterhaltsansprüche zwischen Kind und Adoptiveltern und Großeltern,
– bei der Adoption durch Verwandte erlischt nur das Verwandtschaftsverhältnis zu den leiblichen Eltern (§ 1756 Abs. 1 BGB),
– vor der Adoption entstandene Waisengeld, Schadensersatzansprüche und Renten bleiben bestehen (§ 1755 Abs. 1 S. 2 BGB),
– die Eheverbote und sexuellen Kontaktverbote bleiben bestehen (§ 1307 BGB; § 173 StGB)
– der Lebenspartner kann ein Kind seines Lebenspartners allein annehmen (Stiefkindadoption – § 9 Abs. 7 LPartG).

Psychologisch bedeutsam ist, dass jeder Säugling von Geburt an ein starkes motivationales Bindungsbedürfnis hat, das sich nach dem heutigen Kenntnisstand nicht durch die genetische Verwandtschaft bedingt. Dies führt dazu, dass sich ein Kind über einen längeren Entwicklungsprozess – wie bei den leiblichen Eltern – leicht an Personen binden kann, die nicht mit ihm verwandt und zum Zeitpunkt der Kontaktaufnahme fremd sind. Haben allerdings ältere Kinder mit ihren Eltern traumatisierende Erlebnisse gehabt, gestaltet sich eine sichere Bindungsaufnahme mit den Pflege- oder Adoptiveltern weitaus schwieriger.

Dennoch zeigen sich die psychologischen Folgen beim Adoptivkind bei andauerndem, zufriedenstellendem und stabilisierendem Verlauf für die Zeit nach der Adoption normalerweise in der Entwicklung neuer Beziehungen und Bindungen. Adoptivkinder haben oft durch negative Vorerfahrungen mit den leiblichen Eltern entwicklungshemmende und Bindungsstörungen auszeichnende „innere Arbeitsmodelle und Bindungslandkarten" etabliert (Bovenschen/Spangler 2013, 190), die sie mit in die neue Familie bringen und ausprobieren (z.B. Trost ablehnen; überaus aggressiv auf Zuspruch reagieren). Das kann selbst einen durch Feinfühligkeit gekennzeichneten Kontakt der Adoptivfamilie mit dem Kind erheblich erschweren, eine tragfähige und vertrauensvolle Beziehung und sichere Bindungen aufzubauen.

Empirische Befunde belegen, dass Adoptivkinder sich hinsichtlich der Bindungssicherheit letztlich nicht von anderen Kindern unterscheiden, jedoch deutlicher häufiger desorganisierte Bindungen haben (Bovenschen/Spangler a.a.O., mit weiteren Hinweisen auf die US-amerikanische Bindungsforschung).

Je früher Kinder vermittelt werden, je jünger demnach die Kinder sind, desto weniger zeigen sich desorganisierte Bindungen und Bindungsstörungen. Insgesamt haben aber auch deprivierte Kinder die Chance und die Fähigkeit zum Aufbau neuer Bindungen. Spezielle Unterstützungs- und Förderprogramme für Adoptiv- und Pflegeeltern zeigen bereits erste empirisch gesicherte Ergebnisse, die diese Annahme stützen (z.B. Multidimensional Treatment Foster-Care"-Programm; Attachment and Biobehavioral Catch-up"-Programm) (Bovenschen/Spangler a.a.O.).

Andere empirische Befunde deuten an, dass die Intelligenzkorrelationen zwischen Adoptiveltern und Adoptivkindern im Entwicklungsverlauf abnehmen, während sie zwischen den leiblichen Eltern und Adoptivkindern bis zur Pubertät ansteigen (Dettenborn/Walter 2002, 272, mit weiteren Nachweisen). Dies deutet auf eine genetische Intelligenzdisposition, die durch die sog. Adoptionsmethode unter Geschwistern ebenso belegt wurde. Bei der Adoptionsmethode wird die Ähnlichkeit von leiblichen Geschwistern (die 50% der Gene teilen) mit der Ähnlichkeit von Adoptivgeschwistern verglichen, die zwar in derselben Familie aufwachsen, aber nicht miteinander verwandt sind (0% Genbeteiligung). Der Intelligenzquotient (IQ) zwischen leiblichen Geschwistern unterschiedlichen Alters korreliert um 0.50, der IQ bei Adoptivgeschwistern um 0.25. Die Differenz 0.50 minus 0.25

muss sodann verdoppelt werden, was zu einer Schätzung von 50% für den genetischen Einfluss führt (Asendorpf 2002, 67).

Weitere Adoptionsstudien belegen auch genetische Dispositionen bei psychiatrischen Erkrankungen und Süchten des Kindes. Insgesamt zeigen aber auch Verlaufsstudien, dass Adoptivkinder genetische Dispositionen in der Adoptivfamilie auch kompensieren können (Dettenborn/Walter 2002, 272).

Es ist jedoch festzustellen, dass bei Adoptivkindern häufiger Entwicklungsverzögerungen angesichts von Komplikationen während der Schwangerschaft und Geburt anzutreffen sind. Dieser Sachverhalt korrespondiert nicht mit dem Wunsch der meisten Adoptiveltern, ein gesundes und neugeborenes Kind anzunehmen.

Berichtet werden:

- typische prä- und perinatale Auffälligkeiten,
- geringe Schwangerschaftsdauer,
- niedriges Geburtsgewicht,
- mangelnde Sauerstoffversorgung vor und während der Geburt;

während der Schwangerschaft:

- Komplikationen bei der Entbindung,
- Drogen- und Alkoholkonsum der Mütter,
- Vernachlässigung von Kontrolluntersuchungen,
- wenig gesundheitsbewusstes Verhalten der Mütter (Wild/Berglez 2002, 371f.).

Die Beteiligung des Kindes an dem Adoptionsverfahren, um mit ihm alles Wesentliche zu besprechen, lässt für die Fälle von Kindern unter drei Jahren zumindest zum Zeitpunkt der Adoption nicht realisieren. Immerhin waren 2012 1.323 adoptierte Kinder unter drei Jahren und 1.092 Kinder zwischen drei und neun Jahren. Erst bei einem verständigen und urteilsfähigen Kind – ab einem Lebensalter von ca. sechs bis acht Jahren – wird eine sinnvolle kommunikative Beteiligung am Verfahren möglich sein.

Bemerkenswerterweise werden in der Bundesrepublik Deutschland Kinder deutlich später in Adoptionspflege gegeben als in Schweden, Großbritannien oder den USA (Ebertz 1987, 27).

Bei einem höheren Vermittlungsalter der Kinder spielen häufig viele weit in die Vergangenheit reichende Versagungen und Konflikte eine Rolle: Mutterentbehrung oder mehrfache Wechsel der Bezugspersonen im Rahmen wechselnder Fremdplatzierungen mit stationären Betreuungen in Institutionen (Kinderheim, Kinder- und Jugendpsychiatrie, gegebenenfalls auch Pflegefamilie) beeinträchtigen fast immer das Wohl und die Beziehungs- sowie Bindungsqualität dieser Kinder.

Wahrscheinlich ist aus diesem Grund die Vermittlung von älteren Kindern aus Angst vor nicht mehr behebbaren Schädigungen schwieriger als die von jüngeren Kindern; dennoch umfasste der Anteil älterer Kinder der Altersgruppe 15 bis 18 Jahre im Jahr 2012 465 Kinder (Statistisches Bundesamt, Wiesbaden 2014, Kinder und Jugendhilfe in Deutschland, Adoptionen).

Wenn im weiteren Entwicklungsverlauf der Adoptivkinder Verhaltensauffälligkeiten auftreten, zeigen sie sich vordringlich in Wutausbrüchen, Lügen, Stehlen, sexuellen Handlungen und anderen aggressiven Verhaltensweisen (Ebertz 1987). Ob allerdings Adoptivkinder tatsächlich mehr Auffälligkeiten zeigen als so genannte Normalkinder, konnte bis heute nicht eindeutig geklärt werden. Hier fehlt es an aussagekräftigen Langzeituntersuchungen, die beispielsweise eine große Population von Eltern von Geburt der Kinder an begleitet und wiederholt befragt und untersucht.

Ältere Untersuchungen aus den USA erbrachten, dass dort mehr adoptierte Kinder und Jugendliche in psychiatrischen und therapeutischen Einrichtungen vorgestellt werden, als es ihrem prozentualen Anteil an der Gesamtbevölkerung entspricht (Ebertz 1987, 28.).

Dagegen haben ausgedehnte Verlaufsuntersuchungen in Schweden gezeigt, dass sich adoptierte Kinder in ihrer psychosozialen Entwicklung nicht von leiblichen Kindern unterscheiden, die in ihrer Herkunftsfamilie aufwachsen (Lempp 1983, 164).

Handelt es sich nicht um eine so genannte Frühadoption, eine Adoptionsform also, die bereits acht Wochen (§ 1747 Abs. 2 BGB) nach der Geburt des Kindes durch die Inpflegenahme in Gang gesetzt wird, steigt also das Risiko für die reibungslose Integration in die neue Familie, wenn das Kind schon mehrere Monate oder Jahre in wechselnden Heimen oder Pflegefamilien verbracht hat und durch den vielfältigen Wechsel, auch der Bezugspersonen, in seinem Beziehungs- und Bindungsverhalten vorgeschädigt ist.

Nicht zuletzt aus diesem Grund ist für das Kind wie auch für die adoptionswilligen Eltern aus psychologischer Sicht eine möglichst frühzeitige Adoption sinnvoll und anstrebenswert. Nur so ist am besten gewährleistet, dass das Kind eine stabile Bindungs- und Beziehungskontinuität entwickeln kann und auch die Adoptiveltern frühzeitig wissen, woran sie sind und was auf sie zukommt.

Das sollte auch zu einem kritischeren Umgang mit den sog. Multiproblemfamilien führen, denen oft viel zu lange ambulante Hilfen zugebilligt

II Fremdplatzierung

werden, ohne dass die entsprechenden positiven Entwicklungen in der Familie und für das Kind eintreten.

Bei der Vermittlung von Kindern in Adoptionspflege haben sich in den letzten Jahren bei allen professionell Beteiligten bedeutsame Einstellungsänderungen ergeben. Die wohl wichtigste Änderung hat zu der richtigen Konsequenz geführt, dass weniger nach dem Grundsatz verfahren wird, „Kinder für Eltern zu suchen", sondern „Eltern für ein bestimmtes Kind zu suchen".

In Großbritannien verfährt man dort mittlerweile noch konsequenter als in Deutschland nach dem Grundsatz, „Eltern für ein bestimmtes Kind zu suchen". Die Folge ist, dass vermehrt auch geistig und körperlich behinderte Kinder, ältere Kinder, Geschwistergruppen oder Kinder aus anderen ethnischen Gruppen adoptiert werden (Siebert-Michalak 1990). Diese Haltung führte beispielsweise in Großbritannien zu der Konsequenz, dass Paare, die ausschließlich an der Adoption eines gesunden, weißen Säuglings interessiert sind, für eine Adoption kaum noch vorgemerkt werden. Dies wiederum hatte zur Folge, dass die Zahl der Adoptivbewerber die Zahl der für eine Adoption in Frage kommenden Kinder kaum übersteigt, während in Deutschland die Zahl der Adoptivbewerber bei weitem die Zahl der vermittelten Kinder im Jahr 2012 mit 3.886 bei 5.671 vorgemerkten Adoptionsbewerbungen übersteigt (Statistisches Bundesamt, Wiesbaden 2014, Kinder- und Jugendhilfe in Deutschland, Adoptionen).

Exkurs: Aufklärung des Kindes über seine Herkunft

Obwohl das Interesse der in früher Kindheit Adoptierten an ihrer eigenen Herkunft häufig schon in der Kindheit um den Zeitpunkt der Einschulung erwacht und in der Jugend oft besonders stark ausgeprägt ist, beginnen sie mit eigenständigen Nachforschungen meist erst im Erwachsenenalter (Textor 1990, 12).

Dennoch ist der richtige Zeitpunkt der Aufklärung eines Adoptionsstatus eine bedeutsame Angelegenheit, die jahrzehntelang heftig umstritten war. Heute schlägt man grundsätzlich einen frühen Zeitpunkt vor (Textor 1993), der im Kontext zur konkreten Frage des Kindes steht und so gehandhabt werden sollte, dass bei einer Aufklärung (wie übrigens auch bei der Sexualaufklärung) bei Kindern unter vier Jahren nur die konkrete Frage beantwortet wird („Aus welchem Bauch bin ich eigentlich gekommen?"), wobei weitere und präzisere Fragen vom Kind oft erst nach Wochen, Monaten oder sogar Jahren gestellt werden.

Kinder haben ein Recht auf wahrhaftige und ehrliche Umgangsformen der Erwachsenen mit ihnen. Ungelöst ist in diesem Zusammenhang die Frage der Aufklärung des Kindes, das anonym geboren, anonym an eine Fachkraft übergeben, anonym in eine Babyklappe abgelegt oder in eine vertrauliche Geburt involviert wurde (gesetzlich geregelt seit 1. Mai 2014).

Insbesondere von psychoanalytischer Seite wird entgegen der familiensystemischen Sichtweise – wahrhaftige Antworten dem Kind zu geben, und zwar unabhängig vom Alter des Kindes – davor gewarnt, dem Kind zu früh Mitteilungen über seine Herkunft zu machen. Keinesfalls sollten Kinder nach dieser Sicht während der so genannten Loslösungs- und Individuationsphase, im Alter von zwei bis drei Jahren also, aufgeklärt werden. Vielmehr wirke eine verfrühte Aufklärung traumatisch (Wieder 1990, 37ff.). Ein Kleinkind müsse noch nicht wissen, dass es adoptiert sei; es müsse allerdings wissen, dass es zu den Menschen gehöre, die es als seine Eltern erlebt (Wieder 1990, 39). Aufklärende Mitteilungen sollten nach tiefenpsychologischer Sicht möglichst nicht vor dem Einschulungsalter vorgenommen werden. Grundsätzlich sollte das Motto gelten: je später, desto besser (Wieder 1990, 40f.).

Die Aufklärung selbst sollte für das Kind schonend erfolgen und darauf ausgerichtet sein, dem Selbstwertgefühl und der Identitätsentwicklung des Kindes durch unnötige und frühzeitige Beunruhigungen und Erschütterungen keinen Schaden zuzufügen. Ist das Kind über seine Adoption in Kenntnis gesetzt worden, kann die Existenz der leiblichen Eltern im Seelenleben des Kindes nicht mehr ausgelöscht oder verleugnet werden.

Insbesondere Jugendliche sollten von den Adoptiveltern ermutigt werden, wenn sie es wünschen, sich ohne unnötige Scham und Schuldgefühle mit Unterstützung der Adoptiveltern auf die Suche nach der Vergangenheit und ihren Lebenswurzeln zu machen.

Die oft geäußerte Angst der Adoptiveltern, das Adoptivkind könnte sie nach erfolgreichen Nachforschungen oder bei sicherem Wissen um die wahre Herkunft verlassen, hat sich in der Realität nicht bestätigt. Vielmehr dürften in diesen Fällen das Wissen um die wahre Herkunft und die Gründe, die einmal eine Adoption zur Folge hatte, zu einer besseren Identitätsbildung und größeren Stabilität des Kindes und Jugendlichen führen. Auch die Beziehungen zwischen Kind und Adoptiveltern festigen sich mit Kenntnis aller Umstände in aller Regel.

II Fremdplatzierung

Geheimniskrämerei, Verleugnung oder Verschleierung der Adoption schaden jedenfalls den Kindern und Jugendlichen mehr als eine sensible Aufklärung und Begleitung des Adoptierten auf der Suche nach der Herkunft. Diese Aufgabe obliegt in erster Linie den Adoptiveltern, wobei allerdings auch die Adoptionsvermittlungsstellen oder auch die Beratungsmöglichkeiten im Jugendamt genutzt werden sollten.

Eine frühzeitige Aufklärung hat im Übrigen den Vorteil, dass die ersten Informationen von Kindern meist beiläufig und unspektakulär erlebt werden. Die Adoption wird so rechtzeitig Bestandteil des Wissens des Kindes über die eigene Person und kann somit meist auch ohne Brüche und Selbstwertkrisen in die Identitätsentwicklung und das Selbstbild des Kindes integriert werden (Dettenborn/Walter 2002, 273).

Im Zusammenhang mit der Aufklärung des Adoptionsstatus lässt sich leicht erkennen, das von einem lebenslangen Prozess der Adoption ausgegangen werden muss, der entgegen früheren Auffassungen nicht mit der Inpflegenahme oder dem juristischen Akt der Annahme des Kindes abgeschlossen ist.

Dieser Prozess schließt somit die umfassende Kenntnis und das Wissen um die doppelte Elternschaft des Adoptierten ein und die Aufklärung des Adoptierten über den genealogischen Ursprung (Kenntnis über die familiale Herkunft).

Des Weiteren kann dieser lebenslange Prozess der Adoption später einmal in Fällen der Inkognito-Adoption zu einer Kontaktaufnahme mit den leiblichen Eltern auch vor dem „offiziellen" und rechtlich vorgesehenen Möglichkeiten des Kindes mit 16 Jahren führen.

15.3 Jugendamt und Adoptionsvermittlungsstellen

Die zentrale Aufgabe der Adoptionsvermittlungsstelle besteht neben Beratungs- und Unterstützungsaufgaben nach dem SGB VIII darin, für Kinder geeignete Adoptiveltern zu finden. Da das Wohl des Kindes auch bei einer Adoption der zentrale Orientierungspunkt ist, wird auf die Analyse und Ausgestaltung der Beziehung von Annehmenden und Kind besonderer Wert gelegt.

Im Übrigen hat das Jugendamt im Falle der Ersetzung der Einwilligung eine umfassende Belehrungs- und Beratungsaufgabe wahrzunehmen (§ 51 Abs. 2 SGB VIII). In allen Adoptionsangelegenheiten kommt nach wie vor den Adoptionsgutachten (Berichte) des Jugendamtes oder autorisierter Adoptionsvermittlungsstellen bei anstehenden Entscheidungen des Familiengerichts herausragende Bedeutung zu (§ 189 FamFG). Falls das Gutachten nicht vom Jugendamt erstellt wird, sondern beispielsweise von einer Adoptionsvermittlungsstelle eines Wohlfahrtsverbandes, ist das Jugendamt verpflichtet, dem Familiengericht eine fachliche Äußerung zu übermitteln (Umkehrschluss aus §§ 189 S. 2 i.V. mit 194 FamFG). Es ist regelmäßig vor dem Familiengericht anzuhören.

Dennoch umfassen die Gutachten (Berichte) im Rahmen der Adoptionsvermittlung meist kaum mehr als zwei DIN- A4-Seiten Text, sodass nicht nur unter quantitativen Gesichtspunkten nur wenige aussagekräftige Argumente über die abgebenden und annehmenden Eltern genannt werden, sondern auch nur selten aussagekräftig und nachvollziehbar die erzieherische Eignung oder die Motivation der Annehmenden berücksichtigt wird. Ebenso häufig fehlen Aussagen über die Biographie und den Entwicklungsstand des Kindes. Oft sind in den Berichten abwertende Äußerungen über die Abgebenden enthalten. Kaum mehr als die Hälfte aller Berichte weist Aussagen über die Eltern-Kind-Beziehungen in Bezug auf die Annehmenden auf (Oberloskamp/Borg-Laufs/Mutke 2009, 178f.).

Bei der Beurteilung der künftigen Adoptivfamilie geht es um die Beurteilung, ob sie dem Kind möglichst günstige Entwicklungsbedingungen anbieten kann (Harnach-Beck 2007, 321).

Harnach-Beck (2007, 332) schlägt für die Abfassung des Adoptionsgutachtens folgende Hauptgliederungspunkte vor:

1. Formale Angaben
    1.1 Personalien des Kindes
    1.2 Datenquellen
    1.3 Angaben zum Vorliegen der gesetzlichen Voraussetzungen einer Annahme
2. Sachverhalt
    2.1 Wünsche und Vorstellungen der leiblichen Eltern
    2.2 Entwicklung des Kindes
    2.3 Gegenwärtige Lebenssituation des Kindes
        2.3.1 Entwicklungsstand
        2.3.2 Persönlichkeit und Bedürfnisse des Kindes unter Berücksichtigung der Entwicklung während der Adoptionspflege
    2.4 Persönlichkeit und Lebenssituation der Bewerber
    2.5 Entwicklung der Eltern-Kind-Beziehung
    2.6 Wille des Kindes (so weit erfassbar)

II Fremdplatzierung

3. Sozialpädagogische Diagnose
4. Prognostische Einschätzung
5. Erbrachte und angestrebte Leistungen der Jugendhilfe.

In den Adoptionsvermittlungsstellen arbeiten spezielle Fachkräfte, wie Kinderärzte, Kinderpsychiater oder Psychologen mit Erfahrung auf dem Gebiet der Kinderpsychologie, Juristen sowie Sozialpädagogen oder Sozialarbeiter mit mehrjähriger Berufserfahrung (§ 13 AdVermiG).

Für die Durchführung der diagnostischen Erhebungen (Prüfung) gibt es im Gesetz keine Hinweise. Zumeist werden jedoch Gesundheitszeugnisse, mittlerweile auch das erweiterte polizeiliche Führungszeugnis und Lohn- oder Gehaltsbescheinigungen von den Bewerbern verlangt und auch Hausbesuche gemacht.

In den Adoptionsvermittlungsstellen finden auch die Bewerbungsgespräche statt, die der Ermittlung dienen, ob die Adoptionsbewerber unter Berücksichtigung der Persönlichkeit des Kindes und seiner besonderen Bedürfnisse für die Annahme des Kindes geeignet sind (§ 7 Abs. 1 AdVermiG).

Um eine sachdienliche Aufklärung sicherzustellen und sich von den Bewerbern ein möglichst umfassendes Bild zu machen, werden von den Mitarbeitern der Adoptionsvermittlungsstellen bestimmte Themenbereiche mit den künftigen Adoptiveltern besprochen, wie

– Fragen nach der Motivation zur Aufnahme eines Adoptivkindes,
– Fragen zur Kinderlosigkeit oder
– Informationen über die Herkunft der in Frage kommenden Adoptivkinder,
– Fragen nach dem Erziehungswissen, den Erziehungsvorstellungen und Erziehungszielen der künftigen Adoptiveltern oder
– Fragen zu finanziellen und rechtlichen Aspekten.

Diese Art der Kontakte und Gespräche in den Adoptionsvermittlungsstellen erleben die Adoptionswilligen häufig als bürokratisch, abschreckend und diskriminierend.

In der Tat ist zu befürchten, dass durch diese Art der Befragung häufig eine Art „Opportunismus" der Bewerber gefördert wird, da von den künftigen Adoptiveltern eher uneigennützige Motive erwartet werden, wie Vorstellungen, die sich um eine Minderung des Kinderelends konzentrieren. Dagegen stehen eher „egoistische" Motive den Zielen der Annehmenden im Weg, wenn sie etwa einen ganz normalen und möglicherweise auch intensiven Kinderwunsch äußern. Was spricht eigentlich gegen die in der Tat nicht ganz altruistischen Argumente von Bewerbern, ein Kind haben zu wollen, weil sie kein eigenes Kind haben können, weil ein Leben mit Kindern das Leben bereichert, schöner ist oder weil Kinder „dazu gehören" und „Leben in die Bude bringen" etc.?

Häufig müssen im Rahmen der Ermittlungen Fragebögen ausgefüllt werden; regelmäßig wird auch die Darstellung des Lebenslaufs erwartet.

Typische Fragen im Bewerbungsverfahren lauten beispielsweise:

- Warum möchten Sie ein Kind aufnehmen?
- Wie haben Sie Ihre eigene Erziehung erlebt?
- Welche Voraussetzungen sollten annehmende Eltern mitbringen, um ein Kind aufnehmen zu können?
- Welche Vorstellungen haben Sie von Ihrem künftigen Kind?
- Wie würden Sie ein Kind erziehen? (Welches Erziehungswissen haben sie; welche Erziehungsziele streben sie an; welche Erziehungspraktiken wenden sie an?)
- Wenn es zu Schwierigkeiten mit dem Kind kommen sollte, an welche Hilfsmöglichkeiten denken Sie?
- Welche Herkunftsverhältnisse würden Sie verunsichern?
- Was bedeutet es für Sie, wenn das Kind ein Findelkind ist, von ausländischen, straffälligen oder von Eltern abstammt, die eine Sonderschule besucht haben oder die psychisch erkrankt sind, alkohol-, drogen- oder medikamentenabhängig sind?
- Welche Probleme des Kindes trauen Sie sich zu bewältigen (Körperbehinderung des Kindes, Verhaltensauffälligkeiten)?
- Haben Sie die Absicht, das Kind über seine Herkunft aufzuklären?
- Wie würden Sie sich verhalten, wenn die leiblichen Eltern Kontakt zum Kind aufnehmen wollen?
- Welche Hobbys haben Sie?
- Welche Veränderungen könnten in Ihrer Partnerschaft im Fall einer Aufnahme eines Adoptivkindes auftreten?
- Wie lösen Sie Meinungsverschiedenheiten und Konflikte?
- Halten Sie Ihre eigene Partnerschaft für stabil?

Nach diesen Vorklärungen und Überprüfungen müssen sich die Adoptionswilligen in einem örtlichen Gesundheitsamt von einem Amtsarzt untersuchen lassen und ein amtsärztliches Attest beibringen, in dem die gesundheitliche Unbedenklichkeit zur Erziehung von Kindern bescheinigt wird.

Nach einer abschließenden Bewertung der Adoptionsbewerber, für die im Übrigen im Gesetz nur wenig Anhaltspunkte vorhanden sind, können die

II Fremdplatzierung

Eltern nach einer positiven Einschätzung seitens der Mitarbeiter in der Adoptionsvermittlungsstelle die vorläufige Pflegeerlaubnis erhalten. Diese geht normalerweise der endgültigen Adoption voraus, wenn feststeht, dass die Adoptionsbewerber für die Annahme des Kindes geeignet sind (§ 8 AdVermiG).

Nach einer Wartezeit, deren Länge sich nach dem Vorhandensein beziehungsweise der Verfügbarkeit von Kindern und der Prognose richtet, welches Kind zu den künftigen Adoptiveltern am besten passen könnte, wird den Adoptionsbewerbern ein konkreter Kindervorschlag unterbreitet. In diesem Zusammenhang erhalten die Adoptionsbewerber auch die verfügbaren Informationen über das Kind und seine Herkunft. Schließlich können sie das Kind persönlich kennen lernen. Entscheiden sich die Bewerber für das Kind, so bekommen sie es in Adoptionspflege, die, wie oben schon erwähnt, in der Regel ein Jahr dauert.

Anschließend stellen sich aus sozialpädagogischer Sicht Fragen, ob

- die jetzt anstehende Adoption dem Kindeswohl dient
- zwischen Annehmenden und Kind eine Eltern-Kind-Beziehung entstanden ist (Oberloskamp/Borg-Laufs/Mutke 2009, S. 181).

15.4 Familiengericht und Adoption

Für alle Angelegenheiten zur Annahme eines Kindes ist das Familiengericht zuständig (§§ 111 Abs. 4, 187 FamFG, § 1752 BGB).

Das Familiengericht hat seine Ermittlungen grundsätzlich von Amts wegen (§ 26 FamFG) nur dann aufzunehmen, wenn es vom Jugendamt, einem Träger freier Wohlfahrtsverbände oder von irgendeiner anderen Seite Kenntnis von einem Sachverhalt bekommt, der sein Einschreiten erforderlich macht.

Im Fall einer Annahme als Kind wird nur auf Antrag des Annehmenden entschieden (§ 1752 BGB). Liegt ein Antrag vor, hat das Familiengericht auch in diesem Fall die erforderlichen Ermittlungen anzustellen. Es kann Zeugen vernehmen oder Dokumente beiziehen.

Im Adoptionsverfahren bei Gericht muss, wie im familiengerichtlichen Verfahren auch, eine persönliche Anhörung aller Personen vorgenommen werden, deren Rechte und Pflichten durch das Verfahren berührt werden könnten. So ist auch eine persönliche Anhörung des Kindes im Adoptionsverfahren vorgesehen (§§ 192 bis 195 FamFG). Dem Kind kann auch ein

Verfahrensbeistand beigeordnet werden, soweit dies zur Wahrnehmung seiner Interessen erforderlich ist (§ 191 FamFG).

Die Anhörung des Kindes im Fall einer Adoption im Familiengericht unterscheidet sich deutlich von einer Anhörung eines Kindes im Familiengericht im Fall der Trennung und Scheidung seiner Eltern. Beispielsweise hat das Kind im familiengerichtlichen Verfahren bei der Sorgerechtsregelung, bei der Klärung des Wohnsitzes und dem Verbleib bei einem oder beiden Eltern oder über die Ausgestaltung des Umgangs meist mehrere Alternativen. Im Adoptionsverfahren hat das Kind faktisch nur eine Alternative, nämlich zu den Adoptiveltern zu kommen.

Dennoch wird das Familiengericht die vorbereitenden Arbeiten der Adoptionsvermittlungsstellen in aller Regel nur durch Richterspruch bestätigen. Zumindest ist kein Fall bekannt, in dem das Kind im Gericht im Rahmen seiner Anhörung gegen die anstehende Adoption protestierte.

Nach dem endgültigen Adoptionsbeschluss des Familiengerichts erlöschen normalerweise bei einer „Fremdadoption" alle bisherigen Verwandtschaftsbeziehungen des Kindes. Das Kind erhält den Namen des annehmenden Paares; unter Umständen kann auch der Vorname des Kindes geändert oder durch einen weiteren Vornamen ergänzt werden (§ 1757 Abs. 4 Nr. 1 BGB).

Vom Zeitpunkt der Adoption an wird in amtlichen Urkunden und auch sonst bis zur Vollendung des 16. Lebensjahres oder bis zu einer etwaigen Eheschließung des Adoptivkindes die Tatsache der Adoption verborgen. Zur Eheschließung benötigt das Adoptivkind die Abstammungsurkunde, in der Angaben über die leiblichen Eltern mit dem Vermerk der Adoption enthalten sind.

Die Dauer des gesamten Adoptionsverfahrens von der Antragstellung, Vormerkung als Bewerber, Adoptionspflege bis zum familiengerichtlichen Beschluss kann im großstädtischen Bereich bis zu drei Jahre betragen.

Allerdings dauert das unmittelbare Gerichtsverfahren der familiengerichtlichen Genehmigung und Adoptionsbestätigung einer älteren Erhebung zufolge in 90% aller Fälle nicht mehr als sechs Monate (Simitis/Rosenkötter et al. 1979, 189 – damals vormundschaftsgerichtlichen Genehmigung).

Ausblick

Bei der Adoption handelt es sich für die betroffenen Kinder, leiblichen Eltern und Adoptiveltern um einen lebenslangen und psychosozial außerordentlich

II Fremdplatzierung

bedeutsamen Prozess, der nicht mit dem Rechtsakt der Adoption abgeschlossen ist.

Obwohl die leiblichen Eltern durch die Freigabe zur Adoption alle Rechte und die gesamte Verantwortung für das Kind aufgeben und zumindest bei der Inkognito-Adoption keine persönlichen Kontakte mit ihm haben (dürfen), empfinden vor allem leibliche Mütter häufig Schmerz und Trauer über den Verlust des Kindes. Das gilt für die Adoption ausländischer und inländischer Kinder.

Die leiblichen Eltern machen sich normalerweise auch nach einer Adoption Gedanken um ihre Kinder und fürchten, dass diese es nicht verstehen könnten, warum sie einst zur Adoption freigegeben wurden.

Die Adoptiveltern haben dagegen oft ein Leben lang Angst, ihre Kinder eines Tages an die leiblichen Eltern zu verlieren. Aus diesem Grund fällt es offenbar vielen Adoptiveltern schwer, den häufig in der Pubertät beginnenden Nachforschungsdrang der Kinder in Bezug auf ihre Herkunft und die leiblichen Eltern zu unterstützen. Dabei haben die meisten Adoptiveltern der leiblichen Mutter gegenüber eine verständnisvolle und eher beschützende Einstellung, selbst wenn sie diese nicht kennen.

Adoptierte entwickeln offensichtlich stärker als Nichtadoptierte Ängste, Trennungsängste, Identitätskonflikte und Selbstwertkrisen. Gerade diese meist belastenden Befindlichkeiten können im späteren Lebensalter der Adoptierten gemildert werden, wenn die Erwachsenen eine Begegnung mit den leiblichen Eltern auf Wunsch des Jugendlichen zulassen oder in die Wege leiten.

Begegnungen dieser Art führen nach den Ergebnissen der vorliegenden Befunde in der Regel zu einer Verbesserung der Beziehungen zwischen Adoptiveltern und Adoptierten und zu einer Klärung der Beziehungen zwischen leiblichen Eltern und Adoptierten. Die meisten leiblichen Eltern konnten nach einer Wiederbegegnung alte Schuldgefühle abbauen, während die Adoptiveltern ihre jahrelangen Befürchtungen ablegen konnten, ihr Kind eines Tages an die leiblichen Eltern zu verlieren (Sorosky/Baran/Pannor 1982, 196f.).

Ob allerdings die Adoption eine „Waffe" gegen die Abtreibung sein kann, lässt sich anhand der vorliegenden Erfahrungen mit ungewollt Schwangeren nach wie vor nicht belegen.

Möglicherweise könnte in Zukunft eine in Deutschland noch nicht zulässige Blankoadoption beziehungsweise die so genannte Pränatale Adoption (vorgeburtliche Adoption) Abtreibungen verhindern.

15 Die Annahme als Kind (Adoption)

Exkurs: Anonyme Geburt, anonyme Übergabe an eine Fachperson, Babyklappe und vertrauliche Geburt

Im Zusammenhang mit der Adoption fremder Kinder sind die in Deutschland heftig umstrittenen sog. Babyklappen, die anonyme Geburt, die anonyme Übergabe des Kindes an eine Fachkraft oder neuerdings die Vertrauliche Geburt zu erwähnen (Wolf 2001, 2003; Swientek 2001, Müller-Magdeburg 2003; Bundesministerium für Familie, Senioren, Frauen und Jugend 2014), die angesichts bedrückender Lebenslagen dieser Kinder und angesichts des weltweiten Kindermassenelends auch sehr medienwirksam behandelt werden:

In den OECD–Ländern sterben jedes Jahr rund 3.500 Kinder unter 15 Jahren an den Folgen körperlicher Misshandlung und Vernachlässigung. Jede Woche sind dies in Deutschland und England zwei Todesfälle, in Frankreich drei, in Japan vier und in den USA 27. Das Risiko ist für kleine Kinder am größten. Für Kinder unter einem Jahr ist es dreimal so hoch wie für die Altersgruppe der Ein- bis Vierjährigen. Diese wiederum haben immerhin noch ein doppelt so hohes Risiko wie die Kinder im Alter zwischen fünf und 14 Jahren. Insgesamt scheint allerdings die Zahl der Todesfälle von Kindern aufgrund von Misshandlung und Vernachlässigung in der Mehrzahl der Industrieländer zu sinken (UNICEF-Forschungsinstitut Innocenti Florenz, Mai 2010).

Kindesmisshandlungen sind sehr häufig mit Armut und Stress in den Familien – verstärkt durch Drogen- und Alkoholmissbrauch – verbunden.

Die UNICEF-Studie konzentriert sich deshalb in einem ersten Schritt auf ein empirisch halbwegs klar definiertes Phänomen: Todesfälle von Kindern auf Grund von Misshandlungen und Vernachlässigungen (UNICEF-Forschungsinstitut Innocenti Florenz, Mai 2010)[21].

Rund 160 Kinder sterben in Deutschland jährlich an den Folgen ihrer Misshandlungen (Tsokos/Guddat 2014, 8ff.).

Unter den Bezeichnungen „Projekt Moses", „Babyklappe", „Anonyme Wiege" etc. verbergen sich Einrichtungen, die sich zur Aufgabe gemacht haben, Frauen aus einer ausweglosen Situation zu befreien, die u.U. sogar

---

21 In der neuen UNICEF Vergleichsstudie zur Lage der Kindern in Industrieländern (April 2013) wurde diesmal Gewalt gegen Kinder ausgeblendet. Angeblich seien keine Daten zur Kindesmisshandlung und Vernachlässigung aufgenommen worden, weil es keine vergleichbaren Daten gebe.

dazu geführt hat, zunächst die Aussetzung oder Tötung des Kindes in Erwägung zu ziehen.

Modelle wie Babyklappe o.Ä. vollziehen sich bei entsprechender Beachtung der Besonderheiten nicht im Rahmen der Einfachgesetze (Personenstandsrecht, Vormundschaftsrecht, Unterhaltsrecht, Adoptionsrecht (so schon Wolf 2001; Schwedler 2014, 193f.).

Es ist vermutlich auch kein Rückgang der getöteten und ausgesetzten Säuglinge eingetreten. Die tatsächliche Relevanz ist aber offenbar gering, sodass auch andere präventive Möglichkeiten weiterhin angeboten und ausgebaut werden müssen (Schwedler 2014, 193f.).

Dennoch muss die Babyklappe dem absoluten Ausnahmefall vorbehalten bleiben. Sie sollte niemanden ermuntern, auch unter dem Gesichtspunkt der seit Beginn der Industriealisierung fortschreitenden Verdinglichung (Sachwerte sind wichtiger als Personen und deren emotionale Befindlichkeiten) und latenten Auflösbarkeit zwischenmenschlicher Beziehungen, diesem Prozess weiterhin Vorschub zu leisten, mit der Folge, dass auch ein Kind wie ein Gegenstand abgelegt werden kann.

In letzter Konsequenz kann eine Babyklappe nur ein Angebot für Mütter sein, die informiert sind und die noch so viel planen können sowie über entsprechende Kompetenzen verfügen, wenigstens den Ort anzusteuern, an dem das Baby anonym hinterlegt werden soll. Bei einer derartigen Strukturierungs- und Koordinierungsfähigkeit der betreffenden Mütter wäre u.U. ebenso – und weniger folgenschwer – eine Adoptionsfreigabe der einfachere und leichtere Weg (Swientek 2001, 354).

Im Übrigen sind Kinder in Babyklappen Findelkinder, deren Anonymität von Beginn ihres Lebens an lebenslang als Belastung bestehen bleibt. Diese Kinder haben nie die Chance, ihre Wurzeln kennen zu lernen. Empirische Befunde zu Fragen etwa der Identitätsentwicklung, Beziehungsfähigkeit, Lebensbewältigung, Lebenszufriedenheit und des Lebensglücks von Findelkindern liegen in einem repräsentativen Umfang bisher nicht vor, sodass in Bezug auf die Installierung von Babyklappen, anonyme Geburt, anonyme Übergabe an eine Fachperson, aber auch die vertrauliche Geburt, die sich nur wenig von der anonymen Geburt unterscheidet, größte Zurückhaltung geboten erscheint, da hier u.U. auch eine formal gelungene und schnelle Adoption von anonym geborenen Kindern und Babyklappenkindern selbst bei liebevollen Adoptiveltern die Wunden der Anonymität und des Ablegens nicht heilen können.

Müller-Magdeburg (2003, 111) plädiert für die Zulassung bzw. Beibehaltung der anonymen Geburt und hält in diesem Kontext auch die Babyklappen für eine denkbare und geeignete Einrichtung, um das Leben des Kindes zu erhalten und um Kindstötungen zu vermeiden. Sie hält das aus dem Persönlichkeitsrecht herzuleitende Recht des Kindes, seine Herkunft zu erfahren, nachrangig gegenüber seinem Recht auf Leben und körperliche Gesundheit (Schwedler 2014, 194, mit weiteren Hinweisen).

16 Die Rechtsstellung des Kindes – Zusammenfassung

Das Verfahren in Kindschaftssachen wird maßgeblich vom Amtsermittlungsgrundsatz nach § 26 FamFG bestimmt. Gleichzeitig gilt das Vorrang- und Beschleunigungsgebot nach § 155 FamFG in allen Instanzen, und zwar insbesondere für Verfahren

– die den Aufenthalt des Kindes,
– das Umgangsrecht,
– die die Herausgabe des Kindes betreffen und
– eine Gefährdung des Kindeswohls zum Inhalt haben.

Beteiligte in Kindschaftssachen sind

– Eltern und Kind (§§ 7, 8 FamFG)
– der Verfahrensbeistand (§ 158 Abs. 3 S. 2 FamFG, nicht aber nach § 7 Abs. 2 Nr. 2 FamFG)
– das Jugendamt in Verfahren nach §§ 1666, 1666a BGB (in anderen Verfahren nur, wenn es beantragt, Verfahrensbeteiligter zu werden – § 162 Abs. 2 FamFG) und wenn das Jugendamt Beschwerde eingelegt hat – § 162 Abs. 3 S. 2 FamFG).

Die Ausgestaltung der Rechte (Penka/Fehrenbacher 2012; Katholische Arbeitsgemeinschaft Migration – KAM, 2012) von Kindern stellt nicht nur in Deutschland ein Dauerthema dar, da Kinderschutz, Kindeswohl und Kinderrechte in den zurückliegenden Jahrzehnten zu den Kernbereichen aller Kindschaftssachen wurden. Durch die Kinderrechtediskussion wurde erreicht, dass das Kind nicht nur ein schützenwertes „Objekt" erwachsener Interessenlagen bleibt, sondern Rechte zugebilligt bekommt, die das Kind als Rechtssubjekt in den Vordergrund stellt. Dabei stehen derzeit offenbar weniger die Erweiterung materieller Rechtspositionen des Kindes im Vordergrund, sondern Verfahrensrechte, die entsprechend seiner Urteilsfähigkeit und Verständigkeit dem Selbstbestimmungsrecht des Kindes Rechnung tragen (Löhnig/Schwab/Henrich/Gottwald 2013).

II Fremdplatzierung

Dennoch könnte ernsthaft diskutiert und geprüft werden, ob nicht die Rechte des Kindes ab einem Lebensalter von 14 Jahren angesichts akzelerierter Entwicklungen von Kindern nicht auf zwölf Lebensjahre herabgesetzt werden könnte (vgl. z.B. § 1671 Abs. 1 Nr. 1 BGB: Widerspruchsrecht des Kindes erst ab 14 Jahren).

Angesichts der Rechtsprechung des BVerfG (BVerfGE 24, 119 = NJW 1968, 2233), gilt die Grundrechtsträgerschaft des Menschen von Geburt an. Am 1.4.2008 hat das BVerfG (BVerfG, NJW 2008, 1287) nochmals bekräftigt, dass das Kind ein eigenes Grundrecht auf Schutz seiner Persönlichkeit aus Art. 2 Abs. 1 i.V. mit Art. 1 Abs. 1 GG hat. Dieses Grundrecht kann das Kind gegenüber seinen Eltern, aber auch gegenüber dem Staat geltend machen. Dem Kind sollen zudem eigene Grundrechte in der Verfassung zugebilligt werden, die das Recht der Kinder und Jugendlichen auf bestmögliche Förderung und Bildung sowie das Recht auf Teilhabe an Entscheidungen, die sie selbst betreffen, zum Inhalt haben (Peschel-Gutzeit 2008, 471).

> „Kinder sind also von Geburt an Träger aller Grundrechte. Ob und wieweit sie sie selbst ausüben können, hängt von ihrer eigenen Beurteilungs- und Kommunikationsfähigkeit ab. Können sie dies nicht oder nur eingeschränkt, treten ihre Eltern als Treuhänder der eigenen Kinderrechte an die Stelle der Kinder. Je älter und beurteilungsfähiger ein Kind wird, um so mehr tritt die treuhänderische Sachwaltung der Eltern zurück" (Peschel-Gutzeit 2008, 473).

Zudem haben die meisten Reformen im Kindschafts- und Familienrecht nur eine kurz-, bis mittelfristige Wirkung, da die Anpassung des Familien- und Kindschaftsrechts „an sich wandelnde Lebensverhältnisse und Auffassungen" (Coester 2013, 59) eine Daueraufgabe ist.

Nach der UN-Kinderrechtskonvention haben Kinder folgende Rechte, die in Deutschland nach wie vor nicht in der Verfassung als eigener Rechtsanspruch des Kindes integriert sind:

1. Alle Kinder haben die gleichen Rechte. Kein Kind darf benachteiligt werden.
2. Kinder haben das Recht gesund zu leben, Geborgenheit zu finden und keine Not zu leiden.
3. Kinder haben das Recht zu lernen und eine Ausbildung zu machen, die ihren Bedürfnissen und Fähigkeiten entspricht.
4. Kinder haben das Recht zu spielen, sich zu erholen und künstlerisch tätig zu sein.

5. Kinder haben das Recht bei allen Fragen, die sie betreffen, mitzubestimmen und zu sagen, was sie denken.
6. Kinder haben das Recht auf Schutz vor Gewalt, Missbrauch und Ausbeutung.
7. Kinder haben das Recht sich alle Informationen zu beschaffen, die sie brauchen, und ihre eigene Meinung zu verbreiten.
8. Kinder haben das Recht, dass ihr Privatleben und ihre Würde geachtet werden.
9. Kinder haben das Recht im Krieg und auf der Flucht besonders geschützt zu werden.
10. Behinderte Kinder haben das Recht auf besondere Fürsorge und Förderung, damit sie aktiv am Leben teilnehmen können.

Die Rechte des Kindes im familiengerichtlichen Verfahren lassen sich zusammenfassend wie folgt darstellen (Sommer 2012, 374-377):

Mit Inkrafttreten des Familienverfahrensrechts (FamFG) am 1.9.2009 wurde die Rechtsstellung des Kindes erheblich gestärkt. Die wichtigste gesetzliche Umsetzung erfolgt durch die Einführung einer formellen Beteiligtenstellung des Kindes, während die kindgerechte Ausgestaltung des Verfahrens, die Anhörung des Kindes, die Bestellung eines Verfahrensbeistandes (Verfahrenspfleger seit 1998) schon Jahre oder Jahrzehnte zurückliegen. Kinder sind im familiengerichtlichen Verfahren Beteiligte kraft Gesetzes, wenn sie beispielsweise ein Umgangsrechts betreiben wollen (§ 7 FamFG i.V. mit § 1684 Abs. 1 S. 1 BGB). Dagegen regelt der neue § 1686a BGB – die Rechte des biologischen Vaters betreffend – nur einseitig das Vaterrecht (Coester 2013, 49).

Diejenigen sind somit als Beteiligte hinzuzuziehen, deren Recht durch das Verfahren unmittelbar betroffen ist (§ 7 Abs. 2 Nr. 1 FamFG), obwohl in §§ 151ff. FamFG Kinder nicht ausdrücklich als Beteiligte angeführt werden (Schürmann 2009, 154).

Da das Kind in Verfahren in Kindschafts-, Abstammungs- und Adoptionssachen (§§ 151, 172, 188 FamFG) in seiner Rechtsstellung betroffen ist, ist es in diesen Verfahren, die seine Person betreffen, als Beteiligter hinzuzuziehen. Damit wird das Kind zum formell Beteiligten und nimmt neben den Eltern, dem Verfahrensbeistand und dem Jugendamt, soweit es Beteiligter des Verfahrens ist, aktiv am Verfahren teil.

Da im Abschnitt der Kindschaftssachen ab § 151 FamFG die Beteiligung von Kindern nicht abschließend in einer Spezialvorschrift geregelt ist, muss z.B. die Regelung des § 164 S. 1 FamFG bemüht werden, die dem Kind ab

II Fremdplatzierung

14 Jahren als Beteiligten ein Beschwerderecht zubilligt. Zudem ergibt sich die Beteiligtenstellung des Kindes aus § 155 Abs. 3 FamFG, der die Anordnung des persönlichen Erscheinens nur den verfahrensfähigen Beteiligten vorschreibt.

Die Verfahrensfähigkeit des Kindes hat zum Inhalt, dass Verfahrenshandlungen selbst oder durch einen gewählten Vertreter wirksam vor- oder entgegengenommen werden können, wie Anträge zu stellen, an Terminen teilzunehmen oder sogar an Vergleichen mitzuwirken. Dass die Verfahrensfähigkeit an die Beteiligtenfähigkeit gekoppelt ist, bedeutet nicht, dass Kinder und Jugendliche unter 18 Jahren automatisch verfahrensfähig sind. Die uneingeschränkte Verfahrensfähigkeit beginnt in der Tat erst mit der Geschäftsfähigkeit, also mit Volljährigkeit ab dem 18. Lebensjahres (§ 9 Abs. 1 Nr. 1 FamFG).

Zur Wahrung ihrer Rechte bedarf ein Geschäftsunfähiger oder ein in der Geschäftsfähigkeit Beschränkter, der nicht verfahrensfähig ist, eines gesetzlichen Vertreters (§ 9 Abs. 2 FamFG), grundsätzlich also die Eltern (§ 1626 Abs. 1 BGB) und nicht der Verfahrensbeistand (§ 158 Abs. 4 S. 6 FamFG).

Die Verfahrensfähigkeit ist allerdings auch vom Willen des einsichtsfähigen und urteilsfähigen Kindes abhängig, an dem Gerichtsverfahren aktiv teilzunehmen und eigene Rechte geltend zu machen, die ab 14 Jahre nach § 60 FamFG in ein umfassendes Beschwerderecht in allen seine Person betreffenden Angelegenheiten ohne Mitwirkung ihres gesetzlichen Vertreters einmünden kann. Durch das Beschwerderecht werden die Rechte von Kindern erheblich erweitert und durch die nach § 159 FamFG erfolgende Anhörung abgesichert.

Gelten Kinder als verfahrensfähig, können sie alle Verfahrenshandlungen selbst wirksam vornehmen, also auch einen Rechtsanwalt oder eine andere Vertrauensperson mit ihrer Vertretung beauftragen. Gleichzeitig werden die Befugnisse der gesetzlichen Vertreter eingeschränkt, diese dürfen im Namen des Kindes keine dessen Willen widersprechende Erklärungen abgeben.

Verfahrensfähige Kinder ab 14 Jahren können beispielsweise einer Einigung der Eltern im Trennungs- und Scheidungsfall widersprechen (§ 1671 Abs. 2 Nr. 1 BGB); sie sind in Unterbringungssachen verfahrensfähig (§ 167 Abs. 3 FamFG) und in allen seine Person betreffenden Angelegenheiten beschwerdeberechtigt (§ 60 FamFG). Gleichzeitig hat das Kind das Recht, das ihm die gerichtliche Entscheidung bekannt gegeben wird, solange keine Nachteile für das Kind zu erwarten sind (§§ 164, 164 Abs. 2, 63 Abs. 3 FamFG).

16 Die Rechtsstellung des Kindes – Zusammenfassung

Grundsätzlich müssen Kinder und Jugendliche jedoch im familiengerichtlichen Verfahren gesetzlich vertreten werden. Als solche kommen die Personensorgeberechtigten oder bei Entziehung der Vertretungsmacht nach §§ 1629 Abs. 2 S. 3, 1796 BGB ein Ergänzungspfleger in Betracht.

Sind die Eltern zur Vertretung nicht berechtigt, wird das Kind durch einen nach § 1773 BGB zu bestellenden Vormund vertreten (§ 1793 BGB). In Kindschaftssachen ist mit Blick auf die Interessenvertretung des Kindes vorrangig und ausdrücklich der Verfahrensbeistand vorgesehen.

Die Bestellung eines Ergänzungspflegers kommt nur dann in Betracht, wenn die Eltern z. B. vereiteln, dass das Kind seine Verfahrensrechte wahrnehmen, mit dem Verfahrensbeistand sprechen oder vom Gericht angehört werden kann (Sommer 2012, 375).

Im materiellen Recht sind etliche Regelungen zum Schutz und zur Selbstbestimmung des Kindes getroffen worden (siehe Kapitel 8 Wille des Kindes).

Exkurs: Rechte des Kindes? Beschneidung des männlichen Kindes, Wegnahme des Kindes aus der Pflegefamilie, anonyme Geburt und vertrauliche Geburt

1. Die Beschneidungsregelung für männliche Kinder nach § 1631d BGB stellt in diesem Zusammenhang nicht nur wegen der wenig klärenden Ausformulierung der Vorschrift im Kontext des Rechts auf Gewaltfreiheit des Kindes (§ 1631 Abs. 2 BGB) einen Rückschritt dar.
Ein selbstbestimmtes Mitspracherecht eines Kindes bei einer Beschneidung, die eine tatbestandsmäßige Körperverletzung beinhaltet, ist angesichts des Alters, des Entwicklungsstandes des Kindes, des familiären, kulturellen und religiösen Drucks dem Kind nicht möglich.
Die Beschneidung des männlichen Kindes nach § 1631d BGB dient nicht dem (körperlichen und seelischen) Wohlergehen des Kindes. Es werden noch nicht einmal die auch für Säuglinge und Kleinkinder möglichen und mittlerweile üblichen Narkosetechniken genutzt.
2. Die Wegnahme des Kindes aus der Pflegefamilie und Rückkehr in die Herkunftsfamilie ist nicht dem Kindeswohlprinzip unterworfen. Es darf nur keine *Kindeswohlgefährdung* bei der Wegnahme oder Rückkehr (Hinführung) vorliegen. *Kindeswohldienlich* muss eine Rückkehr des Kindes in die Herkunftsfamilie nicht sein (vgl. hierzu § 1697a BGB).

II Fremdplatzierung

Vielmehr erfolgt sogar auch dann eine Rückkehr, wenn dieser Akt dem Kindeswohl schadet, obwohl vor allem Familienrechtler meinen, dass das von einem kindschaftsrechtlichen Verfahren betroffene Kind einen grundgesetzlich garantierten Rechtsanspruch (Art. 2 Abs. 1 i.V. mit Art 1 GG, Art. 6 Abs. 2 S. 2 GG) darauf hat, dass das gerichtliche Verfahren und „dass die Endentscheidung inhaltlich dem Prinzip des Kindeswohls gerecht wird (vgl. § 1697a BGB)..." (Salgo/Zenz/Fegert et al. 2014 (Rdnr. 1498).
3. Die anonyme und vertrauliche Geburt verletzt das von Geburt an grundrechtsfähige Kind in seinen Rechten, sicher etwas über seine Herkunft und seine Eltern zu erfahren.

Fazit

Durch die formelle Beteiligtenstellung wurde vor allem das verfahrensfähige Kind in seinen Rechten im familiengerichtlichen Verfahren gestärkt. Besondere und nach wie vor nicht gelöste Probleme des Kindes mit Blick auf das Kindeswohl beinhalten Interessenskonflikte zwischen Kind und Eltern, Eltern, Pflegefamilie und Kind, anonyme und vertrauliche Geburt, Beschneidung des männlichen Kindes oder das Umgangsrecht des biologischen Vaters bei bestehender rechtlicher Vaterschaft (das Kind wird nicht gefragt). Hier sind u.U. das Kind und sein Wohlergehen besonders ausgeprägten Belastungen ausgesetzt.

Besteht zwischen Kind und Eltern ein rechtlicher und tatsächlicher Konflikt, ist nach wie vor die rechtliche Position des Kindes gefährdet, da dem Kind materiell-rechtliche Positionen kaum zugestanden werden (Preisner 2013, 679). Zu erwähnen ist in diesem Zusammenhang noch einmal das „hälftige" Wechselmodell: Auch hierzu werden Kinder normalerweise ohne Gerichtsverfahren nirgendwo befragt (siehe Art 12. UN-Kinderrechtskonvention, § 8 Abs. 2, 3 SGB VIII).

Erschwerend kommt hinzu, dass ein Kind nur dann Verfahrensrechte innehaben und ausüben kann, wenn ein Verfahren stattfindet.

Es ist deswegen auch Aufgabe des Jugendamtes in Kenntnis von Konflikten der Eltern vor, während eines Gerichtsverfahrens (§ 8 Abs. 1 SGB VIII) und auch nach dem Verfahren das Kind zu beraten und die Rolle sowie Wahrnehmung der Rechte des Kindes im Jugendhilfe- und Familiengerichtsverfahren zu stärken.

Literatur

Altmann, G., Müller, R. (2003). Mediation. In A. E. Auhagen, H. W. Bierhoff (Hrsg.), Angewandte Sozialpsychologie. Das Praxishandbuch (S. 136–154). Weinheim: Beltz.

Altrogge, A. (2007). Umgang unter Zwang: Das Recht des Kindes auf Umgang mit dem umgangsunwilligen Elternteil. Bielefeld: Gieseking.

Amato, P.R., Keith, B. (1991). Parental Divorce and Adult Well-being. A Meta-analysis. Journal of Marriage und the Familiy. Vol. 53, 43–58.

–, Rezac, S.J. (1994). Contact with residential parents, interparental conflict, and children's behavior. Journal of Family Issues, Vol. 15, 191–207.

–, Booth, B. (2000). A generation at risk: Growing up in an era of family upheaval. Cambridge, MA: Harvard University Press.

Amelang, M., Zielinski, W. (2002). Psychologische Diagnostik und Intervention. 3. Auflage. Berlin: Springer. (In 5. Auflage unter Schmidt-Atzert und Amelang erschienen).

Amendt, G. (2006). Scheidungsväter. Frankfurt am Main: Campus.

Arntzen, F. (1994). Elterliche Sorge und Umgang mit Kindern. Ein Grundriß der forensischen Familienpsychologie. 2. Auflage. München: Beck.

Asendorpf, J. B. (2002). Biologische Grundlagen der Entwicklung. In R. Oerter, L. Montada (Hrsg.), Entwicklungspsychologie. 5. Auflage (S. 54–71). Weinheim: Beltz.

Astington, J. W. (2000). Wie Kinder das Denken entdecken. München: Reinhardt.

Bach, R.P. (2001). Die Praxis der Adoptionsvermittlung. Familie, Partnerschaft, Recht, 7, 318–321.

Bach, A., Gildenast, B. (1999). Internationale Kindesentführung. Bielefeld: Gieseking.

Balloff, R. (1995). Beratung, Unterstützung und Mitwirkung im Scheidungsfall bei der Ausgestaltung der elterlichen Sorge und des Umgangsrechts im Allgemeinen Sozialen Dienst (ASD) nach Inkrafttreten des Kinder- und Jugendhilfegesetzes (SGB VIII) gemäß §§ 17, 18 und 50 KJHG. – Eine rechtspsychologische Betrachtung –. Der Amtsvormund, 68, 1–12.

– (1998). Wo bleibt das Kind nach der Scheidung? Psychologie Heute, 15 (6), 44–51.

– (2000). Das Urteil des Bundesgerichtshofs vom 30. Juli 1999 zur Frage der wissenschaftlichen Anforderungen an aussagepsychologische Begutachtungen (Glaubhaftigkeitsgutachten) und die Folgen für die Sachverständigentätigkeit. Praxis der Kinderpsychologie und Kinderpsychiatrie, 49, 261–274.

– (2002). Kindeswille, Grundbedürfnisse des Kindes und Kindeswohl in Umgangsrechtsfragen. Familie, Partnerschaft, Recht, 8, 240–245.

– (2004). Stieffamilien – Psychologische Aspekte und sozialwissenschaftliche Erkenntnisse. Familie, Partnerschaft, Recht, 10, 50–56.

– (2005). Die Bedeutung des Vaters für die Entwicklung des Kindes. Familie, Partnerschaft, Recht, 11, 210–213.

Literatur

- (2008). Stalking und Kinder. Zeitschrift für Kindschaftsrecht und Jugendhilfe, Heft 5, 190–195.
- (2008a). Mindeststandards bei der Begutachtung. In Brühler Schriften zum Familienrecht. Band 15. Siebzehnter Deutscher Familiengerichtstag vom 12. bis 15. September 2007 in Brühl (S. 165–168). Bielefeld: Gieseking.
- (2008b). "Vom Gehilfen zum Vermittler?" – Die Rolle des Sachverständigen im Verfahren. Forum Familienrecht, Heft 3, 98–106.
- (2009). Stalking und Kinder. Kindeswohl, Sorge- und Umgangsrecht. Zeitschrift für Kindschaftsrecht und Jugendhilfe, Heft 5, 190–195.
- (2010). Häusliche Gewalt, Stalking und die Folgen für die Kinder. Kindesmisshandlung und -vernachlässigung, 13, Heft 2, 26–41.
- (2011a). Väter und Kinder. Zeitschrift für Kindschaftsrecht und Jugendhilfe, Heft 9, 349–352.
- (2011b). Die Beauftragung des Sachverständigen in Kindschaftssachen. Familie, Partnerschaft, Recht, 17, 12–14
- (2011c). Interessenvertretung des Kindes (Verfahrensbeistand). In W. Körner/G. Deegener (Hrsg.), Erfassung von Kindeswohlgefährdung in Theorie und Praxis (S. 83–99). Lengerich: Pabst.
- (2012). Kinderrechte bei Mediation, Beratung des Kindes, Erziehungsberatung und Familientherapie. Familie, Partnerschaft, Recht, 18, 216–220.
- (2013). „08/15-Umgang" und Perspektiven eines entwicklungsfördernden Umgangs. Familie, Partnerschaft, Recht, 19, 303–307.
- (2013a). Umgang des Kindes mit den Eltern und allen anderen bedeutsamen Bezugspersonen (§§ 1626 Abs. 3, 1684, 1685 BGB), zu denen das Kind „Bindungen" hat. Frühe Kindheit – die ersten sechs Jahre. Zeitschrift der Deutschen Liga für das Kind in Familie und Gesellschaft e.V. Heft 2, 12–17.
- (2013b). Hinwirken auf Einvernehmen nach § 163 II FamFG aus juristischer Sicht. Praxis der Rechtspsychologie, 23, 307–312.
- (2013c). Verfahrensbeistand. In D. Kreft/I. Mielenz, Wörterbuch Soziale Arbeit (S. 982–988). 7. Auflage. Weinheim: Beltz Juventa.
- (2013d). Kindeswohlgefährdungen durch Herausnahme des Kindes aus dem Elternhaus und bei Wegnahme aus der Pflegefamilie. Familie, Partnerschaft, Recht, 208–213.
- (2014). Kinder in Pflegefamilien. Neue Zeitschrift für Familienrecht, 1, Heft 17, 769–773.
- –, Koritz, N. (2006). Handreichung für Verfahrenspfleger. Rechtliche und psychologische Schwerpunkte in der Verfahrenspflegschaft. München: Kohlhammer.
- –, Wagner, W. (2010). Einvernehmenorientiertes Vorgehen in der Sachverständigentätigkeit nach dem FamFG. Familie, Partnerschaft, Recht, 16, 38–43.
- –, Walter, E. (1990). Gemeinsame elterliche Sorge als Regelfall. Zeitschrift für das gesamte Familienrecht, 37, 445–454.
- –, – (1991a). Reaktionen der Kinder auf die Scheidung der Eltern bei alleiniger oder gemeinsamer elterlicher Sorge. Psychologie in Erziehung und Unterricht, 38, 81–95.

–, – (1991b). Der psychologische Sachverständige in Familiensachen. Familie und Recht, 2, 334-341.

–, – (1993). Möglichkeiten und Grenzen beratender Interventionen am Beispiel der Mediation nach §§ 17, 28, 18 Abs. 4 KJHG. Zentralblatt für Jugendrecht, 80, 65–75.

Bandelow, B., Gruber, O., Falkai, P. (2013). Kurzlehrbuch Psychiatrie. 2. Auflage. Berlin: Springer.

Bastine, R. (1995). Scheidungsmediation – Ein Verfahren psychologischer Hilfe. In Bundeskonferenz für Erziehungsberatung e. V. (Hrsg.), Scheidungs-Mediation: Möglichkeiten und Grenzen (S. 14–37). Münster: Votum.

–, Link, G., Lörch, B. (1995). Bedeutung, Evaluation, Indikation und Rahmenbedingungen von Scheidungsmediation. Eine Übersicht. In J. Duss-von Werdt, G. Mähler, H.-G. Mähler (Hrsg.), Mediation: Die andere Scheidung. Ein interdisziplinärer Überblick (S. 186–230). Stuttgart: Klett-Cotta.

Bauers, B. (1994). Kinder aus Scheidungsfamilien – Seelische Folgen von Trennung und Verlust unter Berücksichtigung geschlechtsspezifischer Unterschiede. In A. Eggert-Schmid Noerr, V. Hirmke-Wessels, H. Krebs (Hrsg.), Das Ende der Beziehung? Frauen, Männer, Kinder in der Trennungskrise (S. 46–65). Mainz: Mathias-Grünewald.

Becker, K., Laucht, M. (2013). Risikofaktoren in der kindlichen Entwicklung. Ergebnisse der Mannheimer Risikokinderstudie. Zeitschrift für Kindschaftsrecht und Jugendhilfe, Heft 10, 391–394.

Beck-Gernsheim, E. (1995). Für eine Öffnung der Bindungsforschung. Familiendynamik, 20, 193–200.

Becker-Stoll, E. (2009). Von der Eltern-Kind-Bindung zur Erzieherin-Kind-Beziehung. In K.H. Brisch, T. Hellbrügge (Hrsg.), Wege zu sicheren Bindungen in Familie und Gesellschaft. Prävention, Begleitung, Beratung und Psychotherapie (S. 152–169). Stuttgart: Klett–Cotta.

Behnke, C. , Meuser, M. (2003). Modernisierte Geschlechterverhältnisse? Entgrenzung von Beruf und Familie bei Doppelkarrierepaaren. In K. Gottachall, G.G. Voß (Hrsg.), Entgrenzung von Arbeit und Leben. Zum Wandel der Beziehung von Erwerbstätigkeit und Privatsphäre im Alltag (S. 285–306). München: Hampp.

Bender, D., Lösel, F. (2000). Risiko und Schutzfaktoren in der Genese und der Bewältigung von Mißhandlung und Vernachlässigung. In Egle, U. T., Hoffmann, S. O., P. Joraschky (Hrsg.), Sexueller Mißbrauch und Mißhandlung, Vernachlässigung. Erkennung und Therapie psychischer und psychosomatischer Folgen früher Traumatisierungen (S. 40–58). 2. Auflage. Stuttgart: Schattauer.

Berger, W., Reisbeck, G., Schwer, P. (2000). Lesben – Schwule – Kinder. Hrsg. vom Ministerium für Frauen, Jugend, Familie und Gesundheit des Landes Nordrhein-Westfalen. Düsseldorf.

Bergmann, M. (2013). Das Wechselmodell im familiengerichtlichen Verfahren. Zeitschrift für Kindschaftsrecht und Jugendhilfe, Heft 12, 489–491.

Bergmann, E., Jopt, U., Rexilius, G. (2002). Lösungsorientierte Arbeit im Familienrecht. Intervention bei Trennung und Scheidung. Köln: Bundesanzeiger.

Literatur

Bertling, A. A. (1993). Wenn die Eltern trinken. Mögliche Auswirkungen der Alkoholsucht der Eltern auf deren Kinder. Berlin: Bögner-Kaufmann.

Berufsverband Deutscher Psychologinnen und Psychologen e. V. (1994). Richtlinien für die Erstellung Psychologischer Gutachten. Bonn: Deutscher Psychologen Verlag.

Berzewski, H. (2003). Suchterkrankungen. Familie, Partnerschaft und Recht, 9, 312–315.

Bien, W., Hartl, A., Teubner, M. (2002). Stieffamilien in Deutschland. Eltern und Kinder zwischen Normalität und Konflikt. Opladen: Leske + Budrich.

Binder, K., Bürger, U. (2014). Die Inanspruchnahme von Hilfen zur Erziehung durch Kinder psychisch kranker Eltern. Zeitschrift für Kindschaftsrecht und Jugendhilfe, Heft 1, 4–8.

Blandow, J. (1991). Entwicklung der Heimerziehung in der früheren BRD: Strukturelle und historische Besonderheiten – Reformprozesse – gegenwärtige Situation. Jugendhilfe, 29, 114–120.

– (2004). Hilfen außerhalb der Familie – Problembereiche des Pflegekinderwesens. Familie, Partnerschaft, Recht, 10, 454–458.

– (2006). Welche Kriterien sind für eine Rückführung des Kindes ausschlaggebend? In H. Kindler, S. Lillig, H. Blüml, T. Meysen, A. Werner (Hrsg.), Handbuch Kindeswohlgefährdung nach § 1666 und Allgemeiner Sozialdienst (ASD). Kapitel 103-1–103-4. München: Verlag Deutsches Jugendinstitut.

Bliersbach, G. (2007). Leben in Patchwork-Familien. Halbschwestern, Stiefväter und wer sonst noch dazugehört. Gießen: Psychosozial.

Bliesener, T., Lösel, F., Köhnken, G. (2014). Lehrbuch der Rechtspsychologie. Bern: Huber.

Böwering-Möllenkamp, C. (2013). Die Begutachtung psychischer Störungen nach Gewalterfahrungen und „Traumatisierungen". In G. Doering-Striening (Hrsg.), Opferrechte. Handbuch für den Opferanwalt (S. 187–212). Baden-Baden: Nomos.

Bode, L. (2008). Praxishandbuch Anwalt des Kindes. Das Recht des Verfahrenspflegers. Berlin: Springer.

Bohannan, P., Erickson, R. (1986). Stiefväter. In Psychologie Heute-Redaktion (Hrsg.), Familien-Bande. Chancen und Krisen einer Lebensform (S. 170–174). Weinheim: Beltz.

Bohus, M. (1998). Kinder psychisch kranker Eltern. Psychiatrische Praxis, 25, 125–129.

Bopp, J. (1984). Die Mamis und die Mappis. Kursbuch, 76, 53–74.

Born, W. (2009). Umzug ins Ausland bei Umgangsrecht des anderen Elternteils – geht das? Familienrecht und Familienverfahrensrecht, 1, 129–132.

Bornstein, P. H., Bornstein, M. T. (1993). Psychotherapie mit Ehepaaren. Ein integrativer Ansatz. Bern: Toronto.

Borth, H., Grandel, M., Musielak, H.-J. (2013). Familiengerichtliches Verfahren. 1. und 2. Buch. 2. Auflage. München: Vahlen.

Bovenschen, I., Spangler, G. (2013). Wer kann Bindungsfigur eines Kindes werden? Familie, Partnerschaft, Recht, 19, 187–191.

Bowlby, J. (1982). Das Glück und die Trauer. Herstellung und Lösung affektiver Bindungen. Stuttgart: Klett-Cotta.

Literatur

Brazelton, T. B., Greenspan, S. I. (2002). Die Sieben Grundbedürfnisse von Kindern. Was jedes Kind braucht, um gesund aufzuwachsen, gut zu lernen und glücklich zu sein. Weinheim: Beltz.

Breidenbach, S. (1995). Mediation. Struktur, Chancen und Risiken von Vermittlung im Konflikt. Köln: Schmidt.

Bretherton, I. (2002). Konstrukt des inneren Arbeitsmodells – Bindungsbeziehungen und Bindungsrepräsentationen in der frühen Kindheit und im Vorschulalter. In K. H. Brisch, K. E. Grossmann, K. Grossmann, L. Köhler (Hrsg.), Bindung und seelische Entwicklungswege. Grundlagen, Prävention und klinische Praxis (S. 13–46). Stuttgart: Klett-Cotta.

Bringewat, P. (1997). Tod eines Kindes. Soziale Arbeit und strafrechtliche Risiken. Baden-Baden: Nomos.

Brisch, K.H. (1999). Bindungsstörungen: Von der Bindungstheorie zur Therapie. Stuttgart: Klett-Cotta.

– (2000). Von der Bindungstheorie zur Bindungstherapie. Die praktische Anwendung der Bindungstherapie in der Psychotherapie. In M. Endres, S. Hauser (Hrsg.), Bindungstheorie in der Psychotherapie (S. 81–89). München: Reinhardt.

– (2002). Bindungsstörungen. Theorie, Psychotherapie, Interventionsprogramme und Prävention. In K. H. Brisch, K. E. Grossmann, K. Grossmann, L. Köhler, (Hrsg.), Bindung und seelische Entwicklungswege. Grundlagen, Prävention und klinische Praxis (S. 353–373). Stuttgart: Klett-Cotta.

– (2013). Die vier Bindungsqualitäten und die Bindungsstörungen. Familie, Partnerschaft, Recht, 19, 183–186.

– (2013a). Bindungsstörungen: Von der Bindungstheorie zur Therapie. 12. Auflage. Stuttgart: Klett-Cotta.

–, Buchheim, A., Kächele, H. (1999). Diagnostik von Bindungsstörungen. Praxis der Kinderpsychologie und Kinderpsychiatrie, 48, 425–437.

–, Grossmann, K. E., Grossmann, K., Köhler, L. (Hrsg.), (2002). Bindung und seelische Entwicklungswege. Grundlagen, Prävention und klinische Praxis. Stuttgart: Klett-Cotta.

–, Hellbrügge, T. (Hrsg.), (2003). Bindung und Trauma. Risiken und Schutzfaktoren für die Entwicklung von Kindern. Stuttgart: Klett-Cotta.

Britz, G. (2014). Pflegekinderverhältnisse zwischen zeitlicher Befristung und dauerhafter Lebensperspektive aus Sicht des Bundesverfassungsgerichts. In D. Coester-Waltjen, V. Lipp, E. Schumann, B. Veit (Hrsg.), Das Pflegekinderverhältnis – zeitlich befristete oder dauerhafte Lebensperspektive für Kinder? 12. Göttinger Workshop zum Familienrecht 2013 (S. 11–19). Göttingen: Universitätsverlag Göttingen.

Buchholz-Graf, W., Vergho, C. (Hrsg.), (2000). Beratung in Scheidungsfamilien. Das neue Kindschaftsrecht und professionelles Handeln der Verfahrensbeteiligten. Weinheim: Juventa.

–, Sgolik, V. (2010). ... und nach dem Heimaufenthalt?. Zeitschrift für Kindschaftsrecht und Jugendhilfe, Heft 1, 21–25.

Büttner, P., Wiesner, R. (2008). Zur Umsetzung des Schutzauftrags nach § 8a SGB VIII in der Praxis. Zeitschrift für Kindschaftsrecht und Jugendhilfe, Heft 7/8, 292–297.

Literatur

Bundesarbeitsgemeinschaft für Familien-Mediation e.V. (1998). Die BAFM stellt sich vor. Kindschaftsrechtliche Praxis 1, 30-31.

Bundesgerichtshof (1994). Zeitschrift für das gesamte Familienrecht, 33, 158.

– (2001). Neue Juristische Wochenschrift, 54, 77.

Bundeskonferenz für Erziehungsberatung e. V. (Hrsg.). (1995). Scheidungs-Mediation: Möglichkeiten und Grenzen. Münster: Votum.

Bundesministerium des Inneren (Hrsg.). (2014). Polizeiliche Kriminalstatistik 2013. Berlin: Bonifatius GmbH.

Bundesministerium für Familie, Senioren, Frauen und Jugend (2000). Die wirtschaftlichen Folgen von Trennung und Scheidung. Band 180. Bonn: Bundesministerium für Familie, Senioren, Frauen und Jugend, Postfach 201551, 53145 Bonn, Broschürenstelle oder: www.bmfsfj.de

– (2002). Datenreport: Die Familie im Spiegel amtlicher Statistik. Kurzfassung. Bonn: Bundesministerium für Familie, Senioren, Frauen und Jugend, Postfach 201551, 53145 Bonn, Broschürenstelle oder: www.bmfsfj.de

– (2011). Familien mit Migrationshintergrund. Lebenssituationen, Erwerbsbeteiligung und Vereinbarkeit von Familie und Beruf. 2. Auflage. Bonn: Bundesministerium für Familie, Senioren, Frauen und Jugend, Postfach 201551, 53145 Bonn, Broschürenstelle oder: www.bmfsfj.de

– (2012). Familienreport 2012. Leistungen, Wirkungen, Trends. Bonn: Bundesministerium für Familie, Senioren, Frauen und Jugend, Postfach 201551, 53145 Bonn, Broschürenstelle oder: www.bmfsfj.de

– (2014). Die vertrauliche Geburt. Informationen über das Gesetz zum Ausbau von Hilfen für Schwangere und zur Regelung der vertraulichen Geburt. Bonn: Bundesministerium für Familie, Senioren, Frauen und Jugend, Postfach 201551, 53145 Bonn, Broschürenstelle oder: www.bmfsfj.de

Bundesverfassungsgericht, BVerfG (2013), 1 BvL 1/11 vom 19.2.2013, Absatz-Nr. (1 – 110), http://www.bverfg.de/entscheidungen/ls20130219-1bvl000111.html

Bundeszentrale für politische Bildung (2012). Die soziale Situation in Deutschland. Alleinerziehende. http://www.bpb.de/nachschlagen/zahlen-und-fakten/soziale-situation-in-deutschland/61581/alleinerziehende (abgerufen am 6. Mai 2014).

Büte, D. (2005). Das Umgangsrecht bei Kindern geschiedener oder getrennt lebender Eltern. Ausgestaltung – Verfahren – Vollstreckung. 2. Auflage. Berlin: Schmidt.

Cantwell, H. B. (2002). Kindesvernachlässigung – ein vernachlässigtes Thema. In M. E. Helfer, R. S. Kempe, R. D. Krugmann (Hrsg.), Das misshandelte Kind. Körperliche und psychische Gewalt. Sexueller Missbrauch. Gedeihstörungen. Münchhausen-by-proxy-Syndrom. Vernachlässigung (S. 515–556). Frankfurt am Main: Suhrkamp.

Carl, E. (2001). Möglichkeiten der Verringerung von Konflikten in HKÜ-Verfahren: Undertakings, safe harbour orders und mirror orders. Familie, Partnerschaft, Recht, 7, 211–215.

Carter, B., McGoldrick, M. S. W. (1989). Overview: The changing family life cycle – A framework for family therapy. In B. Carter, M. S. W. McGoldrick (Eds.), The changing family life cycle. A framework for family therapy. 2. ed. (pp. 3–28). Boston: Allyn & Bacon.

Castellanos, H. A., Hertkorn, C. (2014). Psychologische Sachverständigengutachten im Familienrecht. Baden-Baden: Nomos.

Cierpka, M. (1996). Handbuch der Familiendiagnostik. Berlin: Springer.

– (2009). Handbuch der Familiendiagnostik. 3. Auflage. Berlin: Springer.

Coenen, R., Kannegießer, A. (2013). (Sukzessiv) Adoption bei gleichgeschlechtlichen Paaren. Praxis der Rechtspsychologie, 23, 416–433.

Coester, M. (1986). Kindeswohl als Rechtsbegriff. In Vierter Deutscher Familiengerichtstag (Hrsg.), Brühler Schriften zum Familienrecht. Band 4 (S. 31–55). Bielefeld: Gieseking.

– (1991a). Die Bedeutung des Kinder- und Jugendhilfegesetzes (KJHG) für das Familienrecht. Zeitschrift für das gesamte Familienrecht, 31, 253–263.

– (1991b). Elterliche Sorge im deutschen Recht, insbesondere die deutsche Praxis bei türkischen Familien. Der Amtsvormund, 64, 847–853.

– (2009). Kinderschutz. Übersicht zu den typischen Gefährdungslagen und aktuellen Problemen. Familie, Partnerschaft, Recht, 15, 549–552.

– (2010). Wechselmodell und Sorgerecht für die Mutter. Forum Familienrecht, 14, Heft 1, 10–12.

– (2013). Reformen im Kindschaftsrecht. In Deutscher Familiengerichtstag e.V. Zwanzigster Deutscher Familiengerichtstag vom 18. bis 21. September 2013 in Brühl (S. 43–59). Bielefeld: Gieseking.

Cowan, P. A. (1997). Byond meta-analysis: A plea for a family system view of attachment. Child Development, 68, 601–603.

Czerner, F. (2010). Der Schutz des ungeborenen Kindes vor der eigenen Mutter durch zeitliche Vorverlagerung zivil- und strafrechtlicher Regelungen. Zeitschrift für Kindschaftsrecht und Jugendhilfe, Heft 7, 220-227.

– (2012). Staatlich legalisierte Kindeswohlgefährdung durch Zulassung ritueller Beschneidung zugunsten elterlicher Glaubensfreiheit? (Teil 1). Zeitschrift für Kindschaftsrecht und Jugendhilfe, Heft 10, 374-383.

– (2012a). Staatlich legalisierte Kindeswohlgefährdung durch Zulassung ritueller Beschneidung zugunsten elterlicher Glaubensfreiheit? (Teil 2). Zeitschrift für Kindschaftsrecht und Jugendhilfe, Heft 11, 433–436.

Deegener, G. (2012). Kindesmisshandlungen: Formen, Häufigkeiten, Ursachen und Folgen. Praxis der Rechtspsychologie, 22, 349–369.

Delfos, M.F. (2011). „Sag mir mal …" Gesprächsführung mit Kindern. 11. Auflage. Weinheim: Beltz.

– (2011a). „Wie meinst du das?" Gesprächsführung mit Jugendlichen. 4. Auflage. Weinheim: Beltz

Dethloff, N. (2009). Kindschaftsrecht des 21. Jahrhunderts. Rechtsvergleichung und Zukunftsperspektiven. Zeitschrift für Kindschaftsrecht und Jugendhilfe, Heft 4, 141–147.

Dettenborn, H. (2003). Die Beurteilung der Kindeswohlgefährdung als Risikoentscheidung. Familie, Partnerschaft, Recht, 9, 293–299.

Literatur

- (2003a). Anmerkungen zum Polygrafie-Beschluss des BGH für das Zivilverfahren. Familie, Partnerschaft, Recht, 9, 559–566.
- (2012). Psychische Kindesmisshandlung – erkennen und bewerten. Familie, Partnerschaft, Recht, 18, 447–452.
- (2013). Hochkonflikthaftigkeit bei Trennung und Scheidung – Teil 1. Zeitschrift für Kindschaftsrecht und Jugendhilfe, Heft 6, 231–234.
- (2013a). Hochkonflikthaftigkeit bei Trennung und Scheidung – Teil 2. Zeitschrift für Kindschaftsrecht und Jugendhilfe, Heft 7, 272–276.
- (2013b). Die Glaubhaftigkeitsbegutachtung im Verfahren – Möglichkeiten und Grenzen. In G. Doering-Striening (Hrsg.), Opferrechte. Handbuch für den Opferanwalt (S. 213–234). Baden-Baden: Nomos.
- (2014). Kindeswille und Kindeswohl. 4. Auflage. München: Reinhardt
–, Walter, E. (2002). Familienrechtspsychologie. München: Reinhardt.

Deutsches Institut für Jugendhilfe und Familienrecht e.V. (2013). Zeitschrift für das gesamte Familienrecht, 60, 346–347.

Deutsches Jugendinstitut (Hrsg.). (2010). Arbeit mit hochkonflikthaften Trennungs- und Scheidungsfamilien. Eine Handreichung für die Praxis. München.

Diez, H., Krabbe, H., Thomson, C.S. (2009). Familien-Mediation und Kinder. Grundlagen, Methodik, Techniken. 3. Auflage. Köln: Bundesanzeiger.

Doherty, W. J., McDaniel, S.H. (2012). Familientherapie. München: Reinhardt.

Diouani-Streek, M. (2014). Möglichkeiten, Grenzen und Weiterentwicklungsbedarfe der Kontinuitätssicherung für gefährdete Kinder in Deutschland. In Stiftung zum Wohl des Pflegekindes (Hrsg.), Wie Pflegekindschaft gelingt. 6. Jahrbuch des Pflegekinderwesens (S. 147–179). Idstein: Schulz-Kirchner.

Dornes, M. (2012). Die Modernisierung der Seele. Kind-Familie-Gesellschaft. Frankfurt am Main: Fischer.

Dürr, R. (1978). Verkehrsregelungen gemäß § 1634 BGB. 2. Auflage. Stuttgart: Kohlhammer.

Duss-von Werdt, J. (1984). Überlegungen zur gemeinsamen Typologie von Ehe, Scheidung und Elternschaft. Zentralblatt für Jugendrecht, 71, 17–22.

Ebertz, B. (1987). Adoption als Identitätsproblem. Zur Bewältigung der Trennung von biologischer Herkunft und sozialer Zugehörigkeit. Freiburg im Breisgau: Lambertus.

Eggen, B. (2001). Gleichgeschlechtliche Lebensgemeinschaften. 1. Teil: Methodische Aspekte und empirische Ergebnisse zur Verbreitung gleichgeschlechtlicher Lebensgemeinschaften ohne und mit Kindern. Baden-Württemberg in Wort und Zahl, 49, 347–350.

- (2003). Gleichgeschlechtliche Lebensgemeinschaften – Gegenwart und künftige Entwicklungen. Praxis der Rechtspsychologie, 13, 25–44.
- (2010). Gleichgeschlechtliche Lebensgemeinschaften ohne und mit Kindern: Soziale Strukturen und künftige Entwicklungen. In D. Funcke, P. Thorn (Hrsg.), Die gleichgeschlechtliche Familie mit Kindern (S. 37–60). Bielefeld: transcript Verlag.

Ehlers, A,. (1999). Posttraumatische Belastungsstörung. Göttingen: Hogrefe.

Engfer, A. (2000). Gewalt gegen Kinder in der Familie. In U. T. Egle, S. O. Hoffmann, P. Joraschky, P. (Hrsg.), Sexueller Missbrauch, Misshandlung, Vernachlässigung. Erkennung und Therapie psychischer und psychosomatischer Folgen früher Traumatisierungen (S. 23–39). Stuttgart: Schattauer.

Erdrich, R. (2010). Umgangsrecht als durch das Grundgesetzt geschütztes Recht. Familienrecht und Familienverfahrensrecht, 2, 5–7.

Enzmann, D., Wetzels, P. (2001). Das Ausmaß häuslicher Gewalt und die Bedeutung innerfamilialer Gewalt für das Sozialverhalten von jungen Menschen aus kriminologischer Sicht. Familie, Partnerschaft, Recht, 7, 246–251. Fahl, H. (2014). § 1626a BGB und das Kindeswohl – Reformbedarf wegen Verstoßes gegen die UN-Kinderechtskonvention. Neue Zeitschrift für Familienrecht, 1, 155–158.

Fegert, J. M. (1999). Kooperation im Interesse des Kindes – Einleitende Bemerkungen. In J. Fegert (Hrsg.), Kinder in Scheidungsverfahren nach der Kindschaftsrechtsreform. Kooperation im Interesse des Kindes (S. 8–17). Neuwied: Luchterhand.

– (2001). Parental Alienation oder Parental Accusation Syndrome? (Teil 1). Die Frage der Suggestibilität, Beeinflussung und Induktion in Umgangsrechtsgutachten. Kindschaftsrechtliche Praxis, 4, 3–7.

– (2013). Endgültiges Aus für das Parental Alienation Syndrome (PAS) im amerikanischen Klassifikationssystem DSM-5. Zeitschrift für Kindschaftsrecht und Jugendhilfe, Heft 5, 190–191.

– (2002). Spezifische Bedürfnisse, Belastungs- und Risikofaktoren. In L. Salgo, G. Zenz, J. Fegert, A. Bauer, C. Weber, M. Zitelmann (Hrsg.), Verfahrenspflegschaft für Kinder und Jugendliche. Ein Handbuch für die Praxis (S. 193–207). Köln: Bundesanzeiger.

Feldmann, R. (2014). Das Fetale Alkoholsyndrom: Prävention, Diagnostik und Hilfen. Gynäkologische Praxis, 34, 225-239.

Fendrich, S., Schilling, M. (2001). Einblicke in die quantitative Entwicklung der Adoption in Deutschland. Eine Analyse auf der Grundlage der amtlichen Kinder- und Jugendhilfestatistik. Familie, Partnerschaft, Recht, 7, 305–309.

Fichtner, J. (2012). Hilfen bei Hochkonflikthaftigkeit? Forschungsergebnisse zu Merkmalen und möglichen Interventionen in belasteten Nachtrennungsfamilien. Zeitschrift für Kindschaftsrecht und Jugendhilfe, Heft 2, 46–54.

Fiedler, K., Schmid, J. (1999). Gutachten über die Methodik und Bewertungskriterien für Psychologische Glaubwürdigkeitsgutachten. Praxis der Rechtspsychologie, 9, 5–45.

Fieseler, G. (2002). Verfahrenspflegschaft im Jugendhilfeverfahren. Kindschafts-rechtliche Praxis, 5, 114–120.

Figdor, H. (1991). Kinder aus geschiedenen Ehen: Zwischen Trauma und Hoffnung. Mainz: Mathias-Grünewald.

– (1997). Scheidungskinder. Wege der Hilfe. Gießen: Psychosozial-Verlag.

– (2004). Kinder aus geschiedenen Ehen: Zwischen Trauma und Hoffnung. Wie Kinder und Eltern die Trennung erleben. Gießen: Psychosozial-Verlag.

– (2007). Praxis der psychoanalytischen Pädagogik II. Vorträge und Aufsätze. Gießen: Psychosozial-Verlag.

Literatur

– (2012). Patient Scheidungsfamilie. Ein Ratgeber für professionelle Helfer. Gießen: Psychosozial-Verlag.

Finger, P. (1998). Gutachten in gerichtlichen Sorge- und Umgangsrechtsverfahren – Erwartungen an psychologische Sachverständige. Familie, Partnerschaft, Recht, 4, 224–229.

– (2012). Haager Abkommen über zivilrechtliche Aspekte internationaler Kindesentführung. Familienrecht und Familienverfahrensrecht, 4, 316–319.

Finke, F. (2003). Die rechtlichen Grundlagen der Sachverständigentätigkeit in der Familiengerichtsbarkeit nach der Kindschaftsrechtsreform vom 1.7.1998. Familie, Partnerschaft, Recht, 9, 503–508.

Fischer, G., Riedesser, P. (2003). Lehrbuch der Psychotraumatologie. 3. Auflage. München: Reinhardt.

Fleisch, H. (1988). Die verfassungsrechtliche Stellung des leiblichen Vaters. Baden-Baden: Nomos.

Fonagy, P. (2003). Bindungstheorie und Psychoanalyse. Stuttgart: Klett-Cotta.

Frank, W. (1993). Psychiatrie. Kurzlehrbuch zum Gegenstandskatalog. 11. Auflage. Stuttgart: Jungjohann.

Friedmann, A., Hofmann, P., Lueger-Schuster, B., Steinbauer, M., Vyssoki, D. (Hrsg.). (2004). Psychotrauma. Die posttraumatische Belastungsstörung. Wien: Springer.

Fröhlich-Gildhoff, K., Rönnau-Böse, M. (2014). Resilienz. 3. Auflage. München: Reinhardt.

Früh-Naumann, D. (2013). Psychologische Sachverständige. In Prenzlow, R. (Hrsg.), Handbuch Elterliche Sorge und Umgang. Pädagogische, psychologische und rechtliche Aspekte (S. 175–234). Köln: Bundesanzeiger.

Fthenakis, W. E. (1988). Zur Vater-Kind-Beziehung in verschiedenen Familienstrukturen. Band 2. München: deutscher Taschenbuch Verlag.

– (1995a). Ehescheidung als Übergangsphase (Transition) im Familienentwicklungsprozess. In M. Perrez, J.-L. Lampert, C. Ermert, B. Plancherel (Hrsg.), Familie im Wandel (S. 63–95). Freiburg: Universitätsverlag.

– (1995b). Kindliche Reaktionen auf Trennung und Scheidung. Familiendynamik, 20, 127–137.

– (1996). Langfristige Auswirkungen von Trennung und Scheidung auf die Entwicklung des Kindes. In LBS-Initiative Junge Familie (Hrsg.), Trennung, Scheidung und Wiederheirat. Wer hilft dem Kind? (S. 57–62). Weinheim: Beltz.

– (2000). Gleichgeschlechtliche Lebensgemeinschaften und kindliche Entwicklung. In J. Basedow, P. Dopfel, K. J. Hopt (Hrsg.), Die Rechtsstellung gleichgeschlechtlicher Lebensgemeinschaften (S. 351–389). Tübingen: Mohr.

– (2002). Kommentar zu Ulrich Schmidt-Denters „Entwicklung von Trennungs- und Scheidungsfamilien". In K. A. Schneewind (Hrsg.), Familienpsychologie im Aufwind. Brückenschläge zwischen Forschung und Praxis (S. 222–229). Göttingen: Hogrefe.

– (Hrsg.). (2008). Begleiteter Umgang von Kindern. Ein Handbuch für die Praxis. München: Beck.

–, Niesel, R., Kunze, H.-R. (1982). Ehescheidung. Konsequenzen für Eltern und Kinder. München: Urban & Schwarzenberg.

Fürniss, T. (1991). The multi-professionell handbook of child sexual abuse. Integrated management, therapy, and legal intervention. London: Routledge.

Fuhrer, U. (2007). Erziehungskompetenz. Was Eltern und Familien stark macht. Bern: Huber.

Furstenberg, F. F. (1988). Die Entstehung des Verhaltensmusters ‚sukzessiver Ehen'. In K. Lüscher, F. Schultheis, M. Wehrspaun (Hrsg.), Die ‚postmoderne' Familie. Familiale Strategien und Familienpolitik in einer Übergangszeit (S. 73–83). Konstanz: Universitätsverlag Konstanz.

–, Cherlin, A. J. (1993). Geteilte Familien. Stuttgart: Klett-Cotta.

Furtado, F. F., Laucht, M., Schmidt, M. H. (2002). Psychische Auffälligkeiten von Kindern alkoholkranker Väter. Zeitschrift für Kinder- und Jugendpsychiatrie, 30, 242–250.

Gaier, O. R. (1987). Der Riß geht durch die Kinder. Trennung, Scheidung und wie man Kindern helfen kann. München: Kösel.

Gardner, R. A. (1992). The Parental-Alienation-Syndrome. A guide for mental and legal professionells. Creskill/NJ, Creative Therapeutics Inc.

Gehres, W. (1997). Das zweite Zuhause. Lebensgeschichte und Persönlichkeitsentwicklung von dreißig ehemaligen Heimkindern. Opladen: Leske + Budrich.

Geissler, C. (1987). Motive für die Adoption oder Inpflegenahme eines Kindes. In U. Gerber (Hrsg.), Ja – zum angenommenen Kind. Orientierungshilfen für Adoptiv- und Pflegeeltern (S. 24–30). Stuttgart: Quell.

Gloger-Tippelt, G. (Hrsg.). (2001). Bindung im Erwachsenenalter. Ein Handbuch für Forschung und Praxis. Bern: Huber.

Goldbeck, L. (2011). Häusliche Gewalt. Psychische Folgen für Kinder. In S. Walper, J. Fichtner, K. Normann (Hrsg.), Hochkonflikthafte Trennungsfamilien (131–139). Weinheim: Juventa.

Goldstein, S., Solnit, A. J. (1989). Wenn Eltern sich trennen. Was wird aus den Kindern? Klett-Cotta: Stuttgart.

Gottschalk, Y., Heilmann, S. (2013). Zu den Voraussetzungen eines Ausschlusses des Umgangs der leiblichen Eltern mit ihrem in einer Pflegefamilie lebenden Kind. Zeitschrift für Kindschaftsrecht und Jugendhilfe, Heft 3, 113–114.

Grabow, M. (2011). Anhörung von Kindern und Jugendlichen im Unterbringungsverfahren. Familie, Partnerschaft, Recht, 17, 550–553.

Greger, R. (2010). Die einigungsorientierte Begutachtung aus verfahrensrechtlicher Sicht. Familie, Partnerschaft, Recht, 16, 443–446.

Greuel, L. (1997). Glaubwürdigkeit – Zur psychologischen Differenzierung eines umgangssprachlichen Konstrukts. Praxis der Rechtspsychologie, 7, 154–169.

Greuel, L., Offe, S., Fabian, A., Wetzels, P., Fabian, T., Offe, H., Stadler, M. (1998). Glaubhaftigkeit der Zeugenaussage. Theorie und Praxis der forensisch-psychologischen Begutachtung. Weinheim: Psychologie Verlags Union.

Literatur

Grossmann, K., Grossmann, K. (2012). Bindungen – das Gefüge psychischer Sicherheit. Stuttgart: Klett-Cotta.

Gründer, R. (2011). Praxis und Methoden der Heimerziehung. Entwicklungen, Veränderungen und Perspektiven der stationären Erziehungshilfe. 4. Auflage. Freiburg im Breisgau: Lambertus.

Günther, U. (2003). Basics der Kommunikation. In E. Auhagen, H.-W. Bierhoff (Hrsg.), Angewandte Sozialpsychologie. Das Praxishandbuch (S. 17–42). 1. Auflage. Weinheim: Beltz.

Häfele, G. (2003). Seelisch erkrankte Eltern und Kindeswohlgefährdung. Familie, Partnerschaft, Recht, 9, 307–312.

Haid-Loh, A., Normann-Kossak, K., Walter, E. (Hrsg.). (2000). Begleiteter Umgang. Konzepte, Probleme und Chancen der Umsetzung des reformierten § 18 SGB VIII. Berlin: EZI-Eigenverlag.

Hannemann, A., Stötzel, M. (2009). Die Verfahrenspflegschaft im deutschen Rechtssystem. Zeitschrift für Kindschaftsrecht und Jugendhilfe, Heft 2, 58–67.

Hantel-Quitmann, W. (2013). Basiswissen Familienpsychologie. Familien verstehen und helfen. Stuttgart: Klett-Cotta.

Harnach-Beck, V. (2007). Psychosoziale Diagnostik in der Jugendhilfe. Grundlagen und Methoden für Hilfeplan, Berichte und Stellungnahme. 5. Auflage. Weinheim: Juventa.

Haußleiter, M. (Hrsg.). (2011). FamFG. Gesetz über das Verfahren in Familiensachen und in den Angelegenheiten der freiwilligen Gerichtsbarkeit. Kommentar. München: Beck.

Haynes, J. M., Bastine, R., Link, G., Mecke, A. (1993). Scheidung ohne Verlierer. Ein neues Verfahren, sich einvernehmlich zu trennen. Mediation in der Praxis. München: Kösel.

Heidemann, W., Greving, H. (2011). Praxisfeld Heimerziehung. Köln: Bildungsverlag EINS.

Heilmann, S. (2013). Der Umgang des Pflegekindes mit seinem leiblichen Eltern – ein Beitrag aus Sicht des Familiengerichts. In D. Coester-Waltjen, V. Lipp, E. Schuhmann, B. Veit (Hrsg.), Das Pflegekinderverhältnis – zeitlich befristete oder dauerhafte Lebensperspektive für Kinder? 12. Göttinger Workshop zum Familienrecht 2013 (S. 89–106). Göttingen: Universitätsverlag Göttingen.

–, Salgo, L. (2002). Der Schutz des Kindes durch das Recht – Eine Betrachtung der deutschen Gesetzeslage. In M. E. Helfer, R. S. Kempe, R. D. Krugmann (Hrsg.), Das misshandelte Kind. Körperliche und psychische Gewalt. Sexueller Missbrauch. Gedeihstörungen. Münchhausen-by-proxy-Syndrom. Vernachlässigung (S. 955–989). Frankfurt am Main: Suhrkamp.

Heiß, H., Castellanos, H. A. (2013). Gemeinsame Sorge und Kindeswohl nach neuem Recht. Baden-Baden: Nomos.

Hennemann, H. (2013). Rechtliche Mittel bei Umgangsverweigerung trotz Gerichtsbeschluss. Familienrecht und Familienverfahrensrecht, 5, 316–319.

Herbert, M. (1999). Posttraumatische Belastung. Die Erinnerung an die Katastrophe und wie Kinder lernen, damit zu leben. Bern: Huber.

Herrmann, B. (2005). Medizinische Diagnostik bei Kindesmisshandlungen. In G. Deegener, W. Körner (Hrsg.), Kindesmisshandlung und Vernachlässigung. Ein Handbuch (S. 446–465). Göttingen: Hogrefe.

– (2011). Medizinische Diagnostik bei Kindeswohlgefährdung. In W. Körner, G. Deegener (Hrsg.), Erfassung von Kindeswohlgefährdung in Theorie und Praxis (S. 392–416). Lengerich: Pabst.

Hetherington, E. M., Kelly, J. (2003). Scheidung. Die Perspektiven der Kinder. Weinheim: Beltz.

Hinz, M. (1984). Elternverantwortung und Kindeswohl. Zentralblatt für Jugendrecht, 71, 529–537.

Hötker-Ponath, G. (2011). Trennungs- und Scheidungsberatung, Familiengerichtshilfe. In R. Bieker, P. Floerecke (Hrsg.), Träger, Arbeitsfelder und Zielgruppen der Sozialen Arbeit (S. 135–146). Stuttgart: Kohlhammer.

Hoffmann, B. (2013). Personensorge. 2. Auflage. Baden-Baden: Nomos.

– (2013a). Das Gesetz zur Stärkung der Rechte des leiblichen, nicht rechtlichen Vaters. Zeitschrift für das gesamte Familienrecht, 60, 1077–1082.

– (2013b). Freiheitsentziehende Unterbringung in Einrichtungen der Kinder- und Jugendhilfe. Zeitschrift für das gesamte Familienrecht, 60, 1346–1352.

Hoffmann, J., Küken-Beckmann, H., Voß, H.-G.W. (2011). Stalking und häusliche Gewalt aus psychologischer Sicht. Familie, Partnerschaft, Recht, 17, 211–213.

Hoffmann-Riem, C. (1989). Elternschaft ohne Verwandtschaft: Adoption, Stiefbeziehung und heterologe Insemination. In R. Nave-Herz, M. Markefka (Hrsg.), Handbuch der Familien- und Jugendforschung. Band 1. Familienforschung (S. 389–411). Neuwied: Luchterhand.

Hohmann-Dennhardt, C. (2012). Kinderrechte ins Grundgesetz – warum? Familie, Partnerschaft, Recht, 18, 785–187.

Holzer, J. (Hrsg.). (2011). FamFG. Kommentar zum FamFG. Köln: RWS Verlag Kommunikationsforum GmbH.

Hommers, W. (2003). Neuere Verfahren für die familienrechtspsychologische Diagnostik. Familie, Partnerschaft, Recht, 9, 550–555.

–, (2008). Mindeststandards bei der Durchführung testpsychologischer Untersuchungen im familiengerichtlichen Verfahren. Familie, Partnerschaft, Recht 14, 294–297.

–, Steinmetz-Zubovic (2008). Zu Weiterentwicklungen in der familienrechtspsychologischen Testdiagnostik. Praxis der Rechtspsychologie 23, 312–326.

Hoops, S. (2011). Geschlossene Unterbringung von Kindern und Jugendlichen in der Heimerziehung. Familie, Partnerschaft, Recht, 17, 538–542.

Horndasch, K.-P. (2011). Wechselmodell gegen den Willen der Eltern? Familie und Recht, 22, 593–596.

Huber, P., Antomo, J. (2013). Zum Inkrafttreten der Neuregelung der elterlichen Sorge nicht miteinander verheirateter Eltern. Zeitschrift für das gesamte Familienrecht, 60, 665–670.

Literatur

Huss, M., Lehmkuhl, U. (1999). Trennung und Scheidung aus der Sicht der Kinder und Jugendlichen: Chancen und Risiken für die psychische Entwicklung. In J. Fegert (Hrsg.), Kinder in Scheidungsverfahren nach der Kindschaftsrechtsreform. Kooperation im Interesse des Kindes (S. 31–45). Neuwied: Luchterhand.

Irle, K. (2014). Das Regenbogenexperiment. Sind Schwule und Lesben die besseren Eltern? Weinheim: Beltz.

Jacobi, G. (2008). Kindesmisshandlung und Vernachlässigung. Epidemiologie, Diagnostik und Vorgehen. Bern: Huber.

– (2008). Die derzeitige Situation bei physischer Kindesmishandlung und Neglect. In G. Jacobi (Hrsg.), Kindesmisshandlung und Vernachlässigung. Epidemiologie, Diagnostik und Vorgehen (S. 45–69). Bern: Huber.

Johannsen, K. H., Henrich, D. (Hrsg.). (2010). Familienrecht. Scheidung, Unterhalt, Verfahren. Kommentar. 5. Auflage. München: Beck.

Johnston, J. R. (2003). Building multidisciplinary professional partnerships with the court on behalf of high-conflict divorcing families and their children: Who needs what kind of help? Praxis der Rechtspsychologie, 13 (Sonderheft 1), 39–63.

Jokisch, B. (2013). Das Wechselmodell – Grundlagen und Probleme (Teil 1). Familie und Recht, 24, 679–684.

– (2014). Das Wechselmodell – Grundlagen und Probleme (Teil 2). Familie und Recht, 25, 25–32.

Jopt, U.-J. (1987). Nacheheliche Elternschaft und Kindeswohl – Plädoyer für das gemeinsame Sorgerecht als anzustrebender Regelfall. Zeitschrift für das gesamte Familienrecht, 32, 875–885.

Jordan, E. (2004). Abbrüche von Pflegeverhältnissen. Familie, Partnerschaft, Recht, 10, 468–470.

Jungbauer, J. (2009). Familienpsychologie kompakt. Weinheim: BeltzPVU.

Kaiser, D., Schnitzler, K., Friederici, P., Schilling, R. (2014). Nomos Kommentar. BGB Familienrecht. Band 4: §§ 1297-1921. 3. Auflage. Baden-Baden: Nomos (zitierweise im Text: Nomos Kommentar/Bearbeiter ...).

Kardas, J., Langenmayr, A. (1996). Familien in Trennung und Scheidung. Ausgewählte psychologische Aspekte des Erlebens und Verhaltens von Scheidungskindern. Stuttgart: Enke.

Karle, M. (2011). Kindesanhörung im Kontext zum FamFG. Praxis der Rechtspsychologie, 21, 247–262.

Kasten, H. (2005). Geschwister: Vorbilder, Rivalen, Vertraute. 5. Auflage. München: Reinhardt.

Kelly, J. B. (2003). Risk and protective factors for children of divorce: Current research and interventions. Praxis der Rechtspsychologie, 13 (Sonderheft 1), 20–38.

Kemper, R.(2003). Die Lebenspartnerschaft in der Entwicklung. Perspektiven für die Weiterentwicklung des Lebenspartnerschaftsrechts nach dem Urteil des Bundesverfassungsgerichts vom 17.2.2002. Familie, Partnerschaft, Recht, 9, 1–5.

Kendall-Tacket, K. A., Williams, L. M. , Finkelhor, D. (1993). Impact of sexual abuse on children: A Review and synthesis of recent empirical studies. Psychological Bulletin, 113, 164–180.

Kinderrechtekommission des Deutschen Familiengerichtstages e.V. (2014). Das Wechselmodell im deutschen Familienrecht. Zeitschrift für das gesamte Familienrecht, 61, 1157–1167.

Kinderschutz-Zentrum Berlin (Hrsg.). (2009). Kindeswohlgefährdung. Erkennen und Helfen. 11. Auflage. Berlin: Kinderschutz-Zentrum Berlin e.V.

Kindler, H. (2002). Väter und Kinder. Langzeitstudien über väterliche Fürsorge und die sozioemotionale Entwicklung von Kindern. Weinheim: Juventa.

– (2002a). Partnerschaftsgewalt und Kindeswohl. Eine meta-analytisch orientierte Zusammenschau und Diskussion der Effekte von Partnerschaftsgewalt auf die Entwicklung von Kindern: Folgerungen für die Praxis. München: Deutsches Jugendinstitut.

– (2005). Auswirkungen von häuslicher Gewalt auf die psychosoziale Entwicklung von Kindern. Familie, Partnerschaft, Recht, 11, 16–20.

– (2011). Empfehlungen zur Einschätzung und Gestaltung von Umgangskontakten. In H. Kindler, E. Helming, T. Meysen, K. Jurcyk (Hrsg.), Handbuch Pflegekinderhilfe (C.8.4., 595–612). München: Deutsches Jugendinstitut e.V.

– (2013). Rückführungsentscheidungen – Belastbarkeit der Einschätzungen von Sachverständigen und Jugendämtern. In D. Coester-Waltjen, V. Lipp, E. Schuhmann, B. Veit (Hrsg.), Das Pflegekinderverhältnis – zeitlich befristete oder dauerhafte Lebensperspektive für Kinder? 12. Göttinger Workshop zum Familienrecht 2013 (S. 43–52). Göttingen: Universitätsverlag Göttingen.

– (2013a). Trennungen zwischen Kindern und Bindungspersonen. Familie, Partnerschaft, Recht, 19, 194–200.

–, Schwabe-Höllein, M. (2012). Aspekte seelischer Kindesmisshandlung. Praxis der Rechtspsychologie, 22, 404–418.

Klenner, W. (2002): Anmerkung zum sogenannten Kindeswillen. www.koeppel-kindschaftsrecht.de/anmerk-klenner.de

Klinkhammer, M., Prinz, S., Klotmann, U. (2011). Handbuch Begleiteter Umgang. Pädagogische, psychologische und rechtliche Aspekte. 2. Auflage. Köln: Bundesanzeiger.

Klitzing, K. von (2002). Jenseits des Bindungsprinzips. Steinhardt, K., Datler, W., Gstach, J. (Hrsg.), Die Bedeutung des Vaters in der frühen Kindheit (S. 87–99). Gießen: Psychosozial.

Klosinski, G. (2001). Internationale Kindesentführung aus der Sicht des Kindes – Versuch einer Annäherung aus kinderpsychiatrischer Sicht. Familien, Partnerschaft, Recht, 7, 206–210.

– (2003). Gutachten im vormundschaftsgerichtlichen Verfahren. Zivilrechtliche Kinderschutzverfahren (§ 1632 Abs. 4, §§ 1666 und 1666a BGB) sowie Unterbringungsfragen des Kindes (§ 1631b BGB). In R. Lempp, G. Schütze, G. Köhnken (Hrsg.), Forensische Psychiatrie und Psychologie des Kindes- und Jugendalters. 2. Auflage (S. 72–84). Darmstadt: Steinkopf.

Literatur

Kloster-Harz, D. (2013). Gesetz zur Stärkung der Rechte des leiblichen, nicht rechtlichen Vaters auf Umgang und Auskunft. Familienrecht und Familienverfahrensrecht, 5, 337–340.

Kluck, M.-L. (1995). Die Angst des Richters vor der Anhörung des Kindes bei streitigen Verfahren zum Umgangsrecht – und wie er sie überwinden kann. Familie, Partnerschaft, Recht, 1, 90–93.

Knobbe, W. (2001). Psychologische Aspekte der Adoption. Familie, Partnerschaft, Recht, 7, 309–318.

Köhler, D. (2014). Rechtspsychologie. Stuttgart: Kohlhammer.

Körner, W., Hörmann, G. (2000). Handbuch der Erziehungsberatung. Band 2. Göttingen: Hogrefe.

Kolberg, H., Stadler, L., Wetzels, P. (2012). Prävention von Misshandlung und Vernachlässigung junger Kinder. Familie, Partnerschaft, Recht, 18, 455–459.

Kostka, K. (2014). Neue Erkenntnisse zum Wechselmodell? Zeitschrift für Kindschaftsrecht und Jugendhilfe, Heft 2, 54–61.

Krause, T. (2010). Neuere Rechtsprechung zum Adoptionsrecht. Zeitschrift für Kindschaftsrecht und Jugendhilfe, Heft 2, 64–66.

Krieger, W. (1997). Scheidung und Trennung im kindlichen Erleben: Belastungen, Perspektiven und Bewältigungschancen eines kritischen Lebensereignisses und ihre Bedeutung für die Scheidungsberatung. In W. Krieger (Hrsg.), Elterliche Trennung und Scheidung im Erleben von Kindern. Sichtweisen – Bewältigungsformen – Beratungskonzepte (S. 107–158). Berlin: Verlag für Wissenschaft und Bildung.

Krüger, M. (2011). Stalking als familien- und strafrechtliches Problem. Familie, Partnerschaft, Recht, 17, 219–224.

Krumm, C. (2013). Die wichtigsten Praxisprobleme der persönlichen Kindesanhörung nach § 159 FamFG. Familienrecht und Familienverfahrensrecht, 5, 265–268.

Künast, R. (2008). Kinderrechte in die Verfassung! Wie sonst? Familie, Partnerschaft, Recht, 14, S. 478 – 481.

Kunkel, P.-C. (1995). Grundlagen des Jugendhilferechts. Systematische Darstellung für Studium und Praxis. Baden-Baden: Nomos.

– (Hrsg.). (2014). Sozialgesetzbuch VIII. Kinder- und Jugendhilfe. Lehr- und Praxiskommentar. 5. Auflage. Baden-Baden. Nomos.

Lack, K. (2012). Rechtliche Überlegungen zur religiös motivierten Beschneidung von Jungen im Kindesalter. Zeitschrift für Kindschaftsrecht und Jugendhilfe, Heft 9, 336-343.

– (2014). BGH: Kein Entzug des Sorgerechts für in Pflegefamilie untergebrachtes Kind. Neue Zeitschrift für Familienrecht, 1, 362–367.

Landgraf, N., Heinen, F. (2013). Fetales Alkoholsyndrom. S3-Leitlinie zur Diagnostik. Stuttgart: Kohlhammer.

LBS-Initiative Junge Familie (Hrsg.). (1996). Trennung, Scheidung und Wiederheirat. Wer hilft dem Kind? Beltz: Weinheim und Basel.

Lempp, R. (1983). Gerichtliche Kinder- und Jugendpsychiatrie. Ein Lehrbuch für Ärzte, Psychologen und Juristen. Bern: Huber.

– (1989). Die Ehescheidung und das Kind. Ein Ratgeber für Eltern. 4. Auflage. München: Kösel.

–, v. Braunbehrens, V., Eichner, E., Röcker, D. (1987). Die Anhörung des Kindes gemäß § 50b FGG. Köln: Bundesanzeiger.

Lengning, A., Lüpschen, N. (2012). Bindung. München: Reinhardt.

Lenz, A. (2005). Kinder psychisch kranker Eltern. Göttingen: Hogrefe.

– (2008). Interventionen bei Kindern psychisch kranker Eltern. Grundlagen, Diagnostik und therapeutische Maßnahmen. Göttingen: Hogrefe.

– (2012). Psychisch kranke Eltern und ihre Kinder. Köln: Psychiatrie Verlag. Hogrefe.

Lidle-Haas, K. (1989). Das Kind im Sorgerechtsverfahren bei der Scheidung. Berlin: Berlin Verlag.

Limbach, J. (1988). Familienplanung und Familienarbeit in nichtehelichen Lebensgemeinschaften. In J. Limbach, I. Schwenzer (Hrsg.), Schriften des deutschen Juristinnenbundes, Bd. 3, Familie ohne Ehe (S. 31–48). München: Beck.

Lindenberger, U. (2002). Erwachsenenalter und Alter. In R. Oerter, L. Montada (Hrsg.), Entwicklungspsychologie (S. 350–391). 5. Auflage. Weinheim: Beltz.

Löhnig, M. (2008). Neue Partnerschaften der gemeinsam sorgeberechtigt gebliebenen Eltern – Welche Rechte habe die neuen Partner? Familie, Partnerschaft, Recht, 14, 157–159.

–, Schwab, D., Henrich, D., Gottwald, P. (Hrsg.). (2013). Kindesrecht und Elternkonflikt. Beiträge zum europäischen Familienrecht. Band 14. Bielefeld: Gieseking.

Lösel, F., Bender, D. (1996). Risiken und Schutzfaktoren in der Entwicklungspsychopathologie: Zur Kontroverse um patho- versus salutogenetische Modelle. In H. Mandl (Hrsg.), Bericht über den 40. Kongreß der deutschen Gesellschaft für Psychologie in München 1996 (302–309). Göttingen: Hogrefe.

–, Bender, D. (1999). Von generellen Schutzfaktoren zu differentiellen protektiven Prozessen: Ergebnisse und Probleme der Resilienzforschung. In G. Opp, G., M. Fingerle, A., Freytag, A. (Hrsg.), Was Kinder stärkt. Erziehung zwischen Risiko und Resilienz (S. 37–58). München: Reinhardt.

Lübbehüsen, B., Kolbe, F. (2009). Intervenierendes Arbeiten in der familienpsychologischen Begutachtung. Praxis der Rechtspsychologie, 19, 282-309.

Lütkes, A., Sedlmayr, S. (2012). Auswirkungen einer Grundrechtsänderung auf den Schutz, die Teilhabe und die Förderung von Kindern und Jugendlichen. Familie, Partnerschaft, Recht, 18, S. 187–190.

Lüscher, K. (2001). Soziologische Annäherungen an die Familie. Konstanz: Universitäts-Verlag.

Ludwig-Körner, C., Koch, G. (2005). Prävention und Intervention in der frühen Kindheit. In G. Deegener, W. Körner (Hrsg.), Kindesmisshandlung und Vernachlässigung. Ein Handbuch (S. 735–769). Göttingen: Hogrefe.

Luthe, E.W. (2014). Kinderrechte ins Grundgesetz? Zeitschrift für Kindschaftsrecht und Jugendhilfe, Heft 3, 94–99.

Literatur

Mandla, C (2013). Gesetz über den Umfang der Personensorge bei einer Beschneidung des männlichen Kindes. Familie, Partnerschaft, Recht, 19, 244-250.

Masur, J. E. (2004). Lernen und Gedächtnis. München: Pearson.

Mattejat, F., Lisofsky, B. (Hrsg.). (2013). Nicht von schlechten Eltern. Kinder psychisch kranker Eltern. Bonn: Balance-Buch + Medien Verlag.

Maywald, J. (1997). Zwischen Trauma und Chance. Trennungen von Kindern im Familienkonflikt. Freiburg im Breisgau: Lambertus.

– (2003). Misshandlung, Vernachlässigung und sexueller Missbrauch. Familie, Partnerschaft, Recht, 9, 299–307.

– (2010). Die Beteiligung des Kindes an der Einigung der Eltern. Familie, Partnerschaft, Recht, 16, 460-463

Mechsner, F. (2003). Wie frei ist unser Wille? GEO, Heft 1, 65–84.

Menne, K., Hundsalz, A. (2000). Grundlagen der Beratung. Fachliche Empfehlungen, Stellungnahmen und Hinweise für die Praxis. Fürth: Bundeskonferenz für Erziehungsberatung.

–, Schilling, H., Weber, M. (Hrsg.). (1993). Kinder im Scheidungskonflikt. Beratung von Kindern und Eltern bei Trennung und Scheidung. Weinheim: Juventa.

Menne, M. (2009). Der Verfahrensbeistand im neuen FamFG. Zeitschrift für Kindschaftsrecht und Jugendhilfe, Heft 2, 68–74.

Meysen, T. (2003). Tod in der Pflegefamilie: Verletzung von Kontrollpflichten im Jugendamt. Neue Juristische Wochenschrift, 47, 3369–3373.

– (2012). Erziehungsberatung, Jugendamt und Familiengericht. Kooperation in einer Verantwortungsgemeinschaft. In Bundeskonferenz für Erziehungsberatung e.V. (Hrsg.), Das Kind im Mittelpunkt. Das FamFG in der Praxis (S. 67–81). Fürth: Benedict Press, Vier-Türme GmbH.

– (Hrsg.). (2014). Praxiskommentar Familienverfahrensrecht. Einführung, Erläuterungen, Arbeitshilfen. 2. Auflage. Köln: Bundesanzeiger.

Ministerium für Bildung, Jugend und Sport des Landes Brandenburg (Hrsg.). (2013). Bericht und Empfehlungen der unabhängigen Kommission zur Untersuchung der Einrichtungen der Haasenburg GmbH vom 30.10.2013. Potsdam.

Moll-Vogel, E. (2013). Mediation im familiengerichtlichen Verfahren. In R. Prenzlow (Hrsg.), Handbuch Elterliche Sorge und Umgang. Pädagogische, psychologische und rechtliche Aspekte (S. 252–271). Köln: Bundesanzeiger.

Montada, L., Kals, E. (2001). Mediation. Lehrbuch für Psychologen und Juristen. Beltz: Weinheim.

Motzer, S., Kugler, R., Grabow, M. (2012). Kinder aus Migrationsfamilien in der Rechtspraxis – Staatsangehörigkeit, Aufenthalt, Sorge/Umgang, Kindesentführung, Unterhalt –. 2. Auflage. Bielefeld: Gieseking.

Motzkau, E. (2002). Kindesmisshandlung. In D. Bange, W. Körner (Hrsg.), Handwörterbuch Sexueller Missbrauch (S. 300–305). Göttingen: Hogrefe.

Müller, R. (2002). Der Familienanwalt – oder die Kunst, Gelerntes zu vergessen. In E. Bergmann, U. Jopt, G. Rexilius (Hrsg.), Lösungsorientierte Arbeit im Familienrecht. Intervention bei Trennung und Scheidung (S. 237–248). Köln: Bundesanzeiger.

Müller-Magdeburg, T. (2003). Recht auf Leben – Die anonyme Geburt. Familie, Partnerschaft, Recht, 9, 109–112.

Münchener Kommentar zum BGB (2012). SGB VIII § 8 Beteiligung von Kindern und Jugendlichen. 6. Auflage. München: Beck.

Münder, J. (2013a). Lebenspartnerschaft, eingetragene. In D. Kreft, I. Mielenz (Hrsg.), Wörterbuch Soziale Arbeit. 7. Auflage (S. 587–588). Weinheim: Beltz.

–, (2013b). Nichteheliche Lebensgemeinschaft. In D. Kreft, I. Mielenz (Hrsg.), Wörterbuch Soziale Arbeit. 7. Auflage (S. 632–634). Weinheim: Beltz.

–, Ernst, R. , Behlert, W. (2013). Familienrecht. Eine sozialwissenschaftlich orientierte Darstellung. 7. Auflage. Baden-Baden: Nomos.

–, Baltz, J., Jordan, E., Kreft, D., Lakies, T., Proksch, R., Schäfer, K., Tammen, B., Trenczek, T. (Hrsg.). (2003). Frankfurter Kommentar zum SGB VIII: Kinder- und Jugendhilfe. 4. Auflage. Weinheim: Beltz.

–, Meysen, T. , Trenczek, T. (Hrsg.). (2013). Frankfurter Kommentar SGB VIII. Kinder- und Jugendhilfe. 7. Auflage. Baden-Baden: Nomos.

Napp-Peters, A. (1978). Adoption. Das alleinstehende Kind und seine Familien. Geschichte, Rechtsprobleme und Vermittlungspraxis. Neuwied: Luchterhand.

–, A. (1988). Scheidungsfamilien. Interaktionsmuster und kindliche Entwicklung. Aus Tagebüchern und Interviews mit Vätern und Müttern nach Scheidung. Stuttgart: Kohlhammer.

– (1995). Familien nach der Scheidung. München: Kunstmann.

Nave-Herz, R. (2000). Wandel der Familie: eine familiensoziologische Perspektive. In K.A. Schneewind (Hrsg.), Familienpsychologie im Aufwind. Brückenschläge zwischen Forschung und Praxis (S. 19–31). Göttingen: Hogrefe.

– (2001). Die nichteheliche Lebensgemeinschaft – eine soziologische Analyse. Familie, Partnerschaft, Recht, 7, 1–7.

Nehls, K. (2014). Praktischer Leitfaden zum Haager Übereinkommen über die zivilrechtlichen Aspekte internationaler Kindesentführung (HKÜ). Zeitschrift für Kindschaftsrecht und Jugendhilfe, Heft 2, 62–64.

Niesel, R. (1991). Was kann Mediation für Scheidungsfamilien leisten? Zeitschrift für Familienforschung, 3, 84–102.

Nowacki, K. (2007). Aufwachsen in Pflegefamilie oder Heim. Bindungsrepräsentation, psychische Belastung und Persönlichkeit bei jungen Erwachsenen. Bochum: Verlag Dr. Kovač.

Nowara, S. (2005). Das Münschhausen-by-proxy-Syndrom. In G. Deegener, W. Körner (Hrsg.), Kindesmisshandlung und Vernachlässigung. Ein Handbuch (S. 128–140). Göttingen: Hogrefe.

Oberloskamp, H. (1991). Recht auf Kenntnis der eigenen Abstammung. Familienrechtliche Zuordnung von Kindern und Problemfelder in der Praxis. Familie und Recht, 2, 263–269.

– Borg-Laufs, M., Mutke, B. (2009). Gutachtliche Stellungnahmen in der sozialen Arbeit. 7. Auflage. Köln: Luchterhand.

Literatur

Oerter, R., L. Montada (Hrsg.). (2002). Entwicklungspsychologie. 5. Auflage. Weinheim: Beltz. (Nachfolgeautoren von Oerter/Motada: Schneider/Lindenberger – hier im Lit.-Verzeichnis)

Opp, G., Fingerle, M., Freytag, A. (Hrsg.). (1999). Was Kinder stärkt. Erziehung zwischen Risiko und Resilienz. München: Reinhardt.

Opp, G., Fingerle, M. (Hrsg.). (2008). Was Kinder stärkt. Erziehung zwischen Risiko und Resilienz. 3. Auflage. München: Reinhardt.

Palandt, O. (2014). Bürgerliches Gesetzbuch. Beck'sche Kurzkommentare. Band 7. 73. Auflage. München: Beck.

Papastefanou, C. (2006). Ablösung im Erleben junger Erwachsener aus verschiedenen Familienstrukturen. Zeitschrift für Soziologie der Erziehung und Sozialisation, 26, 23–35.

Patjens, R., Wegert, S. (2009). Rechtsverhältnisse und Rechtspositionen der Beteiligten in der Vollzeitpflege. Zeitschrift für Kindschaftsrecht und Jugendhilfe, Heft 4, 232–236.

Paul, C.C., Pape, I. (2012). Das neue Gesetz zur Förderung der Mediation und anderer Verfahren der außergerichtlichen Konfliktbeilegung. Änderung des FamFG und Schaffung eines MediationsG. Zeitschrift für Kindschaftsrecht und Jugendhilfe, Heft 12, 464–471.

–, Zurmühl, S. (2008). Mediation – was ist das? Ein Leitfaden für die Familienmediation. Kurze Fragen und Antworten. Aachen: Shaker.

Paulitz, H. (Hrsg.). (2006). Adoption. Positionen, Impulse, Perspektiven. 2. Auflage. München: Beck.

– (2009). Plädoyer für die Offene Adoption. Zeitschrift für Kindschaftsrecht und Jugendhilfe, Heft 7, 266–268.

Payk, Th.R. (2007). Psychiatrie und Psychotherapie. Checklisten der aktuellen Medizin. 5. Auflage. Stuttgart: Thieme.

Permien, H. (2002). Strategien von Familien und Jugendhilfe im Umgang mit Kinderdelinquenz. Zeitschrift für Jugendkriminalrecht und Jugendhilfe, 13, 143–149.

– (2011). Unterbringung von Kindern und Jugendlichen in Jugendhilfeeinrichtungen. Familie, Partnerschaft, Recht, 17, 542–546.

Peschel-Gutzeit, L. M. (2003). Welche rechtlichen Veränderungen hat das Lebenspartnerschaftsgesetz gleichgeschlechtlichen Partnern gebracht? Praxis der Rechtspsychologie, 13, 6–16.

– (2004). Stiefkinder und ihre Familien in Deutschland – Rechtlicher Status und tatsächliche Situation. Familie, Partnerschaft, Recht, 10, 47–51.

– (2008). Zur Geschichte der Kinderrechte. Familie, Partnerschaft, Recht, 14, S. 471–476.

– (2013). Die neue Regelung zur Beschneidung des männlichen Kindes. Kritischer Überblick und erste Reaktionen der Rechtsprechung. Neue juristische Wochenschrift, 66, Heft 50, 3617–3620.

– (2014). Die Bedeutung des Kindeswillens. Neue Zeitschrift für Familienrecht, 1, 433–437.

Petermann, F., Niebank, K., Scheitthauer, H. (2000). Risiken in der frühkindlichen Entwicklung. Entwicklungspsychopathologie der ersten Lebensjahre. Göttingen: Hogrefe.

Petri, H. (1989). Erziehungsgewalt: Zum Verhältnis von persönlicher und gesellschaftlicher Gewaltausübung in der Erziehung. Frankfurt am Main: Fischer.

– (1991). Scheidungskinder im gesellschaftlichen Umbruch – Über Haß und Versöhnung nach der Trennung. Familiendynamik, 16, 351–362.

– (1992). Verlassen und verlassen werden. Angst, Wut, Trauer und Neubeginn bei gescheiterten Beziehungen. Zürich: Kreuz.

– (1994). Geschwister – Liebe und Rivalität: die längste Beziehung unseres Lebens. Zürich: Kreuz.

– (1999). Die Geschwisterbeziehung – die längste Beziehung unseres Lebens. Psychosozial, 22, 69–80.

Pfeiffer, E., Lehmkuhl, U., Frank, R. (2001). Psychische Langzeitfolgen von Kindesmisshandlung. Familie, Partnerschaft, Recht, 7, 282–287.

Pflüger, H.-G. (1998). Auswirkungen von Alkoholismus auf das familiäre Umfeld. Familie, Partnerschaft, Recht, 4, 3–8.

Piaget, J. (1962). Play, Dreams and Imitation in Childhood. New York: Norton. Deutsch: (1989). Nachahmung, Spiel, Traum. Gesammelte Werke. Band 5. Stuttgart. Klett–Cotta.

Pieper, R. (2013). Werkbuch FamilienAktivierungsMangement. Berlin: Pro Business Verlag.

Plagemann, H. (2007). Rechtsgutachten zur Geltung des Approbationsvorbehalts nach dem PsychThG bei rechtspsychologischer Sachverständigentätigkeit. Praxis der Rechtspsychologie, 17, 411–435.

Polizeiliche Kriminalstatistik (2014). Polizeiliche Kriminalstatistik 2013. Berlin: Bonifatius GmbH (s. auch Bundesministerium des Inneren).

Post, W. (2002). Erziehung im Heim. Perspektiven der Heimerziehung im System der Jugendhilfe. Weinheim: Juventa.

Precht, R.D. (2009) Liebe. Ein unordentliches Gefühl. München: Goldmann.

Preisner, M. (2013). 11. Regensburger Symposium für Europäisches Familienrecht: „Kindesrecht im Elternkonflikt". Zeitschrift für das gesamte Familienrecht, 60, 678–679.

Prenzlow, R. (2011). Die kindgerechte Vermittlung der Aufgaben des Verfahrensbeistands. Zeitschrift für Kindschaftsrecht und Jugendhilfe, Heft 4, 128–130.

– (2013). Handbuch. Elterliche Sorge und Umgang. Pädagogische, psychologische und rechtliche Aspekte. Köln: Bundesanzeiger.

Prestien, H.-P. (2003). Nach der Reform ist vor der Reform… Anmerkungen zur Kindschaftsrechtsreform aus der Sicht des Rechtsanwenders. Kindschaftsrechtliche Praxis, 6, 159–162.

Proksch, R. (2002). Rechtstatsächliche Untersuchung zur Reform des Kindschaftsrechts. Köln: Bundesanzeiger.

Literatur

Purtscher, K., Dick, G. (2004). Trauma im Kindesalter. In A. Friedmann,P. Hofmann, B. Lueger-Schuster, M. Steinbauer, D. Vyssoki (Hrsg.), Psychotrauma. Die posttraumatische Belastungsstörung (S. 127–139). Wien: Springer.

Reich, G. (1991) Kinder in Scheidungskonflikten. In H. Krabbe (Hrsg.), Scheidung ohne Richter: Neue Lösungen für Trennungskonflikte (S. 59–85). Reinbek bei Hamburg: Rowohlt.

Reinhardt, J., Kemper, R., Weitzel, W. (2012). Adoptionsrecht. Baden-Baden: Nomos.

Rexilius, G. (2002). Einige theoretische und methodische Grundlagen für zeitgemäße interdisziplinäre Arbeit im Familienrecht. In E. Bergmann, U. Jopt, G. Rexilius (Hrsg.), Lösungsorientierte Arbeit im Familienrecht. Intervention bei Trennung und Scheidung (S. 16–49). Köln: Bundesanzeiger.

Ritzenfeldt, S. (1998). Kinder mit Stiefvätern. Familienbeziehungen und Familienstruktur in Stiefvaterfamilien. Weinheim: Juventa.

Röchling, W. (Hrsg.). (2009). Handbuch Anwalt des Kindes. Verfahrenspflegschaft für Kinder und Jugendliche. Baden-Baden: Nomos.

Rogalla, V. (2013). Elterliche Einwilligung in eine medizinisch nicht indizierte Beschneidung des selbst noch nicht einwilligungsfähigen männlichen Kindes gem. § 1631 d BGB. Familienrecht und Familienverfahrensrecht, 5, 483-484.

Rohmann, J.A. (1997). Systemisches (familienpsychologisches) Gutachten: Theoretische Überlegungen und praktische Vorschläge. Praxis der Rechtspsychologie, 7, 30–47.

– (2002). Die Gutachtentätigkeit in familiengerichtlichen Verfahren im Wandel der Zeitgeschichte und des psychologischen Sachverstandes. In Fabian, T. (Hrsg.), Praxisfelder der Rechtspsychologie (S. 77–93). Münster: LIT.

– (2010). Hinwirken auf die Herstellung des Einvernehmens durch den Sachverständigen – wie geht das? Familie, Partnerschaft, Recht, 16, 446-450.

– (2011). Das Sachverständigengutachten im Fall der Unterbringung von Kindern und Jugendlichen. Familie, Partnerschaft, Recht, 17, 561–566.

– (2013). Anhörung des Kindes und der Eltern sowie Bekanntgabe der Entscheidung an das Kind als kommunikativer Prozess. Familie, Partnerschaft, Recht, 19, 464-470.

–, Stadler, M. (1999). Das Zueinander von Diagnostik und Intervention in familienpsychologischer Sachverständigentätigkeit, Zentralblatt für Jugendrecht, 86, 37–45.

Rüth, U. (2011). Die Unterbringung in der Kinder- und Jugendpsychiatrie. Familie, Partnerschaft, Recht, 17, 554–558.

Rüting, W. (2012). Pflegekinder, Rückführung in die Herkunftsfamilie, Umgang. Familie, Partnerschaft, Recht, 18, 381–385.

Rupp, M. (Hrsg.). (2009). Die Lebenssituation von Kindern in gleichgeschlechtlichen Lebenspartnerschaften. Bundesanzeiger Verlag: Köln.

Salgo, L. (2003). Gesetzliche Regelungen des Umgangs und deren kindgerechte Umsetzung in der Praxis des Pflegekinderwesens. Zentralblatt für Jugendrecht, 90, 361–374.

– (2010). Mitwirkung am Zustandekommen einer einvernehmlichen Regelung. Zeitschrift für Kindschaftsrecht und Jugendhilfe, Heft 10, 456–460.

– (2011). Einwilligung des Kindes und des Jugendlichen in die Unterbringung. Familie, Partnerschaft, Recht, 17, 546–549.

– (2012). Ein Zwischenruf zum Regierungsentwurf eines Gesetzes zur Reform der elterlichen Sorge nicht miteinander verheirateter Eltern. Familie, Partnerschaft, Recht, 18, 409–410.

– (2013). Umgangsausschluss wegen psychischer Destabilisierung des Pflegekindes verfassungsrechtlich nicht zu beanstanden. Zeitschrift für das gesamte Familienrecht, 60, 343–345.

–, Lack, K. (2013). Das Recht der Pflegekindschaft. In Prenzlow, R. (Hrsg.), Handbuch Elterliche Sorge und Umgang. Pädagogische, psychologische und rechtliche Aspekte (S. 272–321). Köln: Bundesanzeiger.

–, Veit, B., Zenz, G. (2013). Reform im Bereich der Dauerpflege. Zeitschrift für Kindschaftsrecht und Jugendhilfe, Heft 5, 204–205.

–, –, –, (2014). Reformbedarf im Bereich der Dauerpflege. In Stiftung zum Wohl des Pflegekindes (Hrsg.), Wie Pflegekindschaft gelingt. 6. Jahrbuch des Pflegekinderwesens (S. 211–213). Idstein: Schul-Kirchner.

–, Zenz, G. (2002). Vorwort zur deutschsprachigen Ausgabe. In J. S. Wallerstein, J. M. Lewis, Blakeslee, S., Scheidungsfolgen – Die Kinder tragen die Last. Eine Langzeitstudie über 25 Jahre (S. 11–15). Münster: Votum.

–, Zenz, G., Fegert, J., Bauer, A., Lack, K., Weber, C., Zitelmann, M. (2014). Verfahrensbeistandschaft. Ein Handbuch für die Praxis. 3. Auflage. Bonn: Bundesanzeiger.

Salzgeber, J. (2003). Ein neuer psychologischer Sachverständiger? Ein Beitrag zu Cuvenhaus (Kind-Prax 2002, 182ff.). Kindschaftsrechtliche Praxis, 6, 92–96.

– (2008). Der Sachverständige als Hersteller von Einvernehmen, endlich Garant für das Kindeswohl? Zeitschrift für das gesamte Familienrecht, 57, 656–659.

– (2011). Familienpsychologische Gutachten. Rechtliche Vorgaben und sachverständiges Vorgehen. 5. Auflage. München: Beck.

–, Fichtner, J. (2009). Neue Aufgaben für den Sachverständigen. Zeitschrift für Kindschaftsrecht und Jugendhilfe, Heft 8-9, 334–338.

–, –, (2009a). Neue und bekannte Handlungsspielräume des Sachverständigen bei der Orientierung auf Lösung. Praxis der Rechtspsychologie, 19, 245–262.

–, –, (2012). Der psychologische Sachverständige im Familienrecht. In H. Kury, J. Obergfell-Fuchs (2012). Rechtspsychologie. Forensische Grundlagen und Begutachtung. Ein Lehrbuch für Studium und Praxis (S. 207–239). Stuttgart: Kohlhammer.

Schattner, H., Schumann, M. (1988). Meine Kinder, deine Kinder, unsere Kinder – Stieffamilien. In Deutsches Jugendinstitut (Hrsg.), Wie geht's der Familie? Ein Handbuch zur Situation der Familien heute (S. 77–88). München: Kösel.

Schauder, T. (2003). Heimkinderschicksale. Falldarstellungen und Anregungen für Eltern und Erzieher problematischer Kinder. Weinheim: Beltz.

Scheuerer-Englisch, H. (1993). Beratung statt Begutachtung. Ein Modell der Zusammenarbeit von Erziehungsberatung und Familiengericht. In K. Menne, H. Schilling, M. Weber (Hrsg.), Kinder im Scheidungskonflikt. Beratung von Kindern und Eltern bei Trennung und Scheidung (S. 213–237). Weinheim: Juventa.

Literatur

Schleicher, H. (2010). Jugend- und Familienrecht. 13. Auflage. München: Beck.

Schleiffer, R. (1988). Elternverluste. Eine explorative Datenanalyse zur Klinik und Familiendynamik. Berlin: Springer.

Schmidt, E. (2003). Die Rolle des Rechtsanwaltes in sorge- und umgangsrechtlichen Verfahren – Kindeswohl trotz Mandantentreue? Kindschaftsrechtliche Praxis, 6, 127–130.

Schmidbauer, W. (2012). Der Schnitt – Trauma und Beschneidung. Psychologie Heute, 39, Heft 11, 30-34.

Schmidt-Atzert, L., Amelang, L. (2012). Psychologische Diagnostik. 5. Auflage. Berlin: Springer.

Schmidt-Denter, U. (1993). Eltern-Kind- und Geschwisterbeziehungen. In M. Markefka, B. Nauck (Hrsg.), Handbuch der Kindheitsforschung (S. 337–352). Neuwied: Luchterhand.

– (2000). Entwicklung von Trennungs- und Scheidungsfamilien: Die Kölner Längsschnittstudie. In K. A. Schneewind (Hrsg.), Familienpsychologie im Aufwind. Brückenschläge zwischen Forschung und Praxis. (S. 203–221). Göttingen: Hogrefe.

–, Beelmann, W. (1997). Kindliche Symptombelastungen in der Zeit nach einer ehelichen Trennung – eine differentielle und längsschnittliche Betrachtung. Zeitschrift für Entwicklungspsychologie und Pädagogische Psychologie, XXIX, 1, 26–42.

Schmitz, H. (2000). Familiäre Strukturen sechs Jahre nach einer elterlichen Trennung. Regensburg: Roderer.

Schneewind, K.A. (1987). Familienpsychologie: Argumente für eine neue psychologische Disziplin. Zeitschrift für Pädagogische Psychologie, 1, 79–90.

– (1999). Familienpsychologie. 2. Auflage. Stuttgart: Kohlhammer.

– (2010). Familienpsychologie. 3. Auflage. Stuttgart: Kohlhammer.

Schneider, W., Lindenberger, U. (Hrsg.). (2012). Entwicklungspsychologie. 7. Auflage. Weinheim: Beltz.

Schnitzler, K., Knittel, W. (Hrsg.). (2010). Münchener Anwaltshandbuch Familienrecht. 3. Auflage. München: Beck.

Schone, R., Gintzel, U., Jordan, E., Kalscheuer, M., Münder, J. (1997). Kinder in Not. Vernachlässigung im frühen Kindesalter und Perspektiven sozialer Arbeit. Münster: Votum.

–, Hensen, G. (2011). Der Begriff der Kindeswohlgefährdung zwischen Recht und Praxis. In W. Körner, G. Deegener (Hrsg.), Erfassung von Kindeswohlgefährdung in Theorie und Praxis (S. 13–28). Lengerich: Pabst.

Schürmann, H. (2009). Stellung der Kinder im familiengerichtlichen Verfahren. Familienrecht und Familienverfahrensrecht, 1, 153–158.

– (1999). Familienrecht. 10. Auflage. München: Beck.

Schwabe-Höllein, M. (2002). Qualitätssicherung bei der Bindungsdiagnostik in familiengerichtlichen Verfahren. In Fabian, T., Jacobs, G., Nowara, S., Rode, I. (Hrsg.), Qualitätssicherung in der Rechtspsychologie (S. 61–73). Band 2. Münster: LIT.

–, Kindler, H., August-Frenzel, P. (2001). Relevanz der Bindungen im neuen Kindschaftsrecht. Praxis der Rechtspsychologie, 11, 41–63.

Schwarz, B. (2011). Die Verteilung der elterlichen Sorge aus erziehungswissenschaftlicher und juristischer Sicht. Wiesbaden: VS Verlag für Sozialwissenschaften.

Schwarz, B., Noack, P. (2002). Scheidung und Ein-Elternteil-Familien. In M. Hofer, E. Wild, P. Noack (Hrsg.), Lehrbuch Familienbeziehungen. Eltern und Kinder in der Entwicklung (S. 312–235). 2. Auflage Göttingen: Hogrefe.

Schwedler, A. (2014). Die vertrauliche Geburt – Ein Meilenstein für Schwangere in Not? Neue Zeitschrift für Familienrecht, 1, 193–195.

Schweppe, K. (2001). Die Beteiligung des Kindes am Rückführungsverfahren nach dem HKÜ. Familie, Partnerschaft, Recht, 7, 203–206.

–, Bussian, J. (2012). Die Kindesanhörung aus familienrichterlicher Sicht. Zeitschrift für Kindschaftsrecht und Jugendhilfe, Heft 1, 13–20.

Schweitzer-Rothers, J. (2000). Systemische Familientherapie: Wie wirkt sie? In K. Schneewind (Hrsg.), Familienpsychologie im Aufwind. Brückenschläge zwischen Forschung und Praxis (S. 233–244). Göttingen: Hogrefe.

Schwenzer, I. (1987). Vom Status zur Realbeziehung. Familienrecht im Wandel. Baden-Baden: Nomos.

Schwind, H.-D. (2013). Kriminologie. Eine praxisorientierte Einführung mit Beispielen. 22. Auflage. Heidelberg: Kriminalistik Verlag.

Seidenstücker, B., Borg-Laufs, M. (2013). Sozialpädagogische Stellungnahmen im familiengerichtlichen Verfahren. Praxis der Rechtspsychologie, 23, 365–377.

Sickendiek, U., Nestmann, F. (2003). Beratung. In A. E. Auhagen, H. W. Bierhoff (Hrsg.), Angewandte Sozialpsychologie. Das Praxishandbuch (S. 155–174. Weinheim: Beltz.

Siebert-Michalak, B. (1990). Aspekte des Adoptionswesens in Großbritannien – Anregungen für die Praxis in der Bundesrepublik Deutschland. Zentralblatt für Jugendrecht, 77, 45–52.

Simitis, S., Rosenkötter, L., Vogel, R., Boost-Muss, B., Frommann, M., Hopp, J., Koch, H., Zenz, G. (1979). Kindeswohl. Eine interdisziplinäre Untersuchung über seine Verwirklichung in der vormundschaftlichen Praxis. Frankfurt am Main: Suhrkamp.

Skatsche, R., Rominger, C. (2013). Neuere Entwicklungen in der familienrechtspsychologischen Testdiagnostik. Praxis der Rechtspsychologie, 23, 327–338.

Sohni, H. (1998). Geschwister – ihre Bedeutung für die psychische Entwicklung im Familiensystem und in der Psychotherapie. Kontext, 29, 1, 5–31.

Sollberger, D. (2000). Psychotische Eltern – verletzliche Kinder. Identität und Biografie von Kindern psychisch kranker Eltern. Bonn: Psychiatrie–Verlag.

Sommer, A. (2012). Die Rechtsstellung des Kindes im familiengerichtlichen Verfahren. Familie, Partnerschaft, Recht, 18, 374–377.

Sorosky, A., Baran, A., Pannor, R. (1982). Adoption. Zueinander kommen – miteinander leben. Eltern und Kinder erzählen. Reinbek bei Hamburg: Rowohlt.

Spangenberg, B. (1998). Die Bedeutung von Alkoholmißbrauch bei Sorge- und Umgangsregelungen aus rechtlicher und psychologischer Sicht. Familie, Partnerschaft und Recht, 4, 27–30.

Literatur

Spangler, G., Bovenschen, I. (2013). Bindung und Bindungserfahrungen: Konsequenzen für Resilienz und Vulnerabilität im kritischen familiären Kontext. Familie, Partnerschaft, Recht, 19, 203–207.

Spickhoff, A. (2013). Grund, Voraussetzungen und Grenzen des Sorgerechts bei Beschneidung männlicher Kinder. Zeitschrift für das gesamte Familienrecht, 60, 337–343.

Spindler, M. (2012). Die Bedeutung hoch konflikthafter Trennung und Scheidung für Beratung und Therapie. Zeitschrift für Kindschaftsrecht und Jugendhilfe, Heft 11, 426–432.

Stadler, L. (2012). Misshandlung und Vernachlässigung in der Kindheit: Epidemiologie, Risikofaktoren und Reviktimisierung im Erwachsenenalter. Praxis der Rechtspsychologie, 22, 419–446.

Statistisches Bundesamt, Wiesbaden 2011, Destatis, www.destatis.de

Statistisches Bundesamt, Wiesbaden 2013, Destatis, Statistiken der Kinder- und Jugendhilfe. Adoptionen. Zeitreihe.

Statistisches Bundesamt Wiesbaden (2013). Statistisches Jahrbuch 2013, 2 Bevölkerung, Familien, Lebensformen.

Statistisches Bundesamt Wiesbaden, Destatis (2013). 2 Familie, Lebensformen und Kinder. Auszug aus dem Datenreport 2013.

Statistisches Bundesamt Wiesbaden, Destatis (2013). Familien mit minderjährigen Kindern nach Familienform.

Staub, L., Felder, W. (2003). Scheidung und Kindeswohl. Ein Leitfaden zur Bewältigung schwieriger Übergänge. Bern: Huber.

Steinhardt, K., Datler, W., Gstach, J. (Hrsg.). (2002). Die Bedeutung des Vaters in der frühen Kindheit. Gießen: Psychosozial–Verlag.

Steinhausen, H.-C. (2006). Psychische Störungen bei Kindern und Jugendlichen. Lehrbuch der Kinder- und Jugendpsychiatrie und –psychotherapie. München: Urban & Fischer.

Steller, R., Volbert, R. (1997). Glaubwürdigkeitsbegutachtung. In M. Steller, R. Volbert (Hrsg.), Psychologie im Strafverfahren. Ein Handbuch (S. 12–39). Bern: Huber.

–, – (1997). Psychologie im Strafverfahren. Ein Handbuch. Bern: Huber.

–, – (1999). Wissenschaftliches Gutachten. Forensisch-aussagepsychologische Begutachtung (Glaubwürdigkeitsbegutachtung). Praxis der Rechtspsychologie, 9, 46–106.

Stich, J. (1988). Spätere Heirat nicht ausgeschlossen... – Vom Leben ohne Trauschein. In Deutsches Jugendinstitut (Hrsg.), Wie geht's der Familie? (S. 154–162). München: Kösel.

Stöcker, H. A. (1991). Auslegung der Kinderkonvention. Recht der Jugend und des Bildungswesens, 39, 75–87.

– (1992). Die UNO-Kinderkonvention und das deutsche Familienrecht. Zeitschrift für das gesamte Familienrecht, 39, 245–252.

Stötzel, M. (2010). Möglichkeiten der Interventionen der professionellen Verfahrensbeteiligten. Familie, Partnerschaft, Recht, 16, 425–428.

Struck, J. (1990). Die UN-Konvention über die Rechte des Kindes – Impulse für eine Erneuerung unseres Kindschafts- und Jugendrechts –. Zentralblatt für Jugendrecht, 77, 613–618.

Sünderhauf, H. (2013). Wechselmodell: Psychologie – Recht – Praxis. Abwechselnde Kinderbetreuung durch Eltern nach Trennung und Scheidung. Wiesbaden: Springer VS.

Swientek, C. (1986). Die abgebende Mutter im Adoptionsverfahren. Eine Untersuchung zu den soziökonomischen Bedingen der Adoptionsfreigabe, zum Vermittlungsprozeß und den psychosozialen Verarbeitungsstrategien. Bielefeld: Gieseking.

– (2001). Warum anonym – und nicht nur diskret? Babyklappen und anonyme Geburt. Familie, Partnerschaft, Recht, 7, 353–357.

Temizyürek, K. (2014). Das Stufenmodell der Bindungsfürsorge. Zeitschrift für Kindschaftsrecht und Jugendhilfe, Heft 6, 228–231.

Textor, M. R. (1988). Adoptierte auf der Suche nach ihrer Herkunft. Soziale Arbeit, 37, 456–462.

– (1989). Vergessene Mütter, die nicht vergessen können. Leibliche Eltern von Adoptivkindern. Neue Praxis, 19, 323–336.

– (1990). Die unbekannten Eltern. Adoptierte auf der Suche nach ihren Wurzeln. Zentralblatt für Jugendrecht, 77, 10–14.

– (1991). Offene Adoptionsformen. Nachrichtendienst für öffentliche und private Fürsorge, 71, 107–111.

– (1993). Inlandsadoption: Herkunft, Familienverhältnisse und Entwicklung der Adoptivkinder. In R.A.C. Hoksbergen, M.R. Textor (Hrsg.), Adoption, Grundlagen, Vermittlung, Nachbetreuung, Beratung (S. 41–62). Freiburg im Breisgau: Lambertus.

Trede, W. (2003). Geschlossene Unterbringung in Heimen der Jugendhilfe. Eine alte Debatte mit neuen Akzenten. Recht & Psychiatrie, 21, 120–124.

Trenczek, T., Tammen, B., Behlert, W. (2011). Grundzüge des Rechts. Studienbuch für soziale Berufe. 3. Auflage. München: Reinhardt.

Tsokos, M., Guddat, S. (2014). Deutschland misshandelt seine Kinder. München: Droemer.

UNICEF-Forschungsinstitut Innocenti Florenz, Mai 2010: Unicef – Tausende von tödlichen Kindesmisshandlungen. www.sueddeutsche.de/panorama/unicef-tausende-von …

Unzner, L. (2003). Die psychologischen Auswirkungen bei Fremdplatzierung des Kindes in Pflegefamilie oder Kinderheim. Familie, Partnerschaft, Recht, 9, 321–325.

Visher, E., Visher, J. S. (1987). Stiefeltern, Stiefkinder und ihre Familien. Probleme und Chancen. München: Psychologie Verlags Union.

Völker, M., Clausius, M. (2014). Sorge- und Umgangsrecht in der Praxis. 5. Auflage. Bonn: DeutscherAnwaltVerlag.

Vogel, H. (2010). Der Verfahrensbeistand. Familie, Partnerschaft, Recht, 16, 43–46.

– (2011). Recht zum Streit und Pflicht zur Entscheidung. Rechtsgewährungsanspruch. Praxis der Rechtspsychologie, 21, 190–194.

Literatur

– (2012). Haager Übereinkommen über die zivilrechtlichen Aspekte internationaler Kindesentführung. Familie, Partnerschaft, Recht, 18, 403–409.

– (2012a). Die juristischen Mindeststandards bei der mit Freiheitsentziehung verbundenen Unterbringung in der Behandlung von Kindern. Familie, Partnerschaft, Recht, 18, 462–467.

– (2014). Die familiengerichtliche Genehmigung der Unterbringung mit Freiheitsentziehung bei Kindern und Jugendlichen nach § 1631b BGB. Bielefeld: Gieseking.

Volbert, R. (1995). Zum Sexualverhalten und Sexualwissen von Kindern. Sexologie, 3, 166–178.

– (2000). Standards der psychologischen Glaubhaftigkeitsdiagnostik. In H.-L. Kröber, M. Steller (Hrsg.), Psychologische Begutachtung im Strafverfahren. Indikationen, Methoden und Qualitätsstandards (S. 113–145). Darmstadt: Steinkopff.

–, Homburg, A. (1996). Was wissen zwei- bis sechsjährige Kinder über Sexualität. Zeitschrift für Entwicklungspsychologie und Pädagogische Psychologie. Band XXVIII, Heft 3, 210–227.

Vomberg, W., Nehls, K. (2002). Rechtsfragen der internationalen Kindesentführung. München: Beck.

Voß, H.-G.W. (2011). Häusliche Gewalt, Stalking und Familiengerichtsverfahren. Familie, Partnerschaft, Recht, 17, 199–203.

Wabnitz, R. J. (2009). Grundkurs Kinder- und Jugendhilferecht für die soziale Arbeit. 2. Auflage. München: Reinhardt UTB.

– (2012). Grundkurs Familienrecht für Soziale Arbeit. 3. Auflage. München: Reinhardt UTB.

– (2014). Grundkurs Recht für die Soziale Arbeit. München: Reinhardt UTB.

Wagner, W., Balloff, R. (2009). FamFG und Sachverständigentätigkeit. Praxis der Rechtspsychologie, 19, 263–281.

Wallerstein, J., Blakeslee, S. (1989). Gewinner und Verlierer: Frauen, Männer, Kinder nach der Scheidung. Eine Langzeitstudie. München: Droemer Knaur.

–, Lewis, J. M., Blakeslee, S. (2002). Scheidungsfolgen – Die Kinder tragen die Last. Eine Langzeitstudie über 25 Jahre. Münster: Votum.

Walper S. (2002). Verlust der Eltern durch Trennung, Scheidung oder Tod. In R. Oerter, L. Montada (Hrsg.), Entwicklungspsychologie. 5. Auflage (S. 818–832). Weinheim: Beltz.

–, Fichtner (2011). Zwischen den Fronten. Psychosoziale Auswirkungen von Elternkonflikten auf Kinder. In S. Walper, J. Fichtner, K. Normann (Hrsg.), Hochkonflikthafte Trennungsfamilien. Forschungsergebnisse, Praxiserfahrungen und Hilfen für Scheidungseltern und ihre Kinder (S. 91–109). Weinheim: Juventa.

–, –, Normann, K. (2011). Hochkonflikthafte Trennungsfamilien. Forschungsergebnisse, Praxiserfahrungen und Hilfen für Scheidungseltern und ihre Kinder. Weinheim: Juventa.

–, –, (2011). Hochkonflikthafte Trennungsfamilie als Herausforderung für Forschung und Praxis. In S. Walper, J. Fichtner, K. Normann (Hrsg.), Hochkonflikthafte Trennungsfamilien. Forschungsergebnisse, Praxiserfahrungen und Hilfen für Scheidungseltern und ihre Kinder (S. 7–16). Weinheim: Juventa.

–, Gerhard, A.-K. (1999). Konflikte der Eltern, Trennung und neue Partnerschaft: Einflüsse auf die Individuation von Kindern und Jugendlichen in Ostdeutschland. In S. Walper, B. Schwarz (Hrsg.), Was wird aus den Kindern? Chancen und Risiken für die Entwicklung von Kindern aus Trennungs- und Stieffamilien (S. 143–170). Weinheim: Juventa.

–, – (2001). Kinder und Jugendliche in Kern- und Trennungsfamilien: Zur Rolle elterlicher Konflikte als Belastungsfaktor. In K. A. Schneewind (Hrsg.), Zweite Münchner Tagung für Familienpsychologie. Abstractband (S. 22). Martinsried: ars una.

–, – (2003). Entwicklungsrisiken und Entwicklungschancen von Scheidungskindern. Neuere Perspektiven und Befunde. Praxis der Rechtspsychologie, 13, 91–113.

–, Wild, E. (2002). Wiederheirat und Stiefelternschaft. In Hofer, M., Wild, E., Noack, P. (Hrsg.), Lehrbuch Familienbeziehungen. Eltern und Kinder in der Entwicklung. 2. Auflage (S. 336–361). Göttingen: Hogrefe.

Walter, E. (2013). Unterschiede zwischen Beziehungen und Bindungen – was sagen der Gesetzgeber und die psychologische Wissenschaft? Familie, Partnerschaft, Recht, 19, 177–183.

Watzlawick, M., Ständer, N., Mühlhausen, S. (2007). Neue Vaterschaft: Vater-Kind-Beziehungen auf Distanz. Münster: Waxmann.

Weber-Hornig, M., Kohaupt, G. (2003). Partnerschaftsgewalt in der Familie – Das Drama des Kindes und Folgerungen für die Hilfe. Familie, Partnerschaft, Recht, 9, 315–320.

Wegner, W. (1997). Misshandelte Kinder. Grundwissen und Arbeitshilfen für pädagogische Berufe. Weinheim: Beltz.

Weinrich, G., Klein, M. (2002). Kompaktkommentar. Familienrecht. Kriftel: Luchterhand.

Westermann, A. (2014). Warum kamen Chantal und Ashley in eine so schreckliche Familie? In Stiftung zum Wohl des Pflegekindes (Hrsg.), Wie Pflegekindschaft gelingt. 6. Jahrbuch des Pflegekinderwesens (S. 199–202). Idstein: Schulz-Kirchner.

Westhoff, K., Kluck, M.-L. (2014). Psychologische Gutachten schreiben und beurteilen. 6. Auflage. Berlin: Springer.

–, Terlinden-Arzt, P., Klüber, A. (2000). Entscheidungsorientierte psychologische Gutachten für das Familiengericht. Berlin: Springer.

Wetzels, O. (1997). Gewalterfahrung in der Kindheit. Sexueller Mißbrauch, körperliche Mißhandlung und deren langfristige Konsequenzen. Interdisziplinäre Beiträge zur kriminologischen Forschung. Band 8. Baden-Baden: Nomos.

–, Enzmann, D., Pfeiffer, C. (1998). Gewalterfahrungen und Kriminalitätsfurcht von Jugendlichen in Hamburg. Erster Zwischenbericht über eine repräsentative Dunkelfeldanalyse in München und acht anderen deutschen Städten. Baden-Baden: Nomos.

Wiedemann, M. (2013). Begutachtung von psychisch gestörten Eltern im Familienrecht. Zeitschrift für Kindschaftsrecht und Jugendhilfe, Heft 1, 6–16.

Literatur

Wieder, H. (1990). Sollen Betroffene über ihre Adoption aufgeklärt werden, und wann? In E. Harms, B. Strehlow (Hrsg.), Das Traumkind in der Realität. Psychoanalytische Einblicke in die Problem von adoptierten Kindern und ihren Familien (S. 34–47). Göttingen: Vandenhoek & Ruprecht.

Wiemann, I. (2012). Adoptiv- und Pflegekindern ein Zuhause geben. 3. Auflage. Bonn: BALANCE buch + medien verlag im Psychiatrie Verlag.

Wiesner, R. (2003). Zur gemeinsamen Verantwortung von Jugendamt und Familiengericht für die Sicherung des Kindeswohls. Zentralblatt für Jugendrecht, 90, 122–129.

– (2011). SGB VIII. Kinder- und Jugendhilfe. Kommentar. 4. Auflage. München: Beck.

– (2013). Elternrecht. In D. Kreft, I. Mielenz (Hrsg.), Wörterbuch. Soziale Arbeit. 7. Auflage (S. 236–239. Weinheim: Beltz.

Wild, E., Berglez, A. (2002). Adoptiv- und Pflegefamilien. In M. Hofer, E. Wild, P. Noack, Lehrbuch Familienbeziehungen. Eltern und Kinder in der Entwicklung. 2. Auflage (S. 362–388). Göttingen: Hogrefe.

Willi, J. (1991). Was hält Paare zusammen? Der Prozeß des Zusammenlebens in psychoökologischer Sicht. Reinbek bei Hamburg: Rowohlt.

Winter, S., Pfeiffer, E., Lehmkuhl, U. (2012). Diagnostik und Maßnahmen bei Verdacht auf Kindesmisshandlung: Pädiatrische und kinder- und jugendpsychiatrische Aspekte. Praxis der Rechtspsychologie, 22, 447–462.

Wittland-Mittag, A. (1992). Adoption und Adoptionsvermittlung – Selbstverständnis von Adoptionsvermittlern und -vermittlerinnen. Essen: Westarp Wissenschaften.

Wolf, A. (2001). Babyklappe und anonyme Geburt – Fragen zu einer neuen Entwicklung. Familie, Partnerschaft, Recht, 7, 345–353.

Wolffersdorff, C. von (1998). Der neue Ruf nach geschlossenen Heimen. Anmerkungen zur Wiederkehr eines leidigen Themas. Kind, Jugend und Gesellschaft, 43, 36–40.

Wüthrich, C., Mattejat, F., Remschmidt, H. (1997). Kinder depressiver Eltern. Kindheit und Entwicklung, 6, 141–46.

Zenz, G. (1998). Rechtsgrundlagen für Eingriffe in das Sorgerecht bei festgestellter Alkoholabhängigkeit der Eltern. Familie, Partnerschaft, Recht, 4, 17–23.

Ziegenhain, U. (2013). Risikoeinschätzung bei Kindeswohlgefährdung. In Deutscher Familiengerichtstag e.V. Zwanzigster Deutscher Familiengerichtstag vom 18. bis 21. September 2013 in Brühl (S. 81–116). Bielefeld: Gieseking.

Zimmermann, P., Suess, G. J., Scheuerer-Englisch, H., Grossmann, K. E. (1999). Bindung und Anpassung von der frühen Kindheit bis zum Jugendalter: Ergebnisse der Bielefelder und Regensburger Längsschnittstudie. Kindheit und Entwicklung, 8 (1), 36–48.

–, –, –, – (2000). Der Einfluss der Eltern-Kind-Bindung auf die Entwicklung psychischer Gesundheit. In F. Petermann, K. Niebank, H. Scheithauer (Hrsg.), Risiken in der frühen Entwicklung. Entwicklungspsychopathologie der ersten Lebensjahre (S. 301–327). Göttingen: Hogrefe.

Zitelmann, M. (2001). Kindeswohl und Kindeswille im Spannungsfeld von Pädagogik und Recht. Münster: Votum.

Zobel, M. (2006). Kinder aus alkoholbelasteten Familien. Entwicklungsrisiken und chancen. 2. Auflage. Göttingen: Hogrefe.
– (2008). Wenn Eltern zu viel trinken. Bonn: Psychiatrie-Verlag.
Zulehner, P. M., Volz, R. (1999). Männer im Aufbruch. Wie Deutschlands Männer sich selbst und wie Frauen sie sehen. Ein Forschungsbericht. Ostfildern: Schwabenverlag.
Zwernemann, P. (2014). Pflegekinderhilfe/Adoption in Theorie und Praxis. Schulz-Idstein: Kirchner.

Sachregister

Adoption (s. auch Annahme als Kind) 162ff., 308, 421ff., 450ff.
Adoptionsvermittlung 428, 446,
Adoptionsvermittlungsgesetz (AdVermiG) 424, 431
Adoptionsvermittlungsstellen 164, 431ff., 448.
Adoptionswirkungsgesetz 423
Adoptionsgutachten 446ff.
Alkoholabhängigkeit 312, 339ff.
Alkoholembryopathie (s. Fetales Alkoholsyndrom)
Alleinentscheidungsbefugnis 38
Alleinerziehende 136ff.
Anhörung der Eltern 85
Anhörung des Kindes 51, 283 ff., 451
Anonyme Geburt, anonyme Übergabe 118ff., 453 ff.
Annahme als Kind 421ff.
Anwalt des Kindes (s. Verfahrensbeistand)
Anwaltszwang 47
Aufenthaltsbestimmungsrecht 97, 217
Aussagefähigkeit 369
Aussagezuverlässigkeit 370
Babyklappe 453ff.
Befangenheit 199, 213
Begleiteter Umgang 233f.
Begutachtung 190 ff.
Beratung 54ff.
Beschneidung des männlichen Kindes 259ff., 459
Beschwerde, -recht 184, 458
Bestellung eines Sachverständigen 195
Bestellung eines Verfahrensbeistandes 159, 167ff.
Beziehungen 30
Bindung 30, 91, 211, 263ff.
Bindungsdiagnostik 270ff.
Bindungsperson, -figur 269f., 388f.
Bindungsqualität 266f
Bindungsstörung 273ff.
Bindungstheorie 263ff., 276ff.
Bindungstoleranz 91, 269
Bindungsverhalten 274
Borderline-Störung 275, 338
Dauerpflege 383, 390ff.
Desorganisationsmodell 28, 244
Drogenabhängigkeit 339ff.

Einvernehmen (s. auch Hinwirken auf Einvernehmen) 53f., 96, 105, 193
Elterliche Sorge 48, 81 ff., 94ff., 242ff.,
–, gemeinsame 34f., 39
Elternrecht 48, 94f.
Entwicklungsverzögerung 338, 442
Ergänzungspfleger 177f., 456,
Erlernte Hilflosigkeit 240
Ergänzungsfamilie 390f.
Ersatzfamilie 390, 434
Erziehungsberatung 54ff.
Erziehungsfähigkeit 90, 325, 334
Expertise 209
Explorationsverhalten 264f.
Familienbegriff 31ff.
Familienformen 22
Familienhilfe 315
Familienpflege 383f.
Familienrechtliche Beziehung 107f.
Familienrichter 301ff.
Familientherapie 55
Fetales Alkoholsyndrom 340
Förderprinzip 90
Fortsetzungsfamilie 31, 34, 124
Fremde-Situation-Test 270
Fremdunterbringung 308f., 323, 328
Freiheitsentziehende Unterbringung 408
Garantenstellung 332ff.
Geschwisterbeziehung 278ff.
Gewaltverbot 243
Glaubhaftigkeitsuntersuchung 367ff.
Grundbedürfnisse des Kindes 93, 215
Gutachter (s. Sachverständiger)
Haager Übereinkommen (HKÜ) 152, 154ff.
Heimerziehung 401ff.
Heimkritik 403
Hilfen zur Erziehung 307ff.
Hinwirken auf Einvernehmen 53, 190, 192ff., 201ff., 232f.
Hochkonflikthaftigkeit 147ff.
Inkognito-Adoption 429ff.
Inobhutnahme 311, 316, 401f.
Intersubjektivität 53
Jugendamt 178ff., 415ff., 446ff.
Jugendhilfe 311, 401
Kinderschutz 50, 324f.
Kindeswille 247ff.
Kindeswohlbegriff 89ff.

Sachregister

Kindeswohlkriterien 90ff.,
Kindeswohlgefährdung 324ff.
Kindschaftsrecht (-reform) 19
Kleines Sorgerecht 43f.
Kommunikation mit dem Kind 291ff.
Kontinuität 90f.
Lebenspartnerschaft 20, 43ff., 105ff.
Loyalitätskonflikt 72
Mediation 55ff.
Misshandlung 346ff.
Mitwirkung beim Herstellen von Einvernehmen 174f.
Mitwirkungspflicht des Jugendamtes 186f.
Münchhausen-By-Proxy-Syndrom 338
Namensänderung 109
Negative Kindeswohlprüfung 42
Nichteheliche Lebensgemeinschaft 40ff.
Notvertretungsrecht 35
Nutzungsuntersagung(-verbot) 319f.
Offene Adoption 430f.
Parallele Elternschaft 88
Parentifizierung 313
Parteigutachten 209ff.
Partnerschaftsgewalt 320ff.
Personensorge 95
Pflegeeltern 283
Pflegefamilie 383ff.
Posttraumatische Belastungsstörung (PTBS) 320, 356
Prävention 63f.
Prognosekriterien 396ff.
Psychische Erkrankung 334ff.
Psychotherapie 55
Realkennzeichen 371f.
Rechtsanwalt 281ff.
Rechtspsychologie 196
Reorganisationsmodell 28, 244
Residenzmodell 143
Resilienz 98
Rückführung in die Herkunftsfamilie 155ff., 395ff.
Sachverständiger 190ff
Scheidung 22ff., 47ff.
Scheidungsfolgen (s. Trennungsfolgen)
Scheidungswaisen 24
Schweigepflicht 150, 212

Seelische Erkrankung (s. psychische Erkrankung)
Selbstbestimmungsrecht des Kindes 247f.
Selbstwirksamkeit 240
Sexueller Missbrauch 365ff.
Sorgeerklärung 42
Sorgerecht (s. elterliche Sorge)
Sorgerechtsentzug 307f.
Sorgerechtskriterien 90ff.
Sorgerechtsregelung 81ff.
Stieffamilie 122ff.
Stiefgeschwister 134
Stiefkindadoption 425
Stressoren 26
Test, testpsychologische Methoden 218f.
Transitionsmodell 28f
Trennungsfolgen 69, 73ff.
Trennungsreaktion 65f., 70ff.
Umgangsausschluss 222
Umgangsfähigkeit 227
Umgangskontakt 224, 226
Umgangspfleger 234
Umgangsrecht 219ff.
Vater, biologischer (leiblicher) 220
Vaterschaft 81f., 120f.
Veränderungsakzeptanz 397f.
Verbleibensanordnung 384, 398
Verbund von Scheidungs- und Folgesachen 47
Verfahrensbeistand 166ff, 212ff.
Vermögenssorge 36, 37
Vernachlässigung 325, 346ff.
Vermittlungsverfahren 232
Vertrauliche Geburt 118ff., 453ff.
Vollzeitpflege 316, 383
Vulnerabilität 98
Wächterfunktion/-amt des Staates 52
Wechselmodell 140ff.
Wille des Kindes 247 ff.
Willensbildung 250f.
Wohlverhaltenspflicht, -klausel 227f.
Zeitempfinden 398
Zerrüttungsprinzip 48
Zulässigkeitsvorbehalt 184
Zweckbindungsgrundsatz 186
Zwischenstaatliche Adoptionsvermittlung 163ff.